中国人事科学研究院
学术文库

人才研究
重要命题辨析

余兴安 黄梅 孙一平 等 编著

中国人事出版社

图书在版编目(CIP)数据

人才研究重要命题辨析/余兴安等编著. -- 北京：中国人事出版社，2024

ISBN 978-7-5129-1960-0

Ⅰ.①人… Ⅱ.①余… Ⅲ.①人才研究-中国 Ⅳ.①C964.2

中国国家版本馆 CIP 数据核字(2024)第 067556 号

中国人事出版社出版发行

(北京市惠新东街 1 号　邮政编码：100029)

*

北京华联印刷有限公司印刷装订　　新华书店经销

787 毫米×1092 毫米　16 开本　32.25 印张　483 千字

2024 年 4 月第 1 版　　2024 年 4 月第 1 次印刷

定价：198.00 元

营销中心电话：400-606-6496

出版社网址：http://www.class.com.cn

版权专有　　侵权必究

如有印装差错，请与本社联系调换：(010) 81211666

我社将与版权执法机关配合，大力打击盗印、销售和使用盗版图书活动，敬请广大读者协助举报，经查实将给予举报者奖励。

举报电话：(010) 64954652

编 著 者

余兴安 孙一平 钟祖荣 周 琪 徐 明 聂云蕊
张苗苗 薛永武 李学明 孙 锐 范青青 何 勤
黄 梅 汪 怿 陈书洁 范 巍 谢 晶 田永坡
李 琪 孙彦玲 司江伟 王选华 高俊杰 秦佩璇

前　言

对人才问题的认识是古已有之的，而将其视为一个专门的研究领域则是自 20 世纪 70 年代末"人才学"被提出以后的事情。虽然仅四十余年的时间，但发展甚为迅猛。历年来众多文章的发表、著作的出版、研讨活动的举办是其表象之一面，而更主要的是浸浸然成为众口一词的公共话题，并进入公共政策领域，化作推动社会变革的力量。

当代中国的人才研究之所以能在一时之间几几乎成为显学，最根本的是适应了社会发展的需要，而人才研究工作者不拘陈规、锐意求新的精神亦是其重要因素，其中一个鲜明的特点就是新命题（概念）的层出不穷。

现在，在人才研究及公共政策领域中的一些名词，如人才评价、人才市场、人才高地、人才生态、人才强国战略、人才发展规划、人才体制机制等，都是过去不曾有过的新概念，几乎无一例外地由人才学研究者率先提出，其后不断扩展至应用领域。

人才学研究新概念新命题的层出不穷，牵引着理论研究的不断深化及实践探索的持续拓展，这当然是其作为一个新兴学科鲜活生命力的体现，且的确卓有成效，但内涵含混、边界模糊、逻辑体系不明、较为单一的"人才+"的造词形式，也无不表明该领域学术研究的不成熟。

有鉴于此，中国人事科学研究院组织院内外人才研究者撰写了这部《人才研究重要命题辨析》。全书以对人才理论与实践中最为重要的20个命题的辨析为逻辑主线展开论述，旨在回顾与总结四十余年来我国的人才研究及由此引导的社会实践，对有关理论认识进行学理性分析，对相关社会实践进行系统性评估，以探求人才学术研究及人才工作实践新的发展之路。全书在结构上以命题区分论题，既各自成章，又合而为一相对清晰的逻辑整体，各章主要包含以下内容：一是该命题的提出及其时代背景、理论来源；二是该命题研究的发展沿革、主要学术成果及由此开展的讨论；三是该命题认识体系与主要观点；四是该命题的主要观点认识在实践中的运用，以及通过实践而产生的效果；五是对该命题的学理辨析及未来相关学术研究与社会实践之前瞻。

全书共分为20章，各章执笔人分别为：孙一平（第一章、第十章），钟祖荣（第二章），周琪（第三章），徐明、聂云蕊（第四章），张苗苗（第五章），薛永武（第六章），李学明（第七章），孙锐、范青青（第八章），孙锐（第九章），何勤（第十一章），黄梅（第十二章），汪怿（第十三章），陈书洁（第十四章），范巍（第十五章），谢晶（第十六章），田永坡、李琪（第十七章），孙彦玲（第十八章），司江伟（第十九章），王选华、高俊杰、秦佩璇（第二十章）。其中，钟祖荣、周琪、徐明、张苗苗、薛永武、何勤、汪怿、陈书洁、司江伟、王选华及聂云蕊、高俊杰、秦佩璇为中国人事科学研究院院外专家，分别来自北京教育科学研究院、西南大学、中国社会科学院大学、北京市实验室服务保障中心、中国海洋大学、首都经济贸易大学、上海社会科学院、中国石油大学（华东）、北京市委组织部人力资源研究中心、北京市人才发展战略研究院，均是人才研究卓有成就的学者及青年学术才俊，对他们的鼎力相助要表示特别的感谢！余兴安主持该项工作，确定写作思路、章节纲目、写作体例及基本观点认识，通审全稿；黄梅、孙一平协助主持人做了组织协调与稿件审改；柏玉林协助开展了书稿审校等工作。

因系集体作品，尽管我们对写作体例、认识视角做了统一，但众手成书，不免有所差异，加之学术积累有限，书中一些材料的运用未必得当、一些具体观点的把握未必准确，恳请广大读者批评指正，以便将相关研究不断引向深入。

余兴安

于中国人事科学研究院

2023 年 10 月

目 录

第一章 人才 …………………………………………………………（1）
　第一节 人才问题提出的时代背景与理论来源 …………………（1）
　　一、人才问题提出的时代背景 ………………………………（1）
　　二、人才研究的理论来源 ……………………………………（3）
　第二节 人才研究的发展沿革 ……………………………………（11）
　　一、提出阶段（1979—1989年）……………………………（11）
　　二、发展阶段（1990—2002年）……………………………（12）
　　三、完善阶段（2003年至今）………………………………（13）
　第三节 人才基本问题研究的观点 ………………………………（14）
　　一、人才概念 …………………………………………………（14）
　　二、人才素质 …………………………………………………（17）
　　三、人才分类与分层 …………………………………………（21）
　　四、人才结构 …………………………………………………（24）
　第四节 人才研究的实践运用与效果 ……………………………（28）
　　一、形成具有时代特色的人才观 ……………………………（28）
　　二、构建人才基本分类体系 …………………………………（29）
　　三、加大人才资源开发力度 …………………………………（30）
　第五节 人才研究的未来发展趋势 ………………………………（31）
　　一、继续深化基本理论研究 …………………………………（32）
　　二、丰富研究范式和方法 ……………………………………（33）
　　三、凸显新时代中国特色 ……………………………………（34）

第二章 人才学 ……………………………………………………（35）
　第一节 人才学概念的提出 ………………………………………（35）

一、人才学产生的微观历史叙事……………………………（35）
　　二、人才学产生的社会时代背景……………………………（37）
　　三、人才学产生的个体因素…………………………………（38）
第二节　人才学的历史思想渊源………………………………（39）
　　一、古代人才思想精华………………………………………（39）
　　二、近代人才思想与潘光旦的研究…………………………（42）
　　三、国外人才相关研究与命题辨析…………………………（44）
第三节　人才学学科性质与归属………………………………（49）
　　一、人才学学科性质…………………………………………（49）
　　二、人才学学科代码及其作用………………………………（50）
　　三、人才学学科归属问题……………………………………（51）
第四节　人才学学科体系………………………………………（52）
　　一、作为一级学科的人才学学科体系………………………（52）
　　二、作为基础学科的人才学体系构架………………………（52）
第五节　人才学学科发展历史与现状…………………………（54）
　　一、人才学学科发展的阶段…………………………………（54）
　　二、人才学学科发展的成就…………………………………（54）
　　三、人才学学科发展的不足…………………………………（55）
第六节　新时代背景下的人才学学科建设……………………（56）
　　一、学科发展的需要和动力…………………………………（56）
　　二、人才学学科建设任务……………………………………（58）
　　三、人才学学科建设举措……………………………………（59）

第三章　人才成长规律……………………………………………（63）
　第一节　人才成长规律研究的提出背景………………………（63）
　　一、推动产业转型升级的必然要求…………………………（63）
　　二、提升人才核心竞争力的必然要求………………………（64）
　第二节　人才成长规律的研究回溯……………………………（67）
　　一、人才成长规律研究的兴起………………………………（67）
　　二、人才成长规律研究的发展………………………………（69）
　　三、人才成长规律研究的深化………………………………（72）

第三节　人才成长规律的认识体系……………………（ 73 ）
　　一、人才成长规律的内涵………………………………（ 73 ）
　　二、人才成长规律与个人和社会的关系………………（ 75 ）
　　三、人才成长规律与创新的关系………………………（ 77 ）
第四节　人才成长规律的实践……………………………（ 79 ）
　　一、用创新教育激发人才创新内生动力………………（ 80 ）
　　二、以激励为核心培育人才创新外生动力……………（ 81 ）
　　三、搭建协同创新平台，聚合人才创新力……………（ 82 ）

第四章　党管人才……………………………………（ 83 ）

第一节　党的人才工作发展历程…………………………（ 83 ）
　　一、新民主主义革命时期（1921—1949 年）…………（ 84 ）
　　二、社会主义革命和建设时期（1949—1978 年）……（ 84 ）
　　三、改革开放和社会主义现代化建设时期（1978—
　　　　2012 年）……………………………………………（ 85 ）
　　四、中国特色社会主义新时代（2012 年至今）………（ 86 ）
第二节　党管人才研究的主要观点与发展脉络…………（ 87 ）
　　一、党管人才的关键词聚类图谱………………………（ 87 ）
　　二、党管人才研究的主要观点…………………………（ 88 ）
　　三、党管人才研究的发展脉络…………………………（ 92 ）
第三节　党管人才的实践…………………………………（ 95 ）
　　一、选才：德才兼备，任人唯贤………………………（ 96 ）
　　二、育才：为党育人，为国家育才……………………（ 97 ）
　　三、用才：用好用活人才………………………………（ 98 ）
　　四、汇才——汇聚天下英才……………………………（ 99 ）
第四节　党管人才原则下的新时代人才工作……………（ 99 ）
　　一、坚持党对人才工作的全面领导……………………（100）
　　二、明确新时代党管人才的主要对象…………………（100）
　　三、优化党管人才政策与体制机制保障………………（101）
　　四、以党管人才形成人才工作合力……………………（101）
　　五、营造识才爱才敬才用才的生态环境………………（102）

六、加快建设世界重要人才中心和创新高地……………………（102）

第五章　人才强国战略……………………………………………（103）
第一节　人才强国战略的提出与演进………………………………（103）
第二节　人才强国战略的基本内涵…………………………………（106）
　　一、人才强国战略的内涵……………………………………………（106）
　　二、人才强国战略的深化……………………………………………（107）
第三节　人才强国战略的实践………………………………………（108）
　　一、制定系列人才发展规划…………………………………………（108）
　　二、改革人才发展体制机制…………………………………………（108）
　　三、实施各类重大人才工程项目……………………………………（109）
　　四、各地各部门人才工作实践创新…………………………………（109）
第四节　加强人才工作与教育、科技的战略协同…………………（110）
　　一、坚持教育、科技、人才三位一体………………………………（111）
　　二、强化现代化建设中的人才支撑…………………………………（112）
第五节　新时代人才强国战略研究的前瞻…………………………（113）
　　一、健全中国特色的新时代人才强国战略理论构架………………（113）
　　二、建立新时代人才强国战略实施效果的监测评估机制 …………（114）
　　三、加快人才战略与政策研究跨学科跨领域发展…………………（114）

第六章　人才资源开发……………………………………………（116）
第一节　人才资源开发的时代背景和理论来源……………………（116）
　　一、人才资源开发的时代背景………………………………………（116）
　　二、人才资源开发的理论来源………………………………………（118）
第二节　人才资源开发研究的发展阶段和学术成就………………（121）
　　一、人才资源开发研究的发展阶段…………………………………（121）
　　二、人才资源开发研究的学术成就…………………………………（129）
第三节　人才资源开发理论的研究方向……………………………（131）
　　一、整体性人才资源开发……………………………………………（131）
　　二、区域性人才资源开发……………………………………………（132）
　　三、人才资源开发的原则思路和方法………………………………（133）

第四节　人才资源开发的实践 …………………………………（135）
　　第五节　人才资源开发研究的学理辨析 ………………………（137）
　　　一、对人才等相关概念的界定 …………………………………（137）
　　　二、对人才资源与其他相关概念关系的解析 …………………（139）
　　第六节　人才资源开发研究的未来展望 ………………………（143）
　　　一、人才资源开发研究存在的不足 ……………………………（143）
　　　二、未来人才资源开发研究应该关注的问题 …………………（145）

第七章　人才发展规划 …………………………………………（147）
　　第一节　人才发展规划编制的提出与发展历程 ………………（147）
　　　一、"九五"时期的人才发展规划 ……………………………（147）
　　　二、"十五"时期的人才发展规划 ……………………………（148）
　　　三、"十一五"时期的人才发展规划 …………………………（149）
　　　四、"十二五"和"十三五"时期的人才发展规划 …………（149）
　　　五、"十四五"时期的人才发展规划 …………………………（150）
　　第二节　人才发展规划的模式与功能 …………………………（150）
　　　一、人才发展规划的基本概念 …………………………………（151）
　　　二、人才发展规划的主要模式 …………………………………（152）
　　　三、人才发展规划的基本功能 …………………………………（153）
　　第三节　人才发展规划的基本内容 ……………………………（154）
　　　一、人才发展规划的基本方针 …………………………………（154）
　　　二、人才发展规划的发展目标 …………………………………（155）
　　　三、人才发展规划的重点任务 …………………………………（156）
　　　四、人才发展规划的实施与评估 ………………………………（157）
　　　五、人才发展规划的具体措施 …………………………………（158）
　　　六、人才发展规划的实施保障 …………………………………（158）
　　第四节　人才发展规划编制的实践 ……………………………（160）
　　　一、国家层面的人才发展规划 …………………………………（160）
　　　二、区域性人才发展规划 ………………………………………（161）
　　　三、行业性人才发展规划 ………………………………………（162）
　　第五节　新时代人才发展规划的编制 …………………………（163）

一、新时代人才发展规划编制的总体要求……………………（163）
二、新时代人才发展规划编制的目标导向……………………（165）
三、新时代人才发展规划编制的主要着力点…………………（166）

第八章　人才发展体制机制……………………………………（170）

第一节　人才发展体制机制的发展历程……………………（170）
一、人才工作体制机制构架初步建立…………………………（170）
二、党管人才领导体制确立形成………………………………（171）
三、人才发展体制机制持续健全………………………………（172）
四、人才发展体制机制深化改革………………………………（173）
五、人才发展体制机制创新发展………………………………（173）

第二节　人才发展体制机制的理论基础……………………（175）
一、人才学理论…………………………………………………（175）
二、人力资本理论………………………………………………（175）
三、新公共服务理论……………………………………………（176）
四、协同治理理论………………………………………………（177）

第三节　人才发展体制机制相关研究回顾与分析…………（177）
一、人才发展体制机制研究总体历程回顾……………………（177）
二、人才发展体制机制重点研究项目…………………………（181）
三、人才发展体制机制研究总结分析…………………………（190）

第四节　人才发展体制机制相关概念辨析…………………（191）
一、人才与知识分子、干部、党政人才………………………（191）
二、体制、机制与制度…………………………………………（192）
三、人才发展体制与人才发展机制……………………………（193）
四、人才发展体制机制与人才制度……………………………（194）
五、人才发展体制机制与人才政策……………………………（194）
六、人才发展体制机制与科技创新体制机制…………………（195）

第五节　近年来深化人才发展体制机制改革的实践………（195）
一、各项改革任务部署加速推进………………………………（197）
二、重点人才制度改革取得突破………………………………（197）
三、重大人才政策实施深入推进………………………………（198）

四、我国人才制度优势正在形成……………………………（199）
　第六节　未来人才发展体制机制研究展望……………………（200）
　　一、紧扣新时代人才强国战略研究主题………………………（200）
　　二、强化人才发展体制机制理论基础研究……………………（200）
　　三、注重理论研究和应用研究有机结合………………………（201）
　　四、遵循两个规律推进人才发展体制机制改革研究…………（201）

第九章　人才发展治理体系……………………………………（202）
　第一节　人才发展治理体系的提出及相关学理探析…………（202）
　　一、人才发展治理体系概念的提出……………………………（202）
　　二、对人才发展治理体系的学理探析…………………………（204）
　第二节　人才发展治理体系的相关研究进展…………………（206）
　　一、人才发展治理相关概念界定………………………………（206）
　　二、人才发展治理的目标指向…………………………………（207）
　　三、人才发展治理的基本内涵…………………………………（207）
　　四、人才发展治理体系的构建路径……………………………（208）
　　五、人才发展治理体系其他相关探讨…………………………（209）
　第三节　人才发展治理体系的相关实践发展…………………（210）
　　一、国家人才发展治理体系的构建……………………………（210）
　　二、地方优化人才发展治理体系的探索………………………（214）
　第四节　人才发展治理体系的研究展望………………………（217）
　　一、探讨构建新时代人才发展治理体系的背景逻辑…………（218）
　　二、探讨构建中国特色人才发展治理体系的理论基础
　　　　和学术框架……………………………………………………（218）
　　三、探讨构建新时代人才发展治理体系面对的重大问题
　　　　及现实需求……………………………………………………（218）
　　四、探讨构建新时代人才发展治理体系的运行机制
　　　　和操作框架……………………………………………………（218）

第十章　国家战略人才力量……………………………………（220）
　第一节　国家战略人才力量提出的时代背景…………………（220）

一、实现高质量发展的内在要求 …………………………………（221）
　　二、建设世界科技中心的必然选择 ………………………………（221）
　　三、再创人才竞争优势的时代需要 ………………………………（222）
第二节　国家战略人才力量建设的理论来源 ……………………………（223）
　　一、国家竞争优势理论 ……………………………………………（223）
　　二、国家创新系统理论 ……………………………………………（224）
　　三、国家战略科技力量理论 ………………………………………（226）
第三节　国家战略人才力量的内涵、标准与培育 ………………………（228）
　　一、战略科学家 ……………………………………………………（229）
　　二、一流科技领军人才和创新团队 ………………………………（233）
　　三、青年科技人才 …………………………………………………（241）
　　四、卓越工程师 ……………………………………………………（245）
　　五、大国工匠 ………………………………………………………（250）
第四节　建设国家战略人才力量的实践 …………………………………（253）
　　一、战略科学家队伍建设 …………………………………………（253）
　　二、一流科技领军人才和创新团队建设 …………………………（255）
　　三、卓越工程师队伍建设 …………………………………………（256）
　　四、青年科技人才队伍建设 ………………………………………（257）
　　五、大国工匠培育 …………………………………………………（260）
第五节　国家战略人才力量研究的展望 …………………………………（262）
　　一、厘清国家战略人才力量的内涵与结构 ………………………（263）
　　二、拓展国家战略人才力量的培育机制研究 ……………………（264）
　　三、加强国家战略人才力量建设的政策研究 ……………………（265）

第十一章　世界重要人才中心 …………………………………………（267）
第一节　世界重要人才中心提出的背景 …………………………………（267）
第二节　世界重要人才中心的演进及相关理论 …………………………（268）
　　一、世界重要人才中心的演进 ……………………………………（269）
　　二、世界重要人才中心的相关理论 ………………………………（276）
第三节　世界重要人才中心的特征、要素与路径 ………………………（278）
　　一、概念界定及关系辨析 …………………………………………（278）

二、重要特征 …………………………………………………… (279)
　　三、结构与要素 ………………………………………………… (280)
　　四、实现路径 …………………………………………………… (282)
　第四节　世界重要人才中心建设的实践 ………………………… (283)
　　一、北京：以首善标准打造人才高地 ………………………… (284)
　　二、上海：形成"产—才—城"深度融合模式 ………………… (284)
　　三、粤港澳大湾区：以"元宇宙未来之城"探索"创新—
　　　　人才联动"新模式 …………………………………………… (285)
　第五节　世界重要人才中心学术研究命题与实践前瞻 ………… (286)
　　一、世界重要人才中心的学术研究命题 ……………………… (286)
　　二、世界重要人才中心的实践前瞻 …………………………… (287)

第十二章　人才生态 …………………………………………………… (290)
　第一节　人才生态问题的提出 …………………………………… (290)
　　一、科学基础：生态学赋予人才问题分析新思维 …………… (290)
　　二、学科演进：生态学衍生人才生态研究新领域 …………… (291)
　　三、时代背景：人才生态建设成为人才工作新路径 ………… (293)
　第二节　人才生态研究的理论源流 ……………………………… (294)
　　一、人类生态学研究 …………………………………………… (294)
　　二、人力资源生态研究 ………………………………………… (295)
　　三、人才生态研究 ……………………………………………… (296)
　　四、人才创新生态系统研究 …………………………………… (299)
　第三节　人才生态的相关概念 …………………………………… (300)
　　一、人才个体 …………………………………………………… (300)
　　二、人才种群 …………………………………………………… (301)
　　三、人才群落 …………………………………………………… (302)
　　四、人才生态系统 ……………………………………………… (303)
　　五、人才生态环境 ……………………………………………… (304)
　　六、人才生态链 ………………………………………………… (305)
　　七、人才生态位 ………………………………………………… (306)
　　八、人才创新生态系统 ………………………………………… (307)

第四节　人才生态研究的应用实践……………………………（309）
　　　　一、优化升级人才制度政策体系……………………………（309）
　　　　二、改善科技创新人才配置结构……………………………（310）
　　　　三、建立健全人才竞争协同机制……………………………（310）
　　　　四、开展人才生态环境动态评估……………………………（312）
　　　　五、构建人才生态系统监测体系……………………………（313）
　　　　六、打造人才创新生态系统…………………………………（314）
　　第五节　人才生态研究的未来展望……………………………（315）
　　　　一、深化理论研究……………………………………………（315）
　　　　二、加强应用研究……………………………………………（316）

第十三章　人才高地…………………………………………………（319）
　　第一节　人才高地的提出、初始内涵及主要特征………………（319）
　　　　一、人才高地概念的提出……………………………………（319）
　　　　二、人才高地的初始内涵……………………………………（320）
　　　　三、人才高地的主要特征……………………………………（321）
　　第二节　人才高地概念的谱系…………………………………（322）
　　　　一、人才高地研究的四个高潮………………………………（322）
　　　　二、人才高地概念的拓展……………………………………（324）
　　第三节　人才高地与人才强国…………………………………（327）
　　　　一、人才强国的内涵…………………………………………（327）
　　　　二、人才高地与人才强国的关系……………………………（329）
　　第四节　人才高地的未来发展…………………………………（330）
　　　　一、人才高地的类型：更加多样……………………………（330）
　　　　二、人才高地的层次：更加丰富……………………………（331）
　　　　三、人才高地的要求：更高水平……………………………（331）

第十四章　**人才竞争优势**…………………………………………（336）
　　第一节　人才竞争优势命题的由来……………………………（336）
　　第二节　对人才竞争优势的基本认识…………………………（339）
　　　　一、人才竞争优势的内涵……………………………………（339）

二、形成人才竞争优势的因素 …………………………（341）
　第三节　赢得人才竞争优势的实践 ……………………………（344）
　　一、政策的制定 …………………………………………（344）
　　二、政策的探索 …………………………………………（346）
　第四节　人才竞争优势研究的前瞻 ……………………………（349）

第十五章　人才政策 …………………………………………………（351）
　第一节　人才政策的内涵 ………………………………………（351）
　　一、人才政策的概念 ……………………………………（351）
　　二、人才政策与其他公共政策的关系 …………………（352）
　第二节　人才政策的发展沿革 …………………………………（354）
　　一、新中国成立初期的知识分子政策（1949—1977 年）…（355）
　　二、改革开放初期的人才政策（1978—1991 年）………（356）
　　三、社会主义市场经济体制建设时期的人才政策（1992—
　　　　2002 年）………………………………………………（358）
　　四、进入 21 世纪的人才政策（2003—2009 年）…………（359）
　　五、从人才大国向人才强国迈进的人才政策（2010—
　　　　2020 年）………………………………………………（359）
　　六、加强和改进新时代人才工作的人才政策（2021 年
　　　　至今）……………………………………………………（361）
　第三节　当前我国人才政策的特点和存在的问题 ……………（362）
　　一、当前我国人才政策的突出特点 ……………………（362）
　　二、当前我国人才政策存在的主要问题 ………………（365）
　第四节　我国人才政策的展望 …………………………………（367）
　　一、人才政策的实践展望 ………………………………（367）
　　二、人才政策的研究展望 ………………………………（369）

第十六章　人才评价 …………………………………………………（371）
　第一节　人才评价的由来 ………………………………………（371）
　第二节　人才评价的研究综述 …………………………………（373）
　　一、人才评价标准的研究 ………………………………（373）

二、人才评价方法的研究 …………………………………………（375）
　　三、人才评价机制的研究 …………………………………………（376）
　　四、人才评价政策变迁的研究 ……………………………………（377）
第三节　改革开放以来人才评价的实践 …………………………………（378）
　　一、"大一统"人才评价（1978—1991 年）……………………（378）
　　二、"多元化"人才评价（1992—2011 年）……………………（379）
　　三、"分类"人才评价（2012 年至今）…………………………（380）
第四节　人才评价的学理辨析 ……………………………………………（381）
　　一、人才评价概念解析 ……………………………………………（382）
　　二、人才评价的作用机理 …………………………………………（384）
　　三、人才评价的功能作用 …………………………………………（385）
　　四、人才评价活动的要素 …………………………………………（386）
　　五、人才评价的误差 ………………………………………………（388）
第五节　人才评价研究展望 ………………………………………………（389）
　　一、加强人才评价的基础性研究 …………………………………（389）
　　二、细化人才评价活动的要素研究 ………………………………（390）
　　三、推进人才评价国际可比等效的研究 …………………………（392）

第十七章　人才市场 ………………………………………………………（393）
第一节　人才市场提出的时代背景与理论来源 …………………………（393）
　　一、人才市场提出的时代背景 ……………………………………（393）
　　二、人才市场的理论来源 …………………………………………（394）
第二节　人才市场研究的主要框架和内容 ………………………………（395）
　　一、人才市场研究的概况和演变 …………………………………（395）
　　二、人才市场研究的主要内容 ……………………………………（399）
　　三、人才市场已有研究的特点 ……………………………………（408）
第三节　人才市场建设的实践 ……………………………………………（409）
　　一、人才市场体系逐步形成和完善 ………………………………（410）
　　二、人才市场统计和监测工作有序开展 …………………………（412）
　　三、人力资源服务业健康发展 ……………………………………（413）
　　四、人才流动日趋活跃 ……………………………………………（415）

五、高校毕业生就业工作有序推进……………………（416）
　　六、流动人员人事档案管理逐步优化…………………（418）
第四节　人才市场研究的展望……………………………（419）
　　一、人才市场研究现存的问题…………………………（420）
　　二、人才市场研究展望…………………………………（420）

第十八章　人才安全……………………………………（423）

第一节　人才安全的提出与背景…………………………（423）
　　一、国际人才竞争形势及其变化………………………（423）
　　二、国内人才安全政策背景……………………………（425）
第二节　人才安全的研究进展……………………………（426）
　　一、人才安全研究总体情况……………………………（427）
　　二、对人才安全的基本认识……………………………（428）
第三节　人才安全管理的实践进展………………………（433）
　　一、人才流动与人才流失………………………………（433）
　　二、人才信息安全………………………………………（434）
　　三、核心信息与技术流失………………………………（436）
　　四、海外人才引进中的安全问题………………………（436）
　　五、人才国际交流合作风险……………………………（437）
第四节　人才安全的内涵与特征…………………………（437）
　　一、人才安全的概念……………………………………（438）
　　二、人才安全的特点……………………………………（439）
　　三、人才安全新变化……………………………………（440）
　　四、人才安全与其他安全的关系………………………（441）
第五节　未来人才安全研究的着眼点……………………（442）
　　一、人才安全管理中要需处理好的关系………………（442）
　　二、人才安全研究的着眼点……………………………（443）

第十九章　人才统计……………………………………（446）

第一节　人才统计的时代背景……………………………（446）
第二节　人才统计的理论来源……………………………（448）

一、人才学 (448)
二、社会经济统计学 (448)
三、人口统计学 (450)

第三节 人才统计的研究历程 (451)
一、1978—2003 年的研究 (451)
二、2003—2010 年的研究 (453)
三、2010 年以后的研究 (455)

第四节 人才统计的观点辨析 (457)
一、人才统计内涵的界定 (457)
二、人才统计发展历程的研究 (458)
三、人才统计指标体系的研究 (460)
四、人才统计学范畴的研究 (461)

第五节 人才统计研究对实践的推动 (462)
一、从概念的时代性表达到规范化统计指标体系的逐步建立 (462)
二、从统计的多角度研究到科学化统计方法的综合应用 (463)
三、从统计的制度研究到整体性统计体系的组织实施 (463)

第六节 人才统计研究的展望 (464)
一、新时代背景下的人才统计研究 (464)
二、人才流动加剧现实下的人才统计研究 (464)
三、互联网等技术应用下的人才统计研究 (465)
四、描述与预测功能不断拓展下的人才统计研究 (465)

第二十章 人才贡献率——基于北京地区人才贡献率测算 (467)

第一节 理论梳理 (467)
一、人力资本与人才资本 (467)
二、人才贡献率 (471)

第二节 模型构建 (474)
一、基于柯布-道格拉斯生产函数的人才贡献率模型 (474)
二、基于马克思劳动价值理论的人才贡献率模型 (475)

第三节　实践应用 …………………………………………（477）
　　一、数据选取和处理 ……………………………………（478）
　　二、基于柯布-道格拉斯生产函数的人才贡献率测算 ……（482）
　　三、基于马克思劳动价值理论的人才贡献率测算 ………（484）
　　四、人才贡献率的指导作用 ……………………………（485）
第四节　人才贡献率研究的展望 …………………………（488）
　　一、加强人才资本测算研究 ……………………………（488）
　　二、深入挖掘人才贡献率内涵 …………………………（489）

中国人事科学研究院学术文库已出版书目 ………………………（490）

第一章

人　才

对人才概念、本质、素质、类型、结构等基本问题的研究是人才研究的逻辑起点。人才基本问题研究，与人才成长规律研究和人才开发应用规律一起，共同构成了人才学科的主体理论框架。从各个角度、层次对人才基本问题的界定与分析，使人才学科的基础理论和逻辑结构得到了综合把握与确立。本章就人才问题提出的时代背景与理论来源、发展沿革、认识体系与基本观点、研究实践运用与效果、研究未来发展趋势等展开分析论述。

第一节　人才问题提出的时代背景与理论来源

1978年，党的十一届三中全会开启了改革开放的历史新时期，随着党和国家工作重心转移到经济建设上来，人才基本问题的研究作为关系到社会主义现代化建设成败的战略问题被提上日程。

一、人才问题提出的时代背景

以邓小平同志为核心的中央领导集体，高度重视人才在改革开放和现代化建设中的主体地位和战略作用，做出了"科学技术是第一生产力""尊重知识、尊重人才"等一系列重要论述，为我国人才研究和人才工作发展扫除了思想认识的障碍，成为改革开放历史背景下人才理论研究和创新的重要指导思想。

与此同时，20世纪七八十年代，以微电子技术、生物工程技术、新型材料技术为标志的新技术革命引发了新的经济浪潮，显现出科技成果转化速度越来越快、科技发展对经济发展的贡献日益占据主导地位的新趋势。

如何依靠科学技术促进经济的发展和提高综合国力，已然成为世界各国的重要议题。据统计，20世纪50年代至70年代，各发达国家科学技术进步对经济增长的贡献率，分别从20世纪初的10%提升到50%~70%，而我国科学技术进步对经济增长的贡献率则从1952—1957年的27.78%下降到1965—1976年的4.12%。①

面对科学技术的迅猛发展和建设"四个现代化"的客观需要，我国对人才的需求越来越迫切。但是，当时的研究者颇感教育工作难以满足人才培养的需求，把教育研究同人才研究结合起来，对专门人才培养、专门人才成长规律的讨论逐渐出现，建立人才学的倡议也应运而生。②

1979年7月，《人民教育》发表了署名文章《应当建立一门"人才学"》。③ 两位作者都是在贵州省科学技术情报研究所任职的工作人员，文章的发表得到了时任《人民教育》杂志总编室副主任的王通讯的支持和帮助。不久，《人民教育》又连续刊发了四篇由王通讯与雷祯孝合作撰写的有关人才学的论文。其中《试论人才成功的内在因素》提出关于人才"自我设计"的理论，引起渴望成长为专门人才、渴望追求自身价值的青年人的强烈共鸣和广泛讨论。随后该文被上海《文汇报》转载，胡耀邦对这篇文章批示"知识面、思想性较宽较深"。④ 新华社为此发表了通稿指出：社会科学园地的一株新苗——人才学，破土而出。全国学术界也由此把人才学作为一门独立的学科来建设，专门针对人才现象和规律，开始进行广泛、深入的研究。

何谓人才？这个问题无疑是人才研究的逻辑起点。人才研究，必须从"人才"这个基本概念入手，按照人才范畴的内在逻辑加以探讨。20世纪70年代末至80年代初，学界展开了关于人才定义等基本问题的大讨论。随后，展开了对包括人才的属性、要素、类型等问题的广泛研究。20世纪90年代以后，围绕人才的结构、功能和价值等方面问题的研究也进一步深

---

① 杜磊：《二十世纪八十年代中国科学院科技与经济相结合的改革探索》，《中共党史研究》2022年第1期，第48-60页。
② 敢峰：《金色的五年——我对〈人民教育〉的一段回顾》，《人民教育》1998年第4期，第12页。
③ 雷祯孝、蒲克：《应当建立一门"人才学"》，《人民教育》1979年第7期，第21-26页。
④ 王通讯：《我与人才学》，《科学管理研究》1989年第1期，第75-76页。

入展开。这些讨论贯穿了我国人才研究四十余年的发展过程，意义重大，对人才研究和人才学学科体系建设起到了奠基作用。

二、人才研究的理论来源

对人才基本问题的探讨，主要包括我国古代和近代人才思想、人力资本理论、人的全面发展理论以及人力资源管理理论等。

(一) 我国古代和近代人才思想

人才之事、人才之论自古有之。[①] 我国历史上，人才思想极其丰富而卓越[②]。在相对发达而漫长的农业经济社会中，围绕着人的培养、选拔、任用、管理与奖惩等，我国形成了独特的古代人才思想。从墨子的"尚贤"思想，到龚自珍的"不拘一格降人才"，历代思想家、政治家、史学家的著作，如王充的《论衡》、刘劭的《人物志》、司马光的《资治通鉴》，都蕴含着灿烂的人才思想。

政治斗争、社会管理或军事活动是古代最主要的人才需求动力，所以社会对政治人才、军事人才较为重视。我国历代政治家、思想家对人才在安国治邦中的作用都有共识，并且形成了较为系统的人才价值观。古代对人才基本问题的研究十分广泛，涉及人才的本质、标准、结构、分类、才能、德行、体魄、修养、作用，以及人才与政治制度、社会文化、经济影响、君主关系等各个方面。[③] 一些思想家阐述了人才的德、识、才、学及其相互作用，以及对人才成长的影响。例如，司马光在《资治通鉴·周纪》中论述了德与才之间的关系，"聪察强毅之谓才，正直中和之谓德。才者，德之资也；德者，才之帅也"。袁枚在《续诗品·尚识》中提出："学如弓弩，才如箭镞，识以领之，方能中鹄。"总体来看，古代人才思想是中国农业经济社会的产物，在价值取向上渗透了浓厚的农耕文化元素[④]，既具有古代农业社会的一般特征，又具有我国宗法制度和帝制的内在

---

① 王通讯：《新编人才学大辞典序》，载叶忠海、郑其绪《新编人才学大辞典》，中央文献出版社，2015，第3页。
② 敢峰：《〈中国人才史〉书序》，《中国人才》1990年第12期，第21页。
③ 叶忠海主编《新编人才学通论》，党建读物出版社，2013，第82页。
④ 高子平：《知识经济维度的中国人才学：反思与重构》，《上海商学院学报》2013年第1期，第83-90页。

特质。

进入近代，西方先进的资本主义国家已经进入蒸汽时代，科学技术广泛地应用于各行各业。帝国主义列强入侵的残酷事实，促使我国进步的思想家、政治家认识到科技人才、商业人才、外语人才等对社会发展的重要性①，从不同角度对人才问题进行了深入的论述和研究。孙中山对"人尽其才"进行论述，梁启超、丁文江从历史地理学的角度撰写过一些文章，潘光旦则从家谱学、优生学的角度研究过人才问题，并在清华大学开设"人才论"课程②。近代学者对人才基本问题的研究已经由点拓展为面。

古代和近代的人才思想对我国的人才基本问题研究产生了深远的影响。"为政之要，惟在得人"的重才思想，"德才兼备，以德为先"的取才标准，"不拘一格，唯才是举"的用才之道，都在当代的人才理论和人才工作实践中得到了很好的继承和发展。

(二) 人力资本理论

现代人力资本理论诞生于20世纪50年代末至60年代初，1970年前后达到了顶峰③④。代表性人物包括著名经济学家西奥多·舒尔茨（Theodore W. Schultz）、加里·斯坦利·贝克尔（Gary S. Becker）、罗伯特·卢卡斯（Robert E. Lucas, Jr.）、保罗·罗默（Paul M. Romer）、爱德华·富尔顿·丹尼森（Edward F. Denison）、雅各布·明塞尔（Jacob Mincer）、詹姆斯·赫克曼（James J. Heckman）等。

第二次世界大战结束后，西方各发达国家的经济迅速恢复并实现了较长时间的持续增长。当时的许多经济学家都在试图突破西方传统经济理论，解释这种经济增长的原因。⑤ 1960年，时任美国经济学会会长的舒尔

---

① 郑其绪：《微观人才学概论》，党建读物出版社，2013，第16页。
② 王通讯：《宏观人才学》，中国社会科学出版社，1996，第9页。
③ 彼得罗·塔西亚：《人力资本理论的发展：基于经济史视角》，曹宇莲译，《北京大学教育评论》2020年第1期，第101-119页、第191页。
④ 闵维方：《人力资本理论的形成、发展及其现实意义》，《北京大学教育评论》2020年第1期，第9-26页、第188页。
⑤ 传统的经济理论把物质因素当作国民财富和经济增长的唯一源泉，国民收入分配理论的基础仍然是三要素理论，即土地、资本和劳动。运用传统模型计算国民经济增长时发现，国民经济产出的增长率大于国民经济资源投入的增长率，回归计算的结果出现了一个很大的"剩余"。这个"剩余"被当时经济学界称为"经济之谜"。要解开这个"经济之谜"，就必须在传统的经济模型所包含的生产要素之外去寻找促进经济增长的原因。

茨在第73届经济学年会上发表了"人力资本投资（Investment in Human Capital）"重要演讲，对人力资本的观点作了系统的阐述，标志着人力资本理论的形成。① 该理论认为，人们在受教育过程中所获得的知识和能力也是一种资本，是区别于物质资本的人力资本；在一定意义上，人力资本同物质资本具有相同的属性，即人力资本是带来未来收益的源泉；由于其收益率更高，因此是更重要的一种资本。②

随着世界经济发展状况的变化，人力资本理论在应对挑战过程中得到进一步发展和完善，其中包括：人力资本内涵的进一步扩展，非认知能力（non-cognitive skills）③ 替代认知能力（cognitive skills）④，成为人力资本更重要的组成部分⑤；人力资本的测度更加全面；人力资本在经济增长中的作用得到进一步的理论阐述⑥。

人力资本理论提出后，人力资本形成的决定因素、人力资本的投资回报、人力资本积累对经济增长的贡献等，迅速成为国际经济学界的热门话题。同时，这一理论也很快为许多国家特别是发展中国家的决策者所接受，成为政府扩大教育投资、开发人力资源，促进经济发展的政策依据。人力资本理论代表性人物及主要贡献见表1-1。

---

① 杜育红：《人力资本理论：演变过程与未来发展》，《北京大学教育评论》2020年第1期，第90—100页、第191页。

②⑥ 闵维方：《人力资本理论的形成、发展及其现实意义》，《北京大学教育评论》2020年第1期，第9—26页、第188页。

③ 非认知能力同人的性格、态度和动机密切相关，通常包括：一是心态的开放性、好奇心和打破常规的创新性；二是自信心和责任感以及工作的专注性、条理性等；三是性格的外向性，善于与人交往等；四是亲和力，富有同情心，乐于助人；五是善于掌控情绪的努力等。在工作场所，非认知能力具体表现为更广泛的内容，如良好的道德规范和社会表现、适当的职业期望、有效的时间管理、积极的工作态度、规范的劳动行为和善于与人合作的团队精神等。这种非认知能力有时被称为"社会行为能力"（social behavioral skills）。

④ 认知能力通常包括：熟练的读、写、算能力，良好的文化和科学技术素质，分析和解决问题的能力，以及一些操作性技能等。

⑤ 研究表明，认知能力能够有效提高从业者在从事标准化的工作任务方面的劳动生产率，而非认知能力在提高非标准化工作任务和整个工作组织的生产能力方面能够发挥更大的作用。在新经济的发展中，非认知能力在生产过程中的作用更为重要，认知能力作用的发挥离不开非认知能力。受教育程度相同的人群，认知能力更高的人收入水平也更高；受教育程度相同、认知能力相同的情况下，具有更强非认知能力的人收入更高，在高收入人群中，尤其如此。

表 1-1　　　　　　　　人力资本理论代表性人物及主要贡献

代表性人物	代表性著作/文章	主要贡献
舒尔茨	《人力资本投资》（Investment in Human Capital, 1960） 《教育与经济增长》（Education and Economic Growth, 1961） 《教育的经济价值》（The Economic Value of Education, 1963）	正式提出人力资本的概念，第一次将人力资本纳入了经济学的分析体系，从经济增长与发展的宏观视角发现了人力资本理论，奠定了现代人力资本理论的基础，并在宏观上实证检验了教育对经济增长的重要作用
贝克尔	《人力资本投资：一个理论的分析》（Investment in Human Capital: A Theoretical Analysis, 1961）	运用微观经济学的概念体系分析人力资本投资，以在职培训为载体，建立了人力资本微观决策理论的分析框架，在微观层面将人力资本理论纳入了经济学的核心领域
罗默	《收益递增与长期经济增长》（Increasing Returns and Long-run Growth, 1986） 《内生技术进步》（Endogenous Technological Change, 1990）	把人力资本作为独立的生产要素纳入经济增长模型，进一步挖掘了人力资本的内涵、增长机制及其对经济增长的作用机制。在知识经济背景下把人力资本置于经济增长核心地位，揭示了人力资本在长期经济增长中的决定作用，通常被称为第二代人力资本理论
卢卡斯	《关于经济发展的机制》（On the Mechanics of Economic Development, 1988）	
赫克曼	《人力资本政策》（Human Capital Policy, 2003）	建立了从人的生命周期动态分析人力资本投资的理论框架；对人力资本的分析不仅包括传统的认知能力，也包括非认知能力；运用了数学方法更为广泛地解决了人力资本理论构建过程中的许多难题

资料来源：作者整理。

人力资本理论于 20 世纪 70 年代末被引入中国，很快就得到了广泛运用[①]，其中一个重要应用领域是人才问题研究。其研究视角和政策意涵与人才学研究的价值导向一致；研究方法促使人才研究借鉴经济学宏观与微

---

① 赖德胜、苏丽锋：《人力资本理论对中国劳动力市场研究的贡献》，《北京大学教育评论》2020 年第 1 期，第 80-89 页、第 190 页。

观分析方法，规范性逐步提高；推动人才研究者探寻人才的经济效果，即人才对经济发展的作用和效果（如人才贡献率等），研究教育、培训、卫生等公共政策对人才形成和发展的影响，研究的问题也更为细致、全面。

（三）人的全面发展理论

1. 马克思关于人的全面发展理论

人的全面发展理论是马克思学说的核心组成部分，马克思思想的旨趣是人的解放和全面发展。[1][2][3] 马克思针对资本主义社会人的异化，基于历史辩证法，提出人的全面发展的价值理想，将共产主义理解为"以每个人的全面而自由地发展为基本原则的社会形式"。人的全面发展表现为人的活动的全面发展、社会关系的全面丰富、个性的自由发展等多方面规定性。[4][5] 人的全面发展就是"人以一种全面的方式，也就是说，作为一个完整的人，占有自己的全面的本质"[6]。

马克思在反思和批判现实基础上指出旧的分工和私有制造成了人的片面和畸形发展。[7] 与历史上的空想主义者和浪漫主义思想家不同，马克思将人的全面发展这一理想，奠基于人的活动规律，也就是在实践辩证法、历史辩证法的基础之上，通过对私有财产的积极扬弃阐述人的自由全面发展的实现路径[8]，从生产力、社会关系（制度）等维度探讨人的全面发展的条件，努力为人的全面发展寻找到一条现实道路[9]。马克思认为，人发展什么，怎样发展，根本上是由生产力决定的，直接由社会关系（制度）来决定。基于此，马克思在批判资本主义社会中人的异化状态，探讨人的全面发展的现实道路时，始终把矛头指向资本主义制度，认为资本主义私有制和人的异化是紧密联系在一起的，强调推翻资本主义制度，消除旧式分工，消灭私有制，实现对社会关系的全面占有和共同控制。在《共产党

---

[1][4][7] 石书臣：《人的全面发展的本质涵义和时代特征》，《河北大学学报：哲学社会科学版》2002年第2期，第10-14页。

[2][5][9] 吴向东：《论马克思人的全面发展理论》，《马克思主义研究》2005年第1期，第29-37页。

[3] 李宝元：《人本发展经济学要义——阿马蒂亚·森"以自由看发展"思想的一个理论拓展》，《财经问题研究》2006年第9期，第3-9页。

[6] 中共中央著作编译局编《马克思恩格斯全集：第42卷》，人民出版社，1979，第123页。

[8] 吕文慧：《马克思与阿马蒂亚·森关于人的自由全面发展思想的比较研究》，《当代经济研究》2011年第11期，第22-28页。

宣言》中，马克思指出，共产主义"是这样一个联合体，在那里，每个人的自由发展是一切人的自由发展的条件"①。

同时，马克思还从人的发展的视角去透视人类社会历史，揭示了人的发展的历史过程及其规律，不仅对社会历史进程有了新的诠释，也使他的人的全面发展的理想具有巨大的历史感和现实感②。马克思指出，整个历史不过是人的本性不断改变的历史，也是个人自身力量发展的历史，人类发展最终将走向个人全面发展和个人自由发展的阶段③。

2. 阿马蒂亚·森的能力方法

自1950年开始，发展经济学与福利经济学家阿马蒂亚·森（Amartya Sen）通过一系列论著给予了马克思学说一定程度的丰富与拓展④⑤，开阔了人的全面发展的研究视域、思维路径，指出了市场经济条件下对人的发展的途径与手段。

阿马蒂亚·森提出了"以人为本"的经济学和哲学概念，总结为"能力方法"（capabilities approach），其核心思想可以表述为：经济发展应该把"人的发展"（而不是经济增长、效用或福利极大化）作为发展最终目标；经济发展的目标是扩展能力或扩展有价值的自由。经济、政治、法律以及其他社会安排，应该从"它们是如何扩展人们的能力的"这一方面来评价；人们的能力是他们真正能够做到什么或成为什么，也就是说，这种能力能够使他们享有有价值的生命和行为（beings and doings）的自由，这种能力包括：获得充足的营养、学习、和平相处、旅游、体面的交往、期望实现更高的愿望、从事有意义的工作等⑥。阿马蒂亚·森认为，市场机

---

① 中共中央马克思恩格斯列宁斯大林著作编译局编《马克思恩格斯选集：第1卷》，人民出版社，1995，第294页。
② 吴向东：《论马克思人的全面发展理论》，《马克思主义研究》2005年第1期，第29-37页。
③ 吕文慧：《马克思与阿马蒂亚·森关于人的自由全面发展思想的比较研究》，《当代经济研究》2011年第11期，第22-28页。
④ 王艳萍、潘建伟：《阿马蒂亚·森的发展经济学评述》，《当代经济研究》2010年第6期，第24-27页。
⑤ 李翔：《阿马蒂亚·森正义思想评析——马克思主义视域下的研究》，《求索》2017年第10期，第189-197页。
⑥ Meghnad Desai, "Amartya Sen's Contribution to Development Economics," *Oxford Development Studies*, no. 29 (2010): 213-223.

制的存在本身就是自由的实现形式。同时,他指出,获得实质自由必须重视政治自由、经济条件、社会机会、透明性保证、防护性保障这五种类型的工具性自由。

阿马蒂亚·森认为人的自由全面发展是发展的最终目的,人的自由全面发展是人与自然之间的矛盾、人与社会之间的矛盾真正解决的内在条件,人的自由全面发展是获得具有自由选择和自由发展的能力。他指出:"使用'人力资本'的概念只集中注意到了整个画面的一个部分(虽然是一个重要的部分,涉及拓宽对'生产性资源'的核算)。虽然它无疑是一个进步,但是它确实需要补充。这是因为,人不仅是生产的手段,而且是其目的。"①

一部分研究者指出,马克思所阐述的人的自由全面发展是指在消灭分工和私有制的前提下实现的,是人的自由全面发展的最高阶段;阿马蒂亚·森所阐述的人的自由全面发展是指在承认分工和私有制的前提下实现的,是在不改变资本主义经济体制的条件下实施的改良措施,只是反映了在一个既定的发展过程中福利外延的拓展,是人的自由全面发展的初级阶段。② 另一部分研究者认为,阿马蒂亚·森所阐述的人的自由全面发展在承认分工和私有制的基础上,指明了在市场经济条件下如何最大限度地扩展人的实质自由。③

马克思提出的"人的全面发展"理论以及阿马蒂亚·森提出的"以人为本"发展经济学的理念,对人才学研究起着重要的引导与借鉴作用,促使当代人才研究者更加关注人才发展与经济发展的关系。研究者普遍认为,人才发展既是经济发展的手段,更是经济发展的目的、目标;更加关注社会经济的发展程度如何制约着人才发展程度;人才发展水平和素质如何影响、制约和决定着社会经济的发展程度。

(四)人力资源管理理论

人力资源管理理论诞生于20世纪50年代。人力资源一词是由管理学

---

① 阿马蒂亚·森:《以自由看待发展》,中国人民大学出版社,2002,第294页。
② 吕文慧:《马克思与阿马蒂亚·森关于人的自由全面发展思想的比较研究》,《当代经济研究》2011年第11期,第22-28页。
③ 李翔:《阿马蒂亚·森正义思想评析——马克思主义视域下的研究》,《求索》2017年第10期,第189-197页。

家彼得·德鲁克（Peter Druck）于 1954 年在《管理的实践》一书中提出的。①②③④

德鲁克认为人力资源有着其他资源不具备的素质，如协调能力、融合能力、判断力和想象力。他分析了传统人事管理中的三个重大误解：假定员工不想工作（经济人假设）；将管理员工及其工作作为人事经理的工作，而不是管理者的职责；人事管理始终聚焦在"事"而不是"人"身上，人事管理活动是"救火队的工作"，而不是积极的和建设性的活动。⑤由此，德鲁克指出，传统人事管理理论和实践与后工业化时代中员工管理不相适应，提出人事管理应该向人力资源管理转变。具体包括：管理者应该根据企业自身人力资源的条件来重新设计工作，不断丰富岗位的工作内容；要想鼓励员工取得成就，就必须把员工视为具有自身生理和心理特点、不同能力以及不同行动模式的综合有机体；管理的任务就是从不同的角度去设法满足员工对责任、参与、激励、报酬及地位等多方面的要求。⑥

人力资源管理理论提出后，迅速得到了理论界和实践界的认可。目前来看，研究者普遍将人力资源管理理论作为建立在"人本主义"管理哲学基础之上的新型人员管理模式，更加强调将员工作为一种具有潜能的资源进行激励与发展，以使组织的绩效和个人的满意度达到最大化。实践中人力资源管理的内容体系主要包括工作分析、人力资源规划、人员招聘与选拔、培训与开发、绩效考核、保持与激励、工资与福利、沟通与交往、劳动关系等，着重通过有效的人力资源管理活动对组织运营进行支持和配合。⑦

自 20 世纪 90 年代以来，人力资源管理逐步向战略人力资源管理过渡，

---

① 李佑颐、赵曙明、刘洪：《人力资源管理研究述评》，《南京大学学报：哲学．人文科学．社会科学版》2001 年第 4 期，第 128-139 页。
② 赵曙明：《人力资源管理理论研究新进展评析与未来展望》，《外国经济与管理》2011 年第 1 期，第 1-10 页。
③ 赵曙明：《人力资源管理理论研究现状分析》，《外国经济与管理》2005 年第 1 期，第 15-20 页、第 26 页。
④⑤⑥ 吴冬梅：《人力资源理论的五次创新》，《企业经济》2012 年第 11 期，第 5-9 页。
⑦ 高艳：《人力资源管理理论研究综述》，《西北大学学报：哲学社会科学版》2005 年第 2 期，第 127-131 页。

战略人力资源管理把人力资源管理视为组织的一项战略职能，以"整合"与"适应"为特征，探索人力资源管理与组织层次行为结果的关系。其着重关注：人力资源管理应完全整合进入组织的战略，人力资源管理政策在组织不同的政策领域与管理层次间应具有一致性，人力资源管理实践应作为日常工作的一部分被直线经理与员工所接受、调整和运用。

人力资源管理理论是发达国家在智力开发方面的先导性理论。人力资源管理理论在20世纪80年代末至90年代初被引入国内后，对我国人才研究也起到了巨大的推动作用，研究者借鉴人力资源管理的基本理念、管理体系与工具，思考在组织中如何实现"人尽其才"。我国的人才研究实际上与人力资源管理理论相耦合，也是作为发展中国家在智力开发理论研究领域对发达国家先导性理论的一种呼应。①

第二节 人才研究的发展沿革

根据人才研究的基本框架，人才的基本问题研究包括对人才的概念、本质、要素、类型、结构、功能和价值等问题的研究。② 人才学兴起以来，对人才基本问题的研究大体经历了三个发展阶段，即提出阶段、发展阶段和完善阶段。

一、提出阶段（1979—1989年）

在提出阶段，人才基本特征被初步揭示，人才定义内涵核心要素被提出。1979年，随着国家实行全面的改革开放，国家的全部工作重点转移到经济建设上来，为服务于现代化的经济建设，应时代需要的人才学也随之应运而生。人才学提出之初，以雷祯孝、敢峰、王通讯、叶忠海等人为代表的专家学者就"什么是人才""人才的本质属性"等基本问题展开了大

---

① 王通讯：《宏观人才学》，中国社会科学出版社，1996，第5页。
② 叶忠海：《人才学基本理论及应用》，《中国人才》2007年第1期，第52-53页。

讨论①。在这个阶段的讨论中，尽管众说纷纭，表达方式不同，但揭示了具有共识性的人才的基本特征，如劳动的创造性、贡献的较大性、作用的进步性、素质的良好性以及人才的广泛性等。这些对人才基本特征的揭示为构建人才基本问题框架奠定了质的基础。

二、发展阶段（1990—2002年）

在发展阶段，人才定义内涵被逐渐完善，人才基本问题框架基本形成。1990年2月出版的《中国图书馆图书分类法（第三版）》将人才学作为一级学科列入了"社会科学总论"之中，编码：C-96。1992年，人才学作为三级学科被列入《学科分类与代码》（GB/T 13745—92），学科代码：630.5520，人才学基本确立。随着社会主义市场经济体制的建立，人才管理研究向着人才资源开发、企业人才管理、人才管理部门、知识经济等方向转变。研究者一方面对人才基本问题的思考和研究进一步深化，具有代表性的人才定义也基本形成，但是研究者们越来越感到对创造性劳动所作的原创性界定，限制了人才概念外延的拓展，使社会在使用人才这一概念时产生了诸多不便，使人才定义与多数人的成才努力相脱节。② 部分研究者对人才的内涵和外延进行思考，提出人才是一个统计学的概念；是一个相对概念，而非绝对概念；人才具有社会评价的意义，社会只承认对其有益的知识、技能和意志为衡量人才的标准素质。③ 对人才内涵的思考开始强调时代性、动态性，强调人才所具有的内在素质的重要性。④⑤ 还有研究者从投入产出比的角度，提出了人才定义的新思路⑥。另一方面人才基本问题的主要框架也基本构建起来，对人才概念、人才素质、人才分类与分层、人才结构等问题的讨论逐渐成为人才基本问题的主要构成部分。

---

① 具体内容可详见雷祯孝、蒲克发表的《应当建立一门"人才学"》，王通讯、雷祯孝发表的《试论人才成功的内在因素》，张健发表的《论教育与人口、人手和人才的关系》，周冠生发表的《人才学初探》，雷祯孝发表的《一门新兴的学科——人才学》，王通讯发表的《谈谈自我成才的思想战略》。

② 李维平：《对人才定义的理论思考》，《中国人才》2010年第12期，第64-66页。

③ 黄津孚：《人才是高素质的人——关于人才的概念》，《中国人才》2001年第11期，第31页。

④ 罗洪铁：《"人才"含义之商榷》，《人才开发》2000年第7期，第24-25页。

⑤ 罗洪铁：《再论人才定义的实质问题》，《中国人才》2002年第3期，第23-24页。

⑥ 详细内容可见杨开显发表的《投入产出比：人才定义的新思路》。

三、完善阶段（2003年至今）

在完善阶段，对人才基本问题的探讨逐步深入和完善。随着2003年第一次全国人才工作会议的召开，学术界对人才内涵的探讨逐渐趋向统一。根据2011年12月29日发布的《关于批准发布GB/T 13745—2009〈学科分类与代码〉第1号修改单的公告》，在"840社会学"下新增二级学科"人才学"，并设立"人才统计学"三级学科，代码为"8407220"。研究者开始将研究的重点逐渐转向人才的素质、人才分类与结构等主题。在人才素质方面，研究者普遍认识到，人才素质是一个由多要素、多层次、多方面所构成的系统。①② 不同研究者基于不同的视角对人才素质的构成及某些特定素质进行了深入探讨，如房国忠、王晓钧，徐小洲、叶映华，李锋、尹洁，李慧敏等人对创新型人才、领军人才、领导人才、复合型人才、创业人才的素质进行了研究③；王章豹、樊泽恒，王开田、胡晓明，朱雨欣、胡家琪，范德华，张燕等人对工程师、会计人才、外语人才、社会工作人才、旅游人才、文化创意人才不同职业群体的素质进行了研究④。在人才分层分类方面，叶忠海、郑其绪等人根据人才的知识结构、思维特征、性格特征等对人才进行了层次与类型的划分⑤。在人才结构方面，研究者聚焦人才结构与产业结构相适应，赵光辉、高子平等研究者基于劳动经济、区域经济、人口流动等相关理论，对人才结构调整的模式进行了深入研究⑥。

---

① 黄津孚：《人才是高素质的人——关于人才的概念》，《中国人才》2001年第11期，第31页。
② 郑其绪：《微观人才学概论》，党建读物出版社，2013，第23页。
③ 具体内容可详见房国忠、王晓钧发表的《基于人格特质的创新型人才素质模型分析》，徐小洲、叶映华发表的《创新型人才的素质结构与生成转化机制》，李锋、尹洁发表的《基于层次分析法的复合型人才综合素质评价体系研究》，李慧敏发表的《科技领军人才成长的素质特征与培育路径探析》。
④ 具体内容可详见王章豹、樊泽恒发表的《试论大工程时代卓越工程师大工程素质的培养》，王开田、胡晓明发表的《高素养会计人才的素质与能力结构探析》，朱雨欣、胡家琪发表的《社会工作人才素质指标体系初探——以西部农村为考察对象》，范德华发表的《论旅游人才素质结构》，张燕、王晖、蔡娟娟发表的《文化创意人才素质测评指标体系的构建研究》。
⑤ 具体内容可详见叶忠海主编的《新编人才学通论》（2013年版），叶忠海、郑其绪总主编的《新编人才学大辞典》。
⑥ 具体内容可详见赵光辉发表的《人才结构与产业结构互动的一般规律研究》，高子平发表的《人才结构与产业结构协调性研究：以上海市信息产业为例》。

第三节　人才基本问题研究的观点

本部分回顾并分析 1979—2022 年关于人才问题研究的若干篇重点文献，梳理人才基本问题研究的观点（见图 1-1）。

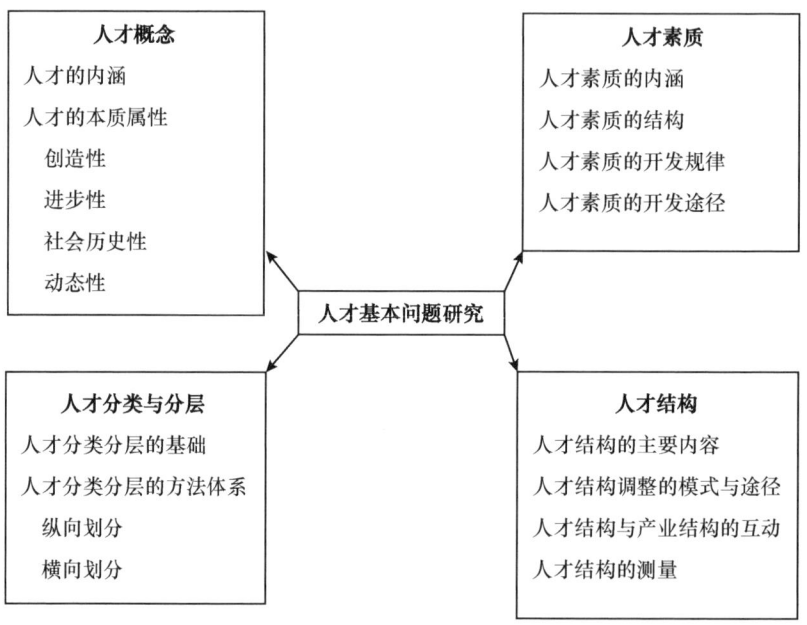

图 1-1　人才基本问题研究框架图

资料来源：作者整理。

一、人才概念

自 20 世纪 70 年代末至 80 年代初提出建立人才学以来，专家学者对"人才"基本概念进行了广泛深入的讨论。

雷祯孝、敢峰、王通讯等人首先提出并探讨了人才定义问题。雷祯孝和蒲克在《应当建立一门"人才学"》一文中指出，人才"是指那些用自己的创造性劳动效果，对认识自然改造自然，对认识社会改造社会，对人类进步做出了某种较大贡献的人"①。这个人才定义首次揭示了人才的三个

---

① 雷祯孝、蒲克：《应当建立一门"人才学"》，《人民教育》1979 年第 7 期，第 21-26 页。

重要特征：一是人才的劳动性质的创造性，而不是模仿性和重复性劳动；二是人才的劳动价值的超常性，比一般人的贡献较大；三是人才作用的进步性，对人类进步起促进作用，而不是阻碍作用。1981年，王通讯也对人才的定义作了阐述，认为"人才就是为社会发展和人类进步进行了创造性劳动，在某一领域、某一行业或某一工作上做出较大贡献的人"①。这个定义在强调人才创造性、较大贡献性、进步性特征的同时，还特别强调了人才存在于各行各业，揭示了人才的广泛性，这就为以后"大人才观"的提出奠定了基础。1983年，叶忠海等人在《人才学概论》中指出："人才，是指那些在各类社会实践活动中，具有一定的专门知识、较高的技能和能力以自己的创造性劳动，对认识、改造自然和社会，对人类进步做出了某种较大贡献的人。"这个定义重点补充了人才的素质特征，强调了人才创造性劳动存在于各类社会实践活动中，揭示了创造的广泛性和实践性。② 总体来看，对人才概念的研究主要包括以下几类主要观点。一是从"创造性"角度来定义人才，认为人才是用"创造性劳动"为人类进步或社会发展做出贡献的人。③ 二是以"才能"来定义人才，认为人才是"才能较高的人""才能获得高度发展的人"④。三是以"价值""贡献"来定义人才，认为人才是"对社会做出较多贡献的人"⑤。在人才定义的大讨论中，钱学森、谈家桢、吴明瑜等一些科学家也对"什么是人才"发表了看法。他们强调人才的广泛性、多样性，认为在广大人民群众中包括工农群众在内，同样有大量的人才。⑥ 具体研究者对人才内涵的讨论内容汇总，见表1-2。

---

① 王通讯：《谈谈自我成才的思想战略》，《科学学与科学技术管理》1981年第2期，第12-13页。
②⑥ 邱永明：《人才定义大讨论及其成果的价值》，《人才资源开发》2009年第3期，第13-15页。
③ 具体内容可详见王通讯发表的《谈谈自我成才的思想战略》，王通讯、雷祯孝发表的《试论人才成功的内在因素》，周冠生发表的《人才学初探》，雷祯孝发表的《一门新兴的学科——人才学》。
④ 具体内容可详见周冠生发表的《人才学初探》。
⑤ 具体内容可详见张健发表的《论教育与人口、人手和人才的关系》。

表1-2　　　　　　　人才学兴起之初研究者对人才内涵的讨论

研究者	时间	内涵
雷祯孝、蒲克	1979年	人才是指那些用自己的创造性劳动效果，对认识自然改造自然，对认识社会改造社会，对人类进步做出了某种较大贡献的人
张健	1979年	人才是指少数天才和对社会做出较多贡献的专门人才
周冠生	1980年	人才（gifted person）是指在各种活动领域中有创造性表现而其才能获得高度发展的人。人才与天才（genins）不同，天才是指幼而早慧，其一生的活动和作品对人类社会和科学文化发生过深远影响的人
雷祯孝	1980年	狭义而论，人才作为个体，指那些以自己的创造性劳动效果，对认识自然、改造自然，认识社会、改造社会，对人类进步做出了某种较大贡献的人。广义而言，无论哪个时代，无论是在物质文明或精神文明的生产中，人才都是指为满足社会需要而正在从事创造性劳动的那样一些人
李又华、王桂藏	1980年	凡是经过一定的专业训练，学有所长都可以统称为人材。人材与物材不同，物材一经使用就定型了，直到服务年限期满报废为止。而人材在使用过程中是发展的，使用也是学习和训练，而且是更重要的学习和训练，可以继续增长才干。其中有些优异超群者，可能发展为人才
倪平	1980年	可分为一般人才和拔尖人才两种。凡从事物质生产和精神文明方面大体能适应和胜任其所担任的工作，有一定才能，但没有突出成就、无创见和发明者，这是普通人才。拔尖人才是指在社会科学和自然科学的研究中，从事创造性劳动，在某些方面取得突出成就，即有所发现有所发明有所突破，从而推动社会前进，促进生产力发展者
中国人才学首届全国学术讨论会	1980年	人才是指创造性劳动效果和对社会进步做出了某种较大贡献的人。所谓贡献，是指它的生产价值超出了社会平均水平，谁超出得越多，贡献就越大。谁的能力越强，水平也就越高，人才就越突出

资料来源：作者整理。

1991年，王通讯进一步将人才定义为"在一定社会历史条件下，能以其创造性劳动，对社会或社会某领域的发展做出某种较大贡献的人"[①]。

---

① 王通讯主编《人才学大辞典》，四川科学技术出版社，1991，第2页。

1990年到1992年，复旦大学出版社出版了一套具有代表性的"人才学教学丛书"，其中叶忠海主编的《普通人才学》将人才定义为"在一定社会条件下，能以其创造性劳动，对社会或社会某方面的发展做出某种较大贡献的人"，基本上沿用了王通讯在其主编的《人才学大辞典》中对人才的定义。这个人才定义在继承和保留了人才学初创时期诸多人才定义精华的基础上，将研究者讨论的人才时代性特征用"在一定社会条件下"这个限制词补充到了人才定义中，这是历史唯物主义的人才观。至此，人才的社会历史性、创造性、进步性三个本质属性在人才学界得到了多数学者的认同，人才学中具有代表性的人才定义也基本形成。

总体来看，目前研究者对人才概念有以下几点共识。一是创造性，即强调人才劳动是创造性劳动。[1][2][3][4][5] 二是进步性，即强调人才劳动的贡献，人才对社会发展和人类进步起到了某种推动作用、积极进步作用。人才的贡献有全领域的，更多的是专门领域的，人才贡献也是相对而言的。三是社会历史性，即强调随生产关系、社会形态的推进，人才的内涵和外延也在改变。[6] 人才劳动是在"一定社会历史条件下"，不同历史时期和社会形态下，人才劳动的创造性、进步性的内涵是不同的。[7][8] 四是动态性，在一定条件下，不同类型和层次之间的人才可以转化，非人才可以成为人才，人才也可能成为非人才。[9][10]

二、人才素质

（一）人才素质的内涵

"素质"长期以来被视为心理学的范畴，20世纪80年代，研究者开始对人才的素质进行研究。[11] 人才素质，是以一定的质量和速度从事和完成

---

[1] 王通讯:《时代的骄子——具有创造才能的人》,《父母必读》1985年第1期,第8-9页。
[2][7][9] 王通讯:《人才学大辞典》,四川科学技术出版社,1991,第2页。
[3] 王通讯:《人才学通论》,中国社会科学出版社,2001,第2页。
[4] 叶忠海主编《人才学基本原理》,蓝天出版社,2005,第1-2页。
[5][8][10] 叶忠海主编《新编人才学通论》,党建读物出版社,2013,第134页。
[6] 王通讯:《人才学大辞典》,四川科学技术出版社,1991,第2-3页。
[11] 具体内容可详见王通讯发表的《家教作风对人才素质的影响》,蒋定国、王宝琛发表的《科技人才的素质、素质陶冶与在职教育》,王玉成发表的《未来领导人才素质发展趋势》,袁贵仁发表的《论人的素质》。

创造性实践活动的内在根据。人的素质是人的各种属性、特性在现实的人身上的具体实现（包括它们所达到的质量和水平），这是人从事各种活动所必须具备的主体条件。

对人才素质内涵的探讨主要有三种观点：一是前提论，认为素质是人才能力形成和发展的自然基础，离开这个基础，人才的能力就无从发展。素质本身不是能力，也不能立即决定一个人的能力，而是仅提供一个人能力发展的可能性。二是结果论，认为素质是人才在环境的影响下，经过学习和实践所形成的素养。① 三是综合论，认为素质是先天素质和后天素质的综合，既包含人出生时已经具有的素养，也包括出生后在一定的环境影响下，通过教育和社会实践所形成的综合素养。②

近年来，研究者对综合论渐成共识，认为人才素质是先天遗传属性和后天习得属性的有机统一。③ 此外，研究者还认为，人才素质是个别性与集合性（或者个性与共性）的统一、相对稳定性和动态变化性的统一。④

（二）人才素质的结构

人的素质是一个由多要素、多层次、多方面所构成的系统。⑤⑥ 不同研究者从不同的角度对人才素质的结构要素进行了概括，这些要素都有着丰富的内涵，不但其内部可以分为不同的层次，而且相互之间还有着错综复杂的联系。⑦

对人才素质结构的研究，大致可以分为两大类。

第一大类是研究人才素质的整体结构，分析人才素质相互联系、相互作用的关系。

多数研究者将人才素质分为生理素质系统和心理素质系统。⑧ 生理素

---

① 叶忠海、郑其绪总主编《新编人才学大辞典》，中央文献出版社，2015，第40页。
② 陈志尚、陈金芳：《关于人的素质的两个理论问题》，《北京大学学报：哲学社会科学版》2000年第4期，第47-54页。
③④ 叶忠海主编《新编人才学通论》，党建读物出版社，2013，第134页。
⑤ 黄津孚：《人才是高素质的人——关于人才的概念》，《中国人才》2001年第11期，第31页。
⑥ 郑其绪主编《微观人才学概论》，党建读物出版社，2013，第23页。
⑦ 具体内容可详见张楚廷发表的《素质：人的内在之物》，黄津孚发表的《人才是高素质的人——关于人才的概念》，陈志尚、陈金芳发表的《关于人的素质的两个理论问题》，张大均发表的《论人的素质》，郑其绪主编的《微观人才学概论》。
⑧ 郑其绪主编《微观人才学概论》，党建读物出版社，2013，第26页。

质系统是人才成长和发展的物质基础，包含人体器官及功能、人体组织及结构、人体生理活动及规律、人体健康与寿命等因素。身体素质就是通过速度、灵敏度、力量、耐力等表现出来的人体机能。心理素质是建立在人的心理、意识和精神运行机制基础上的素质体系，主要是在生理素质的基础上通过后天实践而形成；心理素质可以进一步分为智能因素与非智能因素。在人才成长过程中，生理素质和心理素质两大系统相互联系、相互制约、相互作用，共同构成人才素质系统。

也有研究者在此基础上，对人才素质系统进一步细分，分析其形成的过程及在成才过程中发挥的不同作用。例如，陈志尚等将人才的素质分为自然素质、社会素质、职业素质三个层次。自然素质是指人生来就有的生理素质和心理素质，是人才素质的初级层次。社会素质[①]是指人在自然素质的基础上，进一步通过后天的学习与实践而形成的素质；社会素质是自然素质的提高和发展，是每个社会成员所必备的基本素质，是人才素质的高级层次。职业素质[②]（或专业素质）是指人在自己所从事的职业（即完成自己所承担的专业工作中），作为实践主体所表现出来的活动质量和水平。职业素质是社会素质基础上的进一步提高和深化，集中体现了人的素质的整体质量和水平。职业（专业）工作是人才一生的主要实践活动，职业素质的状况是人的自然素质和社会素质能否转化为能力，能否实现其自我价值和社会价值的主体条件，是人才素质的最高层次。

对人才素质的第二大类研究主要是就某类人才的素质，或者人才的某类素质进行了深入探讨。例如，对创新型人才、领军人才、领导人才、复合型人才、创业人才的素质的探讨[③]，对不同职业群体（工程师、会计人

---

① 包含思想政治道德素质、科学文化素质、身体素质、审美素质、情感素质和劳动实践素质六个方面。
② 包括完成任务所必须具备的专业知识和技能、职业道德、职业审美、职业情感、特殊的政治素质或身心素质、职业转换的适应能力等。
③ 具体内容可详见房国忠、王晓钧发表的《基于人格特质的创新型人才素质模型分析》，徐小洲、叶映华于2012年发表的《创新型人才的素质结构与生成转化机制》，李慧敏发表的《科技领军人才成长的素质特征与培育路径探析》，李锋、尹洁发表的《基于层次分析法的复合型人才综合素质评价体系研究》。

才、外语人才、社会工作人才、旅游人才、文化创意人才等）的素质的探讨①，对人才的创新素质、领导素质、跨文化素质的探讨，等等。研究结果因研究主题的不同各有差异。

(三) 人才素质的开发规律与途径

大多数研究者认为，人的素质生成、发展有其内在的规律性，总体上呈现为螺旋上升的发展形式。②③

郑其绪将人才素质的开发过程分为三个阶段：人才素质形成阶段、劳动性质改变阶段和社会承认阶段。④人才素质开发以劳动者先天素质为基础，在环境、教育、实践活动等因素的影响下，通过自己主观能动性的发挥，使素质由量变到质变；素质的质变会改变劳动的性质，即由重复性劳动上升为创造性劳动，并取得创造性劳动成果。劳动者的创造性劳动成果得到社会认可后，就进入人才行列并开始第二轮循环（见图1-2）。

这种螺旋式上升的素质形成过程得到了很多研究者的支持。王为民总结了多个研究的成果后指出，主体（人）的素质的生成、发展与提高的规律可以用三级循环及螺旋式上升运动来概括：第一级，素质的形成；第二级，素质的演进；第三级，素质的合理化。⑤这就是主体素质的第一层级的循环模式，在这一模式下，又形成新的主体素质，并在此基础上又进行新的演进、提高，不断地循环下去，而且每一次的循环较上一级的循环都是一次新的飞跃，这就是螺旋式的上升运动。这种循环不是第一轮活动的简单重复，而是螺旋式上升的发展。人才层次的提高就是在这种螺旋式上升的发展过程中实现的。王为民认为，人的素质生成与发展的过程是一个内化与外显统一的过程。⑥作为一个人的内在之物的素质，它又是通过人的活动外显为人的行为。但作为人的素质的这些内在之物是不可能在瞬间

---

① 具体内容可详见王章豹、樊泽恒发表的《试论大工程时代卓越工程师大工程素质的培养》，王开田、胡晓明发表的《高素养会计人才的素质与能力结构探析》，丛明才发表的《论培养具备关键素质的复合型外语人才》，朱雨欣、胡家琪发表的《社会工作人才素质指标体系初探——以西部农村为考察对象》，范德华发表的《论旅游人才素质结构》，张燕、王晖、蔡娟娟发表的《文化创意人才素质测评指标体系的构建研究》。
②⑤⑥ 王为民：《人的素质问题研究述评》，《求实》2000年第9期，第17-20页。
③ 郑其绪主编《微观人才学概论》，党建读物出版社，2013，第37页。
④ 郑其绪主编《微观人才学概论》，党建读物出版社，2013，第51页。

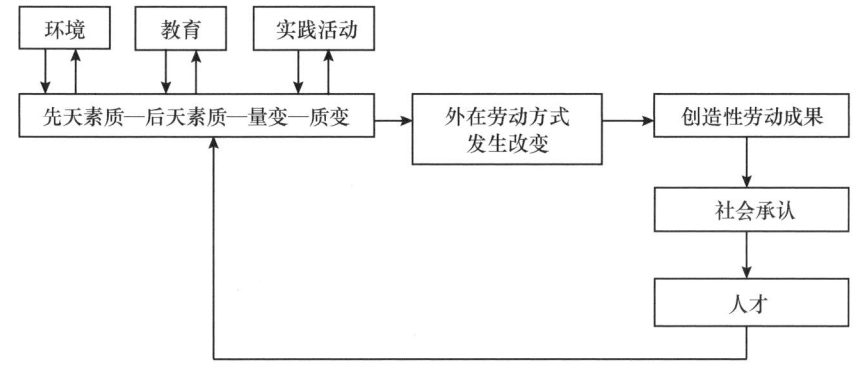

图 1-2 人才素质形成过程图

资料来源：郑其绪主编《微观人才学概论》，党建读物出版社，2013，第 53 页。

获得，而是一个相对较长的内化过程。

三、人才分类与分层

人才分类与分层是人才研究的重要领域。研究人才的类型和层次，有助于更好地把握人才的内涵和外延，加深对人才本质属性和重要特征的认识，是建立人才学科理论体系的起点[①]；同时，人才分类也是人才分类管理和开发的基础。

（一）人才分类分层的基础

人才的分类分层是在经济社会发展演化的过程中逐步形成的。人才类型与层次是历史的产物，随着社会分工的产生而产生，并随着社会分工的发展而发展。[②] 一方面，人才类型与层次随着社会分工的发展越分越细；另一方面，随着社会分工的发展，不同类型与层次人才之间又相互交叉和结合，形成了多序列、多层次、动态变化的社会人才类型层级体系。不同类型与层次人才均在社会人才类型层级总体系中有其一定的客观地位。人才类型与层次呈现出历史性、复杂多样性与客观性特征。[③]

创造实践活动是人才分类分层的实践基础。创造实践活动的领域决定

---

① 叶忠海主编《新编人才学通论》，党建读物出版社，2013，第 18 页。
②③ 叶忠海主编《新编人才学通论》，党建读物出版社，2013，第 134 页。

了人才的类型，创造实践活动的复杂程度和水准决定了人才的层次。叶忠海指出，对人才的分类，要根据人才（成才主体）的创造实践活动的领域和内在素质（能质）来划分；对人才分层，要根据人才（成才主体）的创造实践活动的复杂度、难度和内在素质（能级）来划分；人才的内在素质既包括自然的素质，也包括社会化的素质。①

（二）人才分类分层的方法体系

人才分类分层是相对的、"亦此亦彼"，不能绝对化、"非此即彼"。但是，较为常见的分类方法也是在一段时期内相对稳定的。社会分工、素质水平高低、贡献大小是最为常用的分类标准。目的不同，人才分类分层的方法和体系也各有侧重。较为完善的分类分层方法体系中，类型的划分产生人才横向序列，层次的划分产生人才纵向层次，有的方法还会将分类与分层结合起来。研究中较为常见的分类分层方法包括以下几种类型。

（1）根据成才过程进行纵向划分。20世纪80年代，人才学研究刚兴起之时，研究者普遍认为，人才有"显"与"潜"之分。显人才是显露之才。潜人才与显人才的共同点是，他们都以创造性劳动，为社会发展、人类进步做出了较大贡献；不同点在于，潜人才尚未得到社会承认，显人才获得了社会承认。社会承认是潜人才与显人才的分界线。②还有研究者在此基础上增加了准人才的划分，准人才是具备人才素质、基本适应某项工作但尚未进行创造性劳动的人才。③按人才成长过程纵向划分人才，如图1-3所示。

（2）根据才能高低和贡献大小进行纵向划分。通常分为一般人才与杰出人才。一般人才是指对社会某方面做出某种较大贡献的人才；杰出人才是指对社会或社会某方面做出较大贡献的人才，如科学家、发明家、艺术家、思想家、军事家、政治家等。有的研究者在此基础上对杰出人才进行进一步细分，如增加一类"伟大人才"，即对社会或社会某方面做出划时代贡献的人才，又称"历史级人才"（有的研究者也称"天才"）。

（3）根据人才内在素质进行划分。有的研究者根据人才的某一种特征

---

①③ 叶忠海主编《新编人才学通论》，党建读物出版社，2013，第134页。
② 王通讯、叶忠海、于文远、彭文晋、覃世远：《人才学基本名词注释——（人才分类与人才成长部分）》，《人才研究》1988年第5期，第29-32页、第26页。

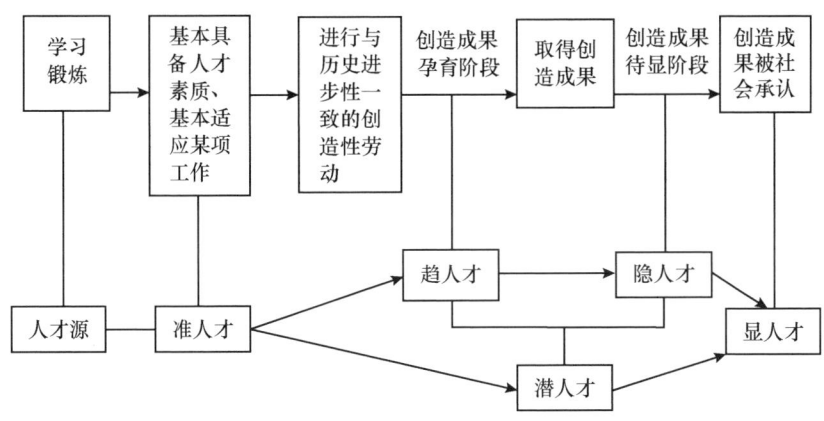

图1-3　按人才成长过程纵向划分人才

资料来源：叶忠海主编《新编人才学通论》，党建读物出版社，2013，第134页。

进行划分，被称作"一维分类法"①②。例如，按照人才知识结构，将人才分为"一型人才"（平式结构人才）、"I型人才"（纵式结构人才）、"T型人才"、"π型人才"。③④ 又或者按照人才的创造性、创新性，分为创新型人才与非创新型人才；按照人才的思维方式，分为自觉型人才、艺术型人才、逻辑型人才；等等。⑤ 有的研究者根据人才的某两种特征进行划分，被称作"二维分类法"⑥⑦⑧。例如，根据人才的思维特征（线性与系统）和性格特征（内向与外向），将人才分为性格外向的线性思维人才、性格外向的系统思维人才、性格内向的线性思维人才、性格内向的系统思维人才等。还有研究者根据知识广度（专门与通用）与水平（高中低）两个维度，将人才分为高层次专才、中层次专才、低层次专才、高层次通才、中层次通才、低层次通才。⑨

（4）根据社会分工进行横向划分。早期人才分类研究，强调一般不以产业分工、职业分工作为分类标准，而是以知识结构、智力结构、个性特

---

①⑥　王通讯：《人才学大辞典》，四川科学技术出版社，1991，第8页。
②④⑤⑦⑨　叶忠海主编《新编人才学通论》，党建读物出版社，2013，第134页。
③　王通讯、叶忠海、于文远、彭文晋、覃世远：《人才学基本名词注释——（人才分类与人才成长部分）》，《人才研究》1988年第5期，第29-32页、第26页。
⑧　叶忠海、郑其绪总主编《新编人才学大辞典》，中央文献出版社，2015，第18页。

征、思维特征、行为特征等作为分类标准。① 随着人才实践工作的深入开展，人才分类与职业分类逐步融合、借鉴。

四、人才结构

结构是要素与系统之间的联系形式。人才结构是人才系统内部各要素的排列组合方式。② 人才系统具有多重含义，既包含人才个体也包含人才群体。人才结构可以分为人才个体结构、人才群体结构与人才社会结构。研究者普遍认为，人才结构与人才功能统一于人才系统中，人才结构决定人才功能，人才功能影响人才结构。③ 研究者认为，人才结构主要包含人才的产业结构、地区结构、城乡结构、所有制结构等。④

目前研究集中在人才的群体结构和社会结构上，主要关注人才结构的划分、评价与调整优化。⑤

（一）人才结构调整的模式与途径

对人才结构的研究主要视角为人才结构调整，即如何从不合理结构调整为适应经济社会发展趋势的合理结构。⑥⑦ 人才结构的调整，是指根据经济社会发展的客观要求，科学合理地分配人才于不同的产业和部门，使其实现与生产资料的合理结合，充分发挥人才作用的过程。⑧ 对人才结构调整的研究多数以劳动经济、区域经济、人口流动等相关理论为基础。

人才结构调整的模式，比较有代表性的有三种：一是计划配置，也称行政强制性配置，即依据有关职能行政部门制订的计划，按一定的比例分配劳动者，将人力资源配置到各部门、各机构；二是市场配置，即通过市

---

① 王通讯、叶忠海、于文远、彭文晋、覃世远：《人才学基本名词注释——（人才分类与人才成长部分）》，《人才研究》1988年第5期，第29-32页、第26页。
② 叶忠海主编《新编人才学通论》，党建读物出版社，2013，第134页。
③ 吴中伦、陈万明：《构建区域人才结构评价指标体系 推动区域经济可持续发展》，《中国人才》2009年第5期，第17-20页。
④⑥⑧ 赵光辉：《人才结构与产业结构互动的一般规律研究》，《商业研究》2008年第2期，第34-39页。
⑤ 具体内容可详见罗文标、黄照升发表的《产业结构与人才结构互动研究》，杨益民发表的《人才结构与经济发展协调性分析的指标及应用》，赵光辉发表的《人才结构与产业结构互动的一般规律研究》，张延平、李明生发表的《我国区域人才结构优化与产业结构升级的协调适配度评价研究》。
⑦ 高子平：《人才结构与产业结构协调性研究：以上海市信息产业为例》，《中国行政管理》2010年第7期，第84-87页。

场机制，通过报酬杠杆调节人力资源供求关系，实现劳动者与各种组织的相关配合；三是计划与市场相结合的综合型配置，它是一定计划机制条件下的市场配置，或一定市场机制条件下的计划配置。①

人才结构调整的实现途径主要有两种。一种是社会新成长起来和未从事过经济活动的劳动人口的初次就业。人才结构的调整现状与变化，实际上反映着各种就业岗位上的劳动力供求关系及其变化，人才结构的调整对收入分配关系也有一个反作用和调节矫正的作用。另一种是原已从事经济活动的劳动者或待业者重新择业，即劳动者的转移与流动。每一种就业岗位的专门技术对其他劳动者的流入起着很大的阻碍作用，通过这条途径重新配置人才也就有很大的难度。②

(二) 人才结构与产业结构的互动

人才结构与地区产业发展有着相互促进、相互制约的关系，这种关系主要体现在两个方面。一方面，人才结构是产业结构调整的依据，高素质的人才有助于提高经济系统的产出，有助于引导一般性资源流向高技术产业，有助于高新技术产业的发展③；另一方面，人才结构的调整受产业结构的制约，人才结构的发展要与产业结构的变动相互适应，人才结构的形成要为产业的发展服务④。从区域经济发展的理论来看，一个地区的人才结构只有符合该区域的产业结构才能产生巨大的经济效益。

目前，在人才结构与产业结构互动方面的研究中，产生的具有代表性的观点有以下几个。

区域人才状况是区域产业发展和结构调整的决定性因素。人才结构是产业结构调整的基础。⑤ 从技术密集型产业向知识密集型产业转换，人才的创新能力是重要的因素。知识作为要素直接投入生产过程，人的创造力和智力在生产过程中直接物化在产品中，形成高额的附加值，人才的质量水平是决定这个转化得以成功的关键。目前，不同国家和地区在产业结构

---

①② 赵光辉：《人才结构与产业结构互动的一般规律研究》，《商业研究》2008年第2期，第34-39页。

③⑤ 高子平：《人才结构与产业结构协调性研究：以上海市信息产业为例》，《中国行政管理》2010年第7期，第84-87页。

④ 杨益民：《人才结构与经济发展协调性分析的指标及应用》，《安徽大学学报：哲学社会科学版》2007年第1期，第118-123页。

上存在着较大的差异，其重要原因是各国或各地资源供给结构存在着差异。在现行的政治格局和法律框架下，人口大规模的跨国迁移几乎不可能发生，发达国家的人口一般也不愿意流向发展中国家，发达国家将在相当长时间内拥有优于发展中国家的高素质人才。人才的难以流动性及不同国家和地区人才的差异性决定了全球范围或者是全国范围的产业布局将以不同质量和数量的人才分布为基础，人才将主导一般性资源的流动。

高素质的人才是催生高技术及高技术产业的关键。高素质的人才不仅有助于提高经济系统的产出，而且有助于催生高技术及高技术产业，引导一般性资源流向高技术产业，促进高技术产业的成长。发展中国家在发展本国或本地经济时，也需要不断吸收发达国家和地区科学技术，并在此基础上实现产业结构的转换，而地区拥有的人才质量则决定了对科学技术的吸收能力以及在吸收基础上的二次创新能力。在世界范围内，经过对人才持续不断的开发，高素质人才的广泛使用，人才中人的知识、智力、创造力正以直接生产要素的身份进入生产活动，使劳动生产率大幅提高，新兴产业迅速增加，传统产业焕发生机。各国经济发展的历史证明，正是人才开发的深化，科学技术和生产力的发展，推动着产业结构的不断调整和升级。

产业结构的地区性差异，要求重视地区性的人才开发和人才合理流动机制的构建。从国际上产业结构调整的过程来看，产业结构调整具有产业传递性的特点。从动态上看，由于各地区经济发展水平及所处的阶段不同，各地的产业结构会随着经济的发展而出现传递和变动的情况，从而各地区的产业结构会出现动态的非一致性。因此，一方面，要求各地区根据本地区的产业特点，对人才进行统一规划、合理开发，提高质量，使产业发展立足于本地人才的基础之上；另一方面，要求建立人才的合理流动机制，促进人才跨地区合理流动，在综合考虑本地的人才需求和供给的基础上，在全国甚至全球范围内与其他地区进行人才开发合作，积极引进高新技术人才资源，不断提高产业竞争力。

（三）人才结构的测量

人才结构与产业结构的协调性是考察人才结构效能和产业经济可持续发展的重要维度，因此，一些研究者基于不同视角构建了人才结构测量方法或指数。这些指数或测量方法，主要分为以下两大类。

(1) 计算人才结构与产业结构偏离的程度。徐颂陶等人提出了"行业人才结构偏离率"和"人才结构偏离数"的概念及其计算方法。① 行业人才结构偏离率是指人才的专业结构与社会经济结构的偏离程度，以人才所从事的行业结构对人才所学的专业结构的偏离率来表示，其计算公式为：

$$P_i = \frac{|A_i - B_i|}{A_i} \times 100\%$$

其中，P_i 表示 i 行业人才偏离率，A_i 表示 i 行业的人才量，B_i 表示 i 行业中对口专业的人才量。在计算出各行业人才结构偏离率的基础上，再对各个 P_i 加总平均，则得出总的行业人才结构的偏离率。其计算公式为：

$$P = \sum_{i=1}^{n} P_i / n$$

其中，P 表示总的行业人才结构偏离率，n 为行业数。

杨益民等人提出了"人才结构偏离度指标"②。该指标借鉴了就业结构偏离度概念和就业偏离度系数的原理③，提出产业专业人才结构偏离度计算公式：

产业专业人才结构偏离度 =（GDP 产业构成比/专业人才产业构成比）-1

根据公式，如果 GDP 产业构成和专业人才产业构成是完全协调的，则 GDP 产业构成比与专业人才产业构成比的比值应该是 1，产业专业人才结构偏离度就为 0。若偏离度系数变化趋向于 0，说明两个指标的协调性得到改善，是相互促进的；反之，偏离度系数偏离 0 越远（正值越大、负值越小），说明两个指标间的协调程度越差，即两者的结构不能互相匹配、不能满足相互的需要。

高子平在此基础上，进一步将人才结构偏离度进行产业内细分测量，并提出"总偏离系数"的概念④，将三次产业人才结构偏离度进行加总，

---

① 徐颂陶、王通讯、叶忠海主编《人才理论精萃与管理实务》，中国人事出版社，2004，第58-60页。
② 杨益民：《人才结构与经济发展协调性分析的指标及应用》，《安徽大学学报：哲学社会科学版》2007年第1期，第118-123页。
③ 根据"赛尔奎因-钱纳里结构变动模式"的基本思想，不同的经济发展水平下的国家，其就业结构与产值结构应保持合理的比例，超出这一比例的程度被称为就业结构偏离度。
④ 高子平：《人才结构与产业结构协调性研究：以上海市信息产业为例》，《中国行政管理》2010年第7期，第84-87页。

得出人才结构的总偏离度，计算公式为：

总偏离系数＝|第一产业偏离度|＋|第二产业偏离度|＋|第三产业偏离度|

（2）计算人才结构与产业结构的耦合程度。如吴中伦等人提出了"人才结构和谐度"概念，人才结构和谐度指的是人才结构与经济结构之间的匹配程度，其计算公式为：

人才结构和谐度＝GDP 构成比/人才构成比

根据公式，如果人才结构与经济结构是完全协调的，则 GDP 构成比与人才构成比的比值应该是 1，人才结构和谐度就为 1；若和谐度系数变化趋向于 1，说明两个指标的协调性得到改善，是相互促进的；反之，和谐度系数距离 1 越远（正值越大、负值越小），说明两个指标间的协调程度越差，即两者的结构不能互相匹配、不能满足相互的需要。

张延平等人基于协同学理论，构建了区域人才结构优化与区域产业结构升级耦合的复合系统，将区域人才结构优化的 4 个时序环节（区域人才投入、生成、配置及效能发挥）与区域产业结构升级两个导向维度耦合对接提取复合系统序参量，形成协调适配度评价指标体系，采用功效函数法进行测算。[①]

第四节　人才研究的实践运用与效果

人才研究界对于人才内涵的探讨经历了由表及里、由浅入深、由特征描述到本质揭示的路径变化，对中国特色和时代特色人才观的形成、构建我国人才基本分类体系、推动人才资源开发产生了积极的影响。

一、形成具有时代特色的人才观

通过一系列理论讨论和宣传，社会方方面面对于"什么是人才""人才在经济社会发展中所处的地位""如何用好人才"等一系列问题达成了共识，"人才是第一资源""人人皆可成才""以人为本"的观念深入人心。理论界对人才基本问题的研究在中国特色的人才观建立和形成过程中

[①] 张延平、李明生：《我国区域人才结构优化与产业结构升级的协调适配度评价研究》，《中国软科学》2011 年第 3 期，第 177–192 页。

发挥了重要的作用。①②

2003年年底出台的《中共中央 国务院关于进一步加强人才工作的决定》明确指出："只要具有一定的知识或技能，能够进行创造性劳动，为推进社会主义物质文明、政治文明、精神文明建设，在建设中国特色社会主义伟大事业中做出积极贡献，都是党和国家需要的人才。"2010年发布的《国家中长期人才发展规划纲要》又进一步明确，人才"是指具有一定的专业知识或专门技能，进行创造性劳动并对社会做出贡献的人，是人力资源中能力和素质较高的劳动者"。这个概念强调了人才的专业性、创造性、价值性等本质特征。中国特色的社会主义人才观是中国特色社会主义理论的重要内容。在人才发展理念上，树立人人可以成才的科学人才观。坚持走人才强国之路，围绕实施人才强国战略推动人才发展。根据国家整体发展需要，确立人才优先发展战略。人才价值实现是人才发展的内在要求，坚持人才以用为本，通过制度创新积极发挥人才作用。③④

二、构建人才基本分类体系

新中国的人才分类源于干部人事统计制度。新中国成立初期，我国确立了按身份对从业人员进行管理的人事管理模式，分别建立了干部人事管理和劳动管理两种不同的模式。改革开放后人事管理制度改革的首要任务就是废除身份制与"官本位"人事管理模式，以"职业人"管理模式代之。公务员制度、领导干部管理制度（包含国有企业干部管理制度和事业单位干部管理制度）、事业单位专业技术人员管理制度、事业单位管理人员管理制度逐步建立，非公领域以职业为基础的人力资源开发蓬勃发展。21世纪初，为适应加入世贸组织后的新形势、新需求，2002年中共中央办公厅、国务院办公厅印发我国第一个综合性的人才队伍建设规划《2002—

---

① 陈全明、张广科：《科学人才观与我国人才资源能力建设》，《管理世界》2006年第9期，第151-152页。

② 盛德荣、何华征：《三十年与时俱进的中国特色社会主义人才观》，《今日南国：理论创新版》2008年第11期，第18-21页。

③ 郭世田：《中国特色人才观的创新与发展》，《山东社会科学》2012年第5期，第79-81页。

④ 胡雪梅：《科学人才观与马克思主义人才理论中国化》，《马克思主义与现实》2012年第1期，第162-166页。

2005年全国人才队伍建设规划纲要》，首次提出实施"人才强国"战略，着力建设"党政人才、企业经营管理人才、专业技术人才三支队伍"。2003年，中央召开第一次全国人才工作会议，通过了《中共中央 国务院关于进一步加强人才工作的决定》，再次提出"大力加强以党政人才、企业经营管理人才和专业技术人才为主体的人才队伍建设"。自此以后，结合地方人才工作出现的新动态、新发展和新需求，党中央、国务院发布多份文件，从党和国家层面对人才群体进行总体性、概要性分类，该分类为实施人才强国战略、制定国家人才发展战略规划、推动重点领域人才队伍建设提供了重要基础。2006年发布的《中华人民共和国国民经济和社会发展第十一个五年规划纲要》中提出，实施党政人才培养工程，建设高素质党政人才队伍；实施企业家培养工程，推进企业经营管理人才职业化、市场化；实施专业技术人才知识更新工程和战略高技术人才培养工程，重点培养造就一批科技领军人才、学科带头人和战略科学家；实施高技能人才培养工程，建设高技能人才队伍；加强农村实用人才培养。由此，将人才队伍由三支扩充为五支，即党政人才、企业经营管理人才、专业技术人才、高技能人才和农村实用人才队伍。2010年，我国第一个中长期人才发展规划《国家中长期人才发展规划纲要（2010—2020年）》正式出台，其中提出建设六支人才队伍，即党政人才、企业经营管理人才、专业技术人才、高技能人才、农村实用人才、社会工作人才队伍。继而，全国人才资源统计范围稳定为党政人才、企业经营管理人才、专业技术人才、高技能人才、农村实用人才和社会工作人才六个类型，并沿用至今。

三、加大人才资源开发力度

我国人才资源能力建设着眼于人才总量的增长和人才素质的提高，核心目标在于提高全体人民的思想道德素质、科学文化素质和健康素质；提高全体人民的学习能力、实践能力和创新能力，最终促进人才总量与国家发展的目标相适应、人才素质与经济社会协调发展相适应、人才结构与各项事业全面发展的需求相适应、人才培养机制与各类人才成长的特点相适应。自人才强国战略实施以来，我国人才队伍在规模、质量和效能上不断迈上历史新台阶，人才资源总量显著增加，人才队伍素质显著增强，人才创新创业情况和发展环境显著改善。

一是人才资源总量显著增加。在中共中央宣传部2022年6月30日举行的"中国这十年"系列主题新闻发布会上，中共中央组织部有关负责人介绍，截至2022年6月底，我国人才资源总量已经达到2.2亿人。截至2019年年底，专业技术人才数量达到7 839.8万人；截至2021年年底，全国技能人才总量超过2亿人，其中高技能人才总量超过6 000万人，我国成为全球规模最宏大、门类最齐全的人才资源大国。

二是人才队伍素质整体上升。截至2019年年底，我国主要劳动年龄人口受过高等教育比例达到21.2%，有超过1/5的主要劳动年龄人口接受过高等教育；专业技术人才中本科及以上学历人员比例达到48%，专业技术人才具有高级职称的专业技术人才比例超过了10%。与此同时，技能人才占就业人员总量的比例超过26%，高技能人才占技能人才的比例达到了30%。[1]

三是人才创新效能显著提升，人才国际竞争优势稳步增强。2009年以来，我国科学家和工程师总人数一直高于美国，研发人员规模稳居全球首位，STEM（科学、技术、工程、数学）人才培养不断加强。《2020年全球创新指数报告》显示，我国排名从2015年的第29位快速上升到第14位。化学、材料、工程科学、生命科学等学科领域高水平科学家数量增长迅速排在世界前列。

第五节　人才研究的未来发展趋势

通过分析人才基本问题的研究现状可以看出，就研究内容而言，已经涵盖了从探讨人才的内涵和意义到探索人才素质提升的途径，从分析人才分类分层到测量人才结构等诸多研究领域。可以说，人才基本问题研究已经受到广泛重视并取得了一定成果。但是近年来，相对于其他问题的研究成果，对人才基本问题研究的文献数量很少。可能的解释是，人才工作实践更加复杂多变、对经济社会发展的影响面更广。未来人才基本问题研究可以在以下方面进一步开展。

---

[1] 孙锐：《新时代人才事业的历史性成就与变革》，《人民论坛》2022年第17期，第54-59页。

一、继续深化基本理论研究

（1）深化人才内涵与外延研究。概念是思想的结晶，也是建构的力量。中国特色的人才学科体系建立在概念的基础上，如果没有自己的一系列特有概念，则理论大厦无从建起。① 必须重视对人才基本概念的研究，概念包含内涵和外延两个方面。概念的内涵是指反映在概念中的对象的本质属性或特有属性；概念的外延是指具有概念所反映的本质属性或特有属性的对象，即概念的适用范围。已有对人才概念的研究，以内涵讨论为主，关注的是人才概念质的方面；对人才概念的外延讨论很少，或者将人才的内涵与外延混为一谈，从而导致了一些思想上的混乱和认识上的模糊。当前对人才内涵的探讨尚未能有效回答实践工作中人才的外延问题，即"谁是人才，人才的标准是什么"。目前我们在人才统计中还沿用1982年发布的《国务院批转国家计划委员会〈关于制订长远规划工作安排的报告〉的通知》（已失效）中的专门人才标准，即学历标准（中专或中专以上规定学历者）和职称标准（技术员以上专业技术职务者）。这个标准已经远远不能适应当前我国人才工作的需要。在人才内涵讨论基础上，如何科学界定人才外延，如何设计人才基本分类体系和统计体系，都需要深化理论思考和探索。

（2）深化人才分类分层研究。一方面，常见的六支人才队伍分类方式还存在着分类标准和原则模糊、结构不一致、子类交叉、数据可用度不高等问题，亟须建立科学统计体系，提高人才统计数据的可用性；另一方面，新时代人才工作新理念也需要理论研究的深入。2021年9月，习近平总书记在中央人才工作会议上指出，要加快建设国家战略人才力量，强调要"大力培养使用战略科学家""打造大批一流科技领军人才和创新团队""造就规模宏大的青年科技人才队伍""培养大批卓越工程师"。② 党的二十大报告进一步指出，加快建设国家战略人才力量，努力培养造就更多大师、战略科学家、一流科技领军人才和创新团队、青年科技人才、卓越工

---

① 王通讯：《对当前人才学研究的八点意见》，《中国人才》2002年第9期，第20页。
② 习近平：《深入实施新时代人才强国战略　加快建设世界重要人才中心和创新高地》，《人民日报》2021年9月29日第1版。

程师、大国工匠、高技能人才。① 战略人才力量是新时代人才工作的新理念新提法。这一新理念和新提法蕴含着对人才内涵和外延的思考的变化，迫切需要我们将其与理论研究相结合，推动人才分类分层研究工作向前发展。

二、丰富研究范式和方法

（1）丰富人才概念研究范式。历史、理论与实证是概念研究的三个基本范式。历史研究范式可以使我们对相对较短时间段内的人才概念演化和历史变迁规律做出有深度的解释；实证研究范式则使我们可以以庞大的数据库为基础、以广阔的视野来处理相对较长时间段内的人才概念变化，从而对人才概念或概念群形成较准确的理解。理论研究范式相对较为灵活，它既可以研究既有人才概念，也可以建构新的人才概念；它尽管对历史延革的挖掘较浅，但却可以形成体系化的概念理论。当前，学者一般使用理论研究范式研究人才概念，但是一种概念理论能否为学术界广泛接受，研究者自身的素质至关重要。新建立的概念能否被学术界甚至为社会广泛接受，取决于多种因素的作用，历史上学者们曾经提出过无数概念，能真正留存下来的却只是其中的极少数。对人才概念的历史研究范式，通常以局部来透视整体，只聚焦于相对较短的历史时段，较少进行宏大的历史研究。对人才概念的实证研究范式，得益于数字技术的发展，使得这一类型的研究成为可能，但是目前尚缺乏此类研究。

（2）促进人才理论研究与应用研究相结合。除有一些纯理论的研究（如概念的探析、思想史资料的整理、规律的抽象概括）外，应重点把理论研究和应用研究有机地结合起来。一是理论研究成果运用到具体应用问题领域，如对人才分类问题的研究要应用到人才统计问题研究中。二是以应用研究为切入点，反过来促进相关的理论研究。例如，要研究新兴领域的人才问题，必然要研究这些领域人才的分类、人才成长的规律、发挥作用的特点等基础问题；研究人才立法、人才制度等，必然要进一步研究人才的操作性定义、分类、立法范畴等基本问题。只有把理论研究和应用研

---

① 习近平：《高举中国特色社会主义伟大旗帜　为全面建设社会主义现代化国家而团结奋斗——在中国共产党第二十次全国代表大会上的报告》，中华人民共和国中央人民政府网，2022年10月25日，http://www.gov.cn/xinwen/2022-10/25/content_5721685.htm。

究有机结合起来,才能既使理论研究有驱动力和指向性,也使应用研究有深度、有支撑。①

三、凸显新时代中国特色

(1) 深化新时代人才基本问题研究。从目前的研究发展趋势看,关于人才基本问题的研究在研究方向上正逐步延伸和细化,研究者们正对不同类型的人才(如创新人才、创业人才、高技能人才等)开始进行更有针对性的研究,但是研究总体对时代性关注不足。对于新的发展阶段,在知识化、信息化、全球化背景下,人才基本问题研究有待于进一步深化。时代历史性与动态性是研究者达成共识的人才的基本特点。那么,在新的时代背景下,当下人才的时代理论性与动态性如何体现?创造性有何不同?与之前的时代相比,其独特性是什么?在人才素质、人才分类分层上的体现是什么?在上述的时代背景下,有必要对未来社会人才的特征和价值、人才素质变化、成长发展过程及规律,以及人才开发活动等系列问题深入进行研究。

(2) 为中国特色的人才学科体系奠定基础。围绕"两个一百年"奋斗目标,对人才基本问题的研究要围绕中国式现代化建设,加强相应的人才基本问题的研究。更要注重保持和发扬人才学的中国特色、民族风格和实践品格②,坚持中国文化、中国历史、中国现实、中国学术的视角,为构建中国特色人才科学自主知识体系夯实基础。要立足中国现实,扎根中国大地,结合中国特色社会主义伟大实践,着力打造人才新概念、新范畴、新表述、新理论,形成中国特色的人才学科体系、学术体系。

---

① 钟祖荣:《中国人才学研究四十年回顾与未来发展的思考》,《中国人事科学》2019 年第 6 期,第 54-63 页。
② 叶忠海:《中国人才学发展的历程、成就和展望》,《中国人才》2013 年第 1 期,第 30-33 页。

第 二 章

人 才 学

  人才学作为一门新学科，从 1979 年在我国提出至今已经 45 年。经过多代学者的辛勤耕耘，人才学已成为我国社会科学中一门较为成熟的学科，形成了比较完整的学术体系、学科体系和丰富的学术成果，并在人才强国建设中发挥了重要的学术支撑作用。本章就人才学概念的提出、人才学的历史思想渊源、人才学学科性质与归属、人才学学科体系、人才学学科发展历史与现状、新时代背景下的人才学学科建设 6 个方面进行多角度的阐述和辨析，以期对人才学有一个比较全面的理解。

第一节 人才学概念的提出

一、人才学产生的微观历史叙事

  1979 年年初，在贵州省科技情报研究所，出现了一份自办的油印小报《人才学报》，刊登了毕业于北京大学化学系、在研究所工作的雷祯孝撰写的文章《人才学诞生之缘由》，首先提出了"人才学"一词和创建学科的设想。这个时间点正好是中共十一届三中全会刚刚召开，开启改革开放。所以常常说，人才学伴随改革开放而诞生。同年 5 月 29 日雷祯孝和蒲克在《光明日报》上发表文章《人才、规律、制度》，指出人才的形成和发展是有规律的。他们还给《人民教育》杂志寄去了文章《现代科学孕育着一门新的学科——人才学》。这篇稿件引起了时任《人民教育》总编室副主任的王通讯同志的极大兴趣。自"四个现代化，关键是人才"在 1978 年全国科学大会上被提出，王通讯就想，人才问题既然这么重要，能不能把它搞成一门学问，变成一个专门的学科呢？在时任《人民教育》副总编辑的敢峰同志的支持下，他电邀雷祯孝、蒲克二人到北京，面谈创立人才学的问题。于是，王通讯、雷祯孝合作研究的一系列成果在《人民教育》上发表。《人民教育》1979年第7期发表了雷祯孝、蒲克的《应当建立一门"人才学"》，第8、9、10、12期分别发表了王通讯与雷祯孝合作撰写的《锻炼发现问题的能力》《试论人才成功的内在因素》《试论人才的知识结构》《试论人才成功的时间运筹》。这些文章在社会上引起了很大的反响。特别是第9期发表的《试论人才成功的内在因素》一文，1979年11月《中国青年》《文汇报》等予以转载，新华社内参也摘要发表了此文，时任中共中央宣传部部长的胡耀邦看到后，进行了肯定的批示。根据批示，1979年12月11日《中国青年报》又加按语发表了。人才问题一时成了热门话题，引起了广泛共鸣，产生了广泛影响，一批知名专家学者也予以支持。

1979年10月，中国社会科学院、教育部、北京市委联合召开了"庆祝国庆30周年哲学社会科学学术讨论会"。在童大林的建议和于光远的支持下，增设了教育学与人才学组，并进行了热烈的学术讨论。这个组在会议结束前，还在于光远、童大林、董纯才、张健、敢峰、王梓坤、朱智贤、赵红州、顾明远等学者的领导下，发起成立了人才研究会筹备组，由敢峰同志负责。1979年10月11日新华社编发《我国社会科学园地的一株新苗——人才学破土而出，人才学引起学术界的重视》的通稿。1980年11月，人才学、科学学、未来学"三学"学术研讨会在安徽召开。1981年3月创办了《人才》杂志，该杂志在研究人才学、宣传成才方法方面起到了重要作用，在青年和广大读者中引起了很大的共鸣。筹备组还召开了一系列学术研讨会。经过紧张的筹备，1981年12月在沈阳召开了全国人才研究者代表会议，正式成立了中国人才研究会，王康同志任理事长。

人才学的创立产生了广泛的影响。诸多报刊开辟专栏发表人才论文。中央人民广播电台举办了"人才问题广播讲座"，并把讲座稿结集成书出版。一些省市纷纷成立人才研究会，开展学术研究活动，天津人民出版社在人才学出版方面遥遥领先，出版了《人才，人才》《人才与人才管理》《人才成败纵横谈》等。国外学者也开始关注人才学，与我国进行交流。这种热烈的反响不同一般，的确反映了人才问题的时代性和广泛的社会基础。

二、人才学产生的社会时代背景

人才学之所以在 1979 年的中国产生，有其背后的历史必然性。中共十一届三中全会提出重点工作的转移，改革开放的开启，产生了对人才的急切呼唤。受"文化大革命"的影响，产生大量人才问题，出现既缺乏人才又存在大量人才浪费的问题，人们思考如何去解决这些问题，这也印证了"问题导向"的学科产生机理。关于"实践是检验真理的唯一标准"的讨论，以及 1978 年 3 月召开的全国科学大会，迎来了科学的春天，促使人们重视规律的研究、尊重知识和科学，营造了新兴学科诞生的土壤。于是，人才学、科学学、未来学等新兴学科涌现出来。

（一）重点转移与人才匮乏

我国经过十年"文化大革命"时期，经济发展十分迟缓，人才队伍受到很大的冲击和破坏，高校有十年没有招生，人才培养严重不足，同时大量专业技术人员下放劳动，没有得到很好的使用。1978 年年底，中共十一届三中全会召开，提出了将党和国家的工作重点转移到经济建设上来的战略性决策。然而，经济建设需要大量专门人才，人才队伍极其匮乏的现实与对人才的巨大需求形成鲜明的反差。1977 年恢复高考，通过举办重点学校，发展教育事业，迅速培养国家所需要的人才；而关于人才的使用，则提出了改善人才管理方法，通过队伍重组、人才流动，把人才安排到合适的岗位，发挥现有人才的作用。解决人才危机，成为时代性的课题。从个体来说，如何把失去的时间夺回来，成为四个现代化建设所需要的有用之才，也是摆在所有人特别是青年学子面前的课题。对这些问题的思考，是人才学产生的一个特殊的背景。虽然人才问题是个普遍的问题，但在这个时间点上，问题显得如此突出、急迫，则具有特殊性。

（二）人文背景与人才实践

人才学在中国产生而不是在科学发达的国家产生，这还和中国特殊的文化有关。在中国历史上，既有人才辈出的辉煌时期，如春秋战国、秦汉、隋唐、宋、元、明、清前期等；也有因为制度落后、思想禁锢带来的人才凋零的时期，如南北朝、清后期等；还出现了许多人事制度和人才思想。从制度而言，如春秋战国时的军功与养士，汉代的颁诏察举（荐举）

制，魏晋的九品中正制，隋唐以后的科举考试制等。而人才思想涉及人才素质、人才评鉴、人才类型、人才考核等。三国时期魏国刘劭的《人物志》被认为是第一部系统论述人才问题的专著，凡三卷十二篇，论述了人才的类别、特征、识别、使用等问题，该书在1937年还被翻译介绍到美国，被西方的学者所称道。有这么丰厚的人才制度和思想资源，产生人才学也就不足为奇了。

(三) 科技革命与研究累积

第二次世界大战结束之后，科学技术迅速发展，特别是以计算机技术为核心的科学技术，带来生物科学、遗传工程、通信技术、网络技术、环境科学、克隆技术、纳米技术等领域的发展。技术进步又引起产业和经济的革命，出现了知识经济的趋势。这种发展，既源于人才的创新，又呼唤人才的培养。这就引起了世界各国对人才培养的研究，以及各国的教育改革。我国在20世纪70年代末开始改革开放，关注国外经济、科技、教育等方面的发展动向，引进西方学术论著，其中就包括科技人才研究方面的学术成果。我国在20世纪七八十年代翻译出版了不少外国人才研究著述，如《科学界的精英》《早期教育与天才》《人才培养的原则》等。我国一些科学学的学者也研究了科技人才问题，出版了《科学能力学引论》《科学学基础》《科技人才概论》。这些研究成果为早期人才学的研究提供了资源，拓宽了视野，为人才学的产生和发展奠定了学术的基础。

三、人才学产生的个体因素

人才学产生既是时代的产物，又与个人的作用分不开。人才学产生的个体原因，可以从创立者和支持者两方面说。人才学的创立者主要是雷祯孝和王通讯二人。

雷祯孝，1945年生于四川，1968年毕业于北京大学化学系。1970年被分配到贵州省金沙县插队，1972年调到县工业局，1975年到贵州省科技情报研究所工作。他对科技人才的了解、对当时人才管理体制和压制人才现象的剖析，是他提出人才学的基础。随后他深入挖掘研究中国古代人才思想，撰写《中国人才思想史 第一卷》，丰富了人才学研究的资源。

王通讯，1945年生于河北，1969年毕业于北京大学历史系。创立人才学之前，曾在北京大学、国务院科教组、《人民教育》杂志工作。他对历史、科学、教育几个方面的了解，促使他成功创立成才学、人才学。他喜好文学，他的文章深刻而又生动，有很强的可读性，能够吸引读者。而《人民教育》杂志又给了他展示的舞台。

从支持者方面来说，在人才学产生的过程中，有大批专家学者支持，特别是1979年10月的学术研讨会设立人才学组，成立人才学筹备组，为人才学研究有组织的发展打下基础。他们的支持，对于人才学的迅速发展，无疑是重要的。他们之所以给予大力支持，一是由于他们的见识，他们认识到人才问题对于中华民族伟大复兴的意义，认识到人才学对于推进人才问题解决的意义。二是他们的知识背景，他们大多是科学家、教育家、心理学家，也有从事科技人才管理、人事管理的领导干部。他们自身的成长经历和知识背景，使他们十分容易关注到人才问题。

第二节　人才学的历史思想渊源

人才学虽然是1979年才创立的学科，但在中国历史上，有关人才的思想源源不断，有关人才的研究自近代以来成为学术研究中重要的一支。

一、古代人才思想精华

中国古代重人治。为什么重人治？首先，重人治是政治上的需要。无论在奴隶制社会还是封建制社会，统治者要把巩固其阶级的统治摆在重要位置，这就需要大批的统治之才与建设之才。"为政在人"的思想被很多君主沿用。其次，重人治还在于中国社会主要是儒家文化占据主导。儒家强调人的道德，倡导"仁义礼智"，在政治上强调德治和仁政。《大学》中就讲"格物、致知、诚意、正心、修身、齐家、治国、平天下"，这个过程就是所谓"内圣外王"的成才与展才的过程。提高自己的素质，目的是建立一番功业。所以，人治的核心是要有人，要有人才，要提高人的素质。因此，古代的政治家、思想家和教育家都非常重视人才的作用。欲达此目的，就必然围绕人才的标准、人才的培养、人才的选拔、人才的任用、人才的考核、人才的激励等问题，进行理论研究、制度设计、管理实践。在这个过程中，就形成了中国古代的人才思想。

（一）中国古代的重要人才思想

在人才作用问题上，历来观点都是一致的。得人者兴，失人者崩。春秋战国之时，诸侯对外称霸，对内变法，皆需人才，故尚贤成风。孔子提出，为政在人；人存政举，人亡政息。墨子曰："尚贤者，政之本也。""国有贤良之士众，则国家之治厚；贤良之士寡，则国家之治薄。"《吕氏春秋》中说："身定、国安、天下治，必贤人。"唐太宗非常重视人才，《贞观政要》中说："致安之本，惟在得人。"朱元璋在《求贤令》中提到，"贤才不备，不足以为治"。

关于人才标准，在古代大抵有两种看法，一种重德、一种重才。其中，重德是主流，这是当时社会和文化所决定的。当然重德不是只讲德，实际是强调德才兼备，以德为先。唐太宗提出选才"以德行、学识为本"，朱元璋主张"以德行为本，而文艺次之"。康熙说："朕观人必先心术，次才学。心术不善，纵有才学何用？"司马光把人分圣人、君子、小人、愚人四种，认为用人时与其用小人，不如用愚人。另一种重视才学。墨子提出，"任官惟贤才""故官无常贵，而民无终贱，有能则举之，无能则下之"，体现了民本与平等的思想。曹操主张"惟才是举"，而不拘泥于他的出身、德行。

关于人才的选拔，古人提出了识人的原则和方法。古人认为识别人才是非常难的，"辨材须待七年期"。因此，寻找科学的识别人才之法是关键。孔子就曾提出不能以言取人，不能以貌取人。刘劭在《人物志》中系统地提出了识人之法，有九征、八观、五视、七缪。除观察外，一些人更重视对实践的考察，如王安石主张"试之以事"，陈亮也提出"策之以言，而试之以事"。此外，在举人之时，"内举不避亲，外举不避仇"，唯才是举，也是非常精妙的思想。

关于人才的任用，古代十分强调用人之长，量能授官。《资治通鉴》提出："君子用人如器，各取所长。"唐代陆贽说："人之才行，自昔罕全。苟有所长，必有所短。若录长补短，则天下无不用之人；责短舍长，则天下无不弃之士。"清代诗人顾嗣协在《杂兴》诗中表达非常清楚："骏马能历险，犁田不如牛；坚车能载重，渡河不如舟；舍长以就短，智者难为谋；生才贵适用，慎勿多苛求。"此外，在用人问题上，还有大度用人、用人不疑等重要的思想。

关于人才的考核与奖惩，古代十分重视官吏的考核奖惩。陆贽提出三种奖惩方法："一曰拔擢以旌其异能，二曰黜罢以纠其失职，三曰序进以谨其守常。"清代对官吏从才、守、政、年四方面进行考核，才分长、平、短，守分廉、平、贪，政分勤、平、怠，年分青、中、老。根据考核结果，决定其官职的升降。

（二）古代人才研究的高峰《人物志》

《人物志》是古代人才研究的大成之作，为刘劭所著。刘劭，广平邯郸人（现河北省邯郸市），字孔才，汉献帝建安年间初入仕途，著有《新律》《都官考课》等。魏晋之时，重视人才的品鉴，在实践基础上他总结了识人用人的经验。他所著的《人物志》一书是系统研究人才问题的专著，很有可能是世界上第一部系统的人才论著。该书1937年被美国心理学家施赖奥克（J. K. Shryock）译成英文，改名《人类能力的研究》（*The Study of Human Abilities*），由美国东方学社出版，这也说明其在世界上的影响力。

《人物志》分上、中、下三卷，共12篇，主要论述了识别人才、人才类型、人才使用等问题，具有很强的系统性和深刻性。第一篇《九征》，讨论了人物的"九质"，即神、精、筋、骨、气、色、仪、容、言，这是识别人才的基础。第二篇《体别》，根据中庸思想，讨论了不合中庸者的情况，有抗者（过亡）和拘者（不逮）各6种，说明其优长与缺失。第三篇《流业》，划分了12种人才类型，指出其特点、名人实例、可任何职，12种人才为清节家、法家、术家、国体、器能、臧否、伎俩、智意、文章、儒学、口辩、雄杰。第四篇《材理》，讨论了人才和说理的关系。理有4种，即道理、事理、义理、情理，不同的人往往通一种理而不明白另一种理。第五篇《材能》，列举了8种不同才能的人才，指出他们适宜的职务。第六篇《利害》，分析了6种人才在实践中事业的利与弊、他们的功用和结局。第七篇《接识》，讨论了人才识别中的问题，即偏材只识同类，兼材可识众类。第八篇《英雄》，分析了英和雄的含义、组合。第九篇《八观》，介绍了从八个方面去观人知人的方法。第十篇《七缪》，指出了在鉴别人才过程中容易出现的七种错误。第十一篇《效难》，指出了验证人才识别是否正确有两难，即"难知之难"和"知之而无由得效之难"。第十二篇《释争》，讨论了人才相争相嫉的问题，主张抛弃争斗，提倡谦让。

二、近代人才思想与潘光旦的研究

近代中国的历史,是在帝国主义列强的炮火中被迫打开国门,一步步沦为半殖民地半封建社会的历史,也是一些有远见卓识的人向西方学习,寻求强国富民途径的历史。在这样的社会背景下,一方面,为了救亡图存、强国富民,急需人才,因而出现了对新兴人才的呼唤和人才培养的革新,在太平天国运动、洋务运动、戊戌变法、辛亥革命等重大历史事件中,政治家、军事家、思想家提出了诸多人才思想;另一方面,国门打开,使人们了解了西方的社会、文化、学术思想,有了新的理论视角去看待和分析人才现象,在人才研究上进入新的时期。

(一)近代人才思想

近代人才思想的精华,主要体现在两个方面:一是认识到社会变革与新兴人才需要之间的联系;二是主张对旧的人才制度进行改革,实行新的人才培养和管理方法。在第一方面,思想家认识到人才对于社会变革的作用。魏源认为"今夫财用不足,国非贫,人才不竞之谓贫""人聚则强"。太平天国起义军在招贤榜中写道"欲治理国家,达到天下大治,必须重用贤才"。康有为则深感人才匮乏是中国社会落后的原因。他说:"夫有非常之变,即有非常之才应之。"在第二方面,政治家、思想家提出和实施了许多新的人才主张,魏源主张学习美国的民主选举制度和用人制度。太平天国则在男女平等方面大大迈进,开创了女子科举,在太平天国有女官、女兵、女将。康有为主张废除科举与八股,兴办西式教育,开发民智。孙中山则主张,为了人尽其才,需教养有道,鼓励有方,任使得法。

(二)近代人才研究

在人才研究方面,近代的人才研究颇多,角度各异,有从优生学、社会学、心理学、地理学、教育学、人事学等不同学术进行的人才研究,涉及的课题包括人才的地理分布、人才的心理特征、天才儿童的心理与教育、人事管理等,其中包括丁文江的《历史人物与地理的关系》、梁启超的《近代学风之地理的分布》、张耀翔的《中国人才产生地》、林传鼎的《唐宋以来三十四个历史人物心理特质的估计》、陈德征的《天才儿童教育》、萧孝嵘的《人事心理问题》等。

(三) 潘光旦的人才研究

潘光旦是我国近代人才研究的杰出代表。潘光旦（1899—1967），江苏宝山人。1922年毕业于北京清华学校，赴美留学，主修生物学，研习优生学、遗传学等。1926年获哥伦比亚大学硕士学位回国，曾在清华大学、西南联大、中央民族学院任教，是著名的社会学家、优生学家、民族学家、教育家。他在人才研究方面，自觉地进行系统的研究，著述甚多，形成较为系统的观点。他的代表作包括《明清两代嘉兴的望族》《中国伶人血缘之研究》等，发表过论文《中国画家的分布、移殖与遗传》《近代苏州的人才》《人文史观与"人治""法治"的调和论》《说"才丁两旺"》等。此外，他还于1937年在清华大学开设了"人才论"讲座课程。

关于人才的成因分析，潘光旦总结了三个方面的原因："人文论者则以为形成人才的因缘是极复杂的，归纳之为三类，一是属于生物遗传的，二是属于文化背景的，三是属于平生遭际的。上文不说过遗传与教育么？把教育劈分为二，其一便是过去的文化遗业，又其一是临时的意识与物质环境，也就成为三类了……一人成才的程度当然视这三种因缘结合的程度而差。"① 他提倡遗传和环境综合决定论，且更重视遗传的作用。在其编译的《优生原理》中说："我们论人才，原有两个很分得开的方面：一是方向，即才智走的是哪条路；二是造诣，即才智的成功达到了什么程度。前者的决定，大半由于环境，而后者的决定，则大半由于遗传。"② 他的观点无疑是有片面性的，是受生物论影响深的产物。

关于人才分布的规律，他在《中国伶人血缘之研究》一书中设定一个"分布"的概念，分为三种：平面分布（地理分布）、时代分布（狭义的即遗传分布）、高度分布（即阶层分布）。他提出了一系列人才问题："为什么一个区域出人才特别多（如浙江）？""各时代人才分布为何不同？""英雄和时势到底是什么关系？""一家家运的盛衰和'出秀'的多寡又有什么关系？""上层阶级中何以有许多只会吃饭的人，而下层阶级中何以常出人才？"他通过研究发现：地理移殖——避恶劣旧环境，寻良好新环境，婚姻选择——君子之泽，社会流动——有志之人可以上升，归纳起来，就是

---

① 潘光旦：《潘光旦文集（卷2）》，北京大学出版社，2000，第335-336页。
② 潘光旦编译《优生原理》，天津人民出版社，1981，第25页。

"选择的自由"。第一是选择最适宜的物质环境，主要目的在保障自家的健全、生理的发育；第二是选择最适宜的配偶，主要目的在维持子孙的品质；第三是选择最适宜的阶级，即最适宜的社会与文化环境，使良好品质有充分发展与展示的机会。这就是他总结出的规律。他在解释苏州人才汇聚的原因时，指出是苏州优美的自然环境和安宁的社会环境对人才产生吸引力，形成"向心移徙"作用，而移来的人大多是有才智、肯进取的人。

三、国外人才相关研究与命题辨析

通过梳理国外的研究成果发现，国外虽然没有提出人才学学科名称，但有大量的人才问题研究，且成为一个专门的研究领域，有其学术演变史。

（一）国外人才研究的开端

国外的人才研究始于英国科学家弗朗西斯·高尔顿（Francis Galton）。他对1768—1868年的977个英国名人的家谱做了调查，他选取了9个领域的天才：法官、政治家、将官、文学家、科学家、诗人、音乐家、画家、神学家。他在选取不同领域名人时所参考的资料不同，法官选自《法官列传》，政治家选自英皇乔治三世以后的首相，以及《乔治三世时代政治家列传》，文学家、科学家、神学家等选自名人大词典。研究发现，这些名人有89个父亲、129个儿子、114个兄弟也很有名望（总计332人）。因此，他认为名门望族的成才概率是1/4，而老百姓成才概率是1/4 000。他还调查了30家有艺术才能的家庭，发现他们的子女中有64%也有艺术才能；而150家无艺术才能的家庭，子女只有21%有艺术才能。研究发现，艺术家的儿子成为天才的格外多。所以，他认为天才是遗传的。

他的研究提出了人才研究的基本问题："人才成功的原因是什么？究竟是由先天决定的，还是后天决定的？"他的研究引起了后人的争论，其中既有支持他的观点的，更有批评其观点的。1905年，英国心理学家康斯特布尔（Constable）在《贫穷与遗传》（*Poverty and Hereditary*）一书中批评高尔顿。他认为，高尔顿所用人才标准偏重于名望，如果这些天才没有给他们的儿子留下财富、禄位、声名，则他们的儿子也就默默无闻了，所以，贫穷使很多人没有机会发展自己的才能，环境的影响是重要的。另外，高尔顿所研究的文学家、艺术家中，贫穷者的比例很高，这是因为贫穷的人对人生观察比较客观、透彻。美国心理学家詹姆斯·麦卡恩·卡特尔（J. M. Cattell）在1915年研究了美国的974位科学家，发现他们父亲的职业属于专业类的占43%，属于农业类的占21%，属于商业或其他类的占36%。卡特尔认为科学成就是遗传和环境相互作用的结果。

（二）国外人才研究的发展阶段

国外的人才研究，大致可以分为三个阶段：第一阶段是19世纪末到20世纪初，第二阶段是20世纪初到第二次世界大战结束，第三阶段是第二次世界大战结束以来。

第一阶段是人才研究的起步阶段。这个阶段关注的问题是遗传与环境的问题、历史人物的作用问题，一方偏于心理学，如高尔顿、伊利斯、卡特尔、伍兹、弗洛伊德等人的研究；另一方偏于历史学和社会学，如英国历史学家托马斯·卡莱尔（T. Carlyle）的《英雄与英雄崇拜》、意大利经济学家维尔弗雷多·帕累托（Vilfredo Pareto）在《社会学通论》中的精英理论等。

第二阶段是人才研究的发展阶段。这个阶段研究的问题包括人才的素质问题、创造力问题、人事管理问题。关于人才问题，推孟、何林渥斯等人对天才的特征、形成、教育等问题进行了深入研究。在研究创造力方面，约瑟夫·贾斯特罗发表了《创造的心理》（1898），法国数学家昂利·彭加勒发表了《数学上的创造》（1913），美国心理学家华莱士发表了《思维的艺术》（1926）提出创造四阶段论，美国教授克劳福特发表了《创造思考的技术》（1931）提出属性列举法。人事管理方面，弗雷德里克·温斯洛·泰勒提出了科学管理理论，乔治·埃尔顿·梅奥提出了"社会人"假说，强调非正式组织的作用。美国斯考特和克洛希尔博士1923年出版了《人事管理学》一书，在这本书中，他们研究了不同的人性假设，提出了人事管理的程序，以及人际关系、员工沟通、员工激励等问题。

第三阶段是人才研究的系统化阶段。在这个阶段，一方面，由于科技进步，各国对人才更加重视，所以对人才素质、人的创造性研究更深入。吉尔福特、奥斯本、陶兰斯等人对创造思维进行了研究；莱曼在《年龄与成就》一书中对各类人才的创造年龄进行了分析研究；罗安娜、麦金能等人对创造人物人格进行了研究，使人们对人才和创造性的认识更加深入了。另一方面，开始有一些学者试图建立相应的学科，把有关研究集成起来。例如，艾伯特认为"天才研究是一个特殊的领域"，加德纳提出"杰出学"，西蒙顿提出了创造性社会心理学，并进行了系统的研究。

(三) 国外人才研究的主要流派

根据研究的学科视角、理论的侧重点的不同，我们可以把国外的人才研究分为5个主要的派别。

第一，心理学的研究（发生学的研究）。心理学的研究是对天才的遗传、智力、人格、动机、创造性等问题进行的研究，集中的问题是天才形成的内在因素，以及天才和创造性的构成。在研究方法上，多使用问卷、测量、传记分析等方法。代表性人物：研究遗传的高尔顿，研究智力的推孟、科克斯、吉尔福特、斯腾伯格、加德纳等，研究创造性人格的巴伦、麦金伦、马斯洛等，从事动机和精神病学方面研究的弗洛伊德、克雷奇马尔、阿德勒等，研究创造性思维和人才的吉尔福特、陶兰斯、格兹尔斯、斯腾伯格、西蒙顿等。心理学家对天才与创造性的研究贡献最大。

第二，成功学的研究。成功学是商业、企业、经济、政治等领域的成功人士或者专门的研究人员所进行的研究及形成的成果，它主要研究的是成功的条件和方法。成功学的研究方法带有个案研究和案例研究的特点，归纳方法多，其主旨不在原理的研究，而在于成功方法的应用和推广，在于激励人们的成功意愿，指点成功方法，因而其研究成果一般都应用于教材开发、举办成功训练机构、举行演讲等。成功学的代表人物有卡耐基、希尔、马登、盖洛普、柯维等。

第三，社会学的研究。社会学角度的研究是普通社会学、科学社会学、社会心理学等领域，在天才与创造性的社会条件方面所做的研究，研究的主要问题是社会环境对天才的影响、天才与创造性形成的社会条件及其社会化机制。社会学研究所运用的方法包括调查、访谈等。这方面的研究比起天才与创造性的心理学研究的开始时间要晚许多，不过近年来越来越受到重视。代表性人物有帕累托、默顿、科尔、朱克曼、艾曼贝尔、西蒙顿等。

第四，经济学的研究。一般从经济学角度研究的主题是人力资源的宏观构成、配置、使用，人力资本投资及其效率，人力资本的贡献等问题。经济学角度的研究方法包括定量统计分析、模型方法等。代表性人物有舒尔茨、贝克尔、丹尼森等。

第五,哲学的研究。哲学角度的研究,严格来说是政治哲学、历史哲学领域的研究,它研究的主要是政治、历史人物,着重分析人物在历史上的作用,人物和历史发展之间的关系。代表性人物有卡莱尔、黑格尔、马克思、普列汉诺夫、米尔斯、尼采等。

(四) 国外人才综合性研究与学科构建的趋势

经过几十年的研究积累,研究界在天才、创造性、人力资源等方面取得了诸多的成果,到了 20 世纪 80 年代,出现了把有关研究加以综合的趋势,部分学者甚至提出了学科化的主张,做了学科化的尝试。具体有下面一些例证。

第一例,艾伯特。1983 年,美国心理学家艾伯特主编的《天才和杰出成就》一书在英国出版,该书分为 7 章,从天才、天赋、创造性及其社会环境、教育等方面,把重要的概述性的文章进行了汇集,囊括从事该领域研究的重要人物及其成果,而艾伯特本人则做了很多历史分析,并提出了学科化的主张,他认为,"形成了这样一个紧凑的研究领域,该领域集中研究杰出成就者以及有助于他们杰出成就的因素和经历"[1]。这和我国人才学研究的对象是非常接近的。他还就研究的方法发表了看法,强调要进行追踪研究、对比研究、对活生生的人进行研究等。

第二例,西蒙顿。1984 年,美国社会心理学家西蒙顿在《天才、创造性和领导》一书的前言中谈到,在过去 10 年中,用历史测量学的方法研究天才的规律的兴趣日渐清晰化,他也意识到许多前人和同辈在做同样的努力。关于历史天才的研究的论文著作发表在近百年的各种书刊中,如果我们要充分了解我们已知道了些什么,就必须把相关研究成果集中起来并加以解释。[2] 他特别使用了"历史上的天才的科学研究"(the scientific study of historical genius)一词和"研究天才的规律"(research on the laws of genius)的说法,并且注意定量分析,形成了历史测量学方法(Historiometric Inquiries)。

---

[1] 罗伯特·S. 艾伯特主编《天才和杰出成就》,方展画、顾建民主译,浙江人民出版社,1988,第 24 页。

[2] D. K. Simonton, *Genius, Creativity, and Leadership* (Harvard University Press, 1984), pp. Ⅵ-Ⅰ.

第三例，斯腾伯格。他在 1988 年编辑出版了《创造性的本质》一书①，汇集了 10 多位学者在创造性方面的研究成果，该书共 17 篇，分为 4 个部分，即环境在创造性中的作用、个人在创造性中的作用、个人与环境的互动在创造性中的作用、总结。

第四例，艾曼贝尔。艾曼贝尔在 1983 年出版了《创造性社会心理学》（*The Social Psychology of Creativity*）一书，系统地从社会心理学角度讨论了社会环境对创造性的影响，弥补了过去创造性研究偏重于个人因素（智力和个性）的不足。她构建了创造性活动的框架，提出了有关领域的技能、有关创造性的技能、工作动机三个成分，以及三个成分对创造过程中各环节或阶段的影响。② 该书不仅在创造性的社会心理学方面做了系统的尝试，而且主张把这些不同角度的（个人的、社会学的）研究综合起来，形成一个"综合性的创造理论"。

第五例，加德纳。加德纳在 1983 年出版了《智力的结构》，提出了多元智能的理论。他在 1997 年出版了《杰出的头脑》一书，在书中明确提出建立"杰出学"的主张。他运用奇凯岑特米哈伊的系统理论③进行杰出学研究，根据个人与领域的关系、个人与自我的关系、个人与他人的关系，把杰出人物分为 4 类，即掌握型、开创型、内省型、影响型。④ 加德纳在书中简要回顾了这方面的研究工作，提到了西蒙顿和奇凯岑特米哈伊的研究。由此可见，对杰出人物进行科学的综合的研究的看法，是相互影响的，已经达成了某种共识。

第六例，麻生诚。麻生诚是日本大阪大学人间科学部的教授，专门研究教育社会学。他出版的《英才的形成与教育》一书，应该说是日本在英才研究方面的综合性著作。该书对欧美英才论的流派进行了分析，从社会

---

① Robert J. Sternberg（eds.），*The Nature of Creativity*（Cambridge University Press，1988）.
② 艾曼贝尔：《创造性社会心理学》，方展画、胡文斌、文新华编译，上海社会科学院出版社，1987，第 253 页。
③ 这个理论认为，分析杰出人物，要放在 3 个因素中分析，首先是他自身（人的智能和品质）、他的领域、环境（特别是对人的工作进行评价和认可的人与机构）。所以，我们不应该问："谁是杰出的？"而应该问："这个人在什么方面什么地方杰出？"具体可参见加德纳的《杰出的头脑》第 10 页，奇凯岑特米哈伊的《创造性——发现和发明的心理学》第 6 页。
④ 霍华德·加德纳：《杰出的头脑》，乐文卿、王莉译，中国友谊出版公司，2000，第 14 页。

学和社会心理学的角度,对英才形成的社会条件和个人条件进行了分析,提出了"英才形成的社会学"①,把内容概括为英才形成的"三角形",即人才的属性、培育的条件(社会、家族、学校等)、英才的补充标准(进入英才集团的条件和标准),这三者决定了英才的业绩。

第三节　人才学学科性质与归属

一、人才学学科性质

(一) 综合性

从国内外对人才问题的研究方向和研究者来看,涉及广泛的学科领域,包括历史学、地理学、教育学、遗传学、心理学、社会学、经济学、政治学、管理学等,每个学科领域都有比较关注的问题点和特殊的研究方法。王通讯在《人才学通论》中就说:"人才学是一门综合性学科,既有自然科学的内容,又有社会科学的内容,还有思维科学的内容。"② 人才学作为新兴的学科,在发展过程中,必定综合运用各个学科的理论、方法开展研究,因此具有鲜明的综合性。本质上,也由于人才问题的复杂性,既涉及自然和生理现象,也涉及社会和环境现象;既涉及个体的学习发展,也涉及区域和群体层面的人才问题,对其研究自然要从多个学科角度出发。

(二) 基础性与实践性

人才学的研究目的是揭示人才运动的规律,包括个体层面的成长规律、群体层面的运动规律、总体层面的运动规律。对人才规律的研究,是人才学得以存在的依据所在。这就体现了人才学的基础性和理论性。如果只关注人才的教育、使用、管理、评价、激励等问题,就很容易和其他学科打架,就会质疑人才学存在的必要性。

当然,强调人才学的基础性和理论性,并不代表要否认其实践性和应用性。相反,人才学的产生源于人才工作实践的需要,发展也源于人才工

---

① 麻生诚:《英才的形成与教育》,王桂、王振洲译,吉林人民出版社,1987。
② 王通讯:《人才学通论》,天津人民出版社,1985,第22页。

作实践的需要。人才学的研究成果，对于人才培养、人才评价、人才使用、人才管理等都能够提供理论的依据和实践方案，并有利于人才政策、规划、工程的制定。

（三）与人力资源学科的区别性

人才学与人力资源学是联系非常紧密的两个学科。人才学与人力资源学有相似之处，即都是研究人、研究人的识别和使用。但两个学科差别也很大，主要体现在以下几个方面。一是研究对象层次和本质特征不同，人才学研究的是人才，是人力资源中高层次部分，人力资源学研究的是广泛的人力资源。人才的本质特征是创造性，而人力资源的本质特征是经济性。二是研究对象的时空不同，人才学研究宏观、中观、微观三个层面的人才问题，宏观研究是长历史周期的人才发展规律、大空间的人才分布与流动，中观研究人才群体、人才团，微观研究人才素质和创新的机理，这些内容都是人力资源学研究所不涉及的，人力资源学较多的是研究企业和事业组织内部人的使用管理问题。三是研究的性质各有侧重，人才学主要研究人才成长发展规律，主要是基础理论学科；人力资源学主要研究人的使用管理问题，主要是应用学科。四是学科的基础与归属不同，人才学是综合交叉学科，目前归属于社会学，基础包括心理学、教育学、经济学、社会学、历史学等；人力资源学归属于经济学或管理学，基础主要是心理学、经济学、管理学。因此，人力资源学的研究不能代替人才学的研究。

二、人才学学科代码及其作用

人才学首次拥有学科代码是1992年，国家技术监督局发布《中华人民共和国国家标准学科分类与代码》（GB/T 13745—92），该标准从1993年7月1日开始实施。人才学作为三级学科被列入，学科代码为630.5520，隶属于一级学科"管理学（630）"和二级学科"人力资源开发与管理（630.55）"。同人才学并列的三级学科还有"人力资源开发战略（630.5510）""人力资源开发与管理其他学科（630.5599）"。

人才学被列入该国家标准中，是人才学界的一件好事，也表明人才学已成为一门较为成熟的新兴学科。关于该国家标准，有以下几个要点需要把握。第一，该标准的用途包括"国家宏观管理和科技统计""直接为科技政策和科技发展规划，以及科研经费、科技人才、科研项目、科技成果统计和管理服务"。但是它"不能代替文献、情报、图书分类及学术上的各种观点",因此不能把该标准的用途扩大化(《中国图书馆图书分类法》第三版中对人才学图书已有较细致的分类)。第二,"本标准中学科排列次序和级别与学科重要程度无关",人才学虽然被列为三级学科,这不等于人才学的重要程度低。第三,该标准在分类时强调了扩延性原则,即根据现代科技体系具有高度动态性特征,为萌芽中的新兴学科留有余地,以便在分类体系相对稳定的情况下得到扩充和延续。

2011年,国家标准化管理委员会发布了《GB/T 13745—2009〈学科分类与代码〉第1号修改单》,将人才学调整为二级学科,归属于社会学一级学科之下,学科代码调整为84072。在人才学之下,设人才学理论、人才史、人才统计学、人才经济学、人才社会学、人才地理学、人才心理学、人才教育学、人才管理学、人才战略学、专门人才学和人才学其他学科。这次修订,调整了学科属性,对人才学的发展起了积极推动作用。

三、人才学学科归属问题

从学科代码就可以看出大家对人才学学科属性的不同理解。学科归属不是学科特点,它是指归属于哪个一级学科。由于人才学还没有进入博士硕士培养的学科目录,其归属问题还没有被提出来,目前只有学科代码涉及归属问题。目前有三种观点:①归属于管理学,从第一次的学科代码可见;②归属于社会学,从第二次的学科代码可见;③归属于交叉学科,这是近期正在研讨的观点。

2021年,国务院学位委员会发布《交叉学科设置与管理办法(试行)》。人才学研究者希望借此机会将人才学纳入交叉学科中,以支持设立学位点。同年在华东师范大学召开研讨会,与会者一致认为,人才学需要多门学科的支撑。研究人才需要分析极其复杂的生理、心理、社会、历史现象,需要诸多学科视角才能开展深入的研究。支撑学科主要包括历史学、地理学、脑科学、心理学、社会学、经济学等学科,其中与人才研究有更直接、更紧密联系的具体学科包括人文地理学、人物传记学、遗传学、智力心理学、创造心理学、专家心理学、认知神经科学、科学社会学、技术创新经济学等。各支撑学科都有其独特的作用,如人文地理学主要研究人才的空间分布;人物传记学为人才研究提供了基本的材料,对于分析人才成长的影响因素、规律和定量统计提供了基础依据；遗传学对研究人才成长的生理基础、基因等提供理论支撑；创造心理学对于研究人才成长与创造活动的心理因素、心理活动、心理规律提供了理论依据；科学社会学为研究科学创新的社会传承、社会环境、社会承认与奖励等提供依据；技术创新经济学为研究创新成果的应用转化及其经济价值提供了支撑。总之，通过多学科研究的协同，必将对揭示人才成长规律、人才发展规律提供有力的支撑，对实现人才学发展做出贡献。

第四节　人才学学科体系

一、作为一级学科的人才学学科体系

如果人才学作为一级学科的话，可以被称为人才科学。它是由研究人才的诸多学科组成的学科体系。在中国人才研究会编的《新编人才学通论》中，把人才科学体系分为五个部分。第一部分为人才历史学，包括人才思想史、人才制度史、人才学说史。第二部分为理论人才学，主要包括人才学一般原理、宏观人才学、中观人才学、微观人才学、人才学研究方法论。第三部分为专门人才学，是研究各领域、各类型、各层次人才问题的学科，按领域分包括政治人才学、管理人才学、企业家人才学、科技人才学、技能人才学、教育人才学、文艺人才学、体育人才学等，按层次分包括高层次人才学、潜人才学，按类型分包括女性人才学、青年人才学、老年人才学等。第四部分为交叉人才学，是运用其他学科研究人才问题的学科，以及运用人才学基础理论指导人才工作实践的学科，包括人才教育学、人才评价学、人才管理学、人才地理学、人才社会学、人才统计学等。第五部分为外国人才研究，包括比较人才学、外国人才思想、外国人才制度等。

二、作为基础学科的人才学体系构架

关于人才学的学科体系，早期有王通讯、叶忠海、彭文晋等研究者做出了开拓性构建，从其著作内容来看，虽有一些差异，但总体框架相似。例如，王通讯的《人才学通论》将体系构架大体分为三个部分：一是研究

影响因素，包括内因和外因；二是研究成长规律和成才方法；三是研究人才使用与管理。① 王康和王通讯主编的《人才学基础》则将体系构架大体分为五个部分：一是人才和人才分类，这是基础部分；二是研究人才成长过程和影响因素；三是成才途径和成才规律；四是人才的科学管理，具体包括管理原则、识别与发现、选拔与使用、在职教育、流动与考核、预测与规划等；五是人才辈出的规律。② 相较《人才学通论》，该书结构更为细致，内容更加深入。叶忠海主编的《普通人才学》则更为清晰地将体系构架分为四篇：第一篇是总论，包括人才学、人才含义、人才作用与价值；第二篇是人才成长过程，包括成长过程、影响因素、成长规律；第三篇是成才主体的创造实践，包括战略设计和战术运用；第四篇是社会的人才开发，包括预测规划、创造教育、科学评价、选用配置、使用调控等。③ 这个结构，既突出了创造性实践，也突出了两类主体（个体和社会）的实践。在《普通人才学》和其升级版《人才学基本原理》的基础上，2013年，叶忠海又主编了《新编人才学通论》，结构上与他之前的著作大体相同，但又有发展。一是导论更加细致，包括了思想史；二是基础理论部分，增加了人才的统计与指数，关注了人才的数量问题；三是成长发展部分细化为个体、群体、总体三个层次的人才规律，合计13条；人才开发部分也细化为自主开发、组织开发、社会开发。④

2013年，中国人才研究会组织了"人才学三论"的编写，这是人才学体系上发展的一个标志。除《新编人才学通论》外，还有《宏观人才学概论》和《微观人才学概论》，进一步对人才学体系构架进行了完善。宏观人才学指向国家和区域的人才问题，包括宏观人才的基本理论（人才功能、人才要素、人才资源、人才资本、人才发展）、宏观人才运行系统（生产、流通、使用、总需求与总供给）、人才市场、人才宏观管理，以及宏观管理的若干具体问题（人才战略、人才发展水平、人才队伍建设、高层次人才建设、人才环境建设等）。⑤ 微观人才学则指向人才个体的成才和

---

① 王通讯：《人才学通论》，天津人民出版社，1985，第1-2页。
② 王康、王通讯主编《人才学基础》，哈尔滨工业大学出版社，1987，第14-15页。
③ 叶忠海主编《普通人才学》，复旦大学出版社，1990，第7页。
④ 叶忠海主编《新编人才学通论》，党建读物出版社，2013，第4页。
⑤ 赵永乐主编《宏观人才学概论》，党建读物出版社，2013，第19-20页。

展才问题,包括素质论、成长论、教育论、环境论、创造论、选拔论、使用论、激励论、评价论、维护论。①

第五节　人才学学科发展历史与现状

一、人才学学科发展的阶段

关于中国人才学的历史分期,侯建东在《中国人才学史》中进行了划分和论证,分成四个阶段。参考其阶段划分,我们以学科发展和主要研究问题为两个线索,对各阶段特点进行概括分析。第一阶段(1978—1984年),学科开创阶段,这个阶段的特点主要有两个:一是建立人才学的学科学术体系,其标志是几本人才学概论的图书出版;二是关于成才问题的研究等成为关注热点。第二阶段(1985—1991年),学科拓展阶段,一是学科上出现专门人才学、交叉人才学学科,学科门类不断拓展;二是在研究问题上,是伴随经济体制、科技体制、教育体制改革的推进,对人才资源开发、人才管理体制改革等进行研究探索。第三阶段(1992—2001年),学科蓄势阶段,一是学科往宏观人才学方向发展;二是随着社会主义市场经济体制的建立,相关研究往人才市场、人才资源、人才经济等领域聚焦。第四阶段(2002年至今)学科繁盛阶段。一是学科代码地位提升成为二级学科,学科体系更加完善丰富,分支学科更加细化深入;二是伴随全国人才工作会议和中长期人才规划的出台,研究以国家层面的人才战略与规划、人才体制机制改革、人才国际化、人才聚集等为主要方向。

二、人才学学科发展的成就

人才学45年的发展取得了不凡的成绩。第一,就人才学学科发展本身而言,经过多年建设发展,形成了人才学、人才思想史和制度史、各类专门人才学(特别是科技人才学、领导人才学、教育人才学、军事人才学等)、人才预测与规划、人才心理学、人才管理学、人才市场学、人才地理学、人才统计学、人才法学等学科体系。第二,就人才理论的创新而

---

① 郑其绪主编《微观人才学概论》,党建读物出版社,2013,第3页。

言，从早期人才学基本概念范畴的构建，到人才创造最佳年龄、人才是第一资源与战略资源、人才资本、人才贡献率、人才成长规律、人才区域分布规律、人才流动与市场、西部人才开发、人才聚集效应、人才强国战略等一系列理论的创新，为学术界贡献了思想和理论资源。第三，就人才学理论成果而言，作为成果形式的论著、论文数量十分可观，侯建东根据《新编人才学大辞典》附录中"中国学者主要人才学著作目录"进行统计，1979—2013年共计出版著作1 680种，年均出版量为48种。① 此外，相关研究课题和学位论文数量也较大。2013—2014年，以人才学和人力资源管理为方向的课题也很多，其中，国家社科基金79项，自然科学基金课题69项，教育部人文社科项目56项。第四，就人才学队伍而言，形成了一批人才学学科带头人，首都经济贸易大学、华东师范大学等设置了人才学博士点，培养了一大批研究生人才，大多数省份有人才学的研究组织。第五，就人才学对国家、社会的贡献和影响而言，一是人才学理论对人才政策、人才规划制定的影响，如"整体性人才资源开发"的提出等；二是人才学专家直接参与相关政策和规划的制定，以《国家中长期人才发展规划纲要》的制定为例，中央人才工作协调小组聘请了28位专家，其中有人才学专家10位，如王通讯、叶忠海、赵永乐、吴江、桂昭明、沈荣华和潘晨光等。第六，就人才学在整个学术体系中的影响而言，人才学促进了各个领域人才问题的研究，间接促进了各个学科的丰富性。此外，一些理论也影响到其他学科，如在教育学中，现在常常出现"遵循人才成长规律"的观点。

三、人才学学科发展的不足

作为一门新兴学科，人才学的发展取得了不少进展，但也存在不少短板和不足，主要包括以下几个方面。第一，尚未进入"人才培养学科目录"，没有设置相关专业，虽然有部分院校培养了一些人才学方向的研究生，但是都是在其他一级学科中设置的相关方向。人才培养的缺失，队伍后继乏人，必然影响到学科带头人的接续和学科的发展。第二，学术发表平台的缺失。在人才学发展的早期，有一批人才学刊物，包括带有学术性

---

① 侯建东：《中国人才学史：1979—2015》，同济大学出版社，2017，第369页。

的刊物，而目前几乎没有专门的人才学学术期刊，这也必定影响人才学学术的发展。第三，人才学自身的概念体系、理论体系还有待深入。

第六节　新时代背景下的人才学学科建设

一、学科发展的需要和动力

尽管人才学的发展面临不少困难，但社会发展对人才学理论的需要是十分强烈的。人才学发展的动力很足，但需要在学术发展的体制机制方面加以完善。学科发展的需要和动力具体包括以下几个方面。

第一，贯彻落实习近平总书记关于人才问题重要论述。习近平总书记基于实现两个百年奋斗目标的要求，从百年未有之大变局的高度，发表了"聚天下英才而用之""构建具有全球竞争力的人才制度体系"等一系列与人才学相关的重要论述。2010 年，在第二次全国人才工作会议上，他就强调要"遵循人才成长规律"。2014 年，习近平总书记指出："择天下英才而用之，关键是要坚持党管人才原则，遵循社会主义市场经济规律和人才成长规律。"习近平总书记对人才的地位作用、各类人才的标准和造就、人才成长规律、人才工作的体制机制改革、人才观念和人才环境等有一系列重要论述。2021 年，习近平总书记在中央人才工作会议的讲话中总结了我国人才事业发展的规律性认识。习近平总书记提出的一系列要求，都需要人才学研究者深入研究各类人才成长规律和有效的工作方法，才能达到预期的目的。

第二，为新时代、新征程全面建成社会主义现代化强国、2035 年建成人才强国助力。党的二十大进一步明确了未来发展的目标和路径，即 2035 年基本实现社会主义现代化，到 21 世纪中叶建成社会主义现代化强国，而在 2035 年要建成教育强国、科技强国、人才强国，要把教育、科技、人才作为现代化建设的基础性、战略性支撑。党和国家提出要建设一支宏大的涉及各方面各领域的创新型人才队伍的目标，人才队伍包括国家战略人才力量、一流科学家、卓越工程师、大国工匠等，现在距离这个目标的实现，只有短短的十几年时间，时间紧、任务重，有一系列体制机制问题需要破解，一系列人才成长生态需要营造，而实现这个目标，离不开对人才规律的研究和把握，要对人才规律进行深入的理论研究和实践探索。

第三，国际人才竞争背景下，为构建具有全球竞争力的人才制度体系助力。2013年习近平总书记指出："要开发利用好国际国内两种人才资源，完善人才引进政策体系。"2016年，他指出："在人才选拔上要有全球视野，下大力气引进高端人才。"当前面临美国对我国发展的围堵、攻击，使我们在引进高端人才方面也面临诸多挑战。我国在利用国外智力、建设国际人才社区等方面进行了有效探索，但也有许多体制机制障碍尚需要破除，需要对国际人才竞争、国际人才流动、人才聚集、人才安全等领域进行深入研究。发展人才学，是构建具有全球竞争力的人才制度体系的需要。

第四，满足各系统、各地方、各单位人才工作和实践的需要。人才工作是新时期重要的工作，因此需要大批人才工作人才。首先，各级党的部门都设立了人才工作部门，研究人才问题、实施人才战略、制定人才规划、推进人才工作，这就需要大批具有人才学知识和人才工作能力的专业人才。没有懂得人才规律、善于开展人才工作的人才，人才工作的成效定受影响。据中共中央组织部人才工作局2015年统计，仅全国组织系统从事人才工作的人员达7 000余人，估计该类人群数量目前已达万余人。其次，企事业单位的人才管理与人力资源部门，也需要大批熟悉人才理论和方法的专门人才。在新发展阶段，不仅需要人力资源方法手段的创新，而且需要人才理念的创新和人才环境的营造，因此也需要懂得人才理论和规律的人才。最后，各省和许多系统设置有人才研究机构，不少高校开设人才学课程或者招收研究生，也客观需要一批具有较高人才学理论水平和研究能力的人才学专业人才。这几个方面对人才学专业人才的迫切需求，对加强人才学科建设、设置相应专业、大规模高质量培养人才学专业人才提出了急切的要求。

第五，满足哲学社会科学发展需要。人才学作为社会科学中的新兴学科，具有很强的中国味道。当前，国家十分重视哲学社会科学，提出发展具有中国特色的哲学社会科学，形成自己的学术体系、学科体系、话语体系。这也为人才学在新时代的发展提供了新的机遇和新的要求。

二、人才学学科建设任务

人才学在新时代背景下，要积极开展研究，发挥对人才工作的指导作用。展望未来，人才学的发展主要应该从以下方面进行深入研究。

第一，深入研究与五位一体总体布局和四个全面战略布局相适应的人才布局，以及建成社会主义现代化强国所需要的人才战略。与五位一体总体布局相联系的经济、政治、社会、文化、生态各个领域的人才如何培养、吸引、布局、激励，与四个全面战略布局相联系的人才队伍如何建设，都是需要深入研究的。尤其是在科技创新等领域，我们与发达国家还有一定差距，如何提升我国自主创新能力，加快建设国家战略人才力量，培养大批拔尖创新人才，深入实施人才强国战略和创新驱动发展战略，更是我们要着力研究和破解的。

第二，深入研究世界重要人才中心和创新高地建设。中央人才工作会议和党的二十大报告中都提出了加快建设世界重要人才中心和创新高地，促进人才区域合理布局和协调发展，着力形成人才国际竞争的比较优势。重要人才中心、创新高地的指标、形成规律、形成条件、建设策略以及人才集聚的规律是当前人才研究的重要任务。

第三，深入研究新时代人才发展体制机制改革和构建有国际竞争力的人才制度体系，提高人才工作治理能力的现代化水平。要聚天下英才而用之，形成人人成才、人人尽展其才的局面，关键是要完善人才体制机制，提高人才工作治理水平。这需要我们深入研究人才制度的基本理论，深入研究国外先进的人才制度、中国传统的人才制度、改革试点的人才制度，分析人才制度优势，剖析人才制度障碍，研究制度变迁规律，设计制度完善路径，从人才政策制定、立法、体系构建等多角度开展理论研究和实践探索。人才制度研究既包含整体的制度研究，也包含各方面制度的分项研究，如培养制度、评价制度、选拔制度、任用制度、流动制度、激励制度、监督制度等。人才工作治理研究还要研究人才工作数智化转型。

第四，深入研究专门人才学，揭示各个领域人才的成长规律和开发方法，服务于各领域人才队伍建设。我们要通过实证研究的方法，研究各领域的人才群体，揭示其发展成长规律，为各领域人才开发提供理论依据和实践对策。当前，我们要特别针对重点领域和薄弱领域开展研究，诸如人工智能人才、金融人才、高新技术产业人才、企业家、贸易人才、公共卫生人才、医疗人才、外交人才、法治人才、宣传人才等。此外还要研究人才团队形成和活动规律，发挥人才团队作用和创新功能。

第五，深入研究人才发展史、思想史、制度史，总结历史发展规律。规律是在历史发展中显现出来的，因此，对人才的历史研究极其重要。人才的思想史和制度史的研究是基础，要选择和发掘有价值的历史研究课题，既做系统研究，又做深入的专题研究，以期寻找好的借鉴。还要重视人才发展史研究。所谓人才发展史，是一个国家或者区域的人才在形成、演化、流动、布局总体方面的过程，特别是发达国家和新兴经济体的人才发展历史，值得研究和借鉴。

第六，深入研究人才学基本原理，推进人才学理论迭代更新，完善人才学学科体系、理论体系。人才学原理需要深入和拓展，一是在概念体系上需要细化，注重从较普遍的人才现象中抽取形成人才概念，使概念之网更细更密；二是丰富理论，增强理论的逻辑性和严密性，使其解释更加有力；三是研究方法更加注重实证，使得出的结论更多依赖可靠数据和典型实例；四是注重吸纳各专门人才研究的成果，在相互比较的过程中寻找更多的规律。

三、人才学学科建设举措

人才学自身发展也呈现一定的规律性。它的发展与社会需要、科学资源、研究队伍、研究方法、学术平台等都有联系。基于此，特提出以下建设举措。

（一）充分借助各学科学术资源和完善研究方法

人才学具有很强的综合性，因此还要加强各学科学术资源的吸收和运用。人才学研究的学术资源大体有外部资源和内部资源，外部资源是其他学科的学术资源，如经济学、社会学等，内部资源是人才学自身学科的学术资源，主要是前人的研究成果和经验。要使人才学研究更加深入，需人才学研究者善于借助其他学科的学术资源，包括相关概念、理论、方法、范式。例如，在研究人才成长外部因素时，可以借鉴社会资本、文化资本、经济资本等理论，研究人才成长内部因素时，可借鉴心理资本、专家心理学、脑科学、学习科学等领域的成果。关于内部资源，则要求研究者注重和善于检索人才学相关领域研究成果，以文献综述作为研究的基础和起点，这样才能"站在前人的肩上"向前发展。要克服封闭研究、缺乏文献综述的研究、自我循环的研究等问题。

研究方法也要进行升级。研究方法包括具体方法与研究范式两个层面。关于具体方法，在20世纪80年代，人才杂志中的论文采用直接调查（观察、访谈等）和问卷调查的比例不到10%。[1] 笔者通过对2018年在《中国人事科学》上发表的118篇文章所采用的研究方法进行统计，其中用到问卷调查、访谈与质性研究、测量与主要运用统计资料分析等方法的，共计34篇，占28.8%。将两组数据进行比较，虽然实证研究加强了，但还远远不够，需要进一步加强定量研究、实证研究。关于研究范式，主要包括直接研究与间接研究、横向研究与纵向研究、整体研究与分析研究、量的研究与质的研究。要特别强调运用追踪研究范式，这方面美国心理学家推孟关于天才儿童的追踪研究是典型代表。美国心理学家艾伯特曾说："在突出人物的研究中，如果没有足够的控制组以及纵向的研究计划，那么，关于影响着一个人职业生涯的成功和另一个人的一事无成的因素及经历，我们将始终得不到实质性的知识。"[2]

（二）加强研究机构和队伍的建设

人才学的发展与研究机构、研究队伍的规模、结构和质量有密切关系。目前存在研究机构和队伍数量不足、结构不优、领军人物不足等问题。需要加强人才学研究机构和队伍的建设，扩大研究机构和人员的数量、提升质量，加强交流与联合。

机构设置往往和人才研究的需要紧密联系。与人才研究相关的部门很多，包括组织（统战）部门、人事部门、科技部门、社会科学研究机构、教育系统、党校行政学院等，这些机构和系统无论其规模大小都关注人才问题，都可以设置人才研究机构。在高等院校中，政治学、社会学、经济学、管理学（特别是人力资源管理）、教育学、心理学等专业都与人才问题紧密联系，也可以设置相关研究机构或专业。

---

[1] 钟祖荣：《走向人才社会》，党建读物出版社，2014，第83页。

[2] 罗伯特·S.艾伯特主编《天才和杰出成就》，方展画、顾建民主译，浙江人民出版社，1988，第31-32页。

研究机构的扩张可以带来队伍规模的扩大。研究人才也需要培养、组织、提升。可采用的途径包括以下几点。第一，聚集。加强现有各领域人才研究者的交流、联系与合作。目前实际从事人才研究的各领域学者不少，但各自分散，独立研究，自成系统，跨领域交流不够。可通过完善人才学学术组织机制，把各领域的研究者聚集在一起，开展跨领域的交流。第二，培训。通过举办培训班、研修班等方式，把对人才学研究有兴趣的学生、其他领域的研究者、人才工作者培养成为专业研究者，扩大队伍。也可以针对人才研究中的重点难点问题，举办高级研修班和研讨论坛，提升研究者的研究能力和水平。第三，培养。通过借力相关学位点，培养一批经过专门研究训练、有人才学理论功底的人才学研究生队伍，以提升研究水平。

（三）加强研究成果发表平台建设与成果的应用转化

研究成果发表平台建设十分重要，而目前专业期刊较少，需要突破。主要途径：一是建立稳定的发表平台使之持久并成为品牌，如专辑《第一资源》《中国人才研究》《人才研究》；二是以蓝皮书或报告的形式发表研究报告与论文，目前社会科学文献出版社出版的皮书系列中就有不少人才类皮书，如《中国人力资源发展报告》《北京人才发展报告》等；三是可以在人力资源等相关专业刊物、大学学报开辟"人才学"栏目；四是借助一些刊物的转型，可以改刊名成为人才学的专业刊物；五是探索电子化刊物的出版；六是争取支持创办人才学学术刊物。

研究的重要功能是实际应用，转化才能产生生产力，应注重研究成果的转化运用。主要途径：一是加强应用研究和政策研究，直接运用于人才工作和人才政策过程中；二是搭建学者和政府间的桥梁，通过咨询、论证、承接项目、论坛等多种方式，发挥人才研究者的咨询资政作用，如可组织"人才沙龙"，围绕主题研讨并建言献策；三是搭建学者与企业、事业单位之间的桥梁，发挥人才研究者在企业、事业单位人才发展、人力资源开发方面的作用，帮助设计制度和方案，开展调研和诊断，承接人力资源外包服务。

（四）在高等院校推进人才学教学与人才培养

人才学教学和人才培养是促进人才学研究的重要动力源。一是通过相关教学指导委员会的指导与引引，在人力资源专业中增加"人才学"类课程，使人才学在人力资源专业中成为基础性课程，发挥人才学对于人力资源工作的理论支持作用。据网络资料统计，目前有160多所院校开设了人力资源管理专业。二是在政治、经济、历史、文学、教育、心理等相关专业中，增加人才研究类相关课程，如政治类专业中增加政治心理学、政治人物研究，在历史专业中增加历史人物研究、历史人物评价、人物心理历史等，在文学专业中增加文学创作心理、文艺人才学等，在教育专业中增加教育人才学等。三是在相关专业设置人才学研究方向，培养研究生。四是在有条件的院校，增设"人才学"的学位点，培养人才学专业研究人才。

第三章

人才成长规律

揭示人才成长规律是人才学研究的重点和核心。人才成长规律本质上是社会性规律，是人才成长发展过程中所具有的可重复的必然关系或概率性重复的概然关系。人才成长规律既存在于人才成长发展过程中的必然联系中，又存在于人才成长发展过程中的概然联系之中。

第一节　人才成长规律研究的提出背景

人才成长规律受社会生产方式矛盾运动的制约。社会生产方式的矛盾运动必然带来人才成长发展规律各种特殊的存在形式，如人才内涵的变化、人才成才途径和方式的变化等。运用各种相关理论和方法，分析人才成长现象，揭示人才成长规律，在尊重人才成长规律的基础上充分挖掘人才发展潜力，不断壮大人才队伍，是我国实现加快产业转型升级、提升人才核心竞争力的必然要求。

一、推动产业转型升级的必然要求

在一定社会历史阶段，人才发展与经济发展之间具有相互制约、相互促进、共同发展的内在关系和必然联系。经济发展是影响人才发展的重要的因素之一，而人才又是推动经济发展的核心力量。随着社会的发展，人才发展与经济发展进入更紧密的联系和循环中，相互促进的作用更加凸显。纵观我国经济社会发展历史，每一次产业结构变化都伴随着劳动方式的发展，当我国经济生产方式由粗放型向集约型发展、由外生型向内生型转变、由高速增长阶段向高质量增长阶段转型之时，劳动方式从简单重复劳动向复杂创新劳动转型，劳动素质和劳动能力随之发生转型。例如，围绕新一代信息技术、人工智能、生物技术、新能源、新材料、高端装备等新增长引擎，以信息化、智能化、战略性为主要特征的新兴产业集群成为中国国家创新体系建设的支柱。这种以高质量发展为主题的发展方式将引发人才素质和能力的升级换挡，需要一大批国际先进水平的战略科技人才、科技领军人才、青年科技人才和高水平创新团队。

我国社会发展的产业结构升级和效益的核心需要人才的创新驱动。微笑曲线理论认为，位于微笑曲线两端的研发设计和品牌营销属于高附加值环节，中间的制造环节属于低附加值部分，而人才创新使得两端的附加值呈几何式增长。由此可知，人才与产业结构、社会效益之间形成共同驱动，向研发和服务两端延伸，通过高新技术实现产业转型升级和发展服务型制造业成为中国实现高质量发展的必由之路。以人工智能为例，作为全新生产要素，人工智能转变生产方式以及开拓新的价值和增长源，从而激发经济增长。2017 年埃森哲研究报告《人工智能：助力中国经济增长》显示，预计 2035 年，人工智能技术将助推美国、芬兰、英国等 12 个发达国家经济增长率提升 40%；有望推动我国经济年增长率从 6.3% 提高到 7.9%，经济总增加值提升 7.111 万亿美元，劳动生产率提高 27%。党的二十大报告提出的推动战略性新兴产业融合集群发展、构建新一代信息技术、人工智能、生物技术、新能源、新材料、高端装备、绿色环保等一批新的增长引擎，都指向知识型、技能型和创新型人才的国家战略人才力量支撑。"努力培养造就更多大师、战略科学家、一流科技领军人才和创新团队、青年科技人才、卓越工程师、大国工匠、高技能人才。"[①]

二、提升人才核心竞争力的必然要求

在全球化、信息化、科技进步突飞猛进的进程中，以科技和创新为先导的综合国力竞争日趋激烈，人才成为经济社会发展和国家竞争力的决定性因素。一方面，以全球价值链中高端和若干世界级先进制造业集群为导向的产业调整需要产业高端人才、高水平技术专家、高熟练度专业技能人

---

① 习近平：《高举中国特色社会主义伟大旗帜　为全面建设社会主义现代化国家而团结奋斗》，人民出版社，2022，第 36 页。

才与之相匹配；另一方面，人才是提升国际竞争比较优势的驱动力，它影响一国科技实力、综合实力的更迭。日本科学史家汤浅光朝根据《科学技术编年表1501—1950》和《韦伯斯特人物传记》分析1500—1900年的世界科技成果，提出"汤浅现象"，即当一个国家的科技成果超过全世界科技成果的25%，该国就成为了世界科技中心。而世界科技中心转移史正是科技发展史和人才聚集史。各国之间综合国力竞争实质是人才和创新力的竞争，从而推动一国创新效能整体提升。正如习近平强调："人才是创新的根基，创新驱动实质上是人才驱动，谁拥有一流的创新人才，谁就拥有了科技创新的优势和主导权。"[①] 正是国家实力竞争从单一的经济总量、增速转向以创新力为核心的人才竞争，人才成为实现中华民族振兴、赢得国际竞争主动权的战略资源。2010年的全国人才工作会议把从人力资源大国向人才强国转变、加快形成中国人才竞争比较优势作为《国家中长期人才发展规划纲要（2010—2020年）》目标。党的二十大报告强调，着力形成人才国际竞争的比较优势，强化教育、科技、人才在社会发展中的支撑作用，"教育、科技、人才是全面建设社会主义现代化国家的基础性、战略性支撑"[②]，提出培养造就大批德才兼备的高素质人才是国家和民族长远发展大计。

当前，我国人才核心竞争力和创新能力不足，无法较好地为中国制造和中国创造提供人才支持，主要体现为高技能人才缺口较大、人才分布呈"金字塔型"，"塔尖"人才较窄。资料统计显示，截至2020年年底，中国技能劳动者总量超过2亿人，占就业人员的26%；高技能人才超过5 000万人，占技能劳动者的28%[③]，在半导体、芯片、网络安全等创新关键领域存在较大的技术人才缺口。与世界发达国家相比，我国研究与试验发展人员占比偏低，根据联合国教科文组织统计数据分析，中国在世界各国研究与试验发展人员占比中排名第51位，排在前10位的分别是韩国、瑞典、丹麦、芬兰、新加坡、挪威、冰岛、荷兰、新西兰和奥地利（见图3-1）。这种

---

① 中共中央文献研究室编《习近平关于科技创新论述摘编》，中央文献出版社，2016，第122页。
② 习近平：《高举中国特色社会主义伟大旗帜 为全面建设社会主义现代化国家而团结奋斗》，人民出版社，2022，第33页。
③ 李心萍：《我国技能劳动者已超过2亿人 高技能人才超过5 000万人》，《人民日报》2020年12月19日第4版。

总量不足使创新人才的需求与中国创新型国家建设的需要之间矛盾突出。同时，我国人才的科研创新能力缺乏，主要表现为创新研发强度低、创新效能和创新性基础研究不足。《2021年全球人才竞争力指数报告》显示，人才竞争力全球排名前三的国家分别是瑞士、新加坡和美国，而中国排在第37位，人才竞争力分值偏低（见图3-2）。如何运用人才成长规律提升人才核心竞争力，成为人才成长规律研究的重要问题。

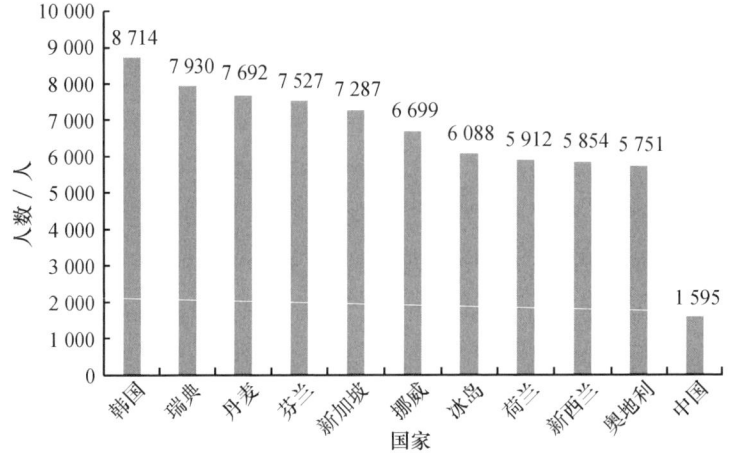

图 3-1　2022 年世界各国每百万人中"研究与试验发展"研究人员数

资料来源：图片数据来自联合国教科文组织统计研究所在 2022 年 6 月发布的《R&D 支出占 GDP 的百分比》。

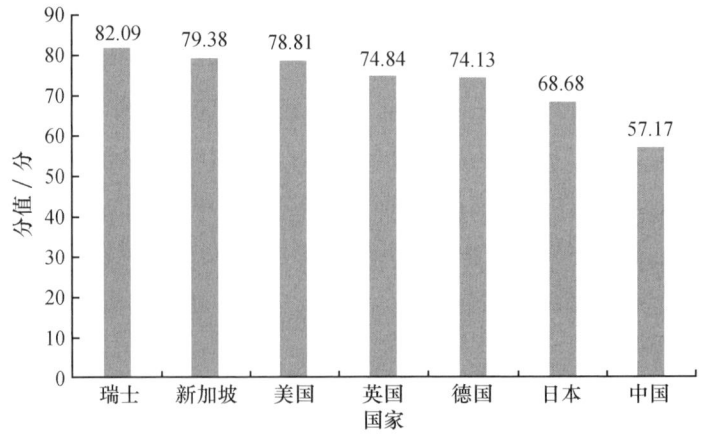

图 3-2　2021 年世界主要国家人才竞争力比较

资料来源：根据欧洲工商管理学院、美国研究机构波图兰斯研究所（Portulans Institute）在 2021 年 10 月 19 日发布的《2021 年全球人才竞争力指数报告》整理所得。

第二节 人才成长规律的研究回溯

党的十一届三中全会后，中国社会的主要矛盾转向人民日益增长的物质文化需要同落后的社会生产之间的矛盾，围绕解放和发展生产力、社会主义现代化建设这一主题实施科教兴国、社会主义现代化建设、人才强国等重大战略。在尊重知识、尊重人才、人才资源是第一资源等国家发展战略调整进程中，人才成长规律在人才开发理论和实践中逐步深化。

一、人才成长规律研究的兴起

（一）人才成长规律研究的缘起

改革开放是中国共产党领导的伟大社会革命。经由实践是检验真理的唯一标准、社会主义本质等讨论和引导，人们积极投身改革开放和社会主义现代化建设实践中，掀起"读书热""学习热""科学热""成才热"。一方面是社会建设对"人才辈出"的需求，邓小平在中国文学艺术工作者第四次代表大会上的祝词中指出，"我们不仅要从思想上，而且要从工作制度上创造有利于杰出人才涌现和成长的必要条件"[①]；另一方面是个体实现个体价值与社会价值相统一的需求，1980年《中国青年》杂志发表评论员文章提到，"把自己的理想、前途和国家命运紧密联系在一起，忠诚于社会主义事业，这样的人生才是有意义的。我们要努力掌握建设祖国的知识和本领，要认真学政治，学文化，学现代科学技术。各行各业的青年都要刻苦、专心、持之以恒地钻研业务，争取成为本行业的尖子，在四化建设中创造出第一流成绩，在平凡岗位上创造不平凡的成绩"。在这一过程中，想要解决人才如何培养、使用，如何避免人才浪费和埋没等问题，就需要人才成长的现象层面上升到规律层面。

1979年，雷祯孝、王通讯先后发表《人才·规律·制度》《试论人才成功的内在因素》《试论人才的知识结构》等文章。1980年，雷祯孝提出专门研究人才现象和规律，"我们要研究干部制度改革的根据，也就是要研究人才发展的规律，根据人才发展的规律去改革干部制度。可是，人才

---

① 邓小平：《邓小平文选：第二卷》，人民出版社，1994，第213页。

发展的规律,在现成的书上是找不到的。为了解决人才危机,必须寻找人才理论,于是就开始了人才学的研究"[①]。围绕这一主题,人才成长规律研究进入人才学视野,这一阶段的主要代表作有《人才学通论》《人才学概论》《人才学浅说》《宏观人才学》《人才学基础》《人才学简明教程》《现代人才学》《人才学原理》《普通人才学》等。

(二) 人才成长规律的内容和体系

人才成长规律研究围绕人才成长规律的内容,形成八规律说、七规律说、六规律说等,在此基础上,建立起人才规律的多序列多层次体系。从人才规律内容和次序方面,人才成长规律可分为人才结构规律、人才功能发挥规律、人才发展规律。从人才规律层次和作用范围大小方面,人才成长规律可分为人才个体规律和社会人才总体规律。从人才规律类别和作用的程度方面,人才成长规律可分为必然性规律(动力性规律)和概然性规律(统计性规律),人才规律体系示意图如图3-3所示。

这一人才规律体系既蕴含人才结构、人才个体、人才群体发展运动的必然联系,又呈现出人才与社会之间的互动关系,主要包括师承效应规律、扬长避短规律、马太效应规律、共生效应规律。一是人才培养的师承效应规律,即在人才教育培养过程中,习得者的德识才学得到长辈、专家的指点和教育,从而在某一专业领域中形成继承与创造,师徒链、学徒制便是典型的师承效应规律体现。二是人才成长的扬长避短规律,强调人的天赋素质、能力、社会实践和兴趣爱好构成人才的差异,要舍短用长,发挥人才的最佳价值,这一规律是人才使用的能岗匹配、人才群体结构优势互补的理论基础。三是争取获得社会承认的马太效应规律,强调潜人才开发和人才由"潜"到"显"的转变过程,通过社会支持和个体主体性的合力促进人才成长,以避免人才埋没和人才浪费。四是人才涌现过程中的共生效应规律,即人才的生长、涌现通常具有在某一地域、单位和群体相对集中的倾向。此外,还包括最佳年龄规律、期望效应规律、顺势成才规律、曲折成才规律、协调成才规律、蓄积成才规律、纵横成才规律、扬长成才规律、聚焦成才规律、才能萌发规律、才能增长规律、才能择佳规律

[①] 雷祯孝:《一门新兴的学科——人才学》,《新闻战线》1980年第11期,第14页、第15页。

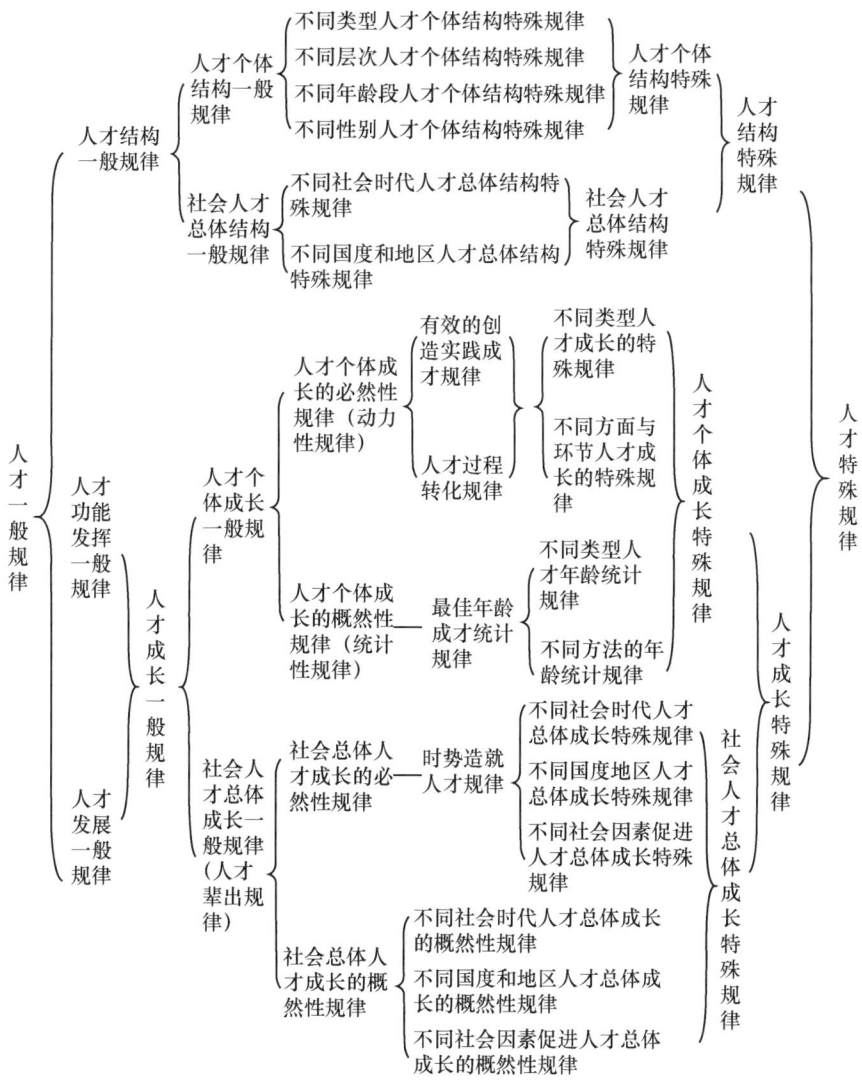

图 3-3 人才规律体系示意图

资料来源：叶忠海：《普通人才学》，复旦大学出版社，1990，第 195 页。

和创造成才规律等。

二、人才成长规律研究的发展

我国随着社会主义改革深入推进、社会经济活动方式的多元多样和新兴领域和行业出现，人才类型和人才研究进入新阶段。2003年12月，全国人才工作会议提出实施人才强国战略。《国家中长期人才发展规划纲要（2010—2020年）》提出："全面建设小康社会，实现中华民族伟大复兴，必须大力提高国民素质，在继续发挥我国人力资源优势的同时，加快形成我国人才竞争比较优势，逐步实现由人力资源大国向人才强国的转变。"[①] 这推动人才规律研究从单一走向综合，在学科视野上进行多学科交叉研究。

（一）不同类型人才成长规律

人才成长规律的研究聚焦于不同类型的人才，如运动人才、领导人才、企业人才、高技能人才、科技领军人才等。运动人才的成长规律包括十大规律，即运动才能萌发规律、运动才能增长规律、扬长成才规律、聚焦成才规律、协调成才规律、互补共振规律、竞赛成才规律、曲折成才规律、新陈代谢规律、运动技能反馈规律。领导人才成长规律包括时势创造领导人才规律、文化塑造领导人才规律、领导岗位实践成熟规律。企业人才成长的规律主要是内外因创造实践规律，即企业人才的成长受多因素的制约和影响，其成长过程是内在因素与外在因素相互作用，综合运用于创造实践的过程。高技能人才成长的规律主要包括：一是基于技巧习得的师承效应规律，指徒弟的德识才学得到师傅的指导培训，从而使前者在继承与创造过程中与同行相比，达到事半功倍的效果；二是基于知识获得的累积效应规律，在高技能人才的成长过程中，知识获得的途径一般包括学习、巩固与转化、提取与应用三个阶段；三是基于创造力提升的年龄效应规律，人才的成长都要经过继承期、创造期、成熟期和衰老期四个阶段，创造期是为社会做出贡献的关键时期，技能高超的人才年龄多数集中在30~50岁。

（二）人才成长规律体系

人才规律可以从宏观、中观和微观三个层面进行划分，分别体现出人才与社会之间、人才内在运动的基本规律（见图3-4）。宏观规律即人才运动规律，中观规律包括成才规律和用才规律。中观规律的成才规律由五

---

① 中共中央组织部：《国家中长期人才发展规划纲要（2010—2020年）》，党建读物出版社，2010，第1页。

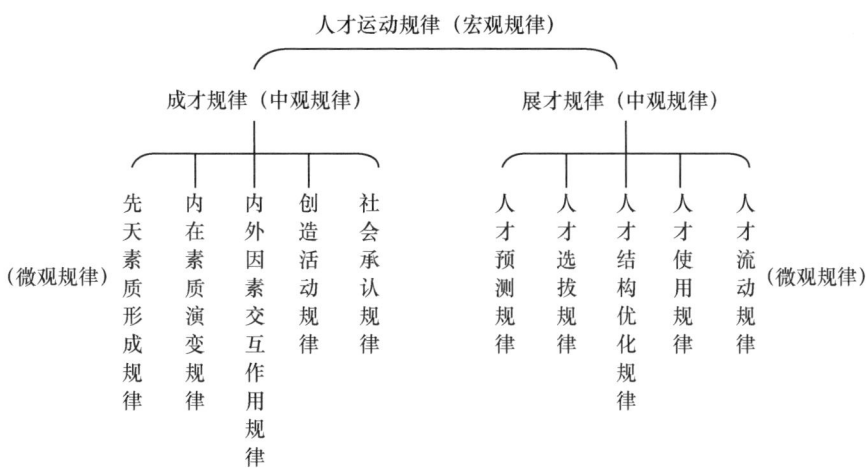

图 3-4 人才规律体系示意图

资料来源：罗洪铁主编《人才学原理》，四川人民出版社，2006，第 164 页。

条微观规律构成。一是先天素质形成规律，即在遗传基础上，胎儿在母体中受内外各种因素影响逐步形成先天生理素质和心理素质的过程。二是内在素质演变规律，是成才者的先天素质在外部因素的影响下，通过自身主观能动性的发挥，逐步形成后天素质，经过量变再到质变的变化过程。三是内外因素交互作用规律，即成才者的外在因素制约其内在素质，内在素质又反作用于外在因素，从而引起内在素质发生变化的交互作用过程。四是创造活动规律，是指个体素质发生质变后，在进行创造性劳动过程中进一步优化素质的规律。五是社会承认规律，是指社会依据一定的标准，对成才者的素质和成果进行鉴定后予以肯定和认可的评价的规律。中观规律的展才规律也由五条微观规律构成，即人才预测规律、人才选拔规律、人才结构优化规律、人才使用规律和人才流动规律。其中，人才流动规律，是指人才在不同地区、部门、行业以及工作岗位上变动的现象中呈现出的本质和必然联系，如人才流动的"孔雀东南飞"、人才回流等。人才流动规律主要体现在以下三个方面。一是人才经济互动规律，经济发展与人才流动相互促进、相互制约、相互作用、互为因果。二是人才价值驱动规律，是从不同的角度以不同的方式寻求实现自我价值的合适位置和理想环境的过程。三是人才竞争制动规律，强调人才竞争与人才流动之间的互动关系，二者相互依托提升人才活力。

三、人才成长规律研究的深化

人才成长规律研究的深化是伴随着中国特色社会主义实践、中国式现代化向前推进的。党的十八大以来，随着中国特色社会主义理论和实践的深入推进，人才成为我国社会主义建设中的最宝贵资源和财富。习近平总书记于2014年9月9日同北京师范大学师生代表座谈时强调："'两个一百年'奋斗目标的实现、中华民族伟大复兴中国梦的实现，归根到底靠人才、靠教育。"《中共中央关于制定国民经济和社会发展第十四个五年规划和二〇三五年远景目标的建议》强调，坚持创新在我国现代化建设全局中的核心地位，充分凸显人才、创新与社会发展之间的密切关联。在这一背景下，研究者展开一系列人才成长规律研究，研究注重宏观与微观、某一类型人才成长规律等。一是应用型专门人才成长的基本规律，表现为实践成才规律、师承效应规律、聚焦成才规律、勤奋成才规律、协调发展规律。二是创新人才成长规律，主要体现为创新特质养成规律、师生互动成长规律、关键时期创新规律、社会文化驱动规律四个具体规律。三是拔尖创新人才成长规律，分为内部规律和外部规律，外部规律为马太效应规律、时势造就规律、师承效应规律、实践成才规律和协同合作规律，内部规律为自身优势基础规律、经验积累规律、环境磨炼规律、范式效应规律和自我修炼规律。四是依据社会分工和行业不同，对农林人才、地质科技人才、党政领导人才、航天科技人才等专门人才的成长规律研究。

在人才成长规律从宏观到微观、从一般到具体、从理论到实践的过程，人才成长规律的认识方法进一步深化。这在于人才这一研究对象具有特殊性，它是个体与群体、宏观与微观的统一，由此需要运用科学的方法，才能由表及里、由浅到深地认识人才规律和本质，正如巴甫洛夫强调的，"科学随着方法学上获得的成就而不断跃进，方法学每前进一步，我们便仿佛上升了一级阶梯，于是我们就展开更广阔的眼界，看见从未见过的事物"[①]。一般而言，人才规律的认识方法是质性研究和量化研究的统一。质性研究的本质是归纳和描述，即从典型个案中抽象概括出一般的结

---

① 胡建华、周川、陈列、龚放：《高等教育学新论》，江苏教育出版社，2006，第489页。

论，它根据社会现象或事物本身所具有的含义及其矛盾变化，从事物的内在规定性对其获得意义建构和解释性理解。质性研究更注重对整体的理解以及现象间的相关性。例如，从人才成长发展的过程中总结出人才成长的一般规律、特殊规律、具体规律，再高度抽象形成人才成长的规律体系。从某一类人才成长的普遍现象中，通过比较分析从而归纳总结出不同类别人才成长的规律。量化研究是为了确定事物某方面规定性，运用问卷测量、实地调查、调研访谈、统计分析和实验观察等方法，揭示量的变化规律。这种研究方法旨在推动人才成长规律研究从一般到具体，将规律运用在人才成长的具体实践中进行校验和转化。例如，以某一人才群体流动为主题，通过实地走访调查获取一手数据，掌握人才回流的趋势、动因及影响因素，从而总结人才流动规律，并指导人才发展相关政策制定；以某一人才成长政策为主题，利用 Nvivo、VOSviewer、CiteSpace 等计量分析软件，对关于人才成长的政策文本、文件进行数据设计、理论建模等，从中归纳出人才成长政策建议。

由此，把握人才成长规律需要把质性研究和量化研究相统一，既从宏观层面把握人才成长的机理，又从微观层面推进人才成长规律的转化和运用。

第三节　人才成长规律的认识体系

党的二十大报告指出，"人才是全面建设社会主义现代化国家的基础性、战略性支撑"[①]，中华民族伟大复兴、中国式现代化道路建设、中国高质量发展方式都需要人才支撑。面对教育、创新、人才三大战略，需要立足于习近平新时代中国特色社会主义建设推进人才成长规律发展，从人才成长规律的内涵和外延、人才培养规律、人才使用规律深化人才成长规律的认识体系。

一、人才成长规律的内涵

人才成长规律是对人才成长成才的必然的、本质的联系，对人才成长

---

① 习近平：《高举中国特色社会主义伟大旗帜　为全面建设社会主义现代化国家而团结奋斗》，人民出版社，2022，第33页。

规律内涵的把握是人才成长规律发展的基础。一般而言，对人才成长规律的把握，旨在从人才与社会之间、人才群体之间、人才素质和能力的运动变化过程中呈现出的本质、必然、稳定的联系，这种联系建立在人才成长的过程和矛盾之上。因此，认识人才成长规律，首先需要把握人才成长的过程和矛盾，而这需要植根于社会建设不同阶段的中心任务中予以考量，从社会生产方式、社会生产力建设、社会形态中把握人才成长的应然和实然。另外，人才成长规律是建立在纷繁复杂的人才现象的基础之上，需要通过不同历史阶段、社会形态、不同行业、不同类型的人才成长现象的典型分析揭示这种联系。正如恩格斯所强调的，"历史事件似乎总的说来同样是由偶然性支配着的。但是，在表面上是偶然性在起作用的地方，这种偶然性始终是受内部的隐蔽着的规律支配的，而问题只是在于发现这些规律"①，如此，才能从宏观与微观、一般与具体、群体与个体相结合把握人才规律。正是如此，形成人才成长规律的不同认识方式，从人才个体与群体而言，形成人才的个体成长规律和人才的群体成长规律；从人才年龄的视角，形成人才成长的年龄规律；从人才的专业和类型的视角，形成领导人才、企业人才、科技人才、教育人才的成长规律；从人才开发方式的视角，形成人才的培养规律和使用规律。

从人才成长的基本规律而言，主要是人才素质与社会发展相匹配、相适应的规律，这源于社会发展方式变革对于人才的需求与人才供给之间的矛盾，这一矛盾是人才成长的基本动力。这在于人与生产力的交互运动是社会发展的核心动力。马克思主义的生产力理论强调生产力包含着生产工具、生产资料和人，人是其中最活跃和具有革命性的要素，它一旦与生产工具相结合，便能产生出巨大的劳动潜能，这是马克思主义经典作家把握社会发展方式的重要方法论。正如《共产党宣言》强调以蒸汽机为标志的科技革命是推动资本主义生产力和释放人的劳动潜能的加速器："资产阶级在它的不到一百年的阶级统治中所创造的生产力，比过去一切时代创造的全部生产力还要多，还要大。自然力的征服，机器的采用，化学在工业和农业中的应用，轮船的行驶，铁路的通行，电报的使用，整个大陆的开

---

① 中共中央马克思恩格斯列宁斯大林著作编译局编《马克思恩格斯选集（第四卷）》，人民出版社，2012，第254页。

垦，河川的通航，仿佛用法术从地下呼唤出来的大量人口，——过去哪一个世纪料想到在社会劳动力蕴藏有这样的生产力呢?"① 纵观人类技术革命史，人才创新引发以生产工具为核心的技术革命，进而改变社会生产方式，而变革的社会生产方式呼唤与之相匹配的人的素质和能力变革，进而成为社会发展的双轮驱动。以瓦特蒸汽机为标志的第一次技术革命把人从体力劳动中解放出来，使人的劳动潜能得到充分发挥，以西门子的发电机为标志的第二次技术革命把社会生产方式由蒸汽动力推进到电气动力，工业发展重心从轻工业转向重工业。以原子能技术、航天技术、电子计算机技术的运用为标志的第三次技术革命引发社会生产方式的自动化，而每一轮科技革命都是社会生产力的巨大跃升。伴随社会生产力跃升的是与之相匹配的生产关系和社会形态变革，因此，马克思、恩格斯等马克思主义经典作家强调社会主义或共产主义社会比资本主义更优越，这个优越优先体现在先进的生产力，以及与先进的社会制度相匹配，"社会主义的本质，是解放生产力，发展生产力，消灭剥削，消除两极分化，最终达到共同富裕"②。正是基于对马克思主义社会生产力理论的科学认识，人才与社会发展方式的矛盾运动成为把握人才成长规律的前提。

因此，在以中国式现代化全面推进中华民族伟大复兴的社会发展阶段，人才与社会发展方式的矛盾具体体现为高质量社会发展对大批德才兼备的高素质人才需求与人才供给之间的矛盾，这一矛盾是认识新时代人才成长规律的基础。

二、人才成长规律与个人和社会的关系

人才成长规律与个人和社会紧密相联。一方面，人才成才规律主要聚焦于人才内在素质演变过程。人受到环境、教育、实践活动等外部因素的影响，其内在素质和层次得到优化，通过创造性实践活动把素质和能力外化为劳动成果并获得社会承认。因此，人才的成长往往会经历这样一个过程：以创造性实践活动为中介，内在素质和外部因素交互作用，从而产生

---

① 中共中央马克思恩格斯列宁斯大林著作编译局编《马克思恩格斯选集（第一卷）》，人民出版社，2012，第405页。
② 邓小平:《邓小平文选:第三卷》，人民出版社，1993，第373页。

创造性成果,这一过程表现为以内在素质演变为核心的人才成才规律。在这一过程中,人才成才的内在维度是内在素质由内化转向外化、由非人才转向人才、由低层次人才转向高层次人才。从而人才的创造力和创造成果水平随之不断提高。值得注意的是,人才的成才规律依托于人的生命体的历史过程,生理素质和年龄演变推动成才的数量和质量的波浪式运动并达到创造力峰值,由此人才的成长规律与人才的年龄规律叠加。研究表明,人才的学习和创造具有最佳年龄期,而各类人才创造的最佳年龄具有差异性,如科技人才创造的最佳年龄为 25~45 岁,从 1500—1960 年全世界 1 249 名杰出科学家和 1 928 项重大科学成果统计可以看出,杰出科学家做出最大贡献的最佳年龄区是 25~45 岁,其最佳峰值年龄为 37 岁,而首次贡献的最佳成名年龄为 33 岁。诺贝尔奖的获奖数据也可作为一种佐证,"1901—2003 年,物理学、化学、医学、经济学四个学科的诺贝尔奖得主取得获奖成果的平均年龄为 40.16 岁,其中以 35 岁取得成果的人数最多。诺贝尔奖得主的黄金创造期集中于 26~46 岁之间"①。艺术人才的创造峰值年龄区为 31~40 岁。就经济学家而言,根据古今中外 110 名经济学家的 319 本重要著作发表年龄分布统计,经济学家成才的最佳年龄区是 36~50 岁,以 37 岁为最佳年龄峰值(见图 3-5)。因此,各领域要尊重人才成长的年龄规律,把握该类人才的最佳年龄阶段,使其在创造力高峰期获得创造性成果。

另一方面,人才用才规律从社会使用而言,强调人才通过社会承认、选拔、结构优化、配置、激励和流动等环节,实现人才社会价值最大化。这一过程是个体和社会的双向互动,既是个体通过创造性社会实践活动形成创造性成果推动社会发展,又是社会为人才创设展才环境,将人才配置到合理的位置发挥其优势。人才用才规律的核心是根据人才的素质、优势、专长等,通过合理的人才配置充分发挥人才的素质和能力。一是用当其才,即人才所具备的素质与工作要求相一致。岗位需求与人才素质能力的"匹配度"越高,越能够激励其发挥专长,越能够产生最大社会价值。二是用当其愿,即尊重和满足人才的个人意愿。在使用人才过程中坚持以

---

① 薛风平:《物理学、化学、医学、经济学诺贝尔奖获奖者取得成果年龄分布模型》,《哈尔滨工业大学学报:社会科学版》2006 年第 1 期,第 11-14 页。

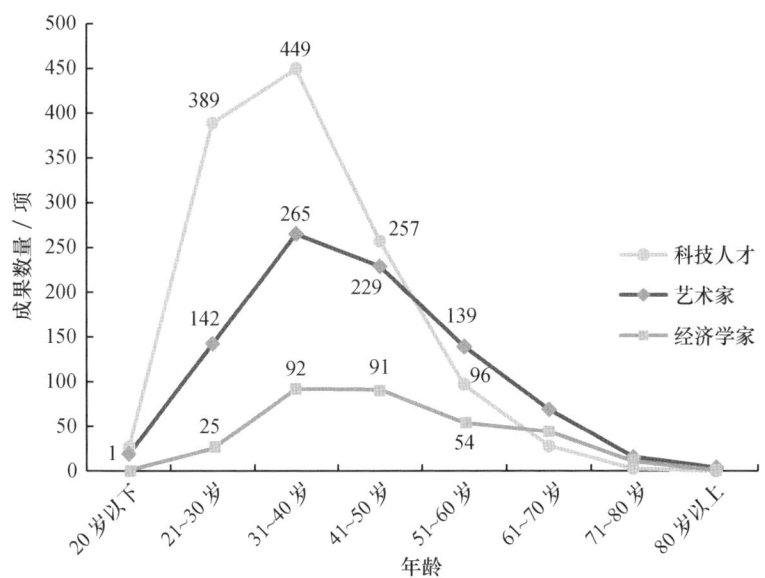

图 3-5　不同类型人才取得成果的年龄分布

资料来源：根据赵红州的《科学能力学引论》、贝纳德·古伦主编的《历史时间表》、刘德道的《现代人才学》整理所得。

人为本，理解和尊重其兴趣与追求，产生最佳心理状态，形成素质的共振效应。三是用当其时，重视人才创造的最佳时期，确保各类人才能够在最佳年龄期发挥创造力。

三、人才成长规律与创新的关系

创新是贯穿人才成长规律的重要特质，它通过创新意识、创新思维等体现出人才的本质属性，使人才与非人才相区别。

(一) 创新是人才的本质属性

与一般劳动者素质和能力相比，创新是区分人才与非人才、人才层次差异度的主要指标，并表现在个体意识、素质、能力和成果等各个维度。一是创新意识。创新意识是指人们根据社会和个体生活发展的需要，引发创造前所未有的事物或观念的动机。只有具备创新意识才能洞察社会或个体发展之需，并引发创新行为。习近平总书记十分强调创新意识的动力作用。他强调："勇立潮头、引领创新，是广大知识分子应有的品格。广大知识分子要增强创新意识,敢于走前人没有走过的路,敢于抢占国内国际创新制高点。"① 可见,创新意识是人才进行创造性活动的基础和内在驱动力。二是创新能力和创新性劳动成果。与非人才的模仿性劳动和重复性劳动方式相比,创新在于通过创造性劳动和成果提升人类的认识水平、实践活动水平和社会生产力水平。以科技创新的产业贡献率和高技术产业增加值为例,2021 年,国内战略性新兴产业增加值占 GDP 比重为 13.4%,增加值比上年增长 16.8%;高技术制造业增加值比上年增长 18.2%,而我国国内生产总值从 2020 年的 102 万亿元增长到 2021 年的 114 万亿元②,科技进步贡献率从 2012 年的 52.2% 提升到 2021 年的超过 60%③。中国高铁、国产大飞机、天宫二号、超级计算机、量子卫星等都是旨在通过创新性自主研发实现我国制造业的智能升级和高产业贡献率,由此从产业链的"微笑曲线"中附加值最低的制造环节转向附加值高的研发环节。

(二)创新意识和创新思维是人才的核心素质

创新意识集中表现为不同领域的交叉、融合和突破,将认识事物的思维方法从孤立的缺乏联系的认识方法向普遍联系、整体性认识方法推进,以寻找创新生长点。例如,经典物理学科和数学学科的交叉产生量子物理学,机械电子自动化和生物学的交叉产生仿生学。相关数据显示,最近 25 年交叉学科研究获得诺贝尔奖的比例为 49.1%,2020 年中国科学基金项目中"共性导向,交叉融通"的交叉学科项目近 6 万项,占比 10.5%。因此,创新意识是在跨学科、多视野之间的交叉融合中生长。同时,创新需要不同学科和领域的人才协同合作,以形成人才创新力的成长和聚合效应。这种聚合效益既体现为人才的创新领域和创新成果,正如约翰·托夫勒在《第四次浪潮》中对科学研究从单打独斗到协同攻关的预测,"现在,某些科学前沿领域的单项实验需要一二百位科学家的通力合作"④,又体现出创新意识、团队协作、科学家精神的聚合。例如,黄大年团队的首席专

---

① 习近平:《在知识分子、劳动模范、青年代表座谈会上的讲话》,《人民日报》2016 年 4 月 30 日第 2 版。
② 国家统计局:《中华人民共和国 2021 年国民经济和社会发展统计公报》,《中国统计》2022 年第 3 期,第 9-26 页。
③ 刘元春:《全面建设社会主义现代化国家的物质基础更加坚实》,《人民日报》2022 年 11 月 11 日第 9 版。
④ 约翰·托夫勒:《第四次浪潮》,华龄出版社,1996,第 280 页。

家黄大年教授是著名地球物理学家，他回国带领团队进行移动平台探测技术，被中宣部、教育部授予"时代楷模""全国优秀教师"等荣誉称号。黄大年的爱国情怀、敬业精神和高尚情操为人才团队建设产生榜样示范效应。

创新思维是打破思维定式，以新的视角和方法解决问题，这直接决定人才的创新成果层次性和社会贡献率。尤其是重大科学发现、技术发明、原理性主导技术等的原始创新成果都是创新思维的直接体现。创新思维的实质是对固有思维模式的怀疑、对落后观念的否定和对陈规旧矩的破除，进而在创新性成果上实现从 0 到 1 的突破和从无到有的质变。这种突破和质变具有显著的连锁效应，它从思维方式向技术演进，再从技术向产业结构优化跃升，并指向社会发展和人的活动方式革命。习近平总书记在科学家座谈会上的讲话中强调："科技创新特别是原始创新要有创造性思辨的能力、严格求证的方法，不迷信学术权威，不盲从既有学说，敢于大胆质疑，认真实证，不断试验。"[①] 中国航天科技从第一艘无人试验飞船神舟一号到神舟七号成功进行出舱活动，完成中国人首次太空行走，探索出一条自主创新的载人航天发展道路。天宫、蛟龙、天眼、悟空、墨子、大飞机、北斗等重大科技成果都是创新思维的实践效应。

第四节　人才成长规律的实践

党的十八大以来，"创新"成为党的代表大会报告的高频词（见图 3-6）。党的二十大报告中强调，"完善科技创新体系，坚持创新在我国现代化建设全局中的核心地位""加快实施创新驱动发展战略、加快实现高水平科技自立自强"[②]。创新驱动的实质是人才驱动，需要创新人才为创新型国家建设提供强有力的人才保障和智力支持。正是从社会发展方式转变和创新型国家建设的人才创新需求出发，人才创新规律实践成为人才成长规律研究的旨归，需要从人才本质属性、人才规律运用等推进人才成长规律实

---

① 习近平：《在科学家座谈会上的讲话》，《人民日报》2020 年 9 月 12 日第 2 版。
② 习近平：《高举中国特色社会主义伟大旗帜　为全面建设社会主义现代化国家而团结奋斗》，人民出版社，2022，第 35 页。

践。基于创新的人才成长规律运用旨在从教育、制度、资源等方面构建人才成长的创新生态，推动人才链与社会创新产业链的深度融合。

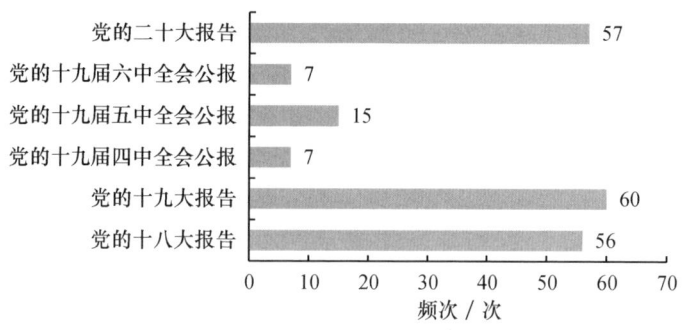

图3-6　党的代表大会报告关于"创新"一词出现频次汇总
资料来源：作者整理。

一、用创新教育激发人才创新内生动力

创新教育是人才创新力提升的内生动力，是生成人才创新力的核心优势，原因在于通过教育、训练、服务等投资于人身上形成的各种生产知识、劳动与管理技能等收益率超过物力资本投资。美国学者舒尔茨强调运用教育和知识对人进行投资，以形成人力资本。根据这一理论，经济学家丹尼森对美国1929—1957年国民经济增长额进行估测，教育和知识对国民收入增长的贡献率分别达到23%和20%（见表3-1）。人才创新能力的内在优势亦然，主要通过教育、科研经费投入等生成。一方面，强化人才创新的基础理论研究教育。我国人才创新力整体不足很大程度体现在基础研究创新薄弱，无法为核心技术研发提供理论支持，这就需要"瞄准世界科技前沿，强化基础研究，实现前瞻性基础研究、引领性原创成果重大突破"[①]，由此应聚焦基础理论研究的创新教育，从科学、技术、工程和数学这几门基础性学科教育入手，提升人才的理论素养、技术素养、工程素养和数学素养。另一方面，实施以高精尖创新人才培养为引领的高等教育学科体系。高等学校在建设一流学科时，应打破专业设置与课程体系间的壁

---

① 习近平：《决胜全面建设小康社会　夺取新时代中国特色社会主义伟大胜利》，人民出版社，2017，第31页。

垒，设置适应学生基础知识与实践能力衔接互动的专业，建设学科与专业之间课程协同贯通的课程体系，培养人才创新力。例如，在"双一流"大学建设中，北京大学形成了依托"6+1"的学科布局战略，即人文、医学、社科、信工、理学和经管6大学部和一个研究院即深圳研究生院；清华大学致力于构建涵盖"学科领域—学科群—学科"三个层次的学科建设体系，培养"高精尖缺"人才。2019年，教育部下发《关于实施一流本科专业建设"双万计划"的通知》明确提出，通过建设一流本科专业实施高精尖人才培养，2019—2021年建设10 000个左右国家级一流本科专业点和10 000个左右省级一流本科专业点。尤其是提出推动新工科、新医科、新农科、新文科建设，做强一流本科、建设一流专业、培养一流人才，以实施"六卓越一拔尖"计划2.0。

表3-1　　　　　　美国1929—1957年国民收入增长率及因素

增长因素		年均增长率（%）	贡献率（%）
劳动力因素变化所致的增长率	实际工作时间变化所致	0.80	27
	教育的作用	0.67	23
	性别、年龄变化的作用	0.10	4
资本变动的作用		0.43	15
规模节约等		0.34	11
知识增进和应用		0.59	20

资料来源：根据爱德华·富尔顿·丹尼森在1962年出版的《美国经济增长因素和我们面临的选择》整理所得。

二、以激励为核心培育人才创新外生动力

著名心理学家赫茨伯格的"双因素理论"认为，"激励"和"保健"这两个因素会激发人们行为的动机，其中保健会消除人们的不满，而激励则会提升人们的满意度。由此，完善激发人才创新力的激励机制成为激发人才创新力的重要保障。一是完善以激励因素为核心的激励机制。根据期望理论，人才创新力程度与激励的内容和效度成正相关，激励包括薪酬、目标、榜样等。而人的需求是多样性的，呈现为物质需要、精神需要、个人价值实现、社会价值实现等多个层面。人才的激励内容涵盖物质、精神、文化、心理多个层面，体现出激发创新活力、知识价值导向、管理规

范有效、保障激励兼顾等维度,与人才的具体需要和需要程度相匹配。正如习近平总书记在中央全面深化改革委员会第二次会议上强调的,要把高校教师、科研人员薪酬分配制度改革作为统筹推进教育、科技、人才事业发展的重要抓手,以激发人才的创新创造活力。中共中央办公厅、国务院办公厅印发的《关于完善科技激励机制的意见》强调的"强化激励勇担国家重大科技任务的制度安排""创造有利于青年科技人才脱颖而出的环境""营造尊重科学规律鼓励探索创新的生态"等指向了激励的文化、心理、精神等多种要素。二是完善以保健因素为核心的激励机制。保健因素主要是指激发人才创新力的政策保障、工作条件和居住环境等,用以优化人才生活、工作环境。可以通过提供人才落户政策待遇、简化落户程序、社会保险、医疗保障、子女入学、配偶安置等一系列服务,建立完善的人才社会支持系统。

三、搭建协同创新平台,聚合人才创新力

党的二十大报告提出高质量发展的实质是创新驱动,这就要求人的创新能力供给和叠加效应,通过搭建加强人才自主创新力的协同创新平台,为自主创新提供人才支持。一方面,搭建"政产学研"的协同创新平台,联动政府、企业、高校、科研机构等多元主体的优势资源,尤其是发挥政府引智功能,发展平台经济、共享经济,形成线上线下结合、产学研用协同、大中小企业融合的创新创业网络,充分释放各类创新主体的潜能。同时以高校和科研机构的研发培育为主体,结合企业的培训和实践操作为向导,释放信息、技术、资本和人才等各创新要素的活力,促使资金链、学科链以及人才链的有机融合。另一方面,发挥以国家重大科研项目为依托的孵化器功能,培育人才创新力成果转化和创新人才团队。以世纪工程港珠澳大桥为例,该跨海大桥涵盖世界桥岛隧多项尖端技术,其背后是五大超级研发团队的刻苦攻关,其主要以华南理工大学的创新资源为依托,联合中国科学院南海海洋研究所,开展300多项科研攻关,在通信、监控、收费、照明等多个子系统上取得了多项突破性成果,填补我国在外海造人工岛、外海深水沉管安装创新技术以及国内长大桥梁电缆相关技术等方面的空白。

第四章

党 管 人 才

通览中国共产党百余年风雨历程，在各个时期的奋斗征程中，党管人才始终是一个在人才工作领域长期坚持的重大原则和根本依循。习近平总书记在 2021 年中央人才工作会议中强调，要坚持党对人才工作的全面领导，这是做好人才工作的根本保证。① 通过对党管人才提出的时代背景与理论进路、党管人才研究的主要观点与发展沿革、党管人才在实践中的运用等进行梳理，对于深入领会中央人才工作会议精神以及在新时代做好人才工作具有重要的理论价值和实践意义。

本文运用文献计量分析工具 CiteSpace 对 1998—2022 年中文社会科学引文索引（CSSCI）数据库收录的党管人才领域的 1 021 篇文献进行可视化分析，呈现出党管人才研究领域的主要观点和发展沿革，并且通过文献分析方法对党管人才提出的时代背景与理论进路、在实践中的运用进行梳理总结，最后对未来党管人才领域的研究进行展望。

第一节 党的人才工作发展历程

在中国革命、建设和改革的奋斗征程中，随着时代背景的变化和党对人才内涵认识的不断深化，"党管人才"原则在"党管干部"原则的基础上提出并且进一步发展。

---

① 习近平：《深入实施新时代人才强国战略 加快建设世界重要人才中心和创新高地》，《人民日报》2021 年 9 月 29 日第 1 版。

一、新民主主义革命时期（1921—1949 年）

在新民主主义革命时期，社会的主要矛盾是帝国主义和中华民族的矛盾，封建主义和人民大众的矛盾，社会主要矛盾也决定了党的任务是实现中华民族独立和解放。在此时代背景下，陈独秀认为中国革命人才主体为城市资产阶级和无产阶级；李大钊在对中国国情深刻分析的基础上认为，农民也是中国革命人才的重要组成部分①；毛泽东也提出"没有贫农，便没有革命"②的论断，突出农民的重要地位。陈独秀、李大钊和毛泽东等人对于中国革命人才主体问题的认识反映了新民主主义革命早期党对人才内涵的理解。

1938 年，在党的六届六中全会上，毛泽东提出了党管干部的思想。③新民主主义革命时期党管干部原则突出表现为高度集中的干部管理模式，具体表现为中央及各级党委的组织部门对干部进行统一任命、统一调配。④在对干部进行管理的具体制度上，制定了干部教育与培训、干部提拔与审查、干部交流和调动等制度。⑤

这一时期由于党所处的内外环境及党所实行的一元化领导体制，党管干部所采用的高度集中的管理模式对党领导革命战争走向胜利、实现中华民族的独立和解放发挥了重要的作用。⑥

二、社会主义革命和建设时期（1949—1978 年）

中华人民共和国成立后，随着社会主义革命和建设的进行，中国共产党人对干部内涵的认识不断深化，并且根据时代背景的变化对党对干部的管理模式和具体干部管理制度进行改革和发展。

---

① 张立驰：《论陈独秀、李大钊的人才思想》，《福建论坛：人文社会科学版》2014 年第 6 期，第 87-92 页。

② 毛泽东：《湖南农民运动考察报告》，载《毛泽东选集：第 1 卷》，人民出版社，1991，第 21 页。

③ 杨万文、李欢：《简论党管人才原则的内涵及价值》，《社会主义研究》2013 年第 5 期，第 97-100 页。

④⑥ 林学启：《党管干部 90 年：模式演变与价值追求》，《理论学刊》2011 年第 4 期，第 44-47 页。

⑤ 蒯正明：《九十年来中国共产党干部制度建设的探索历程与基本经验》，《社会主义研究》2011 年第 3 期，第 84-88 页。

这一时期，我国的主要矛盾是人民对于建立先进的工业国的要求同落后的农业国的现实之间的矛盾，人民对于经济文化迅速发展的需要同当前经济文化不能满足人民需要的状况之间的矛盾。[①] 在这一背景下，周恩来提出，工农干部是建设人民国家的重要骨干[②]，体现了我党对人才内涵的认识。

为适应社会主义革命和建设的开展，党对干部的管理模式由高度集中的管理模式改革为在中央及各级党委统一领导下的分部分级干部管理模式。1953年，中共中央召开第二次全国组织工作会议并通过《关于加强干部管理工作的决定》，对党管干部原则作出了明确规定，提出建立分部分级干部管理制度。[③] 在具体的干部管理制度上，对干部人事任免制度进行了完善，形成以委任制为主，适当采取选任、考任方式的格局；在干部培养上，建立了干部轮训制度；此外还建立了干部交流制度和干部纪律及其奖惩制度。[④]

社会主义革命和建设时期，在党管人才原则下对干部管理体制改革，适应了高度集中的计划经济体制，为社会主义革命和建设提供了人才保障和支持。

三、改革开放和社会主义现代化建设时期（1978—2012年）

这一时期，结合改革开放和社会主义现代化建设的时代背景，以邓小平、江泽民、胡锦涛为代表的中国共产党人继承了党管干部原则，并且进一步推动其完善和发展。

改革开放初期，邓小平纠正了党内长期以来"左"的思想造成的对于知识分子的认识偏差，提出了干部"四化"，丰富了我党对于人才内涵的认识。1982年，国家明确提出"专门人才"概念，以区别于理论界的

---

① 中共中央文献研究室编《建国以来重要文献选编：第9册》，中央文献出版社，1994，第341页。
② 周恩来：《中央政务院关于举办工农速成中学和工农干部文化补习学校的指示》，载《周恩来选集：下》，人民出版社，1984，第62页。
③ 中共中央文献研究室编《建国以来重要文献选编：第4册》，中央文献出版社，1993，第492页。
④ 罗国亮：《干部人事制度：新中国60年的演变与启示》，《理论与现代化》2009年第6期，第41-48页。

"人才"定义,从学历和资格两个方面对专门人才作出了明确界定,将人才定义为"具有中专及以上学历者或有技术员和相当于技术员及其以上专业技术职务任职资格者"①,进一步明确了人才的内涵。2010年发布的《国家中长期人才发展规划纲要(2010—2020)》中,明确将"人才"定义为"具有一定的专业知识或专门技能,进行创造性劳动并对社会做出贡献的人,是人力资源中能力和素质较高的劳动者"。这一发展过程体现了党和国家对人才内涵的认识不断深化。

这一时期,党在对党管干部原则内涵认识不断加深的基础上对其进一步发展。2003年12月,第一次全国人才工作会议召开,通过《中共中央国务院关于进一步加强人才工作的决定》,强调必须坚持党管人才原则。2007年,"党管人才"原则被写入了党的十七大报告,进一步强化了党管人才的原则。在这一时期,干部管理制度进一步改革,实行干部分类管理体制,废除了领导职务终身制,建立了干部离退休制度,建立并推行国家公务员制度,推进党政领导干部选拔任用制度改革完善②,干部培训制度和考核制度进一步科学化、正规化。

改革开放和社会主义现代化建设时期,党对人才内涵的认识不断深化,党管人才的体制机制不断完善,为社会主义经济建设提供了人才队伍支撑,促进了社会主义现代化建设。

四、中国特色社会主义新时代(2012年至今)

党的十八大以来,我国的主要矛盾转变为人民日益增长的美好生活需要同不平衡不充分的发展之间的矛盾。党的主要任务是团结汇聚中华英才实现中华民族伟大复兴的中国梦。在新时代的背景下,党的二十大报告中强调,科技、教育、人才是全面建设社会主义现代化国家的基础性、战略性支撑③,阐述了人才的重要地位,这体现了党对于人才的内涵与外延的认识不断加深。

---

① 王德劲:《人才及其相关概念辨析》,《西北人口》2008年第2期,第40-43页。
② 蒯正明:《九十年来中国共产党干部制度建设的探索历程与基本经验》,《社会主义研究》2011年第3期,第84-88页。
③ 习近平:《高举中国特色社会主义伟大旗帜　为全面建设社会主义现代化国家而团结奋斗》,《人民日报》2022年10月17日第2版。

2012年，中共中央办公厅印发《关于进一步加强党管人才工作的意见》，对党管人才工作的指导思想、总体要求、领导体制、工作格局、运行机制等进一步明确，标志着党管人才工作制度化逐渐成熟。[①] 在新时代，党管人才的体制机制进一步深化改革，在人才培养上，党的二十大报告中提出要坚持教育优先发展，培养德智体美劳全面发展的社会主义建设者和接班人[②]。在人才评价上，中共中央办公厅、国务院办公厅印发《关于深化职称制度改革的意见》《关于分类推进人才评价机制改革的指导意见》等政策文件，健全职称制度体系和分类评价体系，完善人才评价机制。在人才激励上，《关于深化科技奖励制度改革的方案》等政策法规的出台，激励了自主创新，激发了人才活力，完善了人才激励机制。

新时代党对人才内涵的认识不断深化，在习近平总书记对人才工作重要论述的宏观指引下，党管人才的体制机制进一步发展完善。

第二节 党管人才研究的主要观点与发展脉络

一、党管人才的关键词聚类图谱

本文运用 CiteSpace 对 CSSCI 中收录的党管人才研究领域的 1 021 篇文献进行关键词共现网络分析。若将节点类型设置为"Keyword"，时间段为 1998—2022 年，时间切片为 1，阈值选择为 g-index k=20，通过 LLR 算法对关键词进行聚类分析，得到党管人才研究领域的关键词聚类图谱（见图 4-1），共生成 8 个核心聚类：#0 人才思想、#1 党政干部、#2 干部素质、#3 新时代、#4 人才工作、#5 党外干部、#6 执政能力、#7 习近平。这些聚类大致勾画出中国党管人才研究学术版图的轮廓。为使学术版图更为清晰，笔者又整理了党管人才研究领域关键词聚类的节点明细表（见表 4-1）。

---

① 赵永乐：《从特色到优势：进一步提升我国人才制度体系的全球竞争力》，《南京社会科学》2018 年第 6 期，第 75-81 页。

② 习近平：《高举中国特色社会主义伟大旗帜　为全面建设社会主义现代化国家而团结奋斗》，《人民日报》2022 年 10 月 17 日第 2 版。

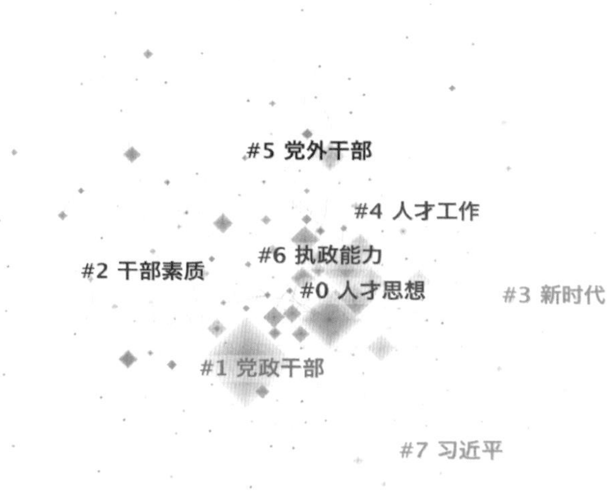

图 4-1　党管人才研究领域的关键词聚类图谱
资料来源：作者整理。

表 4-1　　　　党管人才研究领域关键词聚类节点明细表

序号	聚类标签	所含节点
#0	人才思想	人才观，人才标准，人才使用，人才战略，人才引进，人才政策，分类管理
#1	党政干部	信息素养，干部考核，制度构建，制度转换
#2	干部素质	素质模式，思想建设，干部制度，制度改革
#3	新时代	创新，发展思想，新使命，党的十九大，党法协同
#4	人才工作	人才服务，分配制度，保障机制
#5	党外干部	党的领导，多党合作，治理能力
#6	执政能力	制度建设，党内监督
#7	习近平	制度治党，制度意识，人才创新

资料来源：作者整理。

二、党管人才研究的主要观点

关键词聚类图谱和聚类节点明细表反映了党管人才研究领域的主要观点，为更加准确地把握党管人才研究领域的主要观点和认识体系，需要人工进一步梳理和归纳。党管人才研究领域主要观点集中在以下五个方面。

(一) 中国共产党的人才思想

聚类#0 是"人才思想",包含"人才观""人才标准""人才使用""人才战略""人才引进""人才政策""分类管理"等节点,该聚类对各时期中国共产党主要领导人的人才思想进行梳理,是党管人才的理论基础。

张立驰对李大钊、陈独秀的人才思想的主要内容进行梳理,对陈独秀和李大钊在中国革命时期的人才主体、人才的本质特征、人才的培养途径三个方面的观点进行比较分析。[①] 秦慧杰、游艺等人对毛泽东关于人才的选拔、使用、培养等方面的观点进行梳理,认为以人为本是毛泽东识人、用人、培养人的核心。[②] 伏绍宏等人对朱德对人才价值的认识、育人观、用人观的要点进行归纳。[③] 周肇光、禹长海等人对邓小平的人才思想意蕴进行剖析,在人才选拔上,邓小平强调要按照"四化"的标准,选拔德才兼备的人才;在人才使用上强调要扬长避短;在人才管理上要科学规范,加强人才制度建设。[④] 唐斌等人对习近平关于人才的重要论述进行研究,在人才的价值上,强调人才是实现中国梦的关键;在人才的培养上,强调以德为先,教育为本、突出实践;在选人用人上,强调坚持德才兼备的标准等。[⑤]

这个聚类对各个时期中国共产党人的人才思想进行研究,对于不同时期我党选人、育人、用人、爱人的人才观念和在实践中的措施进行总结,突出了涵养党管人才原则的中国共产党百年人才理论。

(二) 党政干部的能力素质与管理制度

聚类#1 是"党政干部",主要的节点包括"信息素养""干部考核""制度构建""制度转换";聚类#2 是"干部素质",包括"干部素质""素质模式""思想建设""干部制度""制度改革"等节点;聚类#6 是"执政能力",包括"执政能力""制度建设""党内监督"等节点。这些聚类对党政干部的能力素质和管理制度进行了探讨。

---

① 具体内容详见张立驰发表的《论陈独秀、李大钊的人才思想》。
② 具体内容详见秦慧杰、徐业滨发表的《略论毛泽东以人为本的人才观》,游艺发表的《论毛泽东的人才思想》。
③ 具体内容详见伏绍宏、张义佼发表的《朱德人才思想探微》。
④ 具体内容详见周肇光发表的《论邓小平人才思想的现代化特征》,禹长海发表的《邓小平的人才思想三题》。
⑤ 具体内容详见唐斌、罗洪铁发表的《习近平人才思想研究》。

在党政干部的素质方面，李瑞熙认为党政干部应该具备的基本素质包括政治素质、知识素质、能力素质和身体素质①。黄勇等人提出党政干部应该具备信息素质，提升党政干部信息素质会深刻影响党政干部的学习、工作、决策、执政能力②；周四选认为，应通过加强学习、立足实践、建章立制的方式加强党政干部的道德建设、提高党政干部道德素质③。

在党政干部的管理制度的发展方面，林学启将百年来党管干部的制度模式发展总结为三个阶段，即"一揽子"的干部管理模式、分部分级的干部管理模式、分级分类的干部管理模式，体现党管干部原则下干部制度朝着科学化、民主化、制度化发展的基本趋势④；夏红总结干部监督、民主制度、公示制度、干部退休、干部选拔、干部交流、干部考核等七个方面应是我党干部制度改革的发展趋势⑤。

通过对党政干部的政治素质、知识素质、能力素质、身体素质、信息素质、道德素质等素质内涵与提升路径的探讨，体现出党管人才原则建立在"以人为本"理念的基础上，以"促进人的全面发展"为目标；通过研究党政干部管理制度，发现当前干部制度存在的问题并且提出制度改革与完善的路径，体现了党管人才原则"管政策"的理念。

(三) 新时代

聚类#3 是"新时代"，包括"创新""发展思想""新使命""党的十九大""党法协同"等节点；聚类#7 是"习近平"，包括"制度治党""制度意识""人才创新"等节点。这些聚类的主要内容是不同学者对新时代背景下习近平总书记关于人才的重要论述的研究。

习近平总书记多次强调坚持党管人才，不同学者也在习近平总书记关于人才论述的基础上对新时代创新人才管理体制提出了新思路。在干部工

---

① 李瑞熙:《论提高党政干部的素质》,《贵州大学学报：社会科学版》1998 年第 6 期,第 15-18 页。
② 黄勇、李业根、晏素汾:《党政干部信息素质提升途径研究》,《求实》2012 年第 2 期,第 23-27 页。
③ 周四选:《新时代党政干部道德建设存在的问题及解决对策》,《中州学刊》2019 年第 10 期,第 19-24 页。
④ 林学启:《党管干部 90 年：模式演变与价值追求》,《理论学刊》2011 年第 4 期,第 44-47 页。
⑤ 夏红:《试论党的干部制度改革的发展趋势》,《中国青年政治学院学报》2003 年第 3 期,第 61-64 页。

作制度上,龚跃提出新时代干部工作制度应发展为党法协同的干部制度体系,从干部工作制度建设上推动依法治国、依规治党的落实①;在选人用人机制上,王春玺认为要健全干部考察机制、建立民主推荐和民主选举相结合的选拔机制、建立考评基础上的奖惩机制②;在考核评价制度的设计上,胡洪彬认为系统性设计应该从主体设计、指标设计和程序设计上完善,强化新时代党政干部考核评价的科学性和全面性③。

在新时代下,习近平总书记有关人才工作的论述,为完善人才工作政策法规的制定、推动人才发展体制机制的改革提供了方向,有利于人才发展、成长的制度政策环境不断优化④,体现了党管人才原则中的"管宏观""管政策"的内涵。

（四）人才工作

聚类#4是"人才工作",包括"人才服务""分配制度""保障机制"等节点。这一聚类对党在人才工作中坚持的理念和人才工作实践进行研究。

在人才工作的理念上,赵永贤认为,党的十七大以来,人才工作努力实现从"人事人才"向"人才人事"转变,从"以事为主"向"以人为主"转变,从"重管理"向"重服务"转变,更加突出了以人为本的理念、强化了服务人才的观念⑤;在人才工作的实践中,在人才的服务和凝聚上,刘云夏提出可以通过建立党政领导干部直接联系高层次人才的服务机制来更好地服务人才、凝聚人才⑥。

随着社会主义市场经济体制的不断完善和政府公共服务职能的加强,

---

① 龚跃:《新时代党法协同干部工作制度体系的法治建设》,《南京师大学报:社会科学版》2018年第4期,第21-28页。
② 王春玺:《新时代中国共产党对建设高素质干部队伍的新要求——学习习近平总书记选人用人新思想新理念》,《理论探讨》2018年第2期,第119-123页。
③ 胡洪彬:《新时代党政干部考核评价制度的系统性设计》,《理论探索》2018年第2期,第59-66页、第77页。
④ 徐明:《中国共产党人才思想的理论来源、逻辑理路与当代启示》,《人民论坛·学术前沿》2021年第24期,第24-32页。
⑤ 赵永贤:《将人事工作与人才工作紧密结合起来》,《求是》2007年第24期,第32-33页。
⑥ 刘云夏:《把各类优秀人才集聚到党和国家的事业中来》,《求是》2005年第5期,第30-31页。

党的人才工作也将重心逐渐放到服务人才中来，是党管人才原则内涵中"管服务"的体现。

（五）党外干部

聚类#5是"党外干部"，包括"党的领导""多党合作""治理能力"等节点，这一聚类论述了在党管人才原则下党如何对于党外干部进行选拔、培育和使用。

关于党外干部管理的根本前提，武鸿麟认为，坚持和完善党内外干部合作共事的根本前提是要相信和接受中国共产党的领导[1]。在党外干部的培养和使用方面，汪清华、成晓萍等人认为，一是党外干部培养应坚持统战部培养和民主党派自我培养相结合；二是要建立健全党外干部定期培训、集中培训、轮训、交流制度，加强党外干部培养以及党与党外干部的联系[2][3][4]。在党外干部的选拔方面，杜云辉、张献会等人提出，一是要提高对选拔任用党外干部意义的认识；二是在选拔标准上要同党内干部一样坚持德才兼备的原则和任人唯贤的干部路线，在选拔任用程序上贯彻《党政领导干部选拔任用工作条例》[5][6]。

管好党外干部对于充分发挥党外干部的作用、将党外干部凝聚到中华民族伟大复兴的奋斗征程中来、巩固中国共产党领导的多党合作和政治协商制度具有重要意义，是党对人才工作的统筹协调，体现了党管人才原则中"管协调"的内涵。

三、党管人才研究的发展脉络

通过党管人才研究领域关键词突现词表（见图4-2），有助于分析党

---

[1] 武鸿麟：《以邓小平理论为指导，贯彻中共十五大精神，坚持和完善合作共事——参加中央社院第七期党外领导干部专题研究班的学习体会》，《中央社会主义学院学报》1999年第1期，第47-50页。

[2] 西安建筑科技大学党委统战部：《拓宽选人渠道 加强党外干部队伍建设》，《中央社会主义学院学报》1999年第12期，第19-20页。

[3] 汪清华：《采取多种有效形式增强党外干部工作活力》，《中国统一战线》1999年第4期，第42-43页。

[4] 成晓萍：《加强党外干部队伍培训》，《中国统一战线》1998年第8期，第42-43页。

[5] 杜云辉、曹幸忠：《加大培养选拔党外干部工作的力度》，《中国统一战线》1999年第7期，第39-40页。

[6] 张献会、关宪章：《积极培养选拔党外干部》，《中国统一战线》1998年第1期，第34页。

管人才研究领域的阶段性特征，探寻其发展沿革。

关键词	强度	起始年份	截止年份	1998—2022 年
党外干部	5.37	1998	1999	
干部素质	4.39	1998	2000	
干部制度	2.92	2001	2003	
党管人才	3.97	2003	2009	
人才资源	3.33	2003	2009	
执政能力	5.28	2004	2005	
高校	3.45	2005	2009	
干部教育	3.29	2012	2014	
习近平	6.34	2014	2020	
新时代	10.03	2018	2022	

图 4-2　党管人才研究领域关键词突现词表

资料来源：作者整理。

我国党管人才研究的阶段性特征不仅是研究不断拓展和深入的结果，也与我国经济发展水平的不断提升、国家人才政策法规的颁布、人才发展制度的发展完善紧密相关。通过对 1 021 篇文献的综合分析，我国 1998—2022 年党管人才的研究可以分为三个阶段。

（一）研究初期阶段（1998—2003 年）

1998—2003 年，党管人才领域研究的突发关键词为"党外干部""干部素质""干部制度"，研究主要集中在如何管好党外干部、干部应具备的素质、干部制度的完善与发展方面。在对党外干部的管理上，首先要坚持党的领导，其次在选拔任用、培养开发、盘活使用上既要坚持管理党内干部的原则，又要考虑到党外干部的特殊性，汪清华、成晓萍、杜云辉、张献会等人对党外干部的选拔、培养等体制机制进行了详细论述①。在干部素质的研究上，李瑞熙、秦玉琴、黄勇、周四选等学者对党政干部应该具备的政治素质、能力素质、身体素质、道德素质、信息素质等的具体内涵

---

① 具体内容详见汪清华发表的《采取多种有效形式增强党外干部工作活力》，成晓萍发表的《加强党外干部队伍培训》，杜云辉、曹幸忠发表的《加大培养选拔党外干部工作的力度》，张献会、关宪章发表的《积极培养选拔党外干部》。

和相应的培养路径作了详细阐述①。对在干部制度发展与完善的研究上，蒯正明、林学启、夏红等学者从宏观角度出发对干部制度的发展阶段、发展趋势进行梳理②；盛明科、胡洪彬、王立新等学者从微观角度出发对人才选拔、考评、监督机制中存在的问题与改革发展路径进行研究③。

（二）研究中期阶段（2003—2012 年）

2003—2012 年，是党管人才领域研究的兴起与丰富阶段，这一阶段的突发性关键词主要有"党管人才""人才资源""执政能力""高校"。2001 年江泽民提出了"人才资源是第一资源"的思想④，"人才资源"的重要性被大大增强，促进了对于人才资源的研究。自 2002 年 12 月曾庆红在全国组织工作会议上提出"党管人才"原则，党管人才领域的研究逐步增多，田苗、徐国联等人对党管人才原则的内涵与意义进行了讨论⑤。2004 年，国务院颁布《2003—2007 年教育振兴行动计划》，强调重点推进"高素质教师和管理队伍建设工程"建设，在此背景之下，研究者将党管人才中人才的范围限定在高校，重点研究高校在贯彻党管人才原则时出现的问题以及如何推动高校人才工作体制机制创新。

（三）研究深入阶段（2012—2022 年）

自党的十八大以来，中国特色社会主义进入了新时代。这一阶段的突发关键词为"干部教育""新时代""习近平"，对党管人才的研究紧紧围绕着习近平总书记在新时代背景下对人才工作的论述展开。党的十八大报

---

① 具体内容详见李瑞熙发表的《论提高党政干部的素质》，秦玉琴发表的《讲政治是党的高级领导干部的立身之本》，黄勇、李业根、晏素汾发表的《党政干部信息素质提升途径研究》，周四选发表的《新时代党政干部道德建设存在的问题及解决对策》。

② 具体内容详见蒯正明发表的《九十年来中国共产党干部制度建设的探索历程与基本经验》，林学启发表的《党管干部 90 年：模式演变与价值追求》，夏红发表的《试论党的干部制度改革的发展趋势》。

③ 具体内容详见盛明科、赵龙发表的《适应经济发展方式转变的党政干部政绩考评体系重塑研究》，胡洪彬发表的《新时代党政干部考核评价制度的系统性设计》，王立新发表的《制度转换：党政干部选拔制度改革的根本性选择》。

④ 江泽民：《江泽民文选：第三卷》，人民出版社，2006，第 319 页。

⑤ 具体内容详见田苗、王立涛发表的《党管人才从哪"管"起》，徐国联发表的《坚持党管人才原则的实践与思考》。

告和十九大报告都提出要坚持党管人才的原则①②，2021年中央人才工作会议上，习近平总书记再次强调，坚持党对人才工作的全面领导，是做好人才工作的根本保证③，这一原则体现了中国共产党对人才规律的把握④。围绕习近平对人才工作的论述，唐斌、刘海飞等人对习近平新时代关于人才问题论述的核心要义进行宏观性和整体性研究，梳理了习近平关于人才主体地位、人才培养、人才引进等方面的论述⑤；许光等人对习近平关于人才问题论述的价值内涵进行研究，认为习近平新时代关于人才问题论述是统领新时期人才事业发展和人才队伍建设的有效理论指导和强大思想武器⑥。

对习近平新时代关于人才问题论述的研究和讨论能够对促进理论研究的深化、发挥理论在实施人才强国战略中的指导作用。

第三节 党管人才的实践

党管人才原则的核心是党领导人才工作⑦，在人才的吸引、选拔、培养、使用、评价、激励各个环节都要坚持党的领导。在新时代，习近平总书记提出，"要以识才的慧眼、爱才的诚意、用才的胆识、容才的雅量、聚才的良方，广开进贤之路，把各方面知识分子凝聚起来，聚天下英才而用之"。这既是对中国共产党百年来人才工作实践的总结，也是对未来人才工作实践的要求。

---

① 胡锦涛：《坚定不移沿着中国特色社会主义道路前进 为全面建成小康社会而奋斗》，《人民日报》2012年11月9日第2版。

② 习近平：《决胜全面建成小康社会 夺取新时代中国特色社会主义伟大胜利》，《人民日报》2017年10月19日第2版。

③ 习近平：《深入实施新时代人才强国战略 加快建设世界重要人才中心和创新高地》，《人民日报》2021年9月29日第1版。

④ 卢黎歌、李英豪、岳潇：《习近平人才思想及其价值意蕴研究》，《思想教育研究》2018年第1期，第37-41页。

⑤ 具体内容详见唐斌、罗洪铁发表的《习近平人才思想研究》，刘海飞发表的《习近平关于人才工作重要论述的核心要义》。

⑥ 许光：《习近平新时代人才思想的科学体系与价值内涵》，《科学社会主义》2018年第3期，第73-78页。

⑦ 徐明：《中国共产党人才思想的理论来源、逻辑理路与当代启示》，《人民论坛·学术前沿》2021年第24期，第24-32页。

一、选才：德才兼备，任人唯贤

新民主主义革命时期，中国共产党人在革命斗争的实践中总结确立了一条选拔任用干部的标准和路线，就是"德才兼备"的干部标准和"任人唯贤"的干部路线。① 毛泽东在党的六届六中全会中提出"德才兼备"的量才标准，在《论新阶段》中提出"任人唯贤"的用人路线，反对任人唯亲。

社会主义革命和建设时期，在选人标准上，毛泽东认为选拔人才应坚持"德才兼备，又红又专"的标准，其中首要标准是"德"②；在选人方式上，毛泽东强调要不拘一格，知人善任，不唯学历，唯才是举。毛泽东鼓励有真才实学的人充分发挥他们的聪明才智，如任用客店跑堂出身，通过自学成才的萧楚女为主编助理和专职教员，任用自学成才的田家英为秘书等。③

改革开放和社会主义现代化建设时期，邓小平强调要善于发现人才，指出人民群众中"有能干的人，我们要积极地去发现，发现了就认真帮"④。他不仅要求领导干部积极发现人才，而且以身作则，自己利用外出视察工作的机会到基层中去发现人才⑤。

进入中国特色社会主义新时代，习近平高度重视选人用人，强调"选什么人就是风向标，就有什么样的干部作风，乃至就有什么样的党风"⑥。在人才来源上，坚持"五湖四海"的原则，提出坚持干部工作"一盘棋"的思想，拓宽选人用人的视野和渠道。⑦

---

① 蒯正明：《九十年来中国共产党干部制度建设的探索历程与基本经验》，《社会主义研究》2011年第3期，第84-88页。
② 游艺：《论毛泽东的人才思想》，《湖南社会科学》2011年第4期，第30-32页。
③ 徐明：《中国共产党百年人才思想的理论进路与实践向度》，《北京社会科学》2022年第2期，第4-15页。
④ 邓小平：《邓小平文选：第二卷》，人民出版社，1994，第265页。
⑤ 罗洪铁、王丽：《邓小平人才思想研究》，《探索》2014年第6期，第26-30页。
⑥ 中共中央文献研究室编《十八大以来重要文献选编（上）》，中央文献出版社，2014，第343页。
⑦ 何隆德：《习近平选人用人重要论述的科学内涵与理论创新》，《理论视野》2022年第7期，第38-43页。

二、育才：为党育人，为国家育才

中国共产党百年来坚持对人才的悉心培育，始终坚持"为党育人，为国家育才"的初心，为社会主义革命、改革和建设培育了大量人才。[①]

新民主主义革命时期，陈独秀认为要通过学校教育、社会教育、家庭教育共同合力来培养人才；李大钊在重视教育对人的培养的同时，认为政治运动和社会运动的实践也是培养人才的重要途径。[②] 毛泽东提出了实践育人的观念[③]，提出要建立干部参加生产劳动的制度，要搞调查研究，要接触实际，使他们更好地成长。

社会主义革命和建设时期，党中央开设各种干部学校对新参加革命的知识分子进行培养教育，对原有科技人员采取"全部包下来"、合理安排的政策，对高校布局进行了较大的调整。[④] 毛泽东始终坚持培养人才应该要理论与实践相结合的观点，认为无产阶级革命事业的接班人必须到群众和实践中去，在大风大浪中成长，强调有书本知识的人必须向实践学习。[⑤] 这一时期，党中央先后出台了关于干部管理的政策，干部培训制度不断完善。[⑥]

改革开放和社会主义现代化建设时期，在培养人才的标准上，邓小平提出要培养有理想、有道德、有文化、有纪律的"四有"新人；在培养途径上，强调通过办好教育、进行教育体制改革、办好成人教育、鼓励人们在实践中自学成才的方式培养人才；完善了干部培训制度[⑦]，为干部和人

[①] 范涌峰：《中国共产党育人初心的百年演进》，《湖南师范大学教育科学学报》2021年第4期，第1-8页。

[②] 张立驰：《论陈独秀、李大钊的人才思想》，《福建论坛：人文社会科学版》2014年第6期，第87-92页。

[③] 胡世刚：《新民主主义革命时期毛泽东实践育人观渊源探析》，《学校党建与思想教育》2017年第6期，第78-79页、第96页。

[④] 邓亚秋：《试析毛泽东人才思想发展阶段的划分标准》，《毛泽东思想研究》2010年第1期，第26-29页。

[⑤] 杨万文、李欢：《简论党管人才原则的内涵及价值》，《社会主义研究》2013年第5期，第97-100页。

[⑥] 罗－亮：《干部人事制度：新中国60年的演变与启示》，《理论与现代化》2009年第6期，第41-48页。

[⑦] 徐业滨：《邓小平人才思想——提高党执政能力的重要理论源泉》，《理论探讨》2005年第3期，第116-117页。

才发展提供了更加完备的制度保障,为社会主义现代化建设培育有社会主义觉悟、有文化的劳动者。

在中国特色社会主义新时代,在人才的培养和教育上,要注重发挥高校对于创新人才培养的作用,党的二十大报告中提出,要坚持教育优先发展,全面提高人才自主培养质量,着力造就拔尖创新人才①,高校应通过高等教育培养创新人才、提升创新人才能力,为国家科技发展提供广阔的人才资源库。

三、用才:用好用活人才

社会主义革命和建设时期,毛泽东非常重视对干部的使用,强调使用人才要用人所长。例如,他认识到刘伯承在军事教育方面的才能时,同意将其任命为中国人民解放军军事学院院长,从而培养了一大批新型的军事干部,推动了中国军队的现代化和正规化建设。②

改革开放和社会主义现代化建设时期,邓小平认为,在人才的使用上首先要克服人才浪费的现象,发挥人才专长;其次对人才不能求全责备,要看人才的实际本领,用其所长;最后要为人才解决实际问题,为人才解决后顾之忧,使得人才能够更好地发挥作用。③

进入中国特色社会主义新时代,习近平总书记提出好干部"重在使用"的观点,强调"好干部成长起来了,培养出来了,关键还是要用",认为"不用,或者用不好,最终等于还是没有好干部"。新时代在用人的体制机制上,着力健全以创新能力、质量、实效、贡献为导向的人才评价体系;加快构建人才自我省思、自我约束的自律机制和有效的外部监督机制④;同时完善人才激励机制,促进人才提高创新意识和创新能力⑤。

---

① 习近平:《高举中国特色社会主义伟大旗帜 为全面建设社会主义现代化国家而团结奋斗》,《人民日报》2022年10月17日第2版。
② 徐明:《中国共产党百年人才思想的理论进路与实践向度》,《北京社会科学》2022年第2期,第4-15页。
③ 罗洪铁、王丽:《邓小平人才思想研究》,《探索》2014年第6期,第26-30页。
④ 韩萌:《加强党对人才工作的全面领导》,《党建》2022年第2期,第38-40页。
⑤ 张峰:《何以聚才用才——学习习近平总书记关于人才工作的重要论述》,《人民论坛》2018年第21期,第54-55页。

四、汇才——汇聚天下英才

新民主主义革命时期、社会主义革命和建设时期,毛泽东指出,汇聚党内党外干部,把他们的积极性组织到抗日和建国的伟大事业中去。在抗日战争时期,毛泽东建立抗日民族统一战线,团结农民、工人、革命知识分子、城市小资产阶级、民族资产阶级各个阶级的力量,共同反抗帝国主义的侵略。延安时期,民主人士李鼎铭向中国共产党提出组建边区政府的"三三制"方案引起了毛泽东的高度重视,毛泽东不仅采纳了他的意见,而且让他出任边区政府副主席①。中华人民共和国成立后,为了提升科技水平、实现社会主义工业化,党中央制定了一系列方针政策,吸引海外学子和留学人员回国效力,缓解了当时国内人才极度匮乏的局面。在"两弹一星"功勋奖章获得者钱学森回国受到阻挠之时,在周恩来总理及党和国家的关怀下,钱学森离美回国,由于钱学森的为国效力,中国的导弹技术和核武器技术至少向前推进了20年,这体现了党汇聚天下英才而用之的魄力。②

改革开放和社会主义现代化建设时期,随着党和国家工作重心向经济建设转移,需要汇聚人才投入经济建设之中,邓小平首先为知识分子正名,提出"尊重知识,尊重创造";并且恢复高考制度,通过高考选拔汇聚优秀青年人才,为经济建设增加青年人才储备。

在中国特色社会主义新时代,对于国内高端人才仍然稀缺的现状,习近平总书记强调要重视人才的引进。在2018年全国组织工作会议上他强调,"要实行更加积极、更加开放、更加有效的人才引进政策,聚天下英才而用之"③,通过汇聚海内外高端人才,推动我国社会主义事业建设。

第四节 党管人才原则下的新时代人才工作

党管人才原则体现了中国共产党始终坚持对人才工作的全面领导,新时代坚持党管人才这一原则,应继续坚持党对人才工作的全面领导,明确

---

① 秦慧杰、徐业滨:《略论毛泽东以人为本的人才观》,《理论探讨》2004年第5期,第122-123页。
② 吕春:《周恩来用美国战俘交换钱学森》,《炎黄春秋》2006年第4期,第62-64页。
③ 习近平:《在全国组织工作会议上的讲话》,《当代党员》2018年第19期,第4-11页。

新时代党管人才的主要对象；同时，创新党管人才的方式方法，在制定政策、整合力量、提供服务等方面下功夫，深化人才体制机制改革，形成人才工作合力，努力营造识才爱才敬才用才的环境，加快建设世界重要人才中心和创新高地，并依托这一平台聚天下英才而用之。

一、坚持党对人才工作的全面领导

坚持党对人才工作的全面领导是人才工作的根本保证、原则和要求，是新时代推动人才强国建设的重要制度安排，确保了人才选用育留各方面拥有正确的政治方向。① 党管人才的目的是更好地发挥人才引领作用、促进经济社会高质量发展、保障总体国家高水平安全的战略作用。培养好、团结住、汇聚起各领域各类别各层次人才，鼓励人才勇于担当的责任、不负使命，不断把中国特色社会主义伟大事业推向前进。因此，坚持党管人才，首先要坚持党引领人才发展的正确方向，加强对人才工作的政治引领，加强科学理论指导，制定人才发展规划，始终把实施人才强国战略作为根本任务加以推进。

二、明确新时代党管人才的主要对象

坚持党管人才的前提是明确党管人才的主要对象。随着社会的发展和时代的进步，人才的内涵是一个不断发展的动态概念。在新民主主义革命时期和新中国成立初期，党的人才政策主要包含在干部政策之中；在改革开放以后的一段时期，党和国家把"具有中专及以上学历或初级以上专业技术职称"作为人才的标准②。在中国特色社会主义新时代，党管人才的主要对象又有了新的构成，由传统的人才培养转向战略人才力量的培养和选拔。国家战略人才力量包括战略科学家、科技领军人才和创新团队、青年科技人才队伍和卓越工程师队伍等。③ 随着全球新一轮技术革命迅猛发

---

① 韩升：《新时代人才引领发展的战略地位、关键环节与实践路向》，《深圳大学学报：人文社会科学版》2021年第6期，第35-41页。
② 何成学：《新时代人才工作必须善于坚持党管人才的原则》，《光明日报》2018年4月16日第6版。
③ 习近平：《深入实施新时代人才强国战略　加快建设世界重要人才中心和创新高地》，《人民日报》2021年9月29日第1版。

展，建设国家战略人才力量已经成为我国人才工作的重中之重，是支撑我国高水平科技自立自强的重要力量，无论是战略科学家、科技领军人才和创新团队，还是青年科技人才队伍和卓越工程师队伍，"质"要"高"，"量"要"大"，才能为新时代人才强国战略形成基础保障。

三、优化党管人才政策与体制机制保障

深化人才发展体制机制改革，是人才工作的重要保障和制度要件。坚持党管人才，应坚持党管机制、管体制、管改革，坚持党统筹重大人才政策的制定，有针对性地解决人才发展中的重大问题，改革人才工作体制机制，营造有利于人才辈出、人尽其才、才尽其用的制度环境，为加快建设国家战略人才力量全力服务。在中国特色社会主义新时代，应以促进经济社会高质量发展为重点，坚持问题导向，面向科技前沿、经济主战场、国家重大需求、人民生命健康等领域持续发力，在如何更好地激发激励人才创新活力上下功夫，向用人主体授权，积极为人才松绑，完善人才评价体系，在党的领导下实现人才发展体制机制及相关制度体系更尊重人才、更关爱人才、更团结人才、更激励人才、更汇聚人才。

四、以党管人才形成人才工作合力

坚持党管人才，应通过党管人才来加强各方力量的统筹协调，形成推进人才工作和人才队伍建设的整体合力。不断完善人才工作领导机构，以更高层次、更切合实际的要求、更大范围内领导团结和动员各级政府、各方力量、各条战线、各个领域，汇聚起强大力量，构建落实各项攻坚任务的高效人才工作体系，统筹推进新时代人才强国战略。落实党管人才，应在党的统一领导的前提下，处理好行政部门、用人单位和科研人员之间的关系，明确各主体责任，行政部门、用人单位以及科研人员作为人才发展治理主体，应协同发力，构建人才发展治理共同体[1]，行政部门加强服务保障，做好"放"与"管"；用人单位自主使用评价，做好"接"与"用"[2]；科研人员专心搞科研出成果。

---

[1][2] 本报评论员：《深化人才发展体制机制改革》，《重庆日报》2021年11月25日第2版。

五、营造识才爱才敬才用才的生态环境

坚持党管人才，应优化党的人才服务。提倡关心爱护人才，为各类人才干事创业、实现价值提供良好服务。人才是建设社会主义现代化强国和实现中华民族伟大复兴中国梦的主体，而人才环境则是造就人才、吸纳人才、充分发挥人才作用的基础，努力营造识才、爱才、惜才、用才的宽松环境，这是人才工作的社会条件和生态氛围[①]。没有一个良好的社会环境，不仅吸引不了人才、留不住人才，也难以激发人才创新创造的内生动力。能否实现人人皆可成才、人人尽展其才，一方面取决于个人的主观努力，另一方面社会环境、工作和生活环境也很重要。优化党的人才服务不仅要从工作上予以支持，营造识才爱才敬才用才的社会氛围，给人才的创新发展提供一个良好的环境，还要从生活上进行关心，关注人才生活需求，给人才的生活提供一个良好的后勤保障。

六、加快建设世界重要人才中心和创新高地

党管人才就是党要领导实施人才强国战略、推进高水平科技自立自强，以识才的慧眼、爱才的诚意、用才的胆识、容才的雅量、聚才的良方，着力把党内和党外、国内和国外各方面优秀人才集聚到党和人民的伟大奋斗中来。加快建设世界重要人才中心和创新高地，正是要全面聚集人才，着力夯实创新发展人才基础。建设世界重要人才中心和创新高地应坚持在党的领导和统筹下，做好顶层设计和战略谋划，合理、科学地进行战略布局，分阶段、分层次在高层次人才集中的中心城市建设吸引和集聚人才的平台，依托世界重要人才中心和创新高地，增强对国内外人才的吸引力，全方位引进、培养、用好人才，广开进贤之路，广纳天下英才，把各方面知识分子凝聚起来，聚天下英才而用之。

---

① 徐明、陈斯洁：《新时代人力资源管理创新发展的逻辑、问题和实现路径》，《中国人事科学》2022 年第 5 期，第 24-33 页。

第 五 章

人才强国战略

人才强国战略是在全面深刻认识新时期国内外发展形势的基础上对我国人才工作所作出的战略性决策,是适应和进一步实现我国国民经济和社会发展需求的有力措施。在 2021 年召开的中央人才工作会议上,习近平总书记首次提出实施新时代人才强国战略,并明确了加快建设世界重要人才中心和创新高地的总体战略构想。[①] 本章对人才强国战略进行研究和评述,旨在为推动人才工作和理论研究创新发展提供借鉴。

第一节 人才强国战略的提出与演进

人才强国战略就是通过人力资源开发,加快中国从人口大国向人才资源强国转变,依靠人才的创新性实现国家发展与强盛的战略。从关注人才问题,到实施人才强国战略,再到实施新时代人才强国战略,人才强国战略随着国家改革开放和现代化建设实践的过程逐步发展和完善。

粉碎"四人帮"之后,党中央把在 20 世纪末实现四个现代化作为全国人民的奋斗目标。1978 年的全国科技大会,知识分子迎来了"科学的春天"。邓小平在会上提出了"科学技术是第一生产力""知识分子是工人阶级的一部分"等著名论断,打破了长期束缚科学发展的思想禁锢,纠正了之前对知识分子的错误认识,恢复了党在知识分子问题上的马克思主义观点,重新肯定了知识分子作为工人阶级的一部分,是社会主义的劳动者;

---

① 习近平:《深入实施新时代人才强国战略 加快建设世界重要人才中心和创新高地》,《求贤》2021 年第 12 期,第 6-9 页。

提出了人才在社会主义建设中的战略地位和作用，强调必须把人才建设放在重要的位置。这一时期，确立了"尊重知识、尊重人才"的人才政策，逐步制定有利于人才培养、选拔和使用的各项制度，使人才工作步入正轨。

为了加快改革开放步伐，集中精力把经济建设搞上去，1992年10月，党的十四大报告指出，将教育放在优先发展的战略地位，是实现现代化建设的根本大计，知识分子的才能和创造性能否得到充分发挥关系到现代化建设的成败。1993年11月，党的十四届三中全会通过的《中共中央关于建立社会主义市场经济体制若干问题的决定》指出，建立、完善社会主义市场经济体制，实现现代化，最终将取决于我国国民素质的提高和人才的培养。1995年5月6日，中共中央、国务院颁布的《关于加速科学技术进步的决定》中首次提出实施科教兴国战略。1995年，启动了"211"工程。1998年，国务院成立国家科技教育领导小组（2018年调整为"国家科技领导小组"），启动"985"工程。

知识经济与经济全球化，导致了人才全球化流动与发展，人才的全球化流动必然带来世界各国对于人才的竞争。中国加入世界贸易组织后，全球范围内的经济结构调整对人才素质提出了更高要求。因此，综合国力的竞争更加倚重于科技进步和人才开发。2000年11月，在北京召开的中央经济工作会议上，第一次明确地提出了要制定和实施人才战略。2001年3月召开的第九届人大四次会议表明，人才战略成为我国经济社会发展的中长期规划。在这次会议上通过的"十五"计划纲要提出了"实施人才战略，把培养、吸引和用好人才作为一项重大任务"。2002年5月，基于经济全球化和综合国力竞争的背景，中共中央办公厅、国务院办公厅印发了《2002—2005年全国人才队伍建设规划纲要》，在这个重要文件中首次提出了"实施人才强国战略"，首次把人才工作纳入国民经济和社会发展战略规划和总体布局。中央把人才问题作为执政兴国的重大问题提升到国家战略高度，大力加强人才队伍建设，"人才强国战略"正式确立。

2002年12月，全国组织工作会议强调要"大力实施人才强国战略，努力开创人才辈出、人尽其才的良好局面"。2003年5月，中央政治局召开会议，研究实施人才强国战略，提出了党管人才原则，中央成立了人才工作协调小组。党的十六届三中全会提出，要大力营造实施人才强国战略的体制环境。2003年12月，党中央、国务院召开了第一次全国人才工作会议，对全面实施人才强国战略作出部署，会后印发的《关于进一步加强人才工作的决定》，强调了人才强国战略的必要性，并对其科学内涵、指导思想、重大意义、主要任务以及方针政策作出了明确而具体的规定，人才强国战略形成了一个完整的思想理论体系和行动纲领。2007年10月，党的十七大将人才强国战略正式写入十七大报告。2010年5月，第二次全国人才工作会议召开，会议瞄准"进入世界人才强国行列"，提出加快确立人才优先发展战略布局，出台了《国家中长期人才发展规划纲要（2010—2020年）》。2012年，《关于进一步加强党管人才工作的意见》对党管人才领导体制和运行机制进行完善部署。① 至此，人才强国战略实施的组织保障体系基本健全，以此为开端中国开启了世界最大规模、最为全面的人才资源开发活动。②

党的十八大以来，我国人才强国战略实施取得了重要进展。2021年9月，中央人才工作会议召开，会上习近平总书记首次提出实施"新时代人才强国战略"，提出了新时代人才强国战略的总体构想。新时代人才强国战略目标直指加快建设世界重要人才中心和创新高地，旨在推动我国人才发展瞄准世界一流水平，实现从重规模、重素质、重数量向重水平、重能力、重一流贡献的重大转变，为实现中华民族伟大复兴提供人才支持。2022年4月，中共中央政治局召开会议，分析研究当前经济形势和经济工作，审议《国家"十四五"期间人才发展规划》。编制《国家"十四五"期间人才发展规划》是党中央部署的一项重要工作，是落实中央人才工作会议精神的具体举措，也是国家"十四五"规划的一项重要专项规划。《国家"十四五"期间人才发展规划》提出，要全面加强党对人才工作的领导，牢固确立人才引领发展的战略地位，全方位培养引进用好人才。2022年10月，党的二十大报告指出，深入实施人才强国战略，坚持尊重劳动、尊重知识、尊重人才、尊重创造，完善人才战略布局，加快建设世界重要人才中心和创新高地，着力形成人才国际竞争的比较优势，把各方

---

① 新华社记者：《中央人才工作协调小组就人才发展规划落实情况答问》，2011年5月30日，http://www.gov.cn/govweb/jrzg/2011-05/30/content_1873200.htm。
② 孙锐：《实施新时代人才强国战略：演化脉络、理论意涵与工作重点》，《人民论坛·学术前沿》2022年第18期，第92-101页。

面优秀人才集聚到党和人民事业中来。

人才强国战略提出 20 多年以来，随着党对人才、人才发展作用认识的不断深入，逐步将其纳入国家战略层面进行考量布局，并提出人才发展的中国道路和布局安排。2021 年，新时代人才强国战略的推出，意味着人才强国战略实施进入新的历史发展阶段。

第二节　人才强国战略的基本内涵

人才战略一般是指战略主体基于内外形势和经济社会发展的要求，对人才资源发展的全局性、长远性、系统性思考、谋划和布局。中国是第一个鲜明提出系统性国家人才发展战略，并明确相关战略议程、战略任务和战略实施路线图的国家。回顾自新中国成立以来，党和国家推动人才发展的历程，可以说实施人才强国战略已经成为中国推动人才发展的特色治理方式，也成为中国特色社会主义制度和道路的伟大创造和实践。

一、人才强国战略的内涵

《2002—2005 年全国人才队伍建设规划纲要》印发后，党和国家先后召开了三次人才工作会议。2003 年 12 月，第一次全国人才工作会议召开，中共中央、国务院发布了《关于进一步加强人才工作的决定》这一重要文件；2010 年 5 月，第二次全国人才工作会议召开，发布了《国家中长期人才发展规划纲要（2010—2020 年）》；2021 年 9 月，中央人才工作会议召开，习近平总书记在会议上提出，"深入实施新时代人才强国战略，全方位培养、引进、用好人才，加快建设世界重要人才中心和创新高地"。

三次人才工作会议上，党和国家关于实施人才强国战略的内容围绕国家发展目标不断深化。第一次全国人才工作会议初步确立把人才作为推进中国特色社会主义伟大事业的关键因素，为完成全面建设小康社会的历史任务提供人才支持。第二次全国人才工作会议明确提出要开发利用国内国际两种人才资源，以高层次人才、高技能人才为重点统筹推进各类人才队伍建设，为实现全面建设小康社会奋斗目标提供坚强的人才保证和广泛的智力支持，为在 21 世纪中叶基本实现社会主义现代化奠定人才基础；目标与对象更明确，战略从为服务全面建设小康社会提供人才支持延伸到为 21

世纪中叶基本实现社会主义现代化奠定人才基础。中央人才工作会议，在前两次全国人才工作会议的基础上，提出了加快建设世界重要人才中心和创新高地的具体任务与路径，把人才强国的战略目标进一步延伸，提出为2035年基本实现社会主义现代化提供人才支撑与为2050年全面建成社会主义现代化强国打好人才基础。

二、人才强国战略的深化

党的二十大报告中关于实施人才强国战略的内容，把服务的战略目标，从以往服务于社会主义现代化强国建设目标精准凝练为服务中国式现代化国家建设目标。党的二十大报告对于实施人才强国战略的要求更加深入与全面。第一次全国人才工作会议以来，实施人才强国战略的要求程度在不断增强，从第一次全国人才工作会议的"大力实施"，到第二次全国人才工作会议的"更好实施"，再到之后中央人才工作会议的"深入实施"。党的二十大报告中也表述为"深入实施"，同时有了新要求：一是要坚持党管人才原则，具有完善的人才战略布局，实施人才强国战略要更具高度；二是坚持各方面人才一起抓，促进人才区域合理布局和协调发展，不拘一格把各方面优秀人才集聚到党和人民事业中来，实施人才强国战略要更具广度；三是要加快建设世界重要人才中心和创新高地，形成国际竞争的比较优势，加强人才国际交流，加快建设国家战略人才力量，用好用活各类人才，实施人才强国战略要更具深度。

人才队伍培养逐步聚焦于科技与创新人才。第一次全国人才工作会议之后，人才强国战略中涉及建设的人才队伍在不断细化分类的同时向特定人群聚焦，主要涉及党政管理人才、企业管理人才与专业技术人才三支人才队伍；第二次全国人才工作会议，在第一次全国人才工作会议基础上增加了高技能人才、社会工作人才与农村实用人才，变为六支人才队伍；中央人才工作会议，在原来六支人才队伍的基础上，特别增加了战略科技人才、科技领军人才、青年科技人才与卓越工程师等科技应用人才，变为十支人才队伍。党的二十大报告在实施人才强国战略的人才队伍培养方面更加聚焦于科技与创新人才，主要聚焦于更多大师、战略科学家、一流科技领军人才和创新团队、青年科技人才、卓越工程师、大国工匠、高技能人才、堪当民族复兴重任的高素质干部队伍、拔尖创新人才、德智体美劳全面发展的社会主义建设者和接班人等国家战略人才。

第三节 人才强国战略的实践

进入21世纪以来，党和国家在深入把握国家未来经济社会发展对人才内在需求的基础上，制定人才总量、结构、素质等方面的目标，进一步确定了国家人力资本投资、人力资源管理与开发的政策制定、人事管理的体制改革与实施的方向。

一、制定系列人才发展规划

从2001年开始组织设计并于2002年5月7日发布了《2002—2005年全国人才队伍建设规划纲要》，自2007年开始研究与设计并于2010年6月6日发布了《国家中长期人才发展规划纲要（2010—2020年）》。进入新时代，国家各部委、各省区市与地方政府与机构，先后进一步制定了"十三五"与"十四五"时期的人才战略与规划，形成了从中央到地方的系统的人才战略体系，为国家与地方政府各个时期经济社会发展战略目标的如期实现提供了有效人才支持，促进了中国经济的高速发展和可持续发展。

二、改革人才发展体制机制

党和国家为了建成比较完善的适应社会主义市场经济体制的人才体制机制的大目标，一直致力于建设人才发展和创新的大环境。2008年，劳动和社会保障部与人事部合并组建为人力资源和社会保障部，并于2009年专门成立了人力资源市场司（现更名为人力资源流动管理司），以促进人力资源的流动与市场化发展。中共中央组织部于2003年正式成立了人才工作局，2011年成立了高层次人才引进办公室，以更好地履行党管人才的职能。聚焦促进人才优化发展与发挥，进行了一系列的制度创新，先后发布了《关于深化人才发展体制机制改革的意见》《关于深化职称制度改革的意见》《关于分类推进人才评价机制改革的指导意见》《深化新时代教育评价改革总体方案》《关于加快推进乡村人才振兴的意见》《关于加强新时代高技能人才队伍建设的意见》等重要政策文件。人才强国战略推动呈现出崭新格局。

三、实施各类重大人才工程项目

围绕党的中心工作和国家重大发展战略，党和国家通过出台涉及十年期的人才战略规划，启动实施了 12 项重大人才工程、10 大重点人才政策，突出培养造就创新型科技人才，大力开发 18 个重点领域急需紧缺专门人才；统筹推进建设党政人才、企业经营管理人才、专业技术人才、高技能人才、农村实用人才以及社会工作人才六支人才队伍；形成了以博士后制度、新世纪百千万人才工程、国务院政府特殊津贴为依托的高层次人才培养选拔体系；建立"绿色通道"，大力吸引海外留学人员回国；推行人事制度改革，颁布实施《中华人民共和国公务员法》，深化事业单位人事制度改革，探索建立现代人事公共服务体系；围绕振兴东北老工业基地、进一步促进西部大开发等区域发展战略，启动实施了"振兴东北老工业基地专项活动""东北之春""西部之光"等人才项目，促进了区域间人才协调发展。各地区各部门在谋划人才工作格局，明确人才发展思路，部署具体政策措施方面取得了重要进展。

四、各地各部门人才工作实践创新

2016 年，《关于深化人才发展体制机制改革的意见》出台后，中央和国家相关部门配套出台政策 140 余项，各省区市出台改革政策 700 多项。[①] 其中，人才评价、使用、流动和激励机制相关的职称制度改革、机关事业单位工作人员养老保险制度改革和人才创新创业激励取得重要突破，人才体制机制深水区改革开始破题。2017—2019 年，全国各地出现"人才争夺战"，先后超过 170 个大中小城市出台人才新政，大力抢夺青年人才、科技人才和高层次人才，其中虽暴露出同质化竞争、市场失灵、可持续性不足等问题[②]，但人才对创新发展产生决定性作用形成了普遍共识，并进入了各级政府的决策议题中。

截至 2020 年，我国人才总量达到 2.2 亿人，全国具有大专以上学历人

---

① 丁小溪、范思翔、张研：《聚人才之力 筑复兴之基——新时代人才事业发展成就综述》，2022 年 8 月 21 日，http://www.news.cn/politics/2022-08/21/c_1128933335.htm。

② 赵全军：《"为人才而竞争"：理解地方政府行为的一个新视角》，《中国行政管理》2021 年第 4 期，第 40-45 页。

口达到 2.18 亿人①，专业技术人才总量达到 7 839.8 万人，专业技术人才中本科及以上学历人员的比例达到 48%②，高技能人才总量达到 5 800 万人并占技能人才总量的比例达到 30%左右③，全国研发经费投入达到 2.44 万亿元（居世界第二位），研发人员全时当量达到 480 万人年（居世界首位）④。根据世界知识产权组织等发布的《2020 年全球创新指数报告》，我国创新能力排名从 2015 年的第 29 位快速上升到第 14 位⑤。通过人才强国战略，我们形成了世界上最大规模的科技人才群体、大学生群体、技术技能人才群体和高校科研院所专家教授群体。⑥

围绕在人才发展方面做大规模、做多门类、做广领域、做强质量，通过确立人才优先发展战略布局，组织动员各层级各领域人才发展的战略注意力和战略行动力，聚焦实施系列化、多领域、一揽子人才战略项目、人才工程计划和人才政策创新，启动实施实质性系统化人才发展体制机制改革，我国在十年内取得了发达国家历经几十年取得的人才发展成效，基本实现了进入世界人才发展国家行列第二梯队的战略任务，为到 2035 年基本实现社会主义现代化奠定了国家人才发展基础。⑦

第四节　加强人才工作与教育、科技的战略协同

党的二十大报告提出："教育、科技、人才是全面建设社会主义现代

---

① 国家统计局：《第七次全国人口普查公报》，2021 年 5 月 11 日，http://www.gov.cn/guoqing/2021-05/13/content_5606149.htm。

② 人民数据：《我国初步建立规模宏大、结构合理、素质优良的专业技术人才队伍——激发人才活力　汇聚强大力量》，2021 年 11 月 9 日，https://baijiahao.baidu.com/s?id=17159102285452057 51&wfr=spider&for=pc。

③ 邱玥：《"十四五"时期将新增技能人才超四千万人》，2021 年 7 月 6 日，http://www.gov.cn/zhengce/2021-07/06/content_5622640.htm。

④ 习近平：《深入实施新时代人才强国战略　加快建设世界重要人才中心和创新高地》，《人民日报》2021 年 9 月 29 日第 1 版。

⑤ 丁小溪、范思翔：《聚天下英才而用之——党的十八大以来我国人才事业创新发展综述》，2021 年 9 月 28 日，http://m.news.cn/2021-09/28/c_1127910252.htm。

⑥ 孙锐、孙彦玲：《构建面向高质量发展的人才工作体系：问题与对策》，《科学学与科学技术管理》2021 年第 2 期，第 3-16 页。

⑦ 孙锐：《实施新时代人才强国战略：演化脉络、理论意涵与工作重点》，《人民论坛·学术前沿》2022 年第 18 期，第 92-101 页。

化国家的基础性、战略性支撑。必须坚持科技是第一生产力、人才是第一资源、创新是第一动力,深入实施科教兴国战略、人才强国战略、创新驱动发展战略,开辟发展新领域新赛道,不断塑造发展新动能新优势。"这是强化现代化建设人才支撑的全局性、整体性、前瞻性战略部署。科教兴国战略是基础,人才强国战略是关键、创新驱动发展战略是核心。教育、科技与人才必须有机融合,进行一体化建设,才能形成"第一生产力""第一资源"与"第一动力"的"三力"效应。

一、坚持教育、科技、人才三位一体

世界上的现代化强国无一不是教育强国、科技强国、创新强国。经济增长取决于人才储备,在教育、培训等方面的支出可被视为对人力资本的投资,人力资本的积累带来经济的持续发展已经成为世界公认的事实。

我国从20世纪50年代中期到80年代中期,为现代化建设打下了坚实的基础,一是建立了基本完善的工业体系,二是在农村进行大规模水利建设和农田基本建设,三是提高人力资源素质,投入健康和教育的财政力度显著增强。1995年,党中央、国务院首次提出实施科教兴国战略,把科技、教育进步作为经济和社会发展的强大动力,这是总结现代化探索经验和根据我国实际情况作出的重大部署。2000年,中央经济工作会议首次提出要制定和实施人才战略,并在2002年第一次提出实施人才强国战略。2003年、2010年,我国先后两次召开全国人才工作会议,对实施人才强国战略进行规划和部署。2012年,党的十八大报告首次提出"实施创新驱动发展战略"。创新驱动发展是经济发展的更高级阶段,创新驱动需要较高的基础研究投入和高质量的人才队伍作为支撑。科教兴国战略、人才强国战略的实施促进我国经济快速发展,进而为我国提高基础研究投入带来财力保障。

从科教兴国战略到人才强国战略再到创新驱动发展战略,是中国式现代化的探索经验,也是对建设现代化国家规律认识的深化。党的二十大提出深入实施科教兴国战略、人才强国战略、创新驱动发展战略,三大战略系统性实施,是抓住新一轮科技革命和产业革命机遇的战略主动,是塑造高质量发展新动能、形成国际竞争新优势的战略选择。

二、强化现代化建设中的人才支撑

党的二十大报告提出，要坚持教育优先发展、科技自立自强、人才引领驱动，加快建设教育强国、科技强国、人才强国，坚持为党育人、为国育才，全面提高人才自主培养质量，着力造就拔尖创新人才，聚天下英才而用之。三大战略中，人才强国战略是关键战略。深入实施人才强国战略，能够进一步落实科教兴国战略，并有效推动创新驱动发展战略。

首先，实施新时代人才强国战略需要加快建设教育强国。为现代化建设提供人才支撑，一是通过自主培养，二是通过引进。联合国发布的《2022年世界移民报告》显示，截至2020年，全球移民总数达到了2.81亿人。继印度、墨西哥、俄罗斯之后，我国成为第四大移民流出国，数量超过1 000万人。这警示我们，我国不仅高层次人才引进面临着严峻形势，而且可能还存在严重的流失问题。与此同时，我国现代化建设人才支撑仍存在短板。正如习近平总书记所说："我国科技队伍规模是世界上最大的，这是我们必须引以为豪的。但是，我们在科技队伍上也面对着严峻挑战，就是创新型科技人才结构性不足矛盾突出，世界级科技大师缺乏，领军人才、尖子人才不足，工程技术人才培养同生产和创新实践脱节。"弥补这些人才短板，我们必须加强自主培养人才的紧迫感和危机感，全面提升自主人才培养质量。培养造就大批德才兼备的高素质人才，是国家和民族长远发展大计。唯有加快建设教育强国，才能为建设科技强国、人才强国涵养"源头活水"。通过提升教育质量来培养现代化建设需要的各类人才，是当前加快建设教育强国的核心任务。

其次，实施创新驱动发展战略，主要靠人才。人才是第一资源，是创新的根基，创新的核心要素，创新驱动实质上是人才驱动。没有人才优势就没有创新优势、科技优势、产业优势。人才引领驱动，能有效落实创新驱动发展战略。谁拥有一流的创新人才，谁就有了科技创新的优势和主导权。在一个以创新能力为主要竞争因素的全球化时代，背后是人才带动形成的知识、技术、资本的全球化流动。国家竞争力源自其持续的自主创新能力，背后靠国际一流人才支持。推进创新发展，需要更好培养人才、用好人才。坚持科技是第一生产力、人才是第一资源、创新是第一动力，这三个论断实际上是内在相关的。前端有科技，后端才有创新，人才是科技创新的核心力量，包括科学家、工程师、企业家等，教育是培养科技人才的重要手段。科教兴国战略、人才强国战略、创新驱动发展战略共同推进、互相支撑，才能真正提升国家的科技实力和创新水平。

第五节　新时代人才强国战略研究的前瞻

党的二十大报告强调"深入实施新时代人才强国战略"，意味着实施人才强国战略需要进入纵深发展的阶段，在这个新的历史起点，凸显了当前加强人才战略与政策研究的重要性、必要性和紧迫性，为人才战略与政策研究提供了新场景、新机遇和新动力，也提出了新挑战、新要求和新课题。

一、健全中国特色的新时代人才强国战略理论构架

在改革开放和社会主义现代化建设时期，我们党从中国实际出发，运用马克思列宁主义、毛泽东思想、邓小平理论，科学分析我国人才工作的新情况、新问题、新任务，精辟地阐述了"人才"与"强国"的关系问题，逐步形成了人才强国战略，丰富和发展了中国特色社会主义理论。但仍需要进一步推动新时代人才强国理论创新，为构建中国特色的新时代人才强国战略理论体系打下坚实根基。

首先，要认真总结和深入挖掘古今中外的人才思想，梳理总结马克思列宁主义、毛泽东思想、邓小平理论、"三个代表"重要思想、科学发展观，特别是习近平新时代中国特色社会主义思想中有关人才工作的重要论述、基本观点、论断和方法，进一步夯实思想基础。

其次，要强化人才学理论基础研究，特别是要抓紧建立人才学和人才战略有关的概念体系、逻辑体系、内涵体系和数据体系。当前在人才理论和人才工作实践中，一些概念、逻辑和统计相互交叉、似是而非，内涵和外延界定不清晰，如人才资源与人力资源、产业行业人才与高层次人才，人才强国与人力资源强国等，解决好这些问题才能为推动人才战略相关学科的长足发展奠定基础。

再次，要加强基于时代发展、经济发展和社会发展的人才分类框架研究，抓紧建立一套以现代职业分类为基础的人才分类体系，提升人才政策

供给的针对性、匹配性，增强人才统计口径和关键指标的国际可比性。

最后，要大力推动跨学科跨领域的交叉融合研究。进一步打破学科壁垒和领域界限，结合战略理论、创新理论、发展理论和国家发展史的经典理论，吸纳世界科学中心、创新高地的最新研究成果，构建体现中国特色、全球视野的新时代人才强国战略理论框架，力争实现人才发展新实践与人才强国新理论的互动支撑和协同发展，形成新时代人才强国战略的新立论、新解释、新范式，提升国家在人才战略研究领域的国际话语权。

二、建立新时代人才强国战略实施效果的监测评估机制

建立人才强国战略实施效果的监测评估机制是有效实施新时代人才强国战略的重要保障。当前，对人才强国战略实施效果的监测评估工作还处于起步阶段，在实践中还存在评估主体不明确，评估方法不健全，评估结果开放性不足，人才战略进展评估与经济、科技、教育战略规划评估衔接性不强等问题。

未来建立新时代人才强国战略实施效果的监测评估机制，首先要抓紧研究制定监测评估实施办法，明确监测评估工作在国家人才强国战略实施中的地位作用，确立人才强国战略监测评估的基本模式；其次要培育和发挥第三方评估机构的作用，探索建立通过第三方对新时代人才发展情况进行监测、分析和评估的相关制度；再次要着眼建设人才强国战略监测评估的常态机制，确定战略实施效果的综合型评估、重大人才政策评估、重点人才计划项目工程专项评估的内容、方法和路径；最后要构建人才强国战略监测评估技术支撑平台，完善人才资源统计指标体系，应用行政区划分块统计的方法，探索建立以国家人才发展核心指标为依据的监测评估基础数据汇集平台和资源共享平台，推动对全国人才强国战略重点任务监测评估的上下联动和区域合作。

三、加快人才战略与政策研究跨学科跨领域发展

加快人才战略与政策研究这一交叉学科领域的发展，以高质量的人才战略和政策研究成果助力人才强国战略的深入实施，服务国家和地方的重大实践需求。

首先，人才战略创新研究，应凸显交叉学科的特点与优势。例如，人

才发展战略与政策研究以公共管理、公共政策、工商管理、政治学、教育学以及领导学、预测学、战略研究和人力资源等相关学科为基础，突出人才战略的制定、实施与评价，干部人事制度改革，国际人才的流动和引进等方向或主题的研究。①

其次，人才战略创新研究，应坚持以问题为导向，重视实践应用，为党和政府提供决策参考。具体课题如习近平的干部管理与人才战略思想，高层次人才发展战略实施效果评估的方法、指标体系构建与应用，人才战略有效执行的影响因素与强化，创新型科技人才队伍建设的战略与策略，地方"十四五"时期人力资源发展战略与政策，地方宣传干部与人才队伍建设发展规划，基于产业发展需求的城市人力资源适配策略，地方人力资源协同发展，地方人才流动及其影响因素，人才政策执行的理论建构与实践应用，人才政策实施效果评价，人才住房政策实施评价与优化，公共服务动机与公务员情绪，公务员使命效价与工作热情关系，高校高层次引进人才质量的地区差异，"一带一路"人才发展战略，国际人才发展战略比较，等等。②

---

①② 陈振明：《深入实施人才强国战略着力夯实现代化建设人才基础》，2022年12月21日，http://www.cssn.cn/skgz/bwyc/202212/t20221221_5571677.shtml。

第 六 章

人才资源开发

人才资源开发是我国实现人才强国战略的必由之路，不仅具有重要的人才学研究意义，而且对于促进我国整体性人才资源开发具有重要的现实意义。本章系统梳理了人才资源开发的时代背景和理论来源，阐述了人才资源开发研究的发展沿革与主要学术成就，探寻了人才资源开发的实践活动，对理论的主要观点及相关概念进行了梳理和辨析，提出了未来研究应当关注的主要议题。

第一节 人才资源开发的时代背景和理论来源

从学术发展史的角度来看，任何学术思想的形成与发展都离不开特定时代的社会背景，也具有其特定的理论来源。沿波讨源，虽幽必显，人才资源开发的理论创新也具有其特定的时代背景和具体的理论来源。

一、人才资源开发的时代背景

(一) 人才资源开发的国际背景

从整体上来看，人才资源开发是全球化的产物。第二次世界大战结束以来，世界历史进程客观上已经进入全球化时代，以美国为代表的西方国家充分认识到人才资源在战争以及科学技术和经济发展过程中的决定性作用，引领了世界范围内的人才开发和人才竞争，国际社会普遍认可人才资源是第一资源的共识，从理论到实践普遍关注人才资源开发。

20世纪80年代，王通讯曾两次到美国考察，发现美国的人事部门改名为人力资源部，说明美国已经开始注重人才资源开发，而不只是传统的人力资源管理。他认为，我们国家人事部的指导思想要实现两个调整：第一，把原来与计划经济体制相适应的人事管理体制调整到与市场经济相配套的人事管理体制上来；第二，把传统的人事管理调整到整体性人才资源开发上来。① 他从美国人才资源开发的现实出发，结合国际人才竞争的大背景，认为促进人才资源开发有三个重大的国际背景，"第一，是科技发展引起人们工作方式的变化，第二，是经济发展引起人们思想观念的变化，第三，是竞争激烈，必然形成人才开发的热点"②。这三大国际背景客观上揭示了全球化背景下人才资源开发的国际化特点。

在国际人才竞争的大格局下，"当今世界发达国家不仅重视本国人才，而且还通过各种手段引进人才。他们利用自身的优势加强了世界范围的人才争夺，采取重金收买、高薪聘用、制定优惠政策吸引，就地利用、修改移民法等一系列手段，从世界各国争夺人才"③。因此，人才资源开发不仅始于每个国家发展对人才的现实需求，客观上也是国际人才竞争的必然产物。

（二）人才资源开发的现实需要

我国人才资源开发一方面是国际社会大背景下自觉的战略选择，另一方面也是人才强国战略的需要，是发展知识经济的需要，也是实现人生价值的需要。

首先，人才资源开发是人才强国战略的需要。王通讯认为，人才战略可以概括为五点：第一，加大人力资本投资；第二，实现人才资本价值；第三，调整人才资源结构；第四，推进人事制度改革；第五，优化人才成长环境。④ 余兴安分析了经济全球化中的人才争夺与发展中国家的战略，在肯定发达国家人才战略的前提下，提出了发展中国家的人才战略应对措施。⑤ 因此，鉴于世界各国对人才的竞争越来越激烈，我们要进一步提高

---

① 王通讯：《人才资源开发的国际背景与若干概念》，《青岛远洋船员学院学报》1998 年第 1 期，第 43-49 页。
② 王通讯：《人才资源论》，中国社会科学出版社，2001，第 4 页。
③ 吴江主编《人才强国战略论》，党建读物出版社，2008，第 3 页。
④ 王通讯：《基于人才强国战略的人才资源开发》，《中国人才》2005 年第 3 期，第 18-20 页。
⑤ 余兴安：《经济全球化中的人才争夺与发展中国家的战略》，《中国行政管理》2002 年第 7 期，第 10-11 页。

党的执政能力，客观上需要各类管理人才和科技人才等，全面建设小康社会，构建和谐社会，都离不开人才强国战略；而要实施人才强国战略，就必须加大人才资源开发的力度和广度。

其次，人才资源开发是发展知识经济的需要。在知识经济时代，工业化、信息化已经逐步转向知识化，随着产业结构调整和升级，需要大批高素质的具有创新能力的人才，这就需要加大人才资源开发的力度。司江伟、郑其绪分析了知识经济的崛起为促进人力资源开发提供了各种新的要求。① 吴德贵认为："知识经济时代的人才危机将是一个世界现象，管理领域将要发生一系列深刻变化，促使人才内涵升华，人才竞争会更加激烈，推进人才资源开发工程不断向纵深发展，要求人才开发的内容应重点转向潜能开发和创造力开发，加大复合型人才尤其是创新型人才的开发力度。"② 实践证明，我国要实现科技进步，大力发展知识经济，促进经济社会的快速发展，关键在于促进全社会的人才资源开发，把丰富的人力资源转化和提升为高素质的人才资源，把人才资源视为最宝贵的可以不断增值的第一资源，而不只是把人视为干事创业的工具和手段。

最后，人才资源开发是人才实现人生价值的需要。人才资源开发既要考虑社会发展的整体需求，也要顾及每个人的生命价值。人才资源开发的对象和主体都是具体的个人，无论是国家的人事人才政策，还是工作岗位的实践性开发，或家庭和学校的培养性开发，所有层面人才开发的主体只能是人，而不是抽象的组织。因此，在人才资源开发的过程中，各级领导干部或者各级管理者在管理工作中提升了素质和能力；各类学校和家庭在培养性开发过程中，教学相长，学校的教师提升了素质和能力，而家长在培养孩子的过程中，客观上也在提升素质和能力。由此可见，人才资源开发虽然是国家层面的人才战略，也涉及全社会的每个成员，是全社会宏观与微观相结合的战略。

二、人才资源开发的理论来源

我国提出人才资源开发，既有宏观视野下的国际化背景和人才强国战

---

① 司江伟、郑其绪：《知识经济的崛起与人力资源开发》，《中国人才》1998年第10期，第4-6页。

② 吴德贵：《知识经济挑战人才开发》，《中国人才》1999年第5期，第6-8页。

略的需要，也有人才资源理论自身发展的内在逻辑。

(一) 从以人为本看人才资源开发

中国传统文化以人为本的历史传统为人才资源开发提供了历史智慧。《管子·霸言》："夫霸王之所始也，以人为本。本理则国固，本乱则国危。"管子认为成就霸业必须以人为本，国家才能稳固。《荀子·王制》："选贤良，举笃敬，兴孝弟，收孤寡，补贫穷，如是，则庶人安政矣。庶人安政，然后君子安位。传曰：'君者，舟也；庶人者，水也。水则载舟，水则覆舟。'此之谓也。故君人者，欲安，则莫若平政爱民矣；欲荣，则莫若隆礼敬士矣；欲立功名，则莫若尚贤使能矣。是君人者之大节也。"荀子强调社会治理要尊重人才，进行礼仪教化，关注民生，社会才能稳定。《三国志·蜀书·先主传》："夫济大事必以人为本，今人归吾，吾何忍弃去！"马周上疏曰："临天下者，以人为本。欲令百姓安乐，唯在刺史、县令。"马周的上疏也得到唐太宗的充分肯定。

从哲学角度来看，以人为本客观上呼唤着主体性的觉醒。主体性是指人在实践过程中表现出来的能力、价值和地位，即人具有自主性、能动性、自由性，具有自觉活动的地位和特性。从人与世界的关系来看，人是世界的中心，人的这种地位决定了在人与万物的关系中，人是主体而不是被动的存在物。从哲学角度看待以人为本，就需要确立人的主体性，尊重人的主体性，弘扬人的主体性，实现人的主体性，才能真正促进人才资源的全面开发，才能实现人的生命价值。

我们倡导以人为本，不只是为了发展生产力，促进社会的发展进步，还是为了促进人的解放和人的全面发展，实现人的主体性。因此，"各级领导干部要理解人、尊重人、依靠人、关心人、爱护人、培养人、解放人、发展人，要促进人的全面发展，促进每个人更好地成才，实现人生的价值和人生幸福，要把人视为我们思考和解决一切社会问题的出发点，也视为社会发展进步的最终目的"[①]。

以人为本推进人才资源开发，体现了我们对人的发现、对人的尊重、对生命价值的肯定，也是对人民主体地位的肯定。历史证明，以人为本，就必须大力推进人才资源开发，这是历史的选择，开发人才资源，得人才

---

① 薛永武：《人才发展的主体性因素》，中国社会科学出版社，2020，第20页。

者昌；不重视人才资源开发，就会导致人才凋零，失人才者亡，只能阻碍社会的发展进步。

（二）从党对人才的重视看人才资源开发

任何理论的产生客观上都依赖于特定的社会需要，是适应社会需要应运而生的创新性结果。我国人才资源开发理论的产生也离不开党和政府对人才战略的高度重视。

从历史的维度来看，早在新民主主义革命时期，党就认识到各类人才的重要性，在高度重视干部队伍建设的同时，把群众路线视为党的根本路线，"创造性地解决了人才资源开发问题"[①]。中华人民共和国成立后，党在高度重视各类人才建设的同时，还特别关注妇女群体在城市治理、建设和发展中的重要作用。毛泽东指出："中国的妇女是一种伟大的人力资源，必须发掘这种资源，为了建设一个伟大的社会主义国家而奋斗。"[②] 这是毛泽东发掘妇女人力资源的充分体现。我国改革开放以后，邓小平提出"科学技术是第一生产力"的重要论断。1989 年，王通讯在《人才资源开发研究报告》中首次提出"人才已经成为世界一切资源中最可宝贵的资源"。1995 年年底，国家人事部部长宋德福提出，"把传统的人事管理调整到整体性人才资源开发上来"[③]。2001 年 8 月，江泽民进一步强调，"做好人才工作，首先要确立人才资源是第一资源的思想"[④]。

党中央和国务院颁布的《专业技术人才队伍建设中长期规划（2010—2020 年）》提出，"人才是我国经济社会发展的第一资源……牢固树立人才资源是第一资源、人才投入是效益最好的投入的观念，充分调动社会各方面的积极性，建立政府投入为引导、用人单位投入为主体、社会和个人投入为补充的多元化机制，建立与人才贡献相适应的人才激励机制，实施人才优先投入的激励保障政策"，强调了人才资源开发的重要性，制定了一系列有效的开发措施。

在党的十九大报告中，习近平总书记对各个领域人才资源的全面开发

---

① 吴江主编《人才强国战略论》，党建读物出版社，2008，第 9 页。
② 毛泽东：《建国以来毛泽东文稿（第五册）》，中央文献出版社，1991，第 518 页。
③ 吴德贵：《整体性人才资源开发的思路》，《行政人事管理》1998 年第 1 期，第 23-24 页。
④ 吴江主编《人才强国战略论》，党建读物出版社，2008，第 12 页。

作出高屋建瓴的指示，要求"营造人人皆可成才、人人尽展其才的良好环境"①。他在 2014 年 6 月 9 日中国科学院第十七次院士大会、中国工程院第十二次院士大会上的讲话中要求，"把人才资源开发放在科技创新最优先的位置，改革人才培养、引进、使用等机制，努力造就一批世界水平的科学家、科技领军人才、工程师和高水平创新团队，注重培养一线创新人才和青年科技人才"②。为了建设网络强国，习近平总书记还要求"培养造就世界水平的科学家、网络科技领军人才、卓越工程师、高水平创新团队"③。在党的二十大报告中，习近平总书记强调了三个"第一"，即"必须坚持科技是第一生产力、人才是第一资源、创新是第一动力"。从"人才是第一资源"可以看出人才对于全面建设社会主义现代化国家的重要性。

第二节 人才资源开发研究的发展阶段和学术成就

我国人才学界对人才资源开发的研究大致经历了两个发展阶段，涌现出了一大批研究人才资源开发的成果。

一、人才资源开发研究的发展阶段

伴随着全球化的国际大格局，我国人才学界对人才资源开发进行了多方面的深入研究，出现了一大批重要研究成果。我国人才资源开发研究大致经过了两个发展阶段。

（一）第一阶段

第一阶段是 1991—2010 年。这是我国学者提出整体性人才资源开发和对区域性人才资源开发研究相结合的时期。著名人才学家王通讯、叶忠海、郑其绪、吴江、吴德贵、赵永乐、王辉耀等专家都研究过人才资源开发。

---

① 习近平：《习近平：加快发展职业教育　让每个人都有人生出彩机会》，《中国人才》2014 年第 7 期，第 4-5 页。
② 习近平：《在中国科学院第十七次院士大会、中国工程院第十二次院士大会上的讲话》，《人民日报》2014 年 6 月 10 日第 2 版。
③ 习近平：《习近平总书记谈网络安全和信息化工作》，2016 年 4 月 27 日，http://www.cac.gov.cn/2016-04/27/c_1118750352.htm。

1991年，王通讯在《中国人力资源开发》上发表文章《九十年代的挑战和我国人才资源开发》，提出迎接挑战的九项人才资源对策，强调人力资源是世界上一切资源中最为宝贵的资源，人才资源则是人力资源的精华。甄源泰在《人才：第一资源》一书中比较系统地阐释了人才是第一资源的观点。

1992年，郑其绪在《中国石油大学学报：社会科学版》上发表文章《跨世纪领导人才面临的思考》，对跨世纪领导人才提出新的要求，研究了领导人才的开发问题。

1993年，由牛越生主编的《九十年代的中国人才资源——现状、趋势、规划、对策》一书，汇集了全国规划专题报告、省市地区规划和企业文化三大部分的研究报告。由沈荣华主编的《第一资源论——论人力资源的开发和利用》一书，论述了人力资源是我国第一资源的重要性，全书阐释的理论深刻，具有系统性和逻辑性。

1994年，王通讯对人力资源和人才资源概念进行了界定，提出了自我开发、培养性开发、使用性开发和政策性开发四种开发方式[1]，阐发了人力资源管理与开发的兴起具有深层的历史原因和重要的现实动力[2]。由苏廷林、王通讯主编的《人才资源学导论》一书对人才资源开发的自我开发（自我育成）、人才的社会开发、国家的人才开发、学校的人才开发和家庭的人才开发进行了系统研究。

1995年，王通讯的专著《人才开发的新世纪》出版，该书融汇了他的人才研究文章，分别阐释了人成其才、人尽其才和人才开发的规律。

1996年，吴德贵提出第二次人才资源开发问题，对老年人才资源开发进行了深入研究[3]。梅介人等人提出，科教兴国的实质是人才兴国，从人力资源开发到人才资源开发，提出了人才资源开发的具体对策[4]。

---

[1] 王通讯：《中国人才资源开发论纲（上）》，《中国人才》1994年第11期，第16页。
[2] 王通讯：《人力资源管理与开发必将在中国兴起》，《人事与人才》1994年第10期，第5页。
[3] 具体内容详见吴德贵发表的文章《第二次人才资源开发是我国经济与社会发展的必然选择》。
[4] 梅介人、娄星、桂昭明：《科教兴国与人才资源开发》，《科技进步与对策》1996年第3期，第10-12页。

1997年，王通讯对人才资源高地的概念进行了学理分析①，很多学者发表了构筑人才资源高地的文章。吴德贵认为，整体性人才资源开发是面向世界，迎接挑战、抓住机遇、发展中国的一项重大举措，是实现我国跨世纪发展战略的迫切需要，是我国人事管理发展的内在要求。②

1998年，王通讯对人才开发规律进行深入研究，认为人才开发实际上包括提升智力和激发活力两个方面③。吴德贵认为，要正确理解、全面把握整体性人才资源开发的内涵，应从人才资源—人才资源开发—整体性三个方面去思考。④

1999年，司江伟分析了美国宏观层面人力资源开发的主要手段，认为人力资源开发是指获取、调整、控制、激励人的能力的过程⑤。

2000年，王通讯探索了企业组织变革的法治化趋势、科学化趋势和人本化趋势，认为实施组织变革有力地推动人力资源的开发⑥。

2002年，桂昭明等专家对湖北乡镇企业人才资源的总量、结构、特点等现状及空间分布差异进行系列分析，对乡镇企业经济发展与人才资源开发的相关性进行了研究和探讨，揭示了"天门—十堰现象"和"潜江—恩施现象"⑦。赵永乐认为，人才资源开发日益成为民族、国家、地区、部门单位的当务之急，我们应该选择国际化、市场化和集约化作为人才开发途径。⑧

2003年，王通讯研究了人才强国战略的科学内涵，认为人才强国战略是一种高层次的大智慧⑨。他还研究了建立学习型组织的五项技术与十个

---

① 具体内容详见王通讯发表的文章《论"人才资源高地"》。
② 吴德贵：《整体性人才资源开发的时代意义》，《中国人才》1997年第11期，第35-36页。
③ 王通讯：《人才资源开发的规律》，《青岛远洋船员学院学报》1998年第3期，第71-76页。
④ 吴德贵：《整体性人才资源开发的思路》，《行政人事管理》1998年第1期，第23-24页。
⑤ 司江伟：《美国宏观层面人力资源开发的主要手段》，《石油大学学报：社会科学版》1999年第3期，第32-34页。
⑥ 王通讯：《企业组织变革与人力资源开发》，《浙江经济》2000年第7期，第42-43页。
⑦ 桂昭明、陈建、涂方剑：《湖北乡镇企业人才资源开发研究》，《武汉市经济管理干部学院学报》2002年第4期，第19-23页。
⑧ 赵永乐：《人才开发的实现途径》，《党建与人才》2002年第3期，第37页。
⑨ 王通讯：《论人才强国战略的科学内涵》，《中国人才》2003年第5期，第42-44页。

基模①。

2004年，余兴安提出人才激励的广度、深度、频度、平衡度与透明度问题②，阐释了各种激励的适度平衡关系，对于人才开发颇有参考价值。钟祖荣提出根据人才的特点和类型，明确教育的重点任务是培养人的创造性，培养学生的素质，尊重人才成长规律，采用科学的教育方法。③

2005年，齐秀生分析了社会环境造就人才的原因，认为社会环境与人才应当是互动关系，是互为前提、相互作用、循环往复的：社会环境造就人才，人才创造社会环境。④ 王通讯分析了纷繁复杂的成才现象，研究了三种成才公式，揭示了内外统一的成才因素，对成才规律进行了深入研究⑤。

2006年，王通讯总结了人才开发的师承效应规律、扬长避短规律、最佳年龄规律、马太效应规律、期望效应规律、累积效应规律、综合效应规律。⑥ 萧鸣政、饶伟国分析人力资本理论与人力资源开发的关系，提出了人力资源开发优先战略、建设人力资本大国与走向经济强国的战略目标⑦。由张兆本、胡月星主编的《现代人才资源开发》一书对人才队伍建设现状、人才界定标准、人才能力品质、人才知识结构、人才道德品质、人才与业绩、人才培养、人才引进、人才选拔、人才使用、人才激励等方面进行了探讨。

2007年，盛艳等人对人力资源开发存在的问题进行分析和研究，提出基于企业战略实现的员工开发体系的再造的思路和方法⑧。

2007年，国际人力资源开发研究会第六届亚洲年会在北京大学召开。

---

① 王通讯：《建立学习型组织的五项技术与十个基模》，《中国人才》2003年第8期，第14-17页。
② 余兴安：《激励的广度、深度、频度、平衡度与透明度》，《中国人才》2004年第3期，第76-77页。
③ 钟祖荣：《教育要遵循人才成长的规律》，《中国人才》2004年第7期，第54-56页。
④ 齐秀生：《浅议社会环境与人才》，《中国行政管理》2005年第10期，第72-75页。
⑤ 王通讯：《青年成才问题（上）》，《人才开发》2005年第3期，第8-11页。
⑥ 王通讯：《人才成长的八大规律》，《决策与信息》2006年第5期，第53-54页。
⑦ 萧鸣政、饶伟国：《基于人力资本的人力资源开发战略思考》，《中国人力资源开发》2006年第8期，第10-14页。
⑧ 盛艳、司江伟、朱文郁：《基于企业战略实现的人力资源开发再造研究》，《当代经济管理》2007年第6期，第84-86页。

这是首次在中国举办的国际人力资源盛会，吸引了22个国家130多位外国学者与260多名中国学者的热情参与。北京大学萧鸣政教授在会议报告中阐释了"中国为什么要建设人力资源强国""什么是人力资源强国""中国如何建设人力资源强国"三个核心问题。中国人事科学研究院院长吴江在会议报告中提到"从实施人才强国战略角度谈中国人事制度改革"，分析了我国人才强国战略的地位和作用发生的新变化，并对"知识人才强国目标"进行全新的诠释，即要立足于树立质量优先和统筹开发的理念，要以提高人才总体的质量，为科学发展提供人才保障为着眼点，要创新人才机制，从制度层面解决人才的选用、评价、保障问题，深化政府人事制度改革。①

2008年，王通讯对"人力资源管理与开发"进行了定义，认为人力资源管理与开发是把人力作为一种可以开发增值的资源来进行管理，主要通过组织设计、战略规划、工作分析、招聘选拔、绩效考核、开发培训、薪酬激励等环节实现组织目标，促进经济社会发展和人本身发展的活动。②他从文化学视角出发，揭示了两仪四象论成才的本质特征是平衡。③林泽炎在他的专著《强国利器——人才开发的战略选择与制度设计》中从人才强国战略研究出发，系统研究了人力资源市场建设与健康发展、人才开发政策法规建设、企业人才优先开发的战略选择等重要问题。薛永武在他的专著《人才开发学》中，从全方位、多角度出发，对人才开发的特点和规律进行了系统思考。

2009年，王辉耀认为，我国人才战略要借鉴美国的发展经验，在全球争夺顶尖人才，为此我们迫切需要完善国家整体人才战略，建立能够在海内外吸引、选拔、使用、挽留住世界顶尖人才的环境、平台、制度。④

2010年，王辉耀呼吁发挥留学人才的参政议政作用，建立人才移民制度，有条件开放双重国籍，改革绿卡签证制度⑤。他的《国家战略——人

---

① 萧鸣政、曹雁：《2007年国际人力资源开发研究会第六届亚洲年会观点综述》，《中国人力资源开发》2008年第2期，第6-9页、第19页。
② 王通讯：《从人事管理到人力资源管理与开发（上篇）》，《中国人才》2008年第21期，第49-51页。
③ 王通讯：《两仪四象论成才》，《中国人才》2008年第15期，第27-29页。
④ 王辉耀：《求才要有大国心态》，《理财》2009年第11期，第42页。
⑤ 王辉耀：《构建中国全球化人才战略高地》，《企业研究》2010年第9期，第10-14页。

才改变世界》一书从全球化背景及国家战略高度对国际人才竞争进行系统研究，提出建立中国国际人才竞争战略的建议。萧鸣政等人分析科学发展观与人力资源开发之间的关系问题，认为科学发展观促进人的发展，人力资源开发促进国家持续发展与和谐社会建构①。沈鸿、赵永乐倡导加大西南少数民族地区农村人力资源开发，有利于促进民族和谐、区域经济发展和社会进步。②

(二) 第二阶段

第二阶段是 2010 年至今。这是我国学者对人才资源开发进行更具体、更深入研究的时期，涉及人才机制体制、各行各业的人才资源开发、人才法治化、人才异化等许多重要理论问题。

2011 年，陈文权在其主编的《中国农村实用人才资源开发》一书中针对我国农村实用人才资源开发的新情况和新问题，提出完善组织体制，构建投入机制、评价机制、激励机制、培育机制和服务机制等对策建议。

2012 年，桂昭明、桂乐政分析了人才优先发展，包括人才资源优先开发、人才结构优先调整、人才投资优先保证、人才制度优先创新四大支点③。

2013 年，桂昭明还研究了人才产业集聚存在着巨大的人才集聚效应，他认为人才绩效评价是实施人才"以用为本"战略的关键，创新成果及产业化是检验人才"以用为本"战略成效的标志。④

2014 年，钟祖荣提出了中国人才质量优势应具有专业性、创造性、智慧性三个特点，认为我们在人才制度上要形成具有普适性、科学性、民族性、有效性、完备性、相对稳定性的制度体系。⑤ 司江伟分析了建立两类人才协调发展机制的必要性、两类人才协调发展的内涵及机制、两类人才

---

① 萧鸣政、王霄勇、李鑫：《科学发展观与人力资源开发》，《中国人力资源开发》2010 年第 4 期，第 91-93 页。
② 沈鸿、赵永乐：《论西南少数民族地区农村人力资源开发的战略价值》，《经济与管理研究》2010 年第 1 期，第 99-103 页。
③ 桂昭明、桂乐政：《人才优先发展驱动社会经济科学发展》，《第一资源》2012 年第 1 期，第 116-122 页。
④ 桂昭明：《人才产业聚集是人才强国、区域发展的布局战略》，《人事天地》2013 年第 8 期，第 22-23 页。
⑤ 钟祖荣：《论打造中国人才制度与人才资源两个优势》，《第一资源》2014 年第 6 期，第 1-8 页。

协调发展机制运行的环境保障。① 史策在其专著《领导与人才资源开发》中对于领导如何开发人才资源，进行了多维视野的研究。

2015年，叶忠海的专著《人才学与人才资源开发研究》出版，并被列入"十二五"国家重点出版物出版规划项目（人才强国研究出版工程·人才学者自选集）。该书中的人才科学开发研究对于促进我国人才资源开发具有非常重要的启示。叶忠海还深入研究了干部队伍令人震惊的人才异化现象，"通过人才异化现象研究，揭示其规律性，寻求防止人才异化的路径和策略，以利于我国建设一支素质优良、结构合理的人才队伍，支撑中华民族伟大复兴中国梦的实现"②。

2016年，王通讯提出，当前人才制度改革的重点应放在体制机制创新上，要通过体制机制改革，重点做好两件事——对用人主体放权，把人才个体放活③。马抗美提出，人才工作是从工具型思维转向价值型思维，从管理型思维转向服务型思维，从经验型思维转向科学型思维。④ 马抗美还提出，越是高层次人才，越要重视思想品德素质的塑造，一旦缺乏坚定目标和正确方向的指引与规约，将难以发挥人才应有的正能量作用，相反可能沦为精致的利己主义者，甚至是祸国殃民的危害者。⑤

2016年，由余兴安主编的《人力资源服务概论》出版，该书在全面阐释人力资源服务的同时，还深入研究了高级人才寻访、人才测评和人才测评标准、人才测评的工具和方法、人力资源管理咨询、人才培训、薪酬管理、人事档案、人力资源服务信息技术、人力资源服务业发展政策等一系列重要的新问题。

2016年，薛永武的专著《审美与人才开发》出版，该书被列为"十二五"国家重点出版物出版规划项目（人才强国研究出版工程·人才学理

---

① 司江伟：《构建海外引进人才与本土人才协调发展机制研究》，《第一资源》2014年第6期，第29-37页。

② 叶忠海：《人才异化研究的思考和启示》，《人事天地》2015年第7期，第17-19页、第43页。

③ 王通讯：《加快构建具有全球竞争力的人才制度体系》，《中国人才》2016年第11期，第15-16页。

④ 马抗美：《人才工作要实现思维方式的三个转变》，《中国人才》2016年第13期，第34-35页。

⑤ 马抗美：《人才队伍的思想政治建设亟待加强》，《中国人才》2017年第6期，第38-39页。

论研究丛书），也是第一部系统研究人才美学的专著，作者对人才的审美价值以及通过审美促进人才开发的基本特点和规律进行系统研究，拓展和深化了人才美学和人才资源开发研究。此外，由薛永武主编的《文化产业人才资源开发》也于同年出版，该书系统研究了文化产业人才资源开发。

2017年，由余兴安主编的《人力资源管理风险防控》一书对人力资源管理风险防控进行全面系统的研究，深入研究了组织结构设计风险分析与防控、人力资源规划风险分析与防控、招聘甄选风险分析与防控、培训开发风险分析与防控、绩效管理风险分析与防控、薪酬福利风险分析与防控、劳动合同管理风险分析与防控等内容，作者强调要注意人力资源开发与战略脱节风险与防控，要注意人力资源开发体系碎片化风险与防控。对人力资源开发的风险分析与防控研究对于深化人才资源开发具有特殊且重要的意义。

2017年，王辉耀提出建立具有国际竞争力的人才制度体系，从世界70亿人中选取最优秀人才为我所用，不仅关系我们的用人政策，更关乎我们国家未来的发展[1]。他还结合成都市的发展，研究了城市建设"人才发展支撑体系"构建的紧密关系[2]。

2018年，余兴安提出人才资源开发需要人力资源服务业的支持，以促进人岗有效匹配为核心功能，促进招聘、代理、猎头、测评、派遣、培训、外包、咨询等业务形态的协调发展[3]。司江伟分析了人才缺失：乡村发展不充分的重要原因；突出关键：培养和造就乡村本土人才；创新机制：鼓励和引导人才向乡村流动[4]。

2019年，薛永武的专著《人才开发新论》出版，该书在2008年《人才开发学》的基础上，研究了公务员人才的开发、智库型人才的开发、教育型人才的开发、经济型人才的开发、创新型人才开发、创业型人才开发；对著名的"钱学森之问"进行了新的阐释，探讨了思域融通性与人才

---

[1] 王辉耀：《建立具有全球竞争力的人才制度体系》，《国际人才交流》2017年第11期，第14-15页。
[2] 王辉耀：《建设具有国际竞争力的人才强市》，《成都日报》2017年6月7日第6版。
[3] 余兴安：《努力成就世界一流的人力资源服务业》，《中国人力资源社会保障》2018年第6期，第22-24页。
[4] 司江伟：《夯实乡村振兴人才之基》，《中国人才》2018年第2期，第10-13页。

开发等问题。

2021年，余兴安、苗月霞从干部制度建设层面探讨了干部队伍建设的重大问题，对各阶段干部制度主要内容进行了系统梳理，总结提炼了中国共产党干部管理制度的核心特质。① 高欢、冯强阐释了人才开发对国有企业发展的重要性，分析了国有企业在人才开发方面存在的主要问题，提出了解决路径。②

二、人才资源开发研究的学术成就

近四十年来，我国人才学界出现了一大批研究人才资源开发的成果。截至2023年1月12日，在中国知网检索"人才资源开发"2 295篇，"人才开发"3 390篇，"人力资源开发"10 252篇。

人才资源开发的学术成就表现形式主要包括图书类、论文类、研究报告（论文集）等多种类型。其中，图书类主要有苏廷林、王通讯主编的《人才资源学导论》，王通讯所著的《人才开发的新世纪》《人才潜能开发学》《人才资源论》《人才学通论》《微观人才学》《宏观人才学》《人才发展战略论》，徐颂陶、徐理明、迟耀春主编的《中国人才资源开发全书》，王云昌等著的《职业技能人才资源开发》，安树芬主编的《现代女性人才资源开发》，萧鸣政所著的《人力资源开发学：开发组织内人力资源的理论与方法》，胡跃福所著的《人才资源开发论》，罗洪铁主编的《现代人才资源开发论》《中国西部人才资源开发研究》《人才学学科30年建设和发展研究》，钟占荣所著的《山西人才资源开发概论》，叶忠海所著的系列丛书《叶忠海人才文选》（其中包括《人才科学开发研究》和《人才空间开发研究》两本图书），叶忠海所著的《人才学与人才资源开发研究》，徐颂陶所著的《中国人才战略与人才资源开发》，杨敬东所著的《潜人才学》，杨敬东编著的《怎样开发你的潜能》，桂昭明所著的《人才资源经济学》，张兆本、胡月星主编的《现代人才资源开发》，吴江主编的《人才强国战略论》，桂昭明所著的《人才资本论》，谢晋宇所著的《人力资源开发概

---

① 余兴安、苗月霞：《干部管理制度的百年历程与核心特质》，《国家治理现代化研究》2021年第2期，第49-69页、第204页。

② 高欢、冯强：《国企人才开发的有效策略》，《人力资源》2021年第18期，第44-45页。

论》、李中斌所著的《区域人才资源开发研究》和他主编的《公共部门人力资源管理与开发》，李志江所著的《人才资源的经济学分析：中国欠发达地区人才资源开发与利用实证分析》，薛永武主编的《大学生潜能开发与情商育成》《文化产业人才资源开发》和他所著的《人才开发学》《人才开发新论》《审美与人才开发》，袁兆亿所著的《产业变迁与人才资源发展的演进架构及机理》，单晓娅所著的《贵州少数民族地区人才资源开发研究》，李燕萍、吴绍棠所著的《人才强国战略与中国特色的人才资源开发》，韩文琰所著的《世界城市视野下的北京青年人才资源开发研究》，徐学莹、唐荣德所著的《少数民族女性人才资源开发研究：以广西为个案》，侯海霞所著的《郑州航空港区的创新型科技人才资源开发研究》，欧阳欢、林红生主编的《科研院所老年人才资源的开发和利用》，李志宏所著的《武汉人才资源开发与制造业转型升级匹配模式》，宋本江主编的《湖南人才资源开发研究》，舒刚民所著的《中国竞技篮球教练员人才资源开发与管理研究》，姚凯所著的《上海全球城市人才资源开发与流动战略研究》，朱炳文所著的《少数民族人才资源开发研究》，等等。

2013年启动的"人才强国研究出版工程"是国内首个系统、全面展示人才强国战略推进实施的大型研究出版工程，被列入"十二五"国家重点出版物出版规划项目和国家出版基金资助项目。该出版工程内容涵盖了人才学者自选集、基础理论、国外人才发展、人才体制机制改革、人才队伍建设等10多个系列丛书约130种图书，共3 400多万字，是人才学家成果荟萃的结晶。其中包括叶忠海主编的《新编人才学通论》，赵永乐主编的《宏观人才学概论》，郑其绪主编的《微观人才学概论》，余兴安、类成普等著的《中国古代人才思想源流》，徐颂陶、罗洪铁主编的《马克思主义人才思想研究》，余兴安、吴江主编的《聚天下英才而用之》，吴江等著的《人才强国战略概论》，吴江主编的《人才优先发展战略研究》《国家荣誉制度建设研究》，桂昭明著的《大数据时代人才发展量化研究与管理》，马抗美等著的《人才法律制度新论》，郑其绪著的《人才评价理论与方法》，程达刚主编的《人才战略理论与方法》，司江伟、徐凌著的《人才统计理论与实践》，薛永武著的《审美与人才开发》。在人才强国研究出版工程中，还有一部分人才学者的自选集也很重要，其中有王通讯的《人才战略：凝思与瞻望》、桂昭明的《人才经济理论与实践》，吴江的《人才大国迈向人才强国》，萧鸣政的《领导人才评价与配置》，罗洪铁的《人才学基础理论与实践专题研究》，钟祖荣的《走向人才社会》，齐秀生的《选贤用才》，等等。

特别值得注意的是，中国人事科学研究院组织编写、由余兴安和唐志敏主编的系列《中国人事科学研究报告》，内容非常丰富，涉及人才资源开发的诸多方面，体现了人才资源开发理论与人才资源开发实践的有机结合。另外，还有一些研究人才开发的论文集也值得注意，如叶忠海主编的《区域人才开发研究论集》，孟秀勤、史绍洁主编的《国际化人才战略与开发》，株洲市委组织部、中国人才研究会人才学专业委员会编的《自主创新与人才开发》报告文集，等等。上述著作有的涉及人才资源开发，有的涉及人才资源开发，都是研究人才资源开发的重要成果。

第三节 人才资源开发理论的研究方向

人才资源开发理论包括整体性人才资源开发、区域性人才资源开发及人才资源开发的原则思路和方法三个研究方向，每一种理论侧重的议题和主要内容各不相同。

一、整体性人才资源开发

整体性人才资源开发是人才资源开发理论影响最大的一种思想，最早始于王通讯 1989 年 1 月 27 日的《人才资源开发研究报告》，该报告把人才资源开发区分为国家地区的政策性开发、用人单位的使用性开发、教师家长的培养性开发、有志青年的自我开发四个层次。1993 年，王通讯提出了"人才资源开发与整体人力资源开发要互相匹配和衔接……人才资源开发利用的核心问题是如何提高人才资源素质，调动各类人才的积极性、创造性"[1] 的观点。他在 1994 年提出自我开发、培养性开发、使用性开发和政策性开发四种开发方式[2]，包括了整体性人才资源开发的基本内涵。1995

---

[1] 王通讯：《人才发展战略论》，中国人事出版社，2013，第 301 页。
[2] 王通讯：《中国人才资源开发论纲（上）》，《中国人才》1994 年第 11 期，第 97 页。

年12月18日，国家人事部部长宋德福在全国人事厅局长会议上，正式提出"整体性的人才资源开发"这一理念和人才学术语。①

根据王通讯的研究，整体性人才资源开发可以包括以下四个方面：①国家的政策性开发；②工作单位的使用性开发；③家庭和学校的培养性开发；④个人的自我开发。在此基础上，薛永武把"工作单位的使用性开发"表述为"工作岗位的实践性开发"②，意在拓宽人才实践开发的多元性。

在整体性人才资源开发的大格局下，我国学者研究了各类人才资源开发，包括各类管理人才、专业技术人才、乡土人才、智库人才等。其中，王辉耀在研究国际性人才资源开发方面，多年来倡导引进留学生和海外人才，形成了很多研究成果。

二、区域性人才资源开发

在区域性人才资源开发研究方面，罗洪铁、周琪、桂昭明和萧鸣政教授都有重要研究成果。由罗洪铁主编的《中国西部人才资源开发研究》第一次系统研究了中国西部人才资源开发的特点、重点和开发思路，对于促进我国西部人才资源开发具有重要的启发意义。罗洪铁、周琪从三峡库区的人才现状及需求分析入手，提出三峡库区人才资源开发应采取的对策③。桂昭明对中部六省人才开发效能提升进行对策研究，认为"必须在中部地区人才开发一体化的前提下，大力提升中部地区人才开发的效能"④。2008年，桂昭明研究了区域人才资源的使用效益，提出使用效益应有社会效益和经济效益之分⑤。萧鸣政、张睿超通过对广东省21个地级市数据进行指数体系实践评估，基于指数评价结果，借助人才开发的理论与方法，从人才"引、用、育、留"角度为区域人才开发提出建议⑥。沈鸿、赵永乐、

---

① 侯建东：《中国人才学史》，同济大学出版社，2017，第239页。
② 薛永武：《人才开发新论》，中国书籍出版社，2019，第1页。
③ 具体内容详见罗洪铁、周琪发表的《三峡库区人才资源开发的对策探讨》。
④ 桂昭明：《中部六省人才开发效能提升对策研究》，《第一资源》2009年第2期，第128-140页。
⑤ 桂昭明：《我国区域人才资源使用效益研究》，《第一资源》2008年第3期，第23-37页。
⑥ 具体内容详见萧鸣政、张睿超发表的《区域人才开发指数的实证研究——基于广东省的样本调查与分析》。

胡中峰根据西南少数民族地区农村人力资源开发的主要影响因素，建立西南少数民族地区农村人力资源开发评价指标体系，据此提出相关政策建议①。上述研究拓展和深化了人才资源开发的内容。

三、人才资源开发的原则思路和方法

学者们在高度重视人才资源开发意义的同时，还研究了人才资源开发的原则、思路和人才资源开发的具体方法。

在人才资源开发的原则和思路方面，王通讯认为可以通过三个环节建设三支队伍，"第一，人才资源的预测与规划；第二，人才资源的培养和使用；第三，人才资源的配置与管理。这三个环节的目的是建设三支队伍：第一，精干、高效、廉洁的公务员队伍；第二，懂经营会管理的企业经营管理人员队伍；第三，能够担当起四化建设重任的门类齐全的专业技术人员队伍。建设好三支队伍是整体性人才资源开发的目的"②。王通讯、何宪、王辉耀、于绍良、任采文、王小力、孙学玉等专家分别发表文章，对建立具有全球竞争力的人才制度体系进行了研究。王通讯提出人才资源共享论，使人才更好地发挥作用。③ 马抗美对人才工作法制化进行深入思考，提出"实施人才强国战略需要加大人才工作法制化的力度"④。王辉耀提出"中国需建立开放的世界大国型人才战略"⑤ 的观点。郑其绪提出人才资源开发的新策略，即"常念使命担当，实施人才精神开发；放飞思维活性，实施人才理念开发；提高整体素养，实施人才创新开发；才以用为本，实施人才实践开发"⑥。吴德贵提出第二次人才资源开发⑦即老年人才资源的开发及其总体思路。叶忠海对老年人力资源开发的若干基本问题进行深入研究，探索开发老年人力资源的身心基础、价值、分类、路径和原

---

① 具体内容详见沈鸿、赵永乐、胡中峰发表的《人力资源开发评价指标体系及实证研究——以西南少数民族地区农村为例》。
② 王通讯：《人才资源论》，中国社会科学出版社，2001，第20页。
③ 王通讯：《人才资源共享论》，《人事天地》2012年第7期，第12-14页。
④ 马抗美：《人才问题的法学思考——人才工作法制化思考》，《中国人才》2004年第5期，第48-49页。
⑤ 王辉耀：《全球人才战争》，《全球化》2011年合刊第1期，第42-47页。
⑥ 郑其绪：《我国人才资源开发的战略突破》，《中国人才》2020年第3期，第40-42页。
⑦ 吴德贵：《第二次人才资源开发是我国经济与社会发展的必然选择》，《中国人才》1996年第9期，第6-9页。

则等基本问题，提出新的构想。① 齐秀生提出"应大力提倡人才'倒流'"的观点，倡导"优秀人才从人才密集、有的未能发挥应有作用的地方，流向国家建设事业更需要、更有利于发挥作用和锻炼成长的地方，流向改革和建设的第一线、主战场，这是对国家建设和人才成长都有利的合理流向"。② 桂昭明提出"向用人主体放权、为人才松绑"③ 的观点，认为破除体制机制障碍是深化人才发展改革的关键。

关于人才的知识结构，日本的一些学者把科技人才的知识结构分为"一型人才""｜型人才""T型人才"和"π型人才"四类。在此基础上，薛永武提出"山型人才"④ 模式，郑其绪提出"群星拱月式"结构，即"核心知识+外围知识"，而且核心知识与外围知识因岗位不同可以互换，它永远是时间与岗位的函数。

关于人才资源开发的方法。学者们研究了人才开发的国际化和人才资源开发的具体方法。

关于人才开发的国际化。王通讯分析了人才的国际化和国际化人才的特点、人才国际化与国际化大都市、国际化企业、高等院校的关系，总结发达国家造就国际化人才的举措，对推进人才国际化进程提出建议⑤。王辉耀认为，求才要有大国心态，应该发挥留学人才的作用，他倡导建立人才移民制度，有条件开放双重国籍，改革绿卡签证制度⑥，让留学人员成为发展"战略资源库"，广纳天下留学英才，让国际化人才积蓄中国崛起之力⑦。他还特别重视华侨的作用，"未来40年，7 000万名海外华侨华人是中国走向世界的重要力量，是桥梁纽带、催化剂，是民间外交使者，更

---

① 具体内容详见叶忠海发表的《老年人力资源开发的若干基本问题》。
② 齐秀生：《应大力提倡人才"倒流"》，《内部文稿》1995年第12期，第22-24页。
③ 桂昭明：《着力破除体制机制障碍是深化人才发展改革的关键》，《中国人才》2016年第11期，第13-14页。
④ 薛永武：《大学生潜能开发与情商育成》，载刘学文主编《素质教育——中国教育的希望》，长城出版社，2000，第744页。
⑤ 具体内容详见王通讯在《行政与法》2007年第1期发表的《人才国际化论纲》。
⑥ 王辉耀：《构建中国全球化人才战略高地》，《企业研究》2010年第9期，第10-14页。
⑦ 王辉耀：《国际化人才积蓄中国崛起之力》，《中国人力资源社会保障》2012年第11期，第22-23页。

是和平世界和人类命运共同体建设的重要生力军"①。他认为，中国需加强国际人才竞争制度化建设，要积极从全世界挖人才。

关于人才资源开发的具体方法。王通讯研究了人才资源开发的组织行为学方法、动物学方法、数学方法、四象限方法，把人文科学与自然科学有机结合起来，揭示了人才资源开发的多维视角。刘翠兰认为"集成创新与人才群体的开发"关系密切，认为"人才的聚集为科学技术创新奠定了坚实的基础，为人才的集成创新活动搭建了更高的平台，为人才能力的发挥开辟了新的广阔前景"②。郑其绪从哲学和人性的角度出发，对人才资源的柔性管理和开发进行了深入研究③。薛永武从美学角度出发，研究了审美促进人才开发的规律④，从主体性哲学角度出发，研究了人的主体性促进人才开发⑤，把人才资源开发与实现生命价值有机结合起来。

第四节　人才资源开发的实践

人才资源开发理论研究客观上极大地促进了我国人才战略的实施，这种促进既表现在国家宏观的人才战略方面，也表现在实际人才开发工作中发挥的巨大作用中。

中国人事科学研究院和中国人才研究会的领导和专家一系列人才资源开发的研究成果，通过组织设计、战略规划、工作分析、招聘选拔、绩效考核、开发培训、薪酬激励等环节实现组织目标，促进经济社会发展和人本身发展的活动。⑥ 特别是整体性人才资源开发的研究直接促进了国家人事人才政策的完善，为我国实施人才强国战略提供了重要理论支撑。与此同时，学者在国际化人才资源开发、企业人才资源开发和区域人才资源开发等诸多方面也都为人才战略提供了现实的指导。

---

① 王辉耀：《改革开放40年：华侨华人的作用及机遇》，《今日中国》2018年第12期，第38-41页。
② 刘翠兰：《集成创新与人才群体的开发》，《中国人才》2007年第13期，第28-29页。
③ 具体内容详见郑其绪在2006年出版的《柔性管理》。
④ 具体内容详见薛永武在2016年出版的《审美与人才开发》。
⑤ 具体内容详见薛永武在2020年出版的《人才发展的主体性因素》。
⑥ 王通讯：《从人事管理到人力资源管理与开发（上篇）》，《中国人才》2008年第21期，第49-51页。

第一,通过激励促进人才资源开发。激励对于促进人才资源开发具有非常重要的积极作用,余兴安提出了激励的广度、深度、频度、平衡度与透明度问题。从激励广度来看,要求能调动真正优秀者的积极性,调动大多数人的积极性,也不能打击未受奖励者的积极性。① 郑其绪对于人才激励进行了深入研究,探求了中国特色的激励措施②。

第二,国际化人才资源开发取得显著成绩。近十几年,留学人员回国的人数逐年上升。"根据人社部最新统计,我国目前建成各类留学人员创业园305个,其中国家级46个,入园企业2.2万家,6.3万名留学人员在园创业。"③ 在习近平总书记人才工作的指示以及从中央到地方各项人才新政的推动下,人才创新创业环境得到了极大改善,新一轮海外人才"回国潮"顺势而出,截至2017年3月,我国引进海外高层次人才6 074人;2016年留学回国人员达到43.25万人,比2012年增加58.48%,是2006年的10倍还多(2006年留学回国人数为4.20万人)。④ 全球化智库课题组编写的《全球人才流动趋势与发展报告(2022)》显示,中国的人才竞争力位列第八,人才规模与人才环境指标位列前茅,其中2021年有1 400多名在美国接受培训的中国科学家放弃了在美国学术单位或企业的工作机会而回到中国。这说明我国人才资源开发取得了显著成果。

第三,促进企业人才资源开发。萧鸣政、郝路提出企业人才开发工作涉及的四大演变趋势:①由"聚焦工作本身"向"工作适应人"和"人影响工作"转化;②从"工作优化"向"基于胜任力研究"转化;③从"局部促进"向"职业生涯整体促进"转化;④从"相对孤立地研究"向"人力资源管理系统应用"转化。⑤ 高欢、冯强阐释了人才开发对国有企业发展的重要性,分析了当前国有企业在人才开发方面存在的主要问题,并提出解决路径。⑥

---

① 余兴安:《激励的广度、深度、频度、平衡度与透明度》,《中国人才》2004年第3期,第76-77页。
② 具体内容详见郑其绪发表的《如何实施人才激励》。
③ 王辉耀:《"一带一路"的海归人才战略》,《神州学人》2015年第10期,第8-9页。
④ 王辉耀:《聚天下英才 筑全球人才高地》,《中国社会科学报》2017年7月3日第8版。
⑤ 萧鸣政、郝路:《把握好企业人才开发工作设计的四大演变趋势》,《人民论坛》2019年第34期,第100-101页。
⑥ 具体内容详见高欢、冯强发表的《国企人才开发的有效策略》。

第四，促进区域人才资源开发。王辉耀结合成都市的发展，研究了城市建设与"人才发展支撑体系"构建的紧密关系，为建设具有国际竞争力的人才强市提供理论指导①。桂昭明提出，研究创新人才使用机制要把握人才使用效益评价，研究创新人才保障机制要把握人才创业制度优化；还通过构建人才资源使用效益评价模型（相对离散指数 G/Z 模型），使用全国第六次人口普查的最新数据，对我国 2010 年各省区市的人才资源使用经济效益情况进行测评。②

综上可见，我国人才资源开发研究对于实施人才强国战略在各个领域都发挥了重要的引领作用，涉及我国的人事人才政策、人才鉴别、人才激励、人才招聘、人才发现、人才考核、人才任用等一系列人才问题。

第五节　人才资源开发研究的学理辨析

要研究人才资源开发，必须澄清人才、人力资源开发、人才资源开发与人才开发几个相关概念的内涵，对人才资源开发研究的学理进行科学辨析。

一、对人才等相关概念的界定

关于人才的界定。对于人才的理解，人才学界从多个角度进行了阐释。第一，从中央和政府的文件对"人才"一词的使用来看，所谓人才，主要指在各行各业能够为社会做出较大贡献的各类人才，其特点在于突出人才的较大贡献。第二，从统计学上来看，所谓人才一般是指具有中专以上学历或者在专业技术工作岗位上工作的各类人才。第三，从人才学意义上来看，所谓人才，更多地强调了人才的创造性和进步性的统一。第四，从人才学界专家学者在文章和专著中对人才概念的使用来看，大多学者把人才界定为"为社会做出较大贡献的人"，也是人才资源中比较优秀的高级部分。

实际上，我们可以从广义和狭义两个层面来使用人才概念。从人才学

---

① 具体内容详见王辉耀于 2017 年 6 月 7 日在《成都日报》发表的文章《建设具有国际竞争力的人才强市》。

② 桂昭明：《创新人才机制是人才强国、区域发展的根本战略》，《人事天地》2013 年第 6 期，第 14—16 页。

的角度来看,我们多少年来对人才的界定大多在强调人才的创造性和进步性的前提下,认为"人才就是为社会做出较大贡献的人"。这种界定主要是看到了高级人才的特征,客观上不自觉地把中级人才和初级人才排除在人才的范围之外。从大人才观的视域来看,所谓人才,应该是指为社会做出积极贡献的人。这种界定既包括人才的创造性、进步性和较大贡献,又不拘泥于此,而是在外延和内涵上都有了新的含义。在外延上,大人才观对人才的界定可以把一切为社会做出积极贡献的人都纳入人才的视野,这从根本上弘扬了人人都可以成才的主体性和普遍性;在内涵上,大人才观强调了人才的积极贡献,这恰恰是每个人都可以做到的,这就是说,我们不能要求每个人才都为社会做出较大贡献,只要你力所能及地为社会做出了积极贡献,就可以称得上是人才。[①] 关于人才的积极贡献,这是对人才规定性的定性考量,是指人才在经济效益或者社会效益方面做出了相应的贡献,具有一定的贡献率。一般而言,贡献率等于贡献量(产出量或所得量)除以投入量(消耗量或占用量)。简而言之,积极贡献的主要特征在于一个人的贡献量一定要大于投入量,贡献量越大于投入量,就说明该人才的贡献度越高,体现了人才初级—中级—高级的递进。这里的难点在于正确认识初级人才与一般人力资源的区别。从逻辑的关系来看,一般人力资源在一定程度上也会包括一些初级人才。

人才的本质在于贡献,是创造性与进步性的统一。在人才的本质中,进步性是前提,也是关键。只有创造性,没有进步性,也不能算是人才。按照贡献度大小,可以界定初级人才、中级人才和高级人才。因为如果肯定创造性是人才的本质,而那些利用科学知识实施犯罪行为的人,虽然其行为也具有创造性,但不能说他们也是人才;有的人虽然没有创造性,却仍然为社会做出了较大贡献,如工作表现突出的科普工作者、教练员、裁判员、法官、律师以及见义勇为者和保卫祖国而牺牲的战士等,他们的实践重点不在于创造,但仍然为社会做出重要贡献,也可以被视为人才。

人力资源开发与人才资源开发有所不同。人力资源是指一个国家或地区中符合劳动年龄、未到劳动年龄和超过劳动年龄但具有劳动能力的人口之和,包括一切脑力劳动者和体力劳动者。人才资源主要指人力资源中素

---

① 薛永武:《人才开发学》,中国社会科学出版社,2008,第13-14页。

质和能力层次较高的那一部分人,也是人力资源中比较优秀的杰出部分,或者说主要从事专业技术工作和管理工作的优秀人才,也包括各个领域的优秀人才。人力资源开发主要是提高人力资源的整体素质和劳动能力,而人才资源开发则是在人力资源开发的基础上,侧重开发人才资源的创新能力。谢晋宇认为,"人力资源开发这一学术术语被广泛接受是在20世纪80年代,而这一术语早在1967年就出现了。这一术语的出现是由美国乔治·华盛顿大学的教授里奥纳德·那德勒提出来的"[1]。

人才资源开发也称人才开发,王通讯曾多次论述人才资源开发的内涵,阐释了整体性人才资源开发的基本思路,他的多篇论文和专著都研究了人才资源开发的诸多重大问题[2]。苏廷林、王通讯认为,"我们通常所说的'人才开发''人才资源开发',一般都是指人才资源的社会开发,而不是指自我开发,这里把'社会'这个主语省略了。因此,反过来,'人才的社会开发'我们可简称'人才开发''人才资源开发'"[3],并把人才资源开发分为人才的自我开发(自我育成)、人才的社会开发、国家的人才开发、学校的人才开发和家庭的人才开发。"所谓人才的社会开发,就是社会的一定集团和成员,以潜在的人才资源为对象,依据和运用已知的人才规律,利用一定的手段进行劳动,创造出现实的、具有更高素质和能量的人才资源,以便为社会所利用,推动经济社会的发展。"[4]

我们在借鉴各位专家观点的基础上,可以把人才资源开发概括为:是提升人的素质,激发生命潜能,实现人生价值的活动。人才资源开发不是一蹴而就的一次性活动,而是贯穿于人生的漫长过程,体现了人的主体性与客体性相互作用的合力效应。

二、对人才资源与其他相关概念关系的解析

在人才资源开发研究的学理辨析中,我们还应该进一步厘清人才资源与人力资源、人力资本、人事培训、在职培训、教育工作、科技管理、薪酬分配、人才称号和英雄史观的关系。

---

[1] 谢晋宇:《人力资源开发概论》,清华大学出版社,2005,第5页。
[2] 具体内容详见王通讯发表的《人才资源开发论纲(上)》。
[3] 苏廷林、王通讯主编《人才资源学导论》,中国人事出版社,1994,第143页。
[4] 苏廷林、王通讯主编《人才资源学导论》,中国人事出版社,1994,第142页。

第一，人才资源与人力资源的关系。广义的人力资源是指在一个国家或地区中具有一定劳动能力的人口之和；狭义的人力资源是指一定组织中员工的劳动能力的总称。在人力资源中，有的人贡献度较高，有的人贡献度一般，有的人贡献度较小，有的人甚至是负贡献度。人才资源与人力资源不尽相同，人才是人力资源中比较优秀的那部分，即具有较大贡献度的人力资源。贡献度越大的人力资源，也就越是人才资源，甚至是人才资源中的中高级人才。在逻辑上，人才资源与人力资源是种属关系，即包含与被包含的关系。人力资源包括人才资源，而人才资源则是人力资源中比较优秀的那部分。因此，从企业人力资源管理的角度来看，实施人才强企战略的根本任务就是要把人力资源逐渐转化升级为人才资源。

第二，人才资源与人力资本的关系。人力资本（human capital）是西方经济学概念，也称"非物质资本"，与"物质资本"相对，是劳动者自身素质和能力以及特定组织在劳动者身上所投入的资本的有机统一。一般而言，人力资本的作用大于物质资本的作用。组织开展的各种培训教育是提高人力资本最基本的手段。从人才资源与人力资本的关系来看，人才资源的素质和能力一方面取决于人才自身的学习和从业经历，另一方面也要看到具体组织对人才资源开发的重视程度，但人才资源主要体现为特定人才自身的素质和能力。人力资本则是从企业经营生产的角度出发，注重企业对员工进行智力投资的筹划和实施，目的不在于人才资源开发，而在于通过加大培训的经费投入，确保提升人力资源的素质和能力，由此为企业带来更为丰厚的利润和效益。

第三，人才资源与人事培训的关系。人事培训是指社会组织为了提高组织成员的素质和能力，而进行的有组织的教育活动，也是促进人才资源开发的重要举措。人事培训在对象类型范围上，包括员工入职前的岗位培训，也包括在职员工的培训；在培训内容上，包括工作胜任力所需要的技能性培训，也包括为了组织发展所进行的素质和能力提升性培训；在时间上，包括员工脱产培训，也包括员工在职培训；在培训方式上，包括统一的他律性培训，也包括在组织安排下员工自我学习和自我实践的自律性培训。人事培训的目的是促进人才资源的开发和可持续发展，人事培训不是一劳永逸，而是要系统化和持久化，培训内容和培训方法既要因人而异，也要与时俱进。

第四，人才资源与在职培训的关系。在职培训又称"工作现场培训"，是指对在岗员工进行素质和能力提升的教育活动，也称职工教育，不包括入职前的教育。我国在职培训的主要形式是采用在岗业余培训和离岗专门培训两种方式。在岗业余培训一般采用岗位培训、各种短期培训班、系列讲座和参加各类培训中心以及电大、业大、夜大、函大和高等教育自学考试等形式；离岗专门培训通常由各类职业学校和职工大学承办，或委托大专院校、科研机构进行代培。在职培训是提高人才资源素质和能力的重要举措，也是人事培训的主要内容，应该紧紧围绕人才资源开发进行统筹安排。

第五，人才资源与教育工作的关系。教育工作有广义与狭义之分。广义的教育工作泛指一切提升人的素质和能力的过程；狭义的教育工作主要是指各类学校对人才的培养。从整体性人才资源开发的角度来看，人才资源开发既需要国家制定科学合理的人事、人才政策，也需要工作岗位的实践性开发；既需要家庭和学校的培养性开发，也需要人才主体自律性开发。其中，家庭和学校的培养性开发对于全面奠定人才资源的素质和能力基础非常重要，可以说，离开了各类学校的教育工作，人才资源开发将无从谈起；反之，从人才强国战略的角度来看，各类教育工作都应该紧密围绕人才资源开发的现实需要和未来需要，全面提升人才资源的素质和能力，深度开发人才的智力，进一步激发人才的活力。除各类学校的教育工作以外，任何一个组织客观上也都需要对本组织的员工开展相应的教育工作，这也是促进组织人才资源开发的必由之路。

第六，人才资源与科技管理的关系。科技管理是对科技人才进行管理的最基本的方式，目的是促进科技人才资源开发。相关组织部门应该遵循科技人才资源开发的基本规律和特殊规律，不断完善和深化科技管理的理念和方法，从科技是第一生产力的高度出发，为科技人才制定合理的人事人才政策，建立有利于保障和促进科技人才科研创新的机制体制，通过科学的科技管理，为科技人才创造优良的人文环境和社会环境。

第七，人才资源与薪酬分配的关系。"各尽所能，按劳分配，按贡献分配"，这是薪酬分配的基本原则。从人才激励的角度来看，薪酬分配关乎薪酬激励，合理的薪酬分配有利于促进人才资源开发，而不科学的薪酬分配不利于人才资源开发，反而会阻碍和降低人才资源开发的积极性。相对于一般人力资源来说，人才资源的贡献度比较高，在薪酬分配方面，理所当然应该高于一般的人力资源。因此，正确的薪酬分配必须考虑人才资源的贡献度，根据员工对组织的贡献，酌情提高薪酬分配的数额。

第八，人才资源与人才称号的关系。人才称号也称"人才帽子"，但人才称号只是对人才阶段性学术成就、贡献和影响力的充分肯定，不是给人才贴上"永久牌"标签，也不是划分人才等级的标准。人才称号获得者大多是人才资源中的佼佼者，而授予和使用人才称号的目的是赋予人才荣誉、使命和责任，为广大人才树立成长标杆，激励和引导人才强化使命担当。2020年11月30日，教育部通过的《关于正确认识和规范使用高校人才称号的若干意见》指出："人才称号获得者是优秀人才的代表，是高校人才队伍的重要组成部分。要坚持人才资源是第一资源的理念，尊重人才、爱护人才、平等看待各类人才。要遵循高等教育发展规律和人才成长规律，完善人才培养、引进、使用、评价、激励、监督、流动机制，营造人人皆可成才、人人尽展其才的良好环境。不将高层次人才等同于人才称号获得者，不把人才称号作为评价人才、配置学术资源的唯一依据，不单纯以人才称号获得者数量评价人才队伍建设成效，扭转以'帽子'为牵引建设人才队伍的不良倾向。"因此，我们一方面应该坚持人才资源是第一资源的思想，另一方面也要正确看待人才称号，既要发挥人才称号获得者的社会作用，也要强化人才称号获得者的岗位管理，特别是对人才称号的审批、全职与兼职的关系、薪酬分配等方面要特别注意；既要发挥领军人才的作用，也要避免为帽子而帽子，要注意各类杰出人才之间利益的均衡与协调，充分发挥人才团队的群体效应或者人才资源开发的共生效应。

第九，人才资源与英雄史观的关系。英雄史观认为历史是由少数杰出人物创造的，是一种唯心主义的历史观。从人才资源的角度来看，所谓的英雄人物实际上就是人才资源中最优秀的那部分人。对此，我们一方面应该承认英雄人物在历史发展过程中所发挥的重要作用，另一方面也必须看到人才资源具有整体性的特点，既有高级人才，也有中级人才和大量的初级人才。即使在高级人才中，也不只是少数几个所谓的英雄人物，而是一个个杰出的人才团队，是群星灿烂，而不是一枝独秀。因此，英雄史观在看到杰出人物推动历史发展进步作用的同时，客观上也夸大了英雄人物的历史作用，把英雄人物的贡献与人才团队的集体贡献割裂开来，完全忽略甚至抹杀了广大人民群众对历史的推动作用。从人类主体性的角度来看，古往今来，人民群众普遍关心的两大主题：一是生存，二是发展。这两大主题体现了社会发展进步的客观需要，也是促进社会发展进步的决定性力量，因为需要本身就是促进社会发展进步的内生动力。相比之下，所谓的英雄人物只是在特定的历史阶段，暂时成为时代和人民群众的代表而已。因此，历史唯物主义既充分肯定英雄的历史作用，又从根本上看到了人民群众推动历史的决定性作用，正确阐明了人民群众和英雄人物的关系。同理可见，在企业人才资源开发过程中，管理者既要充分发挥领军人物的重要作用，又要充分激发广大职工的积极性和创造性，把领军人才的人才资源开发和普通职工的素质提升有机结合起来。

基于上述人才资源开发研究的学理辨析，客观上有利于正确认识和阐释人才资源开发的诸多问题，因为理论是实践的先导，只有理论阐释清晰，才能在实践上更好地促进人才资源开发。

第六节　人才资源开发研究的未来展望

我们正处于新的世界大变局时期，人才资源开发也要与时俱进。因此，我们还应该认真分析人才资源开发研究存在的不足与未来研究应该关注的问题。

一、人才资源开发研究存在的不足

（一）研究者知识结构与能力结构存在薄弱环节

研究人才资源开发，需要从哲学、社会学、教育学、美学、心理学、经济学、思维科学和脑科学等若干角度出发，对人才资源开发进行全面系统的深入研究，客观上需要研究者具备多方面、多学科的知识结构和能力结构，但我们目前研究队伍总体上缺乏多方面、多学科的知识结构和能力结构，因此影响了对人才资源开发的整合研究和系统研究。

（二）研究者需要进一步开拓国际视野

研究人才资源开发需要科学的人才观，也需要"他山之石，可以攻玉"的智慧，但我们目前的研究者大多数缺乏国际视野，客观上容易导致坐井观天和自说自话。为此，我们需要走出国门，开拓国际视野，自觉学习和借鉴世界发达国家人才资源开发的经验，以便更好地研究人才流动中的近悦远来规律。

（三）人才资源开发研究学科交叉融合不够

人才资源开发的对象是人，而人是世界上最丰富和最复杂的存在，我们由于对人才资源开发研究对象的丰富性和复杂性认识不够，客观上还存在学科壁垒的封闭性和人才资源开发学科设置的滞后性，我们往往侧重从某个角度或侧面研究人才资源开发问题，研究尚不够深入和系统。人才资源开发的学科交叉研究虽然取得了很好的成绩，但研究者人数偏少，总体上研究者还缺乏多学科的交叉渗透与融合研究，我们只有从多学科的交叉融合出发，才能更好地研究人才资源开发。

（四）人才资源开发研究的方法还不够丰富

我们在人才资源开发研究过程中虽然提到了很多研究方法，其中王通讯提出的研究方法最多，但大部分学者尚缺乏运用多种方法的自觉，有些研究甚至拘泥于对人事人才政策的解读和阐释，而缺乏多种研究方法的辐集研究。

（五）人才资源开发研究的实证分析不够

在以往的人才资源开发研究过程中，学者比较注重运用某种方法或从某种角度出发，研究人才资源开发的某个问题，或者注重从宏观上研究人才资源开发战略，如人才高地建设等，但对人才实践、人才调研、人才与经济、人才与社会的实证研究重视不够，人才资源开发"顶天"很高，但"立地"不够，客观上影响了人才资源开发的实证研究，也在一定程度上影响了人才资源开发战略与人才实践的结合。

（六）运用脑科学和思维科学研究人才资源开发不够

人才资源开发本质上是一个开发人才智力，激发人才创造活力的科学过程和实践过程，无论是实践上的人才资源开发者，还是人才资源开发理论研究者，都需要熟悉脑科学和思维科学的基本原理和方法，但以往我们的人才资源开发研究和人才资源开发的管理者，普遍比较缺乏脑科学和思维科学的知识和视野，因而无论是在人才资源开发理论研究，还是实践上都必然会受到影响。

（七）人才资源开发研究队伍后继乏人

从社会需要和人才学资源开发研究需要的双重角度出发，人才资源开发研究队伍本来应该越来越壮大，但实际上，人才资源开发的成果缺少发表的平台，人才学学科建设的不足，这些都在客观上影响着研究者的积极性。因此，我们的人才资源开发研究在老一代专家学者的带领下，取得了一系列显著的研究成果，但研究队伍后继乏人，这是将来影响人才资源开发研究的重要因素。

二、未来人才资源开发研究应该关注的问题

我国未来人才资源开发研究应该重点关注以下几个问题。第一，继续深化对整体性人才资源开发的研究，关注人才资源开发的系统性和整体性。第二，在人才竞争国际化的大格局下，对聚天下英才而用之、近者悦远者来的具体思路和方法进行深入研究。第三，深化学校素质教育与创新教育的关系研究，通过素质教育，全面促进全社会的人才资源开发。第四，随着老龄化社会的到来，继续开展对老年人才资源开发和利用研究。第五，对人才资源开发方法的多元化进行研究，包括在多学科交叉融合中研究人才资源开发，实现文文交叉、文理交叉，全面实现学科视域融合与思域融通。第六，在人才资源开发中优化人才的知识结构和能力结构，弘扬人才的主体性，激活人才的创造活力。第七，优化人才脱颖而出的社会环境和人文环境，促进人才主体要素与社会客观因素的优化互动与和谐统一。第八，加大对科学领军人才、复合型专家和复合型智库专家队伍建设的研究，妥善解决人才"帽子"问题、人才高地与人才团队的辩证关系，形成人才资源开发的合力与共生效应。第九，继续改革和完善人才资源开发的体制机制，优化人才市场和人才培训机制，实现各类人才的最佳配置。第十，在求真、向善、审美三大主题的有机统一中满足人民群众对美好生活的向往，在追求诗意栖居中利用审美促进人才资源开发，将会成为未来人才开发的重要走向。

习近平总书记在党的二十大报告中指出："教育、科技、人才是全面建设社会主义现代化国家的基础性、战略性支撑。必须坚持科技是第一生产力、人才是第一资源、创新是第一动力，深入实施科教兴国战略、人才强国战略、创新驱动发展战略，开辟发展新领域新赛道，不断塑造发展新动能新优势。我们要坚持教育优先发展、科技自立自强、人才引领驱动，加快建设教育强国、科技强国、人才强国，坚持为党育人、为国育才，全面提高人才自主培养质量，着力造就拔尖创新人才，聚天下英才而用之。"特别是鉴于人才竞争的国际化特点，我国人才建设面临高层次人才发展的不可持续和教育的不可持续两大问题，我们"应树立更加开放的人才观念，实行更加开放的人才政策"①。

  就整体而言，我国未来的人才强国之路任重道远。我们要有深刻的忧患意识，要内强筋骨、外塑形象，以人为本，从整体性开发与人人皆可以成才的角度，继续完善人才资源开发的体制机制，不断增强人才强国的凝聚力和吸引力，努力把人才资源开发与人才强国战略和谐统一起来。

---

① 王辉耀：《以开放的人才政策支撑中国可持续发展》，《中国科学院院刊》2014 年第 4 期，第 437-443 页。

第七章

人才发展规划

人才发展规划是建立在人才战略判断、战略目标与竞争环境分析的基础上，对人才开发、使用、激励的总体布局、目标配置和路径选择，是对人才资源发展和人才工作比较全面、长远的计划，是落实人才工作及其相关战略的实施蓝图。随着改革开放的深入推进，人才发展规划在人才工作中的作用日益凸显。从既有的国家人才发展规划研究进展及其实践进程来看，我国人才发展规划研制总体上经历了从"九五"到"十四五"时期的发展阶段。本章从人才发展规划编制的提出着手，概述了人才发展规划的基本概念、主要模式和基本功能，提炼了人才发展规划的基本方针、发展目标、重点任务、实施与评估、具体措施、实施保障等基本构成要素，厘清了国家层面、区域性、行业性的人才发展规划编制实践状况，研究提出了新时代人才发展规划编制的总体要求、目标导向和主要着力点。

第一节 人才发展规划编制的提出与发展历程

人才工作布局升级背后是国家战略进阶的需要，人才发展规划是人才工作及其相关战略的实施蓝图。[1] 从既有的国家人才发展规划研究进展及其实践进程来看，我国人才发展规划的发展历程总体上可以划分为五个阶段。

一、"九五"时期的人才发展规划

1995年9月，党的十四届五中全会通过了《中共中央关于制定国民经

---

[1] 赵曙明：《人力资源战略与规划》，中国人民大学出版社，2002，第10页。

济和社会发展"九五"计划和2010年远景目标的建议》。这是中国特色社会主义市场经济条件下的第一个中长期计划,是一个跨世纪的发展规划。"九五"时期的人才发展规划编制重点围绕实施国民经济和社会发展"九五"计划而展开,具有两个显著特征:一是为适应比较完善的社会主义市场经济体制而编制;二是比较强调高层次人才资源的发展,且较多是针对专门的行业领域而编制。"九五"时期的人才发展规划是针对特定历史任务而提出的,为我国之后的人才发展规划工作奠定了较为坚实的基础,一定程度上推动了专门领域的人才队伍建设。

二、"十五"时期的人才发展规划

党的十五届五中全会提出,人才是最宝贵的资源,要把培养、吸引和用好人才作为一项重大的战略任务切实抓好。为贯彻落实中央提出的实施人才战略的要求,全面加快我国人事人才事业发展,2001年6月,人事部根据《中共中央关于制定国民经济和社会发展第十个五年计划的建议》印发《人事人才发展"十五"规划纲要》。《人事人才发展"十五"规划纲要》提出人才资源是第一资源的观念,要求大力实施人才战略。要在全社会进一步倡导尊重知识、尊重人才、鼓励创业的社会风气,大力营造人才创业环境,充分发挥各种人才的潜能和作用,把人才资源开发置于经济社会发展的重要地位。由此,我国开始进入"大力实施人才战略"发展阶段[①]。2002年5月,中共中央办公厅、国务院办公厅印发《2002—2005年全国人才队伍建设规划纲要》(以下简称《人才队伍建设规划纲要》),旨在建设一支宏大的高素质人才队伍,以适应我国加入世界贸易组织后的新形势,适应当今和未来激烈的国际竞争,保证建设中国特色社会主义事业健康发展。《人才队伍建设规划纲要》坚持以人才资源能力建设为主题,以调整和优化人才结构为主线,以培养和选拔党政领导干部、企业家、学科带头人为重点,以改革创新为动力,以为经济和社会发展提供人才支持为根本出发点,把人才工作纳入经济和社会发展的总体规划和布局之中,明确提出实施人才强国战略。

---

① 张学忠主编《人才战略论文集》,中国人事出版社,2001,第76页。

三、"十一五"时期的人才发展规划

2003年12月,中共中央、国务院召开第一次全国人才工作会议,强调人才问题是关系党和国家事业发展的关键问题,要从全局和战略的高度把实施人才强国战略作为党和国家一项重大而紧迫的任务抓紧抓好。为实现党的十六大提出的全面建设小康社会宏伟目标,大力实施人才强国战略,建设宏大的高素质人才队伍,2003年12月,中共中央、国务院发布《关于进一步加强人才工作的决定》。为了贯彻落实《关于进一步加强人才工作的决定》精神,中共中央组织部、人事部联合下发《关于开展"十一五"人才规划编制的通知》,启动全国"十一五"人才规划编制工作。"十一五"人才发展规划把促进发展作为人才工作的根本出发点,要求树立科学的人才观,加强人才资源能力建设,创新人才工作机制和优化环境,持续推进人才结构调整。同时,坚持以能力建设为核心,重点抓好党政人才、企业经营管理人才和专业技术人才队伍建设工作。应坚持分类指导,整体推进三支人才队伍建设,着重培养造就大批适应改革开放和社会主义现代化建设的高层次和高技能人才,进而带动包括非公经济领域的各类人才队伍建设。

四、"十二五"和"十三五"时期的人才发展规划

2010年6月,中共中央、国务院印发了《国家中长期人才发展规划纲要(2010—2020年)》(以下简称《人才发展规划纲要》)。《人才发展规划纲要》是根据党的十七大提出的更好实施人才强国战略的总体要求,着眼于为实现全面建设小康社会奋斗目标提供人才保障制定的人才发展规划。《人才发展规划纲要》是我国第一个中长期人才发展规划,提出了从2010年到2020年我国人才发展的指导方针、战略目标、总体部署,以及人才队伍建设主要任务、人才体制机制创新成效、人才政策实施重点和重大人才工程布局方向,被视为今后一个时期全国人才工作的指导性文件[1],是贯彻落实科学发展观、更好实施人才强国战略的重大举措,是在激烈的

---

① 吴娜:《新时代人才政策研究:演变历程与整合框架》,《沈阳大学学报:社会科学版》2022年第5期,第505-508页。

国际竞争中赢得主动的战略选择，对于助力加快经济发展方式转变、实现全面建设小康社会奋斗目标具有重大意义。

五、"十四五"时期的人才发展规划

党的十八大以来，中国特色社会主义进入了新时代，这是我国发展新的历史方位。当前，国内外形势正在发生深刻复杂变化。国际方面，中美科技竞争使我国经济和科技发展面临巨大风险和挑战，人才竞争上升到国家安全高度；同时，华人华侨开始加速回流，我国迎来吸引海外人才的重要机遇。国内方面，当前和今后一个时期，我国发展仍然处于重要战略机遇期，国家转向高质量发展阶段，新一轮科技革命和产业变革深入发展，为抢占下一轮科技和产业制高点的人才竞争日趋激烈。深入实施新时代人才强国战略，大力开发人才资源，努力建设一支宏大的高素质人才队伍，是新时代人才工作的根本任务。我国新时代人才发展规划要以引领人才工作高质量发展为主线，以进一步释放人才主体活力为着力点，基于问题导向、战略导向和目标导向以求更好地融入国家新发展大格局。

从国家层面来看，围绕深入实施新时代人才强国战略、创新驱动发展战略和科教兴国战略，组织《人才发展规划纲要》实施情况评估，根据中央人才工作会议精神部署编制《国家"十四五"期间人才发展规划》，以及根据党的二十大报告精神推动教育、科技、人才工作领域互相支撑、协调发展，是这一时期国家人才发展规划编制的主要活动方向以及未来人才发展规划编制所要关注的着力点和突破口。编制《国家"十四五"期间人才发展规划》是落实党中央决策部署和中央人才工作会议精神的一项重要任务，鲜明地体现了人才工作的战略性、前瞻性、系统性、科学性、逻辑性以及落地性。通过编制实施科学、合理、有效的国家人才发展规划，大力提升中国特色人才供给质量和水平，推动引领新时代人才事业高质量发展。

第二节 人才发展规划的模式与功能

改革开放以来，我国政府在人才培养开发、选拔任用、流动配置、评价发现和激励保障过程中做了大量工作，人才发展规划作为人才工作的重

要工具,发挥的作用越来越突出。我国人才发展规划经过多年发展,已经形成了一套相对固定的结构模式和较为完整的内容体系,主要涉及人才发展宏观调控、人才市场、人才项目与工程、人才体制机制改革等方面。纵观国内外人才发展规划相关研究,总体上可以围绕其概念界定、模式探讨与功能研判等问题进行概述。

一、人才发展规划的基本概念

人才发展规划的概念在学术界并没有统一的标准,但人才发展规划通常与人才发展战略并提,人才发展规划与人才发展战略都是对人才发展的预先谋划。① 仅从字面上理解,人才发展规划比人才发展战略更加贴近具体实际,更强调规范性和可操作性;而人才发展战略比人才发展规划更加宏观抽象,更注重谋略性和指导性。综合而言,在理论研究中,人才发展规划与人才发展战略的关系主要有三种情况。一是人才发展规划等同于人才发展战略。詹姆斯·W. 沃克认为,在帮助管理人员预见和管理日益加速甚至纷乱变化的时候,人才发展规划就是战略。这实际上是强调人才发展规划与人才发展战略都是对未来人才开发与管理活动的预先谋划。② 二是人才发展战略高于人才发展规划。王通讯认为,战略比规划站位更高,视野更广阔、更深远;战略带有谋略性质;战略较之规划更讲究有取有舍,以谋求整体最大效益;战略较之规划更带抽象性;战略比规划更接近政治;战略比规划的影响力更大、更久。③ 三是人才发展规划与人才发展战略既有区别,又有联系。赵曙明认为,早期企业将人才发展规划作为一项单独的人力资源管理职能进行管理。现由于企业内外部环境的变化,人才发展规划逐渐与人才发展战略联系起来,成为人才发展战略整体框架中的一部分,人才发展规划逐渐演变到人才发展战略与规划阶段。④

如果把人才发展规划与人才发展战略结合起来,就成为了人才战略规划。从人才发展规划角度来定义,人才战略规划是人才发展规划发展到战

---

① 赵曙明:《人力资源战略与规划》,中国人民大学出版社,2002,第10页。
② 亨利·明茨伯格、布鲁斯·阿尔斯特兰德、约瑟夫·兰佩尔:《战略历程:纵览战略管理学派》,刘瑞红、徐佳宾、郭武文译,机械工业出版社,2002,第35页。
③ 王通讯:《人才资源论》,中国社会科学出版社,2001,第55~56页。
④ 赵曙明:《人力资源战略与规划》,中国人民大学出版社,2002,第11页。

略阶段的产物,是特定时期执行战略思想、落实战略意图的人才发展规划。从人才发展规划的研制来看,人才发展规划与人才发展战略具有一致性,可以将落实人才发展规划和推进人才发展战略高度统一起来。① 人才发展规划是人才发展战略的系统化、文本化、规范化的表现形式,而在人才工作实践中,人才发展规划与人才战略规划的表述经常混合在一起,均被视为推进人才工作的政策工具和落实人才战略意图的重要手段。

基于以上论述,本章作者认为人才发展规划的核心目的是确保组织拥有合适的人才资源以有效支撑战略目标和发展需求。因此,人才发展规划是基于组织的未来发展战略、业务发展要求和人才发展现状,根据内外环境和条件的变化,通过对未来人才资源的需求和供给状况的分析及估计,运用有效的政策和科学的方法对人才资源的开发使用、评价发现、流动配置和激励保障等各个环节进行的系统性谋划,以保证事得其人、人尽其才。人才发展规划是落实人才工作的有效手段,具有前瞻性、指导性、规范性、宏观性和应用性的特征。

二、人才发展规划的主要模式

人才发展规划模式是人才发展规划比较典型的风格样式。人才发展规划根据其风格特点,可以总结出几种常见的典型样式。人才发展规划模式的划分主要是根据人才发展战略的内容和表现形式,而根据人才发展战略的内容,即人才发展战略的目标和实施途径,人才发展规划可作出具体类型划分。国内外文献研究表明,人才发展规划模式可以有多种划分方法,但绝大多数规划模式可以归结出同一个基本观点:采用SWOT模式,即把组织内外部环境所形成的优势、劣势、机会、威胁四个方面的情况,结合起来进行分析。② 加强人才发展规划实施的动态管理,有利于保持人才工作的竞争优势,进而充分发挥人才发展规划在政府宏观调控中的作用。③ 美国著名战略管理学家波特(Potter)认为,低成本和差异化是两种基本的优势,基

---

① 李智勇:《落实人才规划纲要,推进人才强国战略》,《行政管理改革》2011年第1期,第29-33页。
② 亨利·明茨伯格、布鲁斯·阿尔斯特兰德、约瑟夫·兰佩尔:《战略历程:纵览战略管理学派》,刘瑞红、徐佳宾、郭武文译,机械工业出版社,2002,第35页。
③ 林越静:《人才规划实施的动态管理探析》,《人事天地》2012年第9期,第15-17页。

于这两种优势的获得,其提出了成本领先战略、差异化战略、重点集中战略三种人才发展战略的基本模式。① 德拉蒙德(Drummond)根据人才发展规划的表现形式,将人才发展规划分为进攻型人才发展规划和防御型人才发展规划。② 索利马诺(Solimano)重点从人才资本流入及其存量二者关系的视角研究,发现经济水平高的地区会引起高端人才资本的流入,因此应根据经济发展差异状况编制差异化的人才发展规划。③ 王通讯认为成本领先人才发展规划、差异化人才发展规划、重点集中人才发展规划、进攻型人才发展规划、防御型人才发展规划构成了人才发展战略的五种主要模式。④

三、人才发展规划的基本功能

人才发展规划既要注重形式的标准、规范,又要考虑落地的可行性,注重实效。根据人才发展规划的研究和实践,人才发展规划的基本功能概括起来主要有三点:一是落实人才工作意图。通过实施人才发展规划,可以增强人才工作的精准性和有效性,明确人才工作的指向,最大限度地激发和释放人才活力。二是优化人才资源配置。进行人才资源优化整合是人才发展规划的重要功能,也是保持人才竞争优势的重要来源。理查德(Richard)从人才经济地理学角度丰富了该观点,认为资源因素在人才经济地理中至关重要,而良好的人才发展战略可以提升区域吸引和保留人才的能力。⑤ 迈克尔(Michael)则指出科学的人才发展战略不仅可提高组织运营效率,还可以将合适的人分配在合适的岗位上。⑥ 三是促进人才资源开发。人才发展规划具有一定的人才开发功能,通过精准施策引才,创新方式育才,着力吸引人才、集聚人才,为助推经济社会发展提供坚强有力

---

① Michael E. Potter, "Government Spending in a Simple Model of Endogenous Growth," *Journal of Political Economy*, no. 5 (2016): 98–125.

② Drummond A. J., "Bayesian Coalescent Inference of Past Population Dynamics from Molecular Sequences," *Molecular Biology and Evolution*, no. 5 (2018): 1185–1192.

③ Andres Solimano, *The International Mobility of Talent: Types, Causes, Development Impact* (Oxford University Press, 2016), pp.135–142.

④ 王通讯主编《人才战略规划的制定与实施》,党建读物出版社,2008,第20—21页。

⑤ Richard, "The Economic Geography of Talent," *Journal of Economic Geography*, no. 21 (2017): 41–43.

⑥ Michael, "The International Mobility of Students: in Asia and the Pacific," *Journal of Management Studies*, no. 76 (2018): 526–528.

的人才支撑。从人才开发角度来看，人才发展规划是一种较高层次的人才开发手段，对促进人才资源开发和落实人才强国战略具有促进作用①，通过整合各类人才资源开发活动为实现总体战略目标服务。

文献研究表明，人才发展规划是一项系统工程，对人才工作具有指导作用。通过编制人才发展规划，明确人才工作的战略方向与实现路径，确定人才工作的总体框架和基本思路，明晰今后一段时期人才发展的指导方针、战略目标、总体部署，规划人才队伍建设的主要任务，确定人才体制机制创新的重点举措，指明重点人才政策和重大人才工程的着力方向，使人才工作立足现实、切实有效、重点突出、统筹兼顾。已有相关理论研究与实践探索，对于做好人才发展规划具有重要的参考价值，但国内外学者大多从一个或几个侧面开展人才发展规划研究，缺乏对人才发展规划系统化、层次化的分析范式。

第三节　人才发展规划的基本内容

人才发展规划作为人才战略的规范性文本表述，已经形成了较为固定的文本格式。② 从人才发展规划相关研究进展和实践应用情况来看，人才发展规划主要由基本方针、发展目标、重点任务、实施与评估、具体措施、实施保障等基本要素构成。

一、人才发展规划的基本方针

人才发展规划的基本方针是人才战略的指导思想，是人才发展战略必须遵守的基本准则，是对人才发展战略的方向性规定和原则性要求。基本方针在具体表述上可分为指导思想和基本原则两部分。人才发展规划的指导思想是对人才发展战略性质和发展方向的规定，而人才发展规划的基本原则是对人才发展战略的总体要求及人才发展战略需要遵守的基本准则，两者构成了基本方针的主要内容。③ 人才发展规划的基本方针具有引领性、

---

① 李智勇：《落实人才规划纲要，推进人才强国战略》，《行政管理改革》2011年第1期，第29-33页。
② 赵曙明：《人力资源战略与规划》，中国人民大学出版社，2002，第13页。
③ 王通讯主编《人才战略规划的制定与实施》，党建读物出版社，2008，第54-55页。

指导性和稳定性的特点,是对人才工作要点的集中概括和高度浓缩。

基本方针是人才发展规划中最重要的部分。要制定好人才发展规划的基本方针,一般需要把握好四个基本原则:一是人才优先,以用为本,确立人才发展在人才工作布局中的优先地位,围绕用好用活人才,充分发挥人才效能;二是高端引领,服务发展,科学谋划人才工作布局,突出人才集聚的国际化、高端化取向,推动高层次人才引领发展、支撑发展、服务发展,充分发挥高端人才的引领性作用;三是问题导向,创新驱动,准确把握人才工作的新形势、新要求,坚持问题导向,以改革创新推动人才发展,最大限度地激发和释放人才创新活力;四是政府引导,重点突破,强化政府在推动人才发展中的引导和规范作用,加强宏观调控、政策指导和资源整合,强调高层次创新型人才开发,突出重点人才政策和重大人才工程实施。

二、人才发展规划的发展目标

人才发展规划的发展目标是预定最终要实现的结果和要达到的水平。发展目标不是单一的,一般可分为总体目标和具体目标。总体目标和具体目标还可根据人才发展规划的总体要求分解为若干子目标,构成体现人才发展规划的目标体系。① 从人才发展规划文本来看,人才发展规划的发展目标体系主要包括:①人才规模,是人才资源数量发展目标,即人才资源总量目标;②人才素质,一般是指某种学历或职称层次的人才数量和质量,主要包含科研人才、高层次人才、创新创业人才的数量与质量;③人才结构,主要反映人才资源内部构成及分布情况,主要指标包括年龄结构、学历结构、专业结构、职称结构、产业结构、区域结构和层级结构;④人才效能,是人才发挥作用的效果程度,反映了人才的产出效益,主要指标包括人才投入与产出比、劳动生产率、对经济社会发展贡献率、专利成果转化情况、创新创业效能;⑤人才环境,是指造就人才、吸纳人才、充分发挥人才作用的各种物质条件和精神条件的总和,主要指标包括政策制度、经济水平、基础配套设施、工作生活环境、人文社会环境和自然环境。

---

① 柳菊芬:《论人才管理中的人才规划》,《才智》2009 年第 19 期,第 276 页。

人才发展规划中发展目标的制定需要建立在科学分析预测基础之上，应充分考虑人才事业发展的延续性、现实性、发展性、重点性。一是延续性。在人才发展和人才队伍建设基础上，针对当前人才工作中正在施行的重点人才政策和重大人才工程，梳理出需要持续或调整加强的政策项目，采取延续性方式予以设定发展目标。二是现实性。充分考虑人才发展实际和产业特点，重点考虑人才发展存在的实际问题，如层级分布、学历结构、职称结构、专业结构、年龄结构、性别结构等，高度契合人才工作要求，从促进人才与经济社会发展的要求出发来制定人才发展规划的发展目标。三是发展性。从经济社会发展的角度，在国家战略实施大背景下，结合重点领域产业发展水平和行业特点，研究设定人才发展规划的目标要求。四是重点性。要以解决重大问题为目标导向，统筹高层次、基层人才协调发展，重点抓好战略人才、领军人才、青年拔尖人才工作。要与现有重大人才工程相衔接，研究提出推动产业发展、带动作用强的重大人才工程目标方案，使发展目标的制定既满足需要，又切实可行。

三、人才发展规划的重点任务

人才发展规划的重点任务是落实人才工作意图的着力点和突破口，是保证人才发展规划实施有效的关键所在。人才发展规划的重点任务主要包括以下三个方面。

（一）重点人才资源开发

任务要点包括：一是强化重点人才资源的培养开发与管理，加快建设引领发展的重点人才队伍；二是重点人才资源开发要围绕重大战略需求，依托高能级创新平台、头部企业建立高层次人才工作室，培养造就大师、战略科学家、一流科技领军人才和创新团队、青年科技人才、卓越工程师、大国工匠、高技能人才；三是以重点人才工程为抓手，根据需求程度与供求关系来吸引、培育和集聚急需紧缺人才，采取"一事一议、按需支持"方式赋予人才的资源调度权。

（二）人才发展体制机制改革

人才发展体制机制改革是全面深化改革的重要组成部分，是一项系统性工程，涵盖人才的引、育、管、用等各个方面。人才发展体制机制改革创新，需要围绕人才工作的核心环节，加强党对人才工作的统一领导，完善人才工作领导体制，切实理顺人才工作职能部门职责，通过改进人才培养、创新人才评价、畅通人才流动、强化人才激励等改革举措推进人才管理机制改革，构建科学规范、开放包容、运行高效的人才发展治理体系。

（三）人才发展环境营造

任务要点包括：一是实施人才优先发展战略，推动实现人才市场规范统一、人才环境开放包容、人才集聚持续优化、人才服务精准高效，营造一流的人才发展环境；二是营造人才发展环境要促进人才大量集聚，激发人才创造活力，逐步形成有利于对外招贤纳才、对内留住人才、鼓励人才创新创业的充满生机与活力的人才工作环境，建立一批人才创新创业事业平台，建设一批有利于改善各类人才工作和生活环境的软硬件设施；三是努力打造人才数量集聚度高、人才智力贡献率大、与产业发展融合度好、人才环境开放度强的人才发展集聚地。

四、人才发展规划的实施与评估

人才发展规划的实施需要分阶段、分步骤、分任务来完成[①]。人才发展规划的实施重点包括以下四个方面。一是加强重点人才队伍建设。人才发展规划应精准契合经济社会发展需要，准确把握人才工作的新定位、新要求、新任务，重点突出行业、产业特点，以科学构建人才发展体制机制为导向，促进重点人才队伍建设发展。二是推动人才发展体制机制创新。不断完善人才工作领导体制，优化人才引进机制，健全人才培养开发机制，优化人才使用管理机制，强化人才评价考核机制，完善人才激励保障机制。三是优化人才政策体系。实行更具竞争力的高层次人才引进政策，加大人才培养支持力度，探索人才市场化认定机制，创新人才激励方式，搭建人才平台载体。四是实施重点人才工程。重点人才工程项目主要包括招才引智工程、人才引领产业集聚工程、柔性引才纳智工程、雏鹰人才工程和国际人才工程等。

人才发展规划评估是通过对人才发展规划实施的评估分析，将人才发展规划的预期结果和实际贯彻的反馈结果进行比较、判断和分析的管理活

---

① 刘追、肖鸣政：《新时期我国人才规划纲要实施的策略选择》，《宏观经济管理》2010年第11期，第54-56页。

动,是对人才发展规划进行管理的必经阶段。对人才战略规划实施效果进行评估是推动人才强国战略实现系统化闭环管理的重要一环。① 从人才发展规划评估的实践来看,人才发展规划实施后的效果评估不仅包括对人才发展规划制定过程的评估,而且包括对人才发展规划实施效果的评估。

五、人才发展规划的具体措施

人才发展规划的具体措施是为实现人才发展规划的目标而采用的具体策略,包括人才发展规划实施的政策手段、行动途径、方式方法等。具体措施内容要点较多,通常占据人才发展规划中较大的篇幅,一般具有实用性、适用性、执行性和可操作性的特点。② 通过分析人才发展规划编制进展情况,人才发展规划的具体措施可重点围绕加大人才引进力度、丰富人才培养模式、完善人才评价机制、创新人才激励方式、搭建人才平台载体、激励人才创新创业、完善人才服务保障等方面展开。

六、人才发展规划的实施保障

人才发展规划的实施保障,一般包括组织领导、工作机制、政策保障、经费支持和实施路径等方面的内容。

(一) 加强组织领导

人才发展规划具有战略指导性、影响长远性。党的领导是我国人才事业取得成功的根本保证,需要切实加强党对人才工作的全面领导,应坚持党管人才原则,加强党对人才工作的统一领导、统筹规划与宏观指导。党委组织部门要牵头抓总,统筹协调和组织指导各职能部门实施人才发展规划,明确责任主体、实施时间表和路线图,有效推进人才发展规划实施,确保组织到位、责任到位、措施到位、落实到位。

(二) 健全工作机制

国家应建立健全人才工作联动机制,加大人才工作协调力度,统筹做好人才工作。人才发展规划和队伍建设工作要科学部署和有效执行,积极

---

① 孙锐、吴江、蔡学军:《我国人才战略规划评估现状、问题及机制构建研究》,《科学学与科学技术管理》2015年第2期,第10-17页。
② 罗哲、唐迩丹:《我国人才政策的演变趋势与发展方向——基于Cite Space知识图谱分析》,《软科学》2021年第2期,第102-108页。

采取措施确保方案全面实施，推动规划目标任务顺利完成：①党政有关部门应建立人才工作考核责任制，定期考核人才发展规划执行情况，加强对实施情况的跟踪管理；②党政有关部门应依托相关智库、咨询机构，加强人才重点、热点、难点问题的调查研究工作，建立健全专家咨询机制，发挥专家的智力支持作用；③党政有关部门应科学开展人才统计工作，为人才工作决策提供实证基础。

（三）强化政策保障

国家应建立更加科学高效的人才管理制度，构建更有力度、更为配套、更加开放的人才工作政策保障体系，有效落实人才的培养、使用、评价、激励等政策；精准定位党政部门人才宏观管理、政策制定、规范建设、公共服务和监督保障职能，推动人才工作部门简政放权，加强政策引导，强化保障措施，形成各层次分步实施、多方联合、协同推进政策落实的长效机制，确保主要目标任务和重大人才工程顺利实施。

（四）加大经费支持

国家应加大财政投入力度，支持高层次和紧缺人才引进、支持重大技术项目的人才引进工作；逐步建立起以政府投入为引导、用人单位投入为主体、社会投入为补充的多元化人才投入机制；保证对人才发展的投入，用于人才培养引进、杰出人才奖励和支持保障人才发展重大项目实施。鼓励和支持企业和社会组织建立人才发展基金；建立人才培养培训经费的稳定增长机制，鼓励引导企事业单位加大人才培养培训经费的支持；加强对人才投入资金使用的监督管理，切实提高人才投入效益。

（五）完善实施路径

国家有关部门应逐步完善人才发展规划的实施路径，把人才发展规划工作纳入人才工作总体布局，优化人才培养和引进渠道；突出关键产业领域，依托重点人才发展平台，突出问题导向，着力改革创新，组织开展人才队伍建设，加快高端人才集聚，不断提升人才竞争优势；加大宣传引导工作力度，营造人才创新的浓厚氛围，全力推动更好地服务人才工作的战略布局，不断开创区域性新时代人才工作新局面。

第四节 人才发展规划编制的实践

随着改革开放的深入推进，我国人才工作逐步进入了战略管理时代，人才发展规划在人才工作中的作用日益凸显。进入21世纪，作为人才工作专项的人才发展规划逐步开始在全国范围内进行布局。党的二十大报告中明确指出，教育、科技、人才是全面建设社会主义现代化国家的基础性、战略性支撑。要深入实施科教兴国战略、人才强国战略、创新驱动发展战略。此举表明我国人才工作已提升到新的战略高度，人才发展规划工作的战略管理时代已经步入制度化阶段。我国经济已由高速增长阶段转向高质量发展阶段。互联网与大数据时代的到来，打破了人力资源管理的传统运作模式。构建创新驱动发展模式、推动经济增长动力转型、促进产业结构优化升级、推动大众创业万众创新等发展目标，对做好新时代人才发展规划工作、积极健全人才政策体系、主动应对国际竞争提出了更高要求。

一、国家层面的人才发展规划

国家层面的人才发展规划的编制一直伴随着国家经济社会发展大政方针和人才发展战略的需要。为全面加快我国人事人才事业发展，2001年6月，根据《中共中央关于制定国民经济和社会发展第十个五年计划的建议》和九届人大四次会议通过的"十五"计划纲要精神，人事部制定了《人事人才发展"十五"规划纲要》。2002年5月，中共中央办公厅、国务院办公厅印发《2002—2005年全国人才队伍建设规划纲要》，提出以人才资源能力建设为主题，大力实施人才强国战略。2003年12月，第一次全国人才工作会议召开。随后中共中央、国务院发布《关于进一步加强人才工作的决定》，明确提出要坚持党管人才原则，坚持以人为本，实施人才强国战略。2004年6月，中共中央组织部、人事部联合启动全国"十一五"人才规划编制工作，要树立科学的人才观，加强人才资源能力建设，重点抓好党政人才、企业经营管理人才和专业技术人才队伍建设工作，进而带动包括非公经济领域的整个人才队伍发展。2010年6月，中共中央、国务院印发了《人才发展规划纲要》。《人才发展规划纲要》作为我国第一个中长期人才发展规划，对科学指导当时一段时期全国人才工作、更好实施人才强国战略具有重要意义。

党的十八大以来，我国围绕建设人才强国的重大理论和实践问题，提出了一系列新理念、新战略、新举措。2021年9月，中央人才工作会议召开，会议提出要坚持党管人才，坚持面向世界科技前沿、面向经济主战场、面向国家重大需求、面向人民生命健康，深入实施新时代人才强国战略，全方位培养、引进、用好人才，加快建设世界重要人才中心和创新高地，为2035年基本实现社会主义现代化提供人才支撑，为2050年全面建成社会主义现代化强国打好人才基础。编制《国家"十四五"期间人才发展规划》是党中央部署的一项重要工作，是落实中央人才工作会议精神的具体举措，也是国家"十四五"规划的一项重要专项规划。该规划提出要坚持重点布局、梯次推进，加快建设世界重要人才中心和创新高地。北京、上海、粤港澳大湾区要坚持高标准，努力打造成创新人才高地示范区。一些高层次人才集中的中心城市要采取有力措施，着力建设吸引和集聚人才的平台，加快形成战略支点和雁阵格局。该规划还提出要大力培养使用战略科学家，打造大批一流科技领军人才和创新团队，造就规模宏大的青年科技人才队伍，培养大批卓越工程师；要把人才培养的着力点放在基础研究人才的支持培养上，为其提供长期稳定的支持和保障。这些对全面加强党对人才工作的领导，牢固确立人才引领发展的战略地位，全方位培养、引进、用好人才具有重要意义。

二、区域性人才发展规划

国家级的人才发展规划可以普遍解决一般的、共性的问题，特殊的区域经济和社会发展问题，则需要地方政府着眼区域特点，从战略的高度找出解决问题的对策和方法，因地制宜，发挥优势，制定切实可行的人才发展战略目标、战略重点和战略步骤。① 从我国地方人才发展规划编制的实际情况来看，早在1985年前后，国内一批省、直辖市、自治区就开始了本区域的人才发展规划的研究工作。从"九五"到"十四五"时期，全国不少地方在制定经济和社会发展规划的同时，研究编制了相应的区域性人才发展规划，形成了各具特色的人才发展基本方针、目标任务和政策措施。

---

① 王通讯主编《人才战略规划的制定与实施》，党建读物出版社，2008，第237-238页。

近年来，不少地方在人才工作中逐渐摒弃了以往单打独斗、各自为政的人才工作格局，将"以邻为壑"的人才竞争关系，转变成为"以邻为伴"的人才互动合作关系，逐步形成适合各地发展的开放型人才协同发展新格局。自京津冀协同发展、长三角区域一体化发展、粤港澳大湾区建设、成渝地区双城经济圈建设上升为国家战略以来，人才跨区域协同的工作格局加速显现。2017年，京津冀三地联合发布了我国首个跨区域的人才发展规划——《京津冀人才一体化发展规划（2017—2030年）》，以人才一体化发展体制机制改革及政策创新为主线，以人才一体化发展重大任务、重点工程为抓手，加快推进人才智力共享发展、人才资源市场统一规范、人才公共服务高效均衡、人才国际竞争力大幅提升，尽快建成"世界高端人才聚集区"。2019年，浙江、江苏、安徽和上海四地共同颁布《长三角人才一体化发展城市联盟章程》，旨在协同推进人才发展体制机制改革，大力促进区域人才有序有效流动，共同培育人才一体化发展市场，推进长三角人才服务互联互通，推进人才创业创新服务保障互通，合力打造长三角引才活动品牌，积极建设长三角人才创新共同体，协同确立长三角区域在全球人才竞争中的比较优势。2020年，成渝两地共同签署《成渝地区双城经济圈人才协同发展战略合作框架协议》，实现了"重庆英才卡"与四川"天府英才卡"对等互认，建立区域一体化的人才评价制度和人才公共服务共享机制，在户籍迁徙、安居置业、市场开放服务等方面对等共享，协同开展引才育才，支持区域内高校、院所、园区、企业等开放共享产学研平台，推动构建人才协同发展大格局。

三、行业性人才发展规划

中央与地方各有关部门一般负责主持行业性人才发展规划的编制工作。改革开放以来，我国工作重心向经济建设转移，高素质的专业性人才资源需求日益凸显，中央与地方有关部门越来越重视行业人才发展规划的编制研究工作，立足行业特点来编制切实可行的行业性人才发展规划。从"九五"到"十四五"时期，通过我国行业性人才发展规划编制的实际情况来看，教育、科技、文化、卫生、农业、水利、金融等部门，纷纷以满足需求为导向，以优化结构为目标，以高端人才为引领，以提升能力为核心，以改善体制机制、营造良好发展环境为重点，研究制定了促进本行业人才发展的基本方针、目标任务和政策措施。① 同时，按照市场经济规律和人才发展规律，根据不同行业和产业发展的需求，统筹推进各类人才队伍建设，推动人才结构实现战略性调整。近年来，教育、科技、文化、卫生、农业、水利、金融等部门以实施新时代人才强国战略为指导，紧密围绕国家重大战略、重大工程、重大项目、重点产业需求，编制行业性人才专项发展规划，依托校企联合培养、重点项目参与等方式，提高人才的综合素质、技能水平和实践创新能力，使其适应产业发展和国家战略需要。

第五节　新时代人才发展规划的编制

　　党的十八大以来，中国特色社会主义进入新时代，编制科学规范、落地可行的人才发展规划，是实现高质量人才引领高质量发展中尤为重要的一环。我国围绕国家重大发展战略、重大工程项目编制与实施人才发展规划，立足于战略性新兴产业培养、聚集人才，围绕创新链、产业链、科技链打造人才链，突出"高精尖缺"导向，充分发挥人才第一资源、创新第一动力的作用；大力实施专业技术人才知识更新工程、国家高技能人才振兴计划、创新人才推进计划、青年英才开发计划、企业经营管理人才素质提升工程等重大人才工程，培养造就了一支规模宏大的人才队伍。我国人才体制机制改革和政策创新取得重大进展和成效，人才创新创业成效显著。我国正大力实施人才强国战略，新时代人才发展规划是落实人才强国战略的施工图。新时代人才发展规划的编制应是建立在人才战略判断、战略目标与竞争环境综合分析的基础上，紧扣服务国家战略和人才发展，更加明晰人才战略目标，合理布局人才发展定位，对人才发展指导方针、战略目标、总体部署和重大举措作出战略性安排，使人才发展规划具有前瞻性、系统性、协同性和有效性。

一、新时代人才发展规划编制的总体要求

　　人才发展规划作为人才工作的重要载体，具有较为鲜明的特点。做好

---

① 吴娜：《新时代人才政策研究：演变历程与整合框架》，《沈阳大学学报：社会科学版》2022年第5期，第506页。

新时代人才发展规划，总体上需要把握好如下要求。

(一) 适应中国特色社会主义市场经济发展的迫切需要

人才发展规划编制应与国家经济社会发展战略相适应，适应中国特色社会主义市场经济发展的迫切需要。编制人才发展规划应考虑将人才工作的基本方针、主要目标、重点任务和具体措施纳入经济社会发展的总体规划和前瞻布局之中。实践证明，市场配置资源是最有效的形式，市场决定人才资源配置符合人才发展的一般规律。人才发展规划的编制及其贯彻执行，要在制度上更好地发挥市场在人才资源配置中的决定性作用，为经济社会发展提供坚强的组织保证和人才支持，进而推动中国特色社会主义市场经济健康发展。

(二) 考虑党政部门人才工作职能转变的实际状况

人才发展规划作为党政部门人才工作职能的重要组成部分，应适应党政部门人才工作职能进一步向服务型转变的实际需要。人才发展规划编制工作要切实考虑党政部门人才工作的现实情况，避免或化解党政部门人才工作中存在的职能重叠、职责交叉、政出多门的矛盾以及权限冲突，提高人才政策执行效能，进一步推动人才工作职能向服务型职能转变。强化党政部门在人才工作中的引导和规范作用，加强宏观指导、政策协调、环境改善和服务优化工作。健全人才工作运行机制，整合各方力量，调动各方资源，强化协同联动，搭建合作交流平台，共同推动人才发展形成由点上突破到线上推进再到面上推广的良好局面。

(三) 符合人才发展体制机制改革创新的迫切要求

人才发展规划具有很强的宏观性、指导性、前瞻性和应用性，人才发展规划编制工作一般要在中央的大政方针和政策制度框架内进行，满足人才发展体制机制改革创新的迫切需要；要围绕束缚人才发展的重点难点问题，大力深化人才发展体制机制改革创新，完善人才工作领导体制，优化人才引进选拔机制，健全人才培养开发机制，优化人才使用管理机制，强化人才评价考核机制，完善人才激励保障机制；探索建立与国际人才管理体系接轨的人才工作体制机制，改进人才工作方式，推动人才工作部门进一步简政放权，减少和规范人才引进、培养、使用、评价和流动等环节中的行政审批事项。

（四）满足新时代人才高质量优先发展的实际需要

人才发展规划是落实人才发展战略的施工图，要进行谋划布局，明确发展目标，指明发展方向，使之具有指导性、系统性、协同性和有效性。新时代人才发展规划编制工作要以高质量优先发展为导向，面向国家重大战略和重点产业发展需求，强调高层次创新型人才开发，更加突出发展重点领域和产业科技前沿对高层次人才的需求；要确立人才高质量发展在产业发展布局中的优先地位，做到人才制度优先创新、人才资源优先开发、人才结构优先调整、人才投入优先保证、"高精尖缺"人才优先引进培养。围绕用好用活人才，充分发挥人才效能，使各类人才各得其所、用当其时、各展所长。

二、新时代人才发展规划编制的目标导向

党的十八大以来，中国特色社会主义进入新时代，更好实施人才强国战略，是新时代人才工作的主线。新时代人才发展规划要积极融入新发展大格局，瞄准推动人才引领高质量发展，找准人才工作"突破点"，聚集人才发展"增长极"，打造人才创新支撑"能量核"。

（一）人才规划布局要适应国家战略进阶的迫切需要

国家应坚持创新驱动发展，以推动高质量发展为主题，践行新发展理念、构建新发展格局。国家战略的进阶升级，更加凸显了人才资源及其发展制度的战略价值和路径依赖。创新驱动需要人才引领和支撑，人才发展和人才队伍建设要从重规模、重素质、重数量向重质量、重能力、重贡献转变。新时代人才发展规划的编制与实施，需要进一步明晰人才引领发展的战略地位，深化人才发展体制机制改革，深入实施人才强国战略，构建具有全球竞争力的人才制度体系，广聚天下英才而用之。

（二）激发人才活力是人才体制机制创新的必然要求

改革创新人才发展体制机制是激发人才创新活力和提升人才创新能力的必然要求。未来的人才竞争，是人才发展的竞争，是人才作用发挥的竞争，是人才生态网络链条的竞争，是人才创新创业生态系统的竞争以及一流人才价值创造能级和影响的竞争。新时代人才发展规划编制需要通过构筑人才科研创新高地，深入推进人才评价、学风建设、院士制度、人才分配制度、创新创业激励等重点制度改革等，来进一步提升人才创新创造能级和影响力。

（三）积极融入新发展大格局是优化人才工作体系的突破点

要跟上国家战略进阶的脚步，积极融入新发展大格局，基于人才优先发展中的问题导向、战略导向和目标导向，在优化人才工作体系和完善人才涵养"蓄水池"方面下功夫。编制新时代人才发展规划，要基于自身条件、资源、禀赋和机会，推动实施非对称战略，在工作设计上要有重点、有取舍。人才发展规划的内容要体现人才工作的重大性、指标性、梯度性、操作性和落实性。编制与实施科学、有效的人才发展规划，对提升人才供给质量和水平，引领经济社会高质量发展将会提供根本动力支持。

（四）打造战略主体力量是完善人才布局的基础支撑

战略主体力量建设是世界重要人才中心和创新高地的人才支撑和核心资源。打造符合国情的世界重要人才中心和创新高地主体力量，从人才创新的角度来看，需要聚焦国家战略科技力量建设，打造新时代战略主体力量，进一步完善人才工作布局的基础支撑。同时，通过推动教育、科技、人才领域的协同发展，围绕人才引进、培养、使用、评价、流动、激励、保障等关键环节，探索构建全面、科学、有效的服务体系，以期对加快推动新时代人才发展提供基础性、战略性支撑。

三、新时代人才发展规划编制的主要着力点

伴随着近年来国内外经济社会环境的变化，以及人工智能、大数据等科技手段的广泛应用，我国人才工作紧扣服务国家战略和人才高质量发展，精准搭建人才发展、人才使用、人才服务的平台，促进人才资源高度聚合、充分协同、高效使用。按照新时代人才工作的新定位、新要求、新任务，从国家层面来说，做好人才发展规划的着力点应主要放在深化人才发展体制机制改革、加快国家战略人才力量建设、创新人才发展指标体系构建、推动国家重大人才工程实施、促进人才发展生态体系优化方面。

（一）深化人才发展体制机制改革

事业能否快速发展关键在人才，人才活力能否充分释放关键在体制机制。吸引人才、留住人才、用好人才的最好环境是良好的人才发展体制机制。深化人才发展体制机制改革要坚持五湖四海广揽人才，实行更加积极、更加开放、更加有效的人才政策；要着力打通人才流动、使用、发挥

作用中的体制机制障碍,使各方面人才各得其所、尽展其长;围绕加快构建具有全球竞争力的人才制度体系,积极深化人才发展体制机制改革,把能给市场主体和用人单位的权力放到位,对人才引进、培养、使用、评价、流动、激励、保障等机制提出一系列分量重、"含金量"高的改革举措;打破体制壁垒,扫除身份障碍,促进人才横向和纵向顺畅流动;增强人才发展体制机制改革与科技、教育、社会管理等领域体制改革协同效应,推动人才链、创新链、产业链、资金链、政策链相互交织,进一步释放人才创新创业创造活力。

(二) 加快国家战略人才力量建设

习近平总书记在中央人才工作会议上强调,要大力培养使用战略科学家,要坚持长远眼光,有意识地发现和培养更多具有战略科学家潜质的高层次复合型人才。要打造大批一流科技领军人才和创新团队,服务高质量发展和高水平科技自立自强。从战略角度考虑,加快国家战略人才力量建设要统筹实施面向世界科技前沿的重点研究,从战略高技术领域取得新跨越,到高端产业取得新突破。从科研角度考虑,加快国家战略人才力量建设要聚焦国家重大发展战略、国家重点实验室平台,重点培养、集聚、引进战略性、基础性、原创性研究和关键核心技术领域优秀人才,突出"卡脖子"技术领域的重点研究。从实用角度考虑,加快国家战略人才力量建设要重点培养、集聚国内外各领域"高精尖缺"人才,重点引进世界一流高校和科研院所、"一带一路"沿线国家和服务"一带一路"建设发展的优秀人才。

(三) 创新人才发展指标体系构建

新时代人才发展规划应构建较为完善的发展指标体系,总体上需要把握好五个基本原则。一是反映科学性。构建人才发展指标体系应把握新时代不同类别人才的基本特征和核心要素,进一步突出"人才"特质。二是体现合理性。构建人才发展指标体系应紧密联系中国特色经济社会发展实际,契合人才成长规律、客观环境和现实需要。三是强调规范性。构建人才发展指标体系应将国际上广泛认可、业内广泛应用的核心标准纳入人才标准,具有一定普适性。四是具有实用性。构建人才发展指标体系应具有现实可行性和实际可操作性,应考虑能充分释放人才创新创业活力,培育和催生经济社会发展新动力。五是突出重点性。构建人才发展指标体系应符合中央人才工作会议精神对重点人才群体的战略需求，聚焦时代核心功能和重点行业产业。

（四）推动国家重大人才工程实施

实施好新时代人才发展规划的国家重大人才工程应重点考虑六个方面。一是塑造科技人才集聚效应。聚焦国家重大发展战略、国家重点实验室平台，面向国际前沿的关键核心技术、"卡脖子"技术领域，加强面向世界前沿的科技交流与合作，集聚重点人才。二是实施全球性科研合作计划。继续资助高水平国际科技合作特别是我国主导的国际合作，实施全球性科研合作计划，尤其是要争取实现前沿技术、基础研究方面的重要突破。三是强化科研基础设施平台建设与利用。除涉及国防及核心利益的之外，应向全球开放具有较高创新溢出效应的科研基础设施平台，鼓励开放式创新，加快推动形成重要人才中心和创新高地。四是推动领军人才培养与重大人才工程深入融合。依托国家重大科研项目，在优势学科和关键技术领域，集中科研力量培育具有战略眼光、国际视野、创新思维和领军能力的创新领军人才。五是推进创新团队与人才梯队建设。保持高层次专业技术人才队伍建设的可持续发展，实行青年人才梯队培养计划。六是重视人才安全发展体系构建。注重防范和化解人才各种交流限制与风险挑战，多层次、全方位地构建与实施科学严密、攻防兼备的人才安全战略，提高技术获取的合法性。

（五）促进人才发展生态体系优化

强烈的人才意识，鲜明的用才导向，促进人才发展生态体系优化，注重营造优良人才发展环境是习近平总书记关于人才论述的重要内容。优化新时代人才发展生态体系，要以"放权、松绑"为核心，在聚才、爱才、育才、用才等方面持续发力，不断推进全链条人才生态优化，进一步筑牢人才高质量发展之基。优化人才发展生态体系、营造新时代人才发展的良好环境是一项系统性工程，要重点围绕四个方面下功夫。一是在深化人才制度改革方面，要考虑探索与国际接轨的人才法治体系，精准定位政府人才宏观管理、法制建设、公共服务和监督保障职能，促进智力资本柔性流动。二是考虑在培养、集聚和使用国际顶尖人才，推动高校科研院所人事人才管理制度创新，提升人才发展载体平台国际化能级，建设产业人才高质量集群和发展赋能，构建一流人才创新创业生态系统等方面有所突破。

三是把握好人才发展规划取向，基于问题导向、战略导向和目标导向，瞄准推动人才引领发展和高质量发展，找准人才工作"突破点"，聚焦人才发展"增长极"，打造人才创新支撑"能量核"。四是应考虑在进一步提升高能级人才集聚水平、打造高水平人才发展平台、构建全链条人才开发格局、培育人才创新创业生态体系、做大做强产业人才地标、完善人才涵养"蓄水池"方面，出实招、求突破、见成效。

第八章

人才发展体制机制

中国特色社会主义进入新时代,全球范围内新一轮科技革命和产业变革蓬勃兴起,世界各国都在抢抓机遇,国际人才争夺日趋白热化。吸引人才、留住人才、用好人才,最好的环境是良好的人才发展体制机制。人才发展体制机制具有根本性、基础性、长期性和稳定性,它决定着人才队伍的生命力、创造力和竞争力。科学培养人才,广泛集聚人才,用好用活人才,都需要体制机制作保障。因此,完善人才发展的体制和机制,是激发人才活力、充分发挥人才作用的制度保障,也是人才队伍由大变强的关键所在。

第一节 人才发展体制机制的发展历程

自改革开放以来,我国人才发展体制机制从初步建立到持续发展,大致经历了五个阶段,即人才工作体制机制构架的初步建立时期、党管人才领导体制的确立形成时期,以及人才发展体制机制的持续健全时期、深化改革时期和创新发展时期。

一、人才工作体制机制构架初步建立

我国的人才工作体制机制脱胎于计划经济体制的干部人事工作体制机制。改革开放以来,中央高度重视人才工作,1977年中央首次提出"尊重知识、尊重人才"的战略思想,1978年中央作出"知识分子是工人阶级的一部分"的重大论断,并下发《关于落实党的知识分子政策的几点意见》,以知识分子为代表的人才群体获得了思想和政治上的重大解放。1979年国

务院恢复科学技术干部局专司科技干部管理，1980年成立国家人事局专门管理技术干部，此后保持了以科技部门、人事部门为核心职能部门的人才管理格局。1989年党的十三届四中全会提出"人才资源是第一资源"的重要判断，2000年中央提出实施人才战略，人才在现代化建设中奠定了重要地位。其间，我国开始允许人才合理流动、推进企事业单位分类人事管理、引进外国人才和智力、恢复发展职称和职业资格、对专业技术人才由身份管理转为岗位管理、恢复和建立院士制度以及国务院政府特殊津贴制度、推进国有企业市场化选人用人等一系列重要人才政策和制度建设工作[1]。此后，中央陆续出台了加强和改进知识分子工作、加强专业技术人才队伍建设、加强区域人才工作和人才队伍建设、加快培育和发展人才市场、深化干部人事制度改革、《中华人民共和国公务员法》《中华人民共和国教师法》等一系列政策文件和法律法规。

二、党管人才领导体制确立形成

2002年，中共中央政治局专门召开会议研究人才工作，会议首次确立了党管人才原则，提出实施人才强国战略，将人才工作和组织工作、干部工作紧密结合起来，作为执政兴国的顶层设计。2003年，中共中央召开第一次全国人才工作会议，提出必须坚持党管人才原则，切实加强对实施人才强国战略的组织领导。同年，中央成立人才工作协调小组，在中央组织部设立人才工作局，履行人才宏观管理职责，探索实现党管人才的有效途径。中央人才工作协调小组作为专门职能机构，容纳了中央组织部、中央宣传部、中央统战部、人力资源社会保障部、国家发展改革委、教育部、科技部、工业和信息化部、财政部等20余个部委成员单位[2]，负责履行人才战略规划、政策研究、宏观指导、工作协调等方面的人才宏观管理职责，为负责全国人才工作宏观指导提供了组织基础[3]。至此，我国人才管

---

[1] 孙锐、吴江：《创新驱动背景下新时代人才发展治理体系构建问题研究》，《中国行政管理》2020年第7期，第35-40页。

[2] 中央人才工作协调小组：《中央人才工作协调小组加强宏观指导和统筹协调》，中国人才网，http://cpc.people.com.cn/n/2013/0121/c244802-20269904.html。

[3] 孙锐：《"十三五"时期我国人才管理体制改革相关问题探讨》，《国家行政学院学报》2016年第3期，第30-34页。

理体制总体框架基本确立，并形成了相应的组织安排和制度保障①。

三、人才发展体制机制持续健全

2010年，中共中央召开了第二次全国人才工作会议，发布《国家中长期人才发展规划纲要（2010—2020年）》相关政策文件，在指导方针、战略目标、总体部署、体制机制创新和重大政策中都把推进体制机制创新摆在突出位置。在改进完善人才发展体制方面，《国家中长期人才发展规划纲要（2010—2020年）》提出要"坚持党管人才原则，创新党管人才方式方法，完善党委统一领导，组织部门牵头抓总，有关部门各司其职、密切配合，社会力量广泛参与的人才工作格局"，并强调"形成统分结合、上下联动、协调高效、整体推进的人才工作运行机制""完善党委组织部门牵头抓总职能，发挥政府人力资源管理部门作用，强化各职能部门人才工作职责"，旨在建立一个中央综合管理与部门专业管理统分结合、上下联动，适应经济社会发展需要的人才工作体系。至此，我国人才工作强劲启动，开展着国际上最大规模的人才资源开发活动。此后，各地各单位大胆探索实践，掀起建设人才管理改革试验区的高潮，推动人才评价发现、流动配置和激励保障等机制创新取得新突破。近年来，北京、上海、广州、深圳等地在人才发展体制机制改革中大胆创新，形成了一批可供复制的实践经验。

2012年，党中央进一步加强党管人才工作，在系统总结改革开放特别是党的十六大以来党管人才的工作经验基础上，并进一步明确要"加强党委统一领导，发挥组织部门牵头抓总作用，促进职能部门各司其职、密切配合，切实发挥用人单位主体作用，调动社会各方面力量参与人才工作的积极性"，突出了在国家人才管理体制中发挥社会人才主体作用的重要性。此外，首次对地方建立人才工作领导机构加以明确，提出"县级以上地方党委建立人才工作领导小组"②。

---

① 吴江：《建设世界人才强国》，党建读物出版社，2011，第22页。
② 吴江等：《人才强国战略概论》，党建读物出版社，2017，第1页。

四、人才发展体制机制深化改革

2016年3月，中共中央印发的《关于深化人才发展体制机制改革的意见》（以下简称《改革意见》），打响了进入人才发展体制机制改革深水区的克难攻坚战役。《改革意见》围绕实施创新驱动发展战略和人才强国战略，提出转变政府人才管理职能，保障和落实用人主体自主权，健全市场化、社会化的人才管理服务体系，加强人才管理法制建设等人才管理体制改革的重点环节，在顶层设计层面为推进人才管理体制与经济社会发展相适应做出了积极努力。① 在完善党管人才领导体制方面，《改革意见》提出发挥党委（党组）统揽全局、协调各方的领导核心作用，进一步完善党管人才工作格局，建立人才工作目标责任制，加强政治引领和政治吸纳，做好人才团结教育引导服务工作。② 在深化人才管理体制方面，《改革意见》把理顺政府、市场、社会、用人主体关系，明确各自功能定位，作为改革重点，着力加以推进。在改革人才评价、流动、激励等机制方面，《改革意见》在人才培养、人才评价、人才流动、人才激励、人才引进、投入保障方面有针对性地提出6项改革任务。

五、人才发展体制机制创新发展

2021年5月，中共中央印发了我们党历史上第一部关于组织工作的统领性、综合性基础主干法规——《中国共产党组织工作条例》，设专章对党的人才工作作出规定，明确了党管人才的体制机制。在以习近平同志为核心的党中央领导下，各地普遍制定了党管人才工作的实施意见。党委统一领导，组织部门牵头抓总，有关部门各司其职、密切配合，用人单位发挥主体作用、社会力量广泛参与的党管人才工作格局日益完善。各省区市党委以及地市级、县级党委均成立人才工作领导机构。一些省区市建立人才工作目标责任制，创新开展省、市、县三级人才工作专项述职。一些地方成立人才工作局、招才局、引才办等专门的人才工作机构。在党的坚强

---

① 孙锐：《"十三五"时期我国人才管理体制改革相关问题探讨》，《国家行政学院学报》2016年第3期，第30-34页。

② 吴江等：《人才强国战略概论》，党建读物出版社，2017，第1页。

领导下，我国人才发展顶层设计不断加强，党建工作和人才工作深度融合，形成自上而下的人才发展路线图，统筹推进人才队伍建设。①

2021年9月，中央人才工作会议召开，这是第一次以中央名义举办的人才主题工作会议，意味着人才工作进入新阶段。会上，习近平总书记提出实施新时代人才强国战略，再次强调要深化人才发展体制机制改革。2021年10月，党的十九届六中全会强调，深入实施新时代人才强国战略，加快建设世界重要人才中心和创新高地，聚天下英才而用之。相对于传统的计划式、官僚化和行政性管理模式，新时代人才强国战略的重要政策方向是打破论资排辈、打破"参公管理"，为科学家赋权、让科学家担纲、让科学家负责，鼓励领军人才"挂帅出征"，给予人才创新发展"绿色通道"，并在梯队建设、项目设置、经费管理、奖励制度、"自由涌现"机会等方面给予全面配套支持。对"人才支持"的强调，体现了人才工作的战略性、挑战性和创新性。未来一段时间，"激发人才创新活力"成为国家层面人才发展制度改革的主方向和突破点。

2022年4月，中共中央政治局召开会议，强调要深化人才发展体制机制改革，为各类人才搭建干事创业的平台。新时代的人才强国战略布局不仅突出了人才发展体制机制改革这一重大历史任务和战略"撬动点"，并进一步通过建立中央人才领导小组，强化优化了"党管人才"总体治理构架和治理能力。"党管人才"首先是党全面领导实施人才强国战略。从中央人才协调小组到中央人才领导小组的构架升级，不仅是名称名义的变化，更是实现党对人才工作领导、改革、统筹和治理能力的增强。本次会议还专门明确，各级党委宣传部门，各级政府教育、科技、工信、安全、人社、文旅、国资、金融、外事等部门，要充分发挥职能作用，共同抓好人才工作各项任务落实。人才领导小组的建立有利于在更广领域、更大范围、更高层级上推动落实新时代人才强国战略，完成一系列重大改革任务，为建设世界重要人才中心和创新高地提供战略保障。

---

① 赵成：《创造活力竞相迸发　聪明才智充分涌流——新时代人才事业发展成就综述》，《人民日报》2022年9月19日第1版。

第二节　人才发展体制机制的理论基础

人才发展体制机制理论研究是在人才学理论、人力资本理论、新公共服务理论、协同治理理论等基础上逐渐发展起来的。随着人才发展体制机制的构建和实施对理论诉求的提出以及人才学相关研究的开展，人才发展体制机制理论研究不断丰富和发展。

一、人才学理论

人才学是人力资源管理的基础理论之一，其特定研究对象就是人才，人才学把人才现象作为物质运动的一种特殊形式加以研究，探索和研究人才成长规律以及基本分类标准和培养模式等。[①] 中国的人才学伴随着党的十一届三中全会的召开，于1979年诞生，改革开放以来，中国人才学研究发展经历了学科开创、学科拓展、学科蓄势、学科繁盛四个阶段，形成了较为完备的学科体系。[②]

人才学的理论具有很强的实践应用价值。在人才学基础理论基本形成的同时，其部分理论成果实际上就已经广泛应用于社会主义现代化建设之中。自20世纪90年代起，针对人才学的应用研究主要围绕人才的自我开发和社会开发研究路径，即人才的预测规划、教育培训、考核评价、选用配置、使用调控以及人才流动等问题研究。此外，人才价值理论是制定员工薪酬的科学依据。人才预测和规划的理论和方法，直接指导着人才发展战略和规划的制定等。

二、人力资本理论

人力资本理论最早起源于经济学研究，由美国经济学家舒尔茨和贝克尔于20世纪60年代创立，主要探讨人力资本的基本特征、形成过程、投资形式及投资收益等相关问题。人力资本理论认为，人力资本是体现在人

[①] 萧浩辉：《决策科学辞典》，人民出版社，1995，第673页。
[②] 钟祖荣：《中国人才学研究四十年回顾与未来发展的思考》，《中国人事科学》2019年第6期，第54-63页。

身上的资本，即对生产者进行教育、职业培训等支出及其在接受教育时的机会成本等的总和，表现为蕴含于人身上的各种生产知识、劳动与管理技能以及健康素质的存量总和。人力资本理论对经济学和管理学的许多科学产生了深远的影响，尤其是把劳动经济学带入了一个崭新的阶段。

人力资本理论高度重视人的能力在经济增长中的作用。人力资本理论提出人力资本投资是促进经济增长的关键因素，这一观点得到国内外的广泛关注①，成为一种对国家经济发展的新解释。对发达国家的研究表明，一个经济体发展的阶段越高，其人力资本对发展的贡献度越大。例如，根据世界银行的测算，2021年，在发达国家经济贡献率当中，人力资本贡献度达到70%②。从人力投资的角度来看，在培养一般人的基础上，追加一部分投入，用来培养少数"优秀分子"也是有利可图的。这种投资策略也引起各国政府的高度重视。

三、新公共服务理论

新公共服务理论的提出，是在20世纪90年代公共部门改革的实践基础上，在新公共管理运动取得成功和遇到挑战的过程中，逐步酝酿发展起来的。目前，公共服务是当代公共管理研究的重要内容，也是各级人民政府需要切实履行的职能之一。在对新公共管理理论反思和批判中，新公共服务理论逐渐显现出其独特之处，它通过对新公共管理价值的重新考量，使公共管理中那些具有价值性的理念重新回归——政府的职责是"划桨"而不是"掌舵"。

在当前这个由多元主体构成的博弈格局——政策网络中，政府的作用在发生变化，它扮演了三重角色。第一，政府将在确立各种网络运作的法律规则和正式规则方面继续扮演一种综合角色。第二，政府很可能会帮助解决各种网络内部，特别是那些网络之间的资源分配和依赖问题，扮演一种平衡、协调和促进各网络边界之间关系的角色，并且确保每个部门最终都不会支配其他部门。第三，政府应该对网络之间的相互作用进行监控，

---

① 云喆、张茹茹、周鹏：《人力资本抑或创新创业：中国经济转型的内生增长路径分析》，《经济问题探索》2020年第9期，第12-25页。

② 孙锐：《新时代人才强国战略的内在逻辑、核心构架与战略举措》，《人民论坛·学术前沿》2021年第24期，第14-23页。

以确保民主和社会公平的原则在具体的网络内部以及不同网络之间得以维护。

四、协同治理理论

协同治理研究的兴起和发展，是基于我国正处于社会转型期的现实，也是应对现阶段公民社会崛起、公共事务复杂所带来的诸多挑战的需要。协同社会治理是指社会治理主体之间、社会各子系统之间，通过既竞争又协作、自组织和非线性作用，把社会系统中彼此无秩序、混沌的各种要素在统一目标、内在动力和相对规范的结构形式中整合起来，形成社会系统的宏观时空结构或有序功能结构的自组织状态，产生单一社会主体无法实现的社会治理整体效应。实现社会功能的优化和社会治理效益的倍增，需要多元化社会主体在复杂的活动中高度协同，建立社会治理的协同机制。

从本质来看，协同治理能够吸纳社会多元主体的参与，搭建彼此联系的桥梁，从而有助于消除隔阂和冲突，以最低的成本实现社会各方共同利益。在我国，社会治理的主体主要有政府、社会组织和公众，它们彼此关联，在不同的社会专业领域中承担相应的社会治理职能。其中，政府是社会网络的核心主体，居于全面统筹协调的主导地位；社会组织表现为具有"社团结构"、仅次于政府的重要主体；公众是基本节点型的主体。在现实的政治生态环境中，各方力量只有通过协同合作才能产生"共振效应"，进而发挥出对公共事务"整体大于部分之和"的治理功效。

第三节　人才发展体制机制相关研究回顾与分析

我国人才发展体制机制自提出和建立以来，学术界逐步开始关注和加强对人才体制机制的理论研究和实际应用研究，学者们持续围绕人才发展体制机制的概念界定、人才发展体制机制的改革理念、改革过程中存在的问题以及针对性的改革路径等展开了深入的研究探讨，为我国推动人才发展体制机制改革建言献策。

一、人才发展体制机制研究总体历程回顾

据统计，1993年至2022年年底，在中国知网的人才学学科类别下，以"人才""体制""机制"为关键词的文章共有5 698篇，文献研究总体情况如图8-1所示。其中，硕博士学位论文有1 586篇，报纸文章有496篇，学术期刊文章有3 260篇，其他文献有356篇。在以"人才""体制""机制"为主题的基金项目研究方面，国家社科基金课题有106项，国家自然科学基金有19项，国家软科学研究计划有9项，还有众多省区市各类研究基金计划等，基金项目研究总体情况如图8-2所示。

我国人才研究领域对人才体制机制的研究起步较晚，理论研究走在人才工作实践的后面。改革开放后，我国需要逐步建立起与市场经济体制相适应的多元化、开放式、服务型的人才管理体制和运行机制。研究者们最初从人才管理体制和人才机制的不同环节进行研究。从1985年起，中国人才研究领域逐步开始出现对社会主义市场经济体制下的人才管理体制和运行机制、人才流动机制、人才选拔竞争机制、人才引进开发机制、人才培养机制、人才评价机制、人才使用机制、人才激励机制、人才市场调节机制的研究，对干部人事制度改革、高校科研院所及企业的职称改革、专业技术职务聘任制改革、收入分配改革的研究也在不断增加。此后，人才研究领域开始对体制和机制进行学理分析，对人才体制和人才机制的概念意涵进行辨析。还有一些学者开始关注不同国别地域、行业领域、组织机构、人才群体的人才发展体制机制的建立、运行和改革过程中存在的问题及对策建议。

进入21世纪，人才研究领域对"人才体制机制"的研究逐步增多。随着2002年党管人才原则的确立和实施人才强国战略的提出，以及2003年第一次全国人才工作会议的召开，众多学者围绕党和国家领导人关于人才体制机制的系列讲话精神进行解读和研究，探讨人才强国战略下党管人才领导体制和人才发展机制的确立和优化。2010年第二次全国人才工作会议召开后，众多学者围绕国家中长期人才发展规划纲要、党中央进一步加强党管人才工作的相关政策文件，对党管人才领导体制构建的具体战略目标、人才工作体制机制创新举措展开深入研究，探讨分析我国人才发展体制机制优化健全的改革理念、战略重点、存在问题、改革方向和具体实施路径等。随着我国人才工作的强劲启动，各地开始陆续探索人才体制机制改革。在此背景下，众多学者对我国先进典型示范区的人才管理改革试点工作进行了跟踪研究，梳理总结了相关经验和存在的问题。

第八章 人才发展体制机制 / 179

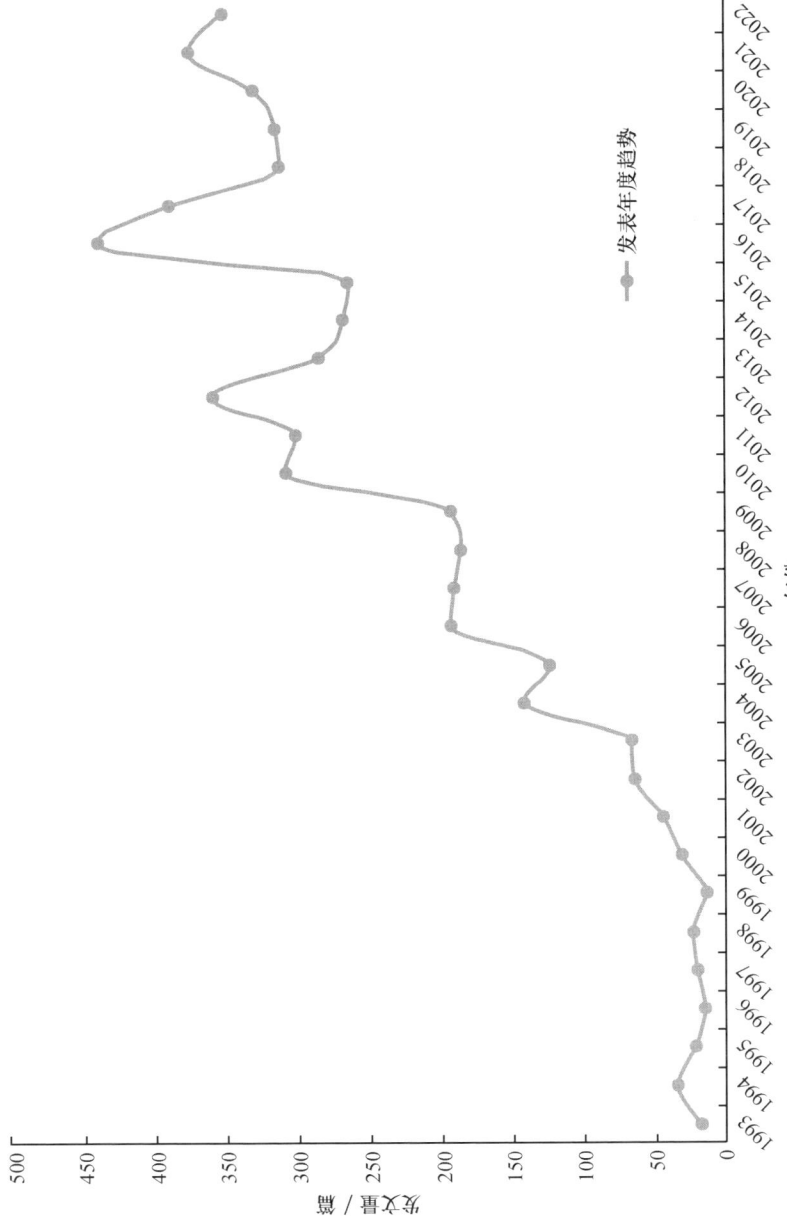

图 8-1 中国知网以"人才""体制""机制"为关键词的文献研究总体情况

资料来源：作者根据中国知网数据整理绘制。

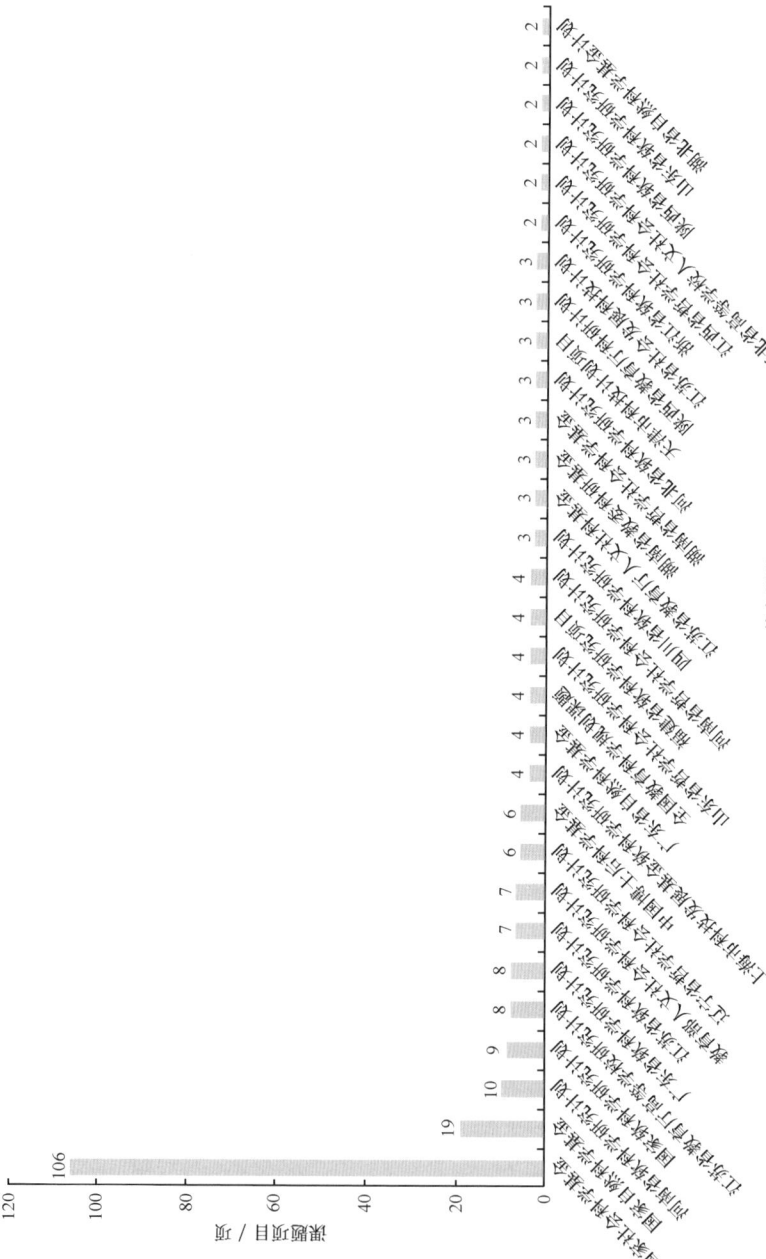

图 8-2　中国知网以"人才""体制""机制"为主题的基金项目研究总体情况

资料来源：本图由作者整理绘制。

2016年，党中央颁布深化人才发展体制机制改革的相关政策。至此，我国人才研究领域迎来了"人才体制机制"的研究峰值。在创新驱动发展战略和人才强国战略指引下，众多专家学者开始探讨我国当前人才管理体制和人才发展机制中存在的问题，并大刀阔斧地提出推动人才发展体制机制深化改革的政策建议。2021年，随着中央人才工作会议的召开和新时代人才强国战略的提出，人才工作进入新阶段。众多专家学者围绕新时代人才强国战略下人才发展体制机制改革重点任务进行积极探讨，针对完善党管人才领导体制、健全人才发展治理体系、改进政府人才管理方式、加强人才法制化建设等人才管理体制改革的重点环节进行问题梳理并提出改革建议，还在改革完善人才发展体制机制、激发人才创新创业活力方面积极献言献策。

二、人才发展体制机制重点研究项目

（一）关于人才发展体制机制的概念界定

关于人才发展体制机制相关概念的探讨，当前我国理论界、学术界尚未形成一个一致的、准确的、成熟的定义和内涵。在中央政策文件中，人才发展体制机制有具体的定义。在人才工作实践中，人才发展体制机制也有具体的工作职能和工作环节。从相关的理论文献来看，在人才发展体制方面，绝大多数学者主要探讨的是党管人才领导体制，围绕党管人才领导体制"是什么、如何管、管什么、怎么优化"等问题进行理论分析。在人才发展机制方面，已有研究成果普遍围绕中央政策文件中的相关定义进行研究分析。较多学者对人才培养、人才评价、人才激励这三个具体环节进行探讨和分析，但目前尚未有研究把人才发展体制机制作为一个总体概念来进行叙述分析、概念厘清和框架建立。我们看到，当前的五大人才发展机制存在将干部工作和人才工作混在一起的问题，因此，理论界、学术界对人才发展体制机制概念内涵的探讨研究确实有进一步进行聚焦、改革、优化的空间。

结合以往理论文献和政策研究实践，在此，笔者提出一个关于人才发展体制机制的概念。所谓人才发展体制，其核心内涵即党管人才领导和工作体制，其中包括党管人才工作的领导体系、工作格局、基本架构、职能分工和权责结构等相关内容。所谓人才发展机制，即人才发展各环节各方面联系起来推进协调运作和发挥作用的运行流程及形式①，如人才培养、评价、激励机制等，都依靠与教育、人社、科技等相关部门协调配合实施推进等②。

（二）关于人才发展体制机制的重要改革理念

学者们围绕第一次、第二次全国人才工作会议以及中央人才工作会议精神，结合国家中长期人才发展规划、深化人才发展体制机制改革等重要文件内容，从不同阶段、不同维度来梳理人才发展体制机制改革中所秉持的重要改革理念。

一是尊重人才，将人才放在发展的突出位置。从改革对人才的重视程度上，党和国家越来越重视人才在经济社会发展中的重要作用，最大限度地盘活人才资源，最优化推动创新驱动发展。自2003年第一次全国人才工作会议召开以来，党中央召开的一系列会议及出台的相关政策文件，都把人才放在非常重要的位置。在党管人才原则下，改革理念由人才支撑发展到人才优先发展，再到人才引领发展，表明人才在我国社会经济发展中的重要程度越来越凸显。在具体改革中，包括推动我国科技人才管理制度创新，深化"业主制""科学家本位负责制""首席科学家负责制"改革，赋予科学家或项目负责人技术路线决定权、经费使用权、资源调配权等③。改变以往重物轻人的做法，在国家各类基金项目中允许列支一定比例的绩效支出，尊重、肯定人才的付出和价值。④

二是以用为本，持续激发释放人才活力。在改革的根本任务中，党和国家一直坚持以人为本，注重激发人才活力、鼓励人才创新、提升人才素质、发挥人才效能、实现人才价值。自《国家中长期人才发展规划纲要（2010—2020年）》提出以用为本后，把充分发挥各类人才的作用作为人才工作的根本任务一以贯之。管廷莲认为，为解决人才"不够用""不适

---

① 孙锐、吴江：《公共项目评估视角下的我国人才战略规划实施效果评估机制研究》，《中国软科学》2012年第7期，第18-27页。

② 孙锐、吴江、蔡学军：《我国人才战略规划评估现状、问题及机制构建研究》，《科学学与科学技术管理》2015年第2期，第10-17页。

③ 孙锐：《真正让科学家挂帅印》，《文汇报》2017年3月30日第5版。

④ 龚旭：《试析"重物轻人"之轭——关于科学家经济地位和薪酬制度的思考》，《科学与社会》2014年第3期，第6-9页。

用""不能充分使用"的突出问题,要变"管人才"为"服务人才"①。薄贵利、程志勇认为,将促进人才健康成长和人才作用发挥作为人才工作的中心环节,并以此为支点,健全、完善、优化人才发展体制机制②。在具体改革中,加大青年人才在项目团队中的占比,重用青年人才③。改革人才评价机制,改变"用的评不上,评的用不上"的问题,注重人才的实际业绩、贡献,破四唯④等。

三是示范引领,以点带面推动改革进程。在改革的整体推进过程中,党和国家充分发挥人才管理改革试验区的引领示范作用,坚持以点带面、点面结合,稳步推进人才发展体制机制改革进程。人才管理改革试验区作为我国人才政策和体制机制创新的重要载体,发挥了重要的示范引领作用。我国多地基于不同地区的人才工作和人才资源基础开展特色化、差异化人才管理改革试点⑤。很多学者梳理分析了各地人才管理改革试验区在人才体制机制改革方面的实践经验及进展成效⑥,总结人才管理改革试验区的不同模式⑦,并指出当前一些人才管理改革试验区的同质化建设问题⑧。当前建设世界重要人才中心和创新高地,在北京、上海、粤港澳大湾区等人才高地以及高层次人才集中的人才平台,开展人才发展体制机制综合改革试点,仍是坚持了示范引领的改革理念。

(三)关于人才发展体制机制存在的问题

总的来看,改革开放40多年来,我国在人才资源开发方面取得了巨大成就,但在一定程度上还存在体制不顺、机制不活、布局不优、效率不高

---

① 管廷莲:《推进党管人才必须把握两个核心问题》,《中共福建省委党校学报》2011年第7期,第74-78页。
② 薄贵利、程志勇:《人才强国战略是实现国家强盛的第一战略》,《行政管理改革》2017年第10期,第56-59页。
③ 吴江:《坚持以用为本方针 创新人才体制机制》,《理论探讨》2013年第3期,第139-144页、第1页。
④ 郑其绪:《发挥好"指挥棒"作用 适势求是:进一步完善人才评价机制》,《人民日报》2018年5月27日第5版。
⑤ 李向光:《变革潮头当尖兵——部分省市、人才管理改革试验区创新探索一瞥》,《中国人才》2018年第1期,第38-40页。
⑥ 具体内容详见刘洋发表的《人才体制机制创新:以人才管理改革试验区为例》。
⑦ 具体内容详见《国际人才交流》2013年第3期的文章《我国基本形成4种人才管理改革试验区》。
⑧ 具体内容详见柳霞发表的《人才管理改革试验区建设需防止同质化》。

等一些突出问题①。在人才管理体制方面，中国人事科学研究院课题组在2011年对《国家中长期人才发展规划纲要（2010—2020年）》实施一周年的第三方评估中发现，我国人才工作中存在"四热四冷"和"四多四少"的问题②，其中就包括"政府热、用人单位冷；上面（国家、省、市）热，下面（县、市、区）冷；组织部门热，其他部门冷"以及"政策创新多，机制创新少；领导推动工作多，法制保障人才少"。在人才工作推动过程中，还主要依靠"政府推动+行政主导"模式，市场配置人才决定性作用发挥不足的问题较为突出③。在人才工作行政管理体系内，蓝志勇研究分析了人才发展体制机制改革过程中存在的"中梗阻"问题，体现在政府部门管理中的政出多门、碎片化管理、行政管理人员管理能力不足等弊病④。

很多专家学者就具体的人才工作体制机制改革过程中存在的相关问题进行了研究，指出了改革推进中不同人才工作环节的具体问题。在人才引进机制方面，当前我国各级政府的人才引进仍以行政为主导，市场化引才用才作用发挥不够。吴江、蓝志勇指出，一些政府部门引才目标不明确、引才标准不科学、引才优惠政策功利性强等问题导致地方政府引才工作出现非理性竞争⑤。孙锐认为，海外人才引进在评价机制、申请程序、许可制度方面还有待进一步完善，外籍人才的永久居留管理服务制度改革仍然有待深化衔接⑥。在人才培养机制方面，众多专家学者指出，我国当前的青年科技人才培养机制在基础教育、文化意识、国际交流、人才回流上存在不足⑦，工程科技人才、创新创业人才、复合型学科人才培养模式改革

---

① 孙锐、吴江：《创新驱动背景下新时代人才发展治理体系构建问题研究》，《中国行政管理》2020年第7期，第35-40页。

② 孙锐：《"十三五"时期我国人才管理体制改革相关问题探讨》，《国家行政学院学报》2016年第3期，第30-34页。

③ 薄贵利：《简政放权为人才松绑——解读〈关于深化人才发展体制机制改革的意见〉》，《光明日报》2016年3月24日第2版。

④ 蓝志勇：《克服"中梗阻"提高新时期人才工作的实效性》，《国家行政学院学报》2018年第4期，第9-14页、第147页。

⑤ 吴江、蓝志勇：《营造创新人才脱颖而出的治理新生态》，《西南交通大学学报（社会科学版）》2021年第4期，第1-8页。

⑥ 孙锐：《如何切实提升我国高层次人才集聚水平》，《人民论坛》2020年增刊第1期，第99-101页。

⑦ 颜诗琪、张向前：《面向2035年我国青年科技人才培养机制研究》，《特区经济》2022年第4期，第25-30页。

推进不足，政府对技能人才产教融合培养的政策和资金支持不足①，"干中学"导致普通职业技术学校等渠道的产业人才培养效果不佳，产业界在人才培养中的作用发挥不够等问题。此外，张省等人指出了当前我国人才培养的产学研用生态系统构建不完善的问题②。在人才使用机制方面，众多专家学者普遍认为，当前我国体制内岗位聘用、职称晋升等存在论资排辈，抑制青年人才发展的问题。高校科研院所存在官本位、行政化、功利导向、中材大用、表面化科研，甚至人才"逆向淘汰"问题。③ 陈晓伟对基层人才使用机制进行了研究分析，认为当前我国广大基层"重引进，轻使用"，人才使用观念落后，大材小用或引进人才置而不用的问题尤为明显④。在全球引才背景下，海外高层次人才在承担重大科技项目，担任事业单位负责人等方面仍有限制等，作用不能充分发挥。沈继培指出，一些地方政府还存在对本土人才的优势不够重视和对本土人才的不足不能包容等问题⑤。在人才评价机制方面，众多专家学者认为，当前我国创新领域的人才评价行政色彩过浓、评价手段单一、评价分类不足、"四唯"评价问题日益突出⑥。一些地方组织部门研究梳理了本地区人才分类评价改革问题，认为人才分类评价改革进展程度不一，用人主体作用发挥不够明显，评价结果运用不够理想等问题依然存在⑦。在人才流动机制方面，刘俊生、李峰等人认为，当前我国体制内外人才流动的身份壁垒、政策壁垒

---

① 舒保国、施宇：《高职院校产教融合人才培养机制创新构建研究》，《继续教育研究》2022年第9期，第107-112页。

② 张省、魏慧敏、李骅锦：《产学研协同创新生态系统构建研究》，《决策咨询》2022年第4期，第71-74页。

③ 刘益东：《打造以一流人才为中心的卓越科研体系——关于设立基础研究特区的建议与思考》，《国家治理》2022年第3期，第29-34页。

④ 陈晓伟：《用好用活人才的基层探索》，《中国人才》2015年第19期，第10-11页。

⑤ 沈继培：《人才使用"灯下黑"问题的具体表现和解决对策》，《领导科学》2022年第5期，第19-22页。

⑥ 孙锐：《构建适应新时代发展要求的人才评价机制》，《中国人才》2019年第7期，第24-25页。

⑦ 福建省泉州市委组织部：《如何破解人才分类评价落实难题》，《中国人才》2020年第1期，第10-12页。

依然存在①,不同区域的科技人才流动不平衡、不通畅②。赵全军通过"地方政府人才竞争"的研究视角来分析地方政府竞争行为和中国治理模式,研究中发现,近年来各地出现的"人才争夺战"一定程度上促进了青年人才、科技人才和高层次人才流动,但也暴露出同质化竞争、市场失灵、可持续性不足等问题③;此外,某些一线城市的高落户门槛阻碍了人才的本地融入。在人才激励机制方面,众多专家学者认为,当前我国人才激励存在人才激励政策覆盖面相对较窄、人才激励配套服务政策不足④,人才激励重名不重实、激励模式单一化、人才激励机制与人才需求层次不相匹配⑤等问题。韩凤芹、周孝等人指出,当前我国过于僵化的绩效工资总量管理限制了科研院所创新的动力、活力与能力,使得各级政府出台的相关科技创新政策难以有效落地⑥。此外,孙锐认为,当前我国体制内还未形成对外籍专家的成熟激励体系⑦。在人才支持保障机制方面,赵永乐等人指出,当前我国的人才市场体系不完善,高端人才支持服务尚未形成产业规模⑧;人才公共服务功能不健全、人才发展环境的配套服务保障机制不完善等问题仍然普遍存在。

(四)关于人才发展体制机制的改革路径

针对上述人才发展体制机制运行中存在的问题,我国人才研究领域的众多专家学者开展了热烈探讨和深入研究,如何加强党管人才,人才管理工作如何进行权力分配,如何改善人才管理方式,如何加强法制化建设等

---

① 刘俊生:《进入"体制内"的政策壁垒有哪些》,《人民论坛》2016年第16期,第58-59页。
② 李峰、徐付娟、郭江江:《京津冀、长三角、粤港澳科技人才流动模式研究——基于国家科技奖励获得者的实证分析》,《科学学研究》2022年第3期,第454-463页。
③ 赵全军:《"为人才而竞争":理解地方政府行为的一个新视角》,《中国行政管理》2021年第4期,第40-45页。
④ 周倩倩:《对实施城市技术技能人才激励政策的工作分析》,《黑龙江人力资源和社会保障》2022年第13期,第125-127页。
⑤ 王雅琴、梁玉娇、王诗瑶、林永恩:《创新创业人才引进激励机制问题及对策探究》,《中外企业文化》2022年第6期,第238-240页。
⑥ 韩凤芹、周孝:《科研院所绩效工资总量管理的改革创新》,《行政管理改革》2021年第7期,第79-88页。
⑦ 孙锐:《如何切实提升我国高层次人才集聚水平》,《人民论坛》2020年增刊第1期,第99-101页。
⑧ 赵永乐:《人才管理政府与市场关系研究》,《国家行政学院学报》2016年第3期,第40-44页。

问题是专家学者们集中探讨的重点。在完善党管人才领导体制方面,孙锐认为,要强化党管人才工作体系,分层次、分类型明确各地各部门人才工作领导小组职责任务和工作规则①;李智勇提出,要建立科学的决策机制、协调机制和督促落实机制,建立人才政策统筹联动、协调推进与实施评估制度,充分发挥各职能部门和社会各方面的作用,形成齐抓共管的工作局面②。在健全人才发展治理体系方面,冯凌等人提出,要坚持党管人才原则框架,优化人才工作中政府、市场、社会的关系,发挥市场配置人才资源的决定性作用。③ 要强化政府人才宏观管理、政策法规制定、公共服务、监督保障等职能,充分发挥市场主体和用人主体在人才培养、吸引和使用中的主导作用,更好发挥专业行业组织在引导人才发展中的角色和作用,建立健全市场化、社会化的人才管理服务体系。在改进政府人才管理方式方面,专家学者普遍认为,要转变政府职能,下大力气进一步解决人才管理中存在的行政化、"官本位"问题,推动人才管理部门简政放权,扩大和落实用人单位自主权,努力消除行政化和"官本位"对人才发展的消极影响。孙锐、吴江等人提出,要建立符合新时代要求的高校科研院所人事人才管理制度,将"行政本位"转换为"专家本位""人才本位"。在加强法治化建设方面,要加强人才立法工作,提升人才工作法治化水平。汪怿等人认为,要围绕人才管理体制全流程制定法律法规④,使人才工作纳入依法管理、科学推进的轨道,减少人治现象和行政化配置资源倾向⑤。同时,应及时将成熟的政策转化为法律法规,推进人才开发和管理工作的法制化、制度化、规范化,形成有利于人才发展的法治环境。

针对上述人才发展体制机制改革过程中存在的问题,众多专家学者围绕人才工作体制机制改革推进过程的具体环节,提出大刀阔斧的政策建议。在创新人才引进机制方面,在全球引才背景下,各地政府部门要进一

---

① 孙锐:《构建人才引领发展的治理体系》,《瞭望》2019 年第 50 期,第 13-15 页。
② 李智勇:《落实人才规划纲要 推进人才强国战略》,《行政管理改革》2011 年第 1 期,第 29-33 页。
③ 冯凌、孙锐:《构建面向高质量发展的区域人才发展治理体系——以北京市海淀区为例》,《中国科技人才》2022 年第 1 期,第 49-58 页。
④ 汪怿:《推进更深层次的人才体制机制改革》,《科学发展》2019 年第 8 期,第 18-27 页。
⑤ 吴江:《坚持以用为本方针 创新人才体制机制》,《理论探讨》2013 年第 3 期,第 139-144 页、第 1 页。

步完善人才引进政策措施，充分发挥市场引才作用，精准提升引才效率。王振指出，要特别重视建设具有全球影响力的国际化高端载体，为人才引进争取主动权。[1] 潘庆中提出，在目前施行的国际人才签证政策的基础上，应适当简化人才往返签证等相关程序，为高尖端国际人才提供快捷通道。[2] 在改革人才培养机制方面，专家学者们普遍认为，要加大青年科技人才、工程科技人才、复合型学科人才、创新创业人才的发现培养投入。在高校科研院所人才培养方面，张辉等人提出，要推动"产学研一体化"高层次人才培养，创新高校科研院所"政产学研协同"人才培养模式。[3] 在技能人才、产业人才培养方面，孙锐等人提出，要推动"产教融合，校企共育"技术人才培养，建立政府、产业部门、行业院校人才培养联动机制，加快搭建产业人才开发基础协作平台，健全完善企业和高校双导师制。[4] 在灵活人才使用机制方面，任采文等人认为要有用人的胆魄，要正确把握事业发展需要和人才成长的关系，按照人才自身特点合理配置人才。敢于打破陈规，大胆起用有思路、有能力、有作为的人才。[5] 吴江指出，要拓宽选人用人渠道，积极突破人才的单位所有制壁垒和身份依赖局限，逐步建立完善跨部门、跨系统、跨区域、跨国际的人才整合与利用机制。[6] 此外，学者普遍认为，要为人才开展科研、创业和工作搭建服务平台，为国际人才在华工作以及事业发展提供相关的政策配套和宜居宜业环境，提供开放的交流平台、先进的实验设备、优厚的科研经费，充分激发国际人才的创新创业潜力。在创新人才评价机制方面，孙彦玲提出，人才评价要"破四唯"和"立新标"，明确政府、市场与社会第三方组织和专业人员的

---

[1] 王振：《构建具有国际竞争力的人才吸引政策研究》，《国家行政学院学报》2016年第3期，第35-39页。

[2] 潘庆中：《国际人才引进、激励、融入战略探析》，《人民论坛·学术前沿》2021年第24期，第33-41页。

[3] 张辉：《广西高校政产学协同人才培养机制研究》，《中国科技产业》2022年第9期，第70-72页。

[4] 孙锐：《"十四五"时期人才发展规划的新思维》，《人民论坛》2020年第32期，第44-47页。

[5] 任采文：《以更高的站位、更宽的视野发现人才、使用人才、配置人才》，《中国人才》2018年第12期，第2-3页。

[6] 吴江：《坚持以用为本方针　创新人才体制机制》，《理论探讨》2013年第3期，第139-144页、第1页。

评价分工，在职称评价中用好同行评议制度。① 潘教峰等人强调，要推进人才分类评价，依据不同类型的人才评价的价值导向，合理推进相关类型人才评价自主权下放。② 孙锐认为，要支持用人单位建立健全内部人才评价体系，在明确定位的基础上，厘清"评""聘""用"三者的关系。要大力实施职业资格制度，推动开展职业资格国际互认，为获得境外执业资格的专业人才提供专业服务，提供机会和通道。③ 在畅通人才流动机制方面，桂昭明强调，要通过政府宏观调控政策保障人才合理流动，通过市场机制配置人才实现有序竞争，充分发挥企业用人主体作用，完善人才市场公共服务，促进人才价值实现和增值。④ 高鸿钧提出，要尽快构建人才发展长效机制和良性有序的人才流动机制，建议由国家人才主管部门牵头成立专门机构，建立重要人才流动市场评估机制。⑤ 在优化人才激励机制方面，孙锐提出，要创新事业单位绩效工资改革，加快形成科学合理的股权激励和薪酬激励体系。要强化以增加知识价值为导向，落实科技人才收入分配制度改革，实行符合科技创新特点的绩效工资制度，逐步提高科技人才工资福利待遇。⑥ 要加大人才精神激励，并努力树立"草根"人才通过合法劳动和努力奋斗获得"体面生活"的标杆和典范。⑦ 此外，专家学者们普遍认为要推进个税改革，稳步推进海外人才个税优惠政策落地。在强化人才支持保障机制方面，众多专家学者提出，要加强对高层次人才在医疗、住房、交通、金融、子女教育、社保商保等方面的服务保障力度，加大对青年人才在租房住房优惠、拓宽落户限制、提供就业补贴等方面的支持力度⑧，推进人才宜居宜业发展环境服务优化，拓宽国际人才活动空间，

---

① 孙彦玲：《如何用好专家这杆"秤"？》，《中国卫生人才》2016年第7期，第12-13页。
② 潘教峰、王光辉、鲁晓：《基于五大价值导向的"破四唯"和"立新标"》，《科学通报》2022年第3期，第236-241页。
③ 孙锐：《实施新时代人才强国战略：演化脉络、理论意涵与工作重点》，《人民论坛·学术前沿》2022年第18期，第92-101页。
④ 桂昭明：《有序竞争推动人才合理流动》，《中国党政干部论坛》2018年第6期，第22-26页。
⑤ 高鸿钧：《建立良性有序的人才流动机制》，《人民论坛》2018年第9期，第38-39页。
⑥ 孙锐：《构筑新时代人才发展治理体系》，《人民论坛》2019年第26期，第58-60页。
⑦ 孙锐：《我国人才发展进入新机遇期》，《瞭望》2017年第49期，第20-21页。
⑧ 范青青、孙锐：《近期我国地方人才工作创新趋势追踪》，《中国科技人才》2021年第5期，第14-21页。

为国际人才提供良好的城市环境、公共设施和公共服务①。

三、人才发展体制机制研究总结分析

总的来说，学术界和政策研究界对人才发展体制机制改革的研究有以下几个特点。一是研究理论基础更加丰富。已有研究从人才学、公共管理理论、治理理论、新制度理论、组织理论、人力资本理论等视角，结合我国人才发展体制机制的发展历程，对人才发展体制机制的相关概念内涵进行了讨论辨析，丰富了该领域的理论阐释。二是研究方法逐步多元。学术界和政策研究界早期的研究以描述性研究为主，研究者大多通过调研访谈、问卷调查、案例研究等方法，对人才发展体制机制的发展历程、现状、经验和问题等进行分析研究，在此基础上形成一些规律性认识，提出一些政策建议。后期的研究逐步开始采用定量研究方法，通过数据分析、理论模型分析等方法，进行人才引进策略分析、人才区域流动分析、人才流动模式研究、人才评价指标体系构建、人才多元评价模型设计等，以研究方法的多样性推动研究的日益规范。三是研究层面较广。学者们对不同的国别地域（国外先进地区、我国整体及地方典型区域）、行业领域（科教文体卫、金融、法律、交通、互联网等）、组织机构（高校科研院所、研究机构、事业单位、企业等）和人才群体（国际人才、海归人才、候鸟型人才、高层次人才、技能人才、乡土人才等）的人才发展体制机制改革过程中存在的问题，以及改革的理念、方向、具体实施路径进行了探讨研究，拓展了该领域的研究视角和研究维度。

当前学术界和政策研究界对人才制度创新和体制机制改革方面的研究不断深化，但是仍然存在一些不足之处。一是人才发展体制机制研究的理论深度不足。当前理论界对人才发展体制机制的现象、问题等描述得多，对人才发展体制机制的相关逻辑体系、理论构建研究得少。大部分学者在体制机制某些具体点位上进行了深入探讨，但是对人才发展体制机制的全景化、系统化的逻辑体系、理论构建等方面的研究仍有欠缺。二是人才发展体制机制运行体系构建不足。研究者们往往将人才发展体制机制与具体

---

① 潘庆中：《国际人才引进、激励、融入战略探析》，《人民论坛·学术前沿》2021年第24期，第33-41页。

人才工作职能、具体人才政策、人才工作任务相交叠、混淆，且大量研究偏重对人才培养、人才评价、人才激励政策的分析，总体上理论界尚未从总体视角探讨人才体制机制的基本构架、内在逻辑及运行体系。在这方面，政策实践远远走在理论研究的前面。三是理论指导实践程度有待加深，人才发展体制机制理论与实践还存在脱节的问题。目前理论研究可转化为人才发展体制机制改革工作中可落地和可执行的对策措施相对不足，对如何健全我国人才管理体制还缺乏较深入的探讨，下一步对新时代重点人才制度改革的破解还有待于专家学者付出更大的研究努力。

第四节　人才发展体制机制相关概念辨析

在我国人才发展体制机制的理论研究和实际改革推进过程中，相关领域学者、政策研究制定者和执行者等群体一直致力于厘清人才发展体制机制及其相关概念的关系，辨析人才与知识分子、干部、党政人才的关系，明确体制、机制、制度的关系，在此基础上明晰人才发展体制与人才发展机制的关系，并探析人才发展体制机制与人才制度、人才政策以及科技创新体制机制的关系等，进一步做好理论研究基础和实际改革支撑。

一、人才与知识分子、干部、党政人才

"人才"是人才工作的基本概念，其概念内涵分为三个层次。第一，人才的广义概念，也即抽象概念、概念的内涵，是对人才本质特征的概括，具有较强的指引性、政治性、社会性。2010年颁布的《国家中长期人才发展规划纲要（2010—2020年）》将人才概念定义为"人才是指具有一定的专业知识或专门技能，进行创造性劳动并对社会做出贡献的人，是人力资源中能力和素质较高的劳动者。人才是我国经济社会发展的第一资源"。第二，人才的中观概念，是建立在特定分类基础上的群体概念，与广义概念相比，其人才指向更为清晰。例如，按照人才的职业类型、专业领域、创造性等进行划分，如教育人才、金融人才、领军人才等。第三，人才的狭义概念，即操作性定义，是对人才群体范畴的精准界定，与人才评价标准密切相关。实践中各地常按照受教育水平、技能等级、职务级别

等界定各类人才。①

"知识分子"、"知识工作者"、《国际标准职业分类》中的"专业人员"等与"人才"的中观概念平行。"干部"一般指在中国共产党和国家机关、军队、人民团体、科学文化等部门和企事业单位中担任一定公职的人员。《中国共产党章程》（中国共产党第二十次全国代表大会部分修改）明确指出："党的干部是党的事业的骨干，是人民的公仆。"从中央表述看，"党政人才"使用较少，且与人才工作有别。例如，习近平总书记指出，"干部工作也好，人才工作也好，本质上都是用人问题"。故要将党政干部与人才分类和人才工作的服务对象区别对待。

二、体制、机制与制度

在社会科学领域，"体制"是指政府、机构或社会群体为了实现一定的目标和任务，按照一定的制度人为地建立起来的一套组织建制体系②，包括工作领导体系、职能分工和权责结构等③。"机制"一词原指机器的构造和工作原理。在组织管理理论中，"机制"是指为实现某一功能、发挥某种作用，事物或系统内部各要素相互作用、协调运行的原理、方式和过程，如市场机制、竞争机制、运行机制。关于"体制"和"机制"的关系，有学者将其表述为：机制是体制建构的指导原则，体制是机制发挥作用的载体，体制与机制是一一对应的④。

"制度"具有两层含义。第一层含义是指社会制度，即在一定历史条件下形成的规则化、系统化、强制化的社会关系规范体系。社会制度包括政治制度、经济制度、文化制度等。第二层含义是指一个（一级）政府、一个机构或团体所制定的行动准则、管理规程，具体形式包括法律、规章、政策、措施等。就与机制的关系而言，主要落脚于制度的第二层含义。体制和机制是与制度紧密相连的两个范畴。体制偏重的是制度的构成

---

① 孙彦玲、孙锐：《新时代人才强国战略背景下人才分类问题研究》，《科学学研究》2023年第7期，第1186-1196页、第1210页。
② 张序、张霞：《机制：一个亟待厘清的概念》，《理论与改革》2015年第2期，第13-15页。
③ 袁志彬：《科技体制改革出路何在？》，《华东科技》2015年第12期，第16-17页。
④ 司晴川：《有关文化产业管理体制概念问题的探究》，《理论月刊》2014年第6期，第124-126页。

要素，而机制强调的是制度的运行方式，体制机制是制度安排中的核心要素组成。①

三、人才发展体制与人才发展机制

公共管理和人才工作相关研究对人才发展体制机制的相关概念进行了界定和探讨。关于人才发展体制，相关学术界和政策研究界普遍认为，当前我国最大的人才体制就是党管人才领导体制。党管人才领导体制由党管干部演变发展而来②。魏萍、赵永乐认为，党管人才体制是包括领导体制、工作格局和运行机制在内的人才工作行之有效的形式和体系③。其中，党管人才领导体制是以党管人才为原则所建立起的党管人才工作体系和管理格局④。从职责定位来看，党管人才指管宏观、管政策、管协调、管服务。从具体工作职责来看，党管人才包括牵头制定人才发展战略和规划、牵头制定人才发展重大政策、组织实施重大人才工作项目、直接联系和服务高层次人才、对人才工作的宏观指导和督促检查、推进体制机制改革创新、营造人才工作良好环境⑤，以及开展理论指导和创新、引导人才队伍建设、协调各方推动人才工作等。

随着社会主义市场经济体制改革的不断深化完善，人才发展体制的逐步建立健全，人才发展机制也在不断深化改革和推陈出新⑥。总结分析党中央和国务院发布的重要文件可以发现，不同发展阶段，对人才发展机制的构成和认识也在发生变化。第一，《国家中长期人才发展规划纲要（2010—2020年）》出台后，将以往的人才培养、评价、选拔、流动、激

---

① 陈景彪：《我国科技创新人才体制机制的改革与完善》，《行政管理改革》2022年第9期，第53-61页。
② 梅介人：《试论从"党管干部"到"党管人才"的转变》，《中国人才》2003年第12期，第8-11页。
③ 魏萍、赵永乐：《坚持和完善以党管人才为核心的基本人才制度》，《江苏师范大学学报：哲学社会科学版》2014年第6期，第118-121页。
④ 吴江：《以改革之力建集聚人才体制机制》，《中国人力资源社会保障》2013年第12期，第8-9页。
⑤ 中央人才工作协调小组办公室、中共中央组织部人才工作局：《〈国家中长期人才发展规划纲要（2010—2020年）〉学习辅导百问》，党建读物出版社，2010，第88-93页。
⑥ 孙锐、吴江：《构建高质量发展阶段的人才发展治理体系：新需求与新思路》，《理论探讨》2021年第4期，第135-143页。

励、保障六大机制调整为五大机制，即人才培养开发、评价发现、选拔任用、流动配置、激励保障机制①。第二，《关于深化人才发展体制机制改革的意见》出台后，人才发展机制改革任务可以归纳为人才培养支持、人才评价、人才流动、人才创新创业激励、国际引才用才、人才保障六大机制。第三，中央人才工作会议召开后，新时代的人才强国战略将对人才的服务、支持，特别是对科技人才的服务、支持提高到一个重要层面，"人才支持"也被纳入人才发展体制机制改革的重要环节体系②。

四、人才发展体制机制与人才制度

改革开放以来，我国在总结人才工作实践经验基础上，学习借鉴其他国家和地区的先进人才工作制度和实践经验，形成了一套中国特色的基本人才制度。③ 四十多年来，我国在人才投入制度、人才引进制度、人才市场制度、科研管理制度、成果保护制度、成果转化制度等方面开展了系列制度创新，为经济社会发展提供了人才支撑和制度保障。

人才发展体制的概念范畴要大于人才制度的概念范畴。人才发展体制包含人才制度，还包含人才制度以外的组织、行为主体和人才发展机制等内容。人才发展体制的状态和形式取决于组织和结构，其功能实现依赖于人才发展机制，而组织和人才发展机制二者都与人才制度存在密不可分的关系。人才制度具有强制性、公共性和稳定性的特征。与人才制度相比，人才发展体制的显著特征则是整体性、协同性和更大的稳定性④。

五、人才发展体制机制与人才政策

人才政策是党中央和国务院以权威形式标准化地规定在一定的历史时期内，人才工作应该达到的奋斗目标、遵循的行动原则、完成的明确任务、实行的工作方式、采取的一般步骤和具体措施。时效性是人才政策的

---

① 李智勇：《落实人才规划纲要推进人才强国战略》，《行政管理改革》2011年第1期，第29-33页。
② 孙锐：《新时代人才强国战略的内在逻辑、核心构架与战略举措》，《人民论坛·学术前沿》2021年第24期，第14-23页。
③ 魏萍、赵永乐：《坚持和完善以党管人才为核心的基本人才制度》，《江苏师范大学学报：哲学社会科学版》2014年第6期，第118-121页。
④ 周冰：《论体制概念及其与制度的区别》，《中国经济问题》2013年第1期，第9-15页。

一个基本特征。

人才发展体制机制是国家人才发展治理体系中的"承重墙",具有基础性、常态性的特征;而人才政策是人才工作中暂态化的应对举措,经常处于动态化调整之中。基于人才发展规划相关评估报告,我们看到,改革开放以来到 2016 年之前,我国人才工作取得的巨大成就主要是依靠人才政策创新取得的,而不是依靠人才发展体制机制改革取得的,这一段时期我国人才制度创新还不适应经济社会发展的实践需求[①]。

六、人才发展体制机制与科技创新体制机制

科技创新人才体制机制是指与科技创新人才有关的组织体系和治理制度的总称,主要包括科技创新人才载体或平台建设、科技创新人才培养使用机制、科技创新人才资源优化配置机制、科技创新人才评价激励机制等[②]。

人才发展体制机制由人力资源社会保障部牵头开展工作,工作落脚点在于对人的管理,主要体现在对人才的培养、评价、激励、继续教育等具体管理事项中。而科技创新体制机制由科技部牵头开展工作,工作落脚点在于对事的管理,主要体现在对科技奖励、科技项目评审、科技基础研究、科技成果转化等具体管理事项中。

第五节　近年来深化人才发展体制机制改革的实践

党的十八大以来,党中央坚持把人才发展体制机制改革作为全面深化改革重要组成部分。2016 年颁布实施第一个人才发展体制机制改革综合性文件《关于深化人才发展体制机制改革的意见》,并分解细化为具体任务,明确牵头责任部门,以激发人才发展动力和创新活力为导向,围绕向用人主体放权,为人才松绑,大力推进人才培养、评价、流动、激励、引进等

---

① 孙锐、黄梅:《人才优先发展战略背景下我国政府人才工作路径分析》,《中国行政管理》2016 年第 9 期,第 18-22 页。

② 陈景彪:《我国科技创新人才体制机制的改革与完善》,《行政管理改革》2022 年第 9 期,第 53-61 页。

重点领域和关键环节改革①。至此，人才制度改革创新工作强力启动，一系列历史性创新举措产生了新一波政策释放和人才活力激发效应。2016年以来深化人才发展体制机制改革的主要进展见表8-1。

表8-1　　2016年以来深化人才发展体制机制改革的主要进展

主要改革议题	主要改革进展
转变政府人才管理职能	对高校科研院所开展选人用人、岗位设置、职称评审、薪酬分配、编制备案等用人自主权下放改革试点；推动项目评审、人才评价、机构评估"三评"改革；按照政社分开、政事分开和管办分离要求，探索建立权力清单和责任清单，减少人才人事管理中的收费事项，加快推进人才管理职能"放管服"改革，健全市场化、社会化人才服务体系
改革人才评价机制	深化职称制度改革，取消职称外语和计算机应用能力门槛，下放职称评审自主权，出台会计、工程等17个系列职称改革意见；推动人才分类评价，破除"四唯"评价和SCI奖励制度，探索符合各类人才成长规律和职业特点的科学化、社会化评价机制；改革职业资格制度，更新职业大典，取消434项职业资格，实行国家职业资格目录清单式管理；改革院士遴选和管理制度，健全院士退出机制，推进工程科技人才国际互认
强化人才创新创业激励机制	修订《中华人民共和国促进科技成果转化法》，实行以增加知识价值为导向的分配政策，大幅提高科研人员成果收益和奖励力度；改革科研经费管理办法，探索股权期权分红激励；出台《关于支持和鼓励事业单位专业技术人员创新创业的指导意见》，鼓励相关人员兼职创新及离岗、在职创业，离岗创业人员可以在三年内保留人事关系
健全海外人才引进机制	完善"人才签证"制度，将"外国人入境就业许可"和"外国专家来华工作许可"两证合一，启动外国人永久居留证件便利化改革；在北京、上海和广东自贸区就海外人才出入境便利化、长短期居留等开展试点探索；组建国家移民管理局，探索、建立、完善技术移民制度
完善人才流动配置机制	推行机关和事业单位养老保险制度改革，破解机关事业单位与企业之间人才流动瓶颈；出台《关于促进劳动力和人才社会性流动体制机制改革的意见》，大规模减少城市落户限制，畅通人才跨所有制流动，鼓励引导人才向艰苦边远地区和基层一线流动，健全相关激励措施。出台《人力资源市场暂行条例》，推动人力资源服务业快速发展，人力资源市场化配置能力进一步提升

资料来源：孙锐、吴江：《构建高质量发展阶段的人才发展治理体系：新需求与新思路》，《理论探讨》2021年第4期，第135-143页。

---

① 孙锐：《新时代人才事业的历史性成就与变革》，《人民论坛》2022年第17期，第54-59页。

一、各项改革任务部署加速推进

当前,中央及各地各部门在谋划人才工作新格局,构建中国特色的人才制度体系方面取得重要进展,人才培养开发、评价发现、选拔任用、流动配置、激励保障机制创新的理念和目标逐步政策化、项目化、具体化。据统计,自2010年《国家中长期人才发展规划纲要(2010—2020年)》颁布至2015年年底,中央、各部门和各地方共出台有关人才发展体制机制改革举措1 400余项,其中人才培养开发、评价发现和激励保障方面的文件约占文件总量的60%以上。

党的十八大以来,特别是2016年《改革意见》出台后,在人才集聚、评价、使用和激励等方面打出一套在点上具有突破性、线上具有带动性、面上具有协同性的人才制度改革组合拳。据统计,围绕上述文件,中央和国家相关部门出台相关改革措施30余项,制定配套政策文件140余件[①],其中以党中央或国务院文件印发的超过30份,在全国上下引起强烈反响。中央和国家机关出台相关改革措施30余项,制定配套文件100余件,涉及职称改革、人才评价、人才流动、知识价值激励、成果转化和经费改革、事业单位人才创新创业等工作内容[②]。在中央精神指引下,2016年以来,全国30个省区市先后出台了地方人才发展体制机制改革意见700余项,一系列改革创新举措陆续推出,相关配套改革强力推进。各地方各部门将改革任务具体化、本土化、操作化,在编制、税收、职称、事业单位管理、创新创业支持、公共服务供给等方面展开了一系列改革探索,为保障高层次人才引得进、留得住、用得好,推动科技人才服务经济生产一线提供了更有力的支持。

二、重点人才制度改革取得突破

通过这一人才发展体制机制改革历程,党管人才工作体系发展得到进一步强化。人才评价、使用、流动和激励机制所涉及的职称制度和职业资

---

① 孙锐:《新时代人才事业的历史性成就与变革》,《人民论坛》2022年第17期,第54-59页。
② 孙锐、吴江:《创新驱动背景下新时代人才发展治理体系构建问题研究》,《中国行政管理》2020年第7期,第35-40页。

格制度改革、机关事业单位人员养老保险制度改革、院士增选和管理制度改革以及人才创新创业激励改革等取得重要突破，市场配置人才资源的决定性作用进一步发挥，用人单位自主权进一步下放，体现知识和创造价值的收入分配机制正在建立，人才分类评价、人才评价去"四唯"和项目评审、人才评价、机构评估"三评"改革深入推进，27个职称系列改革指导意见制定出台，事业单位科研人员创新创业得到支持鼓励，科技成果转化激励和知识产权保护政策得到健全强化，引导人才向基层边远地区流动的工作力度显著增强，限制人才顺畅有序流动的体制壁垒正在被打破，一些人才关心的出国、科研经费使用等热点焦点问题得到研究解决。新时代人才发展治理体系更加符合国家战略需要，更加适应人才发展实际需求。①

三、重大人才政策实施深入推进

以人才发展体制机制改革为引领，一系列重大人才政策实施深入推进，形成有效的国家人才政策网络体系。针对我国人才发展中亟待解决的重大问题，《国家中长期人才发展规划纲要（2010—2020年）》提出了10大人才政策创新任务，涉及培养、吸引和使用各个环节，覆盖了人才工作的主要方面。目前，10大人才政策的72个政策点基本上已经出台具体文件或举措，大部分中长期任务超前谋划、稳步推进。其中，促进人才投资优先保证的财税金融政策、人才创业扶持政策、更加开放的人才政策实施，推进党政人才、企业经营管理人才、专业技术人才合理流动的政策推进情况良好，部分取得点上突破。

同时，各地区各部门也结合实际研究制定出台一系列与国家重大人才政策相衔接的、具有地方和行业特色的人才政策具体举措，形成了国家、部门、地方三级贯通的人才政策网络体系，极大地促进了地方、系统各类人才的解放和发展。据统计，自《国家中长期人才发展规划纲要（2010—2020年）》颁布至2015年年底，中央、各部门、各地方共出台600余项创新政策，其中人才创业扶持、开放的人才政策、财税金融类政策、促进

---

① 孙锐：《新时代人才事业的历史性成就与变革》，《人民论坛》2022年第17期，第54-59页。

向基层和艰苦边远地区流动的政策共 400 余项，占 70% 以上。① 当前，全国人才政策网络体系基本形成，除个别政策外，总体任务进展良好。

四、我国人才制度优势正在形成

近年来，通过试点先行、典型带动、统筹兼顾、全面提升，各项改革梯次推进、纵深向前，束缚人才脱颖而出的体制机制"坚冰"开始消融。人才发展体制机制深水区改革步伐不断加快，各类人才政策由点到面、逐步推进，通过政策创新配合体制机制改革，在解决人才发展投入不足、领军人才及创新创业人才短缺、人才结构失衡以及人才发展社会体系不健全等方面取得了重要阶段性成效，在转变政府人才管理职能、改革人才评价机制、强化人才创新创业激励、健全海外人才引进机制和完善人才流动配置机制等重要领域和环节上取得了突破性进展。人才政策创新和体制机制改革为构建具有国际竞争力的人才制度优势奠定了重要工作基础。②

当前，人才干事创业环境明显改善，各类人才的满意度、获得感持续增强，新一轮制度红利效应正在激发释放。2021—2022 年笔者针对 9 000 余位人才开展相关调查，调查结果显示，人才群体对"推进人才分类评价，深化职称制度改革"的满意度达到 61.5%；相比 2011 年相关满意度调查结果 23.4%，数值得到大幅提升。同时，各类人才群体分别对"知识、技术、管理、技能等要素参与分配""高层次高技能人才实施协议工资、项目工资等多种分配方式""清理规范不合理的职业资格许可和认定""完善社会保险关系转移接续""专业性、行业性人才市场建设"的满意度水平在 57%~64%，均处于历史较高水平。

从人才事业改革和发展的实践看，人才发展体制机制创新极大地焕发了人才的积极性、主动性和创造性，极大地激发了广大人才在创新创业创优实践中不断释放活力，为经济社会发展做出了重要贡献。③ 当前人才发展体制机制改革仍处于密集突破势态，我国人才工作创新步入精细化、配套化、系统化的新轨道，为构建具有全球竞争优势的人才制度体系迈出坚

---

① 孙锐、吴江：《创新驱动背景下新时代人才发展治理体系构建问题研究》，《中国行政管理》2020 年第 7 期，第 35-40 页。

②③ 孙锐、吴江：《构建高质量发展阶段的人才发展治理体系：新需求与新思路》，《理论探讨》2021 年第 4 期，第 135-143 页。

实步伐,"解放思想、解放人才、解放科技生产力"迈上历史新台阶。

第六节　未来人才发展体制机制研究展望

当前和未来一段时期,在理论层面,要更好地把握中央精神和国家战略导向,聚焦人才发展体制机制改革需要解决的问题,进一步明确核心概念内涵,厘清人才发展体制机制改革工作导向意涵,把握理论方向和具体突破性举措,形成一个较为清晰的逻辑构架和运行体系。

一、紧扣新时代人才强国战略研究主题

深化人才发展体制机制改革,是构筑人才制度优势、实现高质量发展的战略之举。当前和今后一个时期,人才研究领域需要更好地把握中央精神和国家战略导向,要在党管人才原则下,围绕我国新时代人才强国战略和创新驱动发展战略,在推动国家治理体系和治理能力现代化建设过程中,聚焦人才发展体制机制改革需要解决的问题,加强相应的人才发展体制机制问题的研究。下一步,需要围绕加强党对人才工作的领导、加强高精尖人才培养、提升产业人才培养数量与质量、推动人才评价机制改革、加大人才创新创业激励、创新事业单位人事人才管理制度、加快形成聚天下英才而用之的制度体系、更好发挥市场在人才配置中的决定性作用等主要议题进行深入研究探讨。

二、强化人才发展体制机制理论基础研究

从已有研究成果看,当前学术界、理论界尚未将人才发展体制机制改革的所有环节当成一个整体系统去研究,且存在将人才发展体制机制改革和人才政策创新相混淆的问题。当前和今后一个时期,要抓紧建立与人才发展体制机制有关的概念体系、逻辑体系、内涵体系和数据体系。在理论层面需要系统研究人才发展体制机制,进一步明确"人才发展体制机制"作为一个整体系统的核心概念内涵,要厘清人才发展体制机制改革工作导向意涵,把握理论方向和具体突破性举措,研究人才发展体制机制改革过程中的系统性问题,在理论构建和工作实践中区分其与人才制度、人才政策,全景化、系统化构建一个较为清晰的人才发展体制机制理论体系、逻

辑构架和运行体系。

三、注重理论研究和应用研究有机结合

理论来源于实践，也需要指导实践。要将人才发展体制机制的理论研究成果运用到具体应用领域，同时以应用研究为切入点，反过来促进相关的理论研究。当前在具体人才工作实践中还存在人才发展体制机制理论与实践相脱节的问题。当前和今后一个时期，人才研究领域要注重理论研究和应用研究有机结合，要分析探讨健全我国人才管理体制的具体方案，梳理研究人才发展体制机制改革工作中可落地和可执行的对策建议，对推动我国人才发展体制机制改革、现代化人才治理体系构建、新时代人才强国建设贡献理论研究力量。

四、遵循两个规律推进人才发展体制机制改革研究

人才研究领域在对人才发展体制机制及其改革相关问题进行理论研究和应用研究的过程中应当遵循"两个规律"，即遵循社会主义市场经济规律和人才成长规律。要避免人才体制机制改革政策趋同化甚至"一刀切"现象，缺乏科学性、针对性和有效性。当前和今后一个时期，人才发展体制机制相关理论研究和应用研究需要在"两个规律"的指导下分层分类推进，尊重不同环境、不同区域、不同行业的客观现实，梳理总结不同国别地区、不同行业领域、不同组织机构、不同人才类别等在发展过程中各自形成的规律和特点，在政策制定和管理改革过程中注重不同的侧重点，实行区别化政策管理改革。

第 九 章

人才发展治理体系

　　人才发展治理体系是 2016 年以来中央在人才工作领域提出的重要概念。首先，本文在对相关理论研究进行总结回顾的基础上，探讨了当前理论界在人才发展治理体系方面的主要研究进展和研究不足，并结合对新时期以来我国人才发展治理经历的管理式治理、整体性治理、统筹式治理和全面性治理四个阶段的分析，总结探讨了改革开放四十多年以来我国人才发展治理体系层面的制度变迁和实践进展。其次，以此为基础，本文分析了当前人才发展治理中还存在的突出问题及不足，以及人才发展治理体系的内涵内容、基本逻辑和发展要求，并就相关概念间的差异进行了探讨辨析。最后，以新时代人才高质量发展的实践需求为导向，本文尝试提出未来一段时间人才发展治理体系优化升级需要深入研究的重点议题。

第一节　人才发展治理体系的提出及相关学理探析

一、人才发展治理体系概念的提出

　　党的十八大以来，习近平总书记深刻把握国际国内发展基本趋势，对人才事业发展和人才队伍建设作出一系列重要指示批示，反复强调要建立集聚人才体制机制，聚天下英才而用之，人才发展治理体系正是在这样的背景下提出的。2016 年，中共中央文件《关于深化人才发展体制机制改革的意见》（以下简称《意见》）提出"人才发展治理体系"的相关概念，首次将人才发展纳入国家治理体系的总体布局进行重点部署。① 文件强调要通过深化改革，破除束缚人才发展的思想观念和体制机制障碍，"构建科学规范、开放包容、运行高效的人才发展治理体系"，形成具有国际竞争力的人才制度优势。

2019年10月召开的党的十九届四中全会将坚持和完善中国特色社会主义制度、推进国家治理体系和治理能力现代化作为重要会议议题，全会将"坚持德才兼备、选贤任能，聚天下英才而用之，培养造就更多更优秀人才的显著优势"总结为我国国家制度和国家治理体系具有的13个显著优势之一，并强调要加快人才制度和政策创新，支持各类人才为推进国家治理体系和治理能力现代化贡献智慧和力量。2021年5月，中共中央印发《中国共产党组织工作条例》，进一步强调构建科学规范、开放包容、运行高效的人才发展治理体系；形成党委统一领导，组织部门牵头抓总，有关部门各司其职、密切配合，用人单位发挥主体作用、社会力量广泛参与的党管人才格局。

实施创新驱动发展战略、推动高质量发展是新时代我国应对百年未有之大变局和中华民族伟大复兴战略全局的重要战略选择。在这种战略背景下，传统的计划式管理人才职能结构、规则和手段方式都面临着新时代、新战略和新需求的重大挑战。②③ 确立人才引领发展战略地位，推进人才管理体系向人才治理体系战略升级，是应对新一轮科技革命和产业变革，适应我国人才发展战略需求，实现聚天下英才而用之的重要命题。但是当前在人才理论研究和实践领域，对新时代人才发展治理体系的认识深度还有所不足，相关观点还处于争论之中。④⑤⑥ 为此，本文围绕构建高质量发展阶段新型人才发展治理体系的内涵、需求、问题及工作重点开展探讨，期望对相关领域的理论研究有所推动。

---

① 中国组织人事报评论员：《加快构建现代人才发展治理体系》，《中国组织人事报》2016年6月1日第6版。

②④ 孙锐：《构筑新时代人才发展治理体系》，《人民论坛》2019年第26期，第58-60页。

③⑤ 吴江：《以人才治理现代化夯实国家治理现代化基石》，《光明日报》2019年12月8日第7版。

⑥ 吴江：《我国人才发展治理体系的探索创新过程》，《中国人才》2018年第11期，第22-25页。

二、对人才发展治理体系的学理探析

一段时间以来,"治理"一词已成为公共管理研究中的热点词汇,并被广泛应用于国家政策实践中。与以往公共行政相比,"治理"强调打破管理者和被管理者之间的固化层级关系,引导大家围绕双方共同价值和目标实现协同努力,并形成一种新型的互动双赢关系。人才发展治理及其体系的提出,从某些方面可被认为是公共管理领域"治理"理念的发展与人才工作领域交汇产生的结果和延伸。

理论界强调,国家层面的"治理体系",可以归结为有关国家制度和制度执行能力的集中体现,其中包括一系列规范社会权力运行和维护相关秩序的体制机制、程序、规则等的结构性安排。[①] 基于对已有研究的理论回顾,结合国家人才政策应用实践,笔者认为,人才发展治理体系涉及一系列围绕人才发展的社会权力及运行机制、程序、规则等形成的结构性安排和状态秩序;人才发展治理体系是在人才发展领域和范畴相关国家制度和制度执行能力的集中体现,反映着我国推动及规制人才发展的治理观念、职权、规则、运作形式和绩效成果等;与以往人才政策研究相接续,人才发展治理体系也是在我国传统政府人才工作语境下人才体制机制、工作格局和政策制度等主要议题的统合和扩展。更进一步地说,"人才发展治理体系"主要是指在新时代背景下,政府、市场与社会三方,以及政府内部各部门、各层级在优化人才发展治理理念、治理目标、治理构架、治理分工、治理规则以及治理运行形式中形成的结构体系。因此,基于"治理体系"的框架,回顾改革开放以来我国人才工作的发展历程,可以看出其中涉及传统政府工作语境下人才领导体制、管理机制、职能分工、运行体系、人才制度等系列构念的一个综合性延展议题,是人才工作实践话语体系下"人才工作格局"的立体化扩展和内涵性延伸。

人才发展治理体系是国家治理体系的一个重要组成部分。与人才发展体制机制相比,人才发展治理体系的内涵更为宽泛,是前者的意义延伸和

[①] 薛澜、张帆、武沐瑶:《国家治理体系与治理能力研究:回顾与前瞻》,《公共管理学报》2015年第3期,第1-12页、第155页。

扩展，其中不仅包括治理观念、职权、规则、运作形式、绩效成果等内容，更是人才相关领域国家相关制度和制度执行能力的总体表达。同时，与科技治理体系、教育治理体系相比，人才发展治理体系的对象、范畴、领域和内容有所不同，前两者主要是围绕"事"，后者是围绕"人"，是围绕推动"人才"发展形成的相关运行体制机制、程序、规则等结构性安排和状态秩序等。同时我们也看到，相对于人才领域而言，科技、教育都具有更为清晰的工作领域和职能边界，而人才工作渗透于其他各项工作之中，其范围更广、更大、更远，其复杂性、创新性、挑战性更强，因此其影响力、作用性也往往更大。此外，人才发展治理体系与干部人事管理制度相比，其内涵也有显著不同。党的十八大以来，在推动人才发展方面，我们强调"放权""松绑"，而在干部管理方面则强调"严抓""严管"。习近平总书记强调，要遵循人才成长规律和科研规律，不能像管行政干部那样管科研人才。由此可见，"人才"和"干部"的发展治理、管理方式和方向大相径庭。

习近平总书记指出，要完善和发展中国特色社会主义制度、推进国家治理体系和治理能力现代化。在实践中，国家治理体系的升级优化一般有两个来源：一个是基于实践层面的问题导向的改革创新，另一个是基于总体规划的顶层设计。[①] 前者为治理方式创新带来活力，后者为治理结构布局奠定框架。自 2016 年以来，国家以体制机制改革为主线优化人才发展治理体系的历程，正是以解决基层实践中阻碍人才发展的突出问题为导向不断推进的。但是面对进入新时代高质量发展的全局要求，问题导向的"摸着石头过河"改革方式形成的"部分改革均衡"和"阶段性治理均衡"不足以支撑人才引领发展的整体战略布局。当前体制机制改革进入攻坚期和深水区，需要进一步深化解决人才发展治理体系的总体结构问题。

"治理"本身意味着从专家决策、精英决策到公众决策、社会参与的转变。现今国际公共管理研究与实践中出现的一些重要主题，如伙伴关系、网络、协作、分权和横向管理等，都申明了政府部门、公共机构与企业组织等多元主体共同参与、合作治理价值主张的重要性。具体到推动我国人才事业发展方面，坚持党管人才原则，充分发挥市场配置人才资源的

[①] 薛澜：《激发制度创新的内生动力》，《人民日报》2020 年 4 月 13 日第 9 版。

决定性作用，厘清政府、市场、社会的责任和界限，才能构建起聚天下英才而用之的国家人才治理体系。要建立这样的人才发展治理体系，需要将政府本位、权力本位、官员本位，让渡为市场本位、人才本位、专业力量本位[1][2]，政府后退一步，社会前进一步，在推动人才发展中，进一步增强市场激励、社会评价和行业规制的力量，充分调动人才创新创造的内在能量。

第二节 人才发展治理体系的相关研究进展

2016年被称为"人才发展治理"领域研究的元年。与其他学术理论问题研究不同，"人才发展治理"概念由2016年的《意见》率先使用，而后再进入学术研究和工作实践者的视野中。总结回顾相关领域研究，其主要研究进展和观点体现在以下五个方面。

一、人才发展治理相关概念界定

人才发展治理相关概念的代表性观点包括以下几项。董博提出，人才发展治理是治理理念、治理方式对人才自身成长、人才队伍建设、人才发展政策、人才发展机制、人才发展环境等人才发展事务进行规制的一种管理方式。[3] 刘忠艳将人才发展治理体系界定为，通过发挥政府引导、市场导向、用人单位决定、社会参与、人才主动"五位一体"的多元治理主体结构框架及其行动为推进国家人才事业发展和人才全面可持续发展的治理体系。[4] 江游等人认为，人才发展治理体系就是以协同治理理念为指导，采用多种治理工具，由政府、市场、社会、用人主体、人才等多种治理主

---

[1] 孙锐：《构筑新时代人才发展治理体系》，《人民论坛》2019年第26期，第58-60页。
[2] 中国组织人事报评论员：《加快构建现代人才发展治理体系》，《中国组织人事报》2016年6月1日第6版。
[3] 董博：《走向人才强国的治理之路：中国人才发展治理及其体系构建研究》，东北师范大学出版社，2020，第7页。
[4] 刘忠艳：《创新驱动发展背景下的政府人才治理：内涵、发展困境及应对策略》，《中国人力资源开发》2016年第17期，第78-83页。

体共同构建和参与的人才服务管理的网络化的制度体系。① 其中，我们看到相关概念涉及治理主体、治理客体以及治理方式、治理目标等主要要素。

二、人才发展治理的目标指向

吴江等人提出，推动从人才管理到人才发展治理的转变，意味着我国人才思想、人才工作的渐次提升。② 孙锐认为，要形成一个既能充分发挥市场决定性作用，又能切实加强党和政府宏观人才治理能力，使两者既能有机结合又能相互制约的新型人才治理体制和良性互动机制。③ 周湘智提出，要推动我国由人才大国迈向人才强国，加快构建现代人才发展治理体系已成为必须面对的现实课题，是深化人才发展体制机制改革的重要目标。④ 任瑞升、黄维强调，要做好人才发展与国家治理现代化有效结合的国家政治引领和顶层设计。⑤ 我们从中看到涉及明晰管理与治理的区别和联系，关系到中国人才工作体系的整体提升问题。

三、人才发展治理的基本内涵

董博认为，人才发展治理主要是现代国家治理理论在人才发展领域中的推广和应用；人才发展治理涉及治理理念、治理主体、治理客体、治理方式、治理目标和治理环境等。⑥ 张锋总结了习近平新时代人才发展治理的重要论述，从人才发展治理的战略目标、推进路径、工作方针和标杆向度四个维度，梳理概括了习近平关于人才系列论述中的治理思维。⑦ 吴江

---

① 江游、张新岭、焦永纪：《现代人才发展治理体系的内涵、框架及构建策略研究》，《中国集体经济》2018 年第 29 期，第 25-26 页。
② 吴江等：《人才强国战略概论》，党建出版社，2017，第 1 页。
③ 孙锐：《构建人才引领发展的治理体系》，《瞭望》2019 年第 50 期，第 13-15 页。
④ 周湘智：《用好人才发展治理的"三只手"》，《光明日报》2017 年 2 月 23 日第 15 版。
⑤ 任瑞升、黄维：《论人才发展与国家治理现代化的逻辑理路及实践路径》，《人文杂志》2021 年第 12 期，第 8-15 页。
⑥ 董博：《走向人才强国的治理之路：中国人才发展治理及其体系构建研究》，东北师范大学出版社，2020，第 7 页。
⑦ 张锋：《习近平新时期人才治理思想述论》，《观察与思考》2016 年第 6 期，第 52-58 页。

强调,要推动"源头治理、依法治理、系统治理"三大原则①,建立韧性人才发展治理体系②,并从人才发展治理理念、结构、体制、机制等多个层面,探讨中国人才发展治理体系的主体、结构、关系以及运行机制等③。孙锐、吴江提出,构建新时代人才发展治理体系需要强化党管人才的战略协同和议程协同能力,要突出市场化方式、社会化参与、多主体协同、国际化视野和法治化保障,积极吸纳产业部门、用人单位、专业团体和社会组织参与人才发展治理④。我们看到,其中最重要的是如何处理好政府与市场的关系,并明晰其中蕴含的各种治理要素问题。

四、人才发展治理体系的构建路径

赵永乐提出,建立人才发展治理体系,需要理顺政府、市场、社会以及用人主体的关系。⑤ 吴江、沈荣华指出,多元主体治理构架的形成,有助于增强政府、市场和社会协同治理能力,形成人才发展治理合力,从而提高治理的效能、效果和效率。⑥⑦ 邱志强在总结基层经验基础上,提出地方"协同治理"的基本方向⑧。周湘智提出要放活市场"无形之手",用好政府"有形之手"。⑨ 孙锐和黄梅强调,提升政府整合能力是构建人才发展治理体系的基础,推动协同治理是建立人才发展治理体系的重要方向。⑩ 姜志刚认为,推动人才发展体制机制改革是构建首都现代化人才发展治理

---

①⑥ 吴江:《我国人才发展治理体系的探索创新过程》,《中国人才》2018年第11期,第22-25页。

② 吴江:《专家吴江谈东北振兴人才工作:聚天下英才而用之》,人民网,2018年10月16日,society.people.com.cn/n1/2018/1016/c235996-30344534.html。

③ 吴江:《关于构建具有全球竞争力的人才制度体系的几点思考》,《中国人才》2020年第9期,第17-19页。

④ 孙锐、吴江:《创新驱动背景下新时代人才发展治理体系构建问题研究》,《中国行政管理》2020年第7期,第35-40页。

⑤ 赵永乐:《各地深化人才发展体制机制改革实施意见的态势与特点》,《人事天地》2016年第12期,第16-18页。

⑦ 沈荣华:《我国政府机构改革40年的启示和新趋向》,《行政管理改革》2018年第10期,第22-28页。

⑧ 邱志强:《多元治理+机制创新:地方政府治理能力提升的路径选择》,《江海学刊》2015年第6期,第212-216页。

⑨ 周湘智:《用好人才发展治理的"三只手"》,《光明日报》2017年2月23日第15版。

⑩ 孙锐、黄梅:《人才优先发展战略背景下我国政府人才工作路径分析》,《中国行政管理》2016年第9期,第18-23页。

体系的重要路径。① 孙锐认为，要形成治理主体多元化，即政府退出"全能政府"角色，更多依靠市场主体和社会主体推动人才发展，加快形成政府、市场与社会的新型关系，构建三者在人才发展中相互协同、相互促进、互为补充的人才工作大格局。② 陈丽君和金铭提出，从人才管理向人才治理转型，其核心是实现多元共治，并实现管理主体从一元化向多元化转变，管理重点从优惠政策供给向营造综合生态环境转变，管理范畴从政府内部管理向全社会治理转变。③ 我们看到，学者们在完善人才发展治理中普遍强调多元主体协同治理的路径问题。

五、人才发展治理体系其他相关探讨

孙锐、孙彦玲提出，未来要满足人才工作精细化的要求，需要努力建立基于"职业分类"的专业人才分类治理体系框架。④ 姚凯、王亚娟认为，要迎合时代和技术发展的需求，就要努力建构基于人才大数据的新时代人才治理框架等。⑤

总体上看，有关"人才发展治理"的文献，其中较多的是对中央相关文件的解读、对重要意义的论述、对各地落实构建人才发展治理体系部署的理解，这为人才发展治理体系研究提供了一定基础，但相关理论和应用研究还基本上处于起步阶段。相关研究主要呈现以下特征：一是系统研究文献较少，且大多停留在概念、理念层面，理论深度不够，人才治理体系还缺乏坚实的理论支撑和公认的理论框架；二是已有研究偏重于对西方人才治理理念的引进介绍，与我国人才工作实际问题结合不足，难以对人才工作实践产生推动和影响作用；三是相关研究提出的建议较为抽象，落地实施可操作性差，难以对政府决策和相关制度改革提供有力的支撑。

---

① 姜志刚：《加快构建首都现代化人才发展治理体系（深化人才发展体制机制改革）》，《人民日报》2016年6月21日第13版。
② 孙锐：《政府在人才工作中扮演什么角色》，人民网，2016年10月27日，http://theory.people.com.cn/n1/2016/1027/c40531-28811528.html。
③ 陈丽君、金铭：《从管理到治理：构建多元共治式人才治理体系》，《中国人才》2021年第1期，第27-29页。
④ 孙锐、孙彦玲：《构建面向高质量发展的人才工作体系：问题与对策》，《科学学与科学技术管理》2021年第2期，第3-16页。
⑤ 姚凯、王亚娟：《基于人才大数据发展的新时代人才治理体系建构》，《中国科技人才》2021年第4期，第13-18页。

第三节　人才发展治理体系的相关实践发展

虽然人才发展治理体系的概念及新时代构建现代化人才发展治理体系的总体要求由 2016 年中央文件提出，但是形成人才发展治理体系的相关工作在实践中早已开展了。因此，可以说人才发展治理体系的概念是在总结人才工作相关实践的基础上提炼形成的。

一、国家人才发展治理体系的构建

2000 年是我国人才工作发展的重大转折节点。这一年，中央经济工作会议首次提出制定和实施国家人才战略。2001 年《中华人民共和国国民经济和社会发展第十个五年计划纲要》首次在国家五年计划中设立了实施人才战略，壮大人才队伍专章，人才战略开始进入国家战略议程。由此，我国人才工作进入了历史发展新时期，这一时间点也成为我国人才发展治理体系基本构架孵化成型的实践起点。

基于相关理论探讨，我们看到人才发展治理体系是在我国传统政府人才工作语境下人才体制机制、工作格局和政策制度等主要议题的统合和扩展，其中主要关系到在推动人才发展过程中政府、市场、社会三者的权责、角色和职能界限问题。基于此，我们看到自 2000 年以来，我国人才发展治理的框架、结构和规则逐步演化发展，大体形成了管理式治理、整体性治理、统筹式治理、全面性治理四个主要发展阶段，每个阶段的工作背景、工作需求和工作重心均有所不同，见表 9-1。

（1）管理式治理阶段。从 2000 年到 2010 年 5 月第二次全国人才工作会议召开，这一时期可称为管理式治理阶段。这一阶段围绕人才强国战略的明晰、构建和发展，形成了相关治理理念、原则和内容，确立了人才发展治理的初步构架。2000 年、2001 年之后，2002 年中央又提出"尊重劳动，尊重知识，尊重人才，尊重创造"的方针理念，明确了党管人才原则。2003 年中共中央、国务院发布《关于进一步加强人才工作的决定》，提出"不唯学历、不唯职称、不唯资历、不唯身份"的人才观念，明确实施人才强国战略，成立了中央人才工作协调小组、召开全国人才工作会议，并先后提出 3 支、5 支重点人才队伍建设任务。

表9-1 新时期人才发展治理框架的演变及特点

治理阶段	延续时间	治理背景	特征事件	治理特点	治理成效
管理式治理：基于战略构建的治理发展阶段	2000年至2010年5月	国家认识到人才发展的重要性，围绕推动国家现代化，逐步形成实施人才强国战略相关治理布局	提出"四个尊重""四不唯"和人才资源是第一资源理念；提出实施人才战略、人才强国战略，并逐步提升为国家一级战略；明确党管人才原则，成立中央人才工作协调小组并明确成员单位管理职责	围绕人才强国战略形成、确立，明确党管人才治理和基于人才队伍的治理抓手，发展了行政化管理式治理构架	明确了治理方针、治理功能和相关内容；在传统计划管控式治理基础上，逐步开始引入市场化要素，丰富相关治理体系
整体性治理：基于规划引导的治理发展阶段	2010年5月至2016年3月	围绕贯彻落实《国家中长期人才发展规划纲要（2010—2020年）》，形成系列人才发展路线图、施工图，由此延伸出相关治理安排	提出加快确立人才优先发展战略布局方针理念，召开了第二次全国人才工作会议，颁布《国家中长期人才发展规划纲要（2010—2020年）》，出台《进一步加强党管人才工作的意见》，明确了党管人才工作体系和基于规划落实的政府内部分工治理结构	围绕规划任务落实的部门赋权型、参与式治理；人才规模和素质成为政府治理重心，呈现政府内部分权的分布式整体性治理特征	治理方针、功能内容、制度规则、运作体系进一步建立健全发展，形成了立体化、参与式、多部门多条线赋权参与治理的体系图景
统筹式治理：基于改革联动的治理发展阶段	2016年3月至2021年9月	围绕深化人才发展体制机制改革，中央全面深化改革领导小组（委员会）全面领导人才发展治理体系改革升级	提出聚天下英才而用之的治理理念，出台《意见》及系列重大改革举措，开展相关治理改革探索	围绕"放权松绑"，发挥市场决定性作用，强化党管人才下跨部门统筹协调式治理模式	体制机制改革点上突破，治理效能逐步提升，人才发展制度环境逐步改善，人才创新创业活力得到增强
全面性治理：强化党领导实施新时代人才强国战略的治理发展阶段	2021年9月至今	围绕推动高质量发展和高水平科技自立自强，贯彻落实新时代人才强国战略	中央人才工作会议召开，习近平总书记提出深入实施新时代人才强国战略，加快建设世界重要人才中心和创新高地	强调党领导实施新时代人才强国战略，成立中央人才工作领导小组，加大人才工作统筹力度	体制机制改革统筹力度明显增强，"3+N"战略布局顺利推进，经济管理综合部门逐步重视并加强人才工作

资料来源：作者分析梳理。

2007年，党的十七大进一步确立了"人才资源是第一资源"战略地位，将人才强国战略写入党的代表大会报告和党章，将其确定为国家三大基本战略之一。其间成立了中央人才工作协调小组，统筹人才战略规划、政策研究、宏观指导、工作协调等国家人才宏观管理职责，相关部门也确定了相应管理职权，为推动全国人才发展建立了总体治理基础。

（2）整体性治理阶段。从2010年5月到2016年3月《意见》出台，这一时期基于《国家中长期人才发展规划纲要（2010—2020年）》的引导、落实，完善了相关治理布局，可称为整体性治理阶段。这一阶段我国人才发展治理的理念方针、功能内容、制度规则、运作体系进一步建立健全发展，形成了立体化、参与式，多部门多条线赋权参与治理的体系图景。

2010年5月召开了第二次全国人才工作会议，出台了第一个《国家中长期人才发展规划纲要（2010—2020年）》，明确了确立人才优先发展战略布局和未来十年人才工作安排，包括6支人才队伍建设、10项重大人才政策、12项重大人才工程和体制机制创新任务，形成了政府部门责任分工。2012年《关于进一步加强党管人才工作的意见》出台，进一步完善了党管人才领导体制、工作格局及运行机制。至此，围绕《国家中长期人才发展规划纲要（2010—2020年）》落实，形成了以规划任务和职责分工为整体蓝本和治理逻辑的人才发展治理布局，呈现政府内部分权的整体性治理结构特征。

（3）统筹式治理阶段。2016年3月—2021年9月中央人才工作会议召开，这一时期围绕推动党中央布置的深化人才发展体制机制改革重大任务，形成了相应的改革联动治理体系，可称为统筹式治理阶段。2016年3月，中共中央出台的《意见》标志着我国人才发展治理的内容、功能、规则和布局等进入新的历史改革期。《意见》提出要构建科学规范、开放包容、运行高效的人才发展治理体系，充分发挥市场在人才资源配置中的决定性作用，并从体制改革和培养、评价、流动、激励、引才用才、保障及组织领导等8个方面提出了改革任务安排，对升级我国人才发展治理体系提供了方向标和路线图，集中体现了对形成具有国际竞争力的人才制度优势、建立集聚人才体制机制，择天下英才而用之等重要方针的贯彻落实。

2017年党的十九大进一步强调人才是实现民族振兴、赢得国际竞争主动的战略资源，要坚持党管人才原则，聚天下英才而用之，加快建设人才强国。这一时期，在中央全面深化改革领导小组（委员会）的领导下，以"向用人主体放权，为人才松绑"为治理导向，中央人才工作协调小组强化了党管人才跨部门统筹协调的改革联动机制，形成了主要治理主体牵头，次要治理主体配合的统筹协调人才工作相关改革治理结构。

（4）全面性治理阶段。从2021年9月中央人才工作会议召开至今，这一时期围绕推动高质量发展和高水平科技自立自强，贯彻落实新时代人才强国战略的系列重大发展布局，强化形成了党领导实施人才强国战略的全面性人才发展治理体系，可称为全面性治理阶段。2021年9月27日至28日，中央人才工作会议在北京召开，这是我国第一次以中央名义高规格举办的人才主题工作会议。习近平总书记出席会议并发表重要讲话，强调要坚持党管人才，坚持面向世界科技前沿、面向经济主战场、面向国家重大需求、面向人民生命健康，深入实施新时代人才强国战略，全方位培养、引进、用好人才，加快建设世界重要人才中心和创新高地，为2035年基本实现社会主义现代化提供人才支撑，为2050年全面建成社会主义现代化强国打好人才基础。针对上一阶段存在的人才创新活力激发不足、高精尖人才培育力度不够，一些重大体制机制改革任务存在落地"最后一公里"的问题等，中央强化了对人才工作的全面领导，将中央人才工作协调小组改为中央人才工作领导小组，由中央政治局常委担任小组主要领导，同时扩充了小组成员单位，进一步加强了科技、工信、外事等相关部门工作职责。自中央人才工作会议召开以来，体制机制改革统筹力度明显增强，"3+N"战略布局顺利推进，经济管理综合部门逐步重视并加强人才工作，国家人才发展治理核心构架得到进一步加强和完善。

2002年以来，我国在人才发展治理观念方针、功能内容、制度规则、运行体系等方面经历了一个形成、发展、迭代和优化的过程。其间，治理背景、治理重心、治理目标和治理成效各有不同，这反映着国家现代化发展进程中不同阶段人才发展需求和国家战略布局的要求。经过20多年的发展变革，我国人才发展治理体系由平面化的人才管理治理结构演化为立体化的人才发展治理图景，由计划式强管理的治理模式发展为党管人才框架下多部门协同的治理模式，对推动我国人才发展产生了不可估量的作用。

二、地方优化人才发展治理体系的探索

党的十八大以来，全国各地尤其是发达地区，在构建区域人才发展治理体系方面开展了一系列探索实践，在发挥市场配置人才的决定性作用方面，在进一步发挥专业社会组织引导人才职业发展方面，在健全完善党管人才工作体系方面开展了较多有益尝试，为在国家层面构建现代化人才发展治理体系提供了一些有价值的经验借鉴。

（1）健全完善党管人才核心治理构架。近年来，一些地区通过建立人才工作局，强化了党在人才发展治理体系中的核心治理主体作用。2017年8月，深圳市在全国首先成立了人才工作局，下设人才政策和人才工程计划两个职能处室，负责编制实施人才发展规划、引进高层次人才和科研创新团队，统筹重大人才工程、推进人才载体建设、举办优质人才活动、加强人才服务保障等职能，为优化深圳人才发展治理体系提供了更强大的体制保障和资源支撑。2018年11月，北京市将市委组织部人才工作职责和人力资源和社会保障局相关职责整合，组建了北京市人才工作局，下设综合协调处、人才发展处、流动调配处、交流合作处、联系服务处五个职能处室，统筹全市人才队伍建设、海内外人才联系网络建设、人才服务体系建设等主要人才工作职能，实现了全市人才发展核心职能的统一集中。2018年12月，海南省成立省委人才工作委员会，并将省人才工作领导小组办公室职责、省人力资源和社会保障厅专业技术人才管理职责整合，组建了省委人才发展局，统筹推进全省人才发展体制机制改革、人才队伍建设和区域协调发展，实施重大人才计划和工程项目、完善党委联系服务专家工作等重要人才发展工作，为海南全省建设自由贸易试验区提供人才工作保障。我们看到，地方人才工作局的成立，使得人才服务资源更加集中，统筹力度更高，工作抓手更多，工作推动更有力度，为推动地方人才发展提供了强有力的体制保障。

（2）向用人主体让渡人才发展治理空间。2017年2月，江苏省出台《关于聚力创新深化改革打造具有国际竞争力人才发展环境的意见》，向重点用人主体下放三项自主权：人事管理权、人才评价权、经费使用自主权。① 在此基础上,江苏省人力资源和社会保障厅向66所本科院校下放职称评审权限;2019年,江苏省又进一步将职称评审权限下放到各高职院校。2016年9月,上海市"人才新政30条"提出推进用人制度改革,在符合条件的高校、科研院所等公益二类事业单位,实施岗位聘任、考核评价、收入分配、人才引进等管理权下放。2017年3月,上海市出台《关于深化简政放权优化事业单位人事管理有关工作的通知(试行)》,其中提出取消事业单位公开招聘计划的前置核准备案,赋予事业单位岗位自主统筹设置权。2016年1月,广东省出台《高水平大学建设人事制度改革试点方案》,提出"五个下放、两个完善、一个加强",即下放岗位设置权、下放公开招聘权、下放职称评审权、下放薪酬分配权、下放人员调配权,完善人员考核晋升退出机制、完善服务保障机制,加强事中事后监管等②。向用人主体下放用人自主权,让渡人才发展治理空间,是政府简政放权的重要方向,其中不仅减少了对用人主体的过度干预,也有利于进一步激发用人单位和人才发展活力。

(3) 吸引各类社会力量参与人才发展治理。一方面,2012年江苏省成立中青年人才创业促进会,全部工作人员面向社会招聘,他们以民间组织和第三方名义,发布省级人才创新创业发展报告,为中青年人才跨学科研发、科技金融合作、科技成果转化、协同科技创业提供合作平台,在推动人才发展相关职能由政府向社会组织转移方面开展先行探索。③ 另一方面,深圳自2013年开始,从近400家经济类社会组织中,遴选出38家行业协会,并向其下放了76个评委会、118个专业的职称评审权限。④ 在下放职称评审权限的同时,深圳允许社会组织制定行业人才评价标准、创新评价方式,建立健全以同行专家评审为基础的业内认可的人才评价机制。通过让人才评价"话语权"回归市场和社会,深圳市在构建政府监管、行业组

---

① 《江苏出台"人才26条"鼓励创新创业》,央广网,2017年2月20日,http://js.cnr.cn/2011jsfw/syyw/20170220/t20170220_523610517.shtml。

② 刘盾:《广东:五所高校从今年起先行试点人事制度改革》,《中国教育报》2016年2月1日第2版。

③ 江苏省委组织部:《人才工作市场化的生动实践——江苏运用市场化社会化手段推进人才工作》,《中国人才》2014年第3期,第36-37页。

④ 刘云:《118项职称评审交给社会组织之后》,搜狐网,2018年4月20日,https://www.sohu.com/a/228878063_267106。

织评价、社会监督的人才评价体系方面走在全国前面。

（4）向重点区域和机构让渡人才选择权和人才标准制定权。2018年2月，北京市委会同中央组织部、科技部等中央单位联合印发了《关于深化中关村人才管理改革　构建具有国际竞争力的引才用才机制的若干措施》，其中提出：允许纳入重点目录的用人单位定期推荐一定数量的急需紧缺高层次人才，直接纳入北京市海外人才工程支持范围。这一政策给予纳入试点范围的企业和机构北京市海外人才工程人选自主认定权，增强了北京市海外人才工程引才用才的精准性和产业匹配性。2018年6月，山东省重点人才政策文件中提出，探索实施省级人才工程重点单位配额制，对省内重点科研创新单位给予一定数量的免评审，直接入选山东省内人才工程的计划配额，允许重点单位自定人才评价标准，自主引进关键急需紧缺人才。2015年11月，深圳市出台《深圳青年创新创业人才选拔扶持实施方案》，在高层次专业人才评价选拔中引入"举荐制"，通过"伯乐相才荐才"的方式，发现、选拔和培养一批优秀青年人才。"举荐制"将人才认定权交给高层次顶级人才，调动专业力量为深圳发现和推荐有潜质的青年创新创业人才。这些人才发展治理方面的有益探索在助力人才创新创业、激发人才创新发展活力方面取得了不错的效果。

在看到成绩的同时我们也需要深刻地意识到，面对当前推动高质量发展，发挥市场配置人才的决定性作用、实现人才引领发展的工作部署，目前的人才发展治理体系运行中还存在一系列不协调、不匹配的问题。笔者于2020年对全国各地人才领导（协调）小组单位成员、企事业单位人才工作者400余人的问卷调查表明，专业组织在引导人才发展中的作用发挥不足，人才工作发展与产业发展需求还存在一定间隔，政府、市场和社会没形成推动人才发展的合力，市场在人才配置中的决定性作用发挥不足，政府在优化人才发展环境方面仍有不足，人才管理中存在较强的行政化、"官本位"倾向，人才领导（协调）小组成员单位间（政策）协调配合度不高等方面的问题较为突出，受访者选择比率分别达到54.6%、53.1%、50.5%、50.4%、44.4%、43.4%和34.9%。其中，认为市场在人才配置中的决定性作用发挥不足，政府、市场和社会没形成推动人才发展的合力，专业组织在引导人才发展中的作用发挥不足，人才工作发展与产业发展需求还存在一定间隔等问题"非常突出"的受访者选择比率分别达到 18.2%、18.0%、17.7% 和 16.1%。此外，政府、市场和社会的角色、边界不清，党委和政府人才工作部门实际运行存在职能交叉，政府在人才发展领域管得过多，省、市、县各级人才工作分工重心不够明确，政府人才管理职能覆盖面有所不足，政府对用人主体存在过度干预，人才领导（协调）小组成员单位间职责分工不够明确等相关问题，受访者也多有提及。而这些问题都是当前及未来一段时间"构建科学规范、开放包容、运行高效的人才发展治理体系"要解决的突出问题。

第四节 人才发展治理体系的研究展望

构建新时代人才发展治理体系，需要基于战略导向、目标导向、问题导向和结果导向，推动人才发展治理与中国特色社会主义现代化历史进程同频共振，在完善和发展中国特色人才发展制度的基础上，进一步在人才队伍建设和人才工作领域推进国家治理体系和治理能力现代化。但是当前，一方面，我国使用计划思维管理人才的惯性仍然很大，市场配置人才资源的决定性作用发挥不足，人才工作中政府对用人主体干预过多，职能边界不够清晰，缺乏市场经济条件下服务人才、发展人才的管理手段和方法；用人单位自主权受限，专业组织在推动人才发展过程中角色缺位，人才工作、管理、服务定位、内容和具体工作界限缺少统合，不能很好地适应经济社会发展的需求。另一方面，在理论研究领域，虽然学者们对人才发展治理的概念开展了一些分析，但大多数停留在表面，在理论建构、实践对接、制度改革方面有深入观点的研究不多。我们看到，当前对构建现代人才发展治理体系的逻辑、内容及工作路径，在实践领域和研究领域都尚缺乏清晰一致的认识，相关问题处于争论之中。为此，在新一轮中央和国家机构改革框架下，进一步探讨如何在坚持党管人才原则的基础上，发挥市场配置人才资源的决定性作用，进而构建起由政府、市场和社会三方充分发挥作用的中国特色人才发展治理体系框架十分必要。其中，包括探讨构建中国特色人才治理体系的理论基础和学术框架，进一步厘清政府、市场、社会在推动人才发展中扮演的角色及责任边界，以及在政府体系内，党委组织部门、政府人才管理部门及其他相关党政部门如何优化职能分工，以形成系统、统一的政府人才工作协同体制机制，为构建新时代人才发展治理体系提出对策建议,为人才工作相关部门提供决策参考。

一、探讨构建新时代人才发展治理体系的背景逻辑

结合贯彻中央人才工作精神,阐明构建中国特色人才发展治理体系的重要性和必要性,进一步明晰构建新时代人才发展治理体系的基本逻辑构架,分析构建新时代人才发展治理体系的内外形势、逻辑起点、理念原则、基本内涵与操作性定义。其中,需要深入研究如何在发挥好党管人才政治优势的基础上,更加注重以需求为导向的动态治理和更加注重营造开放包容环境的柔性治理问题。

二、探讨构建中国特色人才发展治理体系的理论基础和学术框架

在探讨公共管理领域中现代治理理论的核心内涵、主要理论、实践成果、发展趋势的基础上,结合人才研究、人才工作实践、人力资源管理理论与实践等,研究马克思主义相关理论基础、中国优秀传统治理理念,改革开放以来治理实践经验分析,探讨构建中国特色人才发展治理体系的理论基础和学术框架。此部分从理论视角,结合基础理论分析,如制度变迁理论、治理理论、党建理论、人才发展理论等,为构建中国特色人才发展治理体系厘清理论逻辑,奠定理论研究基础。

三、探讨构建新时代人才发展治理体系面对的重大问题及现实需求

对当前人才发展治理有关人才治理体系层面突出存在的政府、市场和社会的角色、边界不清,政府不同职能部门间的职责、分工不明,不同部门间工作协调性不足的问题进行探讨,并尝试挖掘问题成因。基于当前人才发展不平衡、不充分,人才开发机制落后,用人单位自主权受限,专业组织在推动人才发展过程中角色缺位,人才信息化建设迟缓等问题提供具体证据支撑和细化问题发现。基于此,探讨构建中国特色人才发展治理体系的实践发展需求。

四、探讨构建新时代人才发展治理体系的运行机制和操作框架

围绕"谁治理""治理什么""怎样治理"等基本问题,探讨在人才发展治理体系构建中各治理主体的界定、角色、定位和职能,各治理客体

的界定、分类、需求等，以形成人才发展治理的实际操作运行框架。其中，需要进一步研究如何健全完善"党管人才"原则下执政党的核心治理角色问题；如何充分发挥市场在人才资源配置中的决定性作用，更好地发挥政府作用问题；如何进一步厘清政府、市场、社会的责任和界限，如何优化政府部门间的协同机制问题；如何为专业社会组织在人才引进、评价、发现、开发和服务保障等环节和方面提供人才发展治理空间等相关问题，为构建新时代人才发展治理体系的运行机制和操作框架提出对策建议。

第十章

国家战略人才力量

战略人才站在国际科技前沿、引领科技自主创新、承担国家战略科技任务,是支撑我国高水平科技自立自强的重要力量。本章聚焦战略科学家、一流科技领军人才和创新团队、青年科技人才、卓越工程师以及大国工匠五类人才群体,全面回顾了国家战略人才力量研究领域的相关研究成果,总结了该领域的研究框架、认识体系和主要观点;分析了国家战略人才力量研究在我国人才工作实践的应用与发展,并就深化理论研究、拓展机制研究和开展分类与跨学科研究等方面展望了未来的研究方向,以期为该领域的后续研究提供参考。

第一节 国家战略人才力量提出的时代背景

2021年9月,在中央人才工作会议上,习近平总书记对加快建设国家战略人才力量提出明确要求,强调要"大力培养使用战略科学家""打造大批一流科技领军人才和创新团队""造就规模宏大的青年科技人才队伍""培养大批卓越工程师"。① 党的二十大报告指出,加快建设国家战略人才力量,努力培养造就更多大师、战略科学家、一流科技领军人才和创新团队、青年科技人才、卓越工程师、大国工匠、高技能人才。② 战略人才站

---

① 习近平:《习近平在人才工作会议上强调深入实施新时代人才强国战略 加快建设世界重要人才中心和创新高地》,《人民日报》2021年9月29日第1版。
② 习近平:《高举中国特色社会主义伟大旗帜 为全面建设社会主义现代化国家而团结奋斗——在中国共产党第二十次全国代表大会上的报告》,中华人民共和国中央人民政府网,2022年10月25日,http://www.gov.cn/xinwen/2022-10/25/content_5721685.htm。

在国际科技前沿、引领科技自主创新、承担国家战略科技任务，是支撑我国高水平科技自立自强的重要力量。

一、实现高质量发展的内在要求

实施人才强国战略，建设国家战略人才力量是高质量发展的内在要求。当前，新一轮科技革命和产业变革突飞猛进，全球创新链、价值链、产业链与人才链系统重塑，我国发展的内外环境发生深刻变化，生产函数面临系统重构，人才的决定性作用更加凸显，科技创新成为多重约束下求最优解的有效方法。

当今世界百年未有之大变局加速演进，科技创新成为国际战略博弈的主要战场，围绕科技制高点的竞争空前激烈；新一轮科技革命和产业变革突飞猛进，科技创新广度显著加大，科技创新深度显著加深，科技创新速度显著加快，科技创新精度显著加强。科技创新是我国统筹安全与发展的关键因素，是构建新发展格局、赢得国际竞争主动的重大任务。

科技创新的竞争说到底是人才竞争，我国要实现高水平科技自立自强，归根结底要靠高水平创新人才。我国经济社会发展和民生改善比过去任何时候都更加需要科学技术解决方案，都更加需要增强创新这个第一动力。立足新发展阶段、贯彻新发展理念、构建新发展格局、推动高质量发展，必须把人才资源开发放在最优先位置，把建设国家战略人才力量作为人才工作的重中之重，坚持创新在现代化建设全局中的核心地位，加快全面转入创新驱动发展模式，依靠创新驱动、技术进步、高素质人才激发强大内生动力。

二、建设世界科技中心的必然选择

科学的历史发展不是线性的，而是有起有伏；科学的地域分布也是不平衡的，有的国家先进，有的国家落后。世界科技发展史证明，谁拥有了一流创新人才、拥有了一流科学家，谁就能在科技创新中占据优势。

日本学者汤浅光朝用定量的方式描述了16—20世纪世界科学活动中心及其转移的情况。如果一个国家的科学成果数超过全世界科学成果总数的25%，则表明这个国家就会成为世界科学中心；该国科学成果超过25%所持续的时间，称之为科学兴隆期。近现代世界科学中心转移的顺序大致是意大利（1540—1610年）、英国（1660—1730年）、法国（1770—1830年）、德国（1810—1920年）、美国（1920年至今），每个国家的科学兴隆期平均为80年左右。1974年，我国著名科学学家、科学计量学家赵红州利用研究复旦大学学报所载的自然科学大事记，也独立发现了科学活动中心转移的现象，测算得出的各科学中心平均兴隆期也约为80年。[①]

科学中心都是杰出科学家云集的国家。赵红州通过统计分析认为，科学中心随各国杰出科学家人数的变化而转移，重大科学成果数目随着杰出科学家人数增加而增加。在科技发展早期，一国科学发展的赶超能力依赖于高产科学家的多次贡献，但是随着现代科学的发展，人类知识量增加所造成的科学发明困难程度的增大，高产科学家比例下降，科学劳动中集团研究能力便显得愈加重要。

进入20世纪，科学与技术一体化程度越来越高，借鉴世界科学中心转移研究的成果及其揭示出来的规律，结合对当前科技前沿状况的把握，可以看出世界科技中心仍然主要集中在欧美发达国家，但呈现出加速向亚洲和太平洋地区转移的趋势。我国科技研发支出快速增长，在全球的研发份额占到较高的比例，技术创新能力明显增强，已经成为科技创新的高度活跃地区，并对世界科技创新做出越来越大的贡献。

三、再创人才竞争优势的时代需要

党的十八大以来，人才工作紧紧嵌入国家经济社会发展全局，目标任务瞄准战略需求来确立，政策措施围绕战略实施来制定，工作成效根据战略成果来检验，国家重大战略部署到哪里，人才工作就跟进到哪里、服务到哪里。优先保障人才投入，全面实施重大人才工程，深化人才发展体制机制改革，全方位培养引进用好人才。2020年，全社会研发经费达2.44万亿元，居世界第二位。高水平人才队伍总量持续扩大，人才引领创新的作用不断显现，目前我国两院院士共1 600余人，中央和部门人才计划、基金项目入选者数万人，享受国务院政府特殊津贴专家数十万人，各类专业技术人才数千万人，成为全球规模最宏大、门类最齐全的人才资源大国。人

[①] 赵红州：《关于科学家社会年龄问题的研究》，《自然辩证法通讯》1979年第4期，第29-44页。

才创新成绩单越发亮丽。人才发展与科技创新相互成就，从"嫦娥"飞天到"蛟龙"入海，从"天眼"探空到"墨子"传信，从"北斗"组网到"神威"超算，从 5G 商用全面推进到新冠病毒疫苗加速研制……一批重大科技创新成果喷涌而出，一些前沿领域开始进入并跑、领跑阶段，中国科技实力实现历史性跨越，我国在全球创新版图中的位势节节攀升。

第二节 国家战略人才力量建设的理论来源

国家战略人才力量研究的理论基础包括国家竞争优势理论、国家创新系统理论以及国家战略科技力量理论。

一、国家竞争优势理论

研究者普遍认为，国家竞争优势理论是通过研究一国的经济环境、组织、机构与政策在产业竞争优势中所扮演的角色，找出一个国家可以维持产业竞争优势的诸多因素。[1] 国家竞争优势理论产生于 20 世纪 80 年代，代表人物为美国哈佛大学商学院教授、国际竞争战略学家迈克尔·波特。[2] 该理论在解释第二次世界大战结束后国际贸易新格局方面具有巨大的说服力，成为经济全球化下各国进行国际分工定位、实现和挖掘比较优势的主要指导理论。

国家竞争优势理论认为，一个国家在某一行业建立和保持竞争优势的能力取决于四个基本变量：①生产要素，包括初级的生产要素（一般的人力资源和天然资源）和被创造出来的生产要素（包括知识资源、资本资源和基础设施）；②需求条件，包括国内需求的结构、市场大小和成长速度、需求的质量、需求国际化的程度等各个方面；③相关产业和支持性产业的表现，包括纵向的支持（企业的上游产业在设备、零部件等方面的支持）和横向的支持（相似的企业在生产合作、信息共享等方面的支持）；④企

---

[1] 具体内容详见符正平发表的《新竞争经济学及其启示——评波特竞争优势理论》，张小蒂、李风华发表的《技术创新、政府干预与竞争优势》，邹薇发表的《论竞争力的源泉：从外生比较优势到内生比较优势》。

[2] 波特早期研究的重点是企业战略和企业的竞争力问题，波特将其在企业竞争力领域的研究扩展到产业和国家的层面，进而形成了国家竞争优势理论。

业战略、企业结构和竞争对手，包括企业的经营理念、经营目标、员工的工作动机、同行业中竞争对手的状况等方面。① 国家竞争优势理论从财富的积累与知识的演进角度出发，将竞争优势的发展分为四个阶段：要素驱动阶段、投资驱动阶段、创新驱动阶段和财富驱动阶段。②

竞争优势是在市场上所显示出来的比较优势，而比较优势有外生的与内生的区别。以外生比较优势为基础的贸易结构是非常脆弱的。技术进步速度的加快使外生比较优势的重要性不断下降，如信息革命与知识经济的出现，单靠廉价的天然要素成本难以获得持久的国际竞争优势。内生比较优势的核心是通过政府和企业投资进行知识积累、技术积累和专业化的人力资本积累。内生比较优势也可以说是政府和企业人为创造的比较优势。在知识经济时代，学习能力、学习速度与创新能力是创造内生比较优势的关键。内生比较优势在当今国际贸易格局中已位居主导地位，且越来越重要。因此，发展中国家迫切需要发展内生比较优势。

国家竞争优势理论对国家战略人才力量的建设有重要影响，为了提高内生比较优势，绝大多数国家或地区致力于加大科技投入和人力资本投入。从国际政策实践来看，它们普遍采用财税、金融等各类工具诱导资源更多地投入研究开发、高新技术企业发展、人力资本投资等领域。那些在经济增长方面取得较大成功的国家，无一不将技术创新置于极端重要的地位，而技术创新和人才集聚也早已成为影响经济发展的举足轻重的要素。③

二、国家创新系统理论

国家创新系统理论主张从国家制度层面来讨论科技力量构建问题，强调公私领域的不同组织和部门共同参与建设创新网络，促成政府政策、企业研究开发工作、教育培训事业和社会产业结构之间形成有机统一关系。④

---

① 林毅夫、李永军：《比较优势、竞争优势与发展中国家的经济发展》，《管理世界》2003年第7期，第21-28页、第66-155页。
② 郑风田：《国家竞争优势理论评述》，《经济纵横》2003年第5期，第48-51页。
③ 张小蒂、李风华：《技术创新、政府干预与竞争优势》，《世界经济》2001年第7期，第44-49页。
④ 潘冬晓、吴杨：《美国科技创新制度安排的历史演进及经验启示——基于国家创新系统理论的视角》，《北京工业大学学报：社会科学版》2019年第3期，第87-93页。

国家创新体系理论可以追溯到经济学家弗里德里希·李斯特的《政治经济学的国民体系》、约瑟夫·熊彼特的《经济发展理论》以及20世纪50年代对新熊彼特主义的研究等。李斯特提出了"国家系统"(National System)概念,而熊彼特则提出了"创新"(Innovation)概念[1][2]。公认并正式提出与使用"国家创新系统"(National Innovation System)这一概念的学者是克里斯托夫·弗里曼。

弗里曼在研究日本战后经济奇迹时发现,日本在处于技术相对落后的情况下,大规模引进以美国为主的先进技术,并加以应用性改造,同时通过自身的组织创新,赢得了在创新上的比较优势,从而在国际市场竞争中击败拥有基础科研优势的美国。弗里曼认为,国家在推动技术创新中具有重要作用,一个国家要实现经济的追赶和跨越,必须将技术创新与政府职能结合起来,形成"国家创新系统"。而国家创新系统就是"由公共和私人机构组成的网络,通过一系列相互作用从而引入、改变或者扩散新技术"。

本特－雅克·伦德瓦尔从不同角度阐述了国家创新系统的要素构成。伦德瓦尔认为,国家创新系统包含的要素,从狭义上讲应该包括大学、研究开发部门等与研究、发展密切相关的机构设置和制度安排;从广义上讲则包括所有影响学习、研究、创新的经济结构和经济制度[3]。伦德瓦尔对国家创新系统组成要素的划分方法基本上成为后续研究的主要分析框架。[4]

到目前为止,国内外关于国家创新系统的研究卷帙浩繁,影响力不断提升。尤其是在经济合作与发展组织(OECD)发布了《管理国家创新系统》的报告之后,创新系统观从理论分析进入各国的政策实践。2004年,美国竞争力委员会在《创新美国》研究报告中明确提出"创新系统是一个生态系统"的观点,美国学者开始从不同视角对创新生态系统的概念内

---

[1][4] 韩振海、李国平:《国家创新系统理论的演变评述》,《科学管理研究》2004年第2期,第24-26页、第71页。

[2] 李涛:《国家创新系统理论的演变评述》,《新丝路(下旬)》2016年第8期,第26-27页。

[3] 多西等:《技术进步与经济理论》,经济科学出版社,1992,第380页、第395页。

涵、系统类型、分析框架等进行建构。与创新系统相比，创新生态系统更加强调创新过程的自组织性、多样性、平衡性以及共生性，强调创新组织群落协同演化以及与其创新环境协同演化的重要性。

国家创新系统理论建立了国家创新体系的整体效能观，明确了企业、高校、科研院所创新主体在创新链不同环节的功能定位，要激发各主体创新的激情和活力，同时要转变政府科技管理的职能，发挥好组织优势。国家创新系统理论反映了未来国际竞争的关注点，即在创新当中，谁能够更好地形成自己的竞争比较优势。

三、国家战略科技力量理论

国家战略科技力量理论基于国家战略力量理论发展而来。国家战略力量在实际中通过整合生产能力、地理条件、科技水平、人民禀赋等发挥作用，但其本质不在于对社会资源配置形成绝对权威，更不在于采取强制措施对各方力量进行任意控制，而在于以潜移默化方式影响社会经济运行，特别要在动员巨大社会力量的基础上采取果断有效的措施调动社会资源[1]，促进国家在有效市场和有为政府的协同合作中深入发展。

随着科技在国家发展中的关键作用逐渐凸显，国内专门针对国家战略科技力量的研究开始兴起。白春礼通过分析中国科学院发展的历史脉络，总结国家战略科技力量能引领整体科技实力和重大原创能力提升的结论，强调走中国特色自主创新道路的重要性[2]。龙云安等人从建制化角度分析中国国家战略科技力量的新优势，论证科技发展战略的核心是建设科技强国的基本保障[3]。贾宝余等人论述国家战略科技力量的两个发展阶段，探讨发达国家的国立科研机构建设经验，总结美、日、英、法等国家从国家战略高度强化科技力量的共同特征，提出要以国家实验室为抓手强化国家

---

[1] Richard Rubinson, *Dependence, Government Revenue, and Economic Growth: National Development and the World System* (University of the Chicago Press, 1979), pp. 207–221.

[2] 白春礼：《中国科学院 70 年：国家战略科技力量建设与发展的思考》，《中国科学院院刊》2019 年第 10 期，第 1089–1095 页。

[3] 龙云安、胡能贵、陈国庆、杨子强：《培育我国国家战略科技力量建制化新优势研究》，《科学管理研究》2017 年第 2 期，第 18–21 页。

战略科技力量①。肖小溪等人围绕概念定义和内涵特征开展理论研究，认为国家战略科技力量是一个政治决策，与国家科技发展规划息息相关，在实际运作中呈现出动态演化特征②。

从内涵上来看，国家战略科技力量作为科技创新主体，应以保障国家发展利益和安全利益为基本点，将国家各个部门中的物质力量和精神力量有机结合起来，并在全面考量国际国内形势过程中将世界科学前沿领域、新兴产业技术创新、全球科技创新要素汇聚起来，有效促成科技实力和综合国力提升。③

从特征上来看，国家战略科技力量具有鲜明的政策导向性，在实际运作中呈现不断动态变化的特性。同时，由于本身涉及多方科技创新主体，国家战略科技力量也具有多元化、多层次、多样化的结构特征。国家战略科技力量早已突破军事领域，进入社会经济发展领域，并在统筹各行各业优质科技资源的过程中促成了产学研政之间的协同合作，构建出集医疗救助、机器生产、交通运输、网络通信、教育教学为一体的综合科技服务系统。国家战略科技力量也具有鲜明的公共属性和开放特性。

从主体上来看，国家实验室、国家科研机构、高水平研究型大学、科技领军企业作为国家战略科技力量的主体构成，既具有各自独特性质定位，又深度协同互补，基于服务国家需求的战略导向共同支撑起高水平国家科技创新活动。

国家战略科技力量理论强调的是科研院所、科研机构要如何利用新的组织形式来服务国家战略，如何围绕国家战略重大需求发挥整体创新效能。国家战略人才力量是新时代人才强国战略体系中的概念，但是其提出与国家战略科技力量一脉相承，与我国科教兴国战略、科技自立自强任务紧密联系。

---

① 贾宝余、王建芳、王君婷：《强化国家战略科技力量建设的思考》，《中国科学院院刊》2018年第6期，第544-552页。
② 肖小溪、李晓轩：《关于国家战略科技力量概念及特征的研究》，《中国科技论坛》2021年第3期，第1-7页。
③ 刘庆龄、曾立：《国家战略科技力量主体构成及其功能形态研究》，《中国科技论坛》2022年第5期，第1-10页。

第三节　国家战略人才力量的内涵、标准与培育

截至 2022 年 10 月，对国家战略人才力量整体的研究较少，以"国家战略人才力量"为主题在中国知网进行检索仅获 15 条检索结果。国家战略人才力量是由战略科学家、一流科技领军人才和创新团队、青年科技人才、卓越工程师、大国工匠五支人才力量组成。对于这五支人才力量的研究均有基础，但研究发展并不均衡。分别以这五支人才力量作为主题在中国知网进行检索，获得检索结果数量差异较大，战略科学家（117 篇）、一流科技领军人才（34 篇）和创新团队（14 700 篇）、青年科技人才（1 348 篇）、卓越工程师（6 695 篇）、大国工匠（2 044 篇）。其中对创新团队和卓越工程师的研究较为成熟，相对成体系；对一流科技领军人才、青年科技人才、大国工匠的研究正在发展中；对战略科学家的研究较少。本节旨在回顾、分析国家战略人才力量的重点期刊文献，梳理国家战略人才力量的研究框架，如图 10-1 所示。

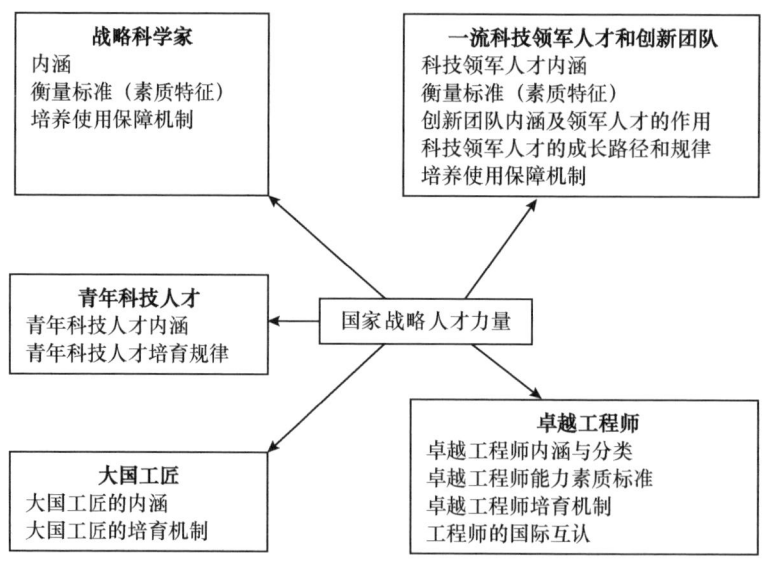

图 10-1　国家战略人才力量的研究框架图

资料来源：作者整理。

一、战略科学家

（一）战略科学家的内涵

关于战略科学家的内涵，目前只停留在称谓或名称的应用上，而其实际内涵并没有得以从严格意义上进行深入研究和阐述。通过文献回顾，涉及领袖型科学家、战略科学家、科技帅才和科学大家能力体系的阐述者主要有路甬祥、阎康年、袁家军、谭红军、汪长明、黄娅娜、李婧铱等人[①]。

学者普遍认为，战略科学家是具有跨学科知识素养、科技创造力强、有战略眼光、能引领学科持续发展，并以科技创新成就为人类文明或社会的发展做出卓越贡献的杰出科学家，具体的阐释见表10-1。

表 10-1　　　　　　　　　　战略科学家的内涵

研究者	时间	提出的相关内涵
方新	2004年	战略科学家首先应该是科学家，在他们所从事的领域有精深的研究和学术造诣。但他们又不是一般的科学家，他们是具有战略眼光、能够较好地把握世界科技发展趋势和国家战略需求，开拓新的科技领域或方向；具有卓越领导才能，善于组织大规模科技创新活动和承担国家重大科技任务；具有崇高道德风尚和人格魅力，能够团结大批科技创新人才共同奋斗的科技大家
范维澄	2004年	战略科学家应该是不仅科研做得好，而且主意出得好的科学家。首先应该是在学术上的洞察力比较强，学术造诣比较深，在所从事的领域里做出了公认的学术贡献。他应该有战略眼光，这种战略眼光主要体现在两个方面：一是在他所从事的领域，根据他所了解到的战略需求，能对本学科发展提炼出关键的科学技术问题，并提出前瞻性、战略性的规划和布局；二是了解国家战略需求，把国家战略需求与其科研相结合。这两个方面的能力就是"主意出得好"的体现。另外"主意出得好"还有另一层含义就是他的主意能被相关部门采纳

---

① 具体内容详见路甬祥发表的《人才与队伍：知识创新工程成败的关键》，阎康年发表的《世界顶级科技研发机构成功之道》，袁家军发表的《高层次人才与科技创新——以中国航天科技集团公司为例》，谭红军、郭传杰、霍国庆发表的《战略科学家领导力研究》，汪长明发表的《战略科学家的时代召唤与制度催生》，黄娅娜、贺俊发表的《集聚培育战略科学家势在必行》，李婧铱、董贵成发表的《习近平关于战略科学家重要论述的精髓要义》。

续表

研究者	时间	提出的相关内涵
何祚庥	2004 年	所谓战略科学家,是指能为国家发展战略的制定指明方向、提供决策依据的科学家。要成为一个战略科学家需要具备三方面的基本素质。一是战略科学家必须有认清全局、把握全局的能力。"战略"是整个国家发展的战略,不是一省一地、一个学科的发展规划。作为战略科学家,必须跳出学科的门户之见,站在国家发展的全局高度,审慎地判断哪些是关系到国家发展的主要因素。二是战略科学家必须有在一定领域内解决具体问题的能力。战略科学家不仅要提出科技发展战略目标,也要关注实现战略目标的战术问题。换句话说,就是必须能找到实现战略目标的有效途径,有解决实际问题的能力。例如,缓解我国电力供应的紧张局面是我们当前的战略目标,可是采取什么样的方式,是采用煤炭、石油、核能、水能还是风能?这也是战略科学家必须考虑、必须给出答案的问题。但是,答案不仅要考虑要求,还要看到资源、技术、污染等问题是否真正能解决,而且要能在 15~20 年内即能解决。三是战略科学家必须深入一线,做大量的调查研究。任何正确决策的制定都是建立在大量调查研究的基础上,战略科学家不能只坐在办公室里听汇报,要下到现场,要亲自搞调查研究。我个人认为,后两点非常重要。那些没有解决过实际问题,仅靠听听汇报就对国家发展规划指手画脚的"空头战略科学家"比没有战略科学家更可怕
谭红军等人	2011 年	战略科学家是具有跨学科知识素养、科技创造力强、有战略眼光、能引领学科持续发展,并以科技创新成就为人类文明或社会的发展做出卓越贡献、为社会公认的杰出科学家
汪长明	2020 年	战略科学家具有"战略层面的科学家"和"科学领域的战略家"两重语义指向。在中国特色社会主义政治语境下,战略科学家集民族脊梁、国之重器、科技帅才、时代楷模于一身,具有政治忠诚、立场坚定,前瞻布局、引领创新,精于谋划、善于领导,人格高尚、堪为师表等根本特质
李婧铼等人	2022 年	在科学家群体中,战略科学家具有"战略层面的科学家"和"科学领域的战略家"两重含义。一方面,战略科学家在所从事专业领域具有精深的学术造诣、长远的战略眼光、宽广的科学视野、杰出的领导才能及高度的政治站位;另一方面,战略科学家能够站在世界科技发展最前沿,明确国家战略需求,为专业发展开拓新领域新方向,引领行业发展、承担战略任务、组织科技攻关、制定发展规划、指导建设平台和培养专业人才

资料来源:作者整理。

汪长明、李婧铢等人进一步将战略科学家的内涵总结为两层含义：一是战略层面的科学家。他们既能深耕专业，又能跳脱专业、总揽全局，在对学科专业发展历史、现状与前景了然于胸的基础上，提出具有前瞻性、开拓性的新理论、新思路、新方法，引领专业发展方向。二是科学领域的战略家。他们一方面能够站在科学技术发展最前沿，洞察时代和社会发展基本规律及总体趋势，着眼拓展和维护国家现实需要和根本利益，对国家重大理论和现实问题进行方向性、全局性、先驱性思考，形成具有科学内涵并能用于指导科学实践的战略思想；另一方面能够树立自己在某一科学领域的权威性身份，在统领学科发展基础上，带领科研同行一起，为国家科技事业创新发展做出群体贡献。[1][2]

除了战略科学家的内涵，也有学者比较了战略科学家与科技领军人才的不同。汪长明提出，战略科学家的重要性更多地在于"战略性"而非"科学性"。[3] 在概念上，科技领军人才仅限于"科学"层面，是掌握最新科学技术最前沿领域知识、具有代表性科学话语权的科学家。而战略科学家，可以看作是科学领军人才中的"领军人才"，属于"领袖型科学家"范畴。

(二) 战略科学家的衡量标准

研究者参照研究国际、国内重大著名科技奖项评价标准，根据公认的战略科学家典范（如钱学森、黄大年等），提出了战略科学家的衡量标准。

1. 对人类文明的发展与进步做出巨大科技贡献

战略科学家应该在相关学科领域或高技术领域做出最重要发现或发明，其创新成就的应用会超越国家和时空的局限，为整个人类文明或社会的发展做出重大的贡献，影响深远[4][5]。

2. 对国家发展战略的实现做出卓越的科技贡献

---

[1][3][5] 汪长明：《战略科学家的时代召唤与制度催生》，《理论导刊》2020年第11期，第100-104页。

[2] 李婧铢、董贵成：《习近平关于战略科学家重要论述的精髓要义》，《科学社会主义》2022年第3期，第48-52页。

[4] 谭红军、郭传杰、霍国庆：《战略科学家领导力研究》，《科学学研究》2011年第10期，第1441-1448页。

战略科学家立场坚定,是"民族的脊梁"①。他们能统筹考虑、全面决策国家某一领域的发展战略,并引领科技队伍以优秀的科研成果与绩效来促进国家战略的顺利实现②。

3. 对学科（科技）发展或产业发展做出重大贡献

战略科学家在所从事的领域有精深的研究成果和学术造诣,做出了公认的学术贡献③。即在学科（科技）发展领域,在基础研究、应用基础研究领域取得系列或者特别重大发现,丰富和拓展了学科（科技）的理论,引起该学科（科技）或者相关学科（科技）领域的突破性发展,为国内外同行所公认；在产业发展贡献方面,主要是在高技术领域取得系列或者特别重大技术发明,并以市场为导向,实现产业化,引起该领域技术的跨越发展,促进了产业结构的变革,创造了巨大的经济效益或社会效益,对促进经济发展、社会发展做出了特别重大的贡献。

(三) 战略科学家培养、使用、保障机制

1. 战略科学家关怀信任机制

应从国家层面加强战略科学家关怀信任制度设计,努力打造大胆选用、放手使用战略科学家的制度环境。对战略科学家进行充分的科研技术赋权和战略决策赋权,政治上充分关怀、科研上充分信任,才能实现战略科学家科研工作效用最大化和科学贡献价值最大化④。

2. 战略科学家学术成长机制

需要从国家层面加强顶层设计,制定遵循教育基本规律、适应国家战略需求、符合人才成长规律的科技创新人才培育战略。从着力实现人才制度改革突破转向队伍整体创新能力提升,从强调实现智力资源代际传输转向战略科学家和科技拔尖人才培育,从队伍发展规模总量控制转向队伍的动态优化与持续发展机制建设⑤。要建立交叉学科发展引导机制,培养高水平复合型人才；坚持以实践标准长期培养和发展战略科技人才,形成战略科学家成长梯队⑥。

---

①④⑤　汪长明:《战略科学家的时代召唤与制度催生》,《理论导刊》2020 年第 11 期,第 100-104 页。

②③　谭红军、郭传杰、霍国庆:《战略科学家领导力研究》,《科学学研究》2011 年第 10 期,第 1441-1448 页。

⑥　李婧铢、董贵成:《习近平关于战略科学家重要论述的精髓要义》,《科学社会主义》2022 年第 3 期,第 48-52 页。

3. 战略科学家科研激励机制

国家应强化战略科学家决策咨询的作用,提高战略科学家在国家科研战略制定、重大项目规划等领域的话语权重;适当扩大战略科学家的科研自主权,精简报批、审定、验收程序,尽可能减少制度上的繁文缛节对其开展工作的束缚;明确适度的激励机制对于激发科技人才创新潜力的重要性,进一步创新资助机制;建立差异化的资助体系,并在资助额度上有所倾斜和突破①。

4. 战略科学家权益保障机制

让战略科学家在实施重大科研项目时拥有技术路线决策权,科学尊严得到切实保障;在确保程序正义的前提下切实赋予战略科学家以科研经费支配权;适度扩大战略科学家学术资源调配权,让经费围着人转而不是人围着经费转,将主要精力用于开展科学研究。同时,要尽可能减少行政权力对学术权力的干预,更不能将行政权力凌驾于学术权力之上,将行政工作为科研工作掌舵定向,行政为科研服务、为科学工作者服务理念落到实处,让科学研究、科研创新回归价值本位②。

二、一流科技领军人才和创新团队

(一) 一流科技领军人才的内涵

一流科技领军人才通常是指高科技领域具有原始创新能力、能够引领相关研究领域发展方向的高端学者、专家。在目前研究中,一流科技领军人才通常与科技领军人才、科技创新型人才、高层次创新型人才混用。通过文献回顾,涉及一流科技领军人才、科技领军人才、科技创新型人才、高层次创新型人才的阐述者主要有上海公共行政与人力资源研究所课题组、蔡秀萍、雷晏、韩文玲、苏津津、李燕等人③。

学者普遍认为,科技领军人才继承了精英的内涵,强调个人的出众能

---

①② 汪长明:《战略科学家的时代召唤与制度催生》,《理论导刊》2020 年第 11 期,第 100-104 页。

③ 具体内容详见蔡秀萍发表的《揭秘领军人才素质》,雷晏、徐珲发表的《追踪上海领军人才开发计划》,韩文玲、陈卓、韩洁发表的《关于科技领军人才的概念、特征和培养措施研究》,苏津津、李颖发表的《影响科技领军人才成长的关键因素分析——基于对天津市科技领军人才的实证分析》,李燕、肖建华、李慧聪发表的《我国科技创新领军人才素质特征研究》。

力和贡献,在学术水平上必须是本领域公认的、成绩卓著的专家学者①②;同时,科技领军人才具有良好的学术眼力、领导与管理能力、人格魅力、胆识魄力等综合素质,能够发挥学术技术领导和团队核心作用,带领一支创新团队,不断取得创新突破,推动和引领该领域的发展,是团队的核心与灵魂③④⑤。有学者将其概括为杰出性与引领性的统一⑥⑦,具体的阐释见表10-2。

表10-2　　　　　　　　　科技领军人才的内涵

研究者	时间	提出的相关内涵
上海公共行政与人力资源研究所课题组	2004年	科技领军人才主要是指,在自然科学、社会科学和科技型企业经营管理的广阔领域,包括在基础(理论)研究、应用研究、技术开发和市场开拓的前沿地带,发挥学术技术领导和团队核心作用,推进科技向现实生产力转化,整合、优化社会资源,发掘、创造价值源泉,通过持续创新引领时代潮流,从而对经济社会的发展做出杰出贡献的人才
雷晏、徐珲	2006年	科技领军人才是我国人才队伍中最杰出的群体,是具有典范作用和领军功能的核心人才;他们往往是新知识的创造者、新技术的发明者、新学科的创建者,是科技新突破、发展新途径的引领者和开拓者,同时也是一个创新团队的组织者、领导者
李铭俊	2006年	创新型领军人才在学术水平上必须是本领域公认的、成绩卓著的专家学者;必须具有良好的学术眼力、管理能力、人格魅力、胆识魄力等综合素质,能够带领一支创新团队,不断取得创新突破,推动和引领该领域的发展

---

①④　韩文玲、陈卓、韩洁:《关于科技领军人才的概念、特征和培养措施研究》,《科技管理研究》2011年第22期,第129-132页。

②　苏津津、李颖:《影响科技领军人才成长的关键因素分析——基于对天津市科技领军人才的实证分析》,《科技管理研究》2013年第8期,第83-86页。

③　雷晏、徐珲:《追踪上海领军人才开发计划》,《中国人才》2006年第23期,第28-29页。

⑤　李燕、肖建华、李慧聪:《我国科技创新领军人才素质特征研究》,《中国人力资源开发》2015年第11期,第13-20页。

⑥　沈国权:《培养造就更多科技领军人才》,《文汇报》2008年4月28日第10版。

⑦　宋成一、王进华、赵永乐:《领军人才的成长特点、规律与途径——以江苏为例》,《科技与经济》2011年第5期,第92-95页。

续表

研究者	时间	提出的相关内涵
刘少雪	2009年	科技领军人才是具有重大专业贡献、领导能力、团队效能突出，并具有显著的引领作用的高层次人才，是人才队伍中最杰出的群体，是具有典范作用和领军功能的核心人才，对国家和地区科技创新能力的提高、综合竞争力的提升具有至关重要的作用
韩文玲等人	2011年	科技领军人才专指高科技领域，如在信息技术、生物技术、环保技术、航空航天技术、新材料技术等自然科学和技术领域，能够紧跟国际最新发展，具有原始创新能力的高端技术专家
苏津津等人	2013年	科技领军人才是在某一科技领域中具有突出的专业素质，研究成果或课题处于国际先进水平，掌握核心技术并具备自主研发能力，能够引领和带动某一领域发展的科技团队带头人，以及在战略决策、企业管理、资本运作等经营管理领域具有突出能力和成功经历的团队带头人
李燕等人	2015年	科技领军人才是指在研究、商业和决策领域，在科技创新活动价值链上，取得重大科技成果，为科技发展做出突出贡献，致力于用先进的科技创新来造福人类的精英人才

资料来源：作者整理。

从对科技领军人才的定义和对象界定来看，科技领军人才并不仅仅局限在科学研究和技术开发领域，而是在科技创新活动整个价值链中，包括科技创新的前端，科技创新成果的转移转化、终端应用、产业化等整个过程中，致力于将先进的科技创新造福人类的精英人才[1][2][3]。

对科技领军人才的分类，可根据工作性质分为两类：科技创新领军人才和科技创业领军人才[4]；也有学者根据科技领军人才所从事的领域分为三种类型：第一类是主要从事基础性研究工作的科学家，他们的研究成果解决了重大科学问题或开辟了新的研究方向，且有望在未来产生变革性创新的技术；第二类是致力于研发和创新新技术，或展示技术更优性用途的

---

[1] 蔡秀萍：《揭秘领军人才素质》，《中国人才》2007年第7期，第8-9页。
[2] 苏津津、李颖：《影响科技领军人才成长的关键因素分析——基于对天津市科技领军人才的实证分析》，《科技管理研究》2013年第8期，第83-86页。
[3][4] 李燕、肖建华、李慧聪：《我国科技创新领军人才素质特征研究》，《中国人力资源开发》2015年第11期，第13-20页。

发明家或工程师；第三类是能够洞察某项技术或发明对社会可能造成的颠覆性前景，调动各种资源和能力推广这项技术或发明，扩展机会，创造财富或完善科技体制的科技型创业者和创新领导①。

对科技领军人才层次划分的研究较少，宋成一、王进华、赵永乐将科技领军人才分为了五个层次：一是国际国内一流的科学家、学科带头人，主要指两院院士；二是行业主管部门和大型、特大型企业技术负责人；三是国家和省部级重点实验室、重点学科、工程技术研究中心技术负责人；四是国家有突出贡献专家；五是国家和省部级科技四大奖的主要完成人。②

（二）一流科技领军人才的衡量标准

学者普遍认为，一流的科技领军人才应具有崇高的价值追求、出类拔萃的科学素养、卓越的领导才能、独特的人格魅力、坚韧的拼搏毅力、强大的团队凝聚力和广泛的社会影响力。总的来说，可以概括为以下4点。

1. 崇高的价值追求

蔡秀萍通过对科技领军人才的访谈提出，扎根中华大地、情系父老乡亲，对国家、对民族有着强烈的责任心是领军人才的最基本素质。③

2. 深厚的专业造诣

大多数的科技领军人才自身都具备某一领域系统的、高水平的专业素质。他们都是所在领域的顶尖人才，对其领域的未来发展有着超常的预知能力、较强的创新意识和创新能力。科技领军人才了解世界经济发展、世界科技最前沿最急需的知识和技术，有多年知识和经验的积累，有深厚的专业或行业基础，不仅要了解目前世界上亟待解决的课题，还要了解课题解决的价值如何及解决问题需要的客观条件。科技领军人才必须是本行业、本领域公认的杰出人物，必须出类拔萃，学有专才，术有专攻。

3. 坚韧不拔的进取精神和严谨的科学道德

科技领军人才在专业上要精益求精，在团队中要以身作则，在困难面前敢于攻坚，要具备把握机遇和判断风险的高超能力，具备严谨的科学道

---

① 李燕、肖建华、李慧聪：《我国科技创新领军人才素质特征研究》，《中国人力资源开发》2015年第11期，第13-20页。
② 宋成一、王进华、赵永乐：《领军人才的成长特点、规律与途径——以江苏为例》，《科技与经济》2011年第5期，第92-95页。
③ 蔡秀萍：《揭秘领军人才素质》，《中国人才》2007年第7期，第8-9页。

德和良好的科学心态也是科技领军人才必备的素质之一①。

4. 团队领导能力

科技领军人才在团队中具有学术技术领导和团队核心的作用,他们是创新团队的组织者、领导者,能够引领和带动某一领域科技团队的发展,以及在战略决策、企业管理、资本运作等经营管理领域具有突出能力和成功经历②③。

(三) 科技创新团队的内涵及领军人才在其中的作用

团队是一种为了实现某一目标而由相互协作的个体所组成的正式群体。团队不是指任何在一起工作的群体,团队代表了一系列鼓励倾听、积极回应他人观点、对他人提供支持并尊重他人兴趣和成就的价值观念④。

科学研究和技术开发活动中早已有类似团队的组织形式存在,诸如美国的贝尔实验室、英国的剑桥分子生物学实验室等研究群体。由于在思想观念和组织形式上具有特色,因而取得了非常突出的成就,引起了学术界的广泛关注。企业团队管理理论比较成熟之后,其思想原则很快被应用到对科研组织活动规律的研究中来,对科技创新团队的含义和运作规律的探讨近来迅速"升温"⑤⑥。

科技创新团队是以科技创新为目的而组建的团队。科技创新主要是指与科技发展相关的全部创造性活动,它包含着一种特殊的精神气质,凸显了洞察力和独创性的交汇,是新观念和新方法的融合,包括科学知识的生产和新技术、新产品的研发、技术成果的引进与本土化、成果推广等。企业的产品、技术开发团队,高等院校里的科研创新团队等都属于科技创新团队。科技创新团队具有团队人员知识层次高、临时性和创新性的特点⑦。

科技领军人才在科技创新团队中起核心作用。科技领军人才是团队中

---

①② 蔡秀萍:《揭秘领军人才素质》,《中国人才》2007年第7期,第8-9页。

③ 雷晏、徐珲:《追踪上海领军人才开发计划》,《中国人才》2006年第23期,第28-29页。

④⑤ 康旭东、王前、郭东明:《科研团队建设的若干理论问题》,《科学学研究》2005年第2期,第232-236页。

⑥⑦ 桂乐政:《领军人才在科技创新团队建设中的核心作用》,《武汉工程大学学报》2010年第4期,第5-8页。

的一员，是团队的领导者，并且从团队内部对团队施加影响①。为实现科技创新团队各时期的功能与其成员动态组合的高度匹配，为达成科技创新团队的最终目标，科技领军人才在科技创新团队生命周期全过程中，负责为团队提供指导，并为团队制定长远目标；在适当的时候担当代表处理与组织内其他部门关系。科技领军人才通过领导过程影响团队绩效，领导过程通常包括收集信息并使其系统化、在团队工作中运用系统化的信息管理团队人力资源状况、管理团队物质资源状况等②。

（四）一流科技领军人才的成长路径、成长规律

在当今科技领域中，领军人才的出现不是一种个别现象，而是具有连带性、群体性等基本特征，探寻领军人才的成长规律具有重要的意义。研究者认为，领军人才的成长具有共生效应规律、师承效应规律、累积效应规律、马太效应规律、海归回流效应规律③。

领军人才的成功与家庭、教育、环境、科研管理机制和政府政策等关键因素密不可分④⑤⑥⑦。其中，内在成功因素包括高尚的职业道德和爱国情怀、超前的眼光、丰富的阅历、健壮的体格、敏捷的思维；外在成功因素包括良好出身、家学渊源、求学名校名师、良好的团队合作、政策的扶持和政府的指引、国际交流拓展学术视野等⑧⑨⑩。

国内学者在国外研究的基础上，总结了科技领军人才成长过程中个人

---

① 张武军、魏新亚、徐宁：《浅议高校科技领军人才的引进》，《科技管理研究》2009年第4期，第259-260页。

② 桂乐政：《领军人才在科技创新团队建设中的核心作用》，《武汉工程大学学报》2010年第4期，第5-8页。

③ 宋成一、王进华、赵永乐：《领军人才的成长特点、规律与途径——以江苏为例》，《科技与经济》2011年第5期，第92-95页。

④ Stephen Cole and Jonathan R. Cole, *Social Stratification in Science* (Univ. Chicago Press, 1973), p. 235.

⑤ Harriet Zucherman, *Scientific Elite: Nobel Laureates in the United States* (Transaction Publishers, 1996), p. 1.

⑥ 苏津津、李颖：《影响科技领军人才成长的关键因素分析——基于对天津市科技领军人才的实证分析》，《科技管理研究》2013年第8期，第83-86页。

⑦⑩ 李燕、肖建华、李慧聪：《我国科技创新领军人才素质特征研究》，《中国人力资源开发》2015年第11期，第13-20页。

⑧ Harriet Zucherman, *Scientific Elite: Nobel Laureates in the United States* (Transaction Publishers, 1996), p. 8.

⑨ 白春礼：《杰出科技人才的成长历程》，科学出版社，2007，第1页。

和成长环境的影响因素。总体来看，科技领军人才的成长一方面受自身素质的影响，另一方面则受成长环境的影响。其中，自身素质包括两个方面，一是自身的人格特征，二是个人的知识能力特征。自身的人格特征包括良好的个人天赋、健康的身心状态；个人的知识能力特征则包括稳定的研究方向、执着的探索精神、合理的知识结构、创新的思维品格和正确的研究方法。成长环境包括两个环境，一是教育培训环境，二是工作锻炼环境。这两个环境都由学术环境、家庭环境、人际环境（专家/名师）、机会环境构成。同时，教育培训环境会受到教育阶段、专业和教育体系的影响，工作锻炼环境则会受到政策导向、单位机制、科研基础和激励状态（最佳状态）的影响。

有学者通过实证研究探讨不同因素在科技领军人才成长过程中的作用。苏津津等人以在津两院院士，国家"三大奖"① 获得者，国家级重点实验室及科研项目的负责人，天津市科技进步奖获得者，在津高校重点学科的教授、副教授和科研院所的研究员为调研对象，研究发现，家庭、教育、环境、科研管理机制和政府政策对科技领军人才的成长都具有显著的正向影响，其中政府政策的影响力最强。其次为环境因素，相比来讲，环境因素中工作环境的影响程度要略微大于社会环境和团队环境；科研管理机制对于科技领军人才的成长同样具有很强的影响力。教育因素和家庭因素相较于其他三个方面的因素，影响力稍弱。②

（五）一流科技领军人才和创新团队的培养、集聚、使用、保障机制

一流科技领军人才短缺是当前我国科技发展和科技人才队伍建设的突出问题③④。研究者认为，科技领军人才不足主要表现在：能够把握战略新兴产业发展的科技领军人才严重稀缺；人才结构性矛盾突出，科技应用型人才不足，科技骨干人才严重短缺；技术研发机构扎根企业少且科技应用

---

① "三大奖"是指国家自然科学奖、技术发明奖、科学技术进步奖。
② 苏津津、李颖：《影响科技领军人才成长的关键因素分析——基于对天津市科技领军人才的实证分析》，《科技管理研究》2013 年第 8 期，第 83-86 页。
③ 杜谦：《"造就世界一流科学家和科技领军人才"需要解决的主要问题——对两次科技院所调查问卷中相关问题的分析》，《中国科技论坛》2009 年第 5 期，第 109-113 页。
④ 吴霞、程艳霞：《我国战略新兴产业科技人才储备的对策研究——以湖北省为例》，《科技管理研究》2013 年第 18 期，第 130-133 页、第 138 页。

型人才缺乏,科技成果转化率低,科技成果利用率不高;等等①。

2008年5月,中国科学技术发展战略研究院"高层次创新型科技人才队伍建设"课题组做的《科研机构及科技人员发展状况调查》显示,影响高层次创新型科技人才发挥作用的因素主要表现在以下四个方面:第一,近六成的受访者认为,缺乏长期稳定的研发支持是目前影响科技领军人才发挥作用的主要因素;第二,评价制度不完善,占57.45%;第三,激励措施不到位,占53.19%;第四,官本位,占40.43%。虽然企业科研机构和公益科研机构制约高层次创新型科技人才发挥作用的因素排列不完全一致,但均集中于这四个因素②。从现有文献来看,有关加强一流科技领军人才和创新团队的培养、集聚、使用、保障机制的探讨主要集中在以下几个方面。

1. 建立以"创新"为中心、以培养"科技领军人才"为重点的人才培养机制

韩文玲等人认为,在尊重创新科技人才成长规律的基础上加强制度创新,建立有利于创新科技领军人才整体涌现、健康成长的人才培养机制③。苏津津等人认为,应加强科技领军人才后备梯队培养建设,大力培养造就一批专业技能突出、具有创新思维和前瞻性发展战略眼光、具备团队领导能力的中青年科技骨干,鼓励开发高校、科研机构与企业联合的人才培养模式,以重大科研项目开发为载体,在实践中加快科技领军人才后备力量的脱颖而出④。

2. 营造公平、自由、平等、创新的科技领军人才成长环境

白春礼认为,营造良好的人才成长环境,是创新型国家和创新型科研工作的重要条件,但同样也是一个长期、艰难的探索过程。要营造公平的竞争环境,既要体现对海外人才的特殊支持政策,又不能忽视对国内现有

---

① 吴霞、程艳霞:《我国战略新兴产业科技人才储备的对策研究——以湖北省为例》,《科技管理研究》2013年第18期,第130-133页、第138页。
② 杜谦:《"造就世界一流科学家和科技领军人才"需要解决的主要问题——对两次科技院所调查问卷中相关问题的分析》,《中国科技论坛》2009年第5期,第109-113页。
③ 韩文玲、陈卓、韩洁:《关于科技领军人才的概念、特征和培养措施研究》,《科技管理研究》2011年第22期,第129-132页。
④ 苏津津、李颖:《影响科技领军人才成长的关键因素分析——基于对天津市科技领军人才的实证分析》,《科技管理研究》2013年第8期,第83-86页。

人才的影响，不论职位、不分资历、不讲辈分，学术面前人人平等。营造启发式、探究式、讨论式、参与式的学术氛围，在相互学习和相互交流过程中激发创新思想，在讨论中出真知，在争论中出思想①②。

3. 营造优越的人才创新创业环境

整合和优化现有的产业园区、国家重点实验室、科研技术中心、企业孵化器和博士后工作站等资源，建设成为一批机制灵活、配套齐全、功能完善的创新创业基地，加强企业和高校、科研机构的合作交流，完善产学研一体化建设，合理引导人才向产业一线集聚。政府应加大对科技研发政策的支持力度，完善科技经费管理办法，重点支持有市场发展前景、拥有自主知识产权的项目，对高水平的科研团队给予长期稳定的支持。发挥政策性投资引导作用，拓宽科技融资渠道，鼓励知识产权权利质押贷款等创新金融服务，重点支持在创新实践中有突出贡献的科技领军人才、中青年技术骨干。完善知识产权保护和服务机制，加强市场化的科研成果转化机制，促进科研成果的知识产权化、商品化和产业化。

建立立体多元的扶持政策，形成竞争局面。调动科技人员的积极性，发挥科技人员的作用，必须有一个好的激励机制作保障。采取多元激励支持。除了给予的名誉和个人奖励外，还得到各有关部门的特殊政策支持，各用人单位在实验室建设、人才队伍配备、专项经费等多方面对所培养的科技领军人才进行立体支持和扶持。这些方面我国各省市都开展了不同层次的科技领军人才培养计划或人才培养工程。

三、青年科技人才

（一）青年科技人才的内涵

受政治、经济及社会文化等诸多因素的影响，各国和国际组织对"青年"的理解、界定和操作化定义迥然有别。"青年"的概念在我国的政策

---

① 杜谦：《"造就世界一流科学家和科技领军人才"需要解决的主要问题——对两次科技院所调查问卷中相关问题的分析》，《中国科技论坛》2009年第5期，第109-113页。

② 韩文玲、陈卓、韩洁：《关于科技领军人才的概念、特征和培养措施研究》，《科技管理研究》2011年第22期，第129-132页。

和公共项目实践中还存在年龄边界不明确、不一致、模糊漂移等问题①。理论研究、决策实践和媒体宣传在使用"青年"概念时也往往带有很大的随意性。从国内外的人才实践来看，总体上有两种界定方式。

1. 以生理年龄为标准的青年科技人才

实践中对"青年科技人才"年龄的上下限设定弹性很大，但是，大致上"青年科技人才"是指从踏上工作岗位到45周岁以下的科技人才。例如，国家自然科学基金委员会"国家杰出青年科学基金项目"申请者不能超过45周岁，"优秀青年科学基金项目"申请者不能超过38周岁（女性不能超过40周岁），"青年科学基金项目"申请者不能超过35周岁（女性不能超过40周岁）②。本章作者整理了国家自然科学基金和国家社会科学基金部分青年项目的年龄规定，见表10-3。

表10-3 国家自然科学与社会科学基金青年相关项目年龄要求

项目		年龄要求
国家自然科学基金	杰出青年科学基金项目	不能超过45周岁
	优秀青年科学基金项目	不能超过38周岁（女性40周岁）
	青年科学基金项目	不能超过35周岁（女性40周岁）
国家社会科学基金	青年项目	不能超过35周岁

资料来源：作者根据国家自然科学基金委网站、全国哲学社会科学工作办公室网站信息整理。

2. 以科研年龄为标准的青年科技人才

以科研年龄为标准的青年科技人才通常是指处于职业生涯早期的科技人才。职业生涯早期一般以取得博士学位后的年限或者获得博士学位后独立从事某领域科学研究的年份计算。例如，美国《职业早期研究法案》规定，处于职业生涯早期的研究人员是指终身教职（tenure-track）系列助理教授，如果获得终身教职职位，科研人员就不再符合职业生涯早期的范围③。

---

① 胡玉坤、郑晓瑛、陈功、王曼：《厘清"青少年"和"青年"概念的分野——国际政策举措与中国实证依据》，《青年研究》2011年第4期，第1-15页、第94页。

② 具体内容详见国家自然科学基金委员会2023年度"国家杰出青年科学基金项目""优秀青年科学基金项目""青年科学基金项目"项目指南。

③ 姜莹、韩伯棠、张平淡：《科学发现的最佳年龄与我国科技人力资源的年龄结构》，《科技进步与对策》2003年第17期，第22-23页。

生理年龄标准和科研年龄标准都有其合理性。实际上，大多数青年科研人员既符合生理年龄标准，同时，按照科研年龄标准，他们也处于职业生涯早期。部分研究者认为，生理年龄标准的"青年"的概念本身是不确定的，年龄的界定在不断变化；采用科研年龄为标准更清晰明确，一方面更加凸显科研新人刚刚进入研究领域、富有创造力和创造精神、研究尚不成熟、非常需要但却很难获得充足的经费支持等一系列特征，另一方面也能更好兼顾女性科技工作者职业生涯中面临的生育、照顾家庭等方面挑战。

（二）青年科技人才培育规律

研究显示，优秀科技人才的知识、能力与核心素养是可以培养的。在培养方式上，主要有三种观点。

1. 学术环境治理的制度化推动人才集群涌现

良好的学术环境是培育优秀科技人才的重要基础，是科技人才培育制度的重要延伸。从世界范围来看，获得诺贝尔奖的科学家往往存在显著的集群现象，即大部分诺贝尔奖获得者来自少数旗舰型科研机构，如丹麦玻尔研究所、德国马普学会、英国卡文迪许实验室、美国劳伦斯伯克利国家实验室等。这种集群现象的出现不是偶然的，而与其良好的学术环境密不可分。我国高能物理学家张文裕院士对此颇有感触，认为"一个研究单位的好坏，不在于出一两个人才，而在于建立一个优良的科学传统和学术环境"。很多科学家在回顾个人成长经历时都会谈及优良学术环境的意义和价值。

2. 组织人力资源战略推动青年科技人才培养

研究发现，提升创新人才知识多样性的人力资源管理实践、培训与评估活动可以有效预测组织技术产品的创新绩效[1]。适当的实践可以提高组织整体的创造力，如通过人员甄选可以判断不同人员是否具有做出独特创造性贡献的品质和潜质，引导、培训活动有助于提升创新人员的工作动

---

[1] Shipton, West, Dawson, "Organizational Learning As a Predictor of Innovation" (presented at the 11th European Congress on Work and Organizational Psychology, Lisbon, Portugal, May, 2003).

机,并增强创新需要的发现问题、分享创意和挑战现实的相关能力①。还有研究显示,团队型工作设计、工作授权和环境激励,符合创新任务的特性和创新人才的工作需求,有利于推动创新人才的创新活动;学习培训、物质激励和职级晋升对研发人才有显著的正向激励作用②③。

3. 基于实践的学习、训练和知识转移促进青年科技人才培养

优秀人才大多是在承担重大任务过程中成长起来的,是在挑战和竞争中脱颖而出的。研究认为,创新型青年科技人才能力构成是多元化的,包括基础能力、行业能力和职业能力,知识可以通过课堂学习获得,但部分能力,如职业能力,则不像知识那样通过课堂讲授就能够掌握,而需要参与职业相关的实践活动逐步培养④。一些研究强调隐性知识分享和转移对技术创新的重要性。研究者认为,组织应该充分鼓励创新者参与重大任务和在工作场所中学习,这样有利于提升创新者的实战性技能和勇于试验、承担风险的信心。调查研究显示,创新者将伙伴间的学习看作重要的学习渠道,对他们而言,"做中学"和在职经验,是比传统学习方式,如课堂培训更为高效的信息获取和教学方式。有效创新者的技能开发,通常是以工作中的实际问题为导向的,"基于问题的学习""师带徒"和"行动学习"在创新专业能力培养方面具有重要的隐性传授价值。

4. 领导管理推动和创新氛围支持科技人才培养

目前,国际上关于创新型智力资本的前沿研究点已从创新的个人特质转向关注组织工作情境和创新的外部支持,以及推进创新导向的组织系统构建方面。这对全方位视角下研究创新人才培养问题具有重要的引导和借鉴意义。研究者发现,领导者和管理者给予物质和情感支持对人才创新起到重要的积极作用,如果能获取支持创新的重要资源,创新者将会感受到来自组织上层的鼓舞和激励,进而增强创新的内在动机。特别是,组织创

---

① West, Giles H., Andreas R., "Twelve Steps to Heaven: Successfully Managing Change Through Developing Innovative Teams," *European Journal of Work and Organization Psychology*, no. 2 (2004): 269-299.

② 江卫东:《知识型员工的工作设计与激励》,《科学学与科学技术管理》2000年第11期,第58-62页。

③ 张利飞、曾德明:《高新技术企业研发团队治理及其实证研究》,《科学管理研究》2004年第8期,第45-48页。

④ 袁树军:《技术人员能力结构及其培养》,《科技与管理》2005年第1期,第102-104页。

新氛围对创新者具有重要的激励作用。当组织创新氛围更为浓厚时，它将推动创新者进行自我知识、技能更新，并会推动其主动投入创新活动中去。国内也有研究显示，尊重创新人才的自主性、增加创新工作的自由度、提高其组织地位，会有力激发创新人才的工作热情①。

四、卓越工程师

（一）工程师的内涵与分类

工程师是工程活动的主体，在工程实践中担任着重要的角色。现代工程师的内涵已经超出 20 世纪五六十年代设计工程师、工艺工程师的狭窄内容，正向着"大工程""系统工程"方向发展②。今天的工程不仅包含设计、制造，同时还有关于服务、销售、进出口、质量控制、市场、安全等方面的内容③④。

在国家职业分类中，工程师也称工程技术人员，是我国专业技术人员的重要组成部分，是技术创新的实践者，是推动技术革命和技术进步的核心力量。《中华人民共和国职业分类大典（2022 年版）》，将工程技术人员定义为：从事矿物勘探和开采、产品开发和设计、制造、建筑、交通、通信及其他工程规划、设计，组织和指导施工的技术人员。工程技术人员共包括 38 个小类，190 个职业，是类别最多、专业分布最广、结构最复杂的一个职业群体。工程师的分类与工程人才的培养、使用、国际互认密切相关⑤⑥⑦。

（二）卓越工程师的能力素质标准

对工程人才能力的探讨是一个永续常新的话题，总体研究视角可分为三个方面。

一是从工程教育认证的角度，对毕业生素质和职业能力提出基本要

---

① 俞晓军：《日本企业研发机构的组织特征和运作方式分析》，《东北亚论坛》2004 年第 4 期，第 60—65 页。
②③ 中国工程院工程教育研究课题组：《我国工程师培养的重要性与培养途径研究》，《高等工程教育研究》2005 年第 1 期，第 1—7 页。
④⑥ 林健：《工程师的分类与工程人才培养》，《清华大学教育研究》2010 年第 1 期，第 51—60 页。
⑤ 文亮、瓮晶波、何继善：《我国今后工程师分类框架设计》，《中国工程科学》2007 年第 8 期，第 15—20 页。
⑦ 蒋石梅、闻娜、王勤飞、王金祥、李凤华、康凯：《工程师分类培养简论》，《高等工程教育研究》2017 年第 1 期，第 88—95 页。

求。工程教育专业认证是国际通行的工程教育质量保障制度，也是工程师注册制度的基础和重要组成部分①。目前两大国际主流的认证体系（《华盛顿协议》与"欧洲工程师认证"）对培养目标的设定较接近，都注重学生专业技能、工程实践技能和社会技能的训练以及综合素质的养成②，但这些标准"只是达到了国际认证质量的'底线'"③。部分研究以此为参照，对培养目标进行现实情境的对比分析与理论延展。例如，研究者普遍认为，认证标准中的团队合作、交流、数据分析与问题求解是工程实践中重要的能力④，特别是解决复杂工程问题的能力⑤⑥，要求工程人才突破学科边界，保持对公共事务的关怀，更好地应对21世纪环境与社会的挑战。

二是基于对教育创新与变革的思考，预测面向未来的工程人才的核心能力。近年来，欧美各国的工程教育机构围绕工程人才教育创新，提出工程师必须具备工程思维、创业者思维、跨学科思维、全球思维和伦理道德思维等复合型思维能力⑦。伴随着我国工程教育改革从"卓越工程师教育培养计划"到"卓越计划2.0"，即"新工科"研究与实践项目，研究者

---

① 王孙禺、赵自强、雷环：《中国工程教育认证制度的构建与完善——国际实质等效的认证制度建设十年回望》，《高等工程教育研究》2014年第5期，第23-34页。

② 陈国松、许晓东：《本科工程教育人才培养标准探析》，《高等工程教育研究》2012年第2期，第43-48页。

③ 陈涛、邵云飞：《理念与现实：我国高等工程教育加入〈华盛顿协议〉后的发展趋向探析》，《高校教育管理》2018年第1期，第54-60页。

④ 余寿文：《工程教育评估与认证及其思考》，《高等工程教育研究》2015年第3期，第1-6页、第24页。

⑤ 林健：《如何理解和解决复杂工程问题——基于〈华盛顿协议〉的界定和要求》，《高等工程教育研究》2016年第5期，第17-26页、第38页。

⑥ 杨毅刚、孟斌、王伟楠：《如何破解工程教育中有关"复杂工程问题"的难点——基于企业技术创新视角》，《高等工程教育研究》2017年第2期，第72-78页。

⑦ 吴婧姗、朱凌、施锦诚、吕正则：《未来工程师的核心能力——基于智能技术驱动型企业实证研究的内容分析》，《高等工程教育研究》2019年第6期，第50-57页。

也一直关注工程人才能力培养的规范性①②③④。其中,"融合"与"创新"已经成为"新工科"人才新能力的高频关键词⑤。

三是从产业用人的视角,根据产业变革、新兴技术的发展趋势,识别工程人才应具备的从业能力。新发展理念、新技术革命、可持续发展、大工程与复杂工程等,对于工程师能力素质提出了新的、更高的要求。针对这一现实诉求,研究者尝试构建未来工程人才核心能力的基本框架⑥⑦。

(三)卓越工程师培育机制

卓越工程师培育是我国优秀工程技术人才开发和高等教育改革的重大举措。研究者普遍认为,我国产业面临着从劳动密集型向知识密集型、创新型和高附加值服务型产业升级的紧迫形势。如何进一步保持高速健康的发展,如何在世界经济发展中发挥更重要的作用,国际和国内经济的未来发展将给我国卓越工程师培育、工程教育带来什么样的机遇和挑战,我们如何应对这些重大问题亟待解决⑧。主要的研究视角包括以下两个方面。

一是从工程教育改革的角度,提出我国工程教育改革的战略、方向与重点举措。研究者认为,尽管我国高等教育近十年来在规模、设施等方面有了巨大的发展,我国有全球最充足的工科生源和巨大的高素质人才需求市场,但是,我国的工科教育从理念、机制、师资、课程设置、教学内容、教学方法到评估体系等众多方面都存在与产业和社会发展相脱节的问

---

① 李培根:《工程教育需要大工程观》,《高等工程教育研究》2011年第3期,第1-3页、第59页。

② 林健:《"卓越工程师教育培养计划"通用标准诠释》,《高等工程教育研究》2014年第1期,第12-23页。

③ 徐晓飞、丁效华:《面向可持续竞争力的新工科人才培养模式改革探索》,《中国大学教学》2017年第6期,第6-10页。

④ 吴涛、刘楠、孙凯:《"新工科"视域下工程人才关键能力的思考》,《黑龙江高教研究》2018年第3期,第156-160页。

⑤ 龙奋杰、邵芳:《新工科人才的新能力及其培养实践》,《高等工程教育研究》2018年第5期,第35-40页。

⑥ 吴婧姗、朱凌、施锦诚、吕正则:《未来工程师的核心能力——基于智能技术驱动型企业实证研究的内容分析》,《高等工程教育研究》2019年第6期,第50-57页。

⑦ 谢晶、黄梅、孙一平:《新时代工程师能力素质框架构建研究》,《中国人事科学》2020年第5期,第41-51页。

⑧ 查建中:《面向经济全球化的工程教育改革战略——产学合作与国际化》,《高等工程教育研究》2008年第1期,第21-28页。

题,严重影响人才培养的质量,不能满足我国产业升级和整体经济可持续高速发展的需要①②。查建中、李曼丽、林健等学者从国内国际经济发展对人才培养的需求出发,分析我国工程教育的优势、差距和问题,提出了"干中学"、产学合作及工程教育国际化等改革举措③;龚克、林健等学者特别对工程教育改革的培养方案、培养方式进行了探讨④;钟登华、林健、陆国栋、顾佩华、夏建国等学者对"新工科"建设的内涵、路径等进行了深入探讨⑤。

二是从工程师开发和使用的角度,提出工程师制度、职称制度、职业资格制度、继续教育等方面的改革建议。研究者认为,随着我国经济社会的快速发展以及人事管理制度改革的不断深入,现行工程师制度存在的一些深层次矛盾逐渐凸显,尤其是政府主导的管理模式以及学会协会发展不成熟等原因导致的我国工程师创新能力不强等问题越来越突出⑥⑦。推进我国工程师制度改革,必须创新管理模式、完善评价标准、改进评价方式⑧⑨,建立与工程师职业发展密切联系的继续教育制度,全力推动政府在工程师制度改革中的职能转变⑩。

(四)工程师的国际互认

随着经济全球化的迅速发展,跨国工程服务活动日益增多,职业技术

---

① 中国工程院工程教育研究课题组:《我国工程师培养的重要性与培养途径研究》,《高等工程教育研究》2005年第1期,第1-7页。

② 查建中:《面向经济全球化的工程教育改革战略——产学合作与国际化》,《高等工程教育研究》2008年第1期,第21-28页。

③ 具体内容详见查建中发表的《面向经济全球化的工程教育改革战略——产学合作与国际化》,李曼丽发表的《用历史解读CDIO及其应用前景》,林健发表的《"卓越工程师教育培养计划"专业培养方案再研究》。

④ 具体内容详见龚克发表的《关于"卓越工程师"培养的思考与探索》,林健发表的《"卓越工程师教育培养计划"专业培养方案再研究》。

⑤ 具体内容详见钟登华发表的《新工科建设的内涵与行动》,林健发表的《面向未来的中国新工科建设》,陆国栋、李拓宇发表的《新工科建设与发展的路径思考》,顾佩华发表的《新工科与新范式:概念、框架和实施路径》,夏建国、赵军发表的《新工科建设背景下地方高校工程教育改革发展刍议》。

⑥⑩ 孙锐、孙彦玲:《中国工程科技人才职业化、国际化开发问题与对策》,《中国科技论坛》2015年第4期,第118-123页。

⑦⑧ 黄梅:《国外工程师制度模式与我国工程师制度改革》,《中国人事科学》2018年第6期,第66-74页。

⑨ 谢晶、黄梅、孙一平:《新时代工程师能力素质框架构建研究》,《中国人事科学》2020年第5期,第41-51页。

人员的跨界流动成为工程界关注的焦点。经过长时间的探索，世界各国普遍认为促进工程师教育背景（学位）国际互认和工程师资格的国际互认是解决这一问题的最佳切入点，并以此形成了几个较有代表性的国际工程教育专业认证和工程师资格认证协议①。目前国际工程联盟由三大教育互认协议和四大工程技术人员互认协议组成。其中，教育互认协议包括《华盛顿协议》《悉尼协议》《都柏林协议》，工程技术人员互认协议包括《国际职业工程师协议》《国际工程技术员协议》《国际工程技师协议》和《亚太工程师能力协议》②。

研究者认为，我国卓越工程师培育正面临本国制造业全球化和国际工程教育全球化的双重挑战。要实现我国工程师资格的国际互认，使我国广大工程技术人员在国际就业市场上享受公平待遇，加入相关国际互认协议势在必行③④。

对工程师国际互认的研究包含工程教育互认和工程师职业资格互认两个方向。

一是工程教育互认方向。部分研究者介绍了《华盛顿协议》等重点教育互认协议的背景、章程、程序以及临时缔约方的申请条件，对互认协议中的重要概念进行阐述，为我国高等工程教育互认工作的推进提供有益的借鉴⑤。

二是工程师职业资格互认方向。研究者对《国际职业工程师协议》等工程师职业资格互认体系订立的背景、宗旨和目标、组织结构、注册体系及其签约成员组织工程师认证情况等方面进行了系统分析和阐述；黄梅等学者对欧美工程强国的工程师认证进行介绍⑥；孙锐、黄梅、王玲等学者结合我国工程能力评价实践经验，对我国工程师职业资格国际互认工作的

---

①②④ 王玲、秦戎、张鸣天、缪云、陈童节：《〈国际职业工程师协议〉研究及我国工程师资格国际互认发展前景分析》，《高等工程教育研究》2020年第4期，第34-40页。

③ 杨永斌、李佩琳、刘曼君：《世界工程教育认证的发展趋势》，《高等工程教育研究》2019年第5期，第5-10页。

⑤ 具体内容详见王孙禺、孔钢城、雷环发表的《〈华盛顿协议〉及其对我国工程教育的借鉴意义》，王孙禺、赵自强、雷环发表的《中国工程教育认证制度的构建与完善——国际实质等效的认证制度建设十年回望》，林健发表的《如何理解和解决复杂工程问题——基于〈华盛顿协议〉的界定和要求》。

⑥ 具体内容详见黄梅发表的《国外工程师制度模式与我国工程师制度改革》。

必要性进行深入分析,为推进我国工程师资格国际互认工作提供理论支持和路线参考①。

五、大国工匠

(一)大国工匠的内涵

古代工匠俗称手艺人,指熟练掌握一门技艺并赖以谋生的人,如瓦匠、木匠、钟表匠等,游刃有余的庖丁、技艺精湛的鲁班就是中国古代工匠杰出的代表。随着生产力的发展,发生了第一次工业革命,社会化大生产形式出现,工匠的内涵也发生变化。工匠技术时代的工匠艺人、近代工业技术时代的工场手工业的工人等,都是历史中工匠的主体。

从大国工匠的内涵来看,研究者认为,当代工匠主要是指在生产、服务一线具体操作或依靠自身技能提供服务的技能人才。② 大国工匠属于高技能人才中的顶尖者,是技术操作世界一流或技术改造创新、重大技术发明的尖兵,是代表各行业技术水平的状元、弘扬工匠精神的楷模。③ 大国工匠不仅在本国很有影响力,而且在世界范围内被广泛地学习和传颂,是一群注重细节、锐意创新、追求极致、诚心正意、术有专攻,具有"大国气魄、匠人风骨"的拔尖技术人才。④

从大国工匠的范围来看,部分研究者(对此研究领域尚未形成统一观点)认为,现代科学技术时代的技术科学家、技术专家、工程师和高技术领域的技术工人等,都属于工匠范围;在具体构成上,研究者认为大国工匠可细分为技术设计、技术工具制造,以及技术产品开发、技术产品推广应用,生产线操作工人、信息科学领域中的信息工程技术专家和软件工程

---

① 具体内容详见孙锐、孙彦玲发表的《中国工程科技人才职业化、国际化开发问题与对策》,黄梅发表的《我国工程师制度改革中工程教育的创新发展:经验借鉴与制度因应》,王玲、秦戎、张鸣天、缪云、陈童节发表的《〈国际职业工程师协议〉研究及我国工程师资格国际互认发展前景分析》。

② 李进:《工匠精神的当代价值及培育路径研究》,《中国职业技术教育》2016 年第 27 期,第 27-30 页。

③ 曾茂林、曾丽颖:《"大国工匠"跨界成长及其综合职教轨迹研究》,《教育发展研究》2019 年第 1 期,第 25-28 页。

④ 曾丽颖、曾茂林:《适应"大国工匠"的人才培养模式与课程设置》,《职教论坛》2018 年第 5 期,第 64-69 页。

师等①。

（二）工匠精神的内涵

2015年中央电视台播出的《大国工匠》系列专题片，展示了我国当代大国工匠的风采，彰显了这些大师身上所蕴含的"热爱、专注、极致、坚守、神功、担当"的工匠精神，引起了社会各界的广泛关注。2016年4月，习近平总书记在安徽合肥主持召开知识分子、劳动模范、青年代表座谈会并发表重要讲话强调，在工厂车间，就要弘扬"工匠精神"，精心打磨每一个零部件，生产优质的产品。2017年政府工作报告提出，质量之魂，存于匠心。要大力弘扬工匠精神，厚植工匠文化，恪尽职业操守，崇尚精益求精，培育众多"中国工匠"，打造更多享誉世界的"中国品牌"，推动中国经济发展进入质量时代。伴随着"工匠精神"多次出现在政府重要文件中，大国工匠与工匠精神一起成为了社会热词。

研究者从不同角度阐释了工匠精神的发展和内涵。从工匠精神的缘起和发展来看，工匠精神属于职业精神的范畴，源于传统手工业，贯穿于工业化进程始终，是工业文明高度发展的精神成果②。从工匠精神的内涵来看，工匠精神在劳动态度方面体现为精益求精、追求极致的劳动境界③；在职业道德方面表现为追求完美、敬业坚守的精神气质；在价值实现上致力于勇于革新、不断超越的创新创造④。

（三）大国工匠的培育

与现代工业制造强国和我国经济转型对人才的需求相比，我国职业教育和技工教育还不能实现大国工匠制度化的有效供给。从制造大国向制造强国转型，从低端制造业向优质精品制造转型，需要加快职业教育和技工教育的发展，优化培养大国工匠的制度路径。加强大国工匠的培育主要包含以下研究思路。

一是推进国家资历框架建设。党的二十大报告指出，统筹职业教育、

---

①② 刘红芳、徐岩：《"工匠"源与流的理论阐析》，《北京市工会干部学院学报》2016年第3期，第4—12页。

③ 栗洪武、赵艳：《论大国工匠精神》，《陕西师范大学学报：哲学社会科学版》2017年第1期，第158—162页。

④ 李珂：《制度化培养大国工匠的实践路径探析》，《中国职业技术教育》2018年第6期，第25—30页。

高等教育、继续教育协同创新，推进职普融通、产教融合、科教融汇，优化职业教育类型定位。学历证书和职业资格证书及其制度是构建国家资格框架的核心要件。研究者认为，要加快完善国家资格框架中学历证书和职业资格证书的融通和互认[1][2][3]。破除学历证书与企业需求相脱节、职业资格证书的持证者职业素质落后于产业发展的职业标准等痼疾，使国家资格框架中学历证书和职业资格证书等作为国家治理现代化的重要组成部分，消除我国教育制度和劳动制度的体制性障碍[4]，构建现代职业教育体系和技术技能人才培养"立交桥"，为人才的成长构建畅通的"进阶"结构和"上升"通道。

二是深化产教融合的技能人才培养体系。研究者着眼于服务国家战略和市场需求提出，要通过校企合作、校产合作强化实用的办学模式，深化产教融合，完善大规模高技能人才培养体系[5][6][7][8]。统筹发挥好政府和市场的作用，通过税收减免、政府配套等政策，鼓励企业特别是国有大中型企业率先参与到产教融合、校企合作中。学校层面深化校企合作、产教融合，构建两大生态，即引企入校，构建学校人才培养的企业文化生态，援生入企，构建企业生产经营的教育文化生态，实现合作办学、合作育人、合作就业、合作发展。

三是加强专兼结合的"双师型"师资队伍建设。加强"双师型"师资队伍建设，是加强大国工匠和高技能人才培育的一项战略性措施。关于

---

[1] 吴南中、夏海鹰：《以资历框架推进职业教育1+X证书制度的系统构建》，《中国职业技术教育》2019年第16期，第12-18页。

[2] 邓泽民、陈森森：《1+X证书中X证书的双属性与三作用——我国教育证书与劳动证书制度系统设计的视角》，《职教论坛》2019年第5期，第78-82页。

[3] 张伟远、段承贵：《终身学习立交桥建构的国际发展和比较分析》，《中国远程教育》2013年第9期，第9-15页。

[4] 陈友力：《新时代"工匠精神"的培育：误区、价值与路径》，《中国职业技术教育》2018年第18期，第25-28页、第38页。

[5] 陈年友、周常青、吴祝平：《产教融合的内涵与实现途径》，《中国高校科技》2014年第8期，第40-42页。

[6] 柳友荣、项桂娥、王剑程：《应用型本科院校产教融合模式及其影响因素研究》，《中国高教研究》2015年第5期，第64-68页。

[7] 马树超、郭文富：《高职教育深化产教融合的经验、问题与对策》，《中国高教研究》2018年第4期，第58-61页。

[8] 石伟平、郝天聪：《从校企合作到产教融合——我国职业教育办学模式改革的思维转向》，《教育发展研究》2019年第1期，第1-9页。

"双师型"教师的研究，主要集中在两个方面：第一是"双师型"教师的内涵与评价标准①；第二是"双师型"教师的培养路径②。此外，研究者还认为，要通过学校教师走出去、技能专家走进来的长效机制，形成一支门类齐全、技术精湛的产业技术工人培训队，造就一支专兼结合的"双师型"师资队伍。

四是切实改善高技能人才待遇，增强技术技能职业的吸引力。结合中国经济转型升级的宏观背景，切实改善以大国工匠为代表的高技能人才的经济待遇、政治地位、社会声誉，形成"技术改变命运"的示范效应，弘扬"三百六十行，行行出状元"的社会风尚，逐步改变"重学历，轻能力""重知识，轻技能"的价值导向，让大国工匠、技能大师成为青年人乐于学习、甘于推崇的榜样，进而营造全社会关心、重视和支持职业教育的良好氛围。③

第四节　建设国家战略人才力量的实践

党的十八大以来，特别是中央人才工作会议召开以来，各地区各部门积极采取措施，加强战略人才力量建设，主要实践举措聚焦以下方面。

一、战略科学家队伍建设

（一）充分发挥战略科学家在长周期科研攻关上的战略导向作用

北京市服务国家战略需要，聚焦战略科学家"关键少数"，引进一批、遴选一批、培养一批，形成战略科学家成长梯队。④ 上海市在建设具有全球影响力的科技创新中心的过程中，研究发布"上海市战略科学家人才队

---

① 具体内容详见姚贵平发表的《解读职业教育"双师型"教师》，黄斌发表的《深度解读高职院校"双师型"教师内涵》，肖凤翔、张弛发表的《"双师型"教师的内涵解读》。
② 具体内容详见贺文瑾发表的《略论科技高师"双师型"师资队伍建设》，张社字发表的《我国职业教育"双师型"教师队伍建设的障碍与实现路径分析》，李梦卿、陈佩云发表的《"双高计划"背景下"双师型"教师教学创新团队建设研究》。
③ 王睿：《培养高技能人才　促进高质量发展》，《中国人力资源社会保障》2023年第5期，第15—18页。
④ 记者：《蔡奇在市委人才工作会议上强调力争率先建成高水平人才高地　为建设世界重要人才中心和创新高地提供战略支撑》，《北京日报》2021年11月16日第1版。

伍发展规划"及配套政策，充分发挥战略科学家在基础研究中的作用。①山东省聚焦战略科学家，实施战略科学家负责制，采取"一事一议""一人一策"等方式按需支持，鼓励其领衔重大科技任务。② 深圳市以国家科技计划等专项计划为依托，发挥国家专项战略计划的聚人育人作用。依托持续开展的国家科技重大专项、国家重点研发计划，以国家战略目标与产业未来趋势为引导，集中优势资源，协调政策导向，协同各主体力量，吸引和培养具备国家发展不同领域实施顶层设计能力的战略科学家。③

(二) 加快构建支持战略科学家干事创业的创新载体

深圳市支持粤港澳大湾区国家技术创新中心突破体制机制障碍，以战略科学家为"将领"，组建具有战斗力的科研团队。同时支持一批科研机构建立与国际接轨的管理和运行机制，聘请国内外一流专家担任学术顾问，组成科学指导委员会、战略咨询委员会，搭建充分的国内科研资源共享平台，畅通的国内外学术机构交流平台和产学研一体化转化平台。

(三) 健全完善科学家参与科学决策的长效机制

北京市成立科技战略决策咨询委员会，汇聚战略科学家和行业领军人才，更好地把握世界科技趋势、研判科技发展方向等战略性问题。④ 上海市进一步完善和升级上海市科技顾问制度，探索设立"上海市战略科学家办公室"，超越部门和行业范畴，直接为市委、市政府提供科技政策制定、研发预算、重大科技进展以及科技教育等方面的政策建议，开展跨部门政策协调，并作为上海与国内外科技界重要的沟通渠道，对上海重点发展的科学技术项目提供科学技术分析和判断参考。⑤

(四) 探索战略科学家选才机制

上海市围绕战略科学家的基础研究战略定位，在急需人才引进、青年

---

①⑤ 《上海市建设具有全球影响力的科技创新中心"十四五"规划》，上海市人民政府网，2021年9月29日，https://www.shanghai.gov.cn/nw12344/20210928/5020e5fdf5ac4c6fb4b219da6bb4b889.html?siteId=1。

② 《山东实施战略科学家负责制，采取"一事一议""一人一策"等方式按需支持》，大众日报，2022年3月24日，https://dzrb.dzng.com/articleContent/1176_997097.html。

③ 《深圳市科技创新委员会关于市七届政协二次会议第20220154号提案的答复函》，深圳市科技创新委员会，2022年8月12日，http://stic.sz.gov.cn/xxgk/ztzl/rdjyhzxtabljggk/zxtadfhgkwg/content/post_10226033.html。

④ 《北京市科技战略决策咨询委员会成立大会暨第一次全体委员会议召开》，北京市人民政府，2022年8月17日，http://www.beijing.gov.cn/gongkai/ldhd/202208/t20220817_2794325.html。

人才职称职级评定等过程中参考战略科学家的意见。建立科技咨询支撑行政决策的科技决策机制；建立明确的战略科学家资政通道，保障战略科学家对政府决策的咨询建言渠道通畅。

二、一流科技领军人才和创新团队建设

（一）依托重大载体平台集聚人才

北京市秉承"不在多而在精"的理念，对标国家重大战略需求和重大任务布局，突出重点，在数学、生命科学等基础研究领域，新一代人工智能、量子信息等战略前沿领域进行布局，建设一批世界一流新型研发机构。由世界一流科学家引领新型研发机构建设，如北京雁栖湖应用数学研究院的院长是美国国家科学院院士、菲尔兹奖首位华人得主丘成桐，北京生命科学研究所所长是美国国家科学院院士王晓东。上海市依托国家实验室、大科学设施、高水平大学和科研院所、张江国家自主创新示范区、华为青浦研发中心等创新平台来吸引人才。山东省坚持人才项目平台一体化配置，深入开展实验室体系重塑攻坚行动，着力构建 1 家国家实验室、30 家左右全国重点实验室、10 家左右省实验室、300 家左右省重点实验室的"1313"实验室体系；依托山东产业技术研究院、高等技术研究院、能源研究院等新"三大院"及中国科学院济南科创城、海洋大科学中心等重大平台载体，布局一批大科学装置。深圳进一步采取了"引凤筑巢"的方式，先遴选引进顶尖科学家，再为科学家量身定制事业平台，让顶尖科学家有适宜自己发展的最佳环境和一展所长的最佳平台。例如，引入全球知名结构生物科学家颜宁，建设深圳医学研究院，不定编制、不定级别、自主设岗，遵循理事会治理、学术自治原则，构建集医学综合研究、人才培养和成果转化于一体的高级学术机构。

（二）突出体制机制创新激励人才

北京在新型研发机构建立了以尊重和信任为前提的科学家负责制，将技术路线决策权和人财物支配权交给科学家，为科学家创造了可以心无旁骛、潜心研究的科研环境。山东省依托省重大科技创新工程和重大科技示范工程，深入实施"揭榜制""赛马制"，全面实行技术总师负责制，赋予技术总师更大的团队组建权、考核激励权和资源支配权等，鼓励领军人才挂帅出征。全面推行科研经费包干制，赋予人才更多经费管理自主权。深入推进科技奖励"悬赏制"改革,对取得重大突破的人才团队实行定向奖励。开展科技人才分类评价改革试点,构建以创新能力、质量、实效、贡献为导向的科技人才评价机制,最大限度实现人尽其才、才尽其用。

(三)加强人才服务,完善人才发展生态

深圳近年来着力构建覆盖思想、生活、工作的优质人才服务体系;建立"鹏城优才卡"服务系统,相关人才凭卡可直接办理23项便利服务;以立法形式首设深圳人才网,营造礼遇人才的城市氛围。北京近年来致力于为顶尖科学家提供一流创新创业服务。2022年年底,北京市科委、中关村管委会等5部门印发《标杆孵化器培育行动方案(2022—2025年)》。该方案鼓励标杆孵化器挖掘具备实力、热衷创造、勇于实践的顶尖青年科学家、产业服务专家、投资人和产品经理,针对重大现实问题和场景需求,组建"超前孵化"合伙人团队。

三、卓越工程师队伍建设

改革开放后,特别是党的十八大以来,党中央高度重视工程师队伍建设,持续深化人才发展体制机制改革,初步形成了中国特色的工程师培养评价体系。根据《中华人民共和国职业分类大典(2022年版)》,工程技术人员职业共217类,占专业技术人员职业总数的44.2%。

(一)建立并升级卓越工程师培养计划,推动工程教育深层次变革

2010年我国启动了"卓越工程师教育培养计划"1.0版,2017年启动了"卓越工程师教育培养计划"2.0版,增设了碳储科学与工程、人工智能等工科本科专业71种,在集成电路、储能等领域布局建设了11个国家产教融合创新平台。教育部、工业和信息化部、中国工程院等国家部委和相关部门,布局建设了一批特色化的示范性软件学院、示范性微电子学院、一流网络安全学院等专业特色学院。探索构建产学研用多要素融合、多主体协同的育人机制,累计支持1 100多所本科院校与近800家企业合作立项3.7万项,企业提供经费及软硬件支持约112亿元。[①] 2022年,启动卓越工程师学院建设项目,将10所985高校作为首批卓越工程师学院建

---

① 《党的十八大以来我国高等教育改革发展成效》,教育部,2022年5月17日,http://www.moe.gov.cn/fbh/live/2022/54453/。

设高校，推动实现工程技术人才培养和工程实践深度融合。①

（二）组织实施"卓越工程师薪火计划"

建设一批工程师协同创新中心，以技术应用与服务推广为主攻方向，采取"政府搭台，企业出榜，工程师揭榜，共建共享"的发展模式，打造卓越工程师的训练营、孵化器、集散地；推进工程师传帮带工作，协同开展工程硕博士培养，每年选拔一批"卓越工程师传帮带导师"，培养一批"卓越工程师传帮带学员"；坚持产学研深度融合，联合建设特色化示范性软件学院，示范性微电子学院和现代产业学院等行业特色学院。

（三）积极开展工程师互认

2016年，我国正式加入《华盛顿协议》，成为国际工程师联盟的重要一员，这标志着我国进入了国际工程技术人才培养和评价体系，开展职业资格互认谈判。2008年，我国和新西兰签署《中新自由贸易协定》，开展了中新职业资格互认谈判。另外，通过签署中韩自贸协定、中美投资协定等双边协议，推动与不同国家开展工程师资格互认。此外，还开展境外职业资格单向认可。北京、上海、重庆等地依托自贸试验区出台了境外职业资格认可清单，允许具有境外职业资格的工程技术人才，经有关部门备案后在我国特定区域内提供专业服务。

四、青年科技人才队伍建设

党的十九大报告专门指出，要培养造就一大批青年科技人才。党的二十大报告首次将教育、科技、人才工作进行一体部署、单独成章，专门强调青年培养的重要性，"青年强，则国家强"，要努力培养造就"青年科技人才"。2017年4月，新中国历史上第一个青年发展规划，即《中长期青年发展规划（2016—2025年）》指出，要"改革完善青年人才管理体制"，"在重点学科领域培养扶持一批青年拔尖人才"，"在国家重大人才工程项目中设立青年专项"。2021年3月，《中华人民共和国国民经济和社会发展第十四个五年规划和2035年远景目标纲要》提出，要"培养具有国际竞争力的青年科技人才后备军"。2021年12月，新修订的《中华人民共

---

① 《10所大学获批国家卓越工程师学院 卓越工程师该如何培养》，科技日报，2022年11月15日，digitalpaper.stdaily.com/http www.kjrb.com/kjrb/html/2022-11/15/node 7.html。

和国科学技术进步法》进一步明确了各级政府和企业事业单位在青年科技人才成长中的责任,将发现、培养和使用青年科学技术人员的情况作为评价科学技术进步工作的重要内容。这标志着青年科技人才培育工作已经上升为党和国家的意志。党的十八大以来,各部门陆续出台一系列政策举措,加大对青年科技人才的支持力度(见表10-4)。

表10-4 党的十八大以来各部门发布的青年科技人才培育政策及内容要点

维度	政策	内容要点
人才发现与评价	中共中央办公厅 国务院办公厅《关于分类推进人才评价机制改革的指导意见》(2018年)	完善青年人才评价激励措施,加大各类科技、教育、人才工程项目对青年人才支持力度,探索建立优秀青年人才举荐制度
	科技部《关于破除科技评价中"唯论文"不良导向的若干措施(试行)》(2020年)	注重评价已取得核心成果的创新性和学术影响,实行代表作制度,突出科学精神、能力和业绩
	中国科协 民政部《关于进一步推动中国科协学会创新发展的意见》(2020年)	完善基于同行评议的学术评价体系,多渠道评价举荐人才
人才培养与开发	国务院《"十二五"国家自主创新能力建设规划》(2013年)	实施青年人才开发计划,加快建设一批国家青年英才培养基地
	国务院办公厅《关于改革完善博士后制度的意见》(2015年)	创新符合青年人才成长规律及博士后研究人员特点的管理制度
	科技部办公厅《落实〈中长期青年发展规划(2016—2025年)〉实施方案》(2017年)	加强知识产权保护,鼓励和支持青年人才参与战略前沿领域研究;加大对青年人才培养支持力度,在国家重大人才工程项目中设立青年专项
	国务院《关于全面加强基础科学研究的若干意见》(2018年)	加强中青年和后备科技人才培养。完善博士后制度,吸引国内外优秀博士在国内从事博士后研究
	科技部 财政部《关于加强国家重点实验室建设发展的若干意见》(2018年)	调动青年人才创新积极性,骨干研究人员辅导青年人才开展阶段性研究
	教育部 财政部 国家发展改革委《关于深入推进世界一流大学和一流学科建设的若干意见》(2022年)	加大长期稳定支持的力度,为青年人才深入"无人区"潜心耕作提供条件和制度保障

续表

维度	政策	内容要点
人才使用与激励	国务院办公厅《关于优化学术环境的指导意见》（2016年）	支持更多年轻科学家担任项目负责人、组建团队承担重点课题，健全全国优秀青年科学家的奖励制度，进一步发挥青年科学基金的育苗功能
	国务院《关于优化科研管理提升科研绩效若干措施的通知》（2018年）	加大对承担国家关键领域核心技术攻关任务科研人员的薪酬激励
	科技部 财政部 教育部 中科院 自然科学基金委《关于开展减轻青年科研人员负担专项行动的通知》（2022年）	挑大梁、增机会、减考核、保时间、强身心，减轻青年科研人员负担
项目资助	人力资源和社会保障部全国博士后管委会《博士后创新人才支持计划》（2016年）	吸引新近毕业的优秀博士从事博士后研究工作
	国家自然科学基金委员会 财政部《关于进一步完善科学基金项目和资金管理的通知》（2019年）	精简在站博士后、青年科学基金项目的信息填报和材料报送，精简项目过程检查
	科技部办公厅 财政部办公厅 教育部办公厅 中科院办公厅 工程院办公厅 自然科学基金委办公室《新形势下加强基础研究若干重点举措》（2020年）	支持优秀青年科学家长期稳定开展基础研究
	科技部 发展改革委 教育部 中科院 自然科学基金委《加强"从0到1"基础研究工作方案》（2020年）	建立健全基础研究人才培养机制，实施青年科学家长期项目，在国家科技计划中支持青年科学家
	科技部等十三部门《关于支持女性科技人才在科技创新中发挥更大作用的若干措施》（2021年）	逐步扩大中国青年女科学家奖规模，鼓励社会力量设立面向女科学家的科技奖项

资料来源：作者整理。

在人才发现与评价上，突出科学精神、能力和业绩，注重评价已取得核心成果的创新性和学术影响，实行代表作制度，多渠道评价举荐人才。2017年，中共中央办公厅、国务院办公厅印发《关于深化职称制度改革的意见》。在职业分类的基础上，人力资源社会保障部联合行业主管部门出台了高等学校教师、工程技术人才等全部27个职称系列的改革意见，一定程度解决了限制人才职称评审的"硬杠杠"和"船到码头车到站"的职业倦怠，为建立科学的职称分类评价制度和用人单位开展人才评价提供了政策依据。

在人才培养与开发上，瞄准世界科技前沿和战略性新兴产业，加强后备科技人才培养，支持和培养具有发展潜力的青年科技创新领军人才，完善博士后制度，鼓励并支持社会公益基金参与青年科技人才培育。党的十八大以来，财政性教育经费支出占当年国内生产总值比例连续8年保持在4%以上，2019年国家财政性教育经费支出首次超过4万亿元。着眼促进人才供给和需求相适应，建立高校学科专业、类型、层次和区域布局动态调整机制。探索建立创新创业导向的人才培养机制，产学研用结合的协同育人模式日趋完善。高校建设200多个基础学科拔尖学生培养基地，实施一流专业建设"双万计划"，清华大学"学堂班"等一批实验项目作出有益探索。2020年全国研究生毕业人数72.9万人，比2012年增加24.3万人，增幅达50%。

在人才使用与激励上，支持年轻科学家担任项目负责人、承担重点课题、成长为学术带头人；优化科研经费管理制度，健全全国优秀青年科学家的奖励制度。从改革收入分配政策入手，推广完善与工作业绩紧密联系、以增加知识价值为导向、以市场评价要素贡献并按贡献分配的激励机制。2015年，修正后的《中华人民共和国促进科技成果转化法》就提高科技人员奖励比例作出规定。

在项目资助上，加强资助力度，搭建多元化资助体系，支持优秀青年科学家长期稳定开展基础研究；在重点研发计划中加大对35岁以下青年科学家的支持。2012年，启动国家高层次人才特殊支持计划，围绕建设创新型国家的战略部署，遴选自然科学、工程技术和哲学社会科学领域的杰出人才、领军人才和青年拔尖人才，实行特殊政策、特殊支持。截至2021年，共遴选支持6 000余名人才，上百人成长为两院院士，数百名青年人才成长为"长江学者"等高层次人才。

五、大国工匠培育

党的十八大以来，在以习近平同志为核心的党中央坚强领导下，我国职业能力建设工作取得突破性进展，技能人才特别是高技能人才队伍不断壮大，能力素质不断提升，为经济社会发展和制造强国建设提供了坚强的支撑。根据人力资源社会保障部统计数据，截至2021年年底，全国技能人才总量超过2亿人，高技能人才超过6 000万人，技能人才占就业人员总量的比例超过26%，高技能人才占技能人才的比例达到30%；全国开展政府补贴性职业技能培训超过2亿人次；中国代表团连续两次荣登世界技能大赛金牌榜、奖牌榜和团体总分榜榜首；技能人才队伍培养、使用、评价、激励工作建立健全，技能人才总量不断扩大、素质稳步提升、活力充分释放。

构建技能人才队伍建设政策体系。从国家层面逐步建立起以职业能力建设为核心的技能人才培养开发体系，有利于技能人才成长和发挥作用的制度环境和社会氛围不断完善。2017年，中共中央、国务院印发《新时期产业工人队伍建设改革方案》，明确了技能人才培养标准，完善技能人才激励措施。2018年，中共中央办公厅、国务院办公厅印发《关于提高技术工人待遇的意见》，首次提出高技能领军人才的概念，要求增强技术工人获得感、自豪感、荣誉感，激发技术工人积极性、主动性、创造性。2022年，中共中央办公厅、国务院办公厅印发《关于加强新时代高技能人才队伍建设的意见》，要求构建党委领导、政府主导、政策支持、企业主体、社会参与的高技能人才工作体系。

建设职业技能竞赛体系。近年来，我国逐渐形成以世界技能大赛为引领、中华人民共和国职业技能大赛为龙头、全国行业职业技能竞赛和地方各级职业技能竞赛以及专项赛为主体、企业和院校职业技能比赛为基础、具有中国特色的职业技能竞赛体系。加入世界技能组织以来，我国连续参加五届世界技能大赛，第44届、第45届两次位居金牌榜、奖牌榜和团体总分第一。全国每年举办一类大赛10余项、二类竞赛70余项，涉及的竞赛职业（工种）有上百个，每年有1 000多万名企业职工和院校师生参加各类竞赛。各类技能大赛，从赛项设置到评分标准均向世界技能大赛看齐，将比赛的标准、规则、技术充分融入行业与生产实践中，既"以赛促学""以赛促教"，全面提高劳动者素质，为经济结构转型升级和高质量发展提供技能人才支撑，也由"赛"入"企"推动区域产业的发展、升级和转型，引领技能人才培养方向。

完善劳动者终身职业培训体系。2013年，党的第十八届三中全会明确提出构建劳动者终身职业培训体系的要求；党的十八届五中全会提出推行终身职业技能培训制度的要求。国家从失业保险基金结余中拿出1 000亿元，设立专项账户，统筹用于职业技能提升行动，形成了由企业、院校、职业技能培训机构构成的"三位一体"的职业技能培训主体机构体系。组织实施化解产能过剩企业职工、高校毕业生、新生代农民工等重大专项培训计划，以就业技能培训、岗位技能提升培训和创业培训为主要形式开展培训。

推动技工教育高质量发展。近年来，技工教育实现快速发展。2022年，新修订的《中华人民共和国职业教育法》正式施行，明确了职业教育是与普通教育具有同等重要地位的教育类型。人力资源社会保障部加大投入力度，优化人才培养结构，提高办学质量，深化国际合作。技工院校以就业为导向，多年来探索"招生即招工、入学即入厂"的办学模式，主动对接地方产业，把行业、企业需求作为技能人才培养的目标和标准。从实际出发，技工院校聚焦当地产业模式，聚焦服务实体经济，推进专业产业紧密对接。截至2021年年底，全国有2 492所技工院校，在校生达420万余人，每年向社会输送约百万名毕业生，就业率普遍在95%以上。

健全完善技能人才评价制度。2022年，人力资源社会保障部在原有"五级"技能等级基础上，延伸和发展出新"八级工"制度，形成由学徒工、初级工、中级工、高级工、技师、高级技师、特级技师、首席技师构成的职业技能等级（岗位）序列，畅通技能人才职业发展通道。同时，打破职业技能评价与专业技术职称评审界限，拓宽技能人才发展通道。

第五节　国家战略人才力量研究的展望

战略人才作为一支站在国际科技前沿、引领科技自主创新、承担国家战略科技任务的人才队伍，是支撑我国高水平科技自立自强的重要力量，其力量建设已成为新时代人才强国战略的重要任务。从某种意义上讲，新时代人才强国战略目标是以战略人才力量建设程度来衡量，也就是说，人才强国战略目标最终归结为建设起强大的战略人才力量。开展战略人才力量建设研究，不仅有利于精准把握与人才强国战略相适应的重点人才群体发展，而且有利于引导政策制度供给紧盯创新资源配置的战略重点。

本章通过文献综述的形式，全面回顾了战略科技力量的相关研究成果，系统梳理了战略科技力量的理论基础，并从构成的角度梳理了各支战略人才力量的研究现状，分析了现有的研究基础，为我国战略人才力量的相关研究提供参考。现阶段对一流科技领军人才、青年科技人才、卓越工程师的研究较为丰富，对战略科学家和战略人才力量整体的研究较为有限，可能的解释是战略科学家和战略人才力量的概念提出时间不长，相关的研究仍在进行当中。通过系统梳理，我们发现该领域仍存在诸多研究空间，有待进一步探索。

一、厘清国家战略人才力量的内涵与结构

现有战略人才力量研究的理论基础仍然薄弱，理论性和研究深度不足，理论分析不够深入，阻碍了战略人才力量研究机制与研究框架的构建与发展：一方面，研究成果少，以"国家战略人才力量"为关键词在中国知网进行检索，出现的研究成果数量很少，这些文章多是采用政策解读方式分析国家战略人才力量，学术研究不够深入，相关概念界定不全面，尚不足以支撑国家战略人才力量的现实发展；另一方面，具体研究薄弱，多数研究者倾向于谈论国家战略人才力量的重要性和必要性，未能对其理论渊源、内部结构、运作机理、功能特性等进行完整论证，缺少立体化、系统化、理论化的研究体系。未来应着重深化理论研究，从多种理论角度，深入地论证战略人才力量的理论内涵。

（一）厘清国家战略人才力量的内涵

包括战略人才力量的主体构成及其之间的动态关系、战略人才力量的功能作用、基本特征等。从理论的角度，要深化战略人才力量这一概念在实施新时代人才强国战略中的意义，为学者和实践者提供理论论证与指导。从实践的角度，要探索不同国家、不同历史发展阶段、不同发展情境和战略下战略人才力量的内涵与外延，从而深化战略人才力量研究对具体问题的指导和实际应用。

（二）厘清国家战略人才力量与各方面人才之间的关系

党的二十大报告专门提出了"加快建设国家战略人才力量"的重要命题。从重要性来看，国家战略人才力量是支撑我国高水平科技自立自强的重要力量，是实施人才强国战略的重中之重。唯有培养造就属于战略领

域、掌握战略资源、位居战略层次、具有战略影响的更多人才，充分发挥他们的作用，国家战略科技力量、国家战略人才力量才会变得更加强劲、更加具有核心动力。同时，党的二十大报告又指出，要努力培养造就更多大师、战略科学家、一流科技领军人才和创新团队、青年科技人才、卓越工程师、大国工匠、高技能人才等，他们也是国家战略人才力量的重要组成部分。从整体来看，既要坚持各方面人才一起抓，除了国家战略人才力量，还要充分培养造就大批哲学家、社会科学家、文学艺术家，抓好包括乡村振兴、产业发展、医生、教师、企业家在内的各方面人才；还要抓"各种"人才，让不同专业特长、能力水平、职业岗位的人能够人尽其才、各展其长、各得其所。在人才强国战略这一总体任务下，如何厘清国家战略人才力量与各方面人才之间的关系，如何统筹人才的全面发展成为需要我们深入研究和探讨的命题之一。

二、拓展国家战略人才力量的培育机制研究

国家战略人才力量的机制研究包括战略人才力量培育的前因机制（内部前因和外部前因）、国家战略人才力量发挥作用的中介机制和调节机制等，机制研究也就是人才研究领域中经常讨论的人才的培育规律和成长规律等。从现有文献来看，关于战略人才力量培育前因机制的探讨不充分，且国家战略人才力量培育外部前因较内部前因更显不足，需要更多的实证研究探究何种因素或机制会推动战略人才力量的形成。未来可以从多种方面探究战略人才力量培育的前因机制。

（一）深入探讨国家战略人才力量培育的前因机制

在外部前因上，可以从制度理论视角探究不同的政策资源投入是否会推动战略人才力量的形成。在内部前因上，可以探究能力素质、团队发展动力机制等是否会影响战略人才力量的系统发展。对于战略人才力量的结果机制，未来的研究可结合不同的理论视角解释战略人才力量所起的作用。

（二）研究国家战略人才力量发挥作用的中介机制和调节机制

以往的研究很少涉及战略人才力量发挥作用的中介机制和调节机制，相关研究零散且不够全面深入。未来应更多地探究战略人才力量的中介机制和调节机制，从而更好地刻画战略人才力量对科技发展的强化作用，并解决人才核心概念之间的黑箱问题。具体而言，未来可以从"广度"与"深度"两方面拓展战略人才力量中介机制和调节机制的相关研究。从广度来看，未来研究可以结合战略人才力量整体培育、创新活动、创新绩效等视角探究战略人才力量的相关中介机制和调节机制，全面探究战略人才力量在不同视角下的中介作用和调节作用。从深度来看，应深入探究每支战略人才力量、每类具体的研究视角，深挖制度环境、团队人力资本、网络关系、创新活动等发挥中介作用和调节作用的可能。

三、加强国家战略人才力量建设的政策研究

当前的战略人才力量文献大多基于一般性的研究，少有研究结合基础研究和应用研究，以及不同行业与学科的战略人才力量。现阶段战略人才力量研究存在内容不全面，研究分类、学科分类较少等问题，进一步导致战略人才力量理论内涵不丰富、理论视角比较单一等。未来的研究可以采取分类细化模式，深入地研究不同研究方向、研究领域下战略人才力量的培育。

（一）深入开展分类研究

目前对国家战略人才力量的分类采取四类划分模式，即战略科学家、一流科技领军人才和创新团队、青年科技人才、卓越工程师。通过深入分析可以发现，四类划分模式仍是相对粗线条的划分，例如战略科学家可根据国家战略领域不同和发展态势不同进行细分，一流科技领军人才和创新团队问题可以细分为领军人才问题和创新团队问题，青年科技人才可以细分为基础研究科技人才、应用研究科技人才等。国家战略人才力量的复杂性、动态性、多元性对人才理论和人才工作提出了更高的要求，粗线条研究模式难以满足实践需求，迫切需要进行细致分类和研究，以发展精细化的治理形态，以提高人才治理的适应性、效益性和有效性。

（二）着力开展重点制度创新和政策创新研究

国家战略人才力量是近年来人才研究领域的新提法、新名词，但是国家战略人才力量的各组成部分却是长期以来我们人才工作的重点，这些人才群体发展面临的现实问题，既有我国进阶到新发展阶段不断产生的新矛盾、新问题，也有历史遗留积累的旧矛盾、老问题。例如，战略科学家和

顶尖人才匮乏，基础研究人才不足，能够解决"卡脖子"和"从0到1"技术问题的人才太少，高水平工程师和技能人才供给不够，工程科技人才培养与使用相脱节；高校科研院所事业单位人事制度僵化、人才政策精准化程度不高，体制机制改革"最后一公里"不畅通和"最后一米"未落地；等等。必须坚持系统观念、问题导向与整体思维，深入推动重点制度创新和政策创新。国家战略人才力量的组成部分不是简单叠加，各组成部分其独特作用和亟待解决的核心问题各不相同，但相应的制度与政策体系却彼此联系、互相影响，如科研事业单位的人事管理、薪酬管理、绩效管理、科研管理制度等。政策创新应依照新发展理念的整体性和关联性进行系统设计，使之协同发力、形成合力，以重点突破带动整体推进，在整体推进中实现重点突破。

第十一章

世界重要人才中心

世界重要人才中心建设是强化国家战略科技力量、提升国家创新体系整体效能、形成具有全球竞争力的开放创新生态的重要载体,是将世界顶尖人才的创新力量高度聚集的关键平台,是我国深入实施创新驱动发展战略、突破关键核心技术、实现高水平科技自立自强的现实路径。党的二十大报告提出,要加快建设世界重要人才中心和创新高地,促进人才区域合理布局和协调发展,着力形成人才国际竞争的比较优势。加快建设世界重要人才中心和创新高地,是 2021 年中央人才工作会议提出的,进一步上升到党的二十大报告中,并提出要着力形成人才国际竞争的比较优势。这是建设现代化强国的必然要求,也是人才工作必须达到的目标。

第一节 世界重要人才中心提出的背景

世界重要人才中心的提出具有深刻的时代背景和急迫的现实需求,从国内来看,是实施人才强国战略、进入世界创新型国家的重要平台。在 2021 年 9 月中央人才工作会议上,习近平总书记擘画了新时代人才强国战略的宏伟蓝图,提出了建设世界重要人才中心和创新高地的具体要求。《中共中央关于制定国民经济和社会发展第十四个五年规划和二〇三五年远景目标的建议》明确指出,到 2035 年,我国要进入创新型国家前列,实现建成人才强国的战略目标。习近平总书记在党的二十大报告中高度重视人才强国战略的实施,强调教育、科技、人才是全面建设社会主义现代化国家的基础性、战略性支撑,强调了人才的基础性和战略性,强化了人才是第一资源的观念。我国经济发展已转向高质量发展阶段,以"国内大循环为主体、国内国际双循环相互促进"的新发展格局加快构建，高质量发展、新发展格局需要人才作为支撑。同时，我国正处于实现中华民族伟大复兴关键时期，要为第二个百年目标的实现储备人才。由此可见，世界人才中心建设，是新时代人才强国战略时空布局落地的载体，高质量发展目标实现的抓手，世界级创新高地建成的重要平台，是我国全面建成社会主义现代化强国、实现中华民族伟大复兴的强有力的人才支撑。

从国际环境来看，当前及未来我国将面临国际国内环境的高度不确定和更多的挑战，国际经济、科技形成竞争新格局，而我国核心竞争力形成的来源是创新，创新的根本要靠人才。百年未有之大变局进入加速演变期，形势错综复杂。中美贸易摩擦，美国加大对我国科技领域的技术打击和贸易限制，通过"卡脖子"遏制我国的科技创新，加快推动与我国科技链脱钩、创新链脱钩。要摆脱美国的打压，形成国家经济和科技的核心竞争力，人才是关键和核心。同时，商务往来、交流访问和出国留学也受国际关系和新冠疫情影响出现了明显阻滞。国家间的科技和人才竞争日益"政治化"，世界人才中心建设迫在眉睫[①]。数字经济时代，要通过非对称创新在人工智能等领域实现领跑的目标。世界重要人才中心是摆脱西方国家遏制，形成国家核心竞争力和科技在全球领先的根本保障。

综上所述，在把握"百年未有之大变局和第二个百年奋斗目标实现"两个国际国内大局以及我国"进入新发展阶段，贯彻新发展理念，构建新发展格局，着力推动高质量发展"的背景下，加快建设世界人才中心极具紧迫性和必要性。人才的吸引、人才创新潜力的激发、创新贡献的涌现需要作为载体平台的世界人才中心。

第二节　世界重要人才中心的演进及相关理论

世界重要人才中心起源于世界科学中心，后经人才高地、科技创新中心两个阶段的发展，最后演变为世界重要人才中心。世界重要人才中心从概念提出的逻辑起点，到运行机制再到运行结果主要依据了创新生态系统

---

① 萧鸣政、应验、张满：《人才高地建设的标准与路径——基于概念、特征、结构与要素的分析》，《中国行政管理》2022年第5期，第50—56页。

理论、耦合协调理论和价值网络理论。

一、世界重要人才中心的演进

(一) 世界科学中心

1. 世界科学中心转移现象

英国学者最早对世界科学中心转移现象展开研究,丹皮尔最早提出"世界科学的中心"一词①。贝尔纳首次提出"世界科学活动中心"的概念,并列出了自人类起源至20世纪50年代历史上的技术和科学活动中心,描绘了科学活动中心在世界范围内随时间运动的现象②。1962年,日本学者汤浅光朝受贝尔纳启发,将一国科学成果数占同时期世界科学成果总数的25%以上定义为"世界科学活动中心",揭示了1501—1950年世界科学活动中心转移的现象,即"汤浅现象"。汤浅光朝发现近现代历史上科学活动中心按意大利(1540—1610年)、英国(1660—1730年)、法国(1770—1830年)、德国(1810—1920年)、美国(1920年至今)的顺序转移,各国科学活动的鼎盛期在80年左右,且科学中心转移存在两个规律:一是世界科学中心转移过程具有非连续性,即每80年转移一次;二是世界科学中心转移过程具有非单一性,即存在同一时期多个中心并存的现象③。1984年,国内学者赵红州发现历史科学发展的周期性涨落以及科学中心在不同国家转移的现象,并推算出科学高潮间隔周期、高潮持续周期以及多中心时期,其得出的结论与"汤浅现象"较为一致,称为"红州现象"④。在赵红州等人研究的基础上,杜雄柏、张雁、侯国清、周光召、袁江洋、孙伟林、王晓文、向由、李工真等人也相继描述了科学中心转移现

---

① W. C. 丹皮尔:《科学史及其与哲学和宗教的关系》,李珩译,南宁师范大学出版社,2009。
② J. D. Bernal, *Science in History* (Watts & Co, 1954), pp. 930-931.
③ Yuasa M., "Center of Scientific Activity: Its Shift From the 16th to the 20th Century," *Japanese Studies in the History of Science*, no. 1 (1962): 57-75.
④ 赵红州:《科学能力学引论》,科学出版社,1984,第192页、第213页、第290页。

象①；陈仕伟和孙玉涛等人通过对诺贝尔科学奖和诺贝尔物理学奖的获得者定量分析刻画了这一现象②。国容毓、何舜辉、潘教峰等人通过定量方法分别研究了世界科学中心转移的动力机制、形成机制以及"钻石模型"③。部分学者对转移过程中处于世界科学中心国家或城市展开了较为深入的研究，曹增友、张承友分析了欧洲世界科学技术中心的失落及发展对策④；张剑分析了处于世界科学中心的美国、德国、伦敦、法兰西的情况⑤；陈群、乔媛分别分析了处于世界科学中心的法国和美国的情况⑥，刘馨元对比分析了英、法、德三国科学中心发展⑦。

2. 世界科学中心转移的原因和条件分析

高等教育中心转移、学科发展和人文环境是推动世界科学中心转移的重要原因和条件。迟景明认为，高等教育中心的转移为科学中心转移提供了重要的基础与前提⑧，张铁山、和飞、李铁林、叶志明等人从高等教育视角分析在世界科学中心转移过程中大学的职能变迁和作用、一流大学的

---

① 具体内容详见杜雄柏发表的《论世界科学中心的转移》，张雁、严恺发表的《世界科学活动中心转移的历史初探》，侯国清摘译的《世界科学中心在转移》，周光召发表的《科学中心的转移》，袁江洋发表的《科学中心转移规律再检视》，孙伟林、孟玮发表的《追寻世界科学中心转移的轨迹》，王晓文、王树恩发表的《"三大中心"转移与"汤浅现象"的终结》，向东发表的《世界科学中心的5次大转移》，李工真发表的《世界科学文化中心的洲际大转移》。

② 具体内容详见陈仕伟、徐飞发表的《世界科学技术活动中心转移规律再分析——以1901—2016年诺贝尔科学奖获得者国籍分布为例》，孙玉涛、国容毓发表的《世界科学活动中心转移与科学家跨国迁移——以诺贝尔物理学奖获得者为例》。

③ 具体内容详见国容毓发表的《诺贝尔奖视角下"汤浅现象"的动力机制研究》，何舜辉发表的《世界科学中心转移过程与形成机制》，潘教峰、刘益东、陈光华、张秋菊发表的《世界科技中心转移的钻石模型——基于经济繁荣、思想解放、教育兴盛、政府支持、科技革命的历史分析与前瞻》。

④ 具体内容详见曹增友、张承友发表的《欧洲世界科学技术中心的失落及发展对策》。

⑤ 具体内容详见张剑发表的《世界科学中心的转移：漂洋过海到美国》《世界科学中心的转移：德国的神话与奇迹》《世界科学中心的转移：伦敦的故事》《世界科学中心的转移：法兰西时代的降临》。

⑥ 具体内容详见陈群发表的《近代法国科学中心的形成及其对世界科学发展的影响》，乔媛发表的《美国如何长久占据科学中心地位》。

⑦ 具体内容详见刘馨元发表的《17—19世纪英、法、德三国科学发展的比较研究》。

⑧ 迟景明：《科学中心转移与高等教育中心转移之间的关系》，《教育科学》2003年第6期，第35-37页。

崛起以及"双一流"大学评价标准的逻辑探寻①；在学科发展方面，冯烨等人指出，学科中心转移与科学中心转移具有某种一致性②，部分学者进一步围绕与科学中心相关的学科，如政治、经济③、哲学④、科学教育⑤、竞技体操⑥、科技传播⑦、双语科技⑧等展开了研究。在人文环境方面，学者的研究集中于世界科学中心转移的文化背景、社会文化语境、文化因素、人文环境、人文精神等方面⑨。

3. 中国在世界科学中心转移过程中的对策

人才是创造科学成果的主体，世界科学中心的转移归根结底是高水平科技人才的转移。在世界科技竞争日益激烈的21世纪，学者们通过对科学中心转移的研究，努力为中国未来发展提供借鉴。谢星海预测21世纪世界科学技术的中心将在中国⑩，一些学者分析了世界科学中心形成过程中同

---

① 具体内容详见张铁山发表的《世界科学中心转移与大学基本职能变迁》，和飞发表的《大学在世界科学中心形成中的作用》，李铁林发表的《世界科学中心的转移与一流大学的崛起》，叶志明、卢晓中发表的《"双一流"大学评价标准的逻辑探寻——世界科学中心与后发-高水平大学的交互视野》。

② 具体内容详见冯烨、梁立明发表的《世界科学中心转移的时空特征及学科层次析因（上）》《世界科学中心转移的时空特征及学科层次析因（下）》。

③ 具体内容详见刘鹤玲发表的《世界科学活动中心形成的经济-政治-文化前提》。

④ 具体内容详见冯石岗发表的《哲学社会科学在人类文明中作用的探索》，鲁品越发表的《世界科学中心转移与哲学思想变迁》，宋清波发表的《论哲学对德国成为世界科学中心的影响》。

⑤ 具体内容详见张钢发表的《科学文化与近代教育发展——兼论科学教育与世界科学中心转移的互动关系》。

⑥ 具体内容详见蔺新茂、蔺利萍、王林丽、宋战兵等发表的《科学中心转移规律与我国竞技体操发展前瞻》。

⑦ 具体内容详见徐海军发表的《科技传播与世界科学中心转移》。

⑧ 具体内容详见俞征鹿、马峥、田瑞强发表的《布局发展双语科技期刊 助推世界科学中心转移》。

⑨ 具体内容详见魏屹东、郭贵春发表的《科学中心转移现象的社会文化语境分析》，冯烨、梁立明发表的《世界科学中心转移与文化中心分布的相关性分析》，郭建新发表的《世界科学中心转移的文化因素分析》，柯妍发表的《文化的繁荣兴盛是科学中心形成的土壤和先导》，王国成发表的《近代世界科学中心转移的文化背景分析》，郭建新发表的《世界科学中心转移的文化因素分析》，傅正华发表的《人文环境对科学技术发展的影响分析——兼论世界科学活动中心转移的人文因素》，张云龙、马淑欣发表的《论科技发展与人文精神的内在勾连——基于世界科学中心转移的视角》。

⑩ 具体内容详见谢星海发表的《21世纪世界科学技术的中心在中国》。

时期的中国科学技术情况以及对中国未来发展的展望①；曹晓阳从世界科学中心视角分析中美科技战并提出建议②，许小玲等人通过回顾世界科学中心转移过程提出加强中国科技发展的对策③。王先国、吕有勇通过世界科学中心的转移看到了人才的重要性，提出尊重知识和尊重人才的重要意义，并分析了科学团队建设和科技投入效率等问题④。

（二）人才高地

人才高地是人才高度集约的地域类型，是人才发展的极核区。有关人才高地建设的研究主要集中在人才高地概念界定、建设路径以及不同城市不同行业的实践三方面。首先，在概念界定方面，国内最早提出"人才资源高地"的是时任上海市委书记的黄菊同志，他在讲话中指出，要使上海成为国内、国际优质人才密集的人才资源集聚高地。王通讯认为，人才资源高地就是人才数量多、素质优、结构好、效益高的区域⑤。在叶忠海等人看来，人才高地是人才高度集约的地域类型，是人才发展的极核区⑥。薄贵利提出，世界级人才高地即汇聚了一大批世界一流的创新创业人才和以这些人才为核心的人才群体，能够在科技创新、产品研发和产业变革中引领世界潮流的人才密集区⑦。其次，在建设路径方面，王通讯、王培君、

---

① 具体内容详见刘鹤玲发表的《科学活动中心形成的综合环境与中国科学的未来》，漆协发表的《世界科学中心转移与未来中国科学发展契机之研究》，周丽丽、万兰芳、陶梅江发表的《世界科学中心的多元化发展与中国的企望》，赵克发表的《科学中心转移与中国战略机遇》，张剑发表的《世界科学中心的转移与同时代的中国》，刘则渊发表的《贝尔纳论世界科学中心转移与大国博弈中的中国》。

② 具体内容详见曹晓阳、苗红波、刘安蓉、彭现科、李莉发表的《从世界科学中心转移看中美科技之争》。

③ 具体内容详见许小玲、张萍菲发表的《世界科学中心多极化趋势下中国科技发展对策研究》。

④ 具体内容详见王先国发表的《从世界科学中心的转移看尊重知识尊重人才的战略意义》，吕有勇发表的《世界科学中心转移轨迹的启迪：科技创新与人才团队培育问题浅析》。

⑤ 王通讯：《人才高地建设的理论与途径》，《中国人才》2008年第2期，第31-32页。

⑥ 叶忠海、郑其绪：《新编人才学大辞典》，中央文献出版社，2015，第490页。

⑦ 薄贵利：《论打造世界级和国家级人才高地》，《中国行政管理》2019年第6期，第6-11页。

高永强分析了人才高地建设的路径选择[1][2][3]，具体可以从吸纳留学人员[4][5]、加快人才开发[6]、盘活人力资源[7]、营造创新环境[8]、迎接知识经济挑战[9]、建立现代培训体系[10]、完善税收政策[11]等方面着手；萧鸣政等人将人才高地的要素与结构概括为："一个高地+三大特征+三大要素"，提出人才高地的结构模型，厘清要素间关系并提取评价标准体系[12]。最后，在城市实践方面，大连、沈阳、东营、重庆等多个城市纷纷开展人才高地建设研究[13]；就行业而言，部分学者分析了工业、新闻业、农业、体育业等多个行业建设人才高地的具体对策[14]。

综上所述，学者对人才高地的研究，起源于上海的政策发布，后经学者对相关理论和对策的深入研究，在上海收效显著。而后区域间、行业间

---

[1] 王通讯：《人才高地建设的理论与途径》，《中国人才》2008年第3期，第31-32页。

[2] 王培君：《我国人才高地建设的理论创新与路径选择》，《江海学刊》2011年第6期，第215-221页。

[3] 高永强：《论人才高地建设的理论基础与现实路径选择》，《东方企业文化》2014年第13期，第153页。

[4] 许明：《吸纳留学人员　构筑人才高地》，《思想·理论·教育》1996年第6期，第22-23页。

[5] 张红妹：《抢先构筑人才高地　引进海外高层人才》，《中国高等医学教育》2011年第3期，第17页、第81页。

[6] 徐匡迪：《加快人才开发　构筑人才高地》，《人才开发》1997年第1期，第5页。

[7] 胡杰生：《构筑人才高地，盘活人力资源》，《上海成人教育》1998年第6期，第11-13页。

[8] 李宣海：《营造创新环境　构筑人才高地》，《研究与发展管理》1999年第6期，第11-13页。

[9] 年继业：《构筑建设人才高地　迎接知识经济挑战》，《当代建设》1998年第5期，第18-19页。

[10] 高澈：《建立现代培训体系　构筑一流人才高地》，《中国电力教育》2011年第3期，第35页、第37页。

[11] 黄英：《助推粤港澳大湾区打造人才高地的税收政策研究》，《税务研究》2019年第12期，第106-107页。

[12] 萧鸣政、应验、张满：《人才高地建设的标准与路径——基于概念、特征、结构与要素的分析》，《中国行政管理》2022年第5期，第50-56页。

[13] 具体内容详见张志刚发表的《论大连建设北方人才高地的环境优势》，闫丹发表的《沈阳市人才高地建设的对策研究》，刘静发表的《东营市构筑人才高地的对策研究》，李娴发表的《重庆人才高地建设的现状评价与对策研究》。

[14] 具体内容详见孙家君发表的《上海对构建工业人才高地的对策建议》，刘宇庆发表的《"人才高地"与"高地效应"——新闻业人才竞争引发的思考》，龙以庄发表的《构筑农业人才高地　服务区域特色经济》，叶天放发表的《关于构建上海体育人才高地的思考》，陈锋发表的《监狱人才高地建设实践与思考》。

根据不同的区域、行业特点开展特色实践，纷纷建立起自己的人才高地，以期引进、聚集人才，谋求发展。

（三）科技创新中心

科技创新中心是科技创新资源集中、活动集中、实力雄厚、成果辐射范围广，从而在全球价值链中发挥价值增值功能并占据领导和支配地位的城市或地区。[①] 现有研究对科技创新中心的研究，主要聚焦在概念的提出、内涵界定以及构成要素、实现路径与评价体系等主题。首先是概念的提出和内涵界定，2000 年，《在线》杂志最早提出"全球科技中心"的概念，并评选出 46 个全球科技创新中心[②]。联合国在此基础上发布的《2001 年人类发展报告》提出"科技成长中心"的概念，认为科技成长中心是集聚大量研究机构、创业型企业和风险投资者的地区[③]。我国学术界先后提出国际产业研发中心[④]、产业研发枢纽[⑤]、科技创新城市[⑥]等相近概念。广州、北京、上海等城市提出科技创新中心建设。杜德斌最早提出"全球科技创新中心"，认为全球科技创新中心是指全球科技创新资源密集、科技创新活动集中、科技创新实力雄厚、科技成果辐射范围广大，从而在全球价值网格中发挥显著增值功能并占据领导和支配地位的城市或地区[⑦]。熊鸿儒、杜德斌等人进一步分析了全球科技创新中心的本质、空间分布、发展类型、演化趋势[⑧]。费尔森施泰因（Felsenstein）、黄鲁成、李阳、布鲁尼尔（Bruneel）等人分析了科技创新中心在区域科技与经济发展中具有重要意义，认为科技创新中心能够促进区域经济发展，促进国家自主研发能力

---

① 杜德斌：《上海建设全球科技创新中心的路线图及实施建议》，《上海综合经济》2014 年第 9 期，第 1-10 页。

② 杜德斌、祝影：《全球科技创新中心：内涵特征与评价体系》，《科学》2022 年第 7 期，第 1-5 页、第 69 页。

③④ 杜德斌、张仁开、祝影、包惠：《上海创建国际产业研发中心的战略研究》，《科学学与科学技术管理》2005 年第 4 期，第 23-29 页。

⑤ 王铮、杨念、何琼、姚梓璇：《IT 产业研发枢纽形成条件研究及其应用》，《地理研究》2007 年第 4 期，第 651-661 页。

⑥ 胡晓辉、杜德斌：《科技创新城市的功能内涵、评价体系及判定标准》，《经济地理》2011 年第 10 期，第 1625-1650 页。

⑦ 杜德斌、何舜辉：《全球科技创新中心的内涵、功能与组织结构》，《中国科技论坛》2016 年第 2 期，第 10-15 页。

⑧ 具体内容详见熊鸿儒发表的《全球科技创新中心的形成与发展》，杜德斌、段德忠发表的《全球科技创新中心的空间分布、发展类型及演化趋势》。

提升[1][2][3]。其次是构成要素、实现路径与评价体系研究。安璐认为，全球科技创新中心包括创新人才、关键技术、一流高校与科研机构、创新型企业、创新政策、创新资本、创新基础设施、专业服务、创新文化九个要素[4]。胡曙虹、杜德斌等人基于创新生态系统观分析了科创中心构建实践和构成要素[5][6]。张士运认为，科学创新中心有集聚功能、原创功能、驱动功能、辐射功能、主导功能五大功能，并进一步分析了指标体系的构建以及北京建设科创中心的路径[7]。祝影、邓丹青、杜德斌等人进一步分析了全球科创中心的评价指标体系[8]。

（四）世界重要人才中心

世界重要人才中心和创新高地是指集聚数量充足、结构合理、活力充沛的世界级高层次创新人才，汇聚前沿性、原创性、颠覆性的世界级重大创新成果，引领世界科技革命与产业转型升级的特定区域。现有对世界重要人才中心的研究，围绕实现路径、教育与人才培养、创新三个视角展开。首先，从实现路径视角，何丽君认为世界级高层次创新人才的集聚对于世界科技革命与产业转型升级的基础性、决定性作用源于世界级高层次创新人才集聚的知识溢出效应及其创新效应，并进一步研究了制约构建世界人才中心和创新高地的突出问题以及实现路径[9]。高悦、张向前对建设

---

[1] Felsenstein D., "University-Related Science Parks 'Sedbeds' or Enclaves of Innovation," *Technovation*, no. 2 (1994): 93-110.

[2] 黄鲁成、李阳：《国际 R&D 中心与北京的现状分析》，《科学学与科学技术管理》2004 年第 7 期，第 12-16 页。

[3] Bruneel J. D'Este P., SALTER A., "Investigating the Factors that Diminish the Barriers to University-Industry Collaboration," *Research Policy*, no. 7 (2010): 858-868.

[4] 安璐：《全球科技创新中心：内涵、要素与发展方向》，《学术前沿》2020 年第 6 期，第 6-15 页。

[5] 胡曙虹、黄丽、杜德斌：《全球科技创新中心建构的实践——基于三螺旋和创新生态系统视角的分析：以硅谷为例》，《上海经济研究》2016 年第 3 期，第 21-28 页。

[6] 杜德斌、祝影：《全球科技创新中心：构成要素与创新生态系统》，《科学》2022 年第 4 期，第 6-10 页。

[7] 张士运：《科技创新中心建设路径研究》，《科技中国》2017 年第 10 期，第 49-51 页。

[8] 具体内容详见祝影、唐春光、孙锐、雷家骕发表的《基于系统耦合的中国科技创新城市评价》，邓丹青、杜群阳、冯李丹、贾玉平发表的《全球科技创新中心评价指标体系初探》，杜德斌、祝影发表的《全球科技创新中心：内涵特征与评价体系》。

[9] 何丽君：《中国建设世界重要人才中心和创新高地的路径选择》，《上海交通大学学报：哲学社会科学版》2022 年第 8 期，第 33-42 页。

世界重要人才中心和创新高地的保障机制进行研究，系统分析了建设世界重要人才中心和创新高地的保障机制、面临的机会与挑战，提出了相关建议①。丁倩、张磊明确了"高水平人才高地"和"吸引集聚人才平台"的区别，进一步分析了"吸引集聚人才平台"的整体定位、条件、具体指标，以及如何创建"吸引集聚人才平台"②。其次，从教育及人才培养视角，姚凯从人才培养层面出发，提出通过人才自主培养，提升核心竞争力，打造世界人才中心③。李石纯、杨婧指出，为加快建设世界重要人才中心和创新高地贡献高校力量，可以从完善体制改革、提高人才培养质量、加强师资队伍建设、做好人才引流工作等方面开展④。最后，从创新视角，穆荣平指出，聚焦2035年进入创新型国家前列的发展目标，中国必须深入实施科教兴国战略、人才强国战略和创新驱动发展战略，加快建设世界重要人才中心，厚植城市创新基因，强化中心城市的创新枢纽功能，打造一批国际科技创新中心、区域创新高地和创新型城市圈（群），支撑国家创新驱动高质量发展⑤。

二、世界重要人才中心的相关理论

（一）创新生态系统理论

创新生态系统是由各创新主体要素和创新环境间相互作用、共同演化的复杂、和谐的系统，基于创新的共同目标，系统内部的信息流、能量流和知识流可以不受限制地流动。世界重要人才中心可以视为一个由环境系统、政策系统、创新平台系统、资源系统、公共服务系统、文化系统六个子系统构成的协同共生的平台系统，各子系统通过人才机制，包括政府支持机制、人才引进与培养机制、资金支持机制、法律保障机制、协作共治

---

① 高悦、张向前：《建设世界重要人才中心和创新高地的保障机制研究》，《科技和产业》2022年第7期，第179-185页。
② 丁倩、张磊：《"吸引集聚人才平台"的建设路径分析》，《人才观察》2022年第5期，第44-47页。
③ 姚凯：《培育人才自主培养核心竞争力 打造世界人才中心》，《中国科技人才》2021年第12期，第6-8页。
④ 李石纯、杨婧：《为加快建设世界重要人才中心和创新高地贡献高校力量》，《中国高等教育》2022年第4期，第19-21页。
⑤ 穆荣平：《厚植城市创新基因 推动建设世界重要人才中心和创新高地》，《中国科技人才》2022年第2期，第3页。

机制、利益分享机制等关联进而发挥作用。世界重要人才中心生态系统是个复杂的高能级创新生态系统，在维持系统平衡的同时，还会不断从低级到高级、从简单到复杂，实现量变和质变叠加的演进。

（二）耦合协调理论

耦合协调理论包括"耦合"和"协调"两部分，本质是利用不间断地调整使系统间的动态平衡得以维持的过程。构成世界重要人才中心的环境系统、政策系统、创新平台系统、资源系统、公共服务系统、文化系统六个子系统之间存在耦合作用。其主要表现为：①六大系统内部相互依存相互耦合，共同构成世界重要人才中心的系统环境；②每个子系统和人才机制的分支存在耦合，如政策系统通过人才引进与培养机制、政府支持机制与法律保障机制对构建世界人才中心发挥作用；③各人才机制的分支通过耦合协调共同对世界人才中心发挥作用，要实现世界重要人才中心生态系统的高效能运行，应以区域或城市为具体建设的空间载体，强化产业链、创新链、人才链"三链"的深度融合，在"三链"耦合驱动下形成动态适配的产业创新生态系统，实现技术与市场精准对接和高效能产出。

（三）价值网络理论

价值网络理论（Value Network）是在信息革命和模块化时代背景下产生的新兴战略理论[1]。该理论主张具有不同核心能力的企业把各自的价值连接起来，形成包含上下游企业、顾客及竞争者在内的关系网络，从而共同创造差异化、整合化的客户价值，最终获取群体竞争优势、网络结构优势和抗风险能力[2]。价值网络理论视角可以成为构建世界重要人才中心价值链的逻辑起点，作用过程中涉及的要素以及最终预期达到的空间效果。价值网络理论的新进展即价值圈层可以作为世界重要人才中心建设的重要理论基础，即我国建立的世界重要人才中心系统与当前全球的世界人才中心互为参照，打破边界，实现内外部相互融合，实现多个世界人才中心的连接和互动，创造新的由人才聚集支撑带来的创新价值。

---

[1] 孟庆红、戴晓天、李仕明：《价值网络的价值创造、锁定效应及其关系研究综述》，《管理评论》2011年第12期，第139-149页。

[2] 周煊、程立茹：《跨国公司价值网络形成机理研究：基于价值链理论的拓展》，《经济管理》2004年第22期，第22-27页。

第三节 世界重要人才中心的特征、要素与路径

概念界定、重要特征、结构与要素以及实现路径是世界重要人才中心研究的关键问题。本节对世界重要人才中心的概念进行了界定，对相关概念及其关系进行了辨析，并对世界重要人才中心的重要特征、结构与要素和实现路径进行了阐释。

一、概念界定及关系辨析

（一）概念界定

世界重要人才中心指全球范围内科技创新资源集中、科技创新人才汇集、科技创新技术处于领先水平，在全球产业链中处于领导和支配地位，研究成果带动科技革命和产业升级的城市或地区。世界重要人才中心是集聚数量充足、结构合理、活力充沛的世界级高层次创新人才的中心。其不仅是一个物理空间概念，更是一个人才载体平台，主要有两层含义：一是指重要度，从国别比较中呈现出的重要程度的角度，即世界有多个人才中心，但我国要成为"重要的"人才中心，凸显人才的国际竞争比较优势；二是指人群，即我国要成为全球范围内顶尖人才聚集的高能级中心。

（二）相关概念及其关系辨析

高水平人才中心指汇集大规模高水平人才，并以重点领域杰出人才为引领的特定区域[①]。高水平重要人才中心则是汇集关键重点技术中顶尖人才的高能级中心，能够在世界新一轮科技革命和产业变革中紧跟世界潮流、引领国家潮流、带动国家产业结构转型升级的人才密集区[②]，而创新高地指科技创新技术集聚的城市或地区。世界重要人才中心和创新高地既有联系又有区别。世界重要人才中心和创新高地是互为因果、相辅相成、共生共存的系统工程，人才和创新的良性互动是世界重要人才中心和创新

[①] 赵明仁、柏思琪、王晓芳：《粤港澳大湾区高水平人才高地制度体系建构研究》，《杭州师范大学学报：社会科学版》2022 年第 3 期，第 76-83 页。

[②] 薄贵利：《论打造世界级和国家级人才高地》，《中国行政管理》2019 年第 6 期，第 6-11 页。

高地的本质①。但两者又有各自侧重点，世界重要人才中心的核心要素是人才的集聚，特别是关键少数战略科学家、科技领军人才、青年科技人才、创新团队"四支"队伍的聚集，而创新高地是各种创新成果的集中；世界重要人才中心可以对周边地区产生辐射作用，而创新高地则侧重于引领作用，以其高水平的创新成果产出引领和带动相关产业发展②。

二、重要特征

世界重要人才中心具有功能集聚性、资源共享性、产业领先性、社会友好性四大特征。

（一）功能集聚性

世界重要人才中心是资源的聚集地。世界重要人才中心集聚了全球顶尖人才，拥有领先的研发创新技术，具有强大的辐射、领导和控制能力，利用领先的技术创新能力，吸引全球资源、知识、信息集聚③，形成技术、人才、信息、资源流动的重要枢纽。世界重要人才中心主导着全球技术和产业发展方向和研究设计，通过技术吸引、支配全球技术创新资源配置。大学作为科技创新的源头往往可以吸引许多科技创新资源和人才，形成资源创新集群，从而汇集科技创新企业和科研机构，形成空间分布的科技创新集聚。

（二）资源共享性

世界重要人才中心具有辐射作用。世界重要人才中心往往拥有大规模的创新要素，能够在一定程度上影响和辐射其他地区，世界重要人才中心的资金、技术、人才在与其他地区进行资源交换和技术交流的过程中，协调其他地区资源。世界重要人才中心具有全球领先的创新能力和技术水平，可以辐射更大范围的地区，技术和资源的输出能力更强。另外不同科技创新中心的分工在全球范围内的分工是不同的，不同创新中心侧重的研

---

① 何丽君：《中国建设世界重要人才中心和创新高地的路径选择》，《上海交通大学学报：哲学社会科学版》2022年第4期，第33-42页。
② 萧鸣政、应验、张满：《人才高地建设的标准与路径——基于概念、特征、结构与要素的分析》，《中国行政管理》2022年第5期，第50-56页。
③ 王子丹、袁永、邱丹逸等：《人才高地形成发展特点与国际经验研究》，《特区经济》2018年第12期，第25-29页。

究方向和领域可能存在差异,但创新中心间又是相互关联、相互学习的关系。

(三) 产业领先性

世界重要人才中心具有技术领先性,拥有世界影响重大的科技成果不仅体现在"数"上,更体现在"质"上。世界重要人才中心汇集了全球领军人才,其产业一般具有高价值、高科技、高智力密集性等特征,通过全球领军人才参与全球产业分工,处于全球分工体系的顶端。另外,世界重要人才中心的产业往往是当期全球领军产业,科技创新人才不断推动全球产业升级,催生新产业、新业态。

(四) 社会友好性

世界重要人才中心具有包容性。世界人才中心汇聚全球领先人才,可能面对各种自然科学、社会关注的问题,要求文化具有较高的包容性,不断解放思想。一方面需要营造崇尚科学、尊重创新的社会氛围;另一方面,科技创新无法避免失败,各类创新人才的成功往往经历了多次试验,因此世界重要人才中心应具有鼓励尝试、包容失败的环境氛围。此外,营造宽松的氛围,使顶尖人才能够得到放空,激发灵感和发挥想象力。

三、结构与要素

世界重要人才中心应具备顶尖的科研资源体系、完备的创新服务体系和健全的政策保障体系。

(一) 结构

1. 顶尖的科研资源体系

科研资源是创新的前提。世界重要人才中心是科技人才的研究中心,也是全球开展研究的平台,需要具备高高质且充足的科研资源,支撑人才进行前沿问题研究。例如,高水平大学和科研院所是科技创新的重要机构,而科技研究基础设施则是保障科学研究领先的有力支撑。

2. 完备的创新服务体系

创新服务体系是成果转化的加速器。世界重要人才中心是全球技术创新的策源地,具有包括创新创业平台、服务中介机构、风投创投机构等构成的技术创新体系①。在高水平科技研发的前提下，大规模高质量创新孵化平台可以加速科技成果从技术走向市场，科技服务中介机构帮助高等院校和科研院所将最新研究成果迅速与市场需求对接，风险投资机构作为科研创新资金的重要提供者，为产业和市场所需的科学技术提供资金。

3. 健全的政策保障体系

政策保障是人才创新的保护网。保障机制为科技创新提供更多的政策优惠和生活便利，才能改变科研环境②。国家战略政策起领导作用，以资金为主的物质支持政策保障创新人才科研活动顺利进行，知识产权保护等法律政策维护科研创新成果、塑造良好的科研环境。

（二）要素

1. 主体要素：科研机构、高等院校、企业、服务机构

世界重要人才中心是人才聚集的中心，其主体要素贯穿整个科研创新过程，直接参与知识、技术和产品的每个创新环节，包括科研机构、高等院校、企业、服务机构等。不同主体拥有不同的功能和作用，科研机构和高等院校负责基础创新，企业为市场创新的主体，服务机构则承担连接不同科研主体、推动科研成果转化等责任。

2. 机制要素：政策、教育、资金、保障

世界重要人才中心的主要功能是聚集世界级的顶尖人才开展创新活动，特别是科技创新活动，因此机制要素极为重要。机制要素是创新的黏合剂，指将各主体串联起来，促使主体与环境更好发挥作用的一系列措施③。破除机制障碍才能让顶尖人才静心做科研、安心做创新④。机制要素包括政策制定和法律保障的政策机制、人才培养和技能培训的教育机制、资金筹集和投融资的资金机制、成果转化和人才服务的保障机制。

3. 环境要素：科研、生活、社会

---

① 王子丹、袁永、胡海鹏等：《粤港澳大湾区国际科技创新中心四大核心体系建设研究》，《科技管理研究》2021年第41期，第70-76页。
② 高悦、张向前：《建设世界重要人才中心和创新高地的保障机制研究》，《科技和产业》2022年第7期，第179-185页。
③ 萧鸣政、应验、张满：《人才高地建设的标准与路径——基于概念、特征、结构与要素的分析》，《中国行政管理》2022年第5期，第50-56页。
④ 谢敏振：《新时代党的人才工作战略目标——建设世界重要人才中心和创新高地》，《求贤》2022年第4期，第46-47页。

环境要素是世界重要人才中心平台上人才创新活动的重要保障，包括科研环境、生活环境、社会环境等。科研环境是创新活动的前提，包括科研基地所需的仪器设备等科研设施以及机场等公共设备。生活环境是创新活动的稳定剂，包括便利高质宜居的生活环境以及提高人才生活满意度的服务。社会环境是激励创新的催化剂，包括尊重科学、包容创新的社会氛围。

四、实现路径

世界人才中心是一个以顶尖人才聚集为核心，多主体与环境交互，由资源、政策、服务体系支撑，以区域或城市为空间载体，以产业链、人才链、创新链"三链"动态耦合为特征的高能级创新生态系统，建成世界人才中心是一个复杂的系统工程，需要系统思维和可靠的实现路径。

（一）坚持人才引领的战略地位

坚持人才是第一资源，创新是第一动力。深入实施科教强国战略、人才强国战略、创新驱动发展战略。以建设国家战略人才力量为主线，围绕我国重点科技创新领域汇聚世界顶尖人才，确立紧缺顶尖人才类型，强化党政多部门协同，实施立体的顶尖人才配套政策。

（二）提前进行人才资本战略性投资

党的二十大报告提出"加快建设世界重要人才中心和创新高地"，顶尖人才是形成世界重要人才中心的基础支撑，因此应对人才资源进行前瞻性的结构性投资，围绕战略布局和发展需求划分出一系列有区别的投资重点，科学把握人才活动规律，结合人才发展需求，通过深化人才发展体制机制改革，充分激发人才作为第一资源要素的作用，提升人才效能，提高人力资本投资回报率。

（三）汇聚全球顶尖人才

汇聚全球顶尖人才，打造国际重要人才中心。对标世界优秀人才集聚中心重视世界人才引进，营造良好的人才发展环境，优化人才服务保障，支持优秀人才培养，加强国际科技领域的交流和合作；积极参与全球科技人才的竞争与合作，建立健全具有国际竞争力的人才引进、培养、使用、激励、竞争和评价机制；完善外籍高端人才和专业人才来华工作、科研、交流的停居留政策，打造高质量的国际人才社区。

(四) 优化人才创新环境

优化人才创新环境是国际竞争比较优势的核心问题。世界重要人才中心是高层次人才集中的地方，实质上就是人才环境最好的地方。建设世界人才中心需要营造有吸引力的创新环境，需要平等开放、自由包容、尊重科学、崇尚创新的社会环境。要减少不合理的考核，鼓励跨学科、跨领域的人才相互交流，建立平等开放的交流平台。鼓励人才创新，坚持荣誉与奖励结合的激励形式，对创新过程中的失败和挫折给予更多的耐心和包容。

(五) 完善人才发展制度保障

良好人才环境的形成，有赖于全面深化人才体制机制改革，建立起一套与建设社会主义现代化强国相适应的人才发展制度体系。习近平总书记指出，人才发展体制机制改革"破"得不够，"立"得也不够，因此要破除一切制约人才创新的藩篱，破除人才流动与发展的体制机制障碍。对比中外人才中心建设可以发现，我国国家战略主导作用较为突出①。因此，应充分发挥我国的体制优势，加强政府的主导作用，做好人才高地建设的制度保障，把我国制度优势转化为人才优势、科技竞争优势。健全新型举国体制，强化国家战略科技力量，提升国家创新体系整体效能，形成具有全球竞争力的开放创新生态。

(六) 布局和培养关键核心技术领域人才

重视关键核心技术领域人才培养的战略布局，探索关键核心技术领域国家战略人才力量培育目标，基于产业链、人才链、创新链耦合过程构建适配的人才生态系统，探索新型举国体制下关键核心技术领域人才协同培养模式，健全以能力与素养培育为导向的动态赋能体系，搭建高效的国家政策保障体系，夯实关键核心技术攻关人才基础，是世界重要人才中心建设的重要路径。

第四节　世界重要人才中心建设的实践

北京、上海、粤港澳大湾区基于自身的优势和特点，在高水平人才高

---

① 萧鸣政、应验、张满：《人才高地建设的标准与路径——基于概念、特征、结构与要素的分析》，《中国行政管理》2022年第5期，第50-56页。

地建设方面先行先试，逐步形成了具有区域特色的人才工作创新实践模式。

一、北京：以首善标准打造人才高地

北京以首善标准率先打造高水平人才高地，已形成生动的"北京实践"。一是聚焦建设战略人才力量，聚焦战略科学家这个"关键少数"，已形成战略科学家成长梯队。围绕"四个占先""四个突破"等关键核心技术领域，集聚和支持一批科技领军人才和创新团队。把政策重心放在青年科技人才上，建立早期发现和跟踪培养机制，完善全链条培养制度，扩大青年项目支持规模。以企业需求为导向，校企联合，培养大批卓越工程师。二是加强人才自主培养。用好国家战略科技力量等重大科技创新平台培养人才，建好国家实验室，推进新型研发机构发展，深化"三无"管理体制改革。发挥高校培养人才主阵地作用，实施北京市建设一流大学群体"十项行动计划"，支持高校建设高精尖创新中心、开展基础研究人才专项试点，推进"新工科"建设，培养高水平复合型人才和基础学科人才。突出企业承载创新人才的主体地位，支持行业领军企业牵头组建创新联合体，鼓励企业布局建设一批专业化实习实训基地，推动重大科技项目等向企业开放。三是深化人才发展体制机制改革，用好"两区"建设、中关村先行先试等政策，深化用人主体人才管理制度改革，赋予用人主体在编制使用、岗位评聘、科研经费管理等方面更大自主权。为人才松绑，用好用活各类人才，赋予科学家更大路线决定权、经费支配权、资源调度权。四是推动人才高水平对外开放。深化国际人才交流合作，实施国际联合研究项目，参与和发起国际大科学计划，推动在京大科学装置、科技基础设施面向全球开放共享。引进国际组织、国际知名科研机构、跨国企业研发中心等落户。通过中国国际服务贸易交易会、中关村论坛、金融街论坛，提升中欧人才论坛影响力。积极引进海外人才，支持人才"走出去"。

二、上海：形成"产—才—城"深度融合模式

上海以中国（上海）自由贸易试验区临港新片区为先行先试，已形成"产—才—城"深度融合的人才高地建设模式。一是强化引才"磁吸效应"，支持产业快速发展带来的多层次人才需求，集聚优秀专业技术人才，

引进产业紧缺的高技能人才。二是强化教育优质均衡发展，建立高水平基础教育体系，加大优质教育资源引进力度，加快建立与产业发展相融合的职业教育体系，支持职业教育在办学体制、育人模式上持续创新，提升教育国际化、多样化水平，积极吸引国外知名高校在新片区办学，率先探索建设"未来学校"。三是强化政策保障，进一步优化区域发展要素供给，在人才落户、购房、医疗、子女就学、服务保障等方面形成协调的支持政策。四是着力推动产业人才创新发展。加快人才发展的市场化、社会化、数字化改革步伐，注重数字化赋能，以新机制新模式创造产业人才红利。建设产业人才研究新型智库，开展产业人才需求研究预测，探索与专业科技企业合作，建设关键核心人才大数据平台，绘制产业人才需求图谱和人才地图。建设国家产教融合试点核心区，激活企业用人主体作用。

三、粤港澳大湾区：以"元宇宙未来之城"探索"创新—人才联动"新模式

粤港澳大湾区代表城市——广州是首个通过打造"元宇宙未来之城"探索"创新—人才联动"新模式的城市，通过打造中国元宇宙产业高地，建设"元宇宙大厦"，完善"众创空间—孵化器—加速器—科技园"全链条孵化育成体系，为人工智能、数字经济、集成电路等核心产业人才聚集提供了事业发展平台，赋能人才高地建设。一是通过创新集聚，带动人才集聚。培育并引进一批拥有数字孪生、脑机接口、增强现实/虚拟现实/混合现实等元宇宙关键技术和领军企业，引导企业向"专精特新""高精尖"方向发展。二是通过解决"卡脖子"关键技术，激发人才的创新活力。对元宇宙重点科技攻关项目实行"揭榜挂帅"，支持企业与国内外科研机构联合攻关解决元宇宙领域"卡脖子"技术问题。三是加大人才引流，集聚一批与元宇宙相关的高端人才项目，为人才提供国际一流的创新平台，对元宇宙领域的创新创业领军人才项目给予创业资助和股权投资扶持。构建多层次人才梯队，形成元宇宙人才雁阵格局，分层、分类对人才给予购房补贴，同时将区领军人才工程覆盖到元宇宙等相关产业。四是提供创新基金支持，为创新创业人才设立元宇宙产业基金，吸引社会资本集聚形成资本供给效应，为创新创业人才提供天使投资、股权投资、投后增值等多层次服务。五是打造元宇宙人才公共服务平台，新技术赋能人才公共服务。

第五节　世界重要人才中心学术研究命题与实践前瞻

面对日益激烈的国际人才竞争，我国国际人才吸引力整体上仍弱于美国、日本等发达经济体，对国际人才引进、培育、使用的机制体制改革还要进一步深化，人才发展相关政策亟待进一步探索和优化。加快建设世界重要人才中心，需要从学术研究和实践推动两个方面共同努力。

一、世界重要人才中心的学术研究命题

习近平总书记在党的二十大报告中指出，在充分肯定党和国家事业取得举世瞩目成就的同时，必须清醒看到目前工作存在"科技创新能力不强"的不足。到2035年，我国发展的总体目标之一是，实现高水平科技自立自强，进入创新型国家前列，建成教育强国、科技强国、人才强国、文化强国。而建设世界重要人才中心，正是实现这一目标的关键路径。如何打造世界重要人才中心，在研究领域可以从宏观、中观、微观三个层面着手。

（一）宏观层面

进一步完善科技创新制度与非制度环境能级提升的相关研究。坚持创新核心地位，不断深化科技创新体制机制改革，是加快建设世界重要人才中心的关键所在。面对新阶段和新任务，全面提升科技创新制度与非制度环境能级，以服务国家重大战略需求为导向，全面打造世界级科技创新项目平台，不断优化创新资源布局，完善创新创业制度生态环境。人才制度与非制度环境是一个庞大的复杂系统，是人才赖以生存、得以发展的社会环境和自然环境的总和，其内容涉及政治、经济、文化、教育、地理环境等各个方面，无论是经济环境、生活配套等硬环境，还是文化政策等软环境，都需要进一步展开研究，这是体现地方政府人才吸引能动性的关键环节。

（二）中观层面

继续开展立足区域差异化发展实际的研究，丰富产业链关键环节突破的人才培养路径与战略布局研究。20世纪90年代末以来，我国先后实施了西部大开发战略、振兴东北地区等老工业基地战略、促进中部地区崛起

战略,试图解决经济高速增长中伴随的区域发展不平衡问题。然而,时至今日,中国的区域发展不平衡依旧存在,这种经济上的不平衡决定了不同区域引入人才的专业、层次、政府提供的优惠政策等不尽相同。建立世界重要人才中心,需要立足区域差异化发展实际,充分考虑不同区域的特点,因此,需进一步研究不同区域人才引育用留评的不同策略。与此同时,中观层面需继续完善产业链,在产业链关键环节方面,围绕关键领域、"卡脖子"技术,坚持科技自立自强,打造产业链关键环节突破的人才队伍,对关键核心技术进行攻坚克难。重点围绕量子信息、人工智能、区块链、生命健康等新科技前沿领域,进行人才培养路径与战略布局研究。

(三)微观层面

持续开展人才与环境互动以及个体创新创业活力激发研究。加强世界重要人才中心建设是经济可持续发展的关键,是助推经济又好又快发展的重要保障。在进一步的研究中,重点关注个体创新创业活力激发,为世界重要人才量身定制搭建合适的平台、进行政策扶持、完善培养方式、改善文化氛围;同时对个体创业警觉、创业自我效能感以及创业机会识别等微观方面展开研究,全面激发创新创业活力,引导世界重要人才把创新创业作为自己的历史责任和义务,引导他们顾大局、立大志、干大事、创大业。在人与物质环境互动中,最重要的是"人与环境的匹配",世界重要人才在与环境互动过程中产生的多层次需求,以及各种需求对高水平人才的重要程度等问题,都需进一步研究,以便更好为世界重要人才提供服务。

二、世界重要人才中心的实践前瞻

要加快建立世界重要人才中心和创新高地,形成人才国际竞争的比较优势,还有许多问题要解决,还有很多工作要做,还必须加倍努力。

(一)积极开展全球化引才,着力形成人才国际竞争的比较优势

世界重要人才作为引领经济社会发展的重要人才资源,成为各国竞相争抢的重要资源。我国要成为世界人才中心中"重要"的人才中心,需推动全球人才流动,积极开展全球化引才,着力形成人才国际竞争的比较优势,打造世界的"重要"人才中心。在全球范围内引才,特别要加大对基

础科学人才培养和引进,我国需要培养大量创新型人才以实现技术突破,但我们又不能急功近利,要着眼长远,打牢创新的基础。同时要借鉴发达国家引才的有益经验,将人才吸引功能蕴含在移民政策、留学生政策、平台政策和本族裔人才回流政策之中,形成成熟人才吸引政策体系。例如,韩国已与美国、日本、中国等多个国家进行国际联合研究项目并设立海外合作中心,借此实现吸引、利用高端人才的目的。新加坡支持国立大学走出去引才。日本争夺外国科技人才,采取在国外建所的方式,设科研机构或对当地研究机构投资,就地雇用大批科研人员为自己服务等。中国的全球化引才措施目前已取得一定成效,如普林斯顿大学分子生物学系首位雪莉·蒂尔曼终身讲席教授颜宁、获得数学界最高奖项菲尔兹奖的丘成桐、著名凝聚态物理理论科学家牛谦、计算机视觉领域的泰斗级人物朱松纯、机器视觉领军学者沈春华等各行各业众多世界重要人才都选择回国就业创业。在未来,如何吸引更多的高精尖人才,通过何种渠道发现潜在人才、对不同人才如何定位、提供何种政策支持满足人才的需求、世界重要人才管理模式、就业环境的不断完善等问题,都需要我们进一步展开创新实践。

(二) 完善知识产权制度体系,激活人才的经济价值

知识产权是人才价值实现和人才市场秩序的基础。没有一个健全的知识产权保护法律与技术体系,没有全民自觉的知识产权保护意识,人才价值很难得到真正体现,在这样的人才生态环境中,世界重要人才没有动力创新也不敢创新。目前,我国全民知识产权意识仍然相对淡薄,严重约束了中国人才市场与国际人才市场的接轨,因此需要进一步完善知识产权制度。同时,目前对人才经济价值的研究较少。人才价值可分为人才社会价值和人才自我价值,人才的经济价值从属于人才的社会价值,我国对人才的经济价值主观分析较多,量化研究较少。深挖人才经济价值还有一些亟须解决的问题,比如世界重要人才的经济效益指标测度,包括人才经济系数、人才经济弹性、人才边际产值等如何进行量化;世界重要人才与经济发展的协同效应、各主体间的利润分享模式等都要进一步探索。

(三) 技术赋能人才公共服务,提升服务能级

进入 21 世纪,人类社会开启了以数字技术为引擎的创新时代。这一创新时代以万物互联、人机协同、群智开放、跨界融合、共创共享为基本特

征。数字化、网络化与智能化不仅给人类的学习、工作、生活带来革命性的变化，而且引发了政府决策、管理、服务方式的深刻变革。因此，需进一步研究通过大数据、人工智能、元宇宙、区块链等技术赋能人才公共服务，如通过大数据实现人才的精准识别、通过人工智能技术赋能公共服务智慧决策、通过元宇宙技术提供虚拟柔性创新平台、工作平台和服务平台，通过区块链技术赋能公共服务高效供给。积极借助先进技术拓展智慧城市服务内容，包括市政、交通、电网、医疗、食品、民生、旅游、养老、农业、物流、社保等领域。在打造"宜居宜业宜创"的"类海外"生态环境系统，通过政府购买、编制释放、资源倾斜等途径给人才政策上的支持，同时，子女就学、配偶随迁、申请专利、创新创业、精神文化需求、购房就医等各个细节方面如何利用技术赋能服务，为人才提供便利，还需进一步探索与实践。

第十二章

人 才 生 态

人才生态泛指人才的生存状态，是对人才与环境之间错综复杂关系的重要考量，已成为人才工作必须着力解决的重要理论问题和现实问题。人才生态研究作为人才问题研究的一个综合性分支领域，对丰富我国人才理论研究和创新人才管理实践、推动人才强国战略深入实施具有重要作用。本章从问题提出、理论溯源、相关概念、应用实践、未来展望五个方面，对"人才生态"这一命题进行阐释。

第一节 人才生态问题的提出

"人才生态"这一概念和问题的提出，既是生态学从自然科学向社会科学衍生发展的产物，也是人类生态学与人才学相结合的产物，更是经济全球化背景下我国赢得国际竞争主动的战略选择。

一、科学基础：生态学赋予人才问题分析新思维

生态的概念，源于古希腊，是住所和学科的组合①。作为一门学问，生态学最早由德国生物学家恩斯特·海克尔于1869年提出，是研究有机生物体与环境（生物环境与非生物环境）之间相互作用的科学②。20世纪初，生态学被应用到社会研究领域，人类社会的环境整体化倾向越来越明

---

① 蓝志勇：《论人才强国战略中的人才生态环境建设》，《行政管理改革》2022年第7期，第4-13页。
② 牛翠娟、娄安如、孙儒泳、李庆芬：《基础生态学（第2版）》，高等教育出版社，2007，第1-5页。

显，生态学也逐渐从一门专业化的学问衍化为一种统摄自然、社会、生命、环境、物质、文化的观点，一种崭新的、尚且有待进一步完善的世界观①，一种特殊的方法，一种探讨自然、技术和社会之间关联的学说，进而形成一种整体性关联思维，即生态思维。生态思维是生态学所引起的思维方式变革，虽脱胎于生态学，但它并不局限于生态学领域，而是具有普遍的认识论意义②。从这个意义上讲，生态学已成为研究社会领域诸多问题的方法论。正如余谋昌教授所说："用生态学观点分析与生命有关的社会现象、社会问题，已越来越受到学术界的重视。"③ 所谓生态学方法论，就是用生态学观点说明与生命有关的现象及其发展变化，揭示各种现象的相互关系和规律性，认识和解决与生命现象有关的问题。④

追溯到生态学诞生之初，人口、环境、生态、资源问题逐渐成为学界普遍重视的新领域，在这一生态压力下，生态学和人类生态学相继产生。生态学方法被运用于人的研究后，获得了更为广泛的应用价值和现代意义。生态学原有的基本概念相应发生了变化，生命系统由原来的动植物个体或群体转换为人的个体或群体以及各种制度系统，生态系统由生物圈转换成了社会圈。从20世纪70年代起，随着人类生态学研究日趋成熟，学科体系也日趋清晰，逐步发展成为现代人类生态学，该学科旨在最大限度协调人口、资源、环境和社会发展之间相互关系并使其和谐运行，这为借鉴生态学领域内的相关概念并将其引入人才问题研究领域提供了可能。基于此，人才问题作为社会问题的重要组成部分，从人才与环境关系这一新的层次上分析人才问题，阐释对人才产生和发展起着制约和调控作用的内外部多元的环境系统，生态学无疑提供了有效的方法论和解决问题的新思维。

二、学科演进：生态学衍生人才生态研究新领域

20世纪70年代末，随着我国科学春天的到来以及干部人事制度改革

---

① 鲁枢元：《生态文艺学》，陕西人民教育出版社，2000，第26页。
② 喻文德、周晚田：《生态思维的内涵及其意义》，《吉首大学学报：社会科学版》2008年第5期，第40页。
③ 余谋昌：《生态文化论》，河北教育出版社，2001，第83页。
④ 傅华：《生态伦理学探究》，华夏出版社，2002，第336页。

的推进，人才学应运而生，重点研究人才的成长和发展规律。自人才学诞生以来，人才学学者们在继承前人成果的基础上，取得了许多重要的研究成果，形成了较为完整的人才学学科框架体系，研究的重点也逐步转向应用创新、实证分析以及交叉研究等多个领域。在人才研究中，学者们逐步认识到解决人才问题不仅在于人才本身，还在于人才所处的环境系统，跨学科的交叉研究很有必要①。20 世纪 80 年代，借鉴生态学理论和方法以及现代系统科学的先进成果，在我国人才理论研究中兴起了人才生态研究这一综合性研究领域②，旨在从生态学的视角来研究人才个体、种群、群落的生态状况以及人才生态系统发展演化规律。

从人才生态研究的学科归属来看，它是我国宏观人才学的重要组成，同时也是社会生态学的一个现代分支。正是由于人才兼具自然属性和社会属性特征，使得生态学和人才学两个学科紧密联系起来，再加上人才自身所具有的特殊规律性，在一定程度上奠定了人才生态研究的学科衍生基础。正是由于人的自然属性，使得自然生态学应用于人的研究成为可能；由于人的社会属性，继续沿用纯粹的自然生态学的知识和方法来开展人的研究难以取得进展，使得人类生态学从自然生态学的体系中独立出来成为必然；由于人才的特殊属性，需要对其进行更为科学精准的目标定位和行为判断，使得以人才为主体的人才生态研究从人类生态学研究中独立出来成为必然。同时，也涌现出了很多理论研究成果，如张一方提出了人才生态学的三个基本原理：环境控制原理、相互联系与整体性原理和数量决定质量原理③。沈邦仪试图运用辩证唯物主义和历史唯物主义的宇宙观、历史观、世界观和方法论，从生态系统、生态世界观的全新视角，站在全人类的立场、"全世界人才联合起来"的制高点上，思考和阐述人才与生态、人才与环境、人才与自然关系的生态理论，展示了全新的观点、全新的视野、全新的背景④。

---

① 王通讯：《人才学新论》，蓝天出版社，2005，第 2 页、第 37 页、第 45 页、第 80 页、第 88-89 页。

②④ 沈邦仪：《人才生态论》，蓝天出版社，2005，第 70 页。

③ 张一方：《人才生态学与中国荣获诺贝尔奖的可能途径》，《科学学与科学技术管理》2001 年第 7 期，第 60 页。

三、时代背景：人才生态建设成为人才工作新路径

21世纪以来，知识正在迅速地改变着工业经济的形态，使人类社会发展所依赖的战略资源重点由物质资本、土地、机器等传统资源要素转向人才资源要素，人才资源作为核心的生产要素日益成为国际社会公认的一个国家最为稀缺的战略性资源。[1] 美国著名发展经济学家舒尔茨（Schultz）曾经指出，在信息社会中，空间、能源和耕地并不能决定人类的前途，人类的前途将由人类才智的进化来决定[2]。基于此，一场围绕人才资源，尤其是高层次人才的国际竞争汇成了跨世纪的全球行动，世界各国纷纷提出新的科技人才战略和政策，不断加大对科技发展和人才开发的投入力度，在稳定本国人才的同时，大力吸引国外优秀人才。

面对人才全球性流动和高层次人才竞争日益加剧的新形势，我国制定并实施了人才强国战略，人才工作取得了很大成效，但同时也面临着人才结构不合理、高层次人才不足、人才创新水平和活力不够、人才发展体制机制壁垒依然存在等诸多挑战。直面挑战和机遇，要破解上述制约人才发展的深层次问题，仅靠政府行为推动或单一政策助力已远远不够，关键在于优化人才生态[3]，正如北京大学经济与人类发展研究中心研究员周雷所言：要实现人才的中长期甚至远期战略，关键在于建立一个人尽其才、言尽其用、相与争鸣的人才生态[4]。为此，构建"近悦远来"的人才生态，厚植各类人才大有可为、大有作为的沃土，便成为推进我国人才事业发展的重要范式。

---

[1] 李小岩：《人才资源是人类经济和社会发展的核心资源》，《现代营销（学苑版）》2012年第12期，第62页。

[2] T. W. Schultz, "Investment in Human Capital," *American Economic Review*, no.1（1961）: 1-17.

[3] 陈丽君、李言、傅衍：《激发人才创新活力的生态系统研究》，《治理研究》2022年第4期，第39-50页、第125页。

[4] 周雷：《中国更需要人才生态》，联合早报网，2010年6月23日，news.sohu.com/20100623/n273024415.shtml。

第二节　人才生态研究的理论源流

理论是行动的先导。推进人才生态理论研究和应用研究,一个重要前提是深刻把握其理论源流。只有在完整准确地认识和理解其背后的生态思想和理论源流的基础上,才能真正将人才生态研究的成果落到人才工作的实处。人才生态研究作为具有中国特色的研究领域,总体来看,缘起于20世纪20年代国外兴起的人类生态学研究,起步于20世纪90年代以来国内外广泛开展的人力资源生态研究,成长于21世纪以来国内蓬勃发展的人才生态研究,发展于党的十九大以来深入推进的人才创新生态系统研究。

一、人类生态学研究

人类生态学研究始于20世纪20年代。1921年,美国社会学家帕克(Park)和伯吉斯(Burgess)在《社会学科学导论》(Introduction to the Science of Sociology)中论述了人类生态问题,阐释了竞争与人类生态的关系,首次提出了人类生态学(Human Ecology)的概念[1]。

20世纪70年代起,人类生态学研究日趋成熟,学科体系也日趋清晰,逐步发展成现代人类生态学。1977年,美国学者汉南(Hannan)在文章《群体生态学组织理论》中将生态学的部分观点和方法首次引入对组织的研究中,重点探讨组织种群的创造、成长及死亡的过程及其与环境的关系[2]。1979年,美国心理学家布朗芬布伦纳(Bronfenbrenner)在《人类发展生态学:自然实验与设计》(The Ecology of Human Development: Experiments by Nature and Design)一书中提出了社会生态系统理论,认为人的发展是人与环境系统的复合函数,人在发展过程中与生态系统发生着千丝万

---

[1] Park R. E., Burgess E. W., Introduction to the Science of Sociology (The University of Chicago Press, 1921), pp. 1–20.

[2] Hannan M. T., "The Population Ecology of Organizations," American Journal of Sociology, no. 1 (1977): 929–964.

缕的联系与互动,这些生态系统以各种方式和途径影响着人的发展①。正是现代人类生态学研究中有关人与环境系统和谐共生理念的不断深化,孕育着其发展理念和概念体系应用于人才问题分析的无限可能。

二、人力资源生态研究

"人才"是一个具有鲜明中国特色的概念,与英文名词"human resource"较为接近。国外与国内几乎是同步开展的有关人力资源生态研究,初步奠定了我国人才生态研究的基础。20世纪末期,国外学者尝试将生态学理论运用到人力资源领域,主要研究人力资源生态环境的功能、生态学理论对人力资源管理的影响等。美国学者迪欧拉里卡(Deolalikar)提出了"人力资源生态学"(Human Resource Ecology)的概念,系统分析了亚洲各国人力资源发展环境在金融危机发生前后的变化和存在的问题②。艾伦·普赖斯(Alan Price)教授通过分析对人力资源管理具有宏观影响的外部环境因素,指出政府行为和跨国公司文化对人力资源管理的影响方式③。近年来,国外学者重点研究了影响人力资源生态环境的因素,达龙(Daron)、希瑟(Heather)、笃利(Atsutoshi)、夏洛塔(Charlotta)等认为,影响人力资源生态环境的主要因素有薪酬待遇、学术机会、自我实现、人际关系和退休政策[④⑤⑥⑦],哈里斯(Harris)、夏洛塔(Charlotta)等学者认为,除以上因素之外,康乐设施、娱乐活动、城市包容性和开放性等也

---

① Bronfenbrenner U., *The Ecology of Human Development: Experiments by Nature and Design* (Harvard University Press, 1979), pp.101-350.

② Deolalikar A. B., Hasan R., Khan H., et al, *Human Resource Development and the Asian Economic Crisis: Facts, Issues and Policy* (University of Washington, 1999), pp.3-51.

③ Alan P., *Human Resource Management in a Business Context* (Thomson Learning, 2007), pp.1-672.

④ Daron A., "Technical Change, Inequality, and the Labor Market," *Journal of Economic Literature*, no.1 (2002): 7-72.

⑤ Heather A. E., "Building a Workplace of Choice: Using the Work Environment to Attract and Retain Top Talent," *Journal of Facilities Management*, no.2 (2003): 244-257.

⑥ Atsutoshi O., "A Study of the Self-Directed Human Resource Development Platform in Corporations," *Journal of the Japan Information-culture Society*, no.1 (2008): 54-60.

⑦ Charlotta M., Richard F., "Creativity, Talent, and Regional Wages in Sweden," *Annals of Regional Science*, no.3 (2011): 637-660.

是不可忽视的重要因素①②。

自 20 世纪 90 年代以来,国内学者在国外人力资源生态研究的基础上,对国内人力资源生态做了大量研究。其中,中南大学颜爱民教授是国内较早系统地研究人力资源生态系统的学者,颜爱民等提出"人力资源生态系统是指各种类型的人力资源与周围的自然、社会环境共同组成的物质—能量—信息系统",并对人力资源生态系统进行了系统的分析和论述,提出运用指标对各类环境要素进行分析的思路,从而形成一个比较完整的人力资源生态系统研究体系③。同时,颜爱民在分析区域人力资源生态系统结构的基础上,将信息熵引入区域人力资源生态系统的功能研究,从纵横两个角度描述了人力资源生态系统中信息的流动④。近年来,国内学者更加关注人力资源生态系统应用研究,逐步将该理念思维应用于人力资源管理实践当中。

三、人才生态研究

自 20 世纪 80 年代末,我国学者开始关注人才环境、人才生态环境、人才生态系统的研究,逐步形成了具有中国特色的人才生态研究框架体系。熊凡认为,人才的成长既受益于环境也受制于环境,人才生态的范畴大体可分为处境的不同、资源的不同、工作负荷的不同等⑤。2003 年,沈邦仪首次提出"人才生态学"的概念⑥,认为人才生态学是研究人才生态系统以及人才开发与环境系统之间相互作用的规律及其机理的一门新兴边缘学科。而后,沈邦仪围绕人才生态的基本理论、人才生态运动的基本规律、人才生态工程与生态管理、人才生态环境等方面展开探讨,取得了具

---

① Harris L. C., Emmanuel O., "Strategic Human Resource Management, Market Orientation, and Organizational Performance," *Journal of Business Research*, no. 2 (2001): 157-166.
② Charlotta M., Richard F., "Creativity, Talent, and Regional Wages in Sweden," *Annals of Regional Science*, no. 3 (2011): 637-660.
③ 颜爱民、宋夏伟、袁凌:《人力资源管理理论与事务》,中南大学出版社,2004,第91-103页。
④ 颜爱民:《基于信息熵的区域人力资源生态系统功能分析》,《生态经济(学术版)》2008年第1期,第2-5页。
⑤ 熊凡:《试论人才与生态环境》,《科学学与科学技术管理》1986年第6期,第11-14页。
⑥ 沈邦仪:《关于人才生态学的几个基本概念》,《人才开发》2003年第12期,第22-23页。

有突破性的研究成果，为人才生态研究奠定了坚实的理论基础①。

生态系统是生态学研究的最高层次水平和最终落脚点。20 世纪 90 年代以来，国内学者围绕人才生态系统的概念、功能及演化等展开研究。唐德章将人才生态系统归结为系统内物质、能量、信息的传递和交换、系统的进化以及系统的平衡机制三个方面②。马伟光在人才生态系统研究方面独树一帜，将生态学规律成功应用到人才生态系统的研究中，对人才生态系统的属性、人才与环境的效应等问题做出了精辟论述③。黄梅认为，人才生态系统是社会生态系统的一种重要形式，在不破坏自然和社会生态平衡的情况下，实现人才辈出、知识增值、经济增值，这是人才生态系统最基本的功能特征；同时借鉴食物链原理，提出了由生产者人才、消费者人才和分解者人才构成的人才生态链④。黄梅以耗散结构理论等自组织理论为基础，提出人才生态系统演化机制，即通过自组织机制得以生存，通过开放机制得以成长，通过非平衡机制得以发展，通过非线性机制得以创新，通过涨落机制得以变革⑤。

在人才生态研究中，环境是首要关注点，以人才生态环境作为研究对象，可以更形象地体现其系统性特征和生态性特征，更方便地分析人才与环境的生态关系。刘晖认为，人才生态环境是人才与所处的环境的互动，以及各种制约要素的相互影响和均衡⑥。黄梅、吴国蔚提出，人才生态环境是指以人才为中心，对人才的产生、存在、发展起直接或间接影响的各种要素的总和⑦。司江伟、陈晶晶基于党的十八大报告有关"五位一体"总体布局的框架，将人才生态环境界定为经济、政治、文化、社会、生态

---

① 沈邦仪：《人才生态论》，蓝天出版社，2005，第 1-18 页。
② 唐德章：《人才生态系统的动态平衡及政策措施》，《生态经济》1990 年第 6 期，第 31-35 页。
③ 马伟光：《人才学新论》，蓝天出版社，2005，第 78-100 页。
④ 黄梅：《基于熵流模型的人才生态区动态监测体系研究——以北京中关村海淀园为例》，《中国行政管理》2013 年第 9 期，第 82-86 页。
⑤ 黄梅：《人才生态的理论探讨与管理创新》，经济科学出版社，2014，第 59-102 页。
⑥ 刘晖：《加强我国人才生态环境建设》，《工业技术经济》2005 年第 6 期，第 29-33 页。
⑦ 黄梅、吴国蔚：《人才生态环境综合评价体系研究》，《科技管理研究》2009 年第 1 期，第 62-65 页。

环境等五个方面①。邱赵东等认为，人才生态因素既可以从城市、地区、国家的自然、文化、政策等宏观层面进行解读，也可以从人才所处组织内部的制度、文化、工作氛围、薪资等中微观维度进行分析②。孙健、王保玲认为，人才发展环境则主要是指由直接和间接影响人才发展的政治、经济、社会、文化、自然等多方面发展要素组成的动态系统③。

此外，人才生态位也成为人才生态研究的重点领域。从现有研究来看，学者们从生态位的视角对某些特定人才群体生存发展、特定区域内人才生态位的评价和构建等问题进行了分析。谢茂拾将生态位理论应用到人才研究中，提出了我国企业家需要适宜生态位的论断④。王艳杰等根据生态位理论对构建高校创新团队核心竞争力问题进行了分析⑤。陈雄辉等运用生态位的理论和研究方法探索了技术创新人才的成长成才过程，分析了技术创新人才竞争力的 N 维超体积模型⑥。李志坚等构建了装备制造业人才生态位的结构模型，识别了其生态位因子，并对其进行了测量、评价和演化的研究⑦。刘冬梅等针对高新区科技人才流动现象与所在生态位的关系研究⑧、王新心针对区域人才协作开发活动的生态位建构研究⑨、刘兵等针对区域外来人才与本地人才之间的竞合关系研究等，从生态学视角对中

---

① 司江伟、陈晶晶：《"五位一体"人才发展环境评价指标体系研究》，《科技管理研究》2015 年第 2 期，第 27-30 页、第 57 页。
② 邱赵东、商华、刘禹岑：《微观人才生态环境评分方法研究》，《中国人口·资源与环境》2017 年第 5 期，第 285-288 页。
③ 孙健、王保玲：《北京高端金融人才发展环境满意度及其影响因素分析——基于北京市 490 位高端金融人才的调查数据》，《北京社会科学》2019 年第 7 期，第 27-37 页。
④ 谢茂拾：《我国企业家需要适宜的生态位》，《中国经济时报》2005 年 3 月 1 日第 1 版。
⑤ 王艳杰、毕克新：《基于生态位理论构建高校创新团队核心竞争力的分析》，《黑龙江高教研究》2009 年第 1 期，第 51 页。
⑥ 陈雄辉、王传兴：《基于生态位的技术创新人才竞争力模型分析》，《自然辩证法研究》2011 年第 8 期，第 77 页。
⑦ 李志坚、颜爱民、魏佳：《装备制造业高层管理者生态位的结构与测量》，《系统工程》2012 年第 12 期，第 77 页。
⑧ 刘冬梅、汪波、张保银：《基于生态位理论的高新区科技人才流动现象探究》，《软科学》2010 年第 6 期，第 97 页。
⑨ 王新心：《区域人才协作开发活动的生态位建构》，《山西农业大学学报：社会科学版》2018 年第 3 期，第 23 页。

观层面的人才环境问题进行了诠释①,为政府的宏观决策提供了全局性、辩证性依据。张新岭等在深入理解生态位概念和系统梳理人才生态位相关研究成果的基础上,分析了人才生态位以及人才的基础生态位、实际生态位和潜在生态位等概念,初步构建了人才生态位相互关系和演变的概念模型②。

四、人才创新生态系统研究

党的十九大以来,党中央全面分析国际科技竞争态势,坚持把科技创新摆在国家发展全局的核心位置,将科技自立自强作为国家发展的战略支撑,以"四个面向"深入实施新时代人才强国战略,激发各类人才创新活力。"创新之道,唯在得人。"创新驱动本质上是人才驱动,人才是实现民族振兴、赢得国际竞争主动的战略资源。对照我国跻身创新型国家前列、建成人才强国的远景目标,在集聚科技人才、激发人才创新活力方面仍面临诸多挑战,既有原始创新、基础创新、人才创新水平和活力不够的问题,也有科技创新人才配置结构和效率不高的问题,更有科技人才与创新环境协同共生性不强的问题。世界级人才枢纽与创新高地的发展经验表明,破解上述制约我国创新体系整体效能提升的这些深层次问题,关键是要改善科技创新生态,实现科技人才要素与其关联的创新环境要素共生协同。

近年来,用生态系统的思维方法研究科技创新高地建设、人才创新活力激发,尤其是人才创新生态系统构建问题,正逐渐成为一种新的视角和有效的工具。柳卸林等认为,创新生态系统能够有效促进科技与经济、创新与商业的紧密结合,实现价值创造与增值③。李晓娣、张小燕应用"共生测度模型",分析了我国区域创新系统的"共生程度"与"科技创新绩效"之间的关系,得出我国区域创新的绩效"呈U型发展分布特征"④。

---

① 刘兵、朱叶珊、梁林:《区域人才生态位竞合关系的演化博弈分析》,《科技管理研究》2020年第3期,第70页。
② 张新岭、纪治、孙友然、郭玲珑:《人才生态位论释:理论探讨、模型解析和应用拓展》,《科技与管理》2021年第3期,第105-113页。
③ 柳卸林、杨博旭、肖楠:《我国区域创新能力变化的新特征、新趋势》,《中国科学院院刊》2021年第1期,第54-63页。
④ 李晓娣、张小燕:《区域创新生态系统共生对地区科技创新影响研究》,《科学学研究》2019年第5期,第912-918页。

石长慧等以知识的生产者、扩散者和应用者为主要分析维度，结合生态系统理论，阐述了科技创新人才生态系统演进的要素维度、网络维度、功能维度，分析了科技创新人才生态系统自然演进机制和人为政策干预下的演进机制[1]。吴江提出，打造更具韧性的创新人才生态系统，是新的战略发展背景下推进创新人才工作的重要取向[2]。孙锐等指出，人才创新创业生态系统表现出较为合理的网络同质性和网络开放性，在多样性共生、自组织演化、开放式协同等运行机制的交互作用下，逐渐趋向动态平衡状态[3]。陈丽君等认为，类似于自然生态系统的作用机制，人才在知识的生产、扩散、应用各环节中进行配置与链接，受到所在集群（组织）、要素间制度安排、多个生态子系统之间的空间交互影响[4]。

第三节 人才生态的相关概念

经过多年的发展，人才生态研究已初步形成一个较为完整的理论框架，其中包括对人才生态概念体系方面的学理化阐释。一般而言，生态学对有机体的界定包括个体、种群、群落和生态系统4个层次，人才生态概念体系除包括人才个体、人才种群、人才群落、人才生态系统这4个基本概念外，也包括人才生态环境、人才生态链、人才生态位、人才创新生态系统等衍生概念。借用生态学隐喻科学界定上述概念，并阐释其生态特征，是建立人才问题分析生态观的基础。

一、人才个体

"人才"一词，具有鲜明的中国特色。进入当代社会后，学者、人才管理者和政策制定者们对于"人才是什么"的问题进行了许多精辟论述。

---

[1] 石长慧、樊立宏、何光喜：《中国科技创新人才生态系统的演化、问题与对策》，《科技导报》2019年第10期，第66-73页。

[2] 吴江：《打造更具韧性的创新人才生态系统》，《世界科学》2020年增刊第2期，第32-34页。

[3] 孙锐、孙雨洁、孙彦玲：《人才创新创业生态系统的构成与运行机制研究——以苏州工业园区为例》，《中国科技论坛》2021年第11期，第113-122页。

[4] 陈丽君、李言、傅衍：《激发人才创新活力的生态系统研究》，《治理研究》2022年第4期，第39-50页、第125页。

概括起来，人才定义大致有统计学观、语义学观、教育学观、人力资源观与人才学观等①。自人才学诞生以来，人才学者们基于已有成果给出了人才的定义，如王通讯指出，"人才就是为社会发展和人类进行了创造性的劳动，在某一领域，某一行业，或某一工作上做出较大贡献的人"②；叶忠海提出，"人才是指那些在各种社会实践活动中，具有一定的专业知识、较高的技术和能力，能够以自己的创造性劳动，对认识、改造自然和社会，对人类进步做出某种较大贡献的人"③；刘圣恩认为，"人才就是在一定的社会历史条件下，在认识世界和改造世界的过程中进行创造性劳动的人"④；罗洪铁指出，"人才是指那些具有良好的内在素质，能够在一定条件下通过不断地取得创造性劳动成果，对社会的进步和发展产生了较大影响的人"⑤。

借鉴人才学有关人才内涵的界定，结合2003年12月召开的全国人才工作会议及其发布的《中共中央　国务院关于进一步加强人才工作的决定》，将人才（个体）的概念界定如下：人才是具有一定知识或技能，能够进行创造性劳动，为物质文明、精神文明、政治文明建设做出积极贡献的人。

二、人才种群

种群是生态学研究中除生物个体之外最基础的生态单位，是较其更高一级的群落以及生态系统的重要组成部分。在自然生态学中，种群是指一定空间中具有一定遗传结构的同种个体的集合，既包括以动物为主的单体生物种群，也包括以植物为主的构件生物种群；既包括单种种群，也包括混合种群。⑥类似于自然生态学的"种群"，人才生态研究中也有"人才种群"这一概念。鉴于有关人才种群方面的深入研究偏少，借鉴自然生态学中的种群概念，可将人才种群的概念界定为：人才种群是指一定人才空间中同类人才的集合，包括单种人才种群和混合人才种群两类。人才种群由

---

① 王通讯：《人才学新论》，蓝天出版社，2005，第37页、第80页、第45页、第2页、第88—89页。
② 王通讯：《人才学通论》，中国社会科学出版社，2001，第2页。
③ 叶忠海：《人才学概论》，湖南人民出版社，1983，第59页。
④ 刘圣恩、马抗美：《人才学简明教程》，中国政法大学出版社，1987，第2页。
⑤ 罗洪铁：《再论人才定义的实质问题》，《中国人才》2002年第3期，第23—24页。
⑥ 曹凑贵：《生态学概论》，高等教育出版社，2006，第21页、第174页。

人才个体组成，具有空间特征、数量特征、特质特征和系统特征四大基本特征①。

根据实际场景和具体情况，人才种群有多种划分方式，且每种划分方式下的种群之间相互独立，规模也各不相同，但不同划分方式下的种群之间可以存在重合和交叉。以北京中关村为例，如果按产业划分，人才种群可分为软件人才种群、集成电路人才种群、计算机及网络人才种群、移动通信人才种群、光电显示人才种群、生物医药人才种群、环保新能源人才种群等；如果按人才所从事的工作性质划分，又可分为技术人才种群、管理人才种群、销售人才种群、服务人才种群等。

三、人才群落

在自然生态学中，群落的概念起源于植物生态学，而后这一概念得到不断发展。群落不仅仅是生物个体和种群更高级别的组合，更具备了生物个体和种群所不具备的特征和规律。鉴于有关人才群落方面的研究成果较少，借鉴自然生态学中的群落概念，可将人才群落的概念界定为：人才群落是指在特定的时间和空间内，各种人才种群之间以及人才种群与人才生态环境之间，通过相互作用而有机结合的具有一定功能和结构的复合体。与自然生态学的群落的概念相对应，人才群落是比人才种群更高一层次的生命单位，它不是人才个体的简单相加，而是特定人才空间中人才与人才生态环境相互作用的有机整体。

张一方教授曾指出，"由于群落的发展而导致生物的发展"是生态学的一个基本规律②。实践表明，形成以人才群落为划分标准的不同学派，有利于促进科学的巨大发展和重大创新。根据实际环境和具体情况，人才群落有多种划分方式。以高校为例，各机关部门构成学校管理机构，不同教研室按学科分类组成学院，不同学生团体构成更庞大的学生组织。在更大的人才群落结构中，不同亚单位之间具有明确的职责分工，群落内也具有明确的运行流程、规范章程和功能定位。在人才学术群落中，提倡、鼓

---

① 黄梅：《人才生态的理论探讨与管理创新》，经济科学出版社，2014，第39-41页。
② 张一方：《人才生态学与中国荣获诺贝尔奖的可能途径》，《科学学与科学技术管理》2001年第7期，第60页。

励学派的多样性，有利于推进不同学派共同进化，提升综合竞争力。

四、人才生态系统

生态系统是生态学研究的最高水平和最终落脚点[1]，最早由英国生态学家坦斯利（Tansley）于1935年提出。他指出有机体与它的环境密不可分，两者共同构成一个有机的生态系统。[2] 根据这一概念，生态系统就是生物群体与其环境组合的自然整体，通过物质循环、能量流动和信息传递，形成特定的营养结构[3]和生物多样性的功能单位[4]。奥德姆（Odum）于1989年提出了一个较全面的生态系统结构与功能模型[5]，它从系统基本成分、结构、行为出发，简要描绘出生态系统最本质的特征和行为，强调有机体和环境之间的能量、物质互动关系。

人才生态系统是模仿自然生态系统的特性，人为设计的人才与环境的关系系统。自20世纪90年代以来，国内学者在人才生态系统概念界定方面取得了可喜进展，如唐德章把人才、人类群体、人才所处的自然环境和社会环境的整体系统称之为人才生态系统[6]；王通讯认为，人才生态系统是在一定时空中由多要素构成的有生机和活力的复杂生命系统[7]；宋素娟提出人才生态系统的构架，主要包括：人才个体，由人才个体所组成的人才群落，人才生存的组织环境，培养人才的各类组织以及非生物因素中的政治、科技、经济、文化等因素以及这些因素之间的相互作用关系等[8]。基于上述成果，可以进一步将人才生态系统的概念界定为：人才生态系统

---

[1] Tansley A. G., "The Use and Abuse of Vegetational Concepts and Terms," *Ecology*, no. 3 (1935): 284-307.

[2] 沈邦仪:《人才生态论》，蓝天出版社，2005，第70页。

[3] Lindeman R. L., "The Trophic-Dynamic Aspect of Ecology," *Ecology*, no. 4 (1942): 399-418.

[4] Whittaker R. H., "Vegetation of the Siskiyou Mountains, Oregon and California," *Ecological Monographs*, no. 4 (1960): 279-332.

[5] Odum E. P., *Systems Ecology: Ecology and our Endangered Life-support System* (Sinauer Assoc Inc, 1989), pp. 1-100.

[6] 唐德章:《人才生态系统的动态平衡及政策措施》，《生态经济》1990年第6期，第31-35页。

[7] 王通讯:《人才学新论》，蓝天出版社，2005，第2页、第37页、第45页、第80页、第88-89页。

[8] 宋素娟:《人才生态系统的建构》，《现代企业》2005年第6期，第47-48页。

是指在特定的区域与时间内，所有各类人才与其生存环境（也可称为人才生态环境）所形成的有机复合体（见图12-1）。人才生态系统除具备空间结构特征和时序变动特征外，还具有管理特征，具备物质循环、能量流动和信息传递三个基本功能。

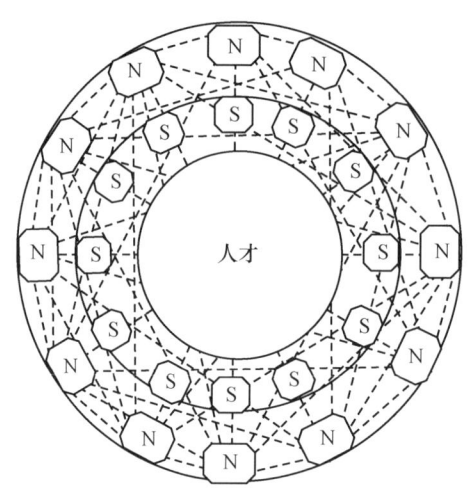

N 表示各种自然环境因子
S 表示各种社会环境因子

图 12-1　人才生态系统的构成示意图

资料来源：黄梅：《人才生态的理论探讨与管理创新》，经济科学出版社，2014，第44页。

五、人才生态环境

在自然生态学中，生态因子是指环境要素中对生物起作用的部分，即指生物生活场所中，对生物的生长发育具有直接或间接影响的外部环境因素，它特别强调交互作用和关系的性质，是生物生存不可缺少的环境因素。所谓生态环境，就是指所有与生物有交互作用和关系的生态因子总和[①]。

正如同生物生长需要良好的生态系统，需要充足的阳光、雨露、养分一样，人才也需要依附于一个良好的生态环境，才能形成蓬勃生长之势。为此，国内学者模仿自然生态环境的特性，提出了一些有关人才生态环境的概念，如梅伟指出，人才生态环境是影响人才生存、成长和发展的各种

[①] 曹凑贵：《生态学概论》，高等教育出版社，2006，第21页、第174页。

外部要素①。司江伟、陈晶晶认为，人才生态环境包括经济、政治、文化、社会、生态环境五个方面②。基于上述观点，可进一步将人才生态环境的概念界定为：人才生态环境是指以人才要素为中心，对人才的产生、存在、发展起直接或间接作用的各种要素的总和。

六、人才生态链

在自然生态系统中，每个生物种群的生存发展都离不开能量的获取与转换，而能量传递必须借助食物链才能实现。食物链是指在生态系统中，生物之间通过吃与被吃关系把生产者、消费者和分解者联结起来的索链结构③。在自然生态系统中，食物链是能量流动的基本渠道。在自然生态系统中，生产者、消费者和分解者是其三大功能类群。

借鉴自然生态系统中的食物链原理，依据物质、能量、信息流动的规律以及人才种群之间在类别、层次、作用和功能上的匹配关系，可人为设计人才生态链。所谓人才生态链④，就是指在人才生态系统中，模仿自然生态系统中的生产者、消费者和分解者，以人才价值（知识、技能、劳动成果、经验、教训等）为纽带形成的具有工作衔接关系的人才梯队（见图12-2）。类似于自然生态系统的三大功能类群，人才生态系统也包括生产者人才、消费者人才和分解者人才三大功能团。生产者人才主要指高等院校、科研院所和其他教育培训和孵化机构等人才输送组织的人才。消费者人才主要指企业、事业单位、社会组织等用人单位的人才。分解者人才不能简单地与自然生态系统的分解者相对应，主要指人力资源市场中人力资源服务机构的人才。人才生态链除具备食物链所具有空间结构特征和时序变动特征外，还具有管理特征。⑤

---

① 梅伟：《构建良好的人才生态环境》，《企业科技与发展》2012年第16期，第99-101页。
② 司江伟、陈晶晶：《"五位一体"人才发展环境评价指标体系研究》，《科技管理研究》2015年第2期，第27-30页、第57页。
③ 曹凑贵：《生态学概论》，高等教育出版社，2006，第21-174页。
④ 黄梅、吴国蔚：《人才生态链管理——现代人才管理的新视角》，《科技管理研究》2008年第7期，第313-314页。
⑤ 黄梅、吴国蔚：《人才生态链的形成机理及对人才结构优化的作用研究》，《科技管理研究》2008年第11期，第189-191页。

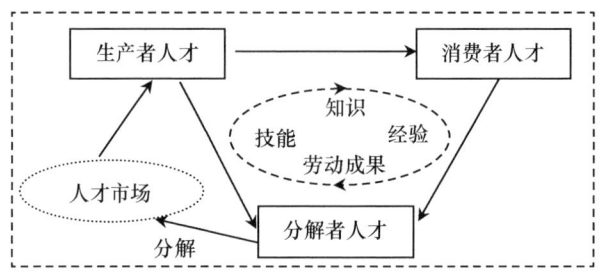

图 12-2　人才生态链结构模型示意图

资料来源：黄梅：《人才生态的理论探讨与管理创新》，经济科学出版社，2014，第 49 页。

七、人才生态位

生态位的概念最早由美国学者约翰逊于 1910 年提出①，特指一个区域内各个物种所占据环境中对应的生态位。1917 年，格林内尔（Grinnell）将生态位定义为：恰好被一个种或一个亚种占据的最后分布单位②。1927 年，埃尔顿（Elton）将生态位定义为：某个动物在生物环境中的地位，包括该动物与食物、与天敌的关系③。1928 年，格林内尔（Grinnell）将生态位进一步定义为：物种能够生存和繁衍后代的所有条件的总和。④ 在上述生态位概念的基础上，哈钦森（Hutchinson）提出了目前广泛使用的基础生态位和实际生态位概念⑤，杰克逊（Jackson）对上述两个概念进行了深化并提出了潜在生态位的概念⑥。

生态位作为现代自然科学和社会科学的通用概念，反映了生态系统的客观存在，是生态系统结构中的一种秩序和安排，在特定生态系统中，生

---

① 杨秀英：《生态位的概念及其测度内容》，《科技风》2020 年第 20 期，第 124 页。
② Grinnell J.，"The Niche-Relationships of the California Thrasher，" *The Auk*，no. 4（1917）：4.
③ Elton C. S.，*Animal Ecology*（Sidwick and Jackson，1927），p. 63.
④ Grinnell J.，*Presence and Absence of Animals*（University of California Chronicle Press，1928），p. 1.
⑤ Hutchinson G. E.，*An Introduction to Population Ecology*（Yale University Press，1978），p. 21.
⑥ Jackson S. T.，"Responses of Plant Populations and Communities to Environmental Changes of the Late Quaternary，" *Paleobiology*，no. 26（2000）：194.

态位体现了某生物单元的相对地位和作用①，对人才问题研究具有重要的借鉴价值。王通讯曾指出，人才也有生态位②。动物的生态位，讲究的是自然环境各类指标，人才的生态位要复杂很多，涉及政治环境、法制环境、学术环境、经济环境、文化环境、生活环境等。但通过文献研究发现，目前鲜见有关人才生态位概念的研究，因此，有必要借鉴自然科学中生态位的概念，对人才生态位的概念加以界定：人才生态位是指人才个体（种群、群落）在特定环境中的具体位置。这一特定位置主要表达人才个体（种群、群落）的生存能力，以及其在特定环境内的资源掌控程度、功能发挥限度、离开环境的机会成本等。同时，张新岭等人提出了人才的基础生态位、实际生态位和潜在生态位等概念③。他指出人才的基础生态位是人才在理想的生态中所能占据的最大空间，是最适宜人才潜能发挥和生存发展且没有竞争对手的环境；人才的实际生态位是人才在现实生态环境中占据的生态位，是基础生态位的子集；潜在生态位是人才在现存生态空间中所能占据的理论上最大空间，可以理解为人才在自身努力和外界环境双重作用下，有可能实现的最大生态位。

八、人才创新生态系统

所谓人才创新生态系统，与前述的人才生态系统以及创新生态系统的概念息息相关。有关创新生态系统的研究，缘起于美国硅谷高速发展的高科技产业。硅谷的持续创新发展证明了创新生态的重要性，由此创新生态系统这一核心概念逐渐受到发达国家的重视和采纳。国内学者黄鲁成最早给出了创新生态系统的定义："在一定的空间范围内技术创新复合组织与技术创新复合环境，通过创新物质、能量和信息流动而相互作用、相互依存形成的系统④。"刘雪芹、张贵认为，创新生态系统主要包括个体、组

---

① 朱春全：《生态位理论及其在森林生态学研究中的应用》，《生态学杂志》1993年第4期，第41页。
② 王通讯：《人才发展应有"生态门槛"》，《光明日报》2013年7月31日第15版。
③ 张新岭、纪治、孙友然等：《人才生态位论释：理论探讨、模型解析和应用拓展》，《科技与管理》2021年第3期，第105-113页。
④ 黄鲁成：《关于区域创新系统研究内容的探讨》，《科研管理》2000年第2期，第43-48页。

织、区域环境以及主体与环境间的互动和要素流动①。辜胜阻等认为,创新创业主体、创新创业要素、创新创业生态环境共同构成了相互依存、协同共生的动态平衡系统②。

结合人才生态系统、创新生态系统的相关研究成果,国内学者对人才创新生态系统的概念和基本理论进行了研究。石长慧等提出,科技创新人才生态系统由科技创新人才和外部环境共同构成,其中科技创新人才可归属为知识生产者集群、知识扩散者集群和知识应用者集群三个基本集群③。吴江认为,人才创新生态系统的内涵是以人才为中心,以各创新主体或客体的交互性、协同性为驱动,以市场、政府和社会资源的有机互动为导向,形成人才链驱动创新链、创新链激活产业链、产业链提升价值链的开放式集群发展系统④。孙锐、孙彦玲指出,人才创新创业生态系统建构呈现内外生态要素嵌套的特殊结构;人才创新创业生态系统是水平与垂直网络交织的复杂形态,存在产业链条、产学研合作、服务链条等关联形态,主体之间通过价值链、信息链和创新链交织融合⑤。陈丽君等认为,激发人才创新活力的生态系统是以人才聚合为中心的各类创新要素、要素间作用机制及其空间形态的有机统一整体,主要包括要素层、制度层和空间层三个层次的内容⑥。

基于上述研究成果,可以进一步将人才创新生态系统的概念界定为:人才创新生态系统是指在特定的区域与时间内,以人才要素为中心,所有人才要素与各类创新环境要素构成的有机统一整体,主要涉及人才要素和创新环境要素层面、人才要素和创新环境要素间生态关系层面、人才创新

---

① 刘雪芹、张贵:《创新生态系统:创新驱动的本质探源与范式转换》,《科技进步与对策》2016年第20期,第1-6页。
② 辜胜阻、余贤文、杨嵋:《优化"双创"生态与实现"双创"升级的制度政策选择》,《财经科学》2018年第5期,第56-66页。
③ 石长慧、樊立宏、何光喜:《中国科技创新人才生态系统的演化、问题与对策》,《科技导报》2019年第10期,第66-73页。
④ 吴江:《打造更具韧性的创新人才生态系统》,《世界科学》2020年增刊第2期,第32-34页。
⑤ 孙锐、孙彦玲:《构建面向高质量发展的人才工作体系:问题与对策》,《科学学与科学技术管理》2021年第2期,第3-16页。
⑥ 陈丽君、李言、傅衍:《激发人才创新活力的生态系统研究》,《治理研究》2022年第4期,第39-50页、第125页。

生态系统动态机制层面以及人才与外部的开放协同创新网络层面等。

第四节　人才生态研究的应用实践

理论源于实践，理论又指导实践，理论的生命力就在于回答实践当中的问题。生态学方法作为一般方法，是将理论转化为方法，具有重要的普遍意义。[①] 基于此，人才生态学理论成果可从机制建设的角度给出我国人才工作创新的一些基本思路，在优化升级人才制度政策体系、改善科技创新人才配置结构、建立健全人才竞争协同机制、开展人才生态环境动态评估、构建人才生态系统监测体系、打造人才创新生态系统等方面提供理论指导和现实路径。

一、优化升级人才制度政策体系

近年来，我国人才制度政策体系不断完善，在推进人才工作、优化人才发展环境、打造人才高地等方面发挥了重要作用。但总体来看，制度政策包容性与回应性不足、系统性和集成度不强、效益性和落地性不高等问题直接影响其实施效果。从运行情况看，制度政策在实施初期较为有效，但随着时间推移和环境变化，其中许多制度政策因素已不再适宜，并影响着其他因素作用的发挥。

实践表明，用生态系统整体性方法论解析社会问题，不仅是有效推动问题解决的方法[②]，而且可从中找到解决问题的实践路径。从生态系统演进视角看，制度政策作为影响人才生态系统熵产生（无序度增加）的重要因素之一，有着明显的熵值增加效应。在制度政策因素从有效到无效的过程中，人才生态系统内部的熵产生将逐渐增加。为确保政策供给和制度改革的系统性、整体性、协同性，管理者通过制定合理的目标对制度政策进行调控，以便发现问题后及时予以调整。有关调控指标的设定，既要考虑人才制度政策体系的系统性，也要考虑人才制度政策与其他政策的相容

[①] 余谋昌：《生态哲学》，陕西人民教育出版社，2000，第63页。
[②] 盖光：《生态学方法与系统整体性的生态思维》，《山东理工大学学报：社会科学版》2005年第2期，第20页。

性，又要考虑人才的引用育留与产业发展的协同性，更要考虑人才制度政策体系与人才发展需求的适应性。

二、改善科技创新人才配置结构

在国家创新体系中，人才是知识生产、扩散和应用的基本单位，也是构建高等院校、科研院所、企业、科技服务机构等创新主体间合作网络、保持组织间协同渗透的最重要纽带。科技创新人才作为一种具有创新意识、创新精神，拥有大量理论知识或实践经验，并能在某一方面打破成规、做出突破性创新的人才类型，其在国家创新体系中的配置结构和效率，直接决定了国家创新体系的整体效能[①]。科技创新人才开发是一项非常复杂的系统工程，需要一整套完整的方法论予以支撑。

从生态学的角度看，科技创新人才作为人才生态系统中一种特殊的人才种群，种群内及其与外部环境之间都会发生种种相互作用及相互影响的关系，其种群生态学模型主要包括外部环境、内部环境和边界三方面内容[②]（见图 12-3）。从系统和整体的角度探讨创新人才开发，可以看出创新人才开发需要政府、社会（高等院校、人才市场等）、用人单位形成合力，并沿着扩大数量、提高质量、调适结构和优化环境等路径整体推进创新人才群体开发，最终实现"体内和谐"和"体外和谐"的多元治理机制，进而实现创新人才群体创造力最大化。

三、建立健全人才竞争协同机制

竞争与协同是系统要素相互作用的表现与结果，其产生的内在原因是系统要素之间的相互作用。人才作为一定社会关系中存在的社会人，是社会生态系统中的重要成员。就任何区域或组织而言，人才资源规划、管理、配置和使用是一项系统工程，其有效实施离不开对区域或组织内部人才竞争协同机制的考察。区域或组织自身所特有的人才结构、知识结构、技能结构等内部生态因子以及所依存的自然生态环境、社会生态环境等外

---

① 石长慧、樊立宏、何光喜：《中国科技创新人才生态系统的演化、问题与对策》，《科技导报》2019 年第 10 期，第 66—73 页。

② 黄梅、吴国蔚：《生态学视角下的创新人才开发路径研究》，《科技进步与对策》2008 年第 12 期，第 222—226 页。

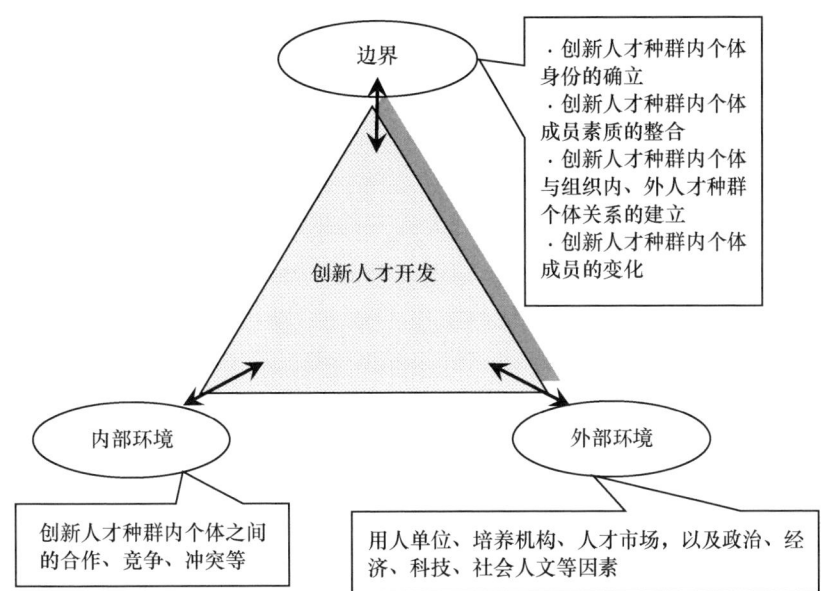

图 12-3　科技创新人才开发的种群生态学模型

资料来源：黄梅：《人才生态的理论探讨与管理创新》，经济科学出版社，2014，第 191 页。

部生态因子共同塑造着人才生态位。人才生态位是基于资源环境特性与人才本身特性匹配的客观关系定位，是人才与环境长期互动后所形成的均衡状态，呈现出系统性、适应性、共生性和平衡性等特点。

综观已有生态位的研究成果，应用生态位概念建立健全人才竞争协同机制取得了极有启发并具普适意义的结论。人才生态位有着生物生态位不具备的能动性特点，当生态位出现重叠时，除了竞争排斥以外，合作共享是人才普遍的主动选择。从生态系统平衡的角度看，人才生态位理想的状态恰恰是"局部重叠"，因为在这种状态下，人才生态系统具备多样性、丰富性、竞争性等生态平衡所要求的特征，易于形成人与人之间的适度合作与良性竞争，进而促进人才生态系统的可持续发展[①]。因此，面对激烈竞争，管理者要充分意识到人才间的竞争协同，在密切关注人才生态位动

---

① 张新岭、纪治、孙友然、郭玲珑：《人才生态位论释：理论探讨、模型解析和应用拓展》，《科技与管理》2021 年第 3 期，第 105-113 页。

态变化的同时，鼓励人才最大限度提升自身的学习能力和创造能力、努力探索和发现外部环境中隐藏的发展机会，进而推动人才多元化、专业化多维发展，维护区域人才生态平衡。

四、开展人才生态环境动态评估

人才资源的全球性竞争是一种无准入的过程、无交易条件下的完全自由竞争，竞争的成败取决于这个国家能否为各类人才提供一个良好的成长和事业发展的生态环境。从本质上说，人才竞争就是人才生态环境的竞争①。因此，只有营造"引得进、留得住、流得动、用得活"的人才生态环境，才能保证环境对人才的吸引和激励作用，促进人才集聚和创造力发挥，进而形成对人才的持久吸附力和辐射力，促进区域经济社会高质量发展。鉴于人才生态环境评价指标体系是城市人才生态环境综合评价的中心与纽带，有关这方面研究的成果较为丰富，对保证评价的科学性和客观性奠定了重要基础。

近年来，学者们在前期人才生态环境评价指标体系构建的基础上，采用多维测度方法对不同省份和区域的人才生态环境进行了实证研究。钟江顺采用因子分析法对浙江省 11 个城市的人才生态环境进行评价，结果表明这 11 个城市存在着显著的区域差异，杭州、宁波、温州较优②。崔丽杰等采用熵值赋权法对山东省 17 个地市科技人才生态环境进行评价和分档，结果显示：青岛、济南和烟台处于绝对优势区③。郭炳南、雷冬娣基于生态位模型构建了城市人力资源生态系统评价指标体系，并对江苏省 13 个城市的人力资源生态系统进行了系统评价和聚类分析，结果显示：第一类城市（苏州、南京）的生态位值和综合评价值最高，有显著的综合竞争优势；第二类城市（盐城、常州、徐州、南通、无锡）显现出"势"因子较强的牵引作用，尤其在教育科技方面优势明显；第三类城市（宿迁、连云港、

---

① 彭剑锋：《WTO 与中国人力资源生态环境的改善与优化》，《中国人力资源开发》2002 年第 1 期，第 7-10 页。
② 钟江顺：《人才生态环境评价指标体系构建与测度——以浙江省为例》，《生产力研究》2014 年第 3 期，第 153-155 页。
③ 崔丽杰、张立新、赵天宇：《山东省 17 地市科技人才竞争力评价研究》，《清远职业技术学院学报》2017 年第 1 期，第 37-40 页。

泰州、淮安、镇江、扬州）在经济发展指数、交通运输指数方面均处于较低水平，城市竞争力较弱①。

五、构建人才生态系统监测体系

相关研究表明，无论人类的社交网络多么复杂，人类的行为仍然是可被研究、建模甚至是可以预测的②。耗散结构理论作为系统科学"新三论"之一，是自组织系统创造条件的方法论。熵是耗散结构理论中的重要概念，正如维纳所说，一个系统的熵就是它的无组织程度的度量③。所谓熵流，就是指一个非线性的复杂巨系统，在一给定的时期内，其内部熵产生和耗散结构这两种作用力共同作用下所产生的系统熵的变化。④ 虽然对熵流模型的信效度验证是难点，但该模型确实能有效捕捉生态系统的复杂性，在一定程度上可以成为衡量系统健康状况的有效方法。

分析表明，熵流模型可引入对人才生态系统的动态变化和发展趋势的判据中⑤。通过建立影响人才生态系统熵流的评价指标体系框架（见图12-4），构建人才生态系统发展方向的熵流（dS）判别模型⑥，已成为衡量区域或组织人才生态系统健康状况的有效方法。当 $dS>0$ 时，表示系统总熵增加，无序度加大，人才生态系统向更为恶化的模式发展；当 $dS<0$ 时，即系统趋向于熵产生最小的状态，表明系统总熵减小，有序度增强，人才生态系统向更为理想的模式发展；当 $dS=0$ 时，表示一定时间内熵值无变化，人才生态系统处于一种相对稳定的模式。基于此，有助于对人才生态系统的运行状况进行初步诊断，指出存在的突出问题，进而提出基于开放式、不平衡、非线性、涨落管理理念的人才生态系统优化策略。

---

① 郭炳南、雷冬娣：《基于生态位模型的江苏省城市人力资源生态系统评价研究》，《科技和产业》2018年第2期，第61-65页。
② 维克多·黄、格雷格·霍洛维茨：《硅谷生态圈：创新的雨林法则》，机械工业出版社，2015，第17-24页。
③ 维纳：《控制论》，科学出版社，1963，第11页。
④ 任佩瑜、张莉、宋勇：《基于复杂性科学的管理熵、管理耗散结构理论及其在企业组织与决策中的作用》，《管理世界》2001年第6期，第142-147页。
⑤ 黄梅：《基于熵流模型的人才生态区动态监测体系研究——以北京中关村海淀园为例》，《中国行政管理》2013年第9期，第82-86页。
⑥ 敖世友：《企业管理熵流值在企业绩效评价中的应用研究》，硕士学位论文，四川大学，2002，第13-50页。

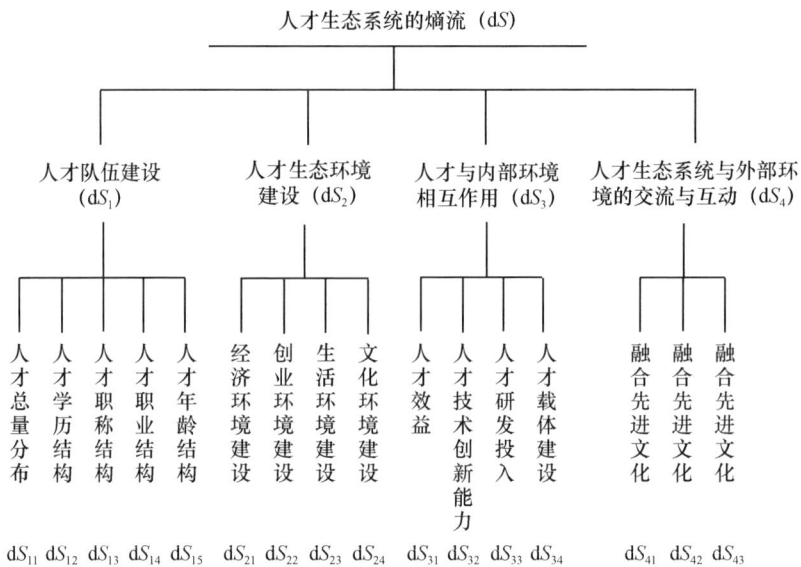

图 12-4　影响人才生态系统熵流的评价指标体系框架

资料来源：黄梅：《人才生态的理论探讨与管理创新》，经济科学出版社，2014，第 203 页。

六、打造人才创新生态系统

人才创新生态系统作为以创新为核心要素的人才生态系统，对其内部的人才资源具有培养开发、吸引、配置、使用和留住等内在功能。正如同植物生长需要良好的生态系统，需要充足的阳光、雨露、养分一样，人才创新也需要依附于一个健全完善的生态系统，只有这样，才能形成蓬勃发展之势。为此，从生态学的视角研究人才创新生态系统的形成机理和演化规律已成为生态系统研究的新趋势。

相关研究表明，任何创新都不会在宏观层面发生，而是一种微观现象，如果不重视改变人的行为，所有创新的努力都注定会失败。生态学理论告诉我们，人才生态环境建设是自下而上的，受超理性经济行为的支配[①]。我们在思考创新活动时，不仅应考虑如何推动单一创新的产生，而

---

① 维克多·黄、格雷格·霍洛维茨：《硅谷生态圈：创新的雨林法则》，机械工业出版社，2015，第 17-24 页。

且应在遵循生态规律的前提下，通过营造适宜的环境来影响人才的外在行为，改变人才态度与信念，进而为人才的成长与发展提供应遵守的契约规则。实践证明，硅谷的成功在于其打造了一个多元化的创新要素集聚平台和高度融合的人才创新生态系统。北京中关村、武汉东湖、上海张江等高新区通过打造适宜的人才创新生态体系，逐步发展成为科技的聚集地、创新的孵化器、高新技术企业和产业的培育地。成熟的人才创新生态系统不仅包括资金、物质、政策等"硬环境"，还包括由系统多样性、超理性动机、社会信任等要素构成的"软环境"。与"硬环境"相比，"软环境"更能真正赋予人才以活力。在互利共生的共享经济社会，社会信任是激发人才创新的最关键要素，零和博弈和囚徒困境博弈的心态是创新活动的最大阻碍。

第五节　人才生态研究的未来展望

如前所述，我国在人才生态理论研究和应用研究方面取得了较好成绩，但对照党的二十大对加强人才工作理论研究、深化人才现实问题研究提出的新要求，在继续深化人才理论研究的同时，必须着力推进人才工作系统化，在建设世界重要人才中心和创新高地，推进教育、科技、人才工作协同发展，强化现代化建设人才支撑，加快建设国家战略人才力量等研究中融入新的思维和方法。其中，生态学作为较成熟的交叉融合学科，有助于拓展现代人才研究的理论框架和实践领域，进而为人才工作创新发展提供成熟的理论方法支撑。

一、深化理论研究

（一）加强人才生态基本概念和基础理论创新

从现有研究成果看，有关人才生态学学科建设的文章较多，但对人才生态相关概念的理论拓展和创新相对较少。生态学作为研究有机体与其环境相互作用的科学，研究人才生态系统的成果偏多，而研究个体、种群、群落等方面的成果偏少[①]。同时，生态位作为具有广泛适用性和解释力的

[①] 陈建俞、沈慧青：《中国人才生态学研究现状及发展趋势》，《科技导报》2019年第10期，第78页。

概念，理论界对人才生态位理论的研究并未深入，企业界对人才生态位理论和模型的应用更是罕见。未来应提高我国人才生态研究理论水平，加强不同层次的生态主体、环境以及二者之间相互作用的研究，为人才成长发展与人才生态环境优化提供新理论、新方法、新路径。

（二）强化人才生态理论研究成果的应用导向

从现有研究成果看，有关人才生态环境研究大多是评估区域人才生态环境，本质上这些都不属于基于生态学理论和方法的人才生态环境研究范畴。一旦"生态"的理念被运用于人的发展研究，它就不是仅仅局限于人的生理意义上的生命，而是必须深入人才生命个体的更深层次，人的精神意义上的生命范畴[①]，即人才之"才"、人才之"心"、人才之"境"的大生命范畴。因此，未来应结合"人才生态链""人才生态文化""人才生态圈""人才生态位"等概念，破除就人才论人才的惯性思维和理论束缚，提高人才生态理论回答现实人才问题的信度和效度，在更广阔的视域范围内探讨和解决人才困境。

（三）增强人才生态环境对人才要素影响判据

人才发展的目标在于实现自身人力资本与物质资本和综合环境的最佳匹配状态，谋求人力资本价值最大化，进而满足自身多层次发展需求。不同人才具有不同的生态位，人才发展和流动的过程就是不断寻找和变换自身生态位的过程。从现有研究来看，有关影响人才发展的关键生态因子识别、人才理想生态位选择路径、人才要素与环境要素间相互关系分析等方面的研究成果相对较少。未来应基于人才发展的动因分析，深入分析人才生态位的结构、态势、模型、测量、建构、影响等问题，量化研究人才要素与环境要素之间、不同环境要素的相互关系，助力区域发展和人才发展同频共振。

二、加强应用研究

（一）建设世界重要人才中心和创新高地研究

从世界科学中心的转移规律看，它们具有三个共同特点：一是经济实力强，科研投入特别是基础研究投入高；二是教育发达，顶尖高校云集，

---

① 潘晴雯：《小康社会人的全面发展的生态分析》，《天府新论》2005年第3期，第84页。

高层次人才储备多;三是人才创新生态系统优良,这是成为世界科学中心的重要保障。①世界级人才枢纽与创新高地的发展经验也表明,基于人才的创新需求构建良好的创新生态系统,已成为它们吸引、集聚、发展和用好人才的关键,对其科技创新产生了独特的支撑作用。基于此,围绕建设世界重要人才中心和创新高地的需求,打造人才创新生态系统,可以更形象地体现人才创新生态环境的系统性特征和生态性特征,更准确地分析创新人才要素与创新环境要素间的生态关系以及人才创新生态系统的动态运行机制,更客观地呈现创新人才与外部的开放协同创新网络。

(二)推进教育、科技、人才工作协同发展研究

在全面建设社会主义现代化国家新征程中,人才工作与教育工作、科技工作一起谋划、一起部署,协同推进。与之相对应,人才体制机制改革作为国家体制机制改革的重要组成部分,也需要与其他领域的体制机制改革一起布局、一起推进,同频共振。从全面建设社会主义现代化国家全局高度解决人才领域问题、推进人才体制机制改革,不仅要通过理念、思维和方法的转换来凝聚共识,深入实施新时代人才强国战略,而且要通过人才理论层面的深化带动人才工作层面的创新,进而推动有益的理论成果普适化、有益的行动做法常态化、有益的实践经验制度化。生态学作为探讨自然、技术和社会之间关联的学科,可为推进教育、科技、人才工作协同发展研究提供重要的方法论支撑。

(三)强化现代化建设人才支撑研究

健全符合现代化建设要求的人才支撑体系,在党和国家事业发展全局这一层面形成一脉相承、逻辑内洽的支撑体系链,其中的源头在于"人才是第一资源"这一重大论断。围绕关系党和国家事业发展的大事,立足于新发展阶段的新任务、新要求,必须将健全符合现代化建设要求的人才支撑体系贯穿于实施新时代人才强国战略全过程和各方面,强化人才在建设制造强国、质量强国、教育强国、科技强国、文化强国等中的支撑作用。基于此,融入生态思维和方法,在人才工作与经济、文化、社会和生态文明等各领域的密切联系及相互作用中定位人才工作,有助于将现代化建设人才支撑体系建设落到实处。

---

① 徐芳:《建设世界重要人才中心和创新高地》,《中国经济网》2022年11月30日第10版。

（四）加快建设国家战略人才力量研究

战略人才作为一支站在国际科技前沿、引领科技自主创新、承担国家战略科技任务的人才队伍，其力量建设程度已成为衡量新时代人才强国战略目标的重要指标。战略人才力量作为一个复杂体系，在其建设过程中，必须正确把握与人才强国战略相适应的重点人才群体发展，把握国家战略人才力量内部各要素之间以及其与国家战略之间的关系。理论和实践已反复证明，从人才与环境关系层次研究人才问题，现代生态学提供了有效的方法论支持。因此，在国家战略人才力量建设中融入生态学的理论和方法，不仅可以借用生态学隐喻界定战略人才种群、群落、生态系统、生态环境、生态链、生态金字塔等基本概念，而且有助于系统阐述战略人才生态系统的构成要素并基于生态链视角阐述其作用机理，进而提出有利于顶尖人才自由涌现和科技创新人才成长发展的可持续模式。

第 十 三 章

人 才 高 地

　　人才高地是人才发展领域源于中国、基于实际、具有特色的重要命题，是中国特色社会主义人才理论、人才强国之路、人才制度体系的重要内容和有机组成部分。建设人才高地，既是改革开放以来人才领域理论和实践工作者，立足人才自身发展、面向现代化建设、聚焦强国战略、着眼未来竞争，对于人才发展战略的理论概括、概念凝练、成果创新，也是指导全面建设社会主义现代化国家，以中国式现代化全面推进中华民族伟大复兴，深入实施新时代人才强国战略，建设世界重要人才中心和创新高地的核心理念、关键要求。

第一节　人才高地的提出、初始内涵及主要特征

一、人才高地概念的提出

　　人才高地的命题最初是20世纪90年代在上海提出的。1994年，时任上海市市长的黄菊在"上海市市长国际企业家咨询会议第六次会议"上指出，上海跨世纪发展战略能否顺利实施和实现，从根本上说取决于能不能造就一大批面向21世纪的高层次人才。他进一步提出：要使上海成为与"一个龙头""三个中心"的地位相匹配的人才开发基地①，成为国内、国际优质人才密集的人才资源集聚高地。

---

① 党的十四大提出，以上海浦东开发开放为龙头，进一步开放长江沿岸城市，尽快把上海建成国际经济、金融、贸易中心之一（即"一个龙头、三个中心"），带动长江三角洲和整个长江流域地区的新飞跃。

政府决策层提出"人才高地"的命题，把"人才高地"放在更加突出的位置上，与向21世纪跨越的国际国内环境有关。从国际上来看，整个世界已进入以人力资本为依托的经济发展时期，资源开发的重心已经开始由物力资源开发向人力资源开发转移，资源的竞争已让位于人才的竞争、智力的竞争。从国内来看，20世纪90年代，中国经济已经历从要素驱动向投资驱动的转变，面对下一步将向以科技、人才为核心的创新驱动发展的阶段，必须从过去生产性投资、基础设施投资，逐步转向人力资源的超前性投资。[①] 在此推动下，人才高地的提出引起了理论工作者和决策咨询者的关注，引发了广泛的讨论和系统的研究。

二、人才高地的初始内涵

在人才战略决策咨询领域，1994年上海市人事局研究所承担《构筑上海人才资深高地对策研究》重大软科学项目，提出了人才高地的内涵及指标体系，研究了人才高地建设的指导原则和目标系统，并据此制定了相关人才政策。

在人才基础理论界，叶忠海在《人才资源优化策略》中指出，人才高地即为人才发展的极核区、高势能区，其内涵主要体现人才资源数量分布的高密度、人才资源素质的高标准、人才资源结构的高对应、人才资源流动的高活力、人才资源产出的高效益等五个方面。王通讯则从语义学、历史学、经济学、文化学等多维视角对人才高地进行了解析：从语义学的角度来看，人才高地是一种形象化的命名方法；从历史学的角度来看，人才高地是一个动态演变过程；从经济学的角度来看，人才高地又是人力资本的厚积之地；从文化学的角度来看，构筑人才高地实际上是构建科学文化重镇。他还认为，任何人才高地的构筑都是一个涉及面很广的宏大的社会系统工程，是一种整体性的人才资源开发。[②] 还有学者认为，人才高地是人力资源理论中"人才"概念和地理学上"高地"概念相结合的产物，是指相对于经济空间场内某一参照系，因人才流动与聚集所形成的智力高势能区域，是经济社会系统演化与人才的自我价值实现共同作用所表现出的

[①] 沈荣华：《构筑"人才高地"的前前后后》，《人才开发》1996年第10期，第10-12页。
[②] 王通讯：《论"人才资源高地"》，《党建与人才》1997年第3期，第36-38页。

人才资源"极化现象",是人才集中居住之地、交往集散之地、倾心向往之地、价值实现之地。①

三、人才高地的主要特征

从静态角度来看,人才高地是指人才投入大、数量多、质量高、结构优、活力足、效益好的地区。一是人才投入高强度,政府财政专项投入较高,政策支持体系完善。二是人才数量高密度,单位面积土地上拥有大规模的人才。三是人才素质高标准,人才的各方面素质的平均质量优于周边区域,且拥有大量拔尖人才。四是人才结构高对应,既包括人才所具备的专业及知识结构与经济社会发展需要相协调,也包括人才的层次结构较为合理,高、中、初级人才资源结构比例恰当。五是人才流动高活力,对内而言,区域内部具备较强的人才流动,人尽其才;同时,对各地的人才具有强大的吸引力,开放程度较高,人才中既有本土优秀人才,也有海外归国人才;既来自全国各地,也来自世界各地;在来自外国的人才中,既有短期居留,也有移民定居。六是人才产出高效益,人才能够通过创造性劳动取得创新成果,为区域经济发展、人类进步做出巨大创新贡献。

从动态角度来看,人才高地是指人才向往之地、人才价值最能实现之地,该地区机制活、平台高、环境好,具备吸引人才持续集聚的核心支撑要素。一是一流的高校科研院所和创新创业平台,高校科研院所特别是知名大学是培养、集聚人才的重要机构和平台,对人才高地的形成具有辐射带动作用;实验室、研发机构、科技园、孵化器等创新创业平台是集聚人才的主要载体,是人才创新创业的重要场所。二是优势的高科技产业,产业集聚和人才高地的形成与发展相伴相生,一个地区拥有具有优势的高科技产业,往往能够带动人才高地的形成。三是活跃的科技金融市场,完善的科技金融市场特别是风险投资是推动人才创新创业的有力支撑,有利于推动科技成果转化、激发创新人才积极性,拥有活跃的科技金融市场是人才高地建设的重要支撑。四是良好的人才发展体制机制,人才倾向于往体制机制健全高效的地区流动,包括人才培养支持机制、流动机制、创新创业激励机制、引才用才机制等。五是适宜的人居生活环境,良好的自然生

---

① 张海滨:《构建福建高校人才高地》,《发展研究》2009年第8期,第87—89页。

态环境是吸引人才集聚的重要因素，也是人才高地发展的前提条件。六是浓厚的创新文化氛围，创新文化是培育创新的养分和土壤，如美国硅谷等世界知名的人才高地，无一不具有浓厚的创新氛围。一个区域只有拥有鼓励创新、宽容失败的创新文化氛围，才能推动人才高地持续发展。①

第二节　人才高地概念的谱系

一、人才高地研究的四个高潮

从全国的理论与实践研究的角度来看，在人才高地命题提出以后的最初几年，其相关研究并没有形成研究热点。关于人才高地的研究，在跨入21世纪前后才加速，并经历了四波高潮。

人才高地研究的第一个高潮出现在21世纪初到2006年，这既是前期命题提出后受到广泛关注的结果，也与21世纪初党中央、国务院从战略层面重视人才问题、人才工作、人才战略密切相关。知识经济初见端倪，经济全球化迅速发展，综合国力竞争愈演愈烈，人才资源已经成为最重要的战略资源，人才在综合国力竞争中越来越具有决定性意义。2001年，江泽民在北戴河同国防科技专家和社会科学专家座谈时强调"人才资源是第一资源"，并指出，人才问题关系党和国家的兴旺发达和长治久安，要更新人才工作的思想观念，确立人才资源是第一资源的思想，克服见物不见人和重使用轻培养的倾向；要探索更加灵活的人才工作思路，拓宽工作渠道，创新工作手段，扩大工作覆盖面，形成更为灵活的人才管理体制。2003年12月召开了第一次全国人才工作会议，胡锦涛在会上发表重要讲话，强调人才问题是关系党和国家事业发展的关键问题。全党同志必须从全局和战略的高度，以高度的政治责任感和历史使命感，把实施人才强国战略作为党和国家一项重大而紧迫的任务抓紧抓好，努力造就数以亿计的高素质劳动者、数以千万计的专门人才和一大批拔尖创新人才，建设规模宏大、结构合理、素质较高的人才队伍，充分发挥各类人才的积极性、主动性和创

---

① 王子丹、袁永、邱丹逸、胡海鹏、廖晓东：《人才高地形成发展特点与国际经验研究》，《特区经济》2018年第12期，第25-29页。

造性，开创人才辈出、人尽其才的新局面，大力提升国家核心竞争力和综合国力，为全面建设小康社会和实现中华民族伟大复兴提供重要保证。会后，中共中央、国务院印发了《关于进一步加强人才工作的决定》。在此背景下，关于人才高地的研究、论述开启了第一个高潮，从人才高地的提出地——上海向长三角、向全国拓展，从综合性人才高地向区域人才高地、领域人才高地研究拓展，从对人才高地的内涵理解、价值分析向构建人才高地的政策措施、发展策略研究拓展。

人才高地研究的第二个高潮，出现在2011—2012年。2007年年底、2008年年初，中央决定启动中长期人才规划编制工作，广泛组织各方面力量开展规划纲要研究。2010年5月，党中央、国务院召开第二次全国人才工作会议，印发《国家中长期人才发展规划纲要（2010—2020年）》（以下简称《人才规划纲要》）。会议深刻分析人才工作面临的新形势新任务，就落实《人才规划纲要》、做好当前和今后一个时期人才工作作出全面部署。大会的总结讲话深刻指出，这次全国人才工作会议是我国社会主义现代化建设在新的起点上向前迈进、人才工作面临新形势新任务的大背景下召开的一次重要会议。大会强调各地区各部门要统一思想、提高认识，紧紧围绕建设人才强国这个战略目标，努力使人才工作各项措施真正落到实处；要深刻认识、自觉遵循人才成长规律，注重把握客观性，避免片面性，切实提高人才工作科学化水平；要坚持重在使用，用当适任、用当其时、用当尽才，充分发挥各类人才的作用；要营造尊重人才、见贤思齐的社会环境，鼓励创新、容许失误的工作环境，待遇适当、无后顾之忧的生活环境，公开平等、竞争择优的制度环境，促使优秀人才脱颖而出；要坚持和完善党管人才原则，切实改进党管人才方法，真正做到解放人才、发展人才，用好用活人才，要求各地区各部门要迅速行动起来，科学制定当前和今后一个时期人才发展规划和具体措施，抓紧实施重大人才政策和重大人才工程，为人才成长和发挥作用营造良好环境。这次会议对贯彻落实《人才规划纲要》作出了全面部署，明确了我国今后10年人才发展的战略目标、指导方针、重大政策和重大举措。作为我国第一个中长期人才发展规划，《人才规划纲要》是在国民经济与社会发展总体规划框架下，与科技、教育等发展规划并列的一个专门规划，是实施人才强国战略的总体规划，是我国到2020年进入世界人才强国行列的"路线图"。在此背景下，各地在原有人才高地的研究基础上，不断拓展、丰富、深化人才高地的内涵。

人才高地研究的第三个高潮出现在2017—2019年。党的十八大以来，习近平总书记站在党和国家事业发展全局的战略高度，着眼于实现"两个一百年"奋斗目标，把握人民群众的新期待，对做好人才工作作出了一系列重要论述，进一步强调了人才事业的重要性，阐明了新时代人才发展的一系列重大理论和现实问题。2016年，中共中央印发《关于深化人才发展体制机制改革的意见》。党的十九大提出，人才是实现民族振兴、赢得国际竞争主动的战略资源。坚持党管人才原则，聚天下英才而用之，加快建设人才强国。实行更加积极、更加开放、更加有效的人才政策，以识才的慧眼、爱才的诚意、用才的胆识、容才的雅量、聚才的良方，把党内和党外、国内和国外各方面优秀人才集聚到党和人民的伟大奋斗中来，鼓励引导人才向边远贫困地区、边疆民族地区、革命老区和基层一线流动，努力形成人人渴望成才、人人努力成才、人人皆可成才、人人尽展其才的良好局面，让各类人才的创造活力竞相迸发、聪明才智充分涌流。① 为了贯彻落实习近平新时代中国特色社会主义思想，人才高地的研究被赋予了新时代的色彩、新时代的内涵。

人才高地研究的第四个高潮，自2021年延续至今。随着习近平总书记2021年9月在中央人才工作会议上提出深入实施新时代人才强国战略、加快建设世界重要人才中心和创新高地，要求在北京、上海、粤港澳大湾区建设高水平人才高地，人才高地具有了新的命题和内涵、被赋予新的角色和使命，人才高地的研究也进入了新阶段，取得了一系列研究成果。

二、人才高地概念的拓展

（一）人才新高地

2003年，上海提出了建设人才新高地的命题。人才新高地建设的总体目标是：贯彻落实"人才强国"战略和"党管人才"原则，根据"科教兴

---

① 习近平：《决胜全面建成小康社会　夺取新时代中国特色社会主义伟大胜利——在中国共产党第十九次全国代表大会上的报告》，新华网，2017年10月27日，xinhuanet.com//politics/19cpcnc/2017-10/27/c_1121867529.htm?eqid=d0c2a53600016829000000004646ed435。

市"战略要求,加大人事人才制度改革和创新的力度,大力推进上海人才新高地建设,实现从形态建设向功能开发转变,从政策推动向制度创新转变,从"点"的突破向"长三角"都市圈开发转变,到2020年基本建成人才发展的四大中心(即国内国际优秀人才的集散中心、国际化的人才教育培训中心、国内外科技人才的创业中心、全球化的人才信息中心),为加快建设世界级城市和国际经济、金融、贸易、航运中心提供强有力人才保障。

(二) 国际人才港

"十一五"期间,上海提出"将以集聚海外高层次人才和提升本土人才国际化素质为重点,建设开放度高、融合度高、吸引力强、培育力强的国际人才港",以此吸引全球精英,培养国际人才,用好世界各地人才。《上海市人才白皮书》提出,加快提高上海对全球人才资源的吸引力和集聚力,使上海逐步成为海内外高层次人才自由流动的平台和国际人才港。有学者认为,"国际人才港"概念的提出是对"人才高地"理念的丰富与完善,是上海加快建设"一个龙头、四个中心"进程的助推器,也是打破提升上海国际竞争力软约束的战略手段。

(三) 国际人才高地

《上海市中长期人才发展规划纲要(2010—2020年)》提出了加快国际人才高地建设的目标。国际人才,通常是指本土化的外籍人才和国际化的本土人才。国际人才重点聚焦外国专家、我国港澳台地区专才和出国留学回国人员(含入外籍留学人员),兼顾本土国际化人才。判断一个人才是不是国际人才,有四个关键标准:其一,是否具有良好的母语以外的跨文化沟通能力;其二,是否具有广阔的国际视野和全球思维;其三,是否通晓国际惯例和规则;其四,是否具有较强创造价值的能力。国际人才高地,是全球优秀人才资源集散的人才枢纽,是优秀人才全球配置的关键节点,是全球优秀人才向往之地和自我价值最能实现之地。

国际人才高地,是以人才构成的国际化、人才素质的国际化、人才活动空间的国际化为特征,以人才的国际化、人才信息化、人才市场化、人才法治化为内容,是世界优秀人才的集散中心,是人才价值最能实现的地方。国际人才高地"高"在六个方面:①集聚度高,主要表现在国际人才在人才总量中所占比重大,其主要指标是出国留学人员回归率和常住外国人口占国家（地区）人口比例要高；②融合度高，其主要标志是国际人才的产业（行业）分布与经济社会的融合程度要高；③创新度高，即国际人才的创新影响力，目前可测量、可比较的主要指标有国际认可的专利数量和国际论文发表数量要多；④效益贡献度高，即人力资本对经济发展的贡献率要大；⑤实现度高，即国际人才的物质、精神、政治等方面个人效益要高；⑥开放度高，即经济自由化指数和全球联系指数要高。其中，集聚度、融合度、开放度是国际人才高地的建设基础，而创新度、贡献度、实现度是国际人才高地的建设价值。也就是说，建设国际人才高地的先导目标是提高国际人才的集聚度、融合度和开放度，最终是要提升国际人才的创新度、贡献度和实现度。

评价国际人才高地的主要标准：一是支撑度，即社会经济总体水准和基础教育、继续教育的完备程度；二是宽容度，即吸收和容纳不同国家各类人才的数量和质量；三是融合度，即不同文化背景成员之间能否沟通、理解与合作共事；四是流动度，即全球范围人才引入或输出的集散能力；五是影响度，即人才总体的实力及其创造发明能力和国际交流能力。①

（四）人才小高地

人才小高地建设是后发展地区引才和聚才的有效手段，人才工作的活力取决于机制和环境的创新。广西壮族自治区作为西部欠发达地区，提出人才小高地建设，主要是集中各方力量，采取特殊的政策和措施，依托重点产业、重点项目、重点学科和优势企事业，建设聚集和培养高层次人才并有效发挥其作用的"人才特区"。通过小高地的示范和带动，引领、促进人才资源的整体性开发。

与其他省、区、市的人才高地相比，广西人才小高地的特点在于一个"小"字，更体现在小而高、小而精、小而优和小而强的优势上，要求达到高层次、专业化、好环境、多样化这四个建设标准。一是高层次，就是要聚集一批站在国际国内相关领域最前沿、富有创新能力的优秀拔尖人才，把相关领域变为人才荟萃之地，对广西经济社会发展产生重大影响，实现人才、经济、社会效益的高回报。二是专业化，就是要吸纳符合广西

---

① 蔡哲人、沈荣华、金莉萍：《上海构筑国际人才高地对策研究》，《中国人力资源开发》2002年第9期，第21-25页。

经济社会发展方向的人才，人才知识结构与研发项目相适应，人才层次结构和岗位结构相适应，人才优势与产业优势相适应。三是好环境，就是工作环境良好，人际环境和谐，学术环境民主，生活环境舒适，褒奖成功，宽容失误。人才创业有机会，干事有舞台，发展有空间。四是多样化，就是不受所有制、地区、行业的限制，只要能聚集高精尖人才、创造显著的经济社会效益、取得重大的科研成果，各种聚集人才的载体方式都可以建设人才小高地。

（五）人才洼地

与人才高地相对应，一些人才基础相对薄弱、人才优势相对较弱的地方，提出了人才洼地的概念。人才洼地是指通过发挥政策、环境、机制的优势，着力营造广纳八方英才的人才环境，形成人才流入门槛降低、流动成本减少、人才环境良好的人才聚集地。有的地方提出，要通过不断健全完善人才"引育用留"全链条机制，着力打造人才集聚的"引力场"、培育成长的"孵化器"、施展才华的"大舞台"、持续发展的"好环境"，全面构筑"人才洼地"，助推经济社会高质量发展。

第三节 人才高地与人才强国

一、人才强国的内涵

2002年5月，中共中央、国务院在《2002—2005年全国人才队伍建设规划纲要》中首次提出了人才强国战略命题，指出"抓住机遇，迎接挑战，走人才强国之路，是增强我国综合国力和国际竞争力，实现中华民族伟大复兴的战略选择"。2003年12月，中共中央、国务院在北京召开了第一次全国人才工作会议，会后颁布的《中共中央　国务院关于进一步加强人才工作的决定》明确指出，在建设中国特色社会主义伟大事业中，要把人才作为推进事业发展的关键因素，努力造就数以亿计的高素质劳动者、数以千万计的专门人才和一大批拔尖创新人才，建设规模宏大、结构合理、素质较高的人才队伍，开创人才辈出、人尽其才的新局面，把我国由人口大国转化为人才资源强国，大力提升国家核心竞争力和综合国力，完成全面建设小康社会的历史任务，实现中华民族的伟大复兴。《国家中长期人才发展规划纲要（2010—2020年）》提出，确立国家人才竞争比较优势，进入世界人才强国行列，为在21世纪中叶基本实现社会主义现代化奠定人才基础。

对于人才强国，不同的研究者有不同的理解。有学者认为，人才强国包含"以人才强国"和"人才的强国"两个方面，"以人才强国"强调通过人才资源的开发利用使国家强盛，"人才的强国"则强调国家汇聚世界优秀人才，在国际竞争中具有人才优势。① 也有学者认为，作为世界一流人才强国，不仅要拥有一大批世界一流人才，同时，还要在培养造就、吸引凝聚世界一流人才等方面占有优势并走在世界前列。② 桂昭明从人才规模、素质、投入和效能等维度，构建了由4个一级指标、17项二级指标构成的世界人才强国指标体系，用来刻画世界人才强国。③ 根据欧洲工商管理学院历年发布的"全球人才竞争力指数"，人才竞争力可以通过人才赋能环境、人才吸引力、人才成长、人才保留等输入因素，职业技术能力和全球知识技能等输出因素来刻画人才竞争力的表现。孙锐基于"投入—过程—产出"框架，探讨新时代人才强国的内涵，其中：在投入维度，表现为集聚或具备一定规模的世界一流人才及高质量、高水平人才梯队，在世界一流人才的数量、质量和全球占比上具有国际比较优势；在过程维度，体现为具备一流人才做出一流业绩、推动自我突破、获得自我实现的大平台、大项目、大环境，形成对全球优秀人才的感召力、吸引力；在产出维度，核心标识在于人才创新力强、竞争力强，能够产生或提供一大批改变人类工作生活方式的原始发现、原创技术、发明创造和颠覆性产品，涌现出一大批具有全球影响力、市场竞争力的领军型企业，掌握一批重要学科和产业的话语权，在若干战略领域形成世界人才尖峰，成为世界重要原创思想汇聚地和策源地，是世界标志性（科技、文化）成果的主要贡献国、全球创新创业主要增长极，对全世界的科技、经济贡献度大幅提升且不可

---

① 彭剑锋、朱兴东：《论"人才强国"的科学内涵及其系统推进》，《中国人才》2004年第1期，第39-42页。

② 薄贵利、郝琳：《论加快建设世界一流人才强国》，《中国行政管理》2020年第12期，第90-96页。

③ 桂昭明：《2020年中国进入世界人才强国论证报告》，《第一资源》2010年第4期，第42-54页。

替代。①

习近平总书记在 2021 年中央人才工作会议上强调，要深入实施新时代人才强国战略，加快建设世界重要人才中心和创新高地，并提出了到 2035 年的建设目标。其中，到 2025 年，全社会研发经费投入大幅增长，科技创新主力军队伍建设取得重要进展，顶尖科学家集聚水平明显提高，人才自主培养能力不断增强，在关键核心技术领域拥有一大批战略科技人才、一流科技领军人才和创新团队；到 2030 年，适应高质量发展的人才制度体系基本形成，创新人才自主培养能力显著提升，对世界优秀人才的吸引力明显增强，在主要科技领域有一批领跑者，在新兴前沿交叉领域有一批开拓者；到 2035 年，形成我国在诸多领域的人才竞争比较优势，国家战略科技力量和高水平人才队伍位居世界前列。②

二、人才高地与人才强国的关系

从相同点来看，人才高地与人才强国的共同点在于人才的"强"，体现在具有强的人才，具有全方位的人才培养引进用好机制，具有竞争优势的人才体制机制，具有世界一流的载体平台，具有全球卓越的发展环境，具有引领世界、影响世界的发展成果。

从不同点来看，主要集中在以下三个方面。

一是人才高地是人才强国的重要组成部分。人才强国是基于宏观视角、整体视角，对一国的人才实力、竞争力、活力、优势、效能及其内在机制的整体性、总体性概括和描述，具有整体性、总体性的特征；人才高地是人才实力、人才竞争优势在地点、地域空间或者区域空间的表现，是与地点联系在一道的空间范畴。与人才高地相比，人才强国范围更大、构成更多、涉及面更广，其不仅有高势能区域的人才高地，还包括各具特点的人才支点，涉及中央、地方、基层，涉及城乡，涉及东中西部多个范畴。相对于宏观层面的人才强国，人才高地是人才强国的一个部分，属于中观层面、局部范畴，服务、服从于人才强国的具体、具象局部，是人才

---

① 孙锐：《新时代新阶段人才强国战略的新内涵》，《中国人才》2021 年第 6 期，第 20-23 页。

② 习近平：《深入实施新时代人才强国战略　加快建设世界重要人才中心和创新高地》，《人民日报》2021 年 9 月 29 日第 1 版。

强国"强"的竞争优势在地方、区域层面的反映。

二是人才高地是人才强国中具有高势能的区域。具有标志性、引领性、示范性、带动性的地区，在人才强国中是最具有实力、竞争力、活力的那部分，是人才强国发展雁阵格局中的"排头兵""先行者"，其竞争优势、质量能力的发展决定着人才强国的整体发展实力，从一定意义上来说，人才强国的目标要以人才高地建设作为基础或者前提。人才高地数量越多，能级越大；人才高地布局越合理，示范带动范围越广泛，进而人才强国的特征就越明显。同时，在日益激烈的全球竞争当中，城市、区域越来越成为国与国之间竞争的重要组成部分，国与国之间的竞争越来越细化于城市区域之间的比拼。人才高地的国际竞争力、吸引力、影响力也是全球人才竞争优势的重要来源，对能否取得诸多领域人才竞争比较优势，进入世界人才强国前列，产生重要影响。

三是人才高地在人才强国中最具有示范引领和驱动作用。人才高地不是人才强国中独立于其他区域、偏隅一方，而是与构成人才强国的其他领域紧密互动、协同共进。

第四节　人才高地的未来发展

一、人才高地的类型：更加多样

从类型的角度来看，人才高地不局限于人才在区域空间的集聚，出现了以下四种形态。一是区域集聚形态的人才高地。这种人才高地往往根据行政区域划分范围，是带有明显地理特征的区域聚集型人才高地。二是产业集聚形态的人才高地。当前和未来一个阶段，产业与产业之间的集群发展是一种重要的趋势。依托产业集聚形态，汇聚人才、资本、技术、信息等要素，以重点产业为特色的人才高地开始层出不穷。三是人才集聚形态的人才高地。有研究者认为，典型的包括留学人员创业园、大学生创业园和自由贸易试验区人才建设。[1] 四是组织形态的人才高地。王通讯指出，

---

[1] 廖娟：《全面对外开放新格局下我国人才高地建设》，《中国人才》2020年第4期，第52-53页。

按组织分，英国的剑桥卡文迪什和美国的贝尔实验室属于世界人才高地。①事实上，在组织的空间中形成的人才高度集聚，也属于微观形态的人才高地。

二、人才高地的层次：更加丰富

从层次的角度来看，随着区域空间的拓展，人才高地的层级也在不断拓展。王通讯认为，世界人才高地，指的是世界优秀人才集中居住之地，世界优秀人才交往集散之地，世界优秀人才倾心向往之地，世界优秀人才价值实现之地。②薄贵利认为，在实践中，人才高地不仅具有不同性质和类型，而且也显现出不同层次。依据人才聚集度、匹配度、高端化程度和产出效益等核心指标，可以将人才高地划分为世界级人才高地、国家级人才高地和地方人才高地等不同层次。所谓世界级人才高地，即汇聚了一大批世界一流的创新创业人才和以这些人才为核心的人才群体，能够在科技创新、产品研发和产业变革中引领世界潮流的人才密集区。所谓国家级人才高地，即汇聚了一大批国家级和世界级的创新创业人才，能够在世界新一轮科技革命和产业变革中紧跟世界潮流、引领国家潮流、带动国家产业结构转型升级的人才密集区。③

三、人才高地的要求：更高水平

习近平总书记在2021年中央人才工作会议上明确提出，深入实施新时代人才强国战略，加快建设世界重要人才中心和创新高地；同时首次提出，可以在北京、上海、粤港澳大湾区建设高水平人才高地。这为人才高地赋予了新的内涵，对人才高地研究提出了新的要求。

根据国际通用指标，结合我国实际，高水平人才高地应具备，高质量的人才供给、高能级的人才平台、高流量的人才节点、高成长的人才机制、高品质的人才环境和高效能的人才治理等多个方面。④ 在此基础上，

---

①② 王通讯：《世界人才高地观察报告》，《中国人才》2013年第5期，第32-35页。
③ 薄贵利：《论打造世界级和国家级人才高地》，《中国行政管理》2019年第6期，第6-11页。
④ 汪怿：《两天内，北京、上海相继召开人才会议，释放了什么信号？》，上观新闻，2021年11月18日，shobserver.com/staticsg/res/html/web/newsDetail.html?id=424888&sid=67。

建设高水平人才高地,应该使其最终成为全球各类卓越人才集聚之地、成长之地、向往之地,全球各类优秀人才与人才自身以及与资本、技术、信息、空间、环境充分互动的交融之地、创造之地、发展之地,改变世界、创造未来的新知识、新技术、新流程、新模式、新产业、新文化的策源之地、发明之地、诞生之地、交汇之地。①

人才高地的要求主要包括以下六个方面。

一是高质量的人才供给。高水平人才高地,需要有高质量的人才供给,这主要可以建构"创新""战略""未来"三维结构的高质量人才。

从创新维度来看,抓住创新生产者,即身在一线、作为科技创新探路者和先行者的基础研究、应用研究、研究开发人才;抓住创新的组织者,即发现和捕捉商机、组织创新资源和创新活动的企业家、创业者;抓住创新服务者,即围绕在创新人才周围、聚焦创新链,为创新提供金融、会计、律师、知识产权等领域的创新服务人员;抓住创新治理者,即具有创新基因,识读创新、关注创新、敢于创新、善于创新、服务创新,为人才和创新提供场景和支持的治理者。

从战略维度来看,要把赢得未来、争取主动、具有优势的战略人才作为建设重点和关键,集聚培养抓住战略科学家、科技领域战略家、以科技引领发展的战略家、科学技术领域的智库专家,积极培育具有战略科学家潜质的高层次复合型人才,开辟创新发展的新空间;大力集聚创造新技术、新领域、新产业的科学家、工程师、技能人才,引领创新潮流、推动科技创新策源、赢得未来战略竞争;同时,还要充分关注属于战略领域、掌握战略资源、位居战略层次、具有战略影响的人才,对能够赢得全球科技创新和人才竞争主动,能够在全球范围内产生重要影响力、起到关键作用,能够引发重大突破、重大变革以及推动经济社会持续发展和满足人民美好生活向往的人才,进一步加大培养造就力度,充分发挥作用,为实现人才由支撑发展、优先发展向引领发展的历史跨越,夯实发展基础。

从未来维度来看,要拓宽未来的视野、前瞻的眼光,聚焦青年科学家、研发人员、工程师、企业家、技术工人,聚焦青年政治精英、未来领袖等,注重强化具有国际竞争力和创新潜力的未来人才的发现、培养、储

---

① 汪怿:《构建高能级人才增长极聚集带发展圈》,《解放日报》2021年11月23日第14版。

备、使用，用未来来集聚人才特别是青年人才，聚焦有基础、有优势、能突破的战略方向、优势领域、重点领域，看到未来、看准未来、培育未来、创造未来，给未来以未来，真正把青年人才和创新潜在人才作为引领未来发展、赢得未来竞争、创造未来优势的生力军。

二是高能级的人才平台。人才平台是培养人才、造就人才的基石，是吸引人才、集聚人才的"磁石"，是成就人才、引领人才的推进器；人才平台的能级有多大，对高水平人才高地建设的助力就有多大。因此，面向世界科技前沿、面向经济主战场、面向国家重大需求、面向人民生命健康，围绕国家发展重大战略，建立一流卓越人才和优秀人才成长发展的高能级载体平台，是建设高水平人才高地的重要组成部分。打造高水平人才高地，必须进一步加快世界一流重大科技基础设施建设，加快国家实验室、综合性科学中心、科学工作室等全球领先科技创新重大设置、重大攻关项目，以科技创新重大项目吸引集聚一流战略科技人才、领军人才和创新团队；必须加快世界一流大学、学科建设进程，支持建设若干优势学科，共同引育高端人才，促进人才链、创新链与产业链的深度融合；必须加快战略产业发展，推动创新联盟、产业联盟，推动国家级和市级重点实验室、工程技术研发中心、企业技术中心、研发实验服务基地、技术中介机构、产业技术创新联盟等平台建设。

三是高通量的人才节点。高水平人才高地是世界重要人才中心和创新高地联通全球人才网络和创新网络的核心枢纽，同时也是构成和影响世界重要人才中心和创新高地的重要基础。从全局的视角来看，高水平人才高地处于全球网络与国内格局之间，是联通国内、国际循环高通量的战略链接、关键节点。打造高水平人才高地，要求以战略意识、战略眼光、战略本领、战略定力，把握科技革命和产业变革趋势，明确人才发展战略定位，制定具有竞争优势的制度体系、产业政策、创新政策、人才政策，围绕产业链、创新链、发展链、人才链，培育集聚站在创新创业潮头、站在行业科技前沿、具有国际视野、善于引领潮流的人才，把影响未来、造就未来的人才吸引过来、集聚起来、培养起来、发展起来，不断提升其人才实力、人才竞争优势、人才发展含金量。

四是高成长的人才机制。高水平人才高地，要求抓住人才快速成长、有效成长进程中的核心诉求，破除制约发展的瓶颈难点，着力加大改革和开放的力度，让海内外人才基于此、快发展、高成长。一方面，着眼于改革，要以改革力量激发人才活力，用人才力量来引领创新，用人才活力来激活发展，有效驱动和牵引、引导、建构以及创造新的发展。进一步向用人主体放权、为人才松绑，给予用人主体在培养、引进、使用中更多的权利，让贴近人才的主体有权，向服务人才的主体赋权，让他们在第一线面对各种各样的人才及其发展诉求，能够用好权，能够服务好，能够最大限度满足人才需求，能够最大程度激发人才活力；同时，要通过改革，充分赋予人才更大技术路线决定权、经费使用权、资源调度权，健全以创新价值、能力、贡献为导向的人才评价体系，完善打破各自限制、给予有为政府和有效市场的人才流动机制，构建充分体现知识、技术等创新要素价值的收益分配机制，落实攻关任务"揭榜挂帅"等机制，完善人才创新创业机制，丰富创新创业资源、建立创新创业载体、优化创新创业服务，让人才创造活力竞相迸发、聪明才智充分涌流。另一方面，立足于开放，要着力推动人才规则、规制、管理、标准等制度型开放，抓紧建设具有国际吸引力和竞争优势的人才制度体系，让更多的海外人才能够因高水平人才高地更便捷地流动、更自由地从业、更良好地发展、更快速地成长。

五是高品质的人才环境。高水平人才高地，聚焦战略科技人才、科技领军人才、创新团队、青年科技人才、卓越工程师、技能人才等不同群体，对工作、生活、学习等各个层面多样化发展需求，以人才友好型环境为核心，打造宽松的工作环境，让科学家全身心去跟踪、投入、判断未来可能会出现的重大突破方向。积极优化公共服务和配套设施，完善优质基础教育项目布局，打造高水平综合医疗中心，提供前沿尖端技术服务、提供高水平医疗、先进适宜技术服务，引进优质医疗资源。完善区域内交通布局，加快基础设施建设，打造智慧城市示范区，提供智能生活方式，创造高品质生活，打造宜居宜业、美好幸福、充满活力、持续发展的人才发展生态。

六是高效能的人才治理。高水平人才高地，在中国的情境下，在中国式现代化的背景下，要在加强党对人才工作的全面领导下，强化政府主体的职责，充分发挥用人主体的治理作用，激励企业、高校、科研机构、社会组织和个人等多元主体的积极参与，形成由政府、社会、市场、个人组成的协同治理的责任共同体。要加强政府人才发展治理的职责，强化其制度供给、政策工具的职责，要落实用人主体、人才个体在微观组织的主体作用，还要重视专业团体、行业协会、民间组织等与特定层面的人才发生有机的互动和联系的价值，发挥其在人才发展治理中的代表、协调、联络、桥梁等多方面作用。更为重要的是，要着眼于当前和未来的发展，推动政府、市场、社会多元主体良性互动的结构，共同推进高效能人才发展的治理体系建设，真正让人才成为引领新时代发展的战略资源、关键动力、引领力量，让高水平人才高地成为海内外人才成长成功之地、事业成就之地、价值实现之地。

第 十四 章

人才竞争优势

人才竞争是人类社会发展到一定阶段的产物，最早可以追溯到南朝刘宋时期"明政无大小，以得人为本"的朴素实践，现代一般由经济、生产力、科学技术、社会制度等因素有机综合。人才竞争优势是不同主体为了争夺人才具备持续赢得竞争可能性的高度概括，人才竞争基础、竞争实力、竞争机制引发人才竞争优势。本章围绕国家人才竞争优势、区域人才竞争优势、企业人才竞争优势、人才自我竞争优势的理论范畴，讨论人才竞争优势获取的内生与外生来源，以期对该命题宏大的历史叙事与未来的变化图景提供借鉴。

第一节 人才竞争优势命题的由来

人才争夺，自古有之，是对国家之间、地区之间或单位之间争夺各种优秀人才状态的一种形象化表述。① 而竞争是一种选择进化机制，在自然界和社会中都普遍存在。② 中国古代时期，并没有准确地定义人才竞争或人才竞争优势。春秋战国时期，能够称霸一方、一时者，无不是唯才是举、善用人才者，即"匹夫有善，可得而举也"③。秦国是善于吸引集聚人才的诸侯国，是当时人才竞争的最大赢家。秦国最终统一了中国，可以说是以六国之才而灭六国，以天下人才而得天下。④ 楚汉相争时期，汉高祖

---

① 叶忠海、郑其绪主编《新编人才学大辞典》，中央文献出版社，2015，第347页。
② 叶忠海、郑其绪主编《新编人才学大辞典》，中央文献出版社，2015，第100页。
③ 曹建国、张玖青注说《国语》，河南大学出版社，2008，第193页。
④ 丁向阳：《人才竞争战略》，蓝天出版社，2005，第17页。

得天下的原因也是因为得人。"昔高祖纳善若不及,从谏若转圜,听言不求其能,举功不考其素。陈平起于亡命而为谋主,韩信拔于行阵而建上将;故天下之士云合归汉,争进奇异,智者竭其策,愚者尽其虑,勇士极其节,怯夫勉其死。合天下之智,并天下之威,是以举秦如鸿毛,取楚若拾遗,此高祖所以无敌于天下也。"① 由此可见,人才竞争关乎天下之治。三国时期,曹操认为争天下主要靠人才,他曾说"吾任天下之智力,以道御之,无所不可"②。曹操的"求才三令",便是求善于"治国用兵之术""辅政率军"之才。③ 刘备除了三顾茅庐争夺诸葛亮之外,由于"知人待士,弘毅宽厚"④,出现了"荆楚群士,从之若云"⑤,"有志之士,无不竞劝"⑥ 的局面。孙权按照"举贤任能,各尽其心,以保江东"的嘱托,注意礼贤下士,不拘一格选拔人才。

虽然中国古代人才竞争的朴素源流都有其阶级性和局限性,但不同时期的人才竞争优势的侧重点不尽相同。古文记载,"上古之世,人民少而禽兽众,人民不胜禽兽虫蛇。有圣人作,构木为巢以避群害,而民悦之,使王天下,号之曰有巢氏。"⑦ 人们会自发选举德才出众之人为首领。所以有德有才之人为人才,德行高尚即为其竞争优势。国家出现后,随着国家机器和社会组织的逐渐完备,为适应国家统治和社会治理的需要,开始设立官职和建立符合统治阶级需要的人才选拔标准和制度⑧,人才竞争和人才竞争优势在无形中就已经出现。古代人习惯用单字"士""贤"来表示人才,"招俊士""纳贤勇"即为人才竞争所指。在群雄逐鹿的古代社会,人才的竞争主要是军事政治人才的竞争,是为了争天下而争人才。春秋时期齐国政治家管仲曾说:"夫争天下者,必先争人。"刘邦曾云:"夫运筹策帷帐之中,决胜于千里之外,吾不如子房;镇国家,抚百姓,给饷馈,不绝粮道,吾不如萧何;连百万之军,战必胜,攻必取,吾不如韩信。此

---

① 司马光:《资治通鉴(第一册)》,中华书局,2009,第361页。
② 陈寿:《三国志》,中华书局,2009,第16页。
③ 陈寿:《三国志》,中华书局,2009,第19-26页、第30页。
④ 陈寿:《三国志》,中华书局,2009,第532页。
⑤ 陈寿:《三国志》,中华书局,2009,第583页。
⑥ 陈寿:《三国志》,中华书局,2009,第527页。
⑦ 高华平、王齐洲、张三夕译注《韩非子》,中华书局,2010,第698页。
⑧ 丁向阳:《人才竞争战略》,蓝天出版社,2005,第15页。

三者，皆人杰也，吾能用之，吾所以取天下也。"① 刘邦不仅有自知之明，还明白获取什么类型的人才有利。所以，在群雄割据的古代时期，人才竞争优势除具备"贤能"之外，还需具备一定的军事才能。但在秦"统一天下"后，社会变成封建官本位社会，"举士官者获大治"②，"学而优则仕"③。有些官员为了争夺权力、扩大势力，而结党营私、明争暗斗，出现了"朋党之争"。④ 一些达官贵人为了扩大自己的势力范围，出资培养人才，从而形成了私人的人才集团，如清代的幕僚制度等。这种人才竞争大多是私聘，或者说是非正规人才竞争。

随着社会生产力的发展，特别是工业革命使机器大工业代替工场手工业而在国民经济中居于支配地位，近代社会进入了以工业经济为主的时代。工业经济的发展扩大了经济生产规模，提高了生产技术要求，因而增加了对人才数量的需求，提高了对人才素质的要求。因此，在近代时期，具有某项生产技能的人即为人才，其所擅长的某项技术技能或拥有的经营管理能力即为人才竞争优势。除此之外，随着近代教育的发展，国际留学开始出现，晚清政府也曾向欧、美、日派遣留学生，这为国家后续形成国际人才竞争优势奠定了基础。⑤

由此不难看出，人才竞争优势的侧重点在不同时期各不相同，它的内涵也在随着时代的发展不断引申。竞争主要表现为两种：一种是无形竞争，即没有明显的竞争规则和外在形式，以隐形的方式潜藏在人群之间；另一种是有形竞争，通常有明确的时间、目标、内容、规则等。⑥ 在竞争活动中，人才主体的品格和创造潜能也可以得到充分开发和施展，从而使其获得优胜并脱颖而出。竞争是人才成长与发展的动力，它能够对人才外部形成强大的压力、对内部产生强大的动力，强化人们以创新取胜的意识，激励人才去战胜对方，使其在竞争过程中胜出⑦，实现成功的目标，从而形成特定的人才竞争优势。各类人才的竞争优势，从其形成和获得途

---

① 司马迁：《史记》，中华书局，2011，第80页。
② 刘胜利、舒琴译注《战国策》，中华书局，2012，第326页。
③ 张燕婴译注《论语》，中华书局，2009，第295页。
④ 丁向阳：《人才竞争战略》，蓝天出版社，2005，第20页。
⑤ 丁向阳：《人才竞争战略》，蓝天出版社，2005，第20-22页。
⑥⑦ 叶忠海、郑其绪主编《新编人才学大辞典》，中央文献出版社，2015，第100页。

径与方式而言，可以通过低于竞争对手的成本而获得高于对方收益的成本领先优势，或者通过具有不同于竞争对手的人才资源和人才竞争的手段和方式而获得的人才竞争优势。① 随着时代的发展，更加需要为竞争主体长期、持续地获得竞争优势提供支撑的人才资源②。为了更好地利用人才竞争优势，制定人才竞争战略，其是以提高人才竞争力，获得和保持人才竞争优势，并以人才优势来谋求国家、区域和组织的整体竞争优势为根本目的。③ 人才资源发展充满了竞争，是在竞争中求发展，在发展中获取优势。

综上所述，从古至今，对人才、人才竞争优势的认知越来越清晰，把相关研究放在越来越重要的位置上。竞争是进步的一种动力，所以人才的发展与人才优势的形成需要竞争；人才是发展的第一资源，所以竞争优势的形成主要靠人才。从已经实施的有关人才的各项政策文件可以看出，人才竞争优势在中国式现代化进程中起到了重要作用，探究其发展规律有着重大意义。

第二节　对人才竞争优势的基本认识

对人才竞争优势的理解，笔者认为，主要是关于人才竞争"是什么"、优势"从何而来"以及"怎么样"的命题。人才竞争优势是相对于竞争对手而言的，拥有可持续的优势，竞争对手不具备的资源且竞争对手又难以复制，已找到获取竞争优势的核心来源并可持续相当一段时期。

一、人才竞争优势的内涵

国家人才竞争优势考量的是一个国家人才吸引、人才培养以及留住人才等方面的整体表现。国家人才竞争优势的基础在于一个国家对全球人才发展形势的系统研判。首先，国家人才竞争优势体现在营造劳动力基础发展环境上。劳动力市场准入水平决定了人才竞争状况，不同国家实施不同程度的劳动力开放政策也决定着人才竞争的门槛条件；其次，国家人才竞

---

① 丁向阳：《人才竞争战略》，蓝天出版社，2005，第44页。
② 丁向阳：《人才竞争战略》，蓝天出版社，2005，第50页。
③ 丁向阳：《人才竞争战略》，蓝天出版社，2005，第77页。

争优势体现在如何开放地吸引人才上。开放地吸引人才考验一个国家投入竞争并赢得竞争的综合实力;最后,国家人才竞争优势体现在人才培养上,从"人才吸引"到"人才培养"是国家人才竞争优势的"由外向内"的转化。人才培养质量可以成就国家人才竞争优势,同时国家人才竞争优势也会加速人才培养进程。特别是,一方面国家教育体系培养潜在人才资源反哺经济社会的发展;另一方面,一国教育体系是人才竞争的主体,发挥着顶尖人才"引力源"的作用。为人才提供有差异性的发展机会是国家人才竞争优势的又一种体现。

区域人才竞争优势是某一区域人才资源在经济社会竞争中所显现出可持续发展的总体实力。区域人才竞争优势是在开放型经济和区域竞争条件下,依靠组织内部力量与外部资源整合形成,包括人才基础、结构、效能、活力等各类因素的有机综合。区域是否具有人才竞争优势是评价区域经济社会发展状态的标准。区域人才竞争优势,主要体现在以下三个方面。一是区域人才一体化,这对促进生产要素尤其人才要素的自由流动、优化人才空间布局具有积极意义。二是区域长期经济增长和竞争优势形成的核心动力,不仅来自区域资源禀赋,还来自人才创新引领的综合改革实力。面对人才竞争日趋激烈,人才区域配置不均衡、流动机制不健全、恶性竞争等问题,可持续的人才竞争优势将面临严峻考验。区域人才竞争优势正在向"城市群人才竞争优势"转变。三是区域"人才支撑优势",这已成为人才竞争优势的核心。从要素驱动转换为人才支撑,集聚大量高素质的人才,实现人才在区域间的活跃创新与高效集聚是区域人才竞争优势加强的关键。

企业人才竞争优势与其战略结构密切相关。企业人才竞争优势是企业人才队伍在企业发展与运作中所表现出来的核心优势,提升手段包括培养人才对企业经济的支撑、稀缺资源的配置、关键变革与管理再造等。创新型企业家、高管,构成了企业人才竞争优势的战略人才资源。一方面,他们以其敏锐市场洞察力、高学习能力以及迁移能力、时刻保持的竞争状态来获取优势,从而强化企业革新,这是形成企业人才竞争优势的因素之一;另一方面,在知识资源和经济资源的输入下,降低成本、模仿创新等使企业生产的产品在该行业形成新的比较优势,依靠优势进入各种现代化部门以及技术前沿,以此吸引更多优秀人才流入,逐渐形成了各企业特有的人才竞争优势。

除国家人才竞争优势、区域人才竞争优势、企业人才竞争优势之外，还可能存在人才自我竞争优势。人才通过自我感知、自我衡量、自我挑战方式来提升竞争优势。人才自我竞争优势，是人才自身所表现出来的，依靠自身强大内驱力形成的难以替代的自我超越优势。

二、形成人才竞争优势的因素

人才竞争优势的获取，若从不同来源维度来解释，可分为内生视角（形成内生论）和外生视角（形成外生论）。内生论假定人才竞争优势来源于人才内驱产生的知识能力多样性，关键词是"教育"与"关键技术创新"，属于内在资源属性。外生论认为制度环境、产业等是人才竞争优势产生的源泉。

（一）人才竞争优势内生论

1. 教育

教育是人才竞争优势内生获取的主要来源，但只拥有优势要素并不意味着具备可持续的竞争优势，有效率地调动优势要素的"能力"才是竞争优势的关键。影响竞争优势的关键在于整合协调并独特配置异质资源的能力，这种能力取决于人才特有的生产性知识、技术性知识、管理性知识以及专属性的隐性知识。这些知识具有价值性、稀有性、难以模仿性和不可替代性，符合资源理论中对竞争性资源的特征描述。在接受教育时将吸收的显性知识转化为默会知识，是教育内化于认知结构的过程。因此，教育以"外化于行，内化于心"的方式为人才提供了关键的知识来源，具体包括以下两个方面。

（1）根据教育的形式和方法，人才竞争优势获取来自差异化教育而非同质化教育。同质化教育可理解为缺乏区分性的大一统教育，可能会限制受教育者优势潜能的发展。人才在差异化教育过程中搜寻到异质性的知识，能获取并维持独有的竞争优势。

（2）差异化教育可细分为通识教育、素质教育、个性化教育和创新教育等类型。其中，个性化教育和创新教育是发展人才竞争能力的核心。前者兼顾凸显人才的个性优点和特长才干，后者以培养兼具创新精神和创新能力的创新型人才为价值取向，是高素质创新型人才竞争优势获取的重要来源。人才竞争优势获取除了与教育的个体差异有关，也与教育投入、文化水平等教育异质性有关。

2. 关键技术创新

关键技术创新是人才竞争优势内生获取的另一来源。关键技术创新是一种特殊的资源集合，具有一定垄断性、独特性和高价值性，这是形成和保持竞争优势的关键。

（1）从"知识视角"来看，人才是高水平知识和技术的主要载体，因此关键技术创新高度依赖于人才。

（2）从"供应链稳定"视角来看，一方面国家可通过实施技术策略实现相互制衡，在某些关键领域占据主导权，吸引大量人才采用技术跟随，从而获得国家人才竞争优势；另一方面立足人才创造优势，展开科学技术合作填补空缺，共建安全稳定的供应链，以达到维护核心人才可持续竞争的目的。①

（3）从"产学研深度融合"视角来看，关键技术突破要求创新主体的目标诉求、利益认知和成果标准等形成有效合力，促成产学研主体及其创新活动边界相互拓展渗透、消弭信息隔阂和信任间隙，最大程度地促成各类人才的一体化协作，获取人才竞争优势。②

（4）人才竞争优势获取也取决于关键技术创新类型。以运用领域为划分标准，关键技术创新包括公共产品技术创新、市场产品技术创新，以及同时涉及公共产品与市场产品的技术创新。

（二）人才竞争优势外生论

1. 制度环境

制度环境决定着人才竞争优势获取。不同制度环境可能作用于人才创新发生和转换的过程。③ 制度环境之所以能促成人才竞争优势，一是可以有效降低交易成本与信息成本，降低经济活动的不确定性和风险性；二是

---

① 仲伟俊、梅姝娥、浦正宁：《关键核心技术及其攻关策略研究——基于产业链供应链安全稳定视角》，《系统管理学报》2022年第6期，第1162-1168页。

② 胡旭博、原长弘：《关键核心技术：概念、特征与突破因素》，《科学学研究》2022年第1期，第4-11页。

③ Shujie Chen, Jing Sun, Yan Liang, "The impact on knowledge transfer to scientific and technological innovation efficiency of talents: analysis based on institutional environment in China," *Technology Analysis & Strategic Management*, https://doi.org/10.1080/09537325.2022.2093710.

完备的制度环境往往能促进管理效率、资源配置效率、生产效率和使用效率的提高，具有激励和刺激效率的功能。

（1）正式制度环境通过法律法规、政策体系影响人才竞争优势获取。它提供了一种结构，使得人才之间的合作能够获得既定结构内的收益，即通过调整规则降低活动成本、提高产权配置效率。例如，知识产权制度涉及创新要素配置，推动技术研发创新成果的标准化与市场化进程。如果一个国家或地区的知识产权制度安排合理，知识产权执法减少了研发溢出损失并缓解了外部经济制度约束，那么，人才竞争优势相对明显。

（2）非正式制度环境主要通过社会价值观影响人才竞争优势获取，如社会意识和社会合作等。人才对知识和能力的创造、转移和利用不仅是经济性过程，也是社会化过程。信任、规范和义务等非正式制度环境对人才竞争产生了各种作用。在社会语言、符号匹配和共同认知下，在非正式制度环境作用下，人才与社会系统交互，人才竞争优势获取的矛盾变化是与社会文明深度融合的进程。

2. 产业集群

产业集群是人才竞争优势外生获取的另一解释。根据规模经济学说，产业内部的规模经济影响着竞争力。生产规模越大的产业以递减的单位产品成本获取竞争优势，并以其较高的社会地位和良好声誉获得了优秀人才的加入。然而，产业规模并非"越大越好"，不同产业的资本密集度、产业成长速度、产品发展阶段、科研难度等不同，因而其产生竞争优势的最佳规模也不相同。具体而言表现在以下两个方面。

（1）人才竞争优势与产业定位密切相关，特别集中于与竞争对手在价值链的差异上。产业定位引发的人才密集、资本密集、技术密集和创意密集程度都不尽相同，这导致人才竞争优势的来源也有所不同。

（2）产业集群作为一种区别于纯市场和企业的空间集聚的组织模式，满足了产业发展的某种需要，具有自身独特的竞争优势。产业集群也是人才竞争优势获取的途径。从"创新动态集成"的视角来看，人才具备相对丰富的资源禀赋，能够实现集成来维持竞争优势。竞争优势的形成有两个关键的内在机理：人才在产业集群内通过协调性的集体学习过程形成知识共享①；在良性的竞争机制激励下产业集群成员次第创新，产生"挤压效应"。从"创新机会窗口"的视角来看，人才可以更为便利地吸收供应商和其他相关者参与创新过程，快速获取互补资源；通过与其他组织协调降低创新试验成本；人才在集群中面对的竞争压力和持续比较，可以转化为求变求新的动力。虽然产业集群可能产生人才竞争优势，但它主要是一种适应经济发展需要的组织模式。它的自增强性，特别是规模扩大会造成"拥挤成本"。② 与此同时，产业集群存在虚拟群落，使得集群互动和知识形成"脆弱黏性"。受到科技中断、需求转变和干预等因素的扰动时，人才竞争优势会被削弱。

第三节　赢得人才竞争优势的实践

一、政策的制定

人才竞争优势的内涵伴随人才强国战略不断深化。在科教兴国的系列政策中，人才竞争优势有关表述初具雏形。1995年5月6日，中共中央、国务院颁布的《关于加速科学技术进步的决定》中首次提出实施科教兴国战略。该文件表明要"尊重知识、尊重人才，创造人尽其才、人才辈出的社会环境"；特别强调要发展科技与教育，集聚优秀人才，调整结构、加强科技人才培养；明确指出"科技人才是第一生产力的开拓者"，为了保证有源源不断的科技人才来提高经济、科技的国际竞争力，需要充分发挥高等教育及其他各类教育在培育科技人才中的主要渠道作用，储存坚实的科技后备力量。步入21世纪后，知识经济与全球化蓬勃发展，全球人才的流动与发展演变成了国际的人才竞争。对人才素质的要求在全球经济结构的调整下也越来越高。在此背景下，综合国力的竞争也更加倚重人才。2002年，中共中央办公厅、国务院办公厅印发了《2002—2005年全国人才队伍建设规划纲要》（以下简称《纲要》），提出实施人才强国战略，走人

---

① 魏江、叶波：《企业集群的创新集成：集群学习与挤压效应》，《中国软科学》2002年第12期，第39-43页。

② 蔡宁、杨闩柱、吴结兵：《企业集群风险的研究：一个基于网络的视角》，《中国工业经济》2003年第4期，第59-64页。

才强国之路，大力提升国家核心竞争力和综合国力。21世纪中国加入世界贸易组织（WTO），面临着一系列挑战，其中人才问题的挑战相对严峻：人才总量相对不足，人才结构不够合理，人才创新能力亟待提高，以及人才队伍现状尚不适应新形势、新任务的要求等。《纲要》明确提出"综合国力的竞争更加倚重于科技进步和人才开发"，人才队伍建设的目标是"人才结构与经济结构基本适应，人才队伍的整体素质明显提高"。国以人兴，政以才治，走人才强国之路，是关乎社会主义现代化建设和未来国际竞争的必然选择。

《纲要》发布后，人才强国战略持续贯彻，党和国家先后召开了人才工作会议，人才竞争优势的相关表述得以不断丰富。第一次全国人才工作会议于2003年12月19日至20日召开，会后印发《中共中央 国务院关于进一步加强人才工作的决定》（以下简称《决定》）。《决定》围绕大力实施人才强国战略，提出建设宏大的高素质人才队伍，将中国由人口大国转化为人才资源强国，进一步提升国家核心竞争力和综合国力。文件中提到人才资源已成为最重要的战略资源，特别指出要"以人才资源能力建设为核心"加强人才开发与培养。第二次全国人才工作会议于2010年5月25日至26日召开，会后中共中央、国务院发布了《国家中长期人才发展规划纲要（2010—2020年）》（以下简称《规划纲要》），这是更好实施人才强国战略的重大举措，也是在激烈的国际竞争中赢得主动的战略选择。《规划纲要》强调必须大力提高国民素质，在继续发挥中国人力资源优势的同时，"加快形成我国人才竞争比较优势，逐步实现由人力资源大国向人才强国的转变"。

2021年9月27日至28日，中央人才工作会议提出了一系列新时代人才工作的重要理念与战略举措。会议强调人才是衡量一个国家综合国力的重要指标，随着人才资源作为经济社会发展第一资源的特征和作用更加明显，人才竞争已经成为综合国力竞争的核心。在新一轮科技革命和产业革命重塑世界经济结构，全球治理体系与国际态势变化的大环境下，中国科技创新与人才强国建设面临着新的挑战：高水平创新人才的数量与质量相对不足、集聚全球高端智力的规模有待提高、具有全球影响力的原创性成果较少等。在新挑战下，人才作为第一资源对赢取"国际竞争优势"至关重要。党中央、国务院主张深入实施新时代人才强国战略的同时，也主张加快建设世界重要人才中心和创新高地,旨在"造就一批具有国际水平的战略科技人才,培育赢得国际竞争主动的战略资源"。

党的第二十次全国代表大会于2022年10月16日至22日召开,大会报告在强化现代化人才支撑方面,深刻阐明继续深入实施人才强国战略,加快建设世界重要人才中心和创新高地,明确表述"促进人才区域合理布局和协调发展,着力形成人才国际竞争的比较优势"。当前,世界各国竞相将增强人才竞争优势上升为国家战略,构建国家核心竞争力。党的二十大报告首次单独成章把教育、科技、人才三者放在一起,一体部署,更加凸显教育、科技、人才三者之间的有机联系。报告强调必须坚持科技是第一生产力、人才是第一资源、创新是第一动力,深入实施科教兴国战略、人才强国战略、创新驱动发展战略,不断塑造发展新动能新优势。

二、政策的探索

为巩固人才竞争优势在综合国力竞争中的决定性作用,强化现代化建设人才支撑,在科教兴国、人才强国、创新驱动发展等战略深入实施的背景下,不断提质扩容人才资源是参与全球竞争的关键力量和后发优势。对于人才竞争优势政策,可进行以下几项有益探索。

第一,以制度创新、战略创新加快引领人才竞争,加快建设世界重要人才中心和创新高地。打造一流引才聚才平台,推动创新链产业链资金链人才链深度融合,不断推进人才竞争系统化,包括:深化人才发展体制机制改革,推动"破四唯""立新标"的人才评价改革,加强国际、区域人才交流合作,打造一批产业规模化集群与产业承载地,构建自主的现代产业体系,积极改善人才创新创业生态、牵头组织国际大科学计划和大科学工程等举措,构建人才优势引领经济社会发展优势。

第二,进一步发挥教育对人才培养的基础性作用,为新一轮人才竞争做好充分准备。坚持育人为本,持续深化教育改革,夯实基础教育,实施素质教育,兼顾职业教育和继续教育,同时发挥教育培养人才的优势,例如推动国内外一流高校的多元合作,加快建立高校、企业的博士后流动站,国家级和省级重点实验室等平台,持续培养优秀硕士、博士毕业生,提升国内自主培育人才的能力。

第三,结合各地资源优势采取了一系列人才竞争策略,为激发和扩大人才竞争优势提供可行的制度类型，大致分为以下四种。①供给型竞争政策。为人才积极制定并提供政策工具组合，具体包括生活保障、经费支持、公共服务、技术培训等便利和待遇。例如，北京市先后实施出入境政策措施和中关村国际人才新政，包括外籍人才签证、出入境审批、停居留等内容，成为争取国际人才竞争优势的创新举措。杭州市实施"人才新政27条"与全球引才"521"计划，对顶尖人才和团队的重大项目实行"一事一议"。②需求型竞争政策。政策重点在于满足人才宜居宜业、一站式服务、人才激励、政策保障和人才保留等各层次需求。③环境型竞争政策。政策重点是集中改善并优化人才竞争环境，包括人才生态涵养、人才包容、韧性治理、社会氛围营造、职住平衡、微观用人环境改善等。④精准型竞争政策。从政府、社会到用人主体都要采取措施，多层次、多角度、点对点开辟人才竞争赛道。例如，人才城市"双向奔赴"、"榜单"引才、项目"揭榜挂帅"、人才"金字塔"、人才"云端赛道"、人才中介服务"红蓝黑"积分制评价等。各省市搭建企事业单位与人才精准对接平台。

第四，海内外顶尖领军人才仍是人才竞争的焦点，同时也呈现了区域和行业领域的差异化。东部沿海地区普遍注重高科技与高技能人才，就北京、上海、深圳等超大城市而言，善于创新、拥有卓越技能技术的拔尖杰出人才是争取的主要对象，包括诺贝尔奖等国际权威奖项获得者、两院院士、世界500强企业总部的企业家高管、国家重点学科和技术带头人以及国家重点工程人选等。具有省部级重大贡献的中青年专家、在所在领域具有发展潜力的优秀青年骨干是天津、苏州等一线城市主要争夺的储备型人才。中西部地区由于经济和产业发展以及教育资源相对落后，人才流失比较严重，同时由于地理位置受限，海外人才资源相比沿海地区不足，因此，人才竞争策略兼顾海内外的学历型、专业技能型人才，在争取国际一流、国内领军人才的同时，重点给予高等学府本科学历及以上毕业生优惠，集聚后备人才。此外，武汉、成都、重庆等地还着力扶持地方重点产业急需人才培养，鼓励企业举荐创新创业技能人才。从产业转型升级与人才竞争匹配来看，以各地重点产业发展领域为重点，其中电子信息、先进装备制造、新一代信息技术、生物健康、新材料、新能源等产业是重点发展方向。相较而言，位于京津冀、长三角和粤港澳大湾区等地区的城市，承担引领重大科技攻关、从"0"到"1"自主创新的重要任务，因此人才竞争的领域也聚焦到了人工智能、大数据、云计算、量子信息等与未来科技相关的产业。其中，上海、广州等对国际经济贸易与金融服务领域的人才也同样渴求。西部城市在保持经济稳健增长的同时，兼顾产业集群、城市化和区域创新等发展方面，立足本地优秀的社会文化资源，还将文旅、金融、经济等领域人才也作为引进重点。还有部分西部省市更关注装备制造、石油化工、能源等领域的人才，以及经济金融、科教文卫领域的人才。

人才竞争优势在政策实践中表现出了教育优势、成本优势、战略优势以及均衡优势。教育优势主要指将教育规律与人才成长规律相结合。在建设高质量教育体系、加快教育高质量发展的背景下，以教育优势铸造人才优势分为两个方面：一方面，扩大高等教育在学规模，一些地区通过增加经费、联合办学、聘请专家等形式提升当地高等教育教学质量；另一方面，为培养创新型、复合型、应用型和技能型多种类型人才，多地鼓励支持办学主体、办学类型、办学模式多样化，在江苏、浙江等教育较发达的地方，通过大力发展"互联网+教育"的在线教育教学模式，培养现代化人才。数字教育、创新创业教育也在促成人才竞争优势，如北京、上海等地积极调动大学生参与各类创新创业大赛、主持大学生科技创新项目，吸引全球青年学生广泛交流。此外，在"新工科""新文科"建设推进下，注重跨界交叉融合，为未来战略必争领域培养专业型人才。与此同时，各省市还围绕金融、财政、土地、信用、就业和收入分配等方面制定支持职业教育发展的激励政策，推动产教融合，助力社会打造高质量人才队伍。

相比教育这种长远的投资，成本优势则是以相对较小的投入获取人才更大的贡献。一些城市为快速争夺人才，会采取各种各样的优惠政策组合工具。例如为聚焦人才创新创业需求，青岛相继出台培育科技型企业的"沃土计划"、支持涉海科技企业创新发展的"海创计划"、支持科技成果转化的"硕果计划"，对高新技术企业推出了一系列留抵退税特色服务，同时为人才提供科研项目津贴，通过产业政策、科技政策与人才政策叠加组合，以政策红利吸引人才入驻，充分发挥人才竞争优势。

杰出人才、领军人才及后备人才竞争优势属于战略优势。为激发人才的科技创新活力，一些地方主动搭建人才载体，打造了一批科学城、科学中心和实验室，积极创办新型研发机构，并支持高能级创新平台等设立攻克"卡脖子"关键核心技术的研发岗位，在实验室建设、科研经费、项目承担、团队建设等方面，为人才"雁阵"创新优势提供稳定支持。还有地方从制度改善出发释放人才的创新活力，通过建立健全创新尽职免责机制，探索负面清单等方式，制定勤勉尽责规范和细则，鼓励人才创新，宽容失败；并发布境外职业资格认可目录，支持和鼓励境外专业人才来本地从事科技创新工作。

经济社会发展的合理定位与和谐发展，形成的人才竞争优势是均衡优势——既不产生"人才浪费"也不会造成"人才匮乏"。均衡优势是各地实践、努力的目标，但短时间难以做到。固然，各地频出"人才新政"，同时竞相上演"抢人大战"，虽然增强了人才资源优势，但也呈现出重复建设，竞争领域同质化，不同区域之间的人才竞争演变成"层层加码"的恶性竞争的态势。因此，应合理辩证地看待人才竞争优势获取的实践。因此，可以先争取头部企业迁入打造产业集群，将要素与资源快速集聚起来，吸引人才资源的流入；同时加快基础设施建设，完善人才服务窗口，提升教育、医疗、就业等公共服务质量；在此基础上，通过强化知识产权保护、完善科研诚信体系、加强科学技术普及、完善荣誉奖励制度、加大科学家精神宣传力度，积极营造公平竞争的制度环境、尊重人才的社会环境。

第四节 人才竞争优势研究的前瞻

若对人才竞争优势命题进行深入探究，核心问题是如何动态地看待人才竞争、如何去理解"优势"。对竞争的实质、优势的评价，甚至不争而争的过程，给予一种辩证思考。笔者认为，凡之争者，则有其相争，争有非对抗性与对抗性的辩证统一，焦点在于争的是什么，以及如何争，具有向、量、度的统一。

从人才竞争优势发生、发展的可持续性来看，通过争夺而来的优势，不如厚植沃土而来的优势，人才竞争优势可以演变为"人才生态优势"。从人才竞争优势获取的阶段性过程来看，一方压制另一方而来的优势，不如美美与共、合作共赢而来的优势，人才竞争优势可能演变为隐性竞争的"人才协作优势"。从优势规则的制定基础来看，某种由规则话语权、制先权而来的优势,不如顺应发展规律而来的优势,人才竞争优势可能演变为"人才制度优势"。从人才竞争优势演变的资源依赖来看,通过鼓励人才贡献其所"能"、展现其所"才"而来的优势,不如通过洞悉其能、荐举其才而来的优势,人才竞争优势聚焦的不只是人才本身,而是释放出识才敬才爱才用才的信号信息,人才竞争优势可能演变为"人才信号优势"。

人才生态优势、人才协作优势、人才制度优势、人才信号优势,是与人才竞争优势相关的、未来值得深入把握的命题。人才竞争的关键是要遵循人才认识和改造世界的客观规律之"道",融入人才发展顺应规律的"境",选择方法、手段和策略的"术",如此方为"势"。

第十五章

人才政策

政策是社会的基本制度在特殊情况下难以进行准确处理时的产物，是社会高速变革中，难以形成稳定性制度的产物。人才政策是在特定时代背景下针对特定人群和特定事项采取的特定政策，是人才工作的重要载体和表现形式。改革开放以来，我国经济社会经历快速发展期。发展离不开人才，如何引进、培养、用好人才成了推动社会发展众多工作当中最为重要的一部分。同时，人才政策的实际作用在社会发展的过程中也逐步变化，从最初的人才支撑发展逐步演化到人才引领发展再到今天的人才引领创新。人才政策作为人才工作的载体，也在演变过程中探索前进，从解决待遇相关问题的单一性政策逐步演变到与高质量发展相结合的系统性政策体系。2021年的中央人才工作会议标志着我国的人才工作进入新时代。新时代需要新人才，需要更先进的人才工作理念、战略和举措。深入实施新时代人才强国战略，加快建设世界重要人才中心和创新高地，实现高水平科技自立自强，是未来一段时间我国人才工作的重点，也是人才政策体系化构建的主要着力点。基于此，本章对我国的人才政策进行系统梳理和逻辑分析。

第一节 人才政策的内涵

一、人才政策的概念

当前我国对人才政策概念的诠释主要有以下几种观点。第一种观点将公共政策与人才政策相联系，人才政策的概念大部分是从公共政策中演绎出来的,总体来看,这种观点下的人才政策为公共政策的一部分。第二种观点就是将人才政策当作人才工作中的一个动态的发展过程,认为人才政策是特定的时期内所规定的人才发展目标和任务。笔者更倾向于第一种观点,认为:人才政策是国家公共政策体系的重要组成部分,是政府为了发挥人力资源的作用,对人才生产、开发、使用做出的规则和采取的措施与行动。其内容十分丰富,涵盖人才引进、培育、选拔、使用、评价、激励、流动、服务等人才工作的各个方面[①]。

人才政策是国家或地方政府为引进、培养和留住人才而制定的一系列政策措施。从横向来看,人才政策按照政策对象的不同分为,高层次人才、科技领军人才、专业技术人才、技能人才、海外人才、创业创新人才、青年人才、乡村振兴人才等。同时,在政策类型的划分上,分为保障型政策、发展型政策和荣誉型政策[②]。从纵向来看,国家层面人才政策以宏观性、战略性为主要特征,主要分为四个层次,即由立法机关全国人大及其常委会制定的相关法律,由行政机关颁布的行政法规,由国务院所属部门发布的部门规章和由部委所属部门制定和下发的各种规范化文件[③];地方层面人才政策体现了与国家战略的配套性、与地方发展的协调性、重落实的操作性特点,主要分为省、市、县(区、市)三个层级,甚至一些发达地区的乡镇和街道也有人才政策出台。

二、人才政策与其他公共政策的关系

"政策"一词来源于英文单词"policy",日本学者从早已传入日本的汉字中挑选了"政"和"策"二字组合在一起,将其译为"政策"并传入中国。政策的基本概念为组织或者个人等特定的群体为自身的发展、未来的期望建立、制定的一种计划和准则,并将其作为特定群体在未来一段时间内发展的主要准则。

[①] 萧鸣政、韩溪:《关于改革开放30年中国人事人才政策的回顾与分析》,中国人力资源开发研究会。

[②] 陈莎利、李铭禄:《人才政策区域比较与政策结构偏好研究》,《中国科技论坛》2009年第9期,第107-111页。

[③] 郑代良、钟书华:《高层次人才政策的演进历程及其中国特色》,《科技进步与对策》2012年第13期,第134-139页。

在现代社会，公共性是公共政策的本质属性，公共政策的前缀是"公共"（public）。如果一项政策不是公共的而是私人（private）的，那这样的政策不具备任何合法性，即使产生治理绩效也不会被承认。公共政策是指国家通过对资源的战略性运用，以协调经济社会活动及相互关系的一系列政策的总称，是公共权力机关经由政治过程所选择和制定的为解决公共问题、达到公共目标、实现公共利益的方案，其作用是规范和指导有关机构、团体或个人的行为，其表达形式包括法律法规、行政规定或命令、国家领导人口头或书面的指示、政府规划等。公共政策作为对社会利益的权威性分配标准，集中反映了社会利益，这决定了公共政策必须反映大多数人的利益才能使其具有合法性。公共政策具有分配社会资源、规范社会行为、解决社会问题、促进社会发展等基本属性，进而从不同的领域对人们的政治活动、经济活动、文教活动、科技活动和社会活动进行管理，使之进入正常的社会轨道，以维护社会的团结稳定和协调发展。

人才政策是公共政策在人才领域的集中表达，与政治、经济、文教、科技、社会等公共政策环环相扣，密不可分。在具体内容上，人才政策与其他政策交叉融合，如人才培养涉及教育政策，人才激励涉及经济、科技政策，人才保障涉及社会保障政策。

在人才政策制定的过程中，其内容具备了专业性、多变性及广泛性的特点。因为社会发展的方方面面都需要人才，人才政策在实际实施过程中已完全融入公共政策中。一系列人才政策的出台往往经历这样的过程：先由人才主管部门牵头制定"总规性"的政策文件，再由人社、科技、教育、经信、金融等部门根据"政策总规"分别制定本领域的配套政策及操作细则（即"子政策"），从而形成"1+N"的政策体系。

政策、公共政策、人才政策在发展研究的过程中一脉相承，三者本身既有着密不可分的联系，又有着特定的区别。人才政策在某种程度上归属于公共政策，是一个专项政策，而政策在某种程度上是公共政策形成和发展的重要基础，政策、公共政策、人才政策三者之间有着一定的下位概念关系：政策的下位概念为公共政策，公共政策的下位概念为人才政策[①]。

---

① 苗文莉：《政策、公共政策、教育政策的内涵及其逻辑关系分析》，《吕梁教育学院学报》2020年第1期，第34-35页。

第二节　人才政策的发展沿革

中华人民共和国成立以来,我国人才政策经历了 6 个发展阶段,随着不同阶段的发展要求、发展目标的变化,其关注的人才工作重点也在发生变化,从聚焦知识分子、科技工作者逐渐泛化到各个领域的若干人才队伍到再次关注战略人才力量上来。笔者将我国人才政策的发展历程进行梳理,见表 15-1。

表 15-1　人才政策发展历程

时间	1949—1977 年	1978—1991 年	1992—2002 年	2003—2009 年	2010—2020 年	2021 年至今
发展阶段				人才支撑、服务发展	人才优先、服务发展	人才引领发展
标志性会议	中共七届三中全会	中共十一届三中全会	八届全国人大四次会议	2003 年全国人才工作会议	2010 年全国人才工作会议	2021 年中央人才工作会议
代表性政策	《关于保护与争取技术人员的指示》《关于知识分子问题的报告》	《中共中央关于科学技术体制改革的决定》《中共中央关于教育体制改革的决定》	《中共中央 国务院关于加速科学技术进步的决定》《2002—2005 年全国人才队伍建设规划纲要》	《中共中央 国务院关于进一步加强人才工作的决定》	《国家中长期人才发展规划纲要（2010—2020 年）》《关于深化人才发展体制机制改革的意见》《关于分类推进人才评价机制改革的指导意见》《关于促进劳动力和人才社会性流动体制机制改革的意见》	《国家"十四五"期间人才发展规划》
发展要求	正确看待和对待知识分子	拨乱反正,发展科技	尊重知识、尊重人才	大力实施人才强国战略	更好实施人才强国战略	深入实施新时代人才强国战略

续表

时间	1949—1977年	1978—1991年	1992—2002年	2003—2009年	2010—2020年	2021年至今
关注重点	知识分子、科技工作者和海外人才	科技人才	党政人才、企业经营管理人才、专业技术人才三支队伍	党政人才、企业经营管理人才、专业技术人才三支队伍	在第一次全国人才工作会议基础上增加了高技能人才、社会工作人才与农村实用人才，变为六支人才队伍	战略科学家、一流科技领军人才和创新团队、青年科技人才、卓越工程师、大国工匠、高技能人才等战略人才力量
发展目标	人才支撑经济社会恢复发展	科教兴国	人才强国	从人口大国向人才资源强国转化	进入世界人才强国行列	加快建设世界重要人才中心和创新高地，实现高水平科技自立自强

资料来源：作者梳理。

一、新中国成立初期的知识分子政策（1949—1977年）

（一）团结改造知识分子

新中国成立初期，百废待兴。以技术人才、科技人才为代表的知识分子在新中国成立初期的各项建设事业中的作用显得格外突出和重要。正确看待和对待知识分子，成为这一阶段人才政策的主要任务。[①]

1950年6月，毛泽东在中共七届三中全会上明确指出"要争取一切爱国的知识分子为人民服务，要团结他们、使用他们，同时对他们进行改造"。1956年1月，全国知识分子问题会议召开，周恩来在《关于知识分子问题的报告》中，充分肯定了知识分子在社会主义建设中不可忽视的独特地位和作用，首次把知识分子从党的"争取和团结对象"提升到了"重

---

① 张士义：《与时俱进 开拓创新——中国共产党80年的人才政策与实践》，《中国人才》2001年第7期，第4—7页。

要依靠对象"。大会明确宣布：中国的知识分子，经过学习和锻炼，他们中间的绝大部分已经成为国家工作人员，已经为社会主义服务，已经是工人阶级的一部分。这一论断极大提升了各类人才投身祖国建设的热情和动力。根据这次会议的建议，国务院成立了国家科学规划委员会，集中一大批优秀科学家制定了《1956—1967年科学技术发展远景规划》。全国迅速掀起了向科学进军的热潮。到1965年年底，全国专门的科学研究机构由新中国成立时的30多个发展到1 714个，专门从事科学研究的科技人员由不足500人发展到12万人。

（二）争取海外人才归国

1949年12月，政务院文化教育委员会成立"办理留学生回国事务委员会"，统一办理、统筹负责留学生及各类海外人才回国、招待和工作安排等事宜。1950年1月，中国科协发函给留美科协："亟盼火速回国参加工作。"1957年，周恩来提出海外归国人才"来去自由"的方针："不管先后我们都一律欢迎，一视同仁，而且允许来去自由。"当时，钱三强、钱学森等一大批科学家放弃国外的优厚待遇，冲破各种阻力，毅然回国。据统计，新中国成立初期，回国的海外高级人才达2 000多人，例如23位"两弹一星"元勋之中，海外归国者便有21人。这些科学家为新中国的建设和发展，尤其是对我国重大科技领域的进步做出了不可磨灭的历史性贡献。[①]

这一时期既是中国有史以来最伟大的社会变革时期，也是人才政策大调整时期，既明确提出了各类人才在社会主义革命和建设中的决定性作用，也明确了知识分子作为工人阶级一部分的人才定位，同时采取积极措施大力培育科技人才，争取海外人才回国。这些政策有力支撑了新中国各项事业的开局起步，并为后来经济社会的恢复和发展奠定了坚实的基础。

二、改革开放初期的人才政策（1978—1991年）

（一）人才重要性凸显

改革开放之初，全社会兴起"尊重知识、尊重人才"的风气，开创了我国人才工作的新局面，人才政策取得前所未有的进步。1978年全国科学

---

① 谢敏振：《新中国成立初期党的人才政策》，《求贤》2022年第9期，第46-47页。

大会强调知识分子是工人阶级的一部分，1984年《中共中央关于经济体制改革的决定》出台，1985年3月和5月，《中共中央关于科学技术体制改革的决定》和《中共中央关于教育体制改革的决定》也相继出台，提出要改善知识分子的工作条件和生活待遇，这些文件及其措施推动了人才队伍的建设。以恢复高考为先导，高等教育得到迅速恢复；1986年《中华人民共和国义务教育法》的颁布使我国学龄儿童入学率大幅提高；针对科技人才制定并实施《科研津贴暂行办法》，促使破格晋升一批有贡献的中青年科技人员，培养出自己的博士生，积极选派留学人员；1986年《中共中央关于教育体制改革的决定》、1988年《国务院关于深化科技体制改革若干问题的决定》，推动了后备人才的培养和管理。①

(二) 人才流动加快

在计划经济体制下，国家统一调配人才，而市场经济要求人才实现流动。《国务院关于科技人员合理流动的若干规定》《劳动人事部、国家民委关于加强边远地区科技队伍建设若干政策问题的报告》《关于科技人员业余兼职若干问题的意见》等政策，放宽人员流动的规定，引导人才合理流动。1987年国家开始兴办人才市场，1990年颁布《劳动就业服务企业管理规定》，为人才流动创造条件，在单位内部推行优化组合、合同聘任制等，破除束缚，实现人才自由流转，使大批人才找到了合适的岗位。

(三) 人才管理更加科学

这一时期，人才管理模式从统一的"国家干部"模式逐步细分出各类人才分类管理模式，并出台了分类管理政策。《国务院关于实行专业技术职务聘任制度的决定》在全国得到推广，自此职称评定一直沿用到现在，对专业技术人才的培养和评价起到了决定性的作用。初步实施了劳动合同管理，推行绩效考核与管理。《企业职工奖惩条例》的颁布使企业开始关注绩效，《工人考核条例》《全民所有制事业单位辞退专业技术人员和管理人员暂行规定》的出台使人才管理逐步走向理性与科学，人才可进可出、可上可下。②

---

①② 萧鸣政、韩溪：《改革开放30年中国人才政策回顾与分析》，《中国人才》2009年第1期，第12—15页。

三、社会主义市场经济体制建设时期的人才政策（1992—2002 年）

（一）树立人才是最宝贵的资源观念

邓小平同志南方谈话和党的十四大，指明了建立社会主义市场经济体制是经济体制改革的方向，标志着改革开放进入了深化阶段，"尊重知识，尊重人才"的理念得到了进一步深化和发展，人才地位不断提升。1995 年出台的《中共中央　国务院关于加速科学技术进步的决定》，明确提出实施"科教兴国"发展战略，"科教兴国"成为我国的一项基本国策。1995 年组织实施的"百千万人才工程"，计划到 20 世纪末造就大批科学家、学科带头人，加速人才成长步伐。2000 年全国人才达到 6 360 万人。2001 年发布的《中华人民共和国国民经济和社会发展第十个五年计划纲要》，首次把人才战略和科教兴国战略摆在同等重要的位置，强调"实施人才战略，人才是最宝贵的资源，要把培养、吸收和用好人才作为一项重大的战略任务切实抓好"。人才问题的重要性在这一时期达到了新中国建立以来前所未有的高度，人才战略自此开始成为国家战略。

（二）确立"人才强国"战略

2002 年 5 月，中共中央、国务院印发《2002—2005 年全国人才队伍建设规划纲要》（以下简称《纲要》），正式提出"人才强国"战略。《纲要》指出，为建设一支宏大的高素质人才队伍，适应我国加入世界贸易组织后的新形势，适应激烈的国际竞争，保证建设有中国特色社会主义事业健康发展，决定实施"人才强国"战略；通过开发利用国际国内两个人才市场、两种人才资源，紧紧抓住培养人才、吸引人才、用好人才三个环节，着力建设党政人才、企业经营管理人才、专业技术人才三支队伍，为改革开放和现代化建设提供坚强的人才保证。人才强国战略自此成为我国的又一项重要国家战略。与此同时，一系列配套政策法规纷纷出台。《职业技能鉴定规定》建立了技能人才评价机制；《职业指导办法》《职业培训实体管理规定》《中华人民共和国职业教育法》，规范人才培养的各种措施和办法；《劳动力市场管理规定》《职业介绍服务规程（试行）》，规范人才市场，拓展人才的流动和选择环境；《关于进一步深化普通高等学校毕业生就业制度改革有关问题的意见》放宽大学生户籍迁移规定；《关于为外国籍高层次人才和投资者提供入境及居住便利的规定》为外籍人才引进提供便利。

四、进入 21 世纪的人才政策（2003—2009 年）

（一）人才强国战略全面部署实施

进入 21 世纪以来，人才发展战略成为国家优先发展的战略之一。2003 年第一次全国人才工作会议对新形势下人才工作做出全面部署，强调实施人才强国战略是一项重大任务。同年，《中共中央 国务院关于进一步加强人才工作的决定》出台，指出坚持"党管人才"原则，坚持"以人为本"，实施"人才强国"战略；提出树立科学的人才观。这个以党和国家意志出现的最高层次的人才战略规划，成为这一阶段我国人才工作的行动纲领。2004 年，人才强国战略作为专章列入国家"十一五"规划纲要。2005 年，国务院制定《国家中长期科学和技术发展规划纲要（2006—2020 年）》，人才工作是其中重要的内容。

（二）人才强国战略的实施进入全面推进的新阶段

2007 年，党的十七大召开，人才强国战略作为发展中国特色社会主义的三大基本战略之一，与科教兴国战略、可持续发展战略一道，被写进了《中国共产党章程》和党的十七大报告。十七大报告还对人才工作作出了若干新的论述：首次提出造就世界一流科学家和科技领军人才；首次提出推动我国哲学社会科学优秀人才走向世界；首次提出注重培养一线创新人才；首次从转变军队战斗力生成模式的高度，提出加紧培养大批高素质新型军事人才；首次从统筹人才发展的高度，强调抓好以高层次人才和高技能人才为重点的各类人才队伍建设。由此，人才强国战略的实施进入了全面推进的新阶段。

五、从人才大国向人才强国迈进的人才政策（2010—2020 年）

到 2010 年，我国已经从人才资源相对匮乏的国家发展成为人才资源大国，但仍存在高层次创新型人才匮乏、人才创新创业能力不强、人才资源开发投入不足等问题。在此背景下，第二次全国人才工作会议召开。会后，各省、区、市各支人才队伍和经济社会发展重点领域相继发布中长期人才规划。自此，全国人才发展规划体系基本形成，重大人才政策与重大人才工程陆续启动实施。

《国家中长期人才发展规划纲要（2010—2020 年）》作为我国第一个

中长期人才发展规划，是在国家经济与社会发展总体规划框架下，与科技、教育等发展规划并列的一个专门规划，是实施人才强国战略的总体规划，是我国到 2020 年进入世界人才强国行列的"路线图"，开启了我国从人才大国迈向人才强国的新征程。2012 年 11 月，党的十八大报告单独把人才工作作为"全面提高党的建设科学化水平"的重要任务之一，指出了"要尊重劳动、尊重知识、尊重人才、尊重创造，加快确立人才优先发展战略布局，造就规模宏大、素质优良的人才队伍，推动我国由人才大国迈向人才强国"；并提出实施重大人才工程，加快人才发展体制机制改革等一系列关于人才工作的重要指示，为深入实施人才强国战略做出了制度性的安排。2016 年 3 月，《中华人民共和国国民经济和社会发展第十三个五年规划纲要》明确提出实施人才优先发展战略，强调"把人才作为支撑发展的第一资源，加快推进人才发展体制和政策创新，构建有国际竞争力的人才制度优势，提高人才质量，优化人才结构，加快建设人才强国"，对新时代我国人才发展做出了战略性、全局性的计划与安排。紧接着中共中央印发了《关于深化人才发展体制机制改革的意见》，着眼于破除束缚人才发展的思想观念和体制机制障碍，解放和增强人才活力，形成具有国际竞争力的人才制度优势，聚天下英才而用之，明确深化改革的指导思想、基本原则和主要目标，从管理体制、工作机制和组织领导等方面提出改革措施，是当前和今后一个时期全国人才工作的重要指导性文件，进一步解放了人才工作思想，最大限度激发了人才工作的活力，为实施人才强国战略打下了坚实的基础。2017 年 10 月，党的十九大报告把人才强国战略与科教兴国战略、创新驱动发展战略、乡村振兴战略、区域协调发展战略、可持续发展战略和军民融合发展战略并列提出，充分体现了人才在国家发展战略中的重要性。十九大报告强调要"实行更加积极、更加开放、更加有效的人才政策，以识才的慧眼、爱才的诚意、用才的胆识、容才的雅量、聚才的良方，把党内和党外、国内和国外各方面优秀人才集聚到党和人民的伟大奋斗中来"，为做好新时代人才工作提供了遵循，为全面建成小康社会和建设社会主义现代化强国培养汇聚人才。2018 年 2 月，中共中央办公厅、国务院办公厅印发的《关于分类推进人才评价机制改革的指导意见》指出："人才评价是人才发展体制机制的重要组成部分，是人才资源开发管理和使用的前提。建立科学的人才分类评价机制，对于树立正确用人导向、激励引导人才职业发展、调动人才创新创业积极性、加快建设人才强国具有重要作用。"该意见强调了科学合理的人才分类评价机制可以调动各方面各类人才的积极性，为深入实施人才强国战略提供人才保障。2019年12月，中共中央办公厅、国务院办公厅印发了《关于促进劳动力和人才社会性流动体制机制改革的意见》，构建了促进劳动力和人才社会性流动的政策体系框架，有利于人才的合理、公正、畅通、有序的流动，有助于形成全社会关心人才、尊重人才的良好氛围。

六、加强和改进新时代人才工作的人才政策（2021年至今）

（一）深入实施人才强国战略

2021年9月，中央人才工作会议召开，习近平总书记深入分析了新时代人才工作面临的新形势、新任务、新挑战，系统擘画了新时代建设人才强国的宏伟蓝图，明确提出了深入实施新时代人才强国战略的指导思想、战略目标、重点任务、政策举措，为推动我国人才事业健康持续发展、加快建设世界重要人才中心和创新高地，提供了方向引领和行动指南。

2022年4月29日审议通过的《国家"十四五"期间人才发展规划》（以下简称《规划》）是国家"十四五"规划的一项重要专项规划。《规划》强调要全面加强党对人才工作的领导，牢固确立人才引领发展的战略地位，全方位培养引进用好人才；坚持重点布局、梯次推进，加快建设世界重要人才中心和创新高地；要大力培养使用战略科学家，打造大批一流科技领军人才和创新团队，造就规模宏大的青年科技人才队伍，培养大批卓越工程师；要把人才培养的着力点放在基础研究人才的支持培养上，为他们提供长期稳定的支持和保障；要深化人才发展体制机制改革，为各类人才搭建干事创业的平台。以上人才政策的实施，为我国人才强国战略的有序推进提供了政策保障，为实现中华民族伟大复兴奠定了坚实的人才基础。

（二）加快建设国家战略人才力量

建设国家战略人才力量，是支撑现代化建设的决定因素和首要任务。2021年9月，习近平总书记在中央人才工作会议上明确指出："战略人才站在国际科技前沿、引领科技自主创新、承担国家战略科技任务，是支撑我国高水平科技自立自强的重要力量，要把建设战略人才力量作为重中之重来抓。"党的二十大报告再次对加快建设国家战略人才力量作出重要部署，提出"努力培养造就更多大师、战略科学家、一流科技领军人才和创新团队、青年科技人才、卓越工程师、大国工匠、高技能人才"的目标要求。

第三节　当前我国人才政策的特点和存在的问题

党的十九大以来，全球形势面临深刻和复杂的变化，和平与发展仍是国际局势主题，但世界百年未有之大变局加速演变，世界政治经济秩序正在发生新一轮调整。与此同时，我国经济正处在转变发展方式、优化经济结构、转换增长动力的攻关期，实现高质量发展还有许多短板弱项。有效应对风险挑战，补齐经济高质量发展中的短板弱项，努力在危机中育先机、于变局中开新局，必须充分发挥我国人力资本和人才资源优势，主动谋划、多措并举，大力激发各类人才的创新创造活力，为经济高质量发展注入强劲动力。在此背景下，全国各地区不断加快人才发展体制机制改革创新，构建具有国际竞争力的人才治理体系，出台各类有利于实现"聚天下英才而用之"的人才政策。

当下正是全国人才工作承上启下之时，以《国家中长期人才发展规划纲要（2010—2020）》为标志的全国自上而下各级各部门人才工作一个阶段的结束，也是新时代面向 2035 年全面建成人才强国的开始。在此背景下，总览全国人才政策体系构建情况既有特色，又有问题。

一、当前我国人才政策的突出特点

（一）人才政策落实人才引领高质量发展战略

为深入贯彻习近平新时代中国特色社会主义思想，各地深入贯彻实施人才强国战略，高度重视人才工作，人才引领发展的战略地位越发凸显。各地以政策法规为制度基石、以人才工程为工作抓手，陆续出台行动纲要，制定实施办法及若干举措。如浙江省出台《高水平建设人才强省行动纲要》《关于建设高素质强大人才队伍，打造高水平创新型省份的决定》、河北省出台《河北省人才强冀工程重点人才项目实施办法》、山西省出台《山西省建设人才强省优化创新生态的若干举措》、河南省出台《关于深化人才发展体制机制改革加快人才强省建设的实施意见》等。各地在压实党管人才政治责任、精准引育急需紧缺人才、激发企业引才育才动力、扩大事业单位用人自主权、完善人才评价激励机制、全面提升人才服务水平等方面，深化改革，坚持创新，持续发力，高水平建设人才强省、人才强市，以高水平人才队伍引领高质量发展。[①]

(二) 人才政策融入并服务区域协同发展战略

以京津冀人才一体化发展为标志，人才政策助力跨区域协同发展观念愈发深入人心。各地人才政策不是仅考虑自己的"一亩三分地"，而是充分融入区域协同发展战略，服务于区域发展需要，积极主动是其最鲜明的特色。如合肥市，以G60科创走廊为切入点，积极融入长三角城市群，发挥其综合性国家科学中心和"全创改"试点的聚才作用，积极引进国际高端人才，营造外国专家"来得了、待得住、用得好、流得动"的良好引才氛围。浙江省积极推动省内人才一体化发展，为长三角人才一体化发展打好基础。一方面，推进人才服务向省外开放，鼓励省内用人单位到省外设立"人才飞地"；另一方面，推进省内人才服务一体化，坚持全省"一盘棋"，发挥杭州、宁波城市综合能级优势，发挥嘉兴接轨上海"桥头堡"优势，推进"人才飞地"园区建设，落户"人才飞地"的高层次人才可以同等享受当地公共服务。北京将雄安和通州作为两翼联动发展，积极主动支持雄安人才工作。同时，河北省积极融入京津冀人才一体化发展格局，以雄安建设为发力点，大力推行"雄才计划"，编制雄安人才中长期发展规划，支持雄安新人才战略实施。江苏苏锡常三地积极推动一体化发展，共同发布了《苏锡常共建太湖湾科创带倡议书》，倡议坚持一体化布局，在构建区域协同创新体系上形成新格局；坚持战略化协同，在提升区域创新竞争力上展现新作为；坚持开放式共享，在优化区域创新资源配置上取得新突破；坚持系统化推进，在构筑区域创新创业生态上实现新提升。

(三) 人才政策体系逐步形成

人才工作是一项关联度高、耦合性强，需要各地各部门整体联动、齐抓共管的系统性工作。各地高度重视人才工作，在制度建设、队伍建设和

[①] 范巍、赵宁、赵智磊等：《中国人才政策环境比较分析（省域篇）》，社会科学文献出版社，2022，第4-10页。

组织建设上取得了一些实践经验。在制度建设上，多地从顶层设计的高度出发，加快构建框架性制度安排。一方面放眼宏观，根据新时代人才发展要求，出台具有统领作用和指导意义的人才政策文件，如江苏省在注重工程驱动、政策推动的基础上，提出着重构建"五坚持五提升"人才工作体系，系统推动全省人才工作在更高站位上、更大格局里、更实创新中，实现内涵发展、整体提升；另一方面着眼微观，在人才工作政策体系总框架下，根据发展需要，全面构建"1+N"人才政策体系，如北京市出台《新时代推动首都高质量发展人才支撑行动计划（2018年—2022年）》，并以此为基础出台若干专项政策，有力推动北京人才工作高质量开展。在队伍建设上，各地持续增强人才工作干部队伍配给，整合多部门力量资源，增强人才工作合力。海南省在全国率先成立省委人才工作委员会，并成立省委人才发展局，进一步统筹全省人才政策、项目、资金、力量等资源，整合人才工作多方力量；同时，为更好服务产业人才发展，在12个重点产业牵头部门有关处室加挂"产业人才工作处"牌子，明确产业人才工作的职责，有效提高了产业人才工作的专业化程度。在组织建设上，各地进一步完善党管人才工作的领导体制和运行机制，在坚持和完善党委统一领导，组织部门牵头抓总，有关部门各司其职、密切配合，社会力量广泛参与的基础上，根据人才工作新形势、新变化，及时创新优化人才工作体系，有效提升了人才工作效能。如北京市将纪检监察、审计纳入本地人才工作体系，对人才工作不担当、不作为的单位和地区进行问责追责，加强人才工作与纪检监察、审计、巡视等工作的联动，建立会商机制，协调解决涉及人才政策实施的有关问题。

（四）人才政策更迭速度进一步加快

在新发展格局下，面对日益复杂和急剧变化的国内外形势，各地根据地区特点和发展情况，及时推动人才政策调整升级，人才决策科学化、人才开发高效化、人才服务精细化的人才工作摩尔定律现象凸显。各地因地制宜，根据发展实际，充分利用优势资源，实施各具特色的人才政策与人才工程。如北京市充分利用央属人才资源，强化央地合作，助推本地发展。内蒙古自治区围绕推进基础设施"七网"同建、战略性新兴产业"七业"同兴的重大战略决策，更加积极地推进"草原英才"人才队伍建设。各地积极跟进形势变化及时修正更新，推动政策动态调整。如2020年，浙江省根据国内外发展形势变化，基于本省未来一段时期内的发展定位，在2017年《高水平建设人才强省行动纲要》的基础上，制定《关于建设高素质强大人才队伍，打造高水平创新型省份的决定》，打造人才强省战略2.0版。再如上海市在重视人才政策思路连续性的同时，及时优化调整本市人才工作布局，2015—2020年，先后出台"人才新政20条""人才新政30条"和"人才政策新20条"。上述政策承继发展，构成了上海市人才政策的"四梁八柱"。

(五) 人才"回弹效应"进一步显现

营造良好人才生态环境，是吸引优秀人才安居乐业，形成拴心留人"回弹效应"的最优方式。近年来，全国各地逐渐形成了人才流动的新趋势。从百万人才进海南行动计划，到成都打造"蓉漂"品牌矩阵，再到厦门变"筑巢引凤"为"三顾茅庐"，都反映出城市人才竞争态势已经进入创造人才"回弹效应"的新阶段。活力决定引力，只有用得好、留得住人才，才能更好地吸引人才。创新创业人才并不是孤立发展的，需要靠他们所处的人才生态环境的滋养、孕育和成就。要打造良好的人才生态环境，首先要建立正确的人才价值观。人才的创新创业发展需要营养能量和群体支持，同时也需要保护其避免恶性竞争和生态环境干扰。城市人才竞争力不是单靠引进人才政策发力，也需要打造独具特色的人才发展环境。例如，成都近几年着力打造了"蓉漂"品牌的人才生态环境，形成了招才的"蓉漂计划"品牌矩阵。景德镇吸引人才"凤还巢"，促使大量文化文艺人才集聚；杭州创新创业人才生态与城市美学的深度融合使杭州成了创业者的天堂。

二、当前我国人才政策存在的主要问题[①]

(一) 政策设计"碎片化"

政策设计"碎片化"，是指对政策设计与构建缺乏统筹安排和系统思考，出现上下脱节、横向冲突、前后矛盾等问题，导致政策衔接性、配套性、完整性被破坏的现象。政策设计"碎片化"具体体现在以下三个方

---

① 赵全军、季浩、Wang Wei：《政策创新与制定失灵——基于"人才争夺战"的场景分析》，《浙江社会科学》2021年第11期，第45-52页。

面。一是政策设计环节的"碎片化"。各地人才政策的重点主要集中在引才政策上，在人才激励、人才保障等环节设计了多方面的优惠政策，但对人才引进后"营智环境"的打造缺乏关注，导致一些地区出现了人才"引得进、用不好、留不住"的现象。二是政策设计部门的"碎片化"。人才政策是综合性强、集成度高的政策体系，人才政策与其他政策关系密切，人才政策的出台需要人才部门同人社、科技、教育、经信等部门通力合作。国家各部委、各部门之间缺乏有效沟通，导致"人才计划满天飞"的乱象，各类人才计划之间相互重叠甚至彼此矛盾，资源浪费现象严重。同时，这些"人才专项计划"的实施缺乏有效监督和评估，很难形成一个具有乘数效应的有机整体。三是政策设计层级的"碎片化"。2016年，以中央颁发《关于深化人才发展体制机制改革的意见》为起点，各省、市、县（区、市）纷纷响应号召出台相应政策，甚至一些发达地区的乡镇和街道也有人才政策出台。但有些地方的上下级人才政策之间存在区分度低、关联度弱的问题，难以形成上下协同的系统合力。

（二）政策内容"同质化"

政策内容"同质化"，是指各地出台的人才政策"向上看齐""相互模仿"，从而逐渐趋同的政策现象。具体包括以下两个方面。一是政策目标群体的"同质化"。各地在政策主体的选择上，基本参照中央。以最受关注的高层次人才群体为例，基本上与中央"海外高层次人才引进计划"保持高度一致，学历、职称、海外学习或工作经历等方面的要求大同小异，没有根据自身特点和社会发展需求进行细化。除此之外，政策指向也很相似。各地人才政策基本上提出了明确的产业导向，一般都是电子信息、生命健康、节能环保、高端装备、新材料等新兴产业和金融服务、文化创意等现代服务业，区分度比较低。二是政策工具的"同质化"。各地政策工具的选择大体相同，差异主要体现在"政策力度"上。在前文所述的若干政策工具中，各地在资金支持、落户留居、子女就学、社会保障、配偶安置、住房保障等方面同质化程度很高。

（三）政策创新"表层化"

政策创新"表层化"，是指人才政策创新主要是一种浅层次的技术性政策调整，缺乏深层制度变革，难以对体制机制障碍产生实质性的突破。具体包括以下两个方面。一是政策创新的深度有限。各地出台的人才政策都以不同阶段中央出台的人才政策为根本依据，但事实上相当多地方政策创新的重心仍然集中在浅层的"优惠政策"上，主要通过人才计划、工程或项目，为人才提供"优惠待遇"，在人才体制机制改革等方面实质性的突破有限。例如，在人才评价上，虽然一些地方的人才政策规定，符合条件的高层次人才可以享受"职称评审直通车"的待遇，但这只是操作性的程序优化，破除"四唯"倾向、弱化"帽子""奖项"仍未能完全落实。二是政策创新的广度有限。人才政策制定主要以政府为主导，该制定怎样的人才政策，主要取决于行政力量而不是市场与社会的具体情况。在一定程度上，政府官员尤其是主要领导人对人才工作的重视程度和认识深度，决定了人才政策的创新程度和实施效果。因此，仅依靠行政手段推动人才政策创新，市场、社会力量参与不足，存在着内在激励不足、可持续性不强等难题。

（四）人才政策"内卷化"

人才政策"内卷化"是指由于缺乏全国统筹规划，各地通过比拼财力等"非理性"竞争手段争夺人才资源，带来严重的人才工作边际效应递减。在人才资源愈发得到高度重视的今天，各地为争夺人才可谓是"八仙过海，各显神通"，人才流动呈现"由冷到热、由旧到新、由穷到富、由丑到美"趋势。大型城市吸引更多人才，难免造成虹吸效应；中小城市忙于挽留人才，不顾实际情况加大人才政策的补助和奖励力度。从落户留居零门槛，到以租购房优惠为代表的各类政策措施，大多还停留在物质待遇的表层上，各地比拼财力哄抢人才等举措千篇一律，甚至出现脱离地方实际的情况，存在恶性竞争风险。这在一定程度上造成了投机行为和政策寻租现象，使人才政策的有效性和持续性大打折扣，加剧了人才分布不均衡。

第四节　我国人才政策的展望

一、人才政策的实践展望

（一）建立教育、科技、人才融合发展的政策体系

教育、科技、人才是经济社会发展的关键支柱，党的二十大报告对

"实施科教兴国战略,强化现代化建设人才支撑"作出专章部署,强调"教育、科技、人才是全面建设社会主义现代化国家的基础性、战略性支撑",充分彰显了党中央对科教工作的重视之深、期待之切和谋划之远。这是继 2010 年第二次全国人才工作会议上,温家宝强调《国家中长期人才发展规划纲要》《国家中长期科学和技术发展规划纲要》和《国家中长期教育改革和发展规划纲要》相互支撑、紧密联系又各有侧重之后,再次强调教育、科技、人才三者之间的有机联系,立足新时代、贯彻新要求、走好新征程,必须深刻把握好教育、科技、人才工作的重要意义、重大使命及其内在联系,更好实现三者"三位一体"发展,推动深度融合、有机统一、协调联动、形成合力,以教育强国、科技强国、人才强国建设为重要着力点,加快推进中国式现代化,建设社会主义现代化国家。①

(二)建立"全国一盘棋"、区域协同的人才政策体系

近年来,各地为了吸引人才出台了许多"人才新政",带来严重的人才工作内卷以及区域间恶性人才竞争等问题。在发达地区抛出极具竞争力和吸引力的人才政策的情况下,发达地区对欠发达地区的"虹吸效应"愈加严重,弱势省市再次遭遇人才的"孔雀东南飞"。"人才争夺战"正在成为一场"强者愈强、弱者愈弱"的掠夺式竞争,当下的人才流动也已陷入"越发达越集聚人才,越落后越留不住人才"的马太效应模式。未来人才政策需要增强大局意识,树立"全国一盘棋"思想,调整地方人才政策路径,鼓励人才到祖国最需要的地方和重点行业、重点领域去,形成区域协同、上下贯通的人才政策体系②。

(三)建立人才政策"双循环"体系

一方面,对外建立更加积极、更加开放、更加有效的人才引进政策。当前,全球人才竞争进入新格局。习近平总书记在 2021 年召开的中央人才工作会议上指出,要把"坚持聚天下英才而用之"作为做好人才工作的基本要求。中国发展需要世界人才的参与,中国发展也为世界人才提供机遇。用好全球创新资源,精准引进急需紧缺人才,形成具有吸引力和国际

---

① 朱杰:《推进教育、科技、人才"三位一体"融合发展》,《中国高等教育》2023 年第 9 期,第 10-13 页。
② 李佐军、孙飞:《着力建设人才强国:实现中国式现代化的根本支撑》,《中国经济报告》2022 年第 6 期,第 5-11 页。

竞争力的人才制度体系，加快建设世界重要人才中心和创新高地。另一方面，对内构建更加精准、精细、精确化的人才培养使用政策。国内人才政策要以问题导向为突破口，精准构建政策体系、精确定位政策边界、精细设计政策举措，以"精准、精确、精细"思路，提升人才政策成效。

二、人才政策的研究展望

（一）战略人才力量打造问题

习近平总书记2021年9月在中央人才工作会议上明确指出："战略人才站在国际科技前沿、引领科技自主创新、承担国家战略科技任务，是支撑我国高水平科技自立自强的重要力量，要把建设战略人才力量作为重中之重来抓。"党的二十大报告再次对加快建设国家战略人才力量做出重要部署，提出努力培养造就更多大师、战略科学家、一流科技领军人才和创新团队、青年科技人才、卓越工程师、大国工匠、高技能人才。国家战略人才力量是中国式现代化建设的基础性、战略性支撑，从科教兴国战略、创新驱动发展战略、人才强国战略的创新链系统结构视角，赋予战略人才力量更加丰富和深刻的内涵。基于此，在新时代背景下打造出支撑国家高质量发展的战略人才力量，完善政策体系，制定全方位的培养、引进和使用机制，是未来一段时间我国人才工作的重点。要建立从传统六支人才队伍到符合国家战略发展需要的战略人才力量的认知转变。前者是一个相对静态的人才队伍概念，后者是随着国家战略的调整而变化，相对动态，是以国家战略为导向的人才梯队概念。下一阶段人才政策研究的重点之一在于如何不断优化梯队结构，使"塔尖"更高、"塔腰"更强、"塔基"更实。[①]

（二）科技人才评价问题

近年来，以习近平同志为核心的党中央高度重视科技人才评价制度改革。党的十九届五中全会提出，"健全以创新能力、质量、实效、贡献为导向的科技人才评价体系"。注重科研人员的创新能力、质量、实效和贡献，着力减轻科研人员负担，营造良好的学术生态，激励更多科研人员主

---

① 王光辉、孙澍：《强化中国式现代化的人才支撑》，《中国社会科学报》2023年6月1日第2版。

动投身科研事业，潜心开展科学研究。根据基础研究、应用基础研究、技术创新和成果转化等不同活动的规律和特点，积极开展科技人才分类评价。国家有关部门先后出台了一系列政策文件，为新时代完善科技人才评价制度指明了方向、奠定了基础。如何进一步健全和实施以创新能力、质量、实效、贡献为导向的科技人才评价体系，成为下一阶段我国人才政策聚焦的重点问题。①

（三）人才政策的短期效应和长期效应问题

人才，是城市竞争力的核心要素，城市竞争在很大程度上是人才竞争。2018年春，以西安、武汉、郑州、石家庄等城市为代表的国内各大城市在深化人才发展体制机制改革的基础上不约而同地加大对人才资源甚至是人口资源的吸引和培育力度，其程度之激烈、范围之广泛令人瞠目，被戏称为"抢人大战"。2020年年底，10天内广州、无锡、青岛、福州、苏州五大城市齐推户籍新政，福州实现落户"零门槛"、苏州租房即可落户等，人称"抢人大战"2.0版。围绕"人才争夺战"的这种粗放型的人才政策能带来短期内人才数量的快速攀升，但后续问题也不容小视。各地政府在抢人的同时，还要练好"内功"，如改变人口观念，以人为本增强城市的温度和活力；改变户籍观念，以服务为本增多城市的自由和机会，扎扎实实做好公共服务，提供更多的创业就业机会。在未来一段时间内，人才政策短期效应和长期效应将被持续关注，成为人才政策研究关注的重点问题。

---

① 薛姝、张文霞：《科技人才评价亟须进一步突出用人主体的作用》，《科技日报》2022年6月6日第8版。

第十六章

人才评价

人才评价是从质与量上对人才素质和业绩做出结论的过程。它是对人才价值在一定时空下的定格。① 当前，人才评价作为我国人才发展体制机制的重要组成部分，已经成为人才资源开发管理和使用的前提。中共中央办公厅、国务院办公厅印发的《关于分类推进人才评价机制改革的指导意见》指出，建立科学的人才分类评价机制，对于树立正确用人导向、激励引导人才职业发展、调动人才创新创业积极性、加快建设人才强国具有重要作用。

第一节 人才评价的由来

人才评价是整体性人才资源培养开发过程中重要的基础性环节。谁是人才？我们需要什么样的人才？我们用什么样的方法找到我们需要的人才？这些都是人才评价需要回答的问题。

人才评价思想源远流长，最早有记载的评价可追溯到尧舜时期，《尚书·尧典》中记载了唐尧对舜的长达28年的测试与考察。先秦时期，《管子·权修》中提出了"察能授官"的主张，即根据能力给予官职、区分等级给予奖赏，并且指出这是用人的关键。孔子在《论语·公冶长》中提出，察人要"听其言而观其行"，并强调了观其行的重要性；在《论语·子路》中，提出了听取和鉴别群众意见的原则："不如乡人之善者好之，其不善者恶之"，即评价人的好坏，不能笼统地一般性地看待群众意见，

---

① 叶忠海、郑其绪主编《新编人才学大辞典》，中央文献出版社，2015，第285页。

而应该首先分清评价主体是好人还是坏人。《吕氏春秋》综合先秦诸子百家察人法，提出了"八观六验""相人观友""试用"等鉴别人才法。三国时期刘劭的《人物志》被认为是我国第一部研究人才的专著，他与历来思想家一样，认为人才之所以难得，其重要原因就是不好鉴别，他提出了"八观""五视"的鉴人方法，同时也提出人才评价中容易出现的"七缪"之误。

人才评价成为一项制度始于汉朝的察举制度，这是当时选拔官吏的一项基本制度，即根据皇帝诏令规定的科目，由中央和地方各级主管官员将认定的人才或民间舆论公认的人才，向各级政府举荐，再经过一定的考察考试，择优录用，授予相应的官职。三国时期，魏王曹丕制定了"九品中正制"，先由各州、郡里有声望的人出任"大中正"和"中正"，由他们评判当地士人的功、德、才、行，评定的结果分为九等，称为"九品"，需要时由上而下选拔任用，选用依据"盖以论才优劣，非谓世族高卑"的原则。隋文帝废止九品中正制，创设"志行修谨"与"清平干济"二科，推行科举取士制，这一制度一直沿用至清朝末年。民国时期通过颁布一系列法令建立了文官制度，其中针对未经考试的官吏提出《文官甄别法草案》，通过检验毕业文凭、调查经历、检查成绩、考验学识和考试经验等五种方法对他们进行甄别。

新中国成立以来，历任领导人都非常重视人才评价。毛泽东认为科学地识别干部是使用好干部的前提。如何识别干部，方法很重要。他指出："必须善于识别干部。不但要看干部的一时一事，而且要看干部的全部历史和全部工作，这是识别干部的主要方法。"① 邓小平认为使用人才的前提是发现人才，指出"要善于发现人才，团结人才，使用人才"② "选人要选好，要选贤任能"③。江泽民指出："识人是用人的前提。只有把人看准，才能把人选好用好。"④ "考察准确，任用才能得当。考察失真，用人必然

---

① 毛泽东：《毛泽东选集》第2卷，第2版，人民出版社，1991，第527页。
② 邓小平：《邓小平文选》第3卷，第1版，人民出版社，1993，第109页。
③ 邓小平：《邓小平文选》第2卷，第2版，人民出版社，2006，第400页。
④ 中共中央文献研究室编《江泽民论有中国特色社会主义（专题摘编）》，中央文献出版社，2002，第679页。

失误。任用失误,则贻害无穷。"① 胡锦涛指出:"建立科学化、社会化的人才评价发展机制。"② 2014 年 6 月 9 日,习近平在中国科学院第十七次院士大会、中国工程院第十二次院士大会上指出,要完善好人才评价指挥棒作用,为人才发挥作用、施展才华提供更加广阔的天地,让做出贡献的人才有成就感、获得感。

第二节 人才评价的研究综述

通过中国知网搜索改革开放以来的与"人才评价"主题相关的文献,截至 2022 年 11 月 10 日,共有 10 588 篇,其中学术期刊、学术辑刊和特色期刊文章 7 944 篇,学位论文 812 篇,会议论文 184 篇,报纸文章 716 篇,其他文章 932 篇。其中有"人才评价"出现在标题中的文章就有 1 454 篇,21 世纪以前的文章仅 26 篇,党的十八大以来的文章 922 篇。综观人才评价研究,主要聚焦在以下几个方面。

一、人才评价标准的研究

人才评价标准是人才评价制度的核心,要回答的是"评什么"的问题,它既是人才评价的依据,也是人才培养的目标。

21 世纪初,学界曾经有一次关于人才评价标准的大讨论。王通讯提出,"人才"指的是"德才兼备、才能杰出者"③,主要强调的是人的杰出性;同时提出,要避免与强调"专业性"的"专门人才""专业技术人才"的概念混淆。华才提出,建立科学的人才评价标准,即多维的、系统的、有针对性的、客观的、具体的、可以量化的评价标准④。申渝提出,人才的评判标准生发于人才定义,人才标准正在从唯学历、职称到重能力、业绩到未来重心态、品行,呈现出从单一走向多元的特点。⑤ 周启元

---

① 中共中央文献研究室编《江泽民论有中国特色社会主义(专题摘编)》,中央文献出版社,2002,第 679 页。
② 胡锦涛:《大力实施人才强国战略,不断开创人才工作新局面》,载《胡锦涛文选》第二卷,人民出版社,2016,第 395 页。
③ 王通讯:《"人才评价标准"讨论之我见》,《中国人才》2002 年第 11 期,第 3 页。
④ 华才:《建立科学的人才评价标准》,《中国人才》2002 年第 11 期,第 4-12 页。
⑤ 申渝:《人才评价标准走向多元化》,《中国人才》2002 年第 11 期,第 11-12 页。

提出，人才评价的最关键性标准是人才质的规定性，最核心标准是对社会贡献较大，人才评价标准应该是多维的、多层次的。[①] 沈荣华梳理了新中国成立以来人才评价标准经历的从"重成份"到"重学历"再到"重能力"的历史过程，提出科学人才观下的人才评价新标准，即"坚持德才兼备的原则，把品德、知识、能力与业绩作为衡量人才的主要标准"[②]，张成武等人提出新时期人才评价的标准是"首要条件是道德修养，核心要素是科技创新能力，基本要求是专业技能"[③]。

2010年第二次全国人才工作会议召开后，聚焦"创新人才评价发现机制""建立以岗位职责要求为基础和以品德、能力、业绩为导向的人才评价机制"，叶忠海提出要建立以"创新素质—创造实践—创新成果"为主线的、以有利于创新型人才涌现为导向的人才评价指标体系[④]。魏蜀铭探讨了人才评价标准中德与才的内涵问题，将"德"分为"思想素质""政治素质""道德素质"三个要素，"才"则细化为"智""能""绩"三个维度[⑤]。

党的十八大将人才工作推向一个新高度，伴随着一系列人才评价制度改革文件的出台，围绕如何领会文件精神、把握新时代人才评价标准的内涵，张永清将人才评价标准分为五个系统，即品德系统、能力系统、知识系统、业绩系统、经验与成就系统，并阐释了五个系统之间的关联[⑥]。王少提出科研评价和人才评价不能共用同一套评价标准，科研评价重在评价成果的质量，而人才评价重在评价成果的学术影响和社会效益，以及评价对象的个人品行[⑦]。孙锐提出科技人才评价，实质是确定科技人才个体在专业领域人才生态中处于何种生态位，而人才个体在其生态共同体或生态体系中所处的生态位则由其自身能力、价值、贡献和专业化水平等多种专

---

① 周启元：《关于人才评价标准问题的思考》，《中国人才》2003年第1期，第30页。
② 沈荣华：《确立科学人才观：从"重成份"、"重学历"到"重能力"》，《中国人才》2004年第1期，第43-44页。
③ 张成武、魏欣、张敬：《新时期人才评价标准研究》，《中国科技信息》2006年第20期，第162-163页。
④ 叶忠海：《论科学人才观（下）》，《人事天地》2012年第6期，第14-16页。
⑤ 魏蜀铭：《人才评价标准中的德与才》，《企业改革与管理》2013年第5期，第64-65页。
⑥ 张永清：《把握新人才评价标准的丰富内涵》，《唯实》2016年第9期，第58-61页。
⑦ 王少：《评价标准怎么立？——破"五唯"后的思考》，《天津师范大学学报：社会科学版》2021年第4期，第82-87页。

业化要素所决定①。

二、人才评价方法的研究

人才评价方法是对人才进行测量和评定的技术方法和手段，是发现和评价人才的途径，要回答的是"怎么评"的问题。关于人才评价方法的研究一方面是围绕评价主体展开，另一方面是围绕人才测评的技术手段的发展和应用来展开。

桑原卫等人提出人才评价也就是"人才的事前评价"，是事前发现、评价个人的潜在能力、资质对于管理工作的适合性及其在将来能发挥得如何的技法；并提出了人才测评的具体做法，即根据个人潜在能力和资质能表现在外部容易观察到的态度、行为、言论等状况，按照心理学设计出若干种活动，由经过特别训练的评价者来观察并记录参加者在活动中的行为，按照规定的观察项目逐个进行评价，最后将评价结果整理成评价报告书供人事部门使用②。李思宏等人比较了科技人才评价常用的五种方法，即同行评议法、科学计量法、经济分析法、综合评价法、人才测评法，指出每种方法都有自身的优点和局限性，因此不能用单一的评价方法来评价人才，需要充分发挥各类评价方法的优势，根据评价指标体系构建科学的评价方法体系③。方阳春等人总结了我国和美、英、德等国家的科技人才评价经验，指出我国主要是政府主导，采用评审、考试、考评结合的评价方法，美、英、德等国家则主要通过行业协会、采用同行评议等方法对科技人才进行资格认证④。吴新辉提出新一代智能信息技术，将引发人才评价由去情境化向情境融合、线性假设范式向非线性假设范式、个体中心向团队导向、岗位中心向跨界域任务导向、有限数据信息向海量数据信息转变，以及高潜能和全球性领导人才重要性凸显等特点⑤。孙锐提出科技人

---

① 孙锐：《正确认识科技人才评价的本质》，《中国人才》2022年第8期，第19-21页。
② 桑原卫、李青篮：《人才评价的有效方法》，《北方经贸》1994年第9期，第41-44页。
③ 李思宏、罗瑾琏、张波：《科技人才评价维度与方法进展》，《科学管理研究》2007年第2期，第76-79页。
④ 方阳春、贾丹、王美洁：《科技人才任职资格评价标准及方法研究：基于国内外先进经验的借鉴》，《科研管理》2016年增刊第1期，第318-323页。
⑤ 吴新辉：《新技术革命时代人才评价的范式转变与方法》，《中国人事科学》2018年第3期，第48-55页。

才评价一定要业内来评、同行来评和第三方来评，让"专家选择专家，人才评价人才"才是科技人才评价的核心技术路线①。田军等人讨论了利用层次分析法（AHP）与模糊评价法相结合的方式构建科技人才分类评价模型，先确定基础研究类、工程技术类和创新创业类科技人才评价指标的权重，然后利用模糊综合评价法建立评语集，从而得到科技人才分类评价模型，再使用层次分析法确定科技人才评价指标体系中各个评价指标的权重②。

三、人才评价机制的研究

人才评价机制在人才开发和管理过程中发挥着基础性和关键性的作用，在人才制度建设中处于核心位置，也是学界探讨的热点。改革开放以来，学界一直围绕人才评价机制的科学化、市场化、社会化展开研究和讨论。

谭文波提出从体制上建立与市场经济相配套的人才评价管理制度，从方式上要研究人才评价多元化、社会化、法制化的评价体系，从机制上要建立真正体现竞争激励机制和公正、公平、公开的评价机制③。萧鸣政指出，人才评价机制是人才评价工作的系统化与科学化发展形式，是一种基于评价过程的人才开发与管理的动态体系。人才评价机制的特点与功能在于其社会性、结构性、循环性与联动性，在于其评价主体的多元化、评价客体的分类化、评价内容的标准化、评价手段的科学化、评价结果的客观化、评价过程的战略导向化④。杨丽坤等人提出构建科学的社会化人才评价机制，要从建立健全人才社会化评价的组织体系，打造科学权威的评价标准，开发多样化、科学化的评价方式和方法，确保运作程序的规范性、透明性和独立性等方面入手⑤。王静提出创新人才评价机制需要把握好评

---

① 孙锐：《正确认识科技人才评价的本质》，《中国人才》2022年第8期，第19-21页。
② 田军、刘阳、周琨、祝文青、曹怡静、艾艳芳：《陕西省科技人才评价指标体系与评价方法构建》，《科技管理研究》2022年第4期，第89-96页。
③ 谭文波：《构建科学合理的人才评价机制》，《学习导报》1999年第2期，第37页。
④ 萧鸣政：《人才评价机制问题探析》，《北京大学学报：哲学社会科学版》2009年第3期，第31-36页。
⑤ 杨丽坤、马建新：《关于构建科学合理的社会化人才评价机制的思考》，《宁夏党校学报》2014年第5期，第63-66页。

价主体及其权责素质与评价主观偏差、评价标准因才设置与评价效度、评价方式选择与公平公正等三组关系[1]。董淑娟等人提出构建一个包括多元化评价主体、多元化的评价标准、多元化的评价方法和多元化的评价内容在内的人才评价机制,是实施人才战略计划的必然要求[2]。孙锐提出人才评价的"四唯",是跟随式发展的评价制度与当前创新驱动发展战略路径间产生的冲突和矛盾的具体表现;我们亟待建立一套匹配夺标型国家战略安排的、体现国际竞争力的人才评价体系,并在此基础上建立人才发展优势[3]。高静等人提出培养和造就创新型人才要建立公平的人才评价机制,即建立公平的人才评价标准、构建公平的人才评价方式、营造公平的人才评价环境[4]。周文泳提出改革开放以来我国科技人才评价机制改革经历了建章立制、局部完善、国际接轨等阶段,但依然存在偏重物质激励,学术话语主体意识薄弱,逐步暴露出"四唯""五唯"等问题,对照《中华人民共和国国民经济和社会发展第十四个五年规划和2035年远景目标纲要》要求,应该从加大德行评鉴力度、探索价值发现机制、探索多种科技人才遴选方式之间的"赛马"制度等方面入手深化科技人才评价机制改革。[5]

四、人才评价政策变迁的研究

近年来,伴随着人才评价制度改革的不断深入,总结制度变迁过程,分析历史特点,展望未来发展也成为研究热点。萧鸣政等人从制度发展层面将新中国成立以来我国的人才评价分为五大时期,即探索发展期(1949—1977年)、拨乱反正恢复期(1978—1991年)、快速发展期(1992—2002年)、科学发展期(2003—2012年)与机制发展期(2013年至今)[6],提出虽然我国人才评价制度不断发展与完善,但仍然存在人才评

---

[1] 王静:《创新人才评价机制要把握好三组关系》,《中国人才》2017年第2期,第38-39页。
[2] 董淑娟、陈琳:《过程性多元化人才评价机制的构建》,《企业改革与管理》2017年第22期,第67页。
[3] 孙锐:《构建适应新时代发展要求的人才评价机制》,《中国人才》2019年第7期,第24-26页。
[4] 高静、黄河:《建立公平的人才评价机制》,《中国人才》2021年第9期,第55页。
[5] 周文泳:《深化科技人才评价机制改革》,《中国社会科学报》2022年3月8日第1版。
[6] 萧鸣政、陈新明:《中国人才评价制度发展70年分析》,《行政论坛》2019年第4期,第22-27页。

价制度的法治力度不足,提升人才评价主体能力的相关制度缺失,人才评价标准与方法开发等方面的制度扶持不到位,人才评价制度体系内部各制度之间契合性、配套性和协同性不够等问题,并且提出相应的对策建议。于飞则以改革开放为界限,将新中国成立70周年以来我国科技人才评价制度分为两大时期七个阶段。改革开放前:初创建立阶段(1949—1955年)、曲折发展阶段(1956—1965年)、扭曲停滞阶段(1966—1976年)。改革开放后:体系恢复阶段(1977—1984年)、体制改革初期阶段(1985—1992年)、市场改革深入阶段(1993—2009年)、创新驱动发展阶段(2010—2019年)。[1] 刘璐将1994—2020年国家出台的635份人才评价政策文献作为研究样本,通过文献计量分析法,研究发现我国第一阶段(1994—2005年)人才评价政策重点在于改革人才评价方式,建立各类人才的科学评价体系;第二阶段(2006—2015年)人才评价政策的关注点转移到对各个阶层人才的评价上,主张发挥企业的积极性,创新人才评价体系,优化人才队伍;第三阶段(2016—2020年)人才评价政策的关注点在于创新机制,强调根据人才分类评价,突出人才评价体系的多元化,针对高技能人才、科技人才出台了相关政策。[2]

第三节 改革开放以来人才评价的实践

改革开放以来,我国的人才评价制度经历了从"大一统"人才评价到"多元化"人才评价再到"分类"人才评价的一系列变革。

一、"大一统"人才评价(1978—1991年)

这一时期人才评价的特点:在计划经济体制下,实行以国家为主导、政治为中心的人才评价制度,按照大一统的行政主导模式,通过单一的标准和手段,来评价千差万别的人才。

1978年11月3日,中共中央组织部印发《关于落实党的知识分子政

---

[1] 于飞:《建国70年中国科技人才政策演变与发展》,《中国高校科技》2019年第8期,第9—13页。

[2] 刘璐:《我国人才评价政策的变迁研究》,硕士学位论文,兰州大学公共管理系,2021,第14页、第15页。

策的几点意见》，提出："现代化大工业生产和科学技术，管理工作十分重要，需要大批有知识、有文化、懂技术、会管理的干部。要充分发挥现有技术人员的作用，把其中政治觉悟高、业务能力强、工作干劲大、群众关系好的知识分子（包括非党干部），提拔到适当的领导岗位上来。生产、业务、教学、科研第一线的领导干部，要成为业务和管理的能手。"

1980年12月，在中共中央工作会议上，邓小平明确提出了人才方面的革命化、年轻化、知识化、专业化的"四化"评价标准。他指出："要在坚持社会主义道路的前提下，使我们的干部队伍年轻化、知识化、专业化，并且要逐步制定完善的干部制度来加以保证。提出年轻化、知识化、专业化这三个条件，当然首先是要革命化。"之后，他又多次强调这个标准。1982年12月，他指出："进行机构改革和经济体制改革，实现干部队伍的革命化、年轻化、知识化、专业化。"1986年9月，他又提出："几年前我们就提出干部队伍要'四化'，即革命化、年轻化、知识化、专业化。这些年在这方面做了一些事情，但只是开始。"在邓小平看来，"四化"标准是一个整体。革命化是前提，年轻化是中心，知识化、专业化是基础。

二、"多元化"人才评价（1992—2011年）

这一时期人才评价的特点：在确立和建设"社会主义市场经济体制"下，人才评价主体日益多元化、人才评价标准不断科学化，人才评价方式日趋多样化。

2003年通过的《中共中央 国务院关于进一步加强人才工作的决定》（以下简称《决定》）指出，"建立以能力和业绩为导向、科学的社会化的人才评价机制。坚持走群众路线，注重通过实践检验人才。完善人才评价标准，克服人才评价中重学历、资历，轻能力、业绩的倾向。根据德才兼备的要求，从规范职位分类与职业标准入手，建立以业绩为依据，由品德、知识、能力等要素构成的各类人才评价指标体系。改革各类人才评价方式，积极探索主体明确、各具特色的评价方法。完善人才评价手段，大力开发应用现代人才测评技术，努力提高人才评价的科学水平"。《决定》分别对党政人才、专业技术人才和企业经营管理人才评价提出具体要求，突出强调评价主体的多元化，即"党政人才的评价重在群众认可；企业经营管理人才的评价重在市场和出资人认可；专业技术人才的评价重在社会和业内认可"。《决定》还强调了评价方式的多样化,即"进一步完善民主推荐、民主测评、民主评议制度,把群众的意见作为考核评价党政人才的重要尺度;积极开发适应不同类型企业经营管理人才的考核测评技术;积极探索资格考试、考核和同行评议相结合的专业技术人才评价方法"。

2006年中央提出,"健全以品德、能力和业绩为重点的人才评价和激励保障机制。抓紧建立符合各类人才特点,以能力和业绩为导向、科学的社会化的人才评价机制"[①]。

2010年6月,《国家中长期人才发展规划纲要(2010—2020年)》颁布,提出创新人才评价发现机制,要求"建立以岗位职责要求为基础,以品德、能力和业绩为导向,科学化、社会化的人才评价发现机制。完善人才评价标准,克服唯学历、唯论文倾向,对人才不求全责备,注重靠实践和贡献评价人才。改进人才评价方式,拓宽人才评价渠道。把评价人才和发现人才结合起来,坚持在实践和群众中识别人才、发现人才"。

三、"分类"人才评价(2012年至今)

这一时期的人才评价特点:围绕科教兴国、人才强国和创新驱动发展战略,分类健全人才评价标准、改进和创新人才评价方式、加快推进重点领域人才评价改革、健全完善人才评价管理服务制度。

2016年,中央明确提出,"要研究制定分类推进人才评价机制改革的指导意见,并列入中央全面深化改革重点工作任务"[②]。2016年3月,中共中央印发《关于深化人才发展体制机制改革的意见》,提出人才发展体制机制改革要"体现分类施策。根据不同领域、行业特点,坚持从实际出发,具体问题具体分析,增强改革针对性、精准性",并就创新人才评价机制,提出"突出品德、能力和业绩评价""改进人才评价考核方式""改革职称制度和职业资格制度"。

2018年2月,针对我国人才评价机制仍存在的分类评价不足、评价标

[①] 具体内容详见:2006年5月24日,中组部、人事部印发《关于贯彻落实"十一五"规划纲要,加强人才队伍建设的实施意见》的通知。

[②] 人力资源社会保障部:《分类推进人才评价机制改革 发挥好人才评价"指挥棒"作用——人社部相关负责人就〈关于分类推进人才评价机制改革的指导意见〉进行解读》,中国就业网,2018年3月2日,lm.gov.cn/c/2018-03-02/31809.shtml。

准单一、评价手段趋同、评价社会化程度不高、用人主体自主权落实不够等突出问题,中共中央办公厅、国务院办公厅印发《关于分类推进人才评价机制改革的指导意见》,这是历史上第一个以"人才评价"为主题的中央文件。文件提出"分类健全人才评价标准",要"实行分类评价""突出品德评价""科学设置评价标准";"改进和创新人才评价方式",要"创新多元评价方式""科学设置人才评价周期""畅通人才评价渠道""促进人才评价和项目评审、机构评估有机衔接";"加快推进重点领域人才评价改革",要"改革科技人才评价制度""科学评价哲学社会科学和文化艺术人才""健全教育人才评价体系""改进医疗卫生人才评价制度""创新技术技能人才评价制度""完善面向企业、基层一线和青年人才的评价机制";"健全完善人才评价管理服务制度",要"保障和落实用人单位自主权""健全市场化、社会化的管理服务体系""优化公平公正的评价环境"。

习近平总书记2021年在中央人才工作会议上指出,要"完善人才评价体系",即"加快建立以创新价值、能力、贡献为导向的人才评价体系,基础前沿研究突出原创导向,社会公益性研究突出需求导向,应用技术开发和成果转化评价突出市场导向,形成并实施有利于科技人才潜心研究和创新的评价体系"。

从"大一统""多元化"到"分类"人才评价,评价标准从"单一"转向"科学设置""分类评价",评价方式从"行政评价""一评定终身"转向"多元评价""周期性评价",管理方式从"政府主导"转向"多方参与",并且逐步形成了包括职称制度、职业资格制度、职业技能等级认定制度的人才评价基础制度体系,在专业技术人才队伍和技能人才队伍的建设过程中发挥着重要的"指挥棒"作用,为人才发挥作用、施展才华提供有力的制度保障。

第四节　人才评价的学理辨析

人才评价这一概念由来已久,古代文献多从哲学角度进行人才评价思想的阐释,近现代以来随着科学思想和技术方法的不断发展,人才评价的研究角度日益多元化,但更多是从人才评价工作开展的角度进行研究,细分要素,强调人才评价工作的可操作性。无论哪种研究角度,都首先需要对人才评价的学理进行科学辨析。

一、人才评价概念解析

概念是认识的基础。对人才评价这一概念进行解析是人才评价研究的开端，解析过程既包括对"人才评价"进行概念界定的过程，也包括对相似概念进行区分辨别的过程。

（一）概念界定

"评价"一词在《现代汉语词典》中的解释是"衡量评定人或事物的价值，也指评定的价值"。从这一定义就可以看出，评价活动与价值问题密切相关。"人才"一词在《现代汉语词典》中有两个解释，一是"人的才能"，二是"有才学的人"。"人才评价"是"人才"和"评价"两个词的组合，如果将"人才"看作主语，"人才评价"就是指"人才做出的评价"，即"有才学的人做出的评价"；如果将"人才"看作前置的宾语，"人才评价"的解释就是"对有才学的人进行的评价"或者"对人的才能进行的评价"。人才评价作为一种制度，出发点是想通过评价工作来发现和认定"谁是有才学的人""才能水平有多高"，这些才学才能正是人才的价值体现，从这个意义来看，人才评价的概念应该是"对人的才能进行的价值评价"。

（二）相似概念辨析

人才评价、人才测评、人才评鉴这三个概念经常见诸报纸、网络、期刊文章、政府文件中，谈的基本都是通过对人的评价来确定其是否为人才的活动。但从概念上讲，三者还是有一定的区别的。

人才评价，是政策文件中最常出现的名词。《关于分类推进人才评价机制改革的指导意见》指出，人才评价是人才发展体制机制的重要组成部分，是人才资源开发管理和使用的前提。很多文件都是从制度改革角度，提出相应人才评价改革的思路，如《关于深化人才发展体制机制改革的意见》中提到要"创新人才评价机制"，其中包括人才评价标准、人才评价考核方式和人才评价制度等方面的改革思路。《关于深化项目评审、人才评价、机构评估改革的意见》中，涉及人才评价的内容包括"科学设立人才评价指标""树立正确的人才评价使用导向""强化用人单位人才评价主体地位"。《人力资源社会保障部关于改革完善技能人才评价制度的意见》

中提出"健全完善技能人才评价体系,形成科学化、社会化、多元化的技能人才评价机制"改革思路,具体举措包括"改革技能人才评价制度""健全技能人才评价标准""完善评价内容和方式""加强监督管理服务"等。综上所述,可以看出政策文件中的"人才评价"是人才发展体制机制的重要组成部分,包括评价标准、评价内容、评价主体、评价方式、评价制度等方面的内容。

人才测评,即人才测量和评价,它是综合现代心理学、行为学、管理学及相关学科的研究成果提出的概念。这一概念强调运用工具和方法进行"测量和评价"的过程,更加突出方法的科学化、操作化和数量化特点。"测量"是依据某种标准,通过一定的操作程序,对个人的能力、素质、人格等特性确定出一种数量化价值的过程。"评价"就是测量活动结束后得出的价值结果。综合起来,"人才测评"是通过心理测验、笔试面试、情景模拟等方法对人的能力、知识水平、价值观、性格特征等因素进行测量,并根据职位需求和组织特性对人的素质能力、发展潜力、个性特点等心理特征做出科学的评价,从而为各单位和各部门选人、用人、育人等人才管理和开发工作提供有价值的参考信息的活动。

人才评鉴是指通过评价活动确定人所属的类别、层次的过程。这一概念更多强调"鉴"的特点。所谓"鉴",就是鉴别的意思,即通过观察、审查进行分辨识别,以确定价值高低的过程。因此,人才评鉴更注重的是结果,即通过鉴别对个体形成的全面认识。人才评鉴通常需要综合运用多种方法(有试、有测、有评、有审)进行察言观行,既看过去(考察历史贡献),也要看未来(可能做出的贡献),考察内容包括德、能、勤、绩等方面,其中,"德"看的是态度与价值观,"能"看的是胜任力,"勤"看的是怎么做,"绩"看的是做得怎样。人才评鉴关心的三个基本问题是"能不能干""能不能干好""能不能持续干好"。人才评鉴更强调"照镜子",既反映客观情况、减少主观性影响,也关注时间效力,强调要动态评鉴,而不是贴标签,甚至盖棺论定。这与干部考核的思路类似。

综上所述,学术界普遍认为,人才评价相较人才测评和人才评鉴是更为综合、更加全面的概念,因此在人才政策和制度体系中得到广泛应用。

二、人才评价的作用机理

评价与价值密切相关。马克思认为"价值这个普遍的概念是从人们对待满足他们需要的外界物的关系中产生的""价值是人们所利用的并表现了对人的需要的关系的物的属性"①。由此可见,价值与需要密切相关,价值反映的正是价值客体满足价值主体需要的关系。在评价活动中,存在着两个层次的主客体关系(见图16-1):第一层次是价值关系,反映的是价值主体(主体Ⅰ)对价值客体(客体Ⅰ)的评价;第二个层次是评价关系,反映的是主体对价值关系(客体Ⅱ)的评价,这里的主体既可以是价值主体(主体Ⅰ),也可以是外在主体(主体Ⅱ)。②

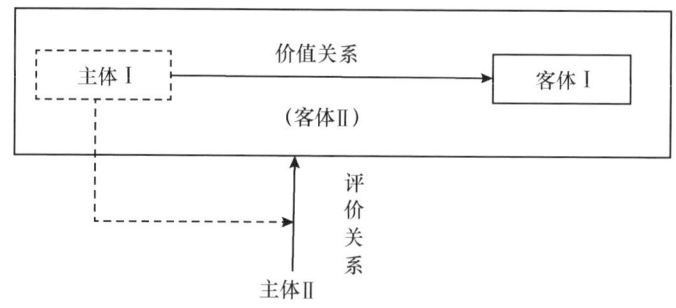

图 16-1　评价机理示意图

资料来源:本图摘自王汉澜的《教育评价学》。

具体到人才评价活动中,可以进一步分成三个层次的主客体关系。第一层价值关系中,价值客体就是人才个体;价值主体是与人才发生直接联系的个体(如直属领导),也可以是组织(如用人单位);价值关系反映的就是价值主体对人才的评价。第二层评价关系中,主体既可以是价值主体,也可以是第三方,评价关系反映的是对价值关系的评价。开展具体评价活动时,往往带有一定的目的,目的会产生需求,需求得到满足才会体现相应评价活动的价值。因此在具体的人才评价活动中,往往还会涉及第

---

① 马克思、恩格斯:《马克思恩格斯全集(第26卷)》,人民出版社,1965,第139页、第406页。
② 王汉澜:《教育评价学》,河南大学出版社,1995,第29-30页。

三层关系，这时评价关系就成为客体Ⅲ，主体Ⅲ往往是群体代表（如社会、人才工作部门、人才代表等），评价的是人才评价这项实践活动的价值（见图16-2）。

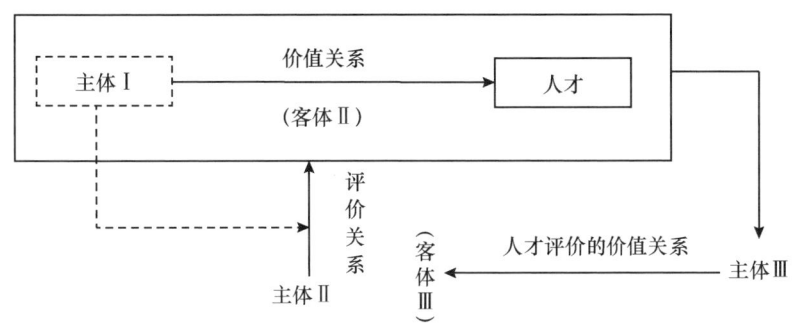

图 16-2 人才评价机理示意图

资料来源：作者绘制。

三、人才评价的功能作用

按照人才评价的作用机理，人才评价活动要有价值，首先需要根据评价目标，确定其功能作用是否满足评价需求。通常来说，人才评价的目标就是在人才发现和管理过程中，让优秀人才脱颖而出，激发人才活力，引导人才在岗位上进行有效的价值创造，进而推动组织发展、社会进步。

人才评价主要有五个功能：一是鉴定功能，这是人才评价最直接的功能，是确定人才个体所属类别、层次的过程，即了解掌握人才的知识技能、思维观念、心理状态及发展趋势，从而确定一个人是否是人才，是哪一方面的人才，是哪一层次的人才；二是预测功能，即通过对个体（或群体）当前发展水平的评价，来对人才在实际工作岗位的表现及可能取得的业绩水平进行有效预测；三是诊断功能，即通过对人才能力素质、需求动机等方面的评价，对照岗位或组织要求和标准，找出个体发展或组织保障中的短板，以便采取针对性措施加以改善，实现个人和组织的可持续发展；四是导向功能，人才评价通常都具有特定的目的，评价内容和标准也是社会需求的反映，评价具有的"指挥棒""风向标"作用主导着组织选用倾向和个人发展方向；五是激励功能，从行为修正激励理论角度来看，获得肯定性评价的行为将会趋于高频率出现，而获得否定性评价的行为将会趋于低频率出现,因此评价是促进个体素质培养和修养行为向着社会所需要的方向发展的重要强化手段。

四、人才评价活动的要素

人才评价的有效性主要取决于评价标准的恰当性、评价方法的科学性和评价过程的规范性。因此,开展人才评价活动的要素包括评价主体、评价标准、评价方法、评价结果的应用四个方面,人才评价需要重点解决"谁来评、评什么、怎么评、结果如何运用"的问题。

(一)评价主体

评价主体就是评价者,如在组织中对成员进行评价,组织就是评价主体;在领导对下级的评价中,领导就是评价主体;在自我评价中,人才个人就是评价主体。[1] 从我国的人才评价制度体系的发展来看,在实施干部管理制度的计划经济时期,政府承担了评价主体的主要职责,从评价标准的设立、评价过程的实施到评价结果的运用,均由政府或者政府直属机构来承担或推行;随着市场经济体制改革的不断深入,评价主体日益多元化,脱离传统体制的单位和个人更加呼吁市场化评价、社会化评价。市场化评价的主体就是市场主体,强调"谁用人、谁评价,谁评价、谁负责";社会化评价的主体是指"专业共同体""学术共同体""行业共同体"等社会组织,基于对本领域人才特点形成的共识性标准来进行专业性评判,评判结果具有领域权威性。近年来,兴起了"第三方评价"的概念,即评价主体由独立于利益相关者的"第三方"机构或组织来担任的评价方式。

(二)评价标准

人才评价标准是人才评价的核心要素。古人有"玉尺量才"的说法,玉尺就是标准。自古以来,我国的人才评价标准均围绕德才展开,刘劭在《人物志》中将人才分为"兼德之人、兼才之人、偏才之人"三类。所谓兼德,是指一个人具有高尚的道德品质;兼才,则是指一个人有德有才,才德双全;偏才,是指一个人只具有某方面的才能。新中国成立以来就一直以"德才兼备"作为人才评价的基本标准,其中德是指政治素质和道德

---

[1] 徐颂陶、王通讯、叶忠海主编《人才理论精萃与管理实务》,中国人事出版社,2004,第165页。

品质，才是指业务能力和专业水平。在德与才的关系上，应坚持两点论与重点论相统一，德与才都不可或缺，但德是第一位的，是才的统帅，决定着才的作用和方向；才是德的支撑，影响着德的作用范围；有德无才，难以担当重任，有才无德，终究要败坏党的事业。为此，中央提出要突出品德评价，把品德作为人才评价的首要内容，加强对人才科学精神、职业道德、从业操守等的评价考核。[①] 此外，各行各业对于人才的要求也存在很大的差异，衡量一个人的才能就是要看他是否具备从事本职工作的能力，其评价标准就是他的工作业绩。因此，中央提出要实行分类评价。以职业属性和岗位要求为基础，健全科学的人才分类评价体系。根据不同职业、不同岗位、不同层次人才特点和职责，坚持共通性与特殊性、水平业绩与发展潜力、定性与定量评价相结合，分类建立健全涵盖品德、知识、能力、业绩和贡献等要素，科学合理、各有侧重的人才评价标准。

（三）评价方法

评价方法就是实施评价的技术手段。人才评价方法的选择重在提高人才评价的针对性和精准性。从技术手段角度来看，传统的评价方法包括评审、考试、考评结合、考核认定、个人述职、面试答辩、实践操作、业绩展示、360度评价等。随着测量技术的不断发展，人才测评手段也逐步丰富，履历分析、心理测验、情景模拟（文件筐、无领导小组讨论、管理游戏、角色扮演等）、评价中心技术等方法也越来越多地应用到人才评价过程中。此外，随着数字技术的不断发展，加之人们对评价精细化、可量化程度要求的逐步提高，数学建模、虚拟现实技术等方法也成为人才评价的重要方法。按照评价参照依据的不同，评价方法大体可以分为定性评价、定量评价和定性定量相结合三种类型。定性评价通常依据业内专家的评判，如同行评议法；定量评价通常依据可量化的指标数值进行评判，如科学计量法、经济分析法；定性和定量相结合的方法，如综合评价法、人才测评法。

（四）评价结果的应用

评价人才是为了更好地激发人才、使用人才。一般来说，人才评价结

[①] 具体内容详见2018年2月中共中央办公厅、国务院办公厅印发的《关于分类推进人才评价机制改革的指导意见》。

果可用于五个方面。一是人才选拔。随着社会分工的日益细化，以及经济社会的高速发展，个体与个体之间、组织与组织之间的竞争态势不断从广度与深度两个方面发展，工作岗位对人的素质和心理适应性的要求越来越高。人才评价结果的运用可以使人事决策更为科学、准确，并可大大提高选拔的效率。二是人员配置。不同工作对人的素质要求有所不同，而每一个人的素质又具有不同的特点，这就要求人员和工作之间实现最佳匹配。只有让每位员工做适合自身素质的工作，让每个岗位由具备该岗位素质要求的员工来担任，才能提高工作效率。通过人才评价，可以对个体的兴趣、人格、能力、技能等多方面进行分析，为实现人才的合理安置提供信息。三是人才开发。不同的组织都将开发员工的潜能作为一项重要的任务。培训作为人才开发的重要组成部分，其内容越来越复杂，成本越来越大。运用人才评价可以判断人才各方面为工作所需要的素质，描述其素质结构，为制定有效的培训方案和自我成长规划提供依据。四是考核。众所周知，现代的人事考核已不仅仅局限于单纯的工作产出绩效考核，还越来越多地涉及工作中的行为、态度、胜任力等，这些内容的考核不同于传统的绩效考核，很难由直接的工作产出来表示，这就需要运用专门针对行为和内在品质进行量化描述、分析的心理测量技术。人才评价能够提供关于个体的行为的描述，形成对被测者的全面的评价，从而为人事考核提供依据。五是晋升。晋升是人才管理工作的重要组成部分，是激励员工的重要手段。假如没有合理的晋升手段和晋升政策使得优秀的人员担任适合的岗位，同时，没有阻止能力不足的人员担任不合适的岗位，那必然会增加组织的管理成本，影响组织的快速发展。人才评价可以使组织管理者对拟晋升的候选人进行考察，进而降低人事决策的风险。

五、人才评价的误差

由于评价客体是人，而且无论什么类型的评价主体也是由人组成的，因此在人才评价过程中难免出现评价误差。刘劭在《人物志》中就提出人才评价时会存在七种类型的误差，称为七缪："一曰，察誉，有偏颇之缪；二曰，接物，有爱恶之惑；三曰，度心，有小大之误；四曰，品质，有早晚之疑；五曰，变类，有同体之嫌；六曰，论材，有申压之诡；七曰，观奇，有二尤之失。"人才评价的误差主要包括三类。一是人为性误差，是指由于人才因素产生的评价误差，如评价者的思想作风、政策水平和工作能力造成的误差；评价对象受社会称许性影响而表现出与其实际不一致的思想意识、行为表现、态度价值观等造成的误差；在民主评议过程中，评价者与评价对象之间了解程度、相互关系等也会造成评价误差。二是时效性误差，即由于时间推移因素而产生的误差，人才是动态发展的，而履历信息往往反映的是过去的人才信息。三是技术性误差，即由于技术因素而产生的误差，如评价指标设计不合理、数学模型构建不科学、测试软件精度不高等。人才评价的误差会直接导致用人决策的失误，因此，人才评价的基本要求就是尽可能减少误差，提高评价的信度和效度，全面准确地对人才进行价值判断。所谓"全面"就是评价时，既要反映历史，又要反映现实，还要反映未来发展趋势；既要反映人才的能力素质，又要反映人才的业绩贡献，还要反映人才的尽职行为。"准确"就是说评价时既要定性，又要定量，要抓好人才评价过程中人才信息的科学获取、科学处理、科学计量的三个基本环节，达到人才考核科学化的基本要求。

第五节　人才评价研究展望

习近平总书记在中央人才工作会议上的讲话指出："我国人才发展体制机制一个突出问题是人才评价体系不合理，'四唯'现象仍然严重，人才'帽子'满天飞，滋长急功近利、浮躁浮夸等不良风气。"这些问题产生的原因是多方面的，既有对人才评价的科学性问题研究尚不深入，鲜有"应然"角度的研究，也有人才评价实践创新不足，尚不能适应新时代人才战略的需求。因此，需要进一步深化理论研究和实践探索。

一、加强人才评价的基础性研究

人才评价本质是人才的价值评价。价值取向是人才评价的基础，正确的价值取向不仅有利于做出正确的价值判断，更有利于在一定范围内引领价值追求，促进价值提升。显然，价值取向不能游走于不同主体的需要之间，也不能依据个人好恶进行评判，而必须从更高层次科学合理地把握。区别于客观事物评价，人才评价的主体和客体都是人，人具有明显个体差异，主观能动性较强，评价活动的价值要与人的需求密切结合。从科学视角来看，人才评价是一个由理论体系、方法群、技术支撑和结果展示所构成的完整的系统。① 但目前的研究大多集中于实践应用方法和技术的研究，过于强调实践性，而理论研究还未成体系，如人才评价基模、条模和点模②还未形成逻辑链条，这是人才评价实践经常受到质疑的根本性原因。因此，需要进一步加强人才评价基础性研究，促进理论和实践的有效结合。

二、细化人才评价活动的要素研究

科学的人才评价是以组织行为学、心理测量学、系统论及有关学科理论为基础，结合现代信息技术的应用，采用考试、心理测验、结构化面试等多种方法和手段，对人的知识结构、工作技能、心理素质、职业倾向和个性特征等进行多方面的结构化的评价。③ 人才评价体系的合理构建需要对各要素进行深化研究。

(一) 深化评价标准的类别化精细化研究

谁是人才？我们需要什么样的人才？这些都是需要借助评价标准来回答的问题。评价标准作为人才价值的体现和反映，始终是人才评价研究中最核心的问题。长期以来我们基本都是从评价对象本身出发，强调德才兼备。不论在什么时代，"德"始终是基础性标准。而对"才"的理解与当时的人才发展状况紧密结合，传统上"才"的评价标准更多是依据"身份""资历"等个体属性来设置的。但实际上，人才价值更多是在与"事"相结合的情况下才得以体现，自身的"身份""资历"等属性很难真实反映人才价值，比如会写论文的医生并不一定手术做得好，拥有高学历的工程师在工艺改造方面未必比技师强。因此，科学合理的评价标准需要从"事"出发，与专业要求、职业要求、岗位要求挂钩，以能力、实绩、贡献为导向。"事"要分类，有的"事"需要体现创新价值，有的"事"需

---

① 叶忠海、郑其绪主编《新编人才学大辞典》，中央文献出版社，2015，第285页。
② 人才评价基模是指人才评价最基本的指标，其他所有子要素均由基模而派生。目前研究学者认为，"德、智、能、绩"就是人才评价的基模。人才评价条模是对基模的再分解，是在基模基础上延伸出的不同行业应用的人才评价模型。点模是直接用于现场的、体现岗位特色的人才评价系统。基模和条模具有规定性特征，点模则体现人才评价具体性、应用性特征。该观点出自叶忠海、郑其绪主编的《新编人才学大辞典》第291-293页。
③ 徐颂陶、王通讯、叶忠海主编《人才理论精萃与管理实务》，中国人事出版社，2004，第165页。

要强化社会价值,还有的"事"需要追求经济价值,不同"事"下人才的成长规律各不相同,因此根据不同"事"的价值需求和成长阶梯设置相应的评价标准才能真正做到人才评价的精细化。

（二）厘清评价主体关系的研究

谁来评价？这一问题是人才评价研究中争论较多的问题,而这一问题的答案主要应该由评价目的和内容来决定。传统意义的人才评价一般以政府和用人单位为主体,政府评价主要解决的是公信力问题,用人单位评价解决的是使用问题。近年来兴起的市场化评价、社会化评价、第三方评价解决的是权威性、专业性和公平性问题。而不同评价主体秉持的评价标准也有所不同,政府评价更多采用的是基础性、门槛性标准,用人单位采用的是职位或岗位标准,市场化评价机构采用的是市场性标准,专业组织采用的大多是专业标准。因此,需要在人才分类管理的基础上,进一步厘清政府、市场、专业组织和用人主体在各类人才评价中的职能定位,确定各类人才的评价主体,尽可能减少多头评价、重复评价、交叉评价,避免增加不必要的评价负担。

（三）强调人性化评价方法的研究

怎么评价？是人才评价中的操作环节,直接影响评价质量。伴随着测量理论和技术的发展,人才评价的技术方法也日益丰富,除了传统的考试、面试等方法,现代人才评价中开始大量引入心理测验、AR操作考核、情境判断、评价中心技术等新型测评方式方法。但每种测评方法的产生背景、适用条件、测试精度等都有所不同,在很多情况下,并不是测试精度越高越好,需要结合评价目的、专业化要求、时间条件等多种因素综合考量,选择性价比最优前提下的精度最高的方法。同时需要注意的是,"人"的评价不同于"物",评价方法的选择要以人为本,要避免将测量"物"的思想和方法移植到人才评价中,避免评价工具化趋势。

（四）合理确定评聘关系的研究

人才评价作为一项重要的人才制度,其结果的应用是"指挥棒"效力的根本体现。当前评价结果的应用主要体现在评聘关系的处理方面,目前可以概括为"评聘结合"和"评聘分开"两种模式。人才评价主体可以是政府、用人单位、专业组织、市场化机构等,但用人单位才是人才使用的主体,到底选择哪种评聘模式,需要结合自身功能定位和发展方向,深入分析职业属性、单位性质和岗位特点,合理确定评聘关系,以达到评价以适用、以用促评的目的。

三、推进人才评价国际可比等效的研究

伴随着世界多极化、经济全球化、社会信息化、文化多样化深入发展和"一带一路"建设深入推进,一方面我国要更加积极有效地引进急需紧缺海外高层次人才、聚天下英才而用之,另一方面我国越来越多的技术技能人才也迫切需要随着"中国制造""中国服务"走出去。而推进人才评价国际化、积极与他国建立互认机制正是人才全球化流动的基础性举措,目前工程技术领域正在进行积极的尝试。例如,中国科学技术协会2018年参照《国际职业工程师协议》标准研制了中国工程能力评价的系列标准,并开展了工程能力评价与国际互认合作的探索。未来在更多的领域推进人才评价国际化将是大势所趋。

第十七章

人才市场

人才市场作为社会主义市场经济体系的重要组成部分，伴随着改革开放的进程不断完善和发展。在这一过程中，诸多研究对其建设的必要性、内容及相关制度规定等进行了探索和分析，为人才市场建设提供了支撑。本章结合人才市场发展的实践，对人才市场提出的时代背景和理论来源、人才市场研究的主要内容、人才市场建设的实践和未来研究的发展趋势进行分析。

第一节 人才市场提出的时代背景与理论来源

一、人才市场提出的时代背景

改革开放以后，我国开启了社会主义市场经济体制建设的征程。1992年，党的十四大确立了社会主义市场经济体制的改革目标，各领域陆续开展和推进各类市场建设和相关的理论探索，其中就包括劳动力市场这一要素市场。

在启动劳动力市场建设的初期，由于分类管理、行政管理体制改革的需要等原因，我国劳动力管理的职能相对集中于原人事部和原劳动部。因此，这两个部门以国家关于社会主义市场经济体制建设的总体目标和要求为指引，根据部门的管理职能边界进行了劳动力市场建设的探索。1993年12月，劳动部研究制定了《劳动部关于建立社会主义市场经济体制时期劳动体制改革总体设想》（劳部发〔1993〕411号），第一次明确了劳动力市场的概念，提出"劳动力市场是生产要素市场的重要组成部分，是按照市场规律对劳动力资源进行配置和调节的一种机制"。1994年8月，中组部、人事部联合下发了《加快培育和发展我国人才市场的意见》，提出培育和发展人才市场是建立社会主义市场经济体制的一项重要任务，以专业技术人员和管理人员为主体的人才市场是社会主义市场体系的重要组成部分。根据这两个文件可以看出，在劳动力市场的建设过程中出现了"人才市场"和"劳动力市场"两个不同的表述，这主要是由两个管理部门的管理边界和管理对象的侧重不同所致：在当时，原人事部所涉及的管理对象主要包括受教育水平较高的专业技术人员和企事业单位管理人员，而原劳动部所涉及的管理对象则主要是受教育水平和技能水平较低的普通劳动者。随着行政管理体制的变化，2008年，人力资源和社会保障部成立，整合了原人事部、原劳动和社会保障部的大部分职能。自此在文献特别是政策研究和政策文本中，出现了"人力资源市场"的表述，形成了当前所看到的"人才市场""劳动力市场""人力资源市场"并存的表述方式，在相关的政策文本中，不同职能部门也根据实际需要而选择相应的表述。

二、人才市场的理论来源

人才市场理论主要来源于社会主义市场经济理论、劳动经济学中关于劳动力市场建设的相关内容。

人才市场是改革发展进行到一定阶段的产物，对人才市场的理解不能脱离我国社会主义市场经济体制改革和人才工作实践的基础，对人才市场的理解也是随着改革推进而逐步深入的。

从狭义上讲，人才市场是指人才流动的交易场所。在人才市场上供需双方是人才和用人单位，双方交易的不是人才本身，而是人才的劳动能力，包括智力和体力。[1]

在广义的人才市场概念探讨上，覃世远认为，人才市场是社会主义性质的人才市场，用市场机制优化人才流动，使单位和个人相互选择，以达到人才和其他生产要素较为优化的组合乃是人才市场的内涵[2]。钱伯海提

---

[1] 唐志敏：《人才配置与人才市场》，党建读物出版社，2008，第67-69页。
[2] 覃世远：《关于开辟人才市场的思考》，《人才研究》1987年第2期，第36-38页。

出,人才市场是指以市场机制为基础性方式对人才资源进行配置和调节的经济关系,是人才劳动力交换关系和交换场所的总和①,其内容包括"劳动契约、劳动就业、工资分配、劳动立法、职业培训、职业咨询、职业安全卫生以及特殊群体劳动者的保护等"。王建新指出,人才市场是运用市场规律优化配置人才资源的场所、机构与机制的总和,是适应市场经济需要的新的人才服务体制与制度的统一②。

有学者认为,人才市场本质上应当是一种机制,而人才中介机构则是人才市场机制实现其作用的具体形式。肖红梅提出,人才市场是指运用市场机制开展人才交流、配置人才资源,实行人才社会化服务的机构、场所及相关活动的总和③。人才市场机制的特点主要包括理性选择、平等互利、分散化决策、跨区域流动。④

第二节 人才市场研究的主要框架和内容

一、人才市场研究的概况和演变

为了解人才市场相关研究的概况,我们使用"人才市场"这一关键词在中国知网进行了主题检索,检索的时间范围"1978年1月—2022年6月",搜索结果显示,"学术期刊"1 251篇、"学位论文"32篇,"报纸"363篇。

文献年度发文量在不同时期变化较大。根据这一脉络,我们大致可以看出人才市场研究的变化趋势,如图17-1所示。

1992—1997年是发文数量上升较快的第一个时间段,也是该领域发文数量的第一个高峰。在这个时期,党的十四大正式提出了建立社会主义市场经济体制,培育和建立人才市场工作开始启动并快速发展。因此,相关研究也在这个时期大量涌现,其中,1994年发文量最多,共123篇。文献

---

① 钱伯海:《社会劳动价值论》,中国经济出版社,1997,第35-36页。
② 王建新:《人才交流与人才市场建设文集》,党建读物出版社,2016,第105-106页。
③ 肖红梅:《论我国人才市场的培育与发展》,《科技广场》2005年第5期,第32-34页。
④ 蓝劲松、江丕权:《科教兴国的重要一环——人才市场机制与国际人才市场条件下中国人才政策的若干思考》,《清华大学教育研究》2000年第1期,第71-80页。

图 17-1 历年文献发表趋势图

资料来源：作者根据中国知网搜索结果可视化分析整理。

的主要内容集中在人才市场建立的意义、人才市场体系和建设的内容、相关制度建设等。①

2000—2007 年是发文的第二个高峰期，发文数量较多且数量较为稳定，这一时期是人才市场建设的快速发展期。2002 年，社会主义市场经济体制的基本框架初步建立。2003 年，《关于进一步加强人才工作的决定》发布，对人才市场建设提出了新要求，而人才市场建设涉及的市场机制运行②、行业性人才市场③及其与高校毕业生的关系④等全面开展并得到了理论研究的关注，因此，论文发表数量也在这个时期出现了第二个高峰。

2008 年以后，研究文献的数量呈明显下降趋势，2012 年后，年均发文量下降到 50 篇以内且数量相对稳定。在这一时期，原人事部和原劳动和社会保障部合并为人力资源和社会保障部，原来由两个部门分别管理的"人才市场"和"劳动力市场"进入统一整合发展的新阶段，建立统一、规范、灵活的人力资源市场成为发展目标，人才市场的概念逐渐被人力资源

---

① 丁向阳：《人才市场建设又迈新台阶——人事部与天津市、沈阳市、上海市组建区域性人才市场》，《中国人才》1994 年第 10 期，第 48 页。

② 具体内容详见蓝劲松发表的《高校学生与人才市场》。

③ 具体内容详见杨再淮、余询发表的《我国竞技体育后备人才市场与宏观调控机制》，俞继英、宋全征、杨再淮、沈建华发表的《我国竞技体育人才流动和人才市场》，李全敏发表的《中国金融人才市场特点及趋势》。

④ 具体内容详见唐建兵发表的《对我国高等教育中"过度教育"现象的理性思考——从高校扩招和人才市场约束谈起》。

市场所替代，因此，这一时期的文献讨论比较多的是两个市场整合发展①。经过多年的建设，人才市场的运行机制、体系基本建立，因此，一些研究也开始在市场发展中凸显的新特点、新趋势中展开，如人力资源服务业发展②。

从文献来源分布情况来看，发布相关文献数量排名前三的杂志是：《中国人才》，共149篇，占比23.69%；《人力资源》，共44篇，占比7%；《人才资源开发》，共41篇，占比6.52%。这三个杂志均为人才或人力资源领域的专业期刊。在这些文献中，涉及的主要内容包括人才流动、求职者、用人单位、毕业生、市场经济、人才中介、人才服务机构、人事局、人才交流会等（见图17-2），表17-1列出了被引数量排名前50的文章的相关主题。

表17-1　　　　被引数量排名前50的文献的相关主题

主题	数量（篇）	发表时间
人才市场机制建设	10	1993年1篇，1995年1篇，1998年2篇，2000年2篇，2004年1篇，2006年3篇
人才市场与高校毕业生就业	10	1998年3篇，2000年1篇，2003年1篇，2005年1篇，2006年3篇，2013年1篇
人才市场体系建设	8	1998年1篇，2002年1篇，2003年2篇，2004年1篇，2006年2篇，2007年1篇
人才市场档案管理	6	2013年1篇，2014年1篇，2019年2篇，2020年1篇，2021年1篇
专业人才市场	5	2001年1篇，2004年1篇，2007年2篇，2009年1篇
人才服务业	5	2008年2篇，2010年1篇，2011年1篇，2014年1篇
人才市场与人才流动	4	1987年1篇，1998年1篇，2003年2篇
人才市场统计与监测	2	2015年1篇，2019年1篇

资料来源：作者整理。

---

① 路济平：《整合人力资源市场：大势所趋》，《中国人才》2009年第3期，第26-27页。
② 余兴安主编《人力资源服务概论》，中国人事出版社，2016，第20页。

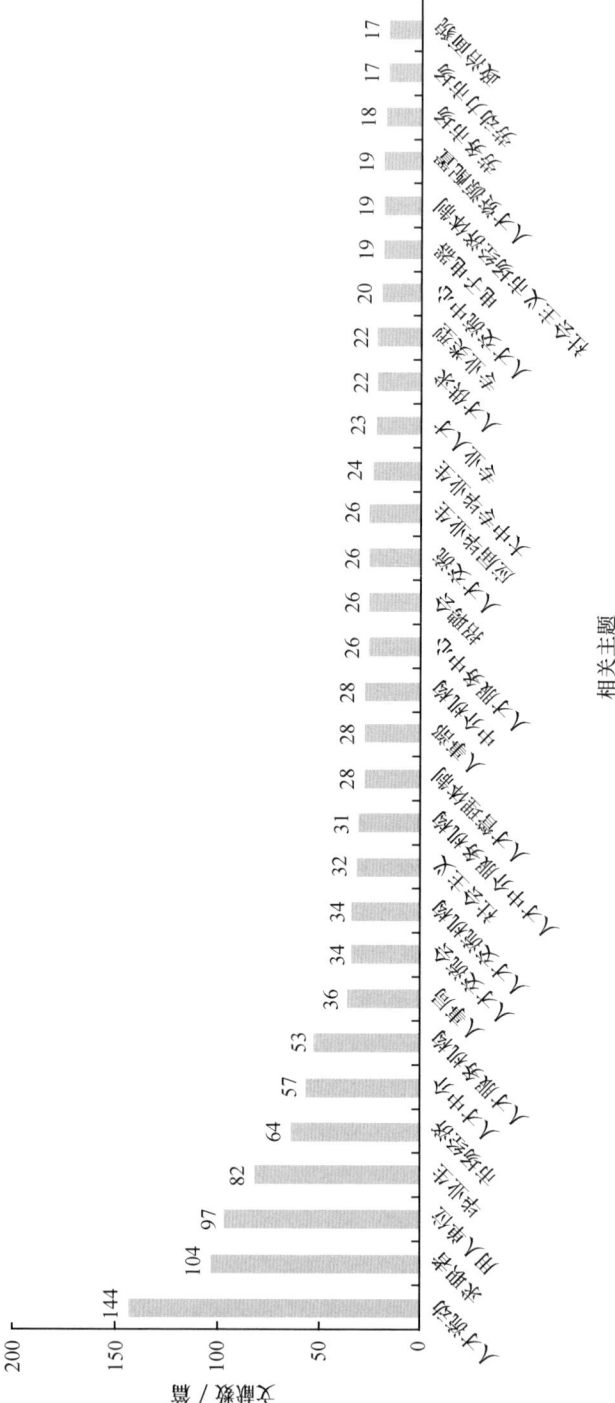

图 17-2　与人才市场相关文献涉及的主题

资料来源：作者根据中国知网搜索结果可视化分析整理。

此外，根据笔者的不完全搜索，还有一些与"人才市场"研究相关的著作，具体见表17-2。

表17-2　　　　　　　　　人才市场相关书籍

书名	作者（主编）	出版社	出版时间
《高等教育与人才市场》	蓝劲松	清华大学出版社	1999年
《人才市场的发展与创新》	张宇泉	中国档案出版社	2006年
《我国转型期的人才流动与人才市场》	陈力、杨刚基	研究出版社	2006年
《人才配置与人才市场》	唐志敏	党建读物出版社	2008年
《人才交流与人才市场建设文集》	王建新	党建读物出版社	2016年
《高校人才培养和劳动力市场需求对接研究》	杨曦	首都经济贸易大学出版社	2021年

资料来源：作者整理。

二、人才市场研究的主要内容

从要素市场研究的角度来看，人才市场研究一般涉及市场建设意义、市场机制、制度体系、建设中所面临的问题以及市场发展的影响等。作为一项实践性非常强的改革，人才市场建设的意义在改革启动之初就得到了较为广泛的讨论；制度体系、市场机制则分别体现了政府和市场两个主体在资源配置中发挥作用的情况，同时，在人才市场之中，除人才的供需双方和政府之外，提供中介服务的组织和机构也扮演着重要作用，因此，以人力资源服务业为代表的中介服务也在人才市场发展中成长起来；至于市场建设所产生的效果和面临的问题，则是任何一项改革实践都不可回避的议题。

（一）人才市场建设的意义

作为市场经济体制改革中的有机组成部分，人才市场建设的意义和价值何在？一些文献对此进行了研究，并在人才市场启动建设时期为厘清相关认识和实践工作提供了较好的参考。综合已有研究，人才市场建设是社会经济发展的客观要求、人才流动与配置的必然需要，能够促进人才自身价值的实现。

1. 人才市场建设是社会经济发展的客观要求

党的十五大提出,建立较为完善的市场经济体制要在所有制结构调整和完善、企业实施战略性改组、完善分配结构和方式上实现一系列重大的突破,这些重大突破对我国改革进程和社会发展起到积极的推动作用,也对人才市场的培育发展产生深刻影响①。传统的人事制度,管理权高度集中、调配方式陈旧单一,已不能适应市场经济发展的需要,需要政府简政放权,积极转变职能,将部分人事职能转移到市场,充分发挥市场的专业力量。因此,人才市场是社会主义市场经济发展的产物,是我国经济体制改革的客观要求。

2. 人才市场建设是人才流动与配置的必然需要

人才市场可以实现人才和用人单位的对接,优化人才资源配置。市场化的人才资源配置方式能够为用人双方提供相互选择的机会和专业化的服务,人才可以通过市场了解到更多需求信息,在更大范围内流动,找到合适的岗位。人才市场能够适应和满足不同层次、不同类型的人才在社会平等条件下择业、竞争、流动的需要,使人才根据社会经济发展的需要合理流动、合理配置、合理使用,促进人才群体的结构优化。②③

3. 人才市场建设能够促进人才自身价值的实现

人才的职业发展过程是不断动态变化的,且受到多重因素影响。经济收入、工作环境、居住条件、家庭关系等因素都可能导致人才流动。因此,人才市场的建立就成为必然。人才市场能够帮助人才实现自身的价值,一方面,通过教育、培训等提高人才的知识、技能水平;另一方面,能够更大程度地发挥现有人才的作用,人才培训、人才测评、人事管理咨询等服务项目直接为人才提供服务,促进了人才知识和技能的提高,同时,通过市场将人才配置到更合适的岗位,使其有机会发挥更大的价值。同时,通过市场将人才配置到合适的岗位,促进其自我价值的实现。

(二)人才市场机制

如何形成有效的市场运行机制,是市场经济建设的核心所在,人才市

---

① 马祥图:《人才市场:顺应变化与发展创新》,《中国人才》1998年第1期,第7-8页。
② 李康:《人才市场引起的思考》,《中国人才》1988年第10期,第18页。
③ 张宇:《人才市场——我国人才管理体制发展的方向》,《中国人才》1993年第1期,第18-20页。

场同样如此。有研究指出，人才市场机制包括人才市场的供求机制、价格机制和竞争机制[1][2]。人才市场的供求机制是人才市场运行的保障机制，反映的是人才市场上人才的供给和需求之间所具有的内在联系；人才市场的价格机制即人才市场商品价格变动与人才市场商品供求变动之间相互制约的联系和作用，求职的人才根据市场形成的人才价格——工资、福利等让渡自己的知识和技能，用人单位通过向人才提供工资、福利待遇等来招聘、吸引人才[3][4]；人才市场的竞争机制，是实现资源配置优化的必然选择，通过竞争完成市场交易，并对市场进行疏导，使其健康持续发展[5][6]。

在人才市场机制运行过程中也面临着一些问题，主要表现在：市场机制尚未充分发挥作用，各级、各类市场之间缺乏统一协调的机制[7]；政府在人才市场发展中的职能定位不清；人才制度供给缺失；人才中介组织经营机制不健全[8]；社会保障体系不健全等[9]。针对人才市场机制建设中存在的问题，一些学者提出了对策建议。宁文艺提出在有计划的商品经济时期，我国人才市场处于过渡期，这一阶段需要建立和逐步完善人才市场的竞争机制，使人才参与市场竞争；建立和逐步完善工资机制，采取市场面议工资形式；逐步建立完善人才市场动态疏导机制，建立情报网络和组织转移培训；还要加强人才立法工作，实行分类管理，改革人才管理体制[10]。蓝劲松提出了完善人才市场机制的四个基本立足点：实行更加灵活的人才

---

[1] 芮品轩：《人才合理流动与完善人才市场机制》，《上海大学学报：社会科学版》1987年第1期，第17-21页。

[2] 阿瑶：《人才市场——走在中国市场经济的前沿》，《中国人才》1995年第2期，第17-19页。

[3] 吴瑞伟：《创新人才市场发展机制的思考》，《开放潮》2002年第12期，第68页。

[4] 卢圣泉：《人才市场的机制问题探析》，《江汉论坛》2004年第9期，第56-59页。

[5] 刘茂：《人才市场机制构建中政府角色探讨——以四川省为例》，《生产力研究》2006年第10期，第129-131页。

[6] 唐志敏：《人才配置与人才市场》，党建读物出版社，2008，第67-69页。

[7] 陈力、杨刚基主编《我国转型期的人才流动与人才市场》，研究出版社，2005，第15页、第16页。

[8] 毕雪融：《"入世"对我国人才市场的影响及对策研究》，《中国人才》2001年第11期，第20-23页。

[9] 姜晓萍、侯军帮：《我国人才市场机制构建中的障碍与对策探讨》，《四川大学学报：哲学社会科学版》2006年第3期，第28-32页。

[10] 宁文艺：《关于我国人才市场形成与发展问题的探讨》，《阜阳师范学院学报：社会科学版》1989年合刊第1期，第65-68页。

流动机制；以人才市场的运转为龙头，带动全国地方市场体系的形成；以建立现代企业制度和国家公务员制度为基础，带动人才市场机制的运转和发育；大力发展中国的人才市场中介，并使之企业化①。苗芊萍认为，人才运行机制的规范化，使人才流动的约束得以减弱，不同所有制、不同身份的界限被打破，人才流动的自由度提升②。

国家相关政策推动了人才市场机制改革。2003年12月，中共中央、国务院印发了《关于进一步加强人才工作的决定》，强调要建立和完善人才市场机制，进一步发挥市场在人才资源配置中的基础性作用。2010年，《国家中长期人才发展规划纲要（2010—2020年）》提出，建立人才自主择业的人才流动配置机制，健全人才市场供求、价格、竞争机制，进一步促进人才供求主体到位。2019年1月，人力资源和社会保障部发布《关于充分发挥市场作用促进人才顺畅有序流动的意见》，完善人才市场供求、价格和竞争机制，健全合理体现人才价值的收入分配机制，探索建立人才流动中对前期培养的补偿机制，改进人才评价机制。

政府角色的转变是人才市场机制构建过程中的热点话题。以四川省为例，其各级政府在人才市场机制构建过程中发挥了积极作用，但也存在超越职能范围的"错位"和未能履职的"缺位"现象。因此，需要消除行政障碍，营造人才市场发展的制度环境和公平有序的市场环境③，有效发挥政府在宏观调控、市场监管、社会管理、公共服务等方面的功能，积极转变政府职能。

（三）人才市场制度体系

人才市场健康可持续发展，既需要完善的市场机制，也离不开健全的制度保障。伴随着人才市场的快速发展，相关的法规与管理建设也逐渐建立起来。在国家层面，1994年中组部和人事部联合印发了《加快培育和发展我国人才市场的意见》，成为指导人才市场发展的里程碑式的文件；1994年，中组部、人事部联合印发《流动人员人事档案管理暂行规定》；

---

① 蓝劲松、江丕权：《科教兴国的重要一环——人才市场机制与国际人才市场条件下中国人才政策的若干思考》，《清华大学教育研究》2000年第1期，第71-80页。

② 苗芊萍：《人才市场的发展趋势之我见》，《江苏理工大学学报》2000年第1期，第85-86页。

③ 谢菊：《政府在人才市场管理中的角色分析》，《探索》2002年第6期，第66-68页。

1997年8月，人事部发布了《人事争议处理暂行规定》，该规定对国家机关和事业单位解决在人员流动与履行合同中发生的争议起到积极的规范作用。另外，人事部先后制定下发了《人才市场管理规定》和《中外合资人才中介机构管理暂行规定》。2005年，根据行政许可法，我国又对《人才市场管理规定》和《中外合资人才中介机构管理暂行规定》进行了修订，进一步规范设立人才中介服务机构和开展人才中介服务业务的行政许可程序。同年，人事部制定下发了《国务院所属部门人才中介服务机构管理办法》和《全国性人才交流会审批办法》。2015年，对《人才市场管理规定》进行了第二次修订，对人才中介服务机构、人事代理、招聘和应聘等事项作出了规定。2018年，《人力资源市场暂行条例》颁布实施，对人力资源市场培育、人力资源服务机构、人力资源市场活动规范等的相关事项作出了规定。这是系统规范在我国境内通过人力资源市场求职、招聘和开展人力资源服务活动的第一部行政法规，对人才市场建设，人才强国战略、就业优先战略的实施具有重要意义。

在国家层面的政策指引下，各地方也相继出台了人才市场的相关制度。1996年，天津市人民政府颁布了《天津市人才市场管理若干规定》；1996年，上海出台了《上海市人才流动条例》；1997年，北京市人民代表大会常务委员会通过了《北京市人才市场管理条例》；1997年，山东省出台了《山东省人才市场管理条例》，于2015年进行第二次修订；2021年，广东省人民代表大会常务委员会发布了《广东省人力资源市场条例》。

（四）人力资源服务业

人力资源服务业是现代服务业的组成部分，与之并存的一个概念是人才服务业，这两个概念其实是在不同管理体制下、不同历史时期的一种表达。在不同的历史时期，其业态构成有所差异，但并无本质上的差异。随着人力资源服务业的发展，特别是近十年来，多数文献以"人力资源服务业"这种表述展开研究[①]。所谓人力资源服务业，一般是指相关企事业单位或用工组织将自身的人力资源管理和开发相关活动的部分或者全部交由第三方提供，由其通过专业化手段实施的外部化过程。伴随着各项人力资源服务的发展，逐渐形成了一个包括招聘、猎头、测评、培训、劳务派遣

---

① 除具体文献和政策文件中的引用之外，本章一般使用"人力资源服务业"这种表达。

等服务业态在内的相对独立的产业,即人力资源服务业。

从人才市场的框架看,在市场经济发展条件下,我国人才资源配置模式由政府主导转变为市场化配置,人才和用人单位需要中介服务主体为他们建立起沟通和联系的桥梁,为其提供各类服务①。也就是说,随着人才市场发育和人力资源管理专业化分工的发展,人力资源服务业作为优化人才资源配置的市场化力量,也迎来快速发展的时机。

随着人才服务业的兴起与发展,学者们也对其发展的历程、现状、未来趋势等进行了研究,叶红春和邓琪运用DEA(数据包络分析)评价模型对湖北省人才服务业进行了实证分析②。在这些研究基础上,学者们提出了人才服务业发展的四条路径:①专业化,让专业的机构做专业的事情,不断提高人才服务队伍的专业化水平;②信息化,人才服务的本质是一种信息服务③;③产业化,完善拉长产业链,实现投资主体多元化的产业性经营④;④市场化,人才服务业的运行机制应该是人力资源市场化。孟庆伟认为人才服务工作是附着在经济环境下成长的,对宏观经济的研究尤为重要,未来"创新"是人才服务工作的核心主题⑤。

在我国人才服务业快速发展的过程中,也出现了政府人才服务机构职能不明确、行业发展缺乏专业人才、本土人才服务机构竞争能力弱、行业发展缺乏监管的问题⑥。针对以上问题,人才服务业发展要有以下几个着力点。第一,完善我国公共服务体系,明晰政府与市场的职能,发挥政府在人才服务业中的指导和监督作用等⑦。第二,建设人才服务业人员队伍,加强专业人才的开发与培训,制定从业资格制度,保证和提升服务质量⑧。

---

① 刘建彬、崔源:《纪念改革开放三十年系列报道之四 人才服务业:与人才共舞共赢》,《中国人才》2008年第15期,第54-58页。
② 具体内容详见叶红春、邓琪发表的《湖北省人才服务业DEA分析》。
③ 具体内容详见翁坤海发表的《人才服务业发展的路径选择》。
④ 具体内容详见杨静发表的《从济宁看中小城市人才服务业发展现状与出路》。
⑤ 孟庆伟:《中国人才服务业的昨天、今天、明天》,《人力资源》2022年第1期,第20-22页。
⑥ 杨延娇:《发展人才服务业,促进我国人才资源优化配置》,《学术交流》2010年第3期,第89-92页。
⑦ 张冬:《发展人才服务业要抓准三个着力点》,《中国人才》2011年第19期,第50页。
⑧ 于洋:《突出服务特色,提高服务档次——试论人才服务业的发展方向》,载《人力市场的发展与创新》,中国档案出版社,2003,第45-49页。

第三，构建公共就业人才服务平台，并加快信息化进程①。第四，要创新人才服务业建设，将传统的以"为人服务"为核心的思想转变为以"为单位服务"为核心的思想②。

余兴安结合未来经济社会发展趋势，对人力资源服务业的职能定位进行了分析，指出我国人力资源服务业四十余年的发展历程大体可以分为起步探索期、业态展开期、行业壮大期以及协同发展期。在未来发展过程中，人力资源服务业首先要进一步提高对该行业在国民经济与社会发展总体格局中重要性的认识；其次，要更清晰地确定人力资源服务业在国家整体人力资源工作体系中的位置；再次，要更充分地发挥人力资源服务业在生产性服务业中的独特作用；最后，要大力促进全行业转型升级、提质增效③。

（五）人才市场发展的影响

人才市场与人才流动、大学生就业密切相关，相关文献在这两个方面相对集中，档案管理则是伴随人才流动以及相关法律法规的完善发展起来的，也得到了部分研究者的关注。

1. 促进人才流动

人才流动是指各类人才为了寻求合适的职业岗位，在不同地区、部门、组织或岗位之间的流动。人才流动是人才资源优化配置的重要前提。人才流动的结果，完成了人才资源再配置，促进了人才价值的实现。在商品经济时期，劳动力和人才的流动受到计划机制和市场机制的双重调节。人才的流动除受国家计划机制调节外，还受到人才市场机制的调节。

2003年12月，中共中央、国务院发布的《关于进一步加强人才工作的决定》明确提出，要建立和完善人才市场体系，促进人才合理流动。这是为消除我国人才流动和人才市场建设中存在的体制性障碍，进一步完善人才市场作出的统一部署。2003年，根据党的十六大精神，全国人事厅局长会议提出进一步强化人才市场建设，形成统一有序、开放灵活的人才流

---

① 庄以：《我国人才服务业发展初探》，《管理观察》2014年第24期，第40-44页。

② 孟冰：《人才服务业的创新与建设研究——建立一套面向用人单位的人才服务体系》，载《人才市场的发展与创新（第二集）》，中国档案出版社，2006，第60-66页。

③ 余兴安：《人力资源服务业的发展历程与未来之路》，《中国人事科学》2022年第5期，第25-30页。

动新机制①。2010年,《国家中长期人才发展规划纲要（2010—2020年）》提出畅通人才流动渠道,建立政府部门宏观调控、市场主体公平竞争、中介组织提供服务、人才自主择业的人才流动配置机制。2019年1月,人力资源和社会保障部发布《关于充分发挥市场作用促进人才顺畅有序流动的意见》,该意见提出要充分发挥市场在实现人才流动中的主渠道作用,促进人才合理有序流动和优化配置。

2. 丰富高校毕业生就业方式

随着改革开放形势的发展和劳动人事制度的不断改革,毕业生就业方式由统包统配转向自主择业,市场介入毕业就业分配领域成为必然趋势②③。

相关研究分析了我国人才市场在促进高校毕业生就业中的作用,包括以下三个方面。第一,人才市场为高校毕业生就业提供渠道。人才市场为毕业生提供更多的就业机会,充分体现了市场经济对劳动力资源的配置作用,人才能力在流动中得到锻炼和提高,人才价值在竞争中得到体现和提升。第二,人才市场是联系高校毕业生和用人单位的桥梁和纽带。用人单位在人才的录用标准、层次结构、选聘方式等方面拥有了更大的自主权,高校需要及时反馈市场需求,建立合适的人才培养和就业服务体系④。第三,人才市场承担公共服务职能和项目,促进毕业生就业。各地人才市场积极搭建就业服务平台,在解决中高级人才紧缺等问题方面提供支持⑤。

陈向明等通过实证研究和定量分析得出,随着我国经济形态由计划经济向市场经济转变,人才市场对大学生的要求也在发生变化,在做人方面由"政治素质"优先变为"自我约束"能力优先;在做事方面,由追求

---

① 张旭:《我国人才流动与人才市场建设成效显著》,《中国人才》2003年第9期,第54-56页。

② 董国卿、郭锡年:《大学毕业生自主择业与人才市场》,《交通高教研究》1996年第3期,第78页、第79页。

③ 高金岭:《政府与市场:高校毕业生就业制度改革引发的思考》,《广西师范大学学报:哲学社会科学版》1998年第4期,第46-50页。

④ 谢绳武:《高校毕业生就业与人才市场》,《中国高教研究》2000年第12期,第3-4页。

⑤ 郭彩红:《人才市场在高校毕业生就业促进中的角色定位》,《现代商业》2009年第36期,第286-287页。

"忠于职守"变为看重"独立创新、灵活应变"①。蓝劲松通过实证研究得出,随着人才市场的建立及高校学生就业制度的改革,多数学生将走向人才市场,"能力本位"的价值取向被认可。无论国际或是国内人才市场,人才流动都遵循自身内在的运行规律②。邱新和宋瑛通过实证研究得出,如果毕业生不能得到人才市场的认可,就无法完成向人才的转化与实现自身价值,要不断完善毕业生人才市场体系③。廖任文提出,人才市场需要综合型学科人才、创新型人才、有强烈责任感和发展眼光的人才,高校要结合人才市场的实际情况调整人才培养目标和计划④。刘全等基于大数据技术分析得出人才市场对高校毕业生有职业能力的基本需求和复合型需求,提出要高度重视人才市场对毕业生的需求变化,加强对高校办学的宏观政策导向,积极探索复合型创新型人才培养模式⑤。

学者们也分析了人才市场与高校毕业生就业面临的问题,并提出相关建议措施。唐建兵认为,我国高校迅速扩大招生规模,无效供给增加,甚至在部分产业、部分地区产生了"过度教育"现象。在人才市场逐步规范的情况下,大学生"过度教育"程度会降低。李庆和郭姝姝认为,我国大学生"毕业即失业"现象的产生,主要是由于高校不合理扩招和我国人才市场的阶段性缺位造成的⑥。冉美丽提出,当前人才市场还不健全,未能充分发挥配置资源的功能,人才市场配套服务落后,不能满足大学生需要。要优化人才市场,促进大学生就业渠道的拓展,建立以市场为导向的基于政府、高校、企业、大学生四个层面的多方联动机制⑦。黄美莺从人

---

① 陈向明、宋映泉、李春燕、丁延庆、李文利:《我国的人才市场需要什么样的大学毕业生》,《高等教育研究》1998年第1期,第68-71页。
② 蓝劲松:《高校学生与人才市场:实证分析》,《清华大学教育研究》1998年第3期,第34-46页。
③ 邱新、宋瑛:《重庆市高校毕业生就业与人才市场关系》,《重庆工商大学学报》2005年第6期,第50-51页。
④ 廖任文:《以人才市场需求为导向推动高校教学改革》,《产业与科技论坛》2009年第10期,第208-210页。
⑤ 刘全、张勇、朱允宽:《基于大数据的我国人才市场对高校毕业生的需求分析》,《中国统计》2016年第8期,第20-21页。
⑥ 李庆、郭姝姝:《大学生就业研究与我国人才市场建设》,《江西财经大学学报》2006年第1期,第119-121页。
⑦ 冉美丽:《促进大学生就业的人才市场发展对策——以河北省为例》,《经济论坛》2011年第9期,第173-175页。

才市场角度分析大学生就业难的主要原因，发现大学生就业的结构性矛盾突出，高校专业设置与市场需求错位；大学生对人才市场缺乏了解；市场配置手段粗放等。因此，人才市场应该发挥作用为大学生提供就业需求信息，提供具有指导和实践价值的建议，进一步加强作为就业中介的功能[1]。冯成志认为高校的专业设置与社会需求脱节，出现产业结构性失业的现象。需要高校优化专业设置，主动服务经济发展方式转变和产业转型升级，才能做好与人才市场的对接，提升毕业生的对口就业率[2]。

三、人才市场已有研究的特点

从已有文献来看，人才市场建设和发展的相关研究有以下三个特点。

1. 人才市场是社会主义市场经济体制建设理论探索和实践的产物

党的十四大确立了社会主义市场经济体制的改革目标，全国进入社会主义市场经济建设的快速发展时期，各领域陆续开展和推进各类市场的理论探索和建设。1993年12月出台的《劳动部关于建立社会主义市场经济体制时期劳动体制改革总体设想》和中组部、人事部在1994年8月联合下发的《加快培育和发展我国人才市场的意见》，可以被看作是人才市场建设和改革启动的标志性政策。1993—1994年，关于人才市场的研究和相关文献的数量，也达到了第一个高峰。

2. 人才事业发展需要是人才市场研究发展的重要推动因素

2003年，《中共中央 国务院关于进一步加强人才工作的决定》发布，提出"人才的活力取决于机制和环境。遵循人才资源开发规律，坚持市场配置人才资源的改革取向，加强和改善宏观调控，建立充满生机与活力的人才工作机制"。这一决定的发布，加上进一步完善市场经济体制建设的各项探索，关于人才市场研究的文献数量也在2003年前后达到了一个新高峰。根据我们在中国知网搜索的数据，2003年的相关文献有116篇，成为1994年以来的第二个数量高峰。当然，随着人才工作推进，国家又先后出台了《国家中长期人才发展规划纲要（2010—2020年）》《关于深化人才

---

[1] 黄美莺：《人才市场在解决大学生就业难问题的有益探索》，《人力资源管理》2013年第12期，第191页。

[2] 冯成志：《从象牙塔到人才市场：高校本科专业设置与毕业生就业匹配度实证研究——基于在广东就业的高校本科毕业生的调查分析》，《高教探索》2013年第6期，第111-116页。

发展体制机制改革的意见》等政策,对人才市场的相关工作进行部署。

3. 人才相关工作的管理体制变革是影响人才市场相关研究变化的直接因素

在1994年前后,出于分类管理、行政体制改革探索的需要,我国对于劳动力的管理相对集中于原人事部和原劳动部等部门。因此,在相关文件上,也出现了针对不同群体的概念。例如,1994年,在中组部、人事部发布的《加快培育和发展我国人才市场的意见》中,就将人才市场界定为"以专业技术人员和管理人员为主体的人才市场"。而同一年在劳动部发布的文件中,则将"劳动力"视为人才市场的主体。但实际上,"人才"和"劳动力"在现实中是难以完全区分开来的,而且由于人才培养发展、产业结构调整、要素流动加速等,使得两者边界日益模糊。但就人才管理部门而言,这种边界也不是不断变化的。例如,《国家中长期人才发展规划纲要(2010—2020年)》提出,突出培养造就创新型科技人才、大力开发经济社会发展重点领域急需紧缺专门人才和统筹推进各类人才队伍建设作为人才队伍建设的主要任务,其中,各类人才队伍就包括党政人才、企业经营管理人才、专业技术人才、高技能人才、农村实用人才和社会工作人才等,这个范围已经远远超过1994年相关文件里面提出的人才的边界,而且在边界统计上,这种人才划分也具有一定的模糊性。

2008年,国家将人事部、劳动和社会保障部的职责整合调整,成立人力资源和社会保障部。同时,人才市场的发展实践也显示,"人才"和"劳动力"的区分已经日益模糊,并且由于人口流动性的加强,"人才"或"劳动力"工作和就业的单位、区域、行业变化日益复杂,过去两个部门按照分类管理所出台和实施的措施已经与劳动力发展的实践不相适应,因此,人力资源和社会保障部提出了建立"统一、规范、灵活的人力资源市场"的目标。关于人才市场研究的文献,也在2003—2007年维持一个数量上的相对高点后,开始减少。而关于人才市场建设和探索的研究,也开始转向如何整合、优化人力资源市场。

第三节 人才市场建设的实践

在相关理论研究的推动下,人才市场建设取得了长足进展,人才市场体系逐步形成和完善,在人才配置中发挥着越来越大的作用。

一、人才市场体系逐步形成和完善

自1992年党的十四大正式提出建立社会主义市场经济体制目标以来,我国人才市场建设实践进入了快速发展期。经过5年多的努力,我国人才市场体系初步形成,人才体制机制已开始发挥作用,人事部开始着力构建全国人才市场网络体系。1994年,人事部与天津市政府共同组建了全国第一家国家级区域性人才市场"中国北方人才市场",在此之后的几年中,天津、沈阳、上海、广州、武汉、成都、西安七个区域性人才市场布局完成,一批国家级专业性人才市场相继建立,国家级人才市场整体布局基本完成[1]。1994年9月7日,人事部与沈阳、天津和上海市联合宣布,人事部将与天津、沈阳、上海三市人民政府共同组建中国北方人才市场、中国沈阳人才市场、中国上海人才市场。这是实现"2000年之前,在全国范围内,初步形成功能完善、机制健全、法规配套、指导及时、服务周到的人才市场体系"这一目标的重要措施。此后,陆续建立了一批国家级人才市场:1997年4月,人事部与浙江省人事厅共同组建了"中国宁波乡镇企业人才市场";2004年2月,人事部批复广西壮族自治区人民政府组建"中国广西人才市场";2005年8月,人事部批准辽宁、吉林、黑龙江三省人事厅联合组建"中国东北毕业生人才市场"。

各地在实践过程中,也积极构建和完善人才市场体系。2005年,福建省提出要完善人才市场体系,加快实施人才市场"1211工程"。2006年,江苏省迫切需要从根本上建立起全新的人才市场体系,建立了人才市场改革的"江苏模式",构建上下贯通、横向贯通、内外贯通的大市场体系。

有研究指出,到20世纪末21世纪初,我国基本形成了以政府人事部门所属人才交流机构为主渠道、以行业性人才市场为辅、以民办人才中介组织为补充的多方位、立体交叉的全国、省、市、县四级的人才市场网络体系[2],人才市场的培育基本完成。

---

[1] 崔建国:《人才市场:正走向辉煌》,《中国公务员》1998年第7期,第21-22页、第25页。

[2] 陈杨:《国家级人才市场建设历程回眸》,《中国人才》2006年第11期,第12-14页。

虽然人才市场体系建设得到快速发展，但也面临人才市场结构层次不清、地区发展不平衡、人才市场信息建设滞后、高低层次人才供求不平衡等问题[1]；人才流动受行政条框、户籍、档案、保险等因素制约[2]；存在人才市场监管体系分离、市场法规不健全等问题。因此，要加强人才市场行政立法工作；建立统一的社会保障体系[3]；改革人事档案和户籍管理制度[4]；进一步完善市场体系，建立统一开放、竞争有序的人才市场体系；加强对人才市场的分类指导；加强人才信息化、网络化建设[5]。

随着人才市场重要性的凸显，人才市场体系建设在改革层面也得到重视并进入新的发展阶段。2007年，党的十七大提出，要加快形成统一开放、竞争有序的现代市场体系，继续推进人才资源市场配置进程，不断健全人才资源市场配置体系。2010年，《国家中长期人才发展规划纲要（2010—2020年）》提出，推进人才市场体系建设，完善市场服务功能，畅通人才流动渠道。2019年1月，人力资源和社会保障部发布《关于充分发挥市场作用促进人才顺畅有序流动的意见》，提出进一步健全人力资源市场体系，充分发挥市场在实现人才流动中的主渠道作用，充分发挥市场在人才资源配置中的决定性作用。2021年6月，人力资源和社会保障部印发《人力资源和社会保障事业发展"十四五"规划》，该规划提出建立高标准人力资源市场体系，加快建设统一规范、竞争有序的人力资源市场。

行业性人才市场是产业分工和人才专业化发展的必然产物，是人才市场的有机构成部分，一些学者对部分行业性人才市场进行了研究。杨再淮等通过调查研究、定量研究的方法对我国竞技体育后备人才市场的结构、影响因素以及宏观调控机制进行了研究，提出需要健全后备人才市场法规

---

[1] 高灿喜：《关于人才市场中三不平衡的对策思考》，《决策借鉴》1998年第5期，第39-40页。
[2] 彭剑锋：《聚焦中国人才市场：基本问题与矛盾》，《中国人才》2003年第1期，第4-9页。
[3] 杨俊杰：《我国人才市场的现状、问题与对策》，《科学学与科学技术管理》1993年第8期，第43-45页。
[4] 楚玉兰：《人才市场的发展与完善》，《学习论坛》1999年第4期，第35-41页。
[5] 肖宇：《国内人才市场现存的问题及对策》，《中北大学学报：社会科学版》2007年增刊第1期，第53-54页。

和市场体系、制定后备人才市场发展规划、保持后备人才总供求的动态平衡①。俞继英等通过调查研究发现，我国竞技体育人才市场还存在市场本体地位未完全确立、人才产权不清晰、市场运行机制未完全建立等问题，需要完善市场运行机制、加强市场中介管理、明晰人才资本产权、建立竞技体育人才市场体系等。李全敏结合我国加入 WTO 以来的金融发展新趋势，提出了构建新型人才培养模式、培养高素质金融人才的建议。温素彬等人针对财务专业人才市场的研究得出财务管理专业人才的市场需求广泛、岗位分工更加明晰，市场对学生的计算机能力和法律知识要求在提升等结论②。杨浩认为当前物业管理人才队伍素质普遍偏低、人才层次不足，产品定位与市场脱节，可通过校企合作、工学结合来为社会培养专业人才③。

二、人才市场统计和监测工作有序开展

人才市场信息是反映人才市场供需、流动等状况的基本载体，对其进行统计和监测可以及时发现市场变动的情况及问题。赖惠明通过抽样调查，对我国会计人才市场的需求进行了分析④。魏艳春依据全国主要人才市场供需基本情况，对全国人才市场行情做了分析⑤。刘松霭等人以人才市场反馈数据为核心，提出了包括市场需求、就业情况、专业建设、学生需求在内的人才市场预警机制的监测指标⑥。

人事部 2002—2007 年，分年度发布《人才流动与人才市场基本情况的通报》，该通报主要公布全国人才流动、人才服务机构、人才服务业、高校毕业生就业公共服务的基本情况。以 2007 年为例，全国各类人才服务机构共接待流动人员 8 280 万人次，比 2006 年增长 32.6%；帮助 1 345 万

---

① 杨再淮、俞继英：《我国竞技体育后备人才市场的结构及其影响因素》，《上海体育学院学报》2004 年第 3 期，第 1-6 页。

② 温素彬、彭敏、王碧亮：《财务管理专业人才市场需求状况的调查分析》，《会计之友》2009 年第 12 期，第 79-82 页。

③ 杨浩：《当前物业管理专业人才市场需求调研分析——以湖北武汉为个案》，《商场现代化》2012 年第 9 期，第 317-318 页。

④ 具体内容详见赖惠明发表的《我国会计人才市场需求的统计分析——以智联招聘网为例》。

⑤ 具体内容详见魏艳春发表的《整体形势供大于求，部分专业供不应求》。

⑥ 刘松霭、邵雪航：《大数据与人才市场的预警反馈机制研究》，《林区教学》2019 年第 5 期，第 19-22 页。

人找到了工作或转换了工作岗位。截至 2007 年年底，全国共有人才服务机构 6 833 家，比 2006 年增加 204 家，增长 3.1%。2010 年，人力资源和社会保障部人力资源市场司启动了人力资源市场"一线观察"项目，就人力资源市场领域的重点、难点和热点问题定期开展调查，促进形成人力资源市场较为完善的监测体系。2021 年 6 月，人力资源和社会保障部印发《人力资源和社会保障事业发展"十四五"规划》，提出完善人力资源市场供求信息监测发布和市场统计制度。

在人力资源和社会保障部的带领和推动下，全国各地也开展了人才市场信息分析和监测探索。比如，2007 年，宁波市在全国率先研究并发布了全市性的"紧缺人才指数体系"，标志着宁波市人才开发工作向科学化和规范化发展。2019 年，四川省发布首个重点领域急需紧缺人才目录，该目录量化人才紧缺程度，创新构建人才急需紧缺指数模型。2019 年，雄安新区发布《2019 年雄安新区急需人才目录》，该目录编入和发布了雄安新区用人单位、工作岗位、急需紧缺人才信息，对引导各类人才向雄安新区有序集聚、助力雄安新区招才引智发挥积极作用。

三、人力资源服务业健康发展

除市场的需求之外，人力资源服务业发展的一个重要推动因素就是政策实践。自改革开放以来，国家和各地陆续出台了大量关于人力资源服务业发展的政策，营造了行业发展的良好环境。① 2007 年 3 月，国务院发布《国务院关于加快发展服务业的若干意见》，明确提出"发展人才服务业，完善人才资源配置体系"。这是第一次在国家层面将人才服务业作为一个明确的服务业门类加以强调。该意见对人才服务业的概念进行了界定，指出人才服务业是指为人才和用人单位提供相关服务，从而促进人才资源的有效开发与优化配置的服务行业。2010 年，《国家中长期人才发展规划纲要（2010—2020）》提出要把"大力发展人才服务业"作为更好实施人才强国战略的重大举措。2014 年 12 月，人力资源和社会保障部、国家发展改革委、财政部印发《关于加快发展人力资源服务业的意见》，提出发展

---

① 田永坡：《人力资源服务业四十年：创新与发展》，《中国人力资源开发》2019 年第 1 期，第 106-115 页。

各类人力资源服务机构，增强人力资源服务创新能力，加强人力资源服务业人才队伍建设。2021年6月，人力资源和社会保障部印发《人力资源和社会保障事业发展"十四五"规划》，提出加大人力资源服务业高层次人才培养力度，提高从业人员专业化、职业化水平，推动人力资源服务和互联网深度融合。2021年11月，人力资源和社会保障部、国家发展改革委、财政部、商务部、市场监管总局发布《关于推进新时代人力资源服务业高质量发展的意见》，提出大力提升人力资源服务水平，进一步推动创新发展，不断强化人力资源支撑经济高质量发展作用，抓紧建设高标准人力资源市场体系，进一步推动规范化发展。

各地根据国家层面的政策，结合本地特点，因地制宜地出台了本地区的发展政策。辽宁省出台了《辽宁省人才服务业发展规划》，加大财政及金融投资和税收优惠支持力度；加快人才服务业集聚区（产业园区）建设。宁波市人才服务业发展较快，制定了《宁波市人才中介服务机构管理办法》《宁波市人才交流会管理细则》等政策文件。宁波市行业推介平台优势明显，"宁波市人才中介机构推介及展览会"为宣传人才服务提供了新平台[1]。济南市人才服务业也蓬勃发展，实施了"5150"引才计划；创新公共招聘手段，拓展公共服务领域；大力实施"技能数字人才工程"，打造"中国济南人才网"[2]。上海市多举措并举发展人才服务业[3]。山东省济宁市人才服务业加强区域人才协作机制，参与鲁南苏北"10+2"人才流动协作机制建设[4]。进入21世纪，各地人力资源服务业的政策密集出台，特别是在《关于加快发展人力资源服务业的意见》《关于推进新时代人力资源服务业高质量发展的意见》两个文件的引领下，各地结合本地特点，出台了一批推动人力资源服务业发展的政策。

关于人力资源服务业发展的全国性数据并不连贯和全面，比较有代表性的数据来源有两个：一个是原人事部关于"人才流动与人才市场建设基

---

[1] 孙国茂：《宁波人才服务业发展状况》，《中国人才》2010年第13期，第65-67页。
[2] 刘建彬、崔源、王进：《蓬勃发展的济南人才服务业》，《中国人才》2010年第17期，第69-71页。
[3] 《上海多措并举发展人才服务业》，《组织人事报》2010年1月5日第7版。
[4] 杨静：《济宁市人才服务业发展情况调查》，《山东人力资源和社会保障》2011年第10期，第44-45页。

本情况"的统计，可惜的是 2008 年以后，此统计不再公布；另外一个是近年来人力资源和社会保障部每年对外公布的关于人力资源服务业统计的数据。根据《关于 2002 年人才流动与人才市场建设基本情况通报》，截至 2002 年年底，全国共有人才流动服务机构 4 287 家，从业人员 20 593 人。从类别上看，各级政府人事部门所属人才流动服务机构总数为 3 033 家，从业人员 13 276 人；行业主管部门所属的人才流动服务机构 524 家，从业人员 3 067 人；民办人才中介服务机构 730 家，比 2001 年增加了 311 家，增幅高达 74%，从业人员 4 250 人。全国共有挂牌人才市场 3 149 家，国家级人才市场总数达 28 家。总体上看，人才流动服务机构数量比 2001 年增加了 427 家，从业人员数量增加了 2 252 人，人才流动服务机构的整体规模进一步扩大。

根据人力资源和社会保障部关于人力资源服务业的统计数据，2021 年，人力资源服务行业规模持续扩大。据人力资源和社会保障部统计，截至 2021 年年底，人力资源服务行业营业总收入 2.46 万亿元，比 2020 年增长 21.04%，这一增速远高于 2016—2020 年的五年平均增速 15.92%。2021 年人力资源服务行业人均营业收入达到 238.21 万元，比 2020 年减少 1.04%，但从 2016—2021 年整体情况来看，比 2016 年增长了 11.64%，2016—2021 年的年均增速为 1.70%，人力资源服务新动能的特点进一步凸显。

国家级人力资源服务产业园在人力资源服务业集聚、创新发展中的平台和引领作用日益增强，有力推动了行业的高质量发展。自 2010 年起，我国已经陆续在上海、重庆、中原、苏州、杭州、海峡、成都、烟台、长春、南昌、西安、北京、天津、广州、深圳、长沙、合肥、武汉、宁波、济南、沈阳、石家庄、海南和贵阳等地建立了 24 家国家级人力资源服务产业园。据人力资源和社会保障部统计，截至 2021 年年底，各国家级产业园已有入园企业 4 120 家，营业收入 4 063 亿元，成为人力资源服务业创新发展的重要载体。

四、人才流动日趋活跃

人才市场发展有力促进了人才流动。根据人力资源和社会保障部办公厅《关于 2007 年人才流动与人才市场基本情况的通报》①，2007 年全国各类人才服务机构共接待流动人员 8 280 万人次，比 2006 年增长 32.6%；登记要求流动人员 3 012 万人次，比 2006 年增长 49.5%；帮助 1 345 万人找到了工作或转换了工作岗位，比 2006 年增长 56.2%。登记要求流动人员共 3 012 万人。按学历层次分类，大专及以下 1 717 万人，本科 1 066 万人，研究生 229 万人，分别占总数的 57.0%、35.4% 和 7.6%。与往年相比，具有研究生学历的求职人才的比例大幅上升。按年龄构成分类，35 岁以下 2 403 万人，35~55 岁 551 万人，55 岁以上 58 万人，分别占总数的 79.8%、18.3% 和 1.9%。登记要求流动人员的主体仍是年龄在 35 岁以下、学历在本科以下（含本科）的求职者。

随着人力资源服务业的快速发展，人才市场活力凸显。根据人力资源和社会保障部公布的数据（见表 17-3），2021 年全国各类人力资源服务机构共帮助约 3.04 亿人次实现就业和流动，比 2020 年增长 4.83%，这一增速低于 2016—2020 年的年均增速 13.14%；2021 年各类人力资源服务机构为 5 099 万家次用人单位提供了人力资源服务，比 2020 年增长 2.33%，这一增速也低于 2016—2020 年的年均增速 15.29%。②

表 17-3　　　　2016—2021 年人力资源流动配置能力

项目	2020 年	2021 年	2021 年比 2020 年增长	2016—2020 年年均增速*
实现就业和流动（亿人次）	2.90	3.04	4.83%	13.14%
为用人单位提供服务（万家次）	4 983	5 099	2.33%	15.29%

* 年均增速为 2016—2020 年复合增长率。

资料来源：2020 年数据来自《2020 年度人力资源服务业发展统计报告》；2021 年数据来自《2021 年度人力资源服务业发展统计报告》。

五、高校毕业生就业工作有序推进

随着高校毕业生人数的逐年增加和人才市场的不断发展，国家也出台

---

① 这是人力资源和社会保障部成立之前，原人事部管理范围的人才市场体系的最后一次统计数据报告。

② 田永坡、王晓辉、郭旭林：《中国人力资源服务市场发展状况》，载余兴安、李志更主编《中国人力资源发展报告（2022）》，社会科学文献出版社，2022，第 262-263 页。

了相关政策加以引导，拓展高校毕业生市场化就业的渠道。2005年6月，中共中央办公厅、国务院办公厅发布《关于引导和鼓励高校毕业生面向基层就业的意见》，提出要创造良好的政策环境和市场条件，鼓励和支持高校毕业生到基层自主创业和灵活就业。2016年2月，人力资源和社会保障部下发《关于做好2016年全国高校毕业生就业创业工作的通知》，提出组织大学生参观人力资源市场、创业孵化基地，组织开展民营企业招聘周，高校毕业生就业服务月、服务周，部分大中城市联合招聘等专项活动。2021年6月，人力资源和社会保障部印发《人力资源和社会保障事业发展"十四五"规划》，提出建设高标准人力资源市场体系，促进就业创业，服务人才流动。2021年8月，国务院发布的《"十四五"就业促进规划》提出，要持续做好高校毕业生就业工作，拓展高校毕业生市场化社会化就业渠道，强化高校毕业生就业服务。

在发挥市场作用促进高校毕业生就业的实践过程中，中央和地方都采取了相应的措施，积极开展各类促进大学生就业的活动。2003年12月，人事部联合各地人才市场举办"全国人才市场高校毕业生就业服务周"活动，各地人力资源和社会保障部门、各类人力资源服务机构集中开展网络招聘会、现场招聘会、人力资源服务产业园专场招聘会等，充分发挥人力资源市场作用，该活动目前仍在持续开展。自2013年起，人力资源和社会保障部开展"大中城市联合招聘高校毕业生春季专场活动"，整合全国各省、市、区及大中城市公共就业人才服务机构资源，依托高校毕业生精准招聘平台，积极发挥市场力量为高校毕业生求职择业服务。同年，人力资源和社会保障部开启了"全国高校毕业生夏季网络招聘月活动"，通过汇聚全国各地的信息，为高校毕业生免费提供求职就业所需的各类信息。

全国各地也开展了通过人才市场促进大学生就业的活动。自2008年起，天津市坚持每年一个主题，开展人才服务月活动。2012年8月，河南省人社厅开展"高校毕业生就业服务月活动"。2017年，河北省多措并举，提高就业服务水平；汇集各级人才服务机构的招聘信息，搭建求职平台；开展系列专项活动，实施青年创业引领计划。2018年，辽宁省出台了《关于促进高等学校创新创业工作的实施意见》和《关于加强校企协同创新联盟建设的实施意见》，结合产业布局和产业园区发展，积极发挥市场作用，大力开发适合高校毕业生的就业岗位。2022年6月，北京市出台《北京市支持高校毕业生就业创业若干措施》，提出打造"政府+高校+园区+市场"全链条创业服务模式，发挥市场力量，引导支持经营性人力资源服务机构参与高校毕业生就业服务。2022年6月，上海市人社局举办"国聘行动"走进中国上海人力资源服务产业园区、"职等你来"——人力资源市场系列活动等，为高校毕业生提供高质量就业岗位。2022年5月，广州市出台了《2022年"赢在广州"广州市高校毕业生就业创业十大行动方案》，该方案提到促进就业市场供需匹配，发挥民营企业吸纳就业主渠道作用。

六、流动人员人事档案管理逐步优化

流动人员人事档案管理是人才市场中的一个重要活动①。人事档案由历史地、全面地反映流动人员情况的材料构成，具体包括履历材料，自传材料，考察、考核、鉴定材料，学历、学位及相关认证材料，培训材料，职业（任职）资格考试材料，评（聘）专业技术职称（职务）材料，反映科研学术水平的材料，录（聘）用材料和其他有参考价值的材料。

对流动人员人事档案的管理具有十分重要的作用和意义。人才市场承担着流动人口人事档案管理的重要职责，能够为我国人才管理、培养、使用和信息聚合、服务供给提供基础数据，这是人才市场提供专业化、多样化、精细化服务的关键②③。人事档案在升学考试、求职就业、政治审查、职称评审、学历入户、计划生育、办理社保以及依据档案出具各种相关证明时，都起到了重要的凭证、依据和参考作用。

国家根据事业发展需要，出台了一系列关于流动人员人事档案管理工作的政策文件。中共中央组织部、人事部在1988年12月出台了《关于加强流动人员人事档案管理工作的通知》，中共中央组织部等在1991年4月制定出台了《干部档案工作条例》，进一步明确了流动人员人事档案管理的机构和内容。1996年12月，中共中央组织部、人事部颁布《流动人员人事档案管理暂行规定》，标志着这项工作步入规范化、法制化轨道。

---

① 邓绍兴：《人事档案教程》，中国传媒大学出版社，2008，第11页。
② 刘红、路思、张秋霞：《论我国人才市场档案管理工作中的现存问题和对策》，《云南档案》2014年第5期，第46-48页。
③ 张鸿艳：《大数据背景下人事档案信息资源建设的现状与进路研究——基于档案数据管理视角》，《山西档案》2020年第1期，第81-86页。

2001年9月，人事部、国家工商行政管理总局颁布了《人才市场管理规定》，以部门规章的形式对流动人员人事档案管理作出了进一步规范。2014年12月，中共中央组织部、人力资源和社会保障部、国家发展和改革委员会、财政部、国家档案局五部门出台了《关于进一步加强流动人员人事档案管理服务工作的通知》，确立了流动人员人事档案管理服务工作的公益属性，明确了新形势下流动人员人事档案管理工作发展的方向和思路。2021年12月，中组部、人力资源和社会保障部、财政部、国家邮政局、国家档案局五部门出台了《流动人员人事档案管理服务规定》，明确了管理服务机构及职责，提出加强流动人员人事档案日常管理，推进基础设施和信息化建设，加强流动人员人事档案接收、转递和服务利用工作。

当然，人事档案管理在实践中还存在着一些需要解决的问题。例如，"人档分离"现象导致档案功能弱化；档案管理归属关系不明确，多头管理现象突出；弃档、死档现象严重；档案内容陈旧失真；档案功能弱化等问题[1]。近年来，人事档案的所有权、知情权、隐私权，以及公共就业和人才服务机构档案管理体制等也成为社会关注的热点问题。因此，人事档案管理工作尚需在以下方面进行创新和改进：第一，加强体制创新，健全和创新流动人员人事档案管理体制，加强档案工作的公益属性；第二，加强技术创新，通过使用二维码、数据微缩技术、数据采集器、文件检验仪等提高档案管理工作的效率和质量，实现档案管理的自动化、智能化；第三，加强档案信息化建设，及时更新档案信息[2]；第四，调整现有法律法规，出台配套行为准则；第五，提升档案管理人员的整体素质，提升服务理念[3]。

第四节 人才市场研究的展望

已有研究文献对人才市场的基本概念、发展规律、建设实践、管理制

---

[1] 郑美艳：《人才市场人事档案管理存在问题及对策研究》，《就业与保障》2021年第17期，第24-25页。

[2] 白云波：《人才市场档案管理中的问题与策略探索》，《兰台内外》2019年第4期，第12-13页。

[3] 郭雁云：《人才市场档案管理工作的几点思考》，《劳动保障世界（理论版）》2013年第7期，第104-105页。

度等进行了相对丰富的研究,为人才市场建设的发展提供了较好的理论支撑,但也存在一些问题,解决这些问题,也成为未来人才市场研究的目标和任务。

一、人才市场研究现存的问题

(一)"人才市场"的内涵不统一

同为"人才市场"四个字,在不同的文献甚至政策文本中,其内涵却截然不同。在狭义上,人才市场指的是具体的开展人才交流等相关活动的场所;而在广义上,人才市场指的是包括人才市场相关参与主体、市场运行机制以及管理制度在内的有机整体。在相关研究和政策文件中,特别是与人才市场相关的内容,笼统地使用人才市场的概念,或者使用人才市场中不同的内容来加以表述,导致人才市场概念混用、乱用。另外,由于管理体制上的原因,"劳动力市场""人才市场""人力资源市场"的表述同时存在,而且"劳动力"与"人才"这两个表述又有交叉,导致在理论研究中产生概念上的混淆,在管理上,也产生职能交叉或者职能缺位的情况。

(二)人才市场的理论本源不够清晰

人才市场作为社会主义市场经济体系的有机组成部分,其发展有其自身的历史阶段特点和局限性。在改革开放初期,对某类人才或者人群的管理、配置的机制进行探索,使用人才市场的概念,有其历史意义。但是,随着改革开放的推进、经济结构改变以及劳动者结构的变化,原有人才市场的参与主体、运行机制也发生了较大变化,导致人才市场成为一个随着社会发展实践不断变化的概念,加之"人才"这个概念表达的模糊性,导致其本源性质的定义缺乏相对清晰的表达,甚至"人才市场"这一概念如何更好地表述,需要加以讨论和研究。

二、人才市场研究展望

从现实劳动力市场的发展来看,劳动者的规模、结构和素质也在发生较大变化,流动性也比以往大大提高,在此背景下,再简单按照劳动力、人才的区分去研究和建设广义上的劳动者流动和配置的市场体系,已不能满足现实的需要。结合未来经济社会发展趋势,关于"人才市场"的研究可能会有以下六个发展方向。

一是围绕建立高标准市场体系的要求,探索与人才、劳动力等相关的市场制度的改革与完善的路径。人才是第一资源,人才市场在全国大市场的建设过程中扮演着重要角色。如何适应高质量发展的要求,在高标准市场体系建设过程中协同推进各类要素市场体系建设,激发蕴藏在人才身上的能力,是未来研究的一个重要方向。

二是立足建设重要人才中心和创新高地等工作部署,探索人才集聚的规律、实现路径以及相应的政策措施。进入新时代,人才事业发展面临着一系列机遇和挑战,如何在新时代经济社会发展、科技进步、国际形势变化呈现出新特点的情况下,根据人才中心和创新高地建设的需要,探寻新形势下人才集聚和区域发展的规律,也是未来研究的重要方向之一。

三是在人才市场建设的实践中,针对某类人才的市场开展理论研究、拟定相关政策和制度。针对当前存在泛泛的"人才市场"表述的情况以及产业人才事业发展的需要,可以考虑从产业或者职业层面,对垂直性人才市场开展相关研究,比如旅游人才市场、芯片人才市场、康养人才市场等,各地区、各行业可以根据自身的发展需要和人才基础,利用行业性的人才市场解决发展中的人才问题。

四是着眼于数字经济发展的大背景,探寻数字技术在求职招聘、收入分配、工作形式等方面的影响。当前,数字经济发展方兴未艾,对包括人才市场在内的整个经济社会发展产生了巨大影响,探讨快速发展的数字技术对劳动力资源配置形式、机制和效率的诸多影响,是人才市场研究中的又一个方向。

五是人力资源服务业等市场有机组成部分的发展规律及其对整个市场的影响。近十年来,人力资源服务业取得了突飞猛进的进展,为充分发挥市场的配置作用、劳动力流动和就业提供了强大支撑。如何更好地发挥市场中介力量的润滑作用,减少劳动力市场摩擦,是一个既有理论价值又能满足现实需求的命题。

六是关于现存的人才交流配置的场所及其相应管理制度的研究,这是此领域深化改革的需要。为了推进人才配置的市场机制建设,在改革过程中成立大量的人才流动服务中心、人才服务中心等载体,这些载体既有提供实际服务的机构（如用于开展招聘等服务的机构），也有相应的管理机构。随着市场经济发展和完善以及行政管理改革，这些平台和管理部门也面临着新的历史选择，如何更好地使用这些机构，更好地发挥其作用，是未来研究中需要考量的一个问题。

第十八章

人才安全

人才安全是人才研究和人才工作实践中的重要议题之一，该议题随着对人才资源认识和开发的日益深入，而受到社会的关注。在当前国际人才竞争激烈的背景下，有必要系统梳理人才安全的相关研究，为深化人才安全理论认识，更好推进人才工作提供参考借鉴。

第一节 人才安全的提出与背景

资源安全是国家安全的重要支撑。人才是第一资源，是实现民族振兴、赢得国际竞争主动的战略资源，人才安全是维护国家安全和发展的重要保证，也是实施新时代人才强国战略和实现高水平科技自立自强的重要基础。"安全"所描述的是一种状态，具有相对性、动态性的特点，受内外部环境因素影响较大。人才安全是进入21世纪以后伴随人才发展形势变化而产生的新议题。

一、国际人才竞争形势及其变化

20世纪90年代后，随着互联网信息技术革命的到来，基于全球价值链的国际分工深入发展，人类历史的全球化进程掀起第三次浪潮。经济全球化不仅推动资本、人员、技术的跨境流动，同时向政治、文化、意识形态等向度扩散。[①] 中国在改革开放后主动融入全球化的进程中，并加入

---

① 人民论坛特别策划组：《人类全球化历程及其未来》，《人民论坛》2021年第13期，第10–11页。

WTO成为全球化的重要参与者。在这一过程中,高等教育全球化快速推进,人口的跨国迁移与流动范围不断扩大,形成了包括国际留学、短期工作、短期交流访学、永久移民等在内的多向性、多层次的人口流动。据联合国统计,在全球范围内,跨国迁移的人口从1965年的7 500万人增至1990年的1.2亿人,到2007年,约有2亿人口生活在出生国以外。① 根据国际移民组织(2008)的数据,2004年,大约有270万名留学生出国留学,最主要的5个留学目的地国家是美国、英国、德国、法国与澳大利亚。技术移民的数量随着全球化的深入快速增长,2000年全球移民为1.74亿人,到2013年国际移民数量已经达到2.32亿人,约占全球总人口的3%。② 改革开放后,中国家庭收入的增加使得中国学生有更多机会到国外院校学习,国外的优厚待遇和良好的工作生活环境也吸引了大量技术人才迁移到国外,以留学生数据为例,1978—2003年留学生回国率仅为24.67%。中国、印度、菲律宾等亚洲国家成为全球人才流失率较高的国家,也引发相关国家的忧虑,为此纷纷出台政策吸引海外本族裔人才回归。

近年来,在新一轮科技革命的推动下,以中国、印度、南非等为代表的新兴国家快速崛起,世界百年未有之大变局加速演进。与此同时,世界政治、经济局势紧张、多变,多地政治经济社会矛盾凸显,多个领域的全球治理均处于新旧秩序博弈中,在此大背景之下,人才的全球流动与使用模式正在悄然发生变化。新兴国家通过加大教育、科研创新投入力度,改变了传统从核心向边缘单向、永久性人才流动,逐步开始从边缘向核心靠拢,而成为新的人才枢纽型国家③,人才流动呈现出双向、多向性特点。从全球范围来看,人口老龄化、人口负增长、劳动力减少已经成为全球人口发展的显著趋势,劳动力短缺进一步加剧国际人才竞争,各领域的人才争夺更为激烈。

---

① 梁茂信:《全球化视野下亚洲科技人才移民美国的历史透视》,《史学月刊》2015年第3期,第91—108页。
② 顾皓、王孙禺:《科技人才的全球化竞争与流动——浅谈国际学生、技术移民以及经合组织劳动力市场》,《高等工程教育研究》2016年第4期,第34—39页。
③ 侯纯光、杜德斌、刘承良、翟晨阳:《全球人才流动网络复杂性的时空演化——基于全球高校留学生流动数据》,《地理研究》2019年第8期,第1862—1876页。

此外，面对中国在国际贸易、全球制造业、货币金融等多领域的崛起，美国作为霸权国家深感不安，对华思维发生重大转变。近年美国及其盟友将中国视为最大的竞争对手，并开启对华全面战略竞争和围堵，出台《2021年战略竞争法案》《芯片和科学法案》等，全方位、多层次加快调整对华策略。在人才竞争方面，美国则通过实施"中国行动计划"，严格限制留学签证、工作签证，加强对中国留学生、华裔科学家，以及与中国合作的外籍科学家的调查、干扰等，以此遏制中国的科技发展。中美之间正常的科技合作、人才交流频频受挫，甚至美国的做法影响拓展到其部分盟友国家，中国的人才对外开放和人才安全面临新的挑战。

二、国内人才安全政策背景

2001年12月，中国加入WTO后，出国留学人员数量和中国公民出国就业人数显著增加，人才流失趋势加剧。在此背景下，2002年5月，中共中央办公厅、国务院办公厅印发我国第一个人才发展规划《2002—2005年全国人才队伍建设规划纲要》，提出"建立国家重要人才安全管理工作体制，制定管理办法"。在2003年12月第一次全国人才工作会议上，胡锦涛指出，"人才资源的争夺越来越成为国际竞争的一个重点，发展中国家因人才大量流失而带来的安全隐患也更加突出。我们必须牢固树立国家人才安全意识，加强和改进国家重要人才安全工作。在关系国家安全和国民经济命脉的重点行业和领域工作的人才是国家重要人才。要充分发挥他们的聪明才智，制定有关激励政策措施，保障他们的合法权益，同时要完善政策法规，规范流动程序，坚决防止国家重要人才流失。要尽快建立人才队伍动态预测预警机制，确保国家重要人才安全"。[①] 会议结束后，中共中央、国务院印发《关于进一步加强人才工作的决定》，提出"加强和改进国家重要人才安全工作。高度重视和充分信任国家重要人才。通过立法维护国家重要人才安全，有效防止重要人才流失。制定政策法规，提高重要人才待遇，保障重要人才权益，规范重要人才流动。建立国家重要人才的信息档案，实施动态管理"。进入21世纪以来，人才工作受到中央高度关

---

① 胡锦涛：《大力实施人才强国战略，不断开创人才工作新局面》，载《十六大以来重要文献选编（上）》，中央文献出版社，2005年，第582页。

注，在国家密集出台的人才工作相关文件中，人才安全被反复提及，人才安全相关工作由此正式开启，相关学者也开始研究人才安全系列议题。

2010 年出台的国家第一个中长期人才发展规划《国家中长期人才发展规划纲要（2010—2020 年）》提出，建立健全涵盖国家人才安全保障等的人才法律法规，制定维护国家重要人才安全的政策措施。2011 年，《专业技术人才队伍建设中长期规划（2010—2020 年）》提出要建立重要人才安全制度。2013 年，中央决定成立中央国家安全委员会，完善国家安全体制和国家安全战略；2014 年习近平总书记提出"总体国家安全观"这一重要论述；2015 年 7 月 1 日，国家颁布实施的新《中华人民共和国国家安全法》，从国家顶层设计层面为推动人才安全工作提供了重要方向指引和实施路径。2016 年，中共中央印发了《关于深化人才发展体制机制改革的意见》，提出研究制定人才安全方面的法律法规和维护国家人才安全的政策措施。

2017 年后，随着中美关系从"接触以塑造"转向"竞争以制胜"[①]，中国人才安全发展的外部环境发生重大变化，人才安全问题再次引发社会关注。党的二十大报告将推进国家安全体系和能力现代化作为专章论述，统筹发展和安全将是未来一段时期的基本遵循。在此背景下，何为人才安全、怎样认识人才安全、如何维护人才安全等成为人才工作和人才研究中亟待解决的问题。

第二节　人才安全的研究进展

人才安全是随经济社会发展中相关问题出现而衍生出来的新议题，进而受到学界的关注并开展相关研究。从理论研究角度看，人才安全是安全研究的子领域，近年来国内学者围绕什么是人才安全、为什么要关注人才安全、要关注哪些领域的人才安全、怎样提高人才安全等展开相关研究，奠定了人才安全研究的基础。

---

① 达巍、蔡泓宇：《美国国家安全战略视阈下的中美关系 50 年》，《国际安全研究》2022 年第 2 期，第 3-46 页、第 157 页。

一、人才安全研究总体情况

近年来，伴随国际人才竞争形势的复杂多变，人才相关研究领域的学者也开始从不同角度探讨人才安全问题。在中国知网检索篇名含有"人才安全"且学科领域为"人才学与劳动科学"的各类文献共 82 篇。各年份人才安全文献发布趋势如图 18-1 所示。

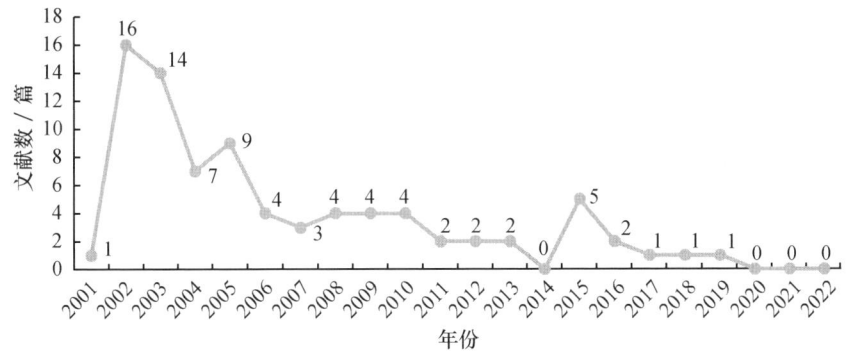

图 18-1　各年份人才安全文献发布趋势图

由图 18-1 可知，2001—2022 年，人才安全研究文献数量在 2002 年达到峰值后，呈现波动下降的趋势，与其他安全领域的研究成果相比，数量排在末位。从人才安全研究广度、深度看，多数研究都在探讨人才安全的重要性、基本概念认识、存在问题及对策建议，总体上均停留在表层认识层面，缺少系统深入的理论研究，以及基于广泛调研的实践研究。从研究方法看，现有人才安全研究以理论阐释、定性分析为主，缺少实证性、理论性研究与实践经验检验。从研究内容看，多数研究从人才流动或人才流失角度分析探讨人才安全问题，人才安全其他相关内容，如人才安全的评估与监测、人才安全成本、人才安全竞争强度、人才安全的法律保障、人才安全与其他安全的关系等则较少涉及，人才安全研究内容亟待拓展。

人才安全受国内外环境影响较大，动态性较强。从外部环境看，当前中国面对百年未有之大变局，国际单边主义崛起等，人才安全，尤其是国际人才安全面临更大的风险和挑战。而在人才工作实践领域，随着美国对中国采取科技"脱钩""遏制""制裁"等一系列打压手段，相关科技合作领域的人才安全问题引发国际社会的广泛关注。从国内环境看，中央人才工作会议提出实施新时代人才强国战略，人才强国的基本前提是人才安全，我国的人才工作和人才队伍建设水平能够应对各种风险挑战，具备保障基本人才安全的能力。然而人才工作实践中，关键领域高层次人才安全保障需求正在显著增加，而理论研究基础依然相对薄弱，相关研究进展缓慢，亟待加强人才安全理论研究，推动完善人才安全工作。

二、对人才安全的基本认识

（一）安全的概念界定

《现代汉语词典》对"安全"的解释为：没有危险；不受威胁；不出事故。《牛津高阶英汉双解词典》将安全（safety）解释为：免于危险或伤害的安全和被保护的状态。据此可知，安全是处于无危险情境，没有受到外部威胁且自身运行良好的一种状态。也有学者将安全定义为一种能力，即在面对外部威胁时，能够以合理的代价维护自身安全[1]。

国外对安全的研究最早源于传统国家安全研究，相关领域的研究认为，安全（security）是一个在本质上有争议的概念，某一特指对象的安全常与其特定的条件密切相关[2]。例如，国家安全、经济安全、环境安全等各有不同的研究范畴，其研究对象主体、影响因素、面临的威胁、秉持的价值观、对安全的认知、实现安全的方式、维护安全的成本等有着较大差异，因此，很难给出一个权威、清晰、准确的概念。据此，米勒（Miller）按照状态（所面临的威胁）与能力（防御能力）两个维度，将安全状态分为四种类型，分别为力量均衡、霸权、温暖的和平、不安全与脆弱[3]。

从辩证角度来看，首先，安全与危险是相生相伴的，安全状态具有相对性，绝对安全是不存在的；其次，安全的阈值具有动态性，在不同的环

---

[1] Stephen Walt, "The Renaissance of Security Studies," *International Studies Quarterly*, no. 35 (1991): 211-239.

[2] BALDWIN, D., "The concept of security," *Review of International Studies*, no. 1 (1997): 5-26.

[3] Benjamin Miller, "The Concept of Security: Should It be Redefined," *Journal of Strategic Studies*, no. 24 (2001): 13-42.

境条件下对危险的承受能力不同；再次，人们对安全的认知在不断变化，随着危险与安全影响因素的变化，对安全状态有新的条件要求；最后，安全受自身能力的影响，应对威胁的处理能力越高，安全风险越低。

(二) 人才安全概念认识

国外尚未有与我国"人才"内涵完全对等的概念，因此，人才安全研究文献主要集中在国内。国内学者借鉴安全领域的相关研究成果，尝试从不同的研究角度对人才安全进行概念探究（见表18-1）。总体来看，人才安全的外在表现是一种健康、稳定的状态，其内在的要求是具有维护和保持安全的能力。但由于研究视角、研究重点、研究问题出发点不同，不同学者对人才安全的理解呈现较大差异性，具体表现在以下四个方面。第一，关注的核心问题不同，包括核心人才的流动和流失、人才竞争无序与人才流失、人才资源及运行系统的稳定、人才及各类相关主体的权益安全等。第二，涉及的利益主体不同，总体可分为人才个体、组织、地区、国家等。第三，研究的分析层次不同，总体可以将人才安全分为组织人才安全、产业/区域/专业领域人才安全、国家人才安全等。第四，研究的人才群体不同，可分为重要岗位的关键人才、科技人才、特定行业人才等。

表 18-1　　已有文献对人才安全概念的界定

作者	相关概念界定
曾毓敏	"人才安全"是指作为一个国家在日趋激烈的人才竞争中应当增强核心机密和核心技术人才资源的自我保护意识，关注核心机密技术人才的流向，采取切实有效措施减少核心机密、核心技术人才流失造成的损失[①]
梅德平	人才安全并不是指人才自身的人身安全，是指一个国家、用人单位人才队伍在国际、国内人才市场竞争中不会引起无序或过度流失而使国家建设和经济发展受到损害或威胁[②]
桂昭明	国家人才安全是指一个主权国家的人才资源及其开发运行系统免于遭受外部势力的侵害，以维护国家人才资源的稳定性，保障国家的人才需求，保持国家综合实力，避免给国家、政治、军事、经济等方面带来风险和危害[③]
徐颂陶	人才安全是指，一个国家、单位的关键核心人才，不受外部和内部的威胁，保持稳定和持续发展的一种状态[④]
陈全明、张翔	人才安全问题是由于人才流动所引致的组织机密泄露，经济资源流失，核心关键技术外流，进而损害组织整体利益的现象[⑤]

续表

作者	相关概念界定
杨河清、吴江	人才安全是指，人才系统的运行对组织发展与安全的支持和保障作用。人才安全交织于政治、军事、社会、经济、科技、文化等各个领域的安全之中，处于各种安全问题的最深层，是最本质的安全问题[6]
王红乾	"人才安全"实际上是指国家、地区、组织内部人力资源与社会发展，事业进步的合理匹配和协调增长，免于危险或没有危险，不受威胁或不出事故，有利于主体生存发展的客观状态[7]
刘智勇、吴满意	人才安全问题是指，由于人才问题而造成的危及人才拥有主体安全的一切问题。从主体来看可分为微观、中观和宏观三个层面，微观的人才安全问题，是指一个组织的人才安全问题。中观的人才安全问题，是指一个行政区域的人才安全问题。宏观的人才安全问题，是指一个国家的人才安全问题[8]
田志峰	狭义的国家人才安全是指因工作在国家机密岗位、掌握国家核心技术的人才流失而发生的人才安全问题。广义的国家人才安全是指一个主权国家的人才资源及其开发运行系统免于遭受外部势力的侵害，以维护国家人才资源的稳定性，保障国家人才需求，保持国家的综合实力，避免因人才资源给国家政治经济军事等方面带来风险和危害[9]
陈文义、范军	人才安全是在一定的时空范围内，人才不受威胁，保持稳定发展和持续发展的状态[10]
赵中源、陈长明	人才安全是指人才的供给和配置能够为特定组织的发展与安全提供相匹配的支持和保障的客观状态[11]
周明丽	人才安全是源于人才问题造成的危及组织生存利益、发展利益和战略利益的组织安全问题。人才安全实际上是指国家、地区、组织内部人力资源与社会发展、事业进步的合理匹配和协调增长，免于危险或没有危险，不受威胁或不出事故，有利于主体生存发展的客观状态[12]
乔旋	国家人才安全的内涵包括两方面：人才自身的生命安全，这是国家人才安全最基本的内涵；因人才流失而引发的人才安全问题[13]
刘家珉、陈家田	人才安全问题是指由于人才流动、人才位移所引发的组织机密、资源、核心和关键技术等重要经济、技术要素泄露、流失、外流，从而严重损害组织整体利益的现象[14]
戴长征	人才安全指国家、地区、组织内部人力资源与社会发展、事业进步的合理匹配和协调增长，免于危险或没有危险，不受威胁或不出事故，有利于主体生存发展的客观状态[15]

续表

作者	相关概念界定
叶忠海、郑其绪	人才领域内当事主体（包括国家、地区、行业、单位、个人等主体）法定责任、义务与承诺（契约），维护各相关主体合法权益不受侵害，保障人才培养、吸引、使用、流动、激励等相关环节的稳定、有序和高效运行，并面向未来的人才竞争为各相关主体提供综合、安全的环境保障[16]
刘霞、孙彦玲	人才安全指人才系统（人才个体、人才队伍、人才制度等综合体）自身运行健康、稳定，且持续有效地支撑了国家经济社会的发展，使国家重大利益如主权利益、政治利益、经济利益、社会公共利益等免受因人才问题导致外部威胁的一种状态[17]
石长慧、樊立宏	人才安全是指一个国家的人才数量和质量能够满足经济和社会发展的需要，以确保国家在政治、经济、军事、科技等方面的重大利益相对处于没有危险和不受内外威胁的状态，以及保障持续安全状态的能力[18]

资料来源：根据相关文献整理。
① 曾毓敏：《也谈人才安全》，《中国人才》2002 年第 5 期，第 6-7 页。
② 梅德平：《人才安全事关国家利益》，《中国人才》2002 年第 5 期，第 8-10 页。
③ 桂昭明：《论国家人才安全》，《国家安全通讯》2002 年第 7 期，第 37-40 页。
④ 徐颂陶：《要高度重视人才安全问题》，《中国人才》2003 年第 10 期，第 14-16 页。
⑤ 陈全明、张翔：《我国人才安全问题与对策》，《中南财经政法大学学报》2003 年第 1 期，第 50-53 页、第 143 页。
⑥ 杨河清、吴江：《论我国的人才安全》，《中国人力资源开发》2004 年第 1 期，第 8-13 页。
⑦ 王红乾：《略论"人才安全"的概念与基本特征》，《河南科技大学学报：社会科学版》2004 年第 1 期，第 99-101 页。
⑧ 刘智勇、吴满意：《论国家高科技人才安全管理体系的构建》，《中国科技论坛》2004 年第 3 期，第 113-116 页。
⑨ 田志峰：《全球化与中国人才安全问题研究》，硕士学位论文，东北师范大学，2005，第 9 页。
⑩ 陈文义、范军主编《人才安全论》，蓝天出版社，2005，第 10 页。
⑪ 赵中源、陈长明：《人才安全与党的执政安全》，《湘潭大学学报：哲学社会科学版》2006 年第 4 期，第 64-67 页。
⑫ 周丽丽：《新国家安全观视角下的人才安全》，《唯实》2008 年第 1 期，第 87-90 页。
⑬ 乔旋：《关于国家人才安全战略的思考》，《太平洋学报》2012 年第 3 期，第 66-74 页。
⑭ 刘家珉、陈家田：《人才流失的机制、预警及对策：以北京市国有企业为例的实证分析》，天津大学出版社，2013。
⑮ 戴长征：《发达国家人才流动与配置》，党建读物出版社，2014，第 8 页。
⑯ 叶忠海、郑其绪主编《新编人才学大辞典》，中央文献出版社，2015，第 338-339 页。
⑰ 刘霞、孙彦玲等：《国家人才安全问题研究》，中国社会科学出版社，2018，第 25 页。
⑱ 石长慧、樊立宏：《我国高层次科技人才安全的挑战与建议》，《中国人才》2018 年第 8 期，第 48-49 页。

(三) 人才安全的应对举措

早期关于人才安全的研究大多阐释了人才安全的概念，强调研究的必要性和紧迫性，后期研究结合人才安全问题在不同领域层面以及高层次人才、科技人才等人才群体中的表现形式，从多个角度提出人才安全问题的应对举措，大致可划分为以下四个方面。

第一，加强法律手段保障。参考国际通行做法，明确竞业避止要求[1]，减少人才流动导致的潜在风险；加强行政合同、行政救济等行政法保护[2]，完善人才培养培训、人才评审定级、知识产权保护、仲裁和申诉等人才程序性法律[3]。

第二，加强人才安全的制度管控。从应对人才安全风险的角度出发，筑牢制度防线、出入防线和用人防线[4]；建立人才安全管理机构，统筹人才安全管理[5]；建立人才安全预测预警机制，开展人才安全评价与风险防范[6]；组建高层次人才库，并重点加强核心人才保护[7]。

第三，练好"内功"，提高自身人才管理水平。深化用人制度改革，将现有人才留得住、用得好[8][9]；深化教育体制改革，加大力度培养人才，重点培养高精尖及关键岗位人才；建立科学的用人评价机制，破除"论资排辈"现象，争取做到"人尽其才"；建立公平合理的人才激励机制、接

---

[1] 茆明：《用法律手段保障人才安全》，《中国人才》2004年第5期，第52-53页。
[2] 顾海波、姜玉原：《中国人才安全的行政法保护》，《人力资源》2005年第7期，第18-20页。
[3] 赖华子、詹明：《从人才安全角度看我国人才法制建设》，《党史文苑》2004年第10期，第84-86页。
[4] 何章华：《国际化进程中人才安全及其风险防范的对策研究》，《华东经济管理》2003年第3期，第38-39页。
[5] 刘智勇、吴满意：《论国家高科技人才安全管理体系的构建》，《中国科技论坛》2004年第3期，第113-116页。
[6] 朱松山、王效国：《建立人才安全预警机制》，《中国人才》2004年第10期，第51-53页。
[7] 林泽炎：《构建国家重要人才安全管理体系》，《中国人力资源开发》2003年第4期，第20-23页。
[8] 赵琪：《新形势下保障我国国家人才安全措施研究》，《工会论坛：山东省工会管理干部学院学报》2010年第6期，第16-17页。
[9] 冯洁：《以用为本人才观对科技人才安全问题的规避》，《科技管理研究》2015年第17期，第247-250页。

轨国际的用人机制，丰富激励措施①。

第四，攻守并进，积极主动出击化解人才安全风险。营造优越的硬环境和软环境，加快开展技术移民制度②；出台优惠政策大力吸引留学生群体及其他海外人才③，同时创新高层次人才引进的方式方法，充分发挥市场的作用④。

第三节　人才安全管理的实践进展

不同时期人才安全面临的风险挑战不同，人才安全研究的重点也在不断发生变化。通过对已有人才安全相关的研究进行梳理发现，人才安全的研究重点聚焦于以下几个方面。

一、人才流动与人才流失

人才安全与人才流动两者并非对立的关系，强调人才安全并非禁止人才流动，但人才流动，尤其是高层次人才的大量流失可能导致人才安全问题发生。改革开放以来我国先后出现三次人才外流高峰：第一次是1978年"拨乱反正"后，第二次是邓小平南方谈话后⑤，第三次是中国加入世界贸易组织后。从文献分析方面看，第三次人才外流高峰引发了社会各界对人才安全问题的广泛关注，相关文献数量在2002年达到高峰（见图18-1），多数研究围绕高层次人才大量流失对人才安全的影响展开，例如申渝⑥、桂昭明⑦、曾毓敏⑧、徐颂陶⑨等人的研究成果。由此，人才安全被纳入国家高层研究议题。

---

① 乔旋：《关于国家人才安全战略的思考》，《太平洋学报》2012年第3期，第66-74页。
② 吕萍：《经济全球化与发展中国家人才安全问题》，《前沿》2005年第6期，第40-42页。
③ 汪利平：《科技全球化背景下的科技人才安全管理体系的建构》，《科技管理研究》2011年第16期，第151-154页、第157页。
④ 石长慧、樊立宏：《我国高层次科技人才安全的挑战与建议》，《中国人才》2018年第8期，第48-49页。
⑤ 吴建刚：《"入世"后人才安全保障刻不容缓》，《人才瞭望》2002年第12期，第4-8页。
⑥ 具体内容详见申渝发表的《人才安全，提上国家安全日程》。
⑦ 具体内容详见桂昭明发表的《论国家人才安全》。
⑧ 具体内容详见曾毓敏发表的《也谈人才安全》。
⑨ 具体内容详见徐颂陶发表的《要高度重视人才安全问题》。

根据国际经验，人才流动与一国的经济发展情况密切相关。对于处于经济起飞阶段的发展中国家，海外留学生回归率与滞留率之比保持在2∶1左右是较合理的，该比例也被称为"黄金回归比例"①。但是1978—2011年，我国学成回国人员总数为76.46万人，各类出国留学人员总数达到208.18万人，留学生回归率仅为36.73%，回归率与滞留率之比约为3∶5，远低于通行标准。党的十八大以来，随着人才强国战略的全面推进和人才工作的不断深入，我国引才工作取得重大进展，我国留学回国人数快速提高。2012—2021年回国人员总数占出国人员总数的比例达到79.16%，截至2021年年底，海外留学生回归率与滞留率之比达到2∶1②。

留学人员数量的快速攀升，反映出我国与世界接轨的程度在提升，但从留学人员回国的情况看，高学历留学生回国率低的局面并未得到根本扭转。2003—2006年，在美国获得博士学位的中国人在美国工作超过5年的比例稳定维持在90%以上③。根据2022年4月美国乔治城大学政策研究组织——安全与新兴技术中心（CSET）发布的最新报告，在美国大学取得STEM专业博士学位的海外留学生，有77%选择在毕业后留在美国；其中中国留学生的留美比例更是高达90%④。客观而言，人才流动促进了人才流入国与流出国之间的交流互动，推动了信息、物质、资金等的流通。但不容忽视的是，在高层次人才短缺引发的人才争夺战中，高层次的人才外流因影响了国家的人力资源储备，加剧了国家人才安全的隐患和风险，而备受关注。

二、人才信息安全

加入世界贸易组织后我国的众多产业领域逐步开放，人力资源服务业也位列其中。2001年由人事部、国家工商行政管理总局发布的《人才市场

---

① 乌云其其格、潘云涛、赵俊杰、赵伟、胡红亮、武夷山：《我国高层次科技人才回归不足现象及原因分析》，《学习时报》2008年12月15日第2版。

② 相关数据为笔者依据教育部历年公布的数据计算而得。

③ 霍宏伟、汪洋、肖轶、白杨：《中美间科技人力资源流动问题研究》，《科技管理研究》2012年第7期，第124-127页。

④ Jack Corrigan, James Dunham, Remco Zwetsloot, "The Long-Term Stay Rates of International STEM PhD Graduates", *CSET*, 2022, https://cset.georgetown.edu/publication/the-long-term-stay-rates-of-international-stem-phd-graduates.

管理规定》，允许外资以合资的方式参与我国人才中介服务。但是鉴于我国人力资源服务业起步晚、基础薄弱，为减少国外资本对本土产业的冲击，保护人力资源产业发展，维护我国人才信息安全，政府对进入我国人力资源市场的外资服务机构设置了门槛。2003年，人事部、商务部、国家工商行政管理总局联合出台的《中外合资人才中介机构管理暂行规定》要求：不得设立外商独资人才中介机构；申请设立中外合资人才中介机构，外方合资者的出资比例不低于25%，中方合资者的出资比例不低于51%。2015年，中共中央、国务院出台的《关于深化体制机制改革加快实施创新驱动发展战略的若干意见》中明确提出，逐步放宽外商投资人才中介服务机构的外资持股比例和最低注册资本金要求。2016年中共中央出台的《关于深化人才发展体制机制改革的意见》再次明确，"鼓励发展高端人才猎头等专业化服务机构，放宽人才服务业准入限制"。之后，各地出台举措推动人力资源市场扩大开放，人力资源服务业门槛逐步降低。目前已有多地出台文件，允许在域内［如上海、北京、中国（江苏）自由贸易试验区南京片区、中国（山东）自贸试验区青岛片区等］设立外商独资人力资源服务机构。人力资源服务机构掌握大量的国内高端人才和关键人才的信息，外商独资人力资源服务机构的进入意味着人才数据监管难度增加，如何合理使用、开发人才信息也成为人才安全工作关注的重要内容。

当前海量的国际人才信息、人才行为相关数据等主要掌控在国际人力资源服务企业、互联网平台企业、跨国公司等手中。面对互联网、大数据时代数据信息泄露的风险，各国家、地区出台相关法律法规予以规范。2018年5月被誉为目前世界上最全面的数据隐私法的欧盟《统一数据保护条例》（GDPR）正式实施，印度、巴西等国家参照欧盟GDPR建立了较为严格的数据跨境传输规定。美国出台《出口管制条例》，通过出口管制等手段对人工智能关键技术、敏感个人数据等采取相关跨境限制措施，目前日本、韩国、澳大利亚等已经加入美国数据跨境规则阵营。2021年，我国先后出台《中华人民共和国数据安全法》《中华人民共和国个人信息保护法》，2022年7月，国家网信办又出台《数据出境安全评估办法》，以规范数据出境活动，保护个人信息权益。

三、核心信息与技术流失

核心信息与关键技术的流失、泄密与人才流动、人才日常安全管理密切相关。各国政府之所以对人才流动高度关注,一是因为人才大量流失可能导致某些领域的人才短缺,影响国家和地区的人才数量与人才结构,不能有效支撑国家经济社会发展;二是因为人才流动可能导致某些关键信息、核心技术的转移,这有可能会改变某些重要领域的竞争格局,甚至影响国家安全。因此,很多研究[1]将人才安全关注的群体指向科技人才、高层次人才,尤其是在科技、金融、外贸、国防部门的重要岗位上,掌握了国家机密、核心技术的人员。近年来,美国为维护其在全球的创新领导者地位,在传统技术贸易壁垒之外,以应对所谓的来自外国的"安全和技术威胁"为由,针对华裔科学家和与华合作科学家开展了"中国行动计划",试图阻断中美之间正常的科技交流与合作。面对中国科技水平的快速提升,美国对核心技术、知识产权的保护力度和保护措施,对高端人才的管控,更是不断加强。

四、海外人才引进中的安全问题

人才风险与人才安全相对,人才安全研究必然关注人才风险与隐患。围绕国家层面的人才风险问题,已有学者展开系列研究,为完善人才安全管理提供重要借鉴。高子平从国家利益与社会诉求角度出发,系统评估外籍人才引进后中国面临的潜在风险,包括国家层面的政治与战略安全、社会层面的就业竞争与经济安全、社会融入、文化层面的文化认知(同)四个维度[2]。程志波主要从海外人才使用和人才价值发挥角度出发,探讨了海外人才引进中由于信息不对称和契约不完备导致的道德风险,如引进的人才不能履行承诺,造成虚假引进;引进人才不专注于科研教学工作,而是谋取权位和名利;引进人才与单位联合骗取国家科研资金;用人单位不能兑现承诺,挫伤引进人才的积极性和信任;由于道德风险导致的人才引

---

[1] 具体内容详见顾海波、姜玉原发表的《中国人才安全的行政法保护》,申渝发表的《人才安全,提上国家安全日程》,林泽炎发表的《构建国家重要人才安全管理体系》。

[2] 高子平:《外籍人才引进的风险管理研究》,《中国行政管理》2013 年第 9 期,第 77-81 页。

进逆激励等①②。此外,我国在海外引才过程中,由于缺少知识产权审查、评议环节,导致国内一些重大经济科技活动实施之后反遭重大损失。因此,要加强人才引进的合规性,严格遵守人才流出地、流入地的法律以及相关用人单位的制度规定,及时评估引进人才的安全风险。在海外人才引进过程中增加风险排查环节,将风险排查和安全提醒制度化、经常化。

五、人才国际交流合作风险

当前随着中美全面战略竞争不断升级,美国及其盟友国家采取"小院高墙"策略,严控中国高科技人才的国际交流合作,不断加强对华遏制与封锁,与华合作风险和海外引才风险显著提升。美国不断推出的限制性举措包括:美国以国家安全为名,禁止特定学生和学者获得签证;富布莱特交流项目、政策制定者教育中国行项目、美中友好项目、美中领导者交流项目、美中跨太平洋交流项目、中国香港教育文化项目等多个中美交流项目被终止;等等。在此背景下,部分人才不仅正常的交流、学习、工作权益无法得到保障,而且与华合作交流还可能面临经济损失、法律纠纷、刑事诉讼风险,甚至人身安全受到威胁。从个体层面看,人才安全需要关注人才自身利益的维护。在此背景下,一方面,我们要针对顶尖科学家制定安全保护办法;另一方面,要着力推动建立与各国法律相衔接、稳定明确的国际人才交流合作规则,保障与华合作科学家的人身安全,继续推动各领域专业人才正常的国际交流合作。

第四节　人才安全的内涵与特征

安全范畴的动态性特征决定了在不同发展阶段和时代背景下,要结合新要求、新变化对人才安全的内涵与特征进行再界定,重新认识人才安全与其他安全的相互关系,以更准确把握人才安全研究的关键核心问题。

---

① 程志波:《信息不对称下海外高层次科技人才选聘的逆向选择风险与规避》,《科技进步与对策》2011年第19期,第145-149页。
② 程志波:《论海外高层次科技人才聘用中的道德风险与规避》,《科技管理研究》2012年第13期,第153-156页。

一、人才安全的概念

安全是特定时空范围内的一种状态,安全状态受内外部环境的共同影响,当前随着内外部因素越来越复杂,安全概念及应用范围的扩大在多领域有所体现[1]。因此,对人才安全概念的界定要立足特定的时空范围,随着时空范围的拓展,人才安全概念的内涵与外延会发生变化。同时,为了防止人才安全概念泛化,要客观评价影响人才安全的因素,抓住主要矛盾、核心问题。在已有基础上,立足国家安全,从人才工作角度出发,我们将人才安全界定为:人才系统(人才队伍、人才工作、人才相关制度等综合体)自身运行健康、稳定,且持续有效支撑国家经济社会的发展,使国家重大利益如主权利益、政治利益、经济利益、社会公共利益等免因人才问题受到外部威胁的一种状态[2]。人才安全的外在表现是人才队伍应该处于一种健康的、相对稳定的状态,其内在要求是人才工作和人才相关制度应具有维护和保持安全的能力。

国家利益是国家制定和实施安全战略的出发点,也是估计和判断安全状态的主要标准。[3] 人才安全并非单纯指人才个体的人身安全,而是立足人才工作实践从国家层面探讨,因人才风险和隐患而导致的国家重大利益的安全问题。因此,人才安全与否由国家重大利益是否受损来确定,人才安全对应的结果是一种国家利益处于安全的状态。所以,当因人才问题致使国家重大利益受到损害时,就可视为人才安全受到挑战。而国家利益受损存在显性与隐性两种状态,显性的损失是重大的,甚至是无可挽回的;而隐性的损失大都存在于制度与管理中,主要表现为制度不健全或缺乏竞争力等。因此,立足政府层面,从制度和管理入手,积极应对外部人才安全风险挑战,做好内部人才安全风险防控,防患于未然,将存在的隐性损失降低到最低程度,是人才安全工作所要追求的基本目标。

国家竞争的核心是人才的竞争,人才安全的实质就是国家安全,人才

---

[1] 张超、吴白乙:《"泛安全化陷阱"及其跨越》,《国际展望》2022年第2期,第19—35页、第149页。

[2] 刘霞、孙彦玲等:《国家人才安全问题研究》,中国社会科学出版社,2018,第25页。

[3] 《总体国家安全观干部读本》编委会主编《总体国家安全观干部读本》,人民出版社,2016,第46页。

安全是人才工作的底线，不容松懈。但对人才安全问题的关注并非意味着人才工作走向限制、监控、封闭，而是在开放发展趋势下，从制度和管理的角度提高人才安全的风险防控能力，健全相关法律法规和行政管理措施，建立与之相适应的风险评估与动态管理体系。根据内外部条件变化与发展需要，适时评估人才管理系统的运行环境、管理模式和运行效率，不断完善管理体制、运行机制和政策措施，以保障人才资源及人才管理系统持续有效地支撑国家经济社会的健康发展。①

二、人才安全的特点

第一，系统性。人才安全的实现建立在人才系统自身运作良好，以及与其他国家子系统（如经济安全系统、网络安全系统、科技安全系统等）相互有效耦合的基础上。人才安全系统由若干相互联系、相互作用的子系统构成；人才安全系统与其他相互联系的系统共同支撑，构成国家安全大系统。从系统角度来看，人才安全与人才发展相互影响，人才安全为人才发展提供基本保障，人才发展让更多优秀人才实现个人理想与价值，进而提升人才安全水平。

第二，战略性。人才安全的实现非一朝一夕之功，非个体之力可以达到，人才安全需要立足长远、整体布局，纳入国家安全战略体系中统筹规划。国家兴盛，人才为本，人才安全是实现人才强国战略的前提和基础，人才安全应是人才强国战略的重要构成。当前在新时代人才强国战略布局、战略实施、战略重点任务中要充分考虑人才安全议题，结合国际环境、发展趋势，同步布局谋划。

第三，动态性。在不同经济发展阶段和历史时期，人才安全的影响因素、面临的威胁不同，人才安全的概念外延，甚至概念内涵都可能发生变化。例如，在工业化和全球化初期，人才安全关注的是人才流失以及人才所掌握信息的安全；在信息化和网络化快速发展阶段，人才流失由显性变隐性，安全边界已被改写，人才信息的安全也成为当前人才安全的重要内容之一。在市场经济发展初期，伴随对外开放而来的人才外流是人才安全

---

① 孙彦玲、刘霞：《人才安全管理需处理好四大关系》，《中国人才》2016年第19期，第42-43页。

的关注重点；市场经济发展壮大后，竞争对手在竞争压力之下开始采取人才封锁、人才打压、人才限制等手段阻碍人才正常流动、交流合作，则重点人才群体的人身安全、权益保障等人才安全问题更加凸显。

三、人才安全新变化

人才安全是一项战略性、系统性工作，人才安全工作涉及法律法规建设、信息基础建设、人力资源市场建设等多个领域，关系到政府、市场、社会、个体等多个主体，需要从全局视角、战略高度系统思考。人才安全的时代性特征要求人才管理部门持续关注人才安全方面的新问题、新表现，不断突破已有认知框架。当前，中美进入全面战略竞争阶段，美国及其盟友对中国展开系列攻势，打出对华"组合拳"，中国科技人才的发展环境、国际人才竞争环境更加复杂严峻，人才安全面临诸多新变化。

（一）人才安全概念范畴扩大化

当前我国国家安全处于全面拓展期，安全的内涵和外延越来越丰富，时空领域越来越宽广，内外因素越来越复杂。[①] 早期人才安全关注国际人才流动导致的人才流失问题，随着国际人才竞争全面展开、竞争环境的恶化和人才流动，当前的人才安全研究内容已经拓展到人才信息安全、人才流动安全、高层次人才人身安全、国际人才交流合作安全等。

（二）人才安全治理主体多元化

国家作为人才安全的主体，在人才安全治理中发挥引领性、决定性作用。随着用人单位、人才主体、人力资源服务机构、各类专业性人才组织等在维护人才安全方面的诉求增加，共同参与人才安全治理的主体更趋多元化。在此背景下，需要明晰不同人才安全相关利益主体的角色定位、利益诉求、职能作用，并进一步建立多元主体共同参与的人才安全协作机制。

（三）人才安全管理常态化

当前面对日益严峻复杂的国际形势和各类巨大风险挑战，亟须增强忧患意识，坚持底线思维，发扬斗争精神。人才安全问题从引发社会关注到

---

① 《总体国家安全观干部读本》编委会主编《总体国家安全观干部读本》，人民出版社，2016，第4页。

被列入国家战略层面考虑,到着手建立人才安全运行机制,人才安全问题已不再是阶段性出现的个别问题、特殊现象,而是演化为更具有普遍性、长期性、系统性的问题。因此,人才安全需要被纳入人才工作管理中统筹考虑,同时建立人才安全管理工作体系和运行机制,制定出台相关制度举措,提升人才安全管控能力,积极主动化解各类人才安全风险。

(四)人才安全监控服务精细化

人才安全问题既包括整体人才数量、人才结构、人才质量、人才数据管控等无法支撑国家健康稳定发展,又包括重点领域人才、关键技术人才群体可能面临人身安全威胁、自身权益无法得到合理保护等。随着人才安全风险的扩散演化、人才安全需求的差异化,人才安全服务管理需走向精细化、专业化。对于整体性、普遍性、一般性问题,从法律、制度、工作机制等方面来解决。对于重点领域的局部性、个别性、特殊性问题,配备专业力量,出台专门政策来解决。对于顶尖人才面临的潜在安全问题,采取一事一议、一人一策,开辟专有渠道予以特殊保障。

四、人才安全与其他安全的关系

(一)人才安全与国家安全

人才是科技、信息、文化等的载体,科技安全、信息安全、文化安全的核心是人才的安全。当前,人才安全尚未纳入国家总体安全体系,但人才作为第一资源、国家赢得国际竞争主动的战略资源,在国家安全体系中具有重要地位,是实现其他各领域安全的重要支撑。人才安全与政治、军事、社会、经济、科技、文化安全等相互交织,是实现国家安全的重要保障。

(二)人才安全与信息安全

人才是科技、信息的载体,各国对人才的高度重视恰在于人才所掌握的科学技术、知识经验、信息以及价值创造能力,因此,对人才安全的研究离不开对技术、信息安全的关注。从相互关系来看,人才安全是从人才管理开发角度,防范危及国家利益的风险;信息安全是从信息使用开发等角度进行风险防控和管理。两者的研究范围有所交叉,但关注重点、技术手段、管理制度等均有所不同。

(三)人才安全与人身安全

人才自身的生命安全是人才安全的应有之义。在现代文明社会中,人才生命安全得到较高程度的保障，因而，以往人才安全的研究多是关注人身安全之外的议题。当前，随着国际竞争加剧，国际安全局势越来越复杂，重点人才群体的自由流动、工作交流、学习等权益，甚至生命安全受到冲击。在此背景下，人才安全研究需要关注人身安全相关内容。

第五节　未来人才安全研究的着眼点

人才安全研究要立足实践、指导实践，结合管理实践中出现的重点难点问题，找到当前研究的薄弱之处，亟待解决、回答的问题，推动未来一段时期人才安全研究进一步拓展和深化。

一、人才安全管理中需要处理好的关系

人才安全具有相对性、动态性，这要求在人才安全研究中需适时注意平衡相关主体、边界、权益的关系，避免静态、单一视角下研究的片面化。

（一）扩大开放与限制保护的关系

在全球化、网络化和信息化时代，组织或区域间合作更加深入，组织边界日益模糊，人力资源市场扩大开放、增进区域间人才流动是大势所趋。在通过市场扩大开放提高资源配置和使用效率的同时，适度的自我保护和限制也是各国维护与提升自身竞争力的必要选择。但是在经济全球化发展趋势下，限制的形式、领域、时间、范围、程度等结合内外部发展情况而动态调整。综合来看，扩大开放是发展趋势，合理评估扩大开放带来的人才安全风险，建立保护机制，针对关键群体制定有效、可行的举措是未来要研究的内容。

（二）政府力量与市场力量的关系

政府规制与市场竞争在经济社会发展中经历了从二元对立到互补融合的演进过程。从国家利益看，人才安全是人才工作的底线，人才安全的实现需要政府依法加强规制；从个人利益看，又应尊重市场竞争、允许自由流动，寻找两者的平衡点是人才安全工作落实的重点。总体而言，政府力量与市场力量两者互为补充，市场仍然是人力资源配置的主体，保障和提升人才安全应尊重市场规律。但对于涉及国家安全领域的核心人才、关键人才的流动，政府有必要依法进行有条件的干预和引导，弥补市场的

不足。

（三）国家利益与个人权益的关系

从国家利益角度看，人才安全意味着对影响国家安全和公共安全的、特定领域的关键岗位和特殊岗位人才的流动加以监控，避免和减少在人才流动和使用中出现风险、隐患。从个人利益角度看，个体则希望可以在人力资源市场充分、自由流动，以实现个人利益和价值的最大化。因此，在人才安全问题处理过程中，国家利益与个人权益之间可能存在冲突。国家利益的实现要以保障个人基本权益为基础，个人权益的保障要以法制和职业道德为基础，要坚持法律约束与道德自律同步推进，平衡与保护利益相关者权益，实现个人、组织和国家的多赢。

（四）政府工作部门之间的关系

从公共管理角度看，做好人才安全工作既需要政府统一规划协调，又需要相关部门各司其职，守土有责。目前我国的人才安全工作涉及多个行政管理部门的职责，可能出现相互分割、各自为政的格局。例如，政府人才信息数据库受部门利益的限制，既不能与其他部门共享，也无法在一定层面上开展信息交流。在政策制定方面，由于政策制定主体之间互动少，导致不同政策内容之间的相互呼应不够。因此，需要政府立足长远，突破现有行政权力分割的约束，在国家层面统一规划、全面协调各工作部门间的利益关系，把握重点、系统布局，以国家利益为导向建立新的人才安全工作体制机制。

二、人才安全研究的着眼点

作为崛起中的大国，中国坚定不移奉行互利共赢的开放战略，迈向更高程度的开放。未来一段时期，中国面临的人才安全形势将更加复杂严峻，基于当前对人才安全管理和研究，建议未来人才安全研究需要从以下五个方面展开。

一是建立人才安全监测评估机制。人才安全既是一个理论议题，又是人才工作实践中的重要内容，然而现有研究中对人才安全工作的落实、操作探讨较少。随着人才安全风险增加，有必要研究建立一套"预警—预判—评估—反应"机制，进一步探讨人才安全相关责任主体及职责、监测评估指标体系构成、相关数据信息的获取途径方式、相关数据信息支撑平台建设、人才安全应对反应机制等。全面分析人才安全的影响因素、实现人才安全的手段、维护人才安全的成本等；建立科学的人才评估体系，常态化评估人才安全状态，明确不同的安全评估等级、不同触发机制之下的应对举措，以及评估应对举措的实际效果，为人才安全工作的开展提供理论指引。

二是及时评估安全泛化带来的人才安全风险。安全具有动态性、相对性，安全的边界难以清晰明确地界定。随着人才竞争日趋白热化，为获得、维持更大的竞争优势，一些国家不惜泛化安全概念，动用政治、法律手段干预人才竞争与人才流动。这不仅改变了外部国际环境，增加了新的人才安全议题，而且由于安全边界模糊使得国家应对更加被动。因此，国家需要密切关注国际形势变化，对他国出现的安全泛化问题及发展趋势进行评估分析，并及时制定相应的应对措施。

三是适时开展人才安全的去安全化。人才安全状态与自身应对能力相伴而生，当影响人才安全的内外部危机解除，或建立起常态化的问题解决机制时，人才安全状态得以恢复或保持，此时就需要考虑去安全化，一些人才安全的应对举措就可以被适时调整或取消，以降低维护安全的各项成本。然而，现有研究多强调启动安全保护策略，但对于去安全化的研究探讨较少。安全保护举措应该是分类分级的，例如，有紧急性、常规性应对举措，有针对少部分高风险人才群体、多数普通人才群体的应对举措，有针对特定领域、特定国家的应对举措等。在人才安全举措制定实施后，何时要考虑去安全化、哪些应对举措可以做出调整、如何调整或取消等问题有待结合实践情况进一步探讨。

四是深化人才安全的理论研究。人才安全议题具有较高的实践性，从研究的角度来看，除人才流动理论、竞争理论、国际关系理论外，目前用于阐释人才安全的理论较少。因此，人才安全的理论基础相对薄弱。未来的研究有必要从系统科学、公共管理学、政治学、社会学、心理学等多学科引入相关理论，借鉴其他安全领域研究的理论成果，针对人才安全的内涵外延、形成条件、发展规律与趋势、影响因素、作用机制、影响效果、应对机制等进行深入研究，着力建立系统性理论分析框架，并结合人才安全实践议题进行理论探讨，丰富、拓展、验证对人才安全的理论认识，增加与其他安全研究领域的交流对话。

五是丰富人才安全研究方法与路径。目前,"现状—问题—建议"的研究路径仍是已有人才安全研究的主流选择,总体而言,研究方法相对单一,研究深度不够,制约人才安全研究进一步深化与发展。鉴于人才安全议题的敏感性,建议引入问卷调查、案例研究、质性研究、深度访谈、对比分析、定量分析、历史分析等多元研究方法,从国家、地区、组织、行业产业领域、人才个体等不同层次,对不同领域人才群体涉及的具体人才安全议题进行深入细致的调查研究,多角度、多层次、多领域、多形式探讨人才安全问题及解决路径,以不同切入点的多样化研究反映人才安全研究全貌。

第十九章

人才统计

人才统计是人才工作的重要组成部分。做好人才统计工作，对于加强党的执政能力建设、实施人才强国战略、实现中华民族伟大复兴中国梦，都具有十分重要的意义。无论是作为实践形态的工作，还是作为理论研究的问题，人才统计的探索、发育和成长，完全是我国改革开放的产物，植根并贯穿于中国特色社会主义建设的全过程。2003年全国人才工作会议召开后，国家正式提出了人才资源统计（以下简称人才统计），并成为人才工作的一项重要基础性工作，也成为国家统计工作的重要组成部分。通过科学有效的人才统计工作，国家全面掌握、科学评估了人才工作和人才队伍建设的基本情况，提高了人才工作的科学化水平，推动了国家人才发展规划纲要的落实。

第一节 人才统计的时代背景

在我国实施改革开放重大变革以后，"尊重知识、尊重人才"的社会氛围日渐浓厚，人才辈出的局面开始显现。同时，这种氛围也促进了人才统计相关实践活动的开展，作为学术概念的"人才统计学"应运而生。党的十四大提出建立社会主义市场经济体制，并把"尊重知识、尊重人才"写入党章，党的十六大报告提出"尊重劳动、尊重知识、尊重人才、尊重创造"的重大方针，人才统计相关的制度日益完善，相关的实践探索更加多样，相关的理论研究更加深入。

2003年12月，党中央、国务院召开全国人才工作会议。会议以后，国家正式提出了人才统计，中央人才工作协调小组把建立全国人才资源统计指标体系作为一项重点任务。党的十七大把人才强国战略以及"尊重劳动、尊重知识、尊重人才、尊重创造"写入党章，为人才统计工作的深化提供了大背景与大空间，人才统计工作也成为实施人才强国战略的保障。

2010年5月，党中央、国务院再次召开全国人才工作会议，制定并下发了《国家中长期人才发展规划纲要（2010—2020年）》，明确提出"建立健全人才资源统计和定期发布制度"。随后，全国即开展了第一次全口径人才统计工作。2012年8月，中共中央组织部发布《中国人才资源统计报告（2010）》，系统收录了2010年全国及各省（自治区、直辖市，未包括港澳台地区）人才统计两大指标（人才发展、五支人才队伍建设）的统计数据，是第一部全面反映我国人才发展状况的统计资料。

党的十八大以来，党中央高度重视人才统计工作。2015年，全国开展了第二次全口径人才统计工作。2016年5月，中共中央《关于深化人才发展体制机制改革的意见》强调"充分运用云计算和大数据等技术，为用人主体和人才提供高效便捷服务"。2017年6月，中共中央组织部发布《2015中国人才资源统计报告》，显示我国人才资源总量达到1.75亿人，并公布了四大指标（国家人才发展、六支人才队伍建设、重点领域人才资源、国家人才发展监测与评价）的统计数据。这次公布的数据更加全面，这标志着国家人才统计的指标体系基本建立，人才统计方法正在逐步完善，人才统计信息发布制度得以确立，人才统计的责任分工体系已经明确。2019年，全国人才资源总量达2.2亿人，其中专业技术人才达7839.8万人，各类研发人员全时当量达到480万人年，均居世界首位。

当前，世界范围内新一轮科技革命和产业革命正在兴起，数字化浪潮正在席卷世界各个角落，这为人类认识社会、认识自然和管理决策带来了革命性乃至颠覆性的变化。人才现象纷繁复杂，常常表现出复杂性、动态性等特征，这需要借助统计手段，从具体数据中分析、把握其边界和可能的分布。2021年9月，中央人才工作会议作出深入实施新时代人才强国战略的安排，对深入开展人才统计工作提出了新的要求。随着我国人才强国战略的深度实施，人才发展体制机制改革的逐步深化，迫切需要进一步完善人才统计制度，建立人才统计理论体系，运用科学的统计方法摸清国家、区域和各类组织中人才队伍的底数，为各级党委、政府人才工作的决策提供支持。

第二节 人才统计的理论来源

一、人才学

人才学是一门研究人才的产生与发展规律的科学，也是一门完全由中国人创立的学科。虽然人类对人才问题的关注和探索由来已久，但是人才学真正发展成为一门科学，仅仅走过四十多年的历程，也完全得益于我国改革开放的伟大时代和建设中国特色社会主义的伟大实践。我国实施改革开放政策以后，随着科学春天的来临和干部人事制度改革的深入，为了探索成才和用才规律，国内一批学者结合我国国情，进行了大量的人才理论研究，推出了一系列开创性的理论研究成果，初步形成了人才学的学科体系。1992年，《学科分类与代码》（中华人民共和国国家标准）发布，人才学被列为三级学科。此后，在建立社会主义市场经济体制以及改革开放进一步深化的大背景下，我国人才学研究积极吸收国内外相关学科的研究方法和研究成果，向多个方面拓展，并向纵深推进，涌现出一大批有分量的研究成果，人才学的学科体系更加健全。2011年12月，国家标准化管理委员会批准 GB/T 13745—2009《学科分类与代码》第1号修改单，在"840 社会学"下新增二级学科"人才学"。

人才学是人才统计学的血肉，对人才统计学理论体系的形成，具有基础性的影响。例如，人才学基础理论中对人才的概念、特点、要素、类型、结构、作用和价值等的描述，决定了人才统计指标体系的建立。又如，人才理论研究中关于人才与经济社会发展关系等方面的研究，决定了人才预测、人才统计指数分析、相关分析等方面理论体系的建立。今后，人才学理论体系的进一步完善，必将为人才统计学的完善提供更加丰富的养分，而人才统计学也将在汲取这些养分的过程中成长壮大。

二、社会经济统计学

统计学是在统计实践的基础上，自17世纪中叶产生并逐步发展起来的一门社会学科。它是研究如何测定、收集、整理、归纳和分析反映客观现象总体数量的数据，以便给出正确认识的科学方法论。自诞生以来，统计学被广泛地应用在各门学科之上,从自然科学、社会科学到人文科学,也被应用于工商业及政府的情报决策之中。

从大的方面来讲,统计学可以分为社会经济统计学、数理统计学和自然科学技术领域的统计学。其中社会经济统计学的研究对象是社会经济现象的数量方面,即研究社会经济现象的数量表现和数量关系。迄今为止,社会经济统计学在理论和方法上都形成了独特的体系,在经济社会发展中发挥了不可替代的作用。人才现象作为一种社会经济现象,对其数量表现和数量关系的研究,当然可以运用社会经济统计学的理论和方法,并且在统计指标的设置、数据的采集与核算、综合分析方法、相关与回归分析、指数分析等方面,形成自己独特的方法。

社会经济统计学理论是人才统计学的骨架,对人才统计学理论体系的形成,具有方法性的指导作用。社会经济统计学的内容包括如何去搜集资料,如何对搜集的资料加以整理、概括和表示,以及如何对取得的数据进行分析和推断等一系列方法。这些流程、方法和原理恰恰构成了人才统计学的基本框架。

人才统计学既是人才学、社会经济统计学的分支学科,也是人才学与社会经济统计学的交叉学科,其构成如图19-1所示,它属于社会科学的范畴。人才统计学是反映人才现象的状态、变动过程及其与经济、社会发展的数量关系的方法论科学,它通过数量表现揭示人才现象的本质、规律和发展趋势,是人才学的重要组成部分。同时,人才统计学作为方法论学科,也是社会经济统计学的重要组成部分。

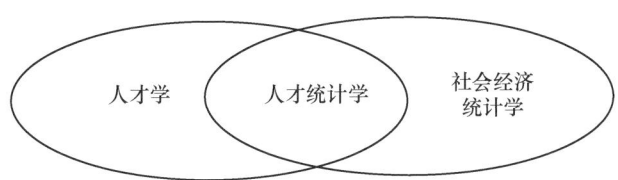

图19-1 人才统计学的学科性质

资料来源:作者绘制。

三、人口统计学

从实践方面来看，人口统计是人才统计的基础，许多基础性人才统计资料的获取与分析都依赖于人口统计的结果。从学科方面来看，在统计学所有的分支（交叉）学科中，人才统计学与人口统计学的关系最为密切。二者既有密切的联系，又有显著的区别。

1. 二者的联系

①二者的学科类型相同，都是交叉学科或者分支学科，都属于社会科学范畴。②二者的研究方法相近，都运用大量观察法、统计分组法、综合指标法等研究方法。③二者的研究对象相似，都是以人为研究对象，通过研究人的数量现象，进而探讨其中的规律的科学。因而，人口统计学可以在诸多方面为人才统计学的研究提供参考和借鉴。

2. 二者的区别

①二者的学科发育阶段不同。人口统计学历史较为悠久，学科体系的发育已经成熟，而人才统计学刚刚起步。②二者的学科研究范围不同。人口统计学只研究宏观层面即国家、区域层面的人口问题，而人才统计学除研究宏观层面国家、区域的人才问题外，还研究一般组织层面的人才问题。③二者的学科适用范围不同。人口统计学是一门全世界都在研究，而且具有全球适用性的学科，其术语基本上是从欧美引进的；而人才统计学完全是中国特色的需要中国人自己创建、完善和发展的学科，其术语、原理、规律和特色都依靠中国人创造。④二者的研究对象有别。尽管二者的研究对象都是人，但人才资源是人类所有资源中的最宝贵的资源，同时又是人口资源中素质较高、创造能力较强、贡献较大的那一部分资源。因而，人口统计学的研究对象更具一般性，研究的空间范围更大，而人才统计学的研究对象更具特殊性，研究的空间范围相对较小。⑤二者的结果使用有别。人口统计的结果主要用于宏观层面，服务于国家、区域经济社会发展的宏观决策；人才统计的结果除用于宏观层面外，还能够为组织层面的人才工作决策服务。

由此可见，人才统计学与人口统计学没有学科上的从属关系，是平行的社会统计学分支学科。二者既不可能融合，也不能相互替代，应优势互补，共同发展。人才统计学的发展，要准确处理"中国特色"与"国际接轨"的关系，努力在保持"中国特色"的前提下，积极吸收人口统计学的先进内容和方法。

此外，还有人力资源统计学、劳动与社会保障统计学等学科，与人才统计学有一定的关联性，但前两者主要研究组织层面上人力资源、劳动力资源统计的相关问题，而后者全面研究国家、区域层面以及组织层面人才资源统计的相关问题，相互之间存在着根本的区别。

第三节　人才统计的研究历程

一、1978—2003 年的研究

（一）关于人才统计标准的界定

自 1979 年开始建立人才学学科以来，关于人才的定义得到了各方面的认可。所谓人才，是"指在一定社会历史条件下，能以其创造性的劳动，对社会或者社会某领域的发展做出某种较大贡献的人"[①]。这一界定科学揭示了人才的本质内涵，即"创造性的劳动"和"贡献"。这一概念被多数人才学研究者所接受，但国家层面没有统一的界定和表述。1982 年，《国务院批转国家计划委员会关于制订长远规划工作安排的报告的通知》规定，在人才预测中使用专门人才概念。专门人才包括以下两类人：一是具有中专或中专以上规定学历者；二是具有技术员或相当于技术员以上专业技术职务者。从 1982 年起，这个界定一直沿用下来，成为权威界定。在当时的条件下，这个界定不仅在一定程度上扭转了先前阶段性"践踏知识""鄙视教育"的局面，而且具有统计学意义。

（二）运用统计方法对人才问题的研究

赵红州发表《略论鼓励最佳年龄区的科学家问题》《关于科学家社会年龄问题的研究》，用统计学的方法得出科学发明的最佳年龄规律：科学家发明的最佳年龄是 25~45 岁，其峰值年龄在 37 岁左右[②]。这些研究成果

[①] 王通讯主编《人才学大辞典》，四川科学技术出版社，1991，第 2 页。
[②] 赵红州：《关于科学家社会年龄问题的研究》，《自然辩证法通讯》1979 年第 4 期，第 29–44 页。

找到了有关科学成果数、科学家人数及其社会年龄之间的经验公式。

1987年11月,国家科委科干局采取分层随机抽样方法,从全国103万名专业技术人员中,抽取34 000名专业技术人员进行了问卷调查。这种规模的抽样调查,为中华人民共和国成立以来所罕见。此项工作,经过专家论证,认为方法合理,数据置信度高。调查成果发表在《中国人才》1988年第7期上。俞宗尧曾对中国科学院学部委员的老化速度 K 值作了计算,计算结果表明学部委员1955年平均年龄为49岁,1981年为73岁,1981年的老化速度为0.69,1988年则为0.73[①]。

在分析方法上,除了运用了平均数法、相对数法、指数法等方法外,相关分析法也得以广泛应用。例如,研究人才与经济发展的关系,有学者运用常州市1974—1984年人才与经济发展状况,以人才数为自变量,工业总产值为因变量,计算出相关系数0.986,表明人才确实是经济发展不可缺少的条件。1987年10月,由中国展望出版社出版了《人才与经济发展》一书,书中搜集了大量的人才统计资料,为论证人才与经济发展的相关关系提供了翔实依据。

钟立灿根据相关的统计数据,计算了贵州省1997年、1998年、1999年等3年的人才供求指数、人才学历指数、人才年龄指数、人才工作潜力指数,并建立了数量回归模型,分别预测了2000—2005年贵州省的人才总量、人才供求指数、人才学历指数[②]。徐国祥等编制了上海市人才指数体系,该体系包括人才素质指数、人才学历指数、人才职称指数、人才年龄指数、人才产业指数和人才综合指数,并运用数学模型对上海市人才指数体系与宏观经济变量之间的相互关系进行了定量研究[③]。

(三)"人才统计学"概念的提出

1981年,在北戴河召开的第二次全国统计科学讨论会上,俞宗尧在大会发言中宣讲论文《试论人才统计学的建立》;其发言要点经霍政整理以后,于1982年1月在《经济学动态》以《关于建立人材统计学的讨论》为题发表,题中的"人材"应为笔误。俞宗尧发言的全文被中国统计学会

[①] 俞宗尧:《十年来我国人才统计的实践和新趋势》,《统计研究》1990年第2期,第66-69页。

[②] 具体内容详见钟立灿发表的《贵州人才指数的编制及应用》。

[③] 具体内容详见徐国祥、檀向球发表的《上海市人才指数体系及其应用研究》。

《统计研究》集刊第 5 辑收入，于 1982 年 9 月由中国财政经济出版社出版。论文论证了建立"人才统计学"的必要性和可能性，提出了该学科的研究对象、特点、方法和指导原则，强调该学科"必须以马列主义毛泽东思想的基本原理为指导，以党的方针政策为依据"。论文还初步构建了人才统计的主要指标和指标体系，主要包括"人才基本情况统计指标体系""人才素质指标体系""人才经济效益统计指标体系"。1990 年，俞宗尧在《统计研究》发表《十年来我国人才统计的实践和新趋势》，系统总结了改革开放以来我国人才统计的实践成果和理论研究成果。

二、2003—2010 年的研究

（一）人才资源统计工作的提出

2003 年 12 月，党中央、国务院召开了新中国成立以来第一次全国人才工作会议，制定并下发的《中共中央 国务院关于进一步加强人才工作的决定》，提出了科学人才观和新的人才评价标准。2004 年，中央组织部等五部门下发《关于做好全国人才资源统计工作的通知》，要求各地各部门认真组织开展人才统计工作。至此，党和国家将此前的干部人事统计拓展为人才资源统计，这是一项极具开创性的工作，其中的变化见表 19-1。

表 19-1　　　　　由干部人事统计到人才资源统计的变化

项目	干部人事统计	人才资源统计
参与统计工作的部门	各级组织、人事部门	由组织、人事、劳动和社会保障、农业、统计等多个部门分工负责，共同开展
统计范围	各级党委、人大、政府、政协、法院、检察院、各民主党派、人民团体机关及其所属的国有企事业单位	覆盖全社会，拓展到了社区、农村和非公有制经济组织
统计对象	仅为机关干部、国有企事业单位管理人员和专业技术人员	增加了技能人才、农村实用人才、非公有制经济组织各类人才以及行政村党支部（总支部、党委）书记、村民委员会主任、社区党支部（总支部、党委）书记、社区居民委员会主任
统计方式	基本采用全面调查方式	全面调查和抽样调查相结合的方式
统计报表	基本上是二维表	可多维组合的基层表

资料来源：作者分析整理。

(二) 关于人才统计体系的研究

关于人才统计指数体系，查奇芬等人指出，人才指数是指一个国家或地区人才的数量和质量变化的动态相对数，包括人才学历指数、人才职称指数、人才年龄指数、人才资源指数和人才产业指数五类，前三类称人才潜能指数，这五类统称人才综合指数①。侯丽江等人设计了一套人才综合指数体系的编制方法，与徐国祥、檀向球的研究相比，不仅包括了人才素质指数、人才学历指数、人才职称指数、人才年龄指数、人才产业指数，还增加了人才能力指数②。

关于人才统计调查体系，余仲华指出，有些人才统计调查项目可以"搭便车"，即和人口普查或抽样调查相结合③。中央组织部等五部门《关于做好全国人才资源统计调查工作的通知》提出，人才资源统计采用全面调查和抽样调查相结合的方式。党政人才、专业技术人才和事业单位管理人才、企业经营管理人才等三支人才队伍的统计，采用全面调查；技能人才、农村实用人才和非公有制领域的人才队伍统计，采取抽样调查方法进行统计试点。

关于人才统计服务体系，余仲华提出要加强统计调查人员的培训，提高人才统计人员的素质④。李明生等人指出要坚持把统计人才队伍建设纳入人才建设总体规划，有计划、有步骤地培养和提高统计人才队伍素质，调整更新统计人才队伍结构，力求使统计人才队伍建设更加适应人才统计工作，乃至整个经济社会发展的新形势⑤。王兆林通过软件工作中的经验积累，指导全国人才资源统计信息管理系统（综合版）软件如何使用和操作。⑥ 李名志、汪玲提出统计部门应负责为各部门人才资源统计调查提供

---

① 查奇芬、张珍花、王瑛：《人才指数和人才环境指数相关性的实证研究——以江苏省为例》，《软科学》2003 年第 5 期，第 49-51 页。

② 侯丽江、廖友农、白万平、樊爱萍、田景星：《贵州省人才指数体系及相关需求开发系统研究》载《贵州省软科学研究论文选编（2001—2004）》，2005，第 113-121 页。

③④ 余仲华：《关于人才统计及标准问题的若干认识》，《中国人力资源开发》2004 年第 4 期，第 79-81 页。

⑤ 李明生、罗天彦：《丹江口市规范人才统计工作》，《中国信息报》2005 年 4 月 5 日第 2 版。

⑥ 具体内容详见王兆林发表的《全国人才资源统计信息管理系统综合版软件使用操作经验点滴》。

技术服务①。

三、2010 年以后的研究

（一）关于人才统计发布制度的规定

2010 年，中共中央组织部等三部门下发《关于进一步加强和改进人才资源统计工作的通知》，对相关问题作出具体部署。2010 年 5 月，中共中央、国务院召开全国人才工作会议，就落实《国家中长期人才发展规划纲要（2010—2020 年）》等作出全面部署。这次会议以后，人才资源统计作为人才工作的一项重要基础性工作，也成为国家统计工作的重要组成部分。随后，由中央组织部牵头，先后于 2010 年、2015 年两次开展了全国全口径人才统计工作，并发布了统计报告。与 2010 年的人才资源统计相比，2015 年的人才统计增加了两大类统计指标（重点领域人才资源、国家人才发展监测与评价），同时，人才队伍建设指标的统计把"社会工作人才队伍"纳入其中，人才队伍由五支增加到六支。

（二）人才统计机制建设的研究

赵金文提出建立人才统计信息发布长效机制。政府向公众及时连续发布人才统计数据信息，公众利用这些信息、借助人才市场有效调整人才结构分布，有目的地参与人才市场竞争、缓解人才供需之间的矛盾，最终达到市场要求的"人尽其才"的目的。②中关村人才协会借鉴美国硅谷指数和中关村指数的编制思想和方法，结合中关村人才现状，形成包括人才聚集度指数、制度创新度指数、科技活跃度指数、产业成熟度指数等的中关村人才指数。③叶忠海、钟祖荣等人基于《2010 中国人才资源统计报告》，从四个方面提出了人才统计制度的建立健全，包括建立健全统计指标体系、统计调查方法的完善、定期统计与发布制度、健全组织领导与分工制度④。司江伟基于文献研究、问卷调查、实地访谈等方法，对我国人才统

---

① 李名志、汪玲：《充分发挥人才统计在实施人才战略中的基石作用》，《人才资源开发》2009 年第 1 期，第 26 页。

② 赵金文：《人才统计工作现状及对策》，《城市建设理论研究（电子版）》2012 年第 24 期，第 1-5 页。

③ 邓淑华：《助力人才特区建设中关村人才指数年底发布》，《中国高新技术产业导报》2013 年 8 月 19 日第 2 版。

④ 叶忠海主编《新编人才学通论》，党建读物出版社，2013，第 172-173 页。

计体系存在的问题进行了剖析，提出了完善的目标、思路，并从统计调查体系、统计保障体系、统计服务体系等三个方面，提出改进的举措①。余仲华提出在人才统计中要注意人才分层分类的问题，一是人才统计要淡化总量，二是人才统计要注意分类进行，三是人才统计要科学把握分群与分层问题，四是人才统计要解决区域发展不平衡问题。② 沈荣华、金莉萍、刘惠芬等人提出以"职业"与"资格"相结合的人才统计新构架，进一步明确人才的评价统计标准；探索建立中国人才发展统计体系；根据"职业统计"的改革思路，制定人才职业统计的操作方案；加强组织领导，建立人才统计改革分工负责制；加强理论研究，推进人才统计体系的不断完善。③

（三）人才统计学学科地位的承认

人才统计学的诞生，是我国推进人才强国战略的时代呼唤，其成为一门学科的时机也已成熟。根据 2011 年 12 月 29 日关于批准发布 GB/T 13745—2009《学科分类与代码》第 1 号修改单的公告，在"840 社会学"下新增二级学科"人才学"，并设立"人才统计学"（代码为 8407220）等三级学科。具体内容见表 19-2。

表 19-2　　　　　　　　　　　人才学及其下属学科

代码	学科名称	说明
84072	人才学	
8407210	人才学理论	包括人才学原理、马克思主义人才理论、人才学研究方法等
8407215	人才史	包括人才思想史、人才制度史、人才学史等
8407220	人才统计学	
8407225	人才经济学	包括人才市场学等
8407230	人才社会学	
8407235	人才地理学	包括区域人才学、人才生态学等
8407240	人才心理学	

---

① 司江伟：《人才发展的理论与实践思索》，中国社会科学出版社，2020，第 111-121 页。

② 余仲华：《关于人才统计及其指标界定问题探析》，《中国卫生人才》2017 年第 5 期，第 14-17 页。

③ 上海市公共行政与人力资源研究所课题组、沈荣华、金莉萍、刘惠芬：《人才统计制度改革研究——对中国人才统计制度改革的全面考察》，《人事天地》2017 年第 5 期，第 11-15 页。

续表

代码	学科名称	说明
8407245	人才教育学	
8407250	人才管理学	"人才开发与管理" 见 6305521
8407255	人才战略学	
8407260	专门人才学	包括女性人才学、军事人才学、科技人才学等
8407299	人才学其他学科	

资料来源：摘自 GB/T 13745—2009《学科分类与代码》第 1 号修改单。

随后，关于人才统计学的系统研究进一步深化。2015 年 8 月，《新编人才学大辞典》公开出版，在"人才学交叉学科"中的"（十四）人才统计学"部分，系统收入"人才统计学"等 73 个词条。2016 年 12 月，《人才统计理论与实践》作为"十二五"国家重点出版物出版规划项目"人才强国研究出版工程"，由党建读物出版社出版，该著作是国内人才统计领域的第一本专门著作。2017 年 7 月，在山西大学承办的中国人才研究会人才学专业委员会上，司江伟宣读了论文《人才统计学的基本范畴》，系统阐述了人才统计学的研究对象、性质、研究方法、理论基础[①]。

第四节　人才统计的观点辨析

一、人才统计内涵的界定

相对于人才学的其他交叉学科，关于人才统计的理论研究相对薄弱。2022 年 9 月，通过 CNKI 中文全文库检索，题目中含有"人才统计"的学术期刊论文共 35 篇，还有一些研究成果散见于各种集刊或者专著。根据本章第三节的梳理，现有的研究成果主要集中在对人才统计体系及制度方面的研究，对人才统计的内涵界定、学理分析的研究比较缺乏。

按照统计学原理对统计一词的一般解释，叶忠海等人认为人才统计相应有三种不同的含义，即人才统计工作（人才资源统计工作）、人才统计

---

① 内容详见司江伟的专著《人才发展的理论与实践思索》。

学（人才资源统计学）、人才统计资料（人才资源统计资料）[①]。司江伟、徐凌也持同样的观点，并用图表显示了这三个方面的关系[②]。当然，人才统计作为一个中国特色的命题，首先要体现政策性的要求。因此，可以明确人才统计涵盖了四个方面的问题：一是制度（政策）方面；二是工作（实践）方面；三是资料（文本）方面；四是理论（学术）方面。目前国内的研究成果，没有廓清以上四个方面的内涵和关系，在表述中不同程度存在着相互混同、交叉、替代。

按照《中华人民共和国统计法》的相关条款，人才统计制度可以界定为在开展、搜集、整理、汇总人才统计资料和进行综合分析工作中应当遵循的行动准则。人才统计工作，即人才统计实践活动，可以界定为相关部门为了把握人才现象的某种数量特征和规律性，对人才现象的数量进行搜集、整理和分析的活动过程。人才统计资料，或者称人才统计数据，可以界定为通过人才统计工作所获得的各种有关数字资料以及与之相联系的其他资料的总称。人才统计学，即人才资源统计学，可以界定为系统论述人才统计工作原理和方法的学科，这一学科通过对人才现象的数量表现和数量关系的研究，来认识人才现象的发展变化的规律。

人才统计的四个方面不是相互独立、相互排斥的，而是密切联系的。人才统计制度是人才统计的依据，是其他三个方面的根本遵循。人才统计资料是人才统计工作的成果，所以说人才统计工作与人才统计资料是过程与成果的关系。人才统计学是人才统计工作实践经验的总结，也是对人才统计制度、人才统计资料的理论分析。一言以蔽之，人才统计一词是人才统计制度、人才统计工作、人才统计资料、人才统计学的综合概括，是人才统计的过程与成果、实践与理论的辩证统一。以上四个方面的人才统计内涵关系如图19-2所示。

二、人才统计发展历程的研究

世界和我国的人口统计工作古已有之，并零星涉及人才统计的个别方面。新中国成立以来，依靠体制优势进行的干部、人事统计等工作，为人

---

① 叶忠海主编《新编人才学通论》，党建读物出版社，2013，第172-173页。
② 具体内容详见司江伟、徐凌的专著《人才统计理论与实践》，第19-21页。

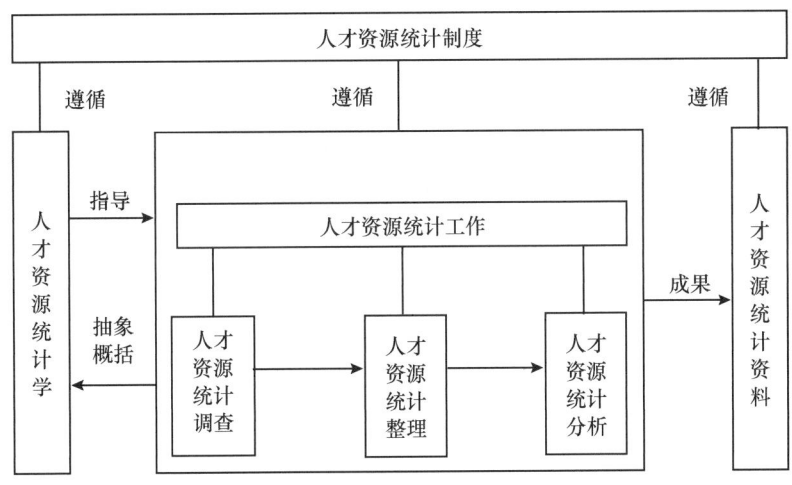

图 19-2　人才统计内涵关系图

资料来源：作者分析整理。

才统计的发展积累了经验。人才统计基础性实践活动的广泛开展，以及作为学术命题的提出，都肇始于改革开放。国内已有研究成果对这个问题的认识基本一致，但在阶段性划分上，有细分、粗分两种观点，持前一种观点的是司江伟、徐凌，主要结合党和国家事业发展、党的重要会议、人才工作重要会议等几个方面的因素划分[1]；持后一种观点的是沈荣华、金莉萍、刘惠芬等人，主要以改革开放以来的人才工作重要会议为依据划分[2]。两种人才统计发展阶段的划分见表 19-3。

"识时务者为俊杰"，顺应时代潮流并满足社会需要的人，才是人才。人才统计无论是作为实践活动，还是作为学术研究，都必须置身于党和国家事业发展的大局。人才统计发展阶段的划分，首先要与党和国家事业发展的阶段"合拍"，其次要兼顾人才工作重大部署。对党的十八大以来的人才统计进行系统研究，应该成为研究的重点。

---

[1] 具体内容详见司江伟、徐凌的专著《人才统计理论与实践》，第 1-19 页。
[2] 具体内容详见上海市公共行政与人力资源研究所课题组、沈荣华、金莉萍、刘惠芬发表的《人才统计制度改革研究——对中国人才统计制度改革的全面考察》。

表 19-3　　　　　　　　人才统计发展阶段的划分

细分阶段	粗分阶段	说明
中华人民共和国成立以前	创立阶段 (20 世纪 70 年代末—2003 年)	
1949—1977 年		
1978—1992 年		1992 年 10 月，党的十四大提出建立社会主义市场经济体制的改革目标
1993—2003 年		2003 年 12 月，全国人才工作会议召开
2004—2010 年	发展阶段（2004—2010 年）	2010 年 5 月，全国人才工作会议召开
2011 年以来	完善阶段（2011 年至今）	

资料来源：作者分析整理。

三、人才统计指标体系的研究

人才统计指标是用来反映人才现象数量特征的科学概念和具体数值。若干个人才统计指标在一定的研究目的下，通过一定的联系而组成的整体，称为人才统计指标体系。现有的关于人才统计指标的研究，主要从人才的定义出发，把研究的焦点集中在"人才统计标准"方面，如余仲华提出应"科学把握人才统计标准"[①]。上海市公共行政与人力资源研究所课题组的研究人员认为："据了解，现在全国各地的人才统计，基本上还是以'学历、职称'等作为统计评价标准，与'不唯学历、不唯职称、不唯资历、不唯身份'的人才理念相悖。"[②]《国家中长期人才发展规划纲要（2010—2020 年）》颁布后，根据其"建立健全人才资源统计和定期发布制度"的要求，全国开展了 2010 年度全口径的人才统计。这次统计采用的是国家人才发展规划制定的新的指标体系，由国家人才发展、人才队伍建设两大类指标构成。随后，在 2015 年全国人才资源统计中，统计指标体系中增加了重点领域人才资源、国家人才发展监测与评价两大类指标。

根据《2015 中国人才资源统计报告》，在我国现行的人才队伍建设指标统计体系中，6 支人才队伍的统计范围分别是：党政人才为公务员和参

---

① 余仲华：《关于人才统计及其指标界定问题探析》，《中国卫生人才》2017 年第 5 期，第 14-17 页。

② 上海市公共行政与人力资源研究所课题组、沈荣华、金莉萍、刘惠芬：《人才统计：从"队伍统计"走向"职业统计"》，《中国人才》2016 年第 23 期，第 40-41 页。

公管理人员；企业经营管理人才为我国境内各类企业中从事经营管理工作的人员，以及各类民办非企业单位中的经营管理人员；专业技术人才为我国境内各类企业、事业单位、机关及民办非企业单位中从事专业技术工作的人员；高技能人才为我国境内各类企业、事业单位、机关及民办非企业单位中在工勤技能岗位工作、具有较高技能水平的人员；农村实用人才为国内具有一定知识或技能，为农村经济和科技、教育、卫生、文化等各项社会事业发展提供服务、做出贡献，起到示范或带动作用的农村劳动者；社会工作专业人才为具备一定社会工作专业素质，在社会工作相关领域从事专门性社会服务的人员。如果从传统的人才统计"标准"的角度理解，这次统计依据的"标准"是"岗位+贡献"，而不再是"学历+职称"。

四、人才统计学范畴的研究

学科范畴涉及研究对象、研究特点、研究方法、学科属性等问题。关于人才统计学的研究范畴，俞宗尧在《试论人才统计学的建立》中、司江伟在《人才统计学的基本范畴》中分别作出了阐述。关于人才统计学与人才学的关系，俞宗尧认为二者是平行关系[1]，司江伟认为二者是从属关系[2]。其要点见表19-4。

从学科发展的规律来看，一门学科的诞生、发育有一个必须的过程，需要在"百家争鸣"的氛围中逐渐走向成熟。目前在国内人才统计研究中，存在着"三多三少"的问题，即"研究人员知识体系构成中有人才学背景的多，有统计学背景的少；研究方法中使用思辨方法的多，使用规范方法的少；研究对象中关注制度问题的多，关注统计实践和资料的少"。吸引更多具有统计学背景的学者加入研究行列中来，使用问卷调查、实地调研访谈等规范的研究方法，并深度挖掘人才统计资料和文本，进而丰富完善学科体系，是未来人才统计学发展的期待。

---

[1] 中国统计学会《统计研究》编辑组：《统计研究（第5辑）》，中国统计出版社，1962，第267-282页。
[2] 司江伟：《人才发展的理论与实践思索》，中国社会科学出版社，2020，第101-102页。

表 19-4　　　　　　　　人才统计学范畴研究主要观点

观点来源	《试论人才统计学的建立》	《人才统计学的基本范畴》
研究对象	对人类社会做出较大贡献的物化形态的人才的数量表现	人才现象的数量方面，即研究人才现象的数量表现和数量关系
研究特点	物化的多层次 强烈的社会性	数量性 社会性 总体性
研究方法	多次计算法 社会选择法 档案法（或称历史法） 品质标志数量转换法 分组法	文献研究法 大量观察法 统计分组法 综合指标法 统计模型法 统计推断法
学科属性	和人才学、人才经济学具有交叉关系	是人才学、社会经济统计学的分支学科，也是人才学与社会经济统计学的交叉学科

资料来源：作者分析整理。

第五节　人才统计研究对实践的推动

一、从概念的时代性表达到规范化统计指标体系的逐步建立

改革开放初期，人才学界对于人才"创造性"和"贡献"的界定，对推动当时干部、人事及教育统计具有重要意义。2003年全国人才工作会议后，《中共中央　国务院关于进一步加强人才工作的决定》指出，"只要具有一定的知识或技能，能够进行创造性劳动，为推进社会主义物质文明、政治文明、精神文明建设，在建设中国特色社会主义伟大事业中做出积极贡献，都是党和国家需要的人才"。在科学人才观的指导下，国家建立了规范的人才统计指标体系。新的人才统计指标体系为框架式组合结构，以从业岗位为划分标准，力求体现人才的知识、能力、业绩等内容，全面反映我国人才的数量、质量、分布、结构，以及人才培养、吸引、使用等基本情况，统计范围覆盖全社会各类别、各层次的人才。2010年颁布的《国家中长期人才发展规划纲要（2010—2020年）》强调："人才是指具有一定的专业知识或专门技能，进行创造性劳动并对社会做出贡献的人，是人

力资源中能力和素质较高的劳动者。人才是我国经济社会发展的第一资源。"按照这一要求,国家建立了包括国家人才发展主要指标、人才队伍建设指标、重点领域人才资源指标、国家人才发展监测与评价主要指标等四大类统计指标体系,打破了人才的身份界限和所有制界限,包括了体制内和体制外所有人才,涵盖了人才的吸引、培养、使用等各个环节,考虑了能力、业绩、创造性等综合因素,全面反映了人才队伍的总体特征和人才发展规律。

二、从统计的多角度研究到科学化统计方法的综合应用

近40年来,人才学、统计学研究者探索运用多种统计方法研究人才现象的数量表现,不仅用常用的统计方法研究人才队伍建设状况,还运用指数分析法、相关分析法等研究人才现象与经济社会发展的相互关系。根据《2015中国人才资源统计报告》,国家已经建立起了与四大类统计指标相适应的统计方法体系。对于国家人才发展主要指标、重点领域人才资源指标、国家人才发展监测与评价主要指标等三个指标体系的统计,根据实际需要,采取全面统计、抽样调查、专题调查和数据测算相结合的方式进行。关于人才队伍建设指标体系,对于党政人才、公有制经济领域的企业经营管理人才、企事业单位专业技术人才的统计,采取全面统计调查方式,实行年度统计;对于非公有制经济领域人才、企事业单位专业技术人才的统计,采取抽样调查方式;对高技能人才的统计,根据常规报表统计、抽样调查和技能等级证书发放情况进行综合测算;对于农村实用人才的统计,采取抽样调查方式;对于社会工作人才,根据相关部门报送的数据进行统计。凡采用抽样调查统计的,每两三年进行一次。在此基础上,全口径的全国人才资源统计调查,每五年开展两次。

三、从统计的制度研究到整体性统计体系的组织实施

人才统计具有很强的政策性,从制度层面的研究,也是研究人才统计的重要方面。国内关于人才统计政策的研究比较系统,为推动人才统计工作提供了一些借鉴。从人才统计工作组织实施的角度来看,整体性的人才统计体系更符合实践需要。人才统计体系是围绕党和政府人才工作的需要,获取、处理并提供人才统计数据的一整套工作制度和工作规范的总

和。根据人才统计工作的流程,人才统计体系由人才统计调查体系、人才统计保障体系、人才统计服务体系三个方面组成,其中调查体系是工具,保障体系是支撑,服务体系是目的。自2004年以来,按照中央的要求,各地各部门在建立人才统计体系方面进行了大量的探索,其中贵州省的做法最具代表性。贵州省建立了全省统一的人才统计平台,对党政人才队伍和公有制经济领域三支人才队伍的统计,完全利用体制的优势来完成。对于非公领域的三支人才队伍的统计,贵州省通过明确统计责任主体、细化统计工作责任、强化统计督导来完成。对于农村实用人才队伍的统计,贵州省通过明确统计口径、统计名单进行入户统计、统一汇总。贵州省的工作经验表明,只要下定决心并运用科学可行的方法,人才普查能够实施且可以得到相对可信的数据。

第六节 人才统计研究的展望

一、新时代背景下的人才统计研究

新时代人才强国战略的实施,迫切需要在不断变化的现实中摸清我国人才发展的"家底",需要人才统计提供更有力的数据支撑。面对激烈的国际人才竞争,中央人才工作会议提出加快建设世界重要人才中心和创新高地,到2035年形成我国在诸多领域人才竞争比较优势,国家战略科技力量和高水平人才队伍位居世界前列。那么,世界重要人才中心和创新高地的评价指标体系有哪些?国家人才竞争比较优势如何评价?如何在保持中国特色的前提下,建立国际可比的人才统计指标体系、与世界接轨的人才统计体系?这些都是人才统计研究需要回应的时代之问。从国内发展的形势来看,人才问题是关系党执政和国家战略实施的关键问题。国家、地方及各类组织推进人才强国战略的效果如何?这也是人才统计研究需要回应的中国之问,需要与时俱进地建立人才统计体系,用准确翔实的人才统计数据加以监测、评估。

二、人才流动加剧现实下的人才统计研究

随着全球经济版图重塑和国内经济结构调整的提速,人才在国家之

间、区域之间的流动不断加速，人才回流、环流等现象也不断变多，明显为人才统计带来了挑战。同时，我国市场在人才资源配置中的决定性作用也越来越大，非公经济组织吸纳的人才的比例也不断攀升。近年来，国内部分省市公布的人才统计数据表明，体制外的人才已占到其人才总量的半数以上，运用体制优势直接获取人才数据的难度越来越大。另外，威客（威客是指没有工作单位的"自由人"）的人数也呈增长趋势，他们通过互联网提供技术、知识服务，把自己的智慧、知识、能力、经验转换成实际收益。毫无疑问，威客也属于人才的范畴，但目前对他们的统计尚处于空白状态。如何对威客等新群体进行统计？此类问题都需要从理论上进行思考和探索。

三、互联网等技术应用下的人才统计研究

当前在对非公有制经济领域的人才进行抽样调查的过程中，比较普遍地存在着企业不积极、不配合的状况。有的企业出于对人才信息保密的本能，逃避、推卸或者敷衍人才统计工作。在对农村实用人才进行抽样调查的过程中，存在着统计的标准（口径）不清晰，统计的责任主体不明确的问题。这些问题造成了相关的人才统计数据不准不实，难以准确真实反映人才队伍建设的基本状况。互联网、大数据等技术的应用，不仅能为人才统计工作提供大量真实、准确、完整和及时的原始数据，降低数据搜集及处理的成本，而且能有效地减轻人才统计调查的负担，减少报表填报工作，缩短数据获取时间，大大提高人才统计工作的效能。因此，需要研究人才统计工作的新模式，研发贯通部门的人才信息共享平台，充分依托互联网、云技术、大数据等现代信息技术，在人才统计数据采集、审核、处理、公布等各个环节严格把关，确保统计工作质量，更好地服务于人才工作。

四、描述与预测功能不断拓展下的人才统计研究

现有的人才统计研究通过对人才现象进行调查、整理、加工、汇总、编表制表，计算相对数、平均数、指数、标准差等指标，并进行指数分析、相关分析及测算。这些活动都是对已知的人才现象进行研究，是对当前人才现象的数量特征与数量关系进行研究的方法。随着我国人才强国战略的推进，要求人才统计对大量未知人才现象的数量进行推断、估算、预测。人才现象属于复杂的社会现象，目前的人才统计研究已经很难揭示这种复杂现象的数量关系，也很难对未来人才现象的发展趋势做出准确的评估与推断。随着经济关系、社会关系蕴含的随机因素的增加，人才现象变化的不确定性也在增强，这些问题都需要人才统计研究去回应，也为人才统计研究提供了更加广阔的空间。

第二十章

人才贡献率
——基于北京地区人才贡献率测算

党的二十大报告指出,坚持党管人才原则,坚持尊重劳动、尊重知识、尊重人才、尊重创造,实施更加积极、更加开放、更加有效的人才政策,引导广大人才爱党报国、敬业奉献、服务人民。这充分说明要坚持以用为本,高度重视人才作用发挥,高度重视人才对社会所做的贡献。人才贡献率作为评价人才对地区发展所做贡献的重要参考,是衡量人才强国的核心指标之一,能够为国家和地区未来的人才工作路径提供客观依据,为充分发挥人才效能、造就人才比较优势奠定理论基础。北京人才发展战略研究院课题组全面深入梳理人才贡献率的基本理论,系统构建测算模型,对北京地区人才贡献率展开数理实证研究,为后续理论和实践方面的完善提出展望和建议。

第一节 理论梳理

一、人力资本与人才资本

20世纪60年代,美国经济学家舒尔茨首次提出人力资本概念,他将人力资本定义为"体现在劳动者身上的一种资本,以劳动者的数量和质量来表示,是这两方面价值的总和",并明确将人力资本归结为促进经济增长的主要因素之一①。卢卡斯和罗默将人力资本引入新增长模型,视人力资本同物质资本一样为生产的要素,且具有递增的边际生产率,通过对教育的不断投入促进人力资本集聚进而持续提高国家的长期经济增长率②③。

国内部分学者认为,人力资本指在人力保健、教育、培训等方面的投资所形成的资本,更加侧重从质量方面理解人力资本④。胡永远和刘智勇将人力资本分为一般型、技能型和创新型三种类型,通过实证分析认为一般型、技能型人力资本对经济增长的贡献有减弱的趋势,创新型人力资本的贡献不断增大⑤。刘智勇等人认为以初级人力资本向高级人力资本演进为特征的人力资本结构高级化,对经济增长有重要的促进作用⑥。随着众多学者对人力资本划分类型和结构分别测算,人才资本研究雏形已经形成。

长期以来,中国习惯使用"人才"概念,"人才资本"是在人力资本内涵的基础上进一步发展而来。桂昭明等人借用舒尔茨界定人力资本的方法,对人才资本进行了详细界定,将其定义为体现在人才本身和社会效益上,以人才的数量、质量和知识技能、工作能力特别是创造性的劳动成果及对人类的较大贡献所表现出来的资本⑦。可以说,人才资本与舒尔茨提出的人力资本一脉相承,且融合了中国特色"人才"的一个复合概念⑧。

国内外相关研究对人力资本和人才资本的度量从投入和产出两个视角展开。

---

① Theodore W. Schultz, "Investment in Human Capital," *The American Economic Review*, no. 1 (1961): 1-17.

② Robert E. and Lucas Jr, "On the mechanics of economic development," *Journal of Monetary Economics*, no. 1 (1988): 3-42.

③ Paul M. Romer, "Endogenous technological change," *Journal of Political Economy*, no. 5 (1990): 78-80.

④ 曾鹏、赵聪:《知识产权对经济增长的影响——以专利和版权为例》,《统计与信息论坛》2016年第4期,第58-66页。

⑤ 胡永远、刘智勇:《不同类型人力资本对经济增长的影响分析》,《人口与经济》2004年第2期,第55-58页。

⑥ 刘智勇、李海峥、胡永远、李陈华:《人力资本结构高级化与经济增长——兼论东中西部地区差距的形成和缩小》,《经济研究》2018年第3期,第50-63页。

⑦ 桂昭明、梅介人、娄星:《试论"人才资本"》,《科技进步与对策》1997年第2期,第18-21页、第9页。

⑧ 陈志强:《广西经济增长中的人才资本贡献率研究》,《中国人事科学》2020年第8期,第59-66页。

投入视角刻画了用人单位为获得人才所进行的投资,包括人才的获取、开发、使用以及重置环节所进行的投入,测算方法主要有成本法、余额法等。肯德里克(Kendrick)提出的人才资本成本估算法,将人才资本分为有形投资(养育费)和无形投资(教育、培训、医疗、健康、安全及流动支出),采用永续盘存法对投资支出进行累计估算[1]。其他成本估算法还包括舒尔茨的教育经费法,赫奇曼(Hekimian)和琼斯(Jones)的机会成本法[2],布鲁梅特(Brummet)、弗兰赫兹(Flamholtz)和派尔(Pyle)的历史成本法[3],以及弗兰赫兹(Flamholtz)的重置成本法[4]等。世界银行在估算120个国家人才资本时使用了余额法,基本思路是用国家总财富减去生产性资本和自然资本得到无形资本,其中无形资本包括人才资本。

产出视角考察了具有一定专业技能的人力资本即人才,通过劳动所获得的经济成果,测算方法主要有J-F收入法、特征法等。乔根森(Jorgenson)和弗劳梅尼(Fraumeni)提出并应用J-F收入法,通过计算个人预期终生收入现值衡量人才资本[5][6]。特征法在收入法基础上进一步演变而来,强调人力资本的某项特征如受教育程度,拉罗什(Laroche)和麦瑞提(Mérette)通过对人力资本估算方程进行改进,扩大受教育范围为正式教育和工作经验两个方面,来测算加拿大人才资本,这一改进突出了人才资本积累过程中培训和实践的重要性[7]。

国内学者在测算我国人力资本和人才资本时,从投入视角和产出视角都作出一定创新。部分学者从投资角度对中国人才资本量进行测算。张帆将简单劳动投入和人力资本投入进行区分,将基本生产能力以上、通过教

---

[1] John W. Kendrick, "The Formation and Stocks of Total Capital," *NBER Books*, no. 65 (1976): 93.

[2] J. S. Hekimian, C. H. Jones, "Put People on Your Balance Sheet," *Harvard Business Review*, no. 45 (1967): 105-113.

[3] Brummet R. L., Flamholtz E., Pyle W. C., "Human Resource measurement—A challenge for accountants," *The Accounting Review*, no. 2 (1968): 217-224.

[4] Flamholtz E., *Human Resource Accounting* (Dickenson Pub, 1974), pp. 9-27.

[5] Jorgenson D. W., Pachon Alvaro, "The accumulation of human and non-human capital," *Springer Link*, https://link.springer.com/chapter/10.1007/978-1-349-17028-9_15#citeas.

[6] Jorgenson D. W., Fraumeni B. M., *The output of the education sector* (University of Chicago Press, 1992), pp. 303-341.

[7] Laroche M., Mérette M., *Measuring human capital in Canada* (Department of Finance, 2000), pp. 9-12.

育保健研发形成的生产能力称为狭义人力资本,将教育资金、文艺支出、卫生支出等加总得到狭义人力资本投资①。钱雪亚等人论证了永续盘存法估算人力资本存量的合理性和可行性,具体将人力资本分为一般性知识和能力及专业性知识和能力,通过计算人力资本折旧率和人力资本投资价格指数,进而估算人力资本存量水平②。部分学者使用收入法估算我国人才资本量。朱平芳和徐大丰考虑到我国没有完整地提供各城市劳动力受教育年限及工资统计数据、城市间劳动力流动频繁等问题,使用并拓展 LIHK 方法(Labor-income-based Human Capital,一种将教育与劳动力收入相结合的人口资本测算方法),假设处于同一经济环境中的劳动者的工资水平差异反映人力资本差异,生产函数为柯布-道格拉斯型函数,投入要素包括物质资本和附着在劳动力上的人力资本,以此计算各城市人力资本③。李海峥等人使用并改进 J-F 收入法,结合扩展的人力资本明瑟(Mincer)模型,计算了中国人力资本年度总量和省级人力资本④⑤。部分学者使用特征指标加权之和估算人才资本,如岳书敬建立人力资本测度的综合指标体系,借鉴劳动报酬法、人力资本成本法、教育年限法、人力资本分解法中的指标选取方法,抓住人力资本差距的整体特征,采用主成分法进行分析⑥。

上述各方法均有优缺点,成本法和收入法从经济的投入和产出两视角进行测算,能够客观反映人才资本总量,但两种方法都十分受限于数据的可获得性,很多学者采用多种创新方法来弥补数据的不足。其中最常采用的是受教育年限法,受教育程度更为直观,可以反映人才质量差别,数据相对容易获得,弥补了前两种方法的不足。麦迪森在测度各要素对生产力的影响时,针对人力资本提出初等教育等量年的概念,设定 1 个初等教育

---

① 张帆:《中国的物质资本和人力资本估算》,《经济研究》2000 年第 8 期,第 65-71 页。
② 钱雪亚、王秋实、刘辉:《中国人力资本水平再估算:1995—2005》,《统计研究》2008 年第 12 期,第 3-10 页。
③ 朱平芳、徐大丰:《中国城市人力资本的估算》,《经济研究》2007 年第 9 期,第 84-95 页。
④ 李海峥、梁赟玲、Barbara Fraumeni、刘智强、王小军:《中国人力资本测度与指数构建》,《经济研究》2010 年第 8 期,第 42-54 页。
⑤ 李海峥、贾娜、张晓蓓、Barbara Fraumeni:《中国人力资本的区域分布及发展动态》,《经济研究》2013 年第 7 期,第 49-62 页。
⑥ 岳书敬:《我国省级区域人力资本的综合评价与动态分析》,《现代管理科学》2008 年第 4 期,第 36-37 页。

年为1.0年，1个中等教育年为1.4个初等教育等量年，1个高等教育年为2.0个初等教育等量年。根据舒尔茨的测算，与文盲或半文盲相比，劳动力受教育程度达到小学毕业可以提高43%的劳动生产率，受教育程度达到中学毕业可提高108%的劳动生产率，受教育程度达到大学毕业可提高300%的劳动生产率，在此基础上，他以只接受1年教育的劳动力（即文盲或半文盲劳动力）所拥有的人力资本为1单位人力资本当量基数，使用不同受教育程度对劳动生产率的提升来调整各层次人力资本权重[1]。桂昭明对麦迪森和舒尔茨的测算方法进行详细分析，并比较了两种方法的优劣，认为舒尔茨的方式略优于麦迪森，因为其将人力资本质量直接与其经济效果关联起来，体现了不同质量人力资本的价值差异，此外，他将总人力资本分解为基础型人力资本及人才资本，表现在柯布-道格拉斯生产函数中[2]。马宁等人在测度北京人才资本和我国人才资本时，同样采用了受教育年限法，借鉴了麦迪森等量年的概念，并明确将大专及以上学历的劳动者视作专业型人力资本即人才[3]。

二、人才贡献率

人才资本总量的测算只是基础，近年来，国家愈加重视人才发展工作，广大人才工作者充分意识到，用好用活人才，提高人才效能，充分发挥各类人才的作用，是人才发展工作的重要任务，因此对人才资本效能的测算和评估也摆上台面。人才贡献率的概念应运而生，它可以回答人才服务经济社会的作用机制是什么，可以衡量人才在经济发展过程中做出多少贡献。

在国内，学者桂昭明整理了相关概念，首次提出了人才贡献率的定义，并给出了较为完善的测算方法。他提出的定义是：人才资本对经济增长的贡献率，即人才作为一种资本，已经成为经济运行中的核心投入要素，这种要素往往可以通过其自身形成的递增收益，产生外部溢出效应，

---

[1] 西奥多 W. 舒尔茨：《教育的经济价值》，吉林人民出版社，1982年。
[2] 桂昭明：《人才资本的度量方法研究》，《武汉工程大学学报》2009年第10期，第9-13页。
[3] 具体内容详见马宁、王选华、饶小龙发表的《北京经济增长中人才资源贡献率研究》，马宁、王选华发表的《中国人才贡献率测度：1978—2015》。

从而促进经济增长，并在总产出中占有一定份额①。人才贡献率作为衡量人才效能产出的重要实践指标，能够客观评价某个地区一段时间内人才发展的情况，逐渐成为学界关注的热点，同时也成为政府部门度量人才发展水平的核心指标之一。2010年中央颁布的《国家中长期人才发展规划纲要（2010—2020年）》正式将人才贡献率作为衡量世界人才强国的六大核心指标之一。

人才贡献率对人才事业科学发展有重要导向作用，即提升我国人才资本对经济增长的贡献率，一是要提升人才资本存量增长速度，加大人才资本优先投资和积累，使物质资本和人力资本之间保持科学合理的比例；二是使总人力资本存量中专业人力资本（即人才资本）的比例越来越大，要求国家及各地区重视人力资源整体开发，加大高端人才培养和吸引力度，并予以合理使用；三是保持人才资本与物质资本的比例协调，要求国家及各地区在社会经济建设中必须进行理性投资，加大人才资本的优先投资和积累，抑制物质资本的过大过快投入，以促进社会经济发展方式的转变，形成由物质资本和人才资本协同驱动的社会经济发展格局②③。

关于人才贡献率的测算，各位学者积极创新，形成了对不同区域或行业人才贡献率的测算。贺勇等人基于聚类分析和柯布-道格拉斯函数，对我国2001—2010年的人才贡献率展开测算，31个省份（不包含港澳台）划分为三个层次，将各层次的物质资本、人才资本和一般人力资本、经济产出引入柯布-道格拉斯函数中，分别得到不同类别地区的人才贡献率，进而得到全国人才贡献率④。马宁和王选华利用商品价值构成机制建构了经济增长中的人才贡献率模型，测算了我国1978—2015年的人才贡献率，研究结果显示，随着人力资本对经济增长贡献率的不断下降，人才资本的

---

① 桂昭明：《人才资本对经济增长贡献率的理论研究》，《中国人才》2009年第23期，第10-13页。

② 桂昭明：《人才贡献率引导人才事业科学发展》，《第一资源》2011年第1期，第47-57页。

③ 桂昭明：《人才贡献率——我国人才理论与实践的重要创新》，《中国人才》2012年第11期，第16-18页。

④ 贺勇、廖诺、杨倩霞：《基于聚类分析和Cobb-Douglas函数的我国人才经济贡献率测算》，《数学的实践与认识》2014年第19期，第130-138页。

贡献率不断提高①。

陈志强利用柯布-道格拉斯生产函数，对广西地区的有关数据进行回归拟合，分别得到了物质资本、基础性人力资本和专业性人力资本三个要素的贡献率，发现2008—2018年，广西基础性人力资本存量出现负增长，拥有专业技能的人才成为推动经济发展的主力军，人才贡献率达到27.61%②。马宁等人使用要素贡献率测算模型测算出北京市1978—2008年的人才贡献率为35.78%，显著高于基础性人力资本贡献率2.64%，但综合性人力资本对经济增长的贡献仍明显低于物质资本的贡献，其结果被《首都中长期人才发展规划纲要（2010—2020年）》采用③。曹毅等人的研究结果显示，1997—2016年山西省人才资本贡献率仅为6.47%，低于同期物质资本与基础性人力资本的贡献率，并构建了山西省"人才发展IDR"模型④。

总体来看，各文献中人才贡献率测算是与人力资本对经济增长的贡献率测算同时进行的。目前国内外学术界测算指标多使用经济数学模型，即柯布-道格拉斯生产函数的人力资本分类模型进行运算。人才贡献率指标不能通过简单的数据统计得到，而需要进行较为复杂的综合测算。首先测度总人力资本存量，进而将总人力资本分解为基础人力资本和专业人力资本（即人才资本）两个部分，并基于基础人力资本与人才资本的异质性，使用柯布-道格拉斯生产函数的人力资本分类模型，测算、分离出人才资本对经济增长的贡献率。部分文献有所创新，利用马克思劳动价值理论中商品价值构成机制进行测算。

---

① 马宁、王选华：《中国人才贡献率测度：1978—2015》，《统计与信息论坛》2017年第12期，第101-107页。

② 陈志强：《广西经济增长中的人才资本贡献率研究》，《中国人事科学》2020年第8期，第8页。

③ 马宁、王选华、饶小龙：《北京经济增长中人才资源贡献率研究》，《中国人力资源开发》2011年第4期，第5-12页、第23页。

④ 曹毅、徐斌、廉星、马芷子：《经济增长中的人才资本贡献率研究——以山西省为例》，《中国人事科学》2018年第10期，第71-80页。

第二节 模型构建

一、基于柯布-道格拉斯生产函数的人才贡献率模型

柯布-道格拉斯生产函数原始形式如下所示。

$$Y_t = A_t K_t^{\alpha} L_t^{\beta} \qquad \text{式 (20-1)}$$

式（20-1）中，Y_t 表示最终产出，A_t 代表 t 时期除物质资本和劳动力之外的综合要素，一般为技术水平（在一定时期内假定为常数，即短期内技术水平不变，长期内生产技术会发生改变），K_t 表示物质资本投资，L_t 表示劳动力投入。α 是物质资本投资弹性系数，β 是劳动力弹性系数。

对式（20-1）两边做线性化处理，得到如下公式。

$$\ln Y_t = \ln A_t + \alpha \ln K_t + \beta \ln L_t \qquad \text{式 (20-2)}$$

对式（20-2）两边取关于时间 t 的微分，得到如下公式。

$$\frac{1}{Y_t} \cdot \frac{\mathrm{d}Y_t}{\mathrm{d}t} = \frac{1}{A_t} \cdot \frac{\mathrm{d}A_t}{\mathrm{d}t} + \alpha \cdot \frac{1}{K_t} \cdot \frac{\mathrm{d}K_t}{\mathrm{d}t} + \beta \cdot \frac{1}{L_t} \cdot \frac{\mathrm{d}L_t}{\mathrm{d}t} \qquad \text{式 (20-3)}$$

式（20-3）中，$\frac{1}{Y_t} \cdot \frac{\mathrm{d}Y_t}{\mathrm{d}t}$ 表示产出平均增长率，简记为 Y'；$\frac{1}{A_t} \cdot \frac{\mathrm{d}A_t}{\mathrm{d}t}$ 表示技术的平均进步率，简记为 A'；$\frac{1}{K_t} \cdot \frac{\mathrm{d}K_t}{\mathrm{d}t}$ 表示物质资本的平均增长率，简记为 K'；$\frac{1}{L_t} \cdot \frac{\mathrm{d}L_t}{\mathrm{d}t}$ 表示劳动力资本的平均增长率，简记为 L'。因此，式（20-3）可以进一步表示为以下公式。

$$Y' = A' + \alpha K' + \beta L' \qquad \text{式 (20-4)}$$

为了衡量人才对最终产出的贡献程度，将劳动力资本投资 L 分离成两个部分：一般性人力资本 H 和人才资本 T。依据上述步骤，使用一般性人力资本 H 和人才资本 T 替代劳动力资本 L，可以得到如下公式。

$$Y_t = A_t K_t^{\alpha} H_t^{\beta} T_t^{\gamma} \qquad \text{式 (20-5)}$$

按照式（20-1）到式（20-4）的处理方法与步骤，对式（20-5）进行处理，可以得到如下公式。

$$Y' = A' + \alpha K' + \beta H' + \lambda T' \qquad \text{式 (20-6)}$$

其中，$H' = \frac{1}{H_t} \cdot \frac{dH_t}{dt}$ 为一般性人力资本增长率，$T' = \frac{1}{T_t} \cdot \frac{dT_t}{dt}$ 为人才资本增长率。

当产出弹性确定完毕后，可以确定劳动力资本对经济增长的贡献，如式（20-7）所示。

$$\theta_L = \frac{L'}{Y'} \qquad \text{式（20-7）}$$

所以人才贡献率，即人才资本对经济增长的贡献可通过式（20-8）获得。

$$\theta_T = \frac{\lambda T'}{Y'} = \frac{T}{T+H} \cdot \theta_L \qquad \text{式（20-8）}$$

上式中，难度最大的工作是对产出弹性系数 α、β 的估算，这两个参数估算结果准确与否，是决定要素贡献率测算科学性的最主要因素。

二、基于马克思劳动价值理论的人才贡献率模型

为了更科学、准确地估算产出弹性系数，提高人才贡献率结果的准确性和稳定性，马宁和王选华依据马克思劳动价值理论，提出了新的弹性估算方法，基本思路是：分解商品价值构成部分，并依据各部分间相互关系，测算出产出弹性[①]。

式（20-9）是商品价值构成公式的变形，其中 W 既可以表示宏观层面的社会总产值，也可以表示微观层面的商品价值量；C 为生产资料价值，V 为劳动价值，M 为剩余价值。在生产活动中，生产资料只是发生价值转移，并不会增加价值，属于不变资本；劳动价值是可变资本，剩余价值是劳动力价值增值部分，所以 V+M 是劳动力创造的总价值。

$$W = C + (V + M) \qquad \text{式（20-9）}$$

在式（20-9）中，C 由物质资本投资形成，V+M 主要由劳动力数量增加（体力贡献）和劳动力质量提升（脑力贡献）共同带来。在劳动力总价值 V+M 中，假定由劳动力数量增加创造的价值为 H，由劳动力质量提高而引起生产效率增加所创造的价值记为 T，商品价值构成就变成如下形式。

---

① 马宁、王选华：《中国人才贡献率测度：1978—2015》，《统计与信息论坛》2017 年第 12 期，第 101-107 页。

$$W = C + H + T \qquad 式（20-10）$$

在前后两个不同时期 t_1、t_2 中，商品价值分别记为：$W_1=C_1+H_1+T_1$ 和 $W_2=C_2+H_2+T_2$。

对以上两个商品价值构成公式进行运算，并作适当变形，则得到式（20-11）。

$$(H_2 - H_1) + (T_2 - T_1) = (W_2 - W_1) - (C_2 - C_1)$$
$$= (W_2 - C_2) - (W_1 - C_1) \qquad 式（20-11）$$

假设 t_1、t_2 两个时期生产商品时使用的劳动力资本分别为 L_1、L_2，并将两个变量代入式（20-11）中，变形得到如下公式。

$$(W_2 - C_2) - (W_1 - C_1) =$$
$$\left(\frac{W_2 - C_2}{L_2} - \frac{W_1 - C_1}{L_1}\right)L_1 - \frac{W_1 - C_1}{L_1}(L_2 - L_1) \qquad 式（20-12）$$

也就是说，劳动力资本生产的商品价值增加量主要由两个部分构成：一是劳动力数量增加部分 $\frac{W_1 - C_1}{L_1}(L_2 - L_1)$，二是劳动力质量提升部分 $\left(\frac{W_2 - C_2}{L_2} - \frac{W_1 - C_1}{L_1}\right)L_1$。根据前面对 H、T 的假定，这两个部分增加值又可以表示为：$H_2 - H_1 = \frac{W_1 - C_1}{L_1}(L_2 - L_1)$ 和 $T_2 - T_1 = \left(\frac{W_2 - C_2}{L_2} - \frac{W_1 - C_1}{L_1}\right)L_2$。

对式（20-11）加以变形，得到式（20-13）。

$$(W_2 - W_1) = (C_2 - C_1) + (T_2 - T_1) + (H_2 - H_1) \qquad 式（20-13）$$

以上模型两边同时除以 W_1，可以得到式（20-14）。

$$\frac{(W_2 - W_1)}{W_1} = \frac{(C_2 - C_1)}{W_1} + \frac{(T_2 - T_1)}{W_1} + \frac{(H_2 - H_1)}{W_1}$$
$$= \frac{(T_2 - T_1)}{W_1} + \frac{(C_2 - C_1)}{C_1} \cdot \frac{C_1}{W_1} + \frac{L_2 - L_1}{L_1}\left(1 - \frac{C_1}{W_1}\right) \qquad 式（20-14）$$

上式中，左边 $\frac{(W_2-W_1)}{W_1}$ 表示经济产出增长率，右边 $\frac{(C_2-C_1)}{C_1}$ 表示固定资本增长率，$\frac{L_2-L_1}{L_1}$ 表示劳动力增长率，$\frac{C_1}{W_1}$ 表示物质资本产出弹性，$1-\frac{C_1}{W_1}$ 表示劳动力数量增加（体力劳动）的产出弹性。因此，产出弹性系数 α、

β 分别可以用式（20-15）、式（20-16）表示。

$$\alpha = \frac{C_1}{W_1} \qquad 式（20-15）$$

$$\beta = 1 - \frac{C_1}{W_1} \qquad 式（20-16）$$

由式（20-15）和式（20-16）可以看出，物质资本、人力资本产出弹性只与初期的物耗率有关，同其他要素没有直接联系。这样，就进一步简化了估算要素产出弹性的难度。不过，β 只表示了劳动力数量增加带来的产出份额，劳动力质量提高增加的产出份额为 $\frac{T_2-T_1}{W_1}$，两者共同构成人力资本对经济增长所作的贡献。这里需要注意的是，根据马克思劳动价值理论，科学技术、管理以及其他非物质要素都是通过劳动力发生作用，所以影响产出的只有物质资本和劳动力两种要素，则这两种要素对产出的贡献率之和为100%，即二者的产出弹性系数关系为：$\alpha+\beta=1$。

第三节 实践应用

人才贡献率被广泛应用于实践中，指导实际人才工作。北京市自2011年以来开始持续测算人才贡献率，并在《北京地区人才资源统计报告》中以独立专章的形式呈现，形成了较为系统的统计数据。接下来，我们以北京地区人才贡献率测算为例，详细分析人才贡献率的实践应用。

2011年至今，研究人员不断对测算方法进行改进，2018年及以前，采取的是柯布-道格拉斯生产函数模型，当时最大的困难是参数估计，需采用回归模型测算参数，增加了问题的复杂性。为解决回归模型估计带来的结果不稳定问题，增强数据可靠性，2019年后开始采用马克思劳动价值理论模型测算人才贡献率。研究人员分别以2018年和2022年为代表，前者采用柯布-道格拉斯生产函数模型，后者采用马克思劳动价值理论模型，对比展示人才贡献率测算过程，最后利用北京地区近几年的人才贡献率数据分析其在人才工作中的指导作用。

一、数据选取和处理

本节所选用数据中,北京市地区生产总值(GDP)、资本形成总额和从业人员总量均来自《北京统计年鉴》(1979—2021年),1978—2019年固定资产投资价格指数来自《北京统计年鉴》(2021年),2020年及之后的固定资产投资价格指数根据推算得到。1978—1995年从业人员学历构成情况使用1982年、1990年、2000年、2010年人口普查数据中北京市人口受教育程度数据推算得出,1996—2022年从业人员学历构成情况来自《中国劳动统计年鉴》(1997—2022年)。

两个模型中,产出数据均用GDP来代表,资本投入K或者物质资本投资C指社会总资本投入,包括固定资产投资、存货以及其他流动资产投资,该数据使用支出法核算地区生产总值过程中计算的资本形成总额来替代。为避免价格因素造成的影响,GDP和K均采用以1978年为基期的不变价格来计算,得到表20-1中的数据。

表20-1 北京地区人才贡献率测算选用数据

年份	GDP当年价(亿元)	GDP不变价(亿元)	GDP增长率(%)	物质资本当年价(亿元)	物质资本不变价(亿元)	物质资本增长率(%)
1978	108.8	108.8	—	31.7	31.7	—
1979	120.1	119.4	9.7	37.0	37.1	17.0
1980	139.1	133.4	11.8	45.1	45.1	21.6
1981	139.2	132.7	-0.5	50.5	50.4	11.7
1982	154.9	142.5	7.4	51.8	62.7	24.4
1983	183.1	165.9	16.4	62.9	63.0	0.5
1984	216.6	194.8	17.4	84.7	84.7	34.5
1985	257.1	211.7	8.7	150.6	150.6	77.8
1986	284.9	228.7	8.0	178.8	178.8	18.7
1987	326.8	250.7	9.6	201.2	201.2	12.5
1988	410.2	282.8	12.8	251.1	251.1	24.8
1989	456.0	295.2	4.4	271.5	271.5	8.1
1990	500.8	310.5	5.2	296.5	296.5	9.2
1991	598.9	341.3	9.9	327.3	305.0	2.9

续表

年份	GDP 当年价（亿元）	GDP 不变价（亿元）	GDP 增长率（%）	物质资本当年价（亿元）	物质资本不变价（亿元）	物质资本增长率（%）
1992	710.2	379.8	11.3	415.5	345.1	13.1
1993	888.9	426.5	12.3	537.3	352.6	2.2
1994	1 149.8	484.9	13.7	792.6	447.5	26.9
1995	1 516.2	543.1	12.0	1 045.0	518.1	15.8
1996	1 819.4	596.3	9.8	1 074.9	492.4	−5.0
1997	2 118.1	657.2	10.2	1 287.7	574.4	16.6
1998	2 439.1	720.3	9.6	1 439.3	636.9	10.9
1999	2 759.8	799.5	11.0	1 624.7	719.9	13.0
2000	3 277.8	895.4	12.0	1 836.0	805.3	11.9
2001	3 861.5	1 001.1	11.8	2 095.8	913.6	13.5
2002	4 525.7	1 119.2	11.8	2 541.8	1 103.7	20.8
2003	5 267.2	1 243.5	11.1	2 989.9	1 270.7	15.1
2004	6 252.5	1 408.9	13.3	3 478.3	1 416.8	11.5
2005	7 149.8	1 582.2	12.3	3 955.5	1 600.1	12.9
2006	8 387.0	1 784.6	12.8	4 365.9	1 759.0	9.9
2007	10 425.5	2 041.6	14.4	4 996.9	1 958.8	11.4
2008	11 813.1	2 225.4	9.0	5 335.7	1 940.3	−0.9
2009	12 900.9	2 447.9	10.0	5 681.6	2 128.7	9.7
2010	14 964.0	2 702.5	10.4	6 873.2	2 512.1	18.0
2011	17 188.8	2 921.4	8.1	7 631.9	2 639.0	5.0
2012	19 024.7	3 146.4	7.7	8 508.4	2 903.9	10.0
2013	21 134.6	3 388.7	7.7	9 218.1	3 149.3	8.5
2014	22 926.0	3 639.5	7.4	9 633.4	3 291.5	4.5
2015	24 779.1	3 890.6	6.9	9 910.8	3 469.0	5.4
2016	27 041.2	4 159.0	6.9	10 690.2	3 753.6	8.2
2017	29 883.0	4 441.8	6.8	11 784.3	3 951.8	5.3
2018	33 106.0	4 739.3	6.7	12 527.8	4 047.8	2.4
2019	35 371.3	5 028.4	6.1	13 362.6	4 260.6	4.5
2020	36 102.6	5 088.8	1.2	14 277.1	4 299.1	0.9
2021	40 269.6	5 521.3	8.5	15 917.5	4 504.1	5.6
2022	41 610.9	5 559.9	0.7	16 198.3	4 525.3	0.5

资料来源：作者分析整理。

将人力资本分解为一般人力资本和人才资本两部分，将数量和质量用受教育年限来表示。具体来讲，借鉴麦迪森（Maddison）初等教育等量年的概念[1]，设定1个初等教育年为1.0年，1个中等教育年为1.4个初等教育等量年，1个高等教育年为2.0个初等教育等量年，这种换算方法体现了不同学历层次的人才获取知识的能力具有差异性。另外，各学历层次受教育年限的计算方法与吴江、王选华使用的受教育年限法[2]相同，即文盲、半文盲受教育年限1.5年，小学6年，初中6+3年，高中（含中专）9+3年，大专12+3年，大学本科12+4年，研究生平均（硕博）16+3.6年。具体计量标准见表20-2。受过大专及以上教育的劳动者年限计入人才资本，受过大专以下教育的劳动者年限计入一般人力资本。当所有劳动力折算成受教育年限时，两者只有数量不同，没有质量差别。

表20-2 按照受教育程度测算人力资本的计量标准

受教育程度	受教育年限（年）	受教育年限当量	最终计算年限（年）
文盲、半文盲	1.5	1	1.5
小学	6	1	6
初中	9	1.4	12.6
高中	12	1.4	16.8
大专	15	2	30
大学本科	16	2	32
研究生平均（硕博）	19.6	2	39.2

资料来源：作者分析整理。

依据表20-2所列示的人力资本计量标准，对照相应年份从业人员数量和学历构成，计算得到相应年份北京地区人力资本总量以及人才资本比例，见表20-3。

---

[1] A. Maddison, "Casual Influences on Productivity Performance 1820—1992: A Global Perspective," *Journal of Productivity Analysis*, no. 8 (1997): 325-359.

[2] 具体内容详见吴江、王选华发表的《首都地区人才效能差异化实证研究——基于产业层面数据》。

表 20-3　　　　　北京地区人力资本总量及人才资本测算

年份	从业人员（万人）	人力资本总量（万年）	人才资本占比（%）
1978	444.1	6 516.9	22.3
1979	470.5	7 031.0	24.8
1980	484.2	7 273.0	25.2
1981	511.7	7 724.0	25.5
1982	535.2	8 119.0	25.9
1983	552.0	8 418.0	26.3
1984	556.2	8 526.0	26.8
1985	566.5	8 730.0	27.3
1986	572.7	8 874.0	27.8
1987	580.2	9 039.0	28.3
1988	584.1	9 152.0	28.8
1989	593.9	9 360.0	29.4
1990	627.1	9 943.0	30.1
1991	634.0	10 117.0	30.7
1992	649.3	10 429.0	31.5
1993	627.8	10 152.0	32.2
1994	664.3	10 819.0	33.1
1995	665.3	10 916.0	33.9
1996	660.2	10 929.0	35.0
1997	655.8	10 781.0	33.7
1998	622.2	10 374.0	35.9
1999	618.6	10 676.0	41.0
2000	619.3	10 218.0	32.7
2001	628.9	10 508.0	34.8
2002	679.2	11 931.0	41.4
2003	703.3	12 872.0	45.2
2004	854.1	15 908.0	48.8
2005	878.0	16 754.0	51.4
2006	919.7	18 266.0	57.1
2007	942.7	18 514.0	55.6
2008	980.9	19 002.0	53.8
2009	998.3	19 833.0	57.6

续表

年份	从业人员（万人）	人力资本总量（万年）	人才资本占比（%）
2010	1 031.6	21 424.0	60.4
2011	1 069.7	24 836.0	69.8
2012	1 107.3	26 375.0	72.4
2013	1 141.0	26 644.0	71.1
2014	1 156.7	28 035.0	74.6
2015	1 186.1	28 259.0	73.1
2016	1 220.1	29 320.0	73.9
2017	1 246.8	30 373.9	75.2
2018	1 237.8	30 646.4	76.9
2019	1 273.0	31 346.5	76.1
2020	1 259.4	29 379.2	78.5
2021	1 158.0	28 797.5	76.3
2022	1 132.1	28 616.1	78.1

资料来源：作者整理。

二、基于柯布-道格拉斯生产函数的人才贡献率测算

将有关数据代入式（20-6）$Y' = A' + \alpha K' + \beta H' + \lambda T'$ 中，使用计量软件 Eviews 进行回归分析，回归结果见表 20-4。

表 20-4　　　　　　　　2018 年人才贡献率模型回归结果

解释变量	回归结果
log（K）	0.541***
	(20.632)
log（H）	-0.391**
	(-2.113)
log（T）	0.439***
	(8.957)
C	2.352
	(1.512)
R-squared	0.996
A. R-squared	0.996

续表

解释变量	回归结果
Durbin-Watsonstat	0.552
F-statistic	3 431.5
Prob（F-statistic）	0.000

注：表中括号内数据为 t 检测值。*** 表示在 1% 的水平上显著，** 表示在 5% 的水平上显著，* 表示在 10% 的水平上显著。

资料来源：作者使用计量软件 Eviews 计算分析所得。

2018 年，北京地区 GDP 增长率为 9.92%，物质资本增长率为 13.97%，人才资本年均增速 7.21%，基础性人力资本年均增速 0.90%。物质资本、基础性人力资本和人才资本三要素对应的产出弹性分别为 0.541、-0.391 和 0.439，对产出弹性进行归一化处理，得到处理后产出弹性分别为 0.919、-0.664 和 0.745。依据贡献率计算公式，计算出各要素对经济增长的贡献率，见表 20-5。

表 20-5　　　　　　　　2018 年北京地区各要素的贡献率

要素名称	弹性系数		增长率（%）	GDP 增长率（%）	贡献率（%）
	回归弹性	归一化弹性			
物质资本	0.541	0.919	13.97	9.92	129.35
基础性人力资本	-0.391	-0.664	0.90		-5.99
人才资本	0.439	0.745	7.21		54.20
其他要素	—				-77.55

资料来源：作者整理。

从测算数据出发，可见 2018 年北京地区人才贡献率为 54.2%。人才产出弹性为 0.745，这意味着人才资本存量每增长 1%，将推动全市 GDP 增长 0.745%，人才资本增长对经济增长的促进作用明显。此外，基础性人力资本的产出弹性和贡献率为负值，即北京地区基础性人力资本增加会约束经济增长，对产出具有负效应影响，这可以解释为在当前阶段，北京地区基础性人力资本出现剩余，出现了边际效应递减现象。

纵观使用柯布-道格拉斯生产函数模型进行估算的过程，最为关键且难度最大的工作是对产出弹性 α、β 和 λ 的估算，参数估算结果准确与否决定了各要素贡献率的科学性水平。通过回归模型估算产出弹性，进而得到人才贡献率有明显缺陷，具有很强的不稳定性，不同学者使用相同数据可能得到差异较大的估算结果。另外，使用回归模型估算要素产出弹性，使问题更加复杂，每次更新时需要大量数据会降低结果的及时性，特别是常常会出现估算结果忽高忽低的情况。这种滞后性和不稳定性，对人才工作者来讲是灾难性的，一方面会大大削弱结果的科学性，另一方面滞后性会使数据的可用性大打折扣，影响人才工作的顺利开展。

三、基于马克思劳动价值理论的人才贡献率测算

马克思劳动价值理论模型使用较为简单的方法测算产出弹性，避免滥用回归模型。以 2022 年人才贡献率测算为例，测算过程如下。将有关数据代入式（20-14） $\frac{W_2-W_1}{W_1}=\frac{T_2-T_1}{W_1}+\frac{C_2-C_1}{C_1}\cdot\frac{C_1}{W_1}+\frac{L_2-L_1}{L_1}\left(1-\frac{C_1}{W_1}\right)$ 中，已知经济产出增长率 $\frac{W_2-W_1}{W_1}$，固定资本增长率 $\frac{C_2-C_1}{C_1}$，劳动力增长率 $\frac{L_2-L_1}{L_1}$，测算出经济增长中物质资本产出弹性 $\frac{C_1}{W_1}$，劳动力资本产出弹性 $1-\frac{C_1}{W_1}$，并进一步分解出人才贡献率。各要素贡献率测算数据详见表 20-6。

表 20-6　　　　　　　2022 年北京地区各要素的贡献率

GDP增长率（%）	物耗率（%）	物质资本增长率（%）	基础性人力资本（万年）	专业性人力资本（万年）	物质资本贡献率（%）	人力资本贡献率（%）	人才贡献率（%）
0.7	39.0	0.5	6 272.9	22 343.2	26.6	73.4	57.3

资料来源：作者计算整理。

根据表 20-6 中测算的数据，2022 年北京地区 GDP 增长率为 0.7%，物质资本增长率为 0.5%；物质资本产出弹性为 39.0%，劳动力产出弹性为 61.0%。经测算得到，2022 年北京地区物质资本贡献率为 26.6%，相应的人力资本贡献率为 73.4%。因劳动力折算成受教育年限后，基础性人力

资本和专业性人力资本只有数量不同，没有质量差别，所以可以使用二者比重对人力资本贡献率进行分解。2022年，北京地区基础性人力资本受教育年限总量为6 272.9万年，专业性人力资本受教育年限总量为22 343.2万年，占全部人力资本受教育年限总量的比例为78.1%，分解后得到，北京地区人才对经济增长的贡献率为57.3%。

对比两种估算方法不难看出，用马克思劳动价值理论模型估算的方法通过巧立模型、模型推导，大大减少运算难度。同样是参数估计，第一种方法需要使用1978年以来的所有数据进行计量回归，所得系数要进行归一化处理才能得到产出弹性；第二种方法只需计算前一年物耗率即可视作物质资本产出弹性，数据的需求少、运算简单。另外，基于柯布-道格拉斯生产函数的测算方法和马克思劳动价值理论模型的估算方法对基础性人力资本的理解有差别，前者认为当前基础性人力资本产出弹性和贡献率为负值，即增加一定比例基础性人力资本会约束经济增长，后者认为劳动力折算成受教育年限后，基础性人力资本和专业性人力资本只有数量不同，没有质量差别，在测算过程中，先求得人力资本总量的产出贡献率，后按比例分配，因此基础性人力资本对经济增长的贡献率为正。

四、人才贡献率的指导作用

2011—2022年，北京地区人才贡献率的每年变化情况，如图20-1所示。2011年人才贡献率为40.6%，2022年已增长至57.3%，同期物质资本贡献率为26.6%，人才资本增加对经济增长的贡献程度大幅度提升，远超物质资本投入对经济增长的贡献程度。

人才贡献率的指导作用反映在以下三个方面。

一是指导北京地区始终坚持人才资本的优先投入。要提升一个地区的人才贡献率，必须首先提升人才资本存量的增长幅度，也就是人才数量的增长速度。这意味着政府财政应该优先投入人力资本，2011—2022年北京地区人力资本投资占地区生产总值的比例始终保持在20%以上，2022年该比例为21.7%，大力投资研究与试验发展（R&D）、教育和卫生，使人力资本存量得到快速增长，人力资本质量不断提升。从结果来看，2011—2022年北京地区人才资源总量从532万人增长至796.8万人，年均增长3.7%；每1万名劳动力中研发人员的数量从203.1人增长至329.7人，年

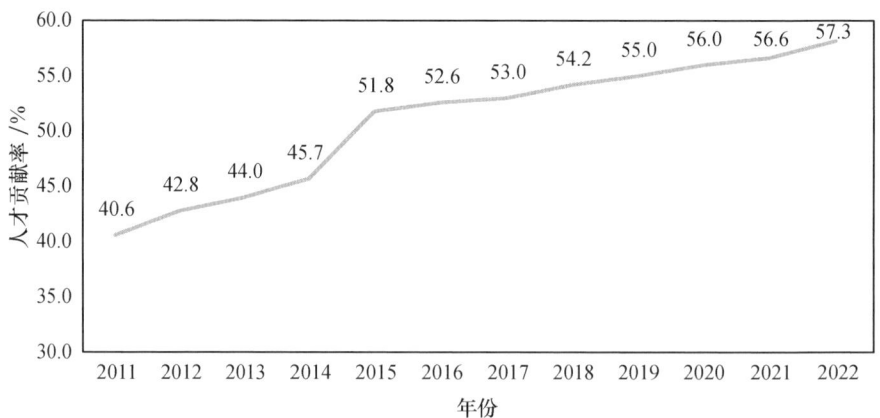

图 20-1　2011—2022 年北京地区人才贡献率的变化

资料来源：作者整理。

均增长 4.5%。

二是指导北京地区着重提升人才资本比例。要提升一个地区的人才贡献率，必须使总人力资本存量中人才资本的比例越来越高。北京地区重视人力资源整体开发，加大高端人才培养和吸引力度，并合理使用人才，促进人力资源向人才资本转变，2011—2022 年北京地区主要劳动年龄人口受过高等教育的比例由 35.7% 增长至 58.0%；高技能人才占技能劳动者的比例从 27.1% 增长至 34.0%；人才资本占人力资本的比例从 69.8% 增长至 78.1%，有较大幅度提升。

三是指导北京地区保持人才资本与物质资本的比例协调。要提升一个地区的人才贡献率，就要使物质资本增长和人才资本增长之间保持科学合理的比例。理论研究证明，经济增长中物质资本投入与人力资本投入存在一个最佳比例，在这个最佳比例下，两种投入要素的边际产出相等，经济增长可以获得最高的增长率。近年来，北京固定资产投资增长速度持续放缓，如图 20-2 所示，精准的财政投入保证了物质资本增长和人才资本增长之间的合理比例。这使得北京市社会经济发展方式深刻转变，形成由注重物质资本驱动向物质资本和人才资本协同驱动转变的经济发展的新格局，开创人才资本增长对经济增长的贡献程度远超物质资本投入贡献程度的新局面。

《国家中长期人才发展规划纲要（2010—2020 年）》明确提出，国家

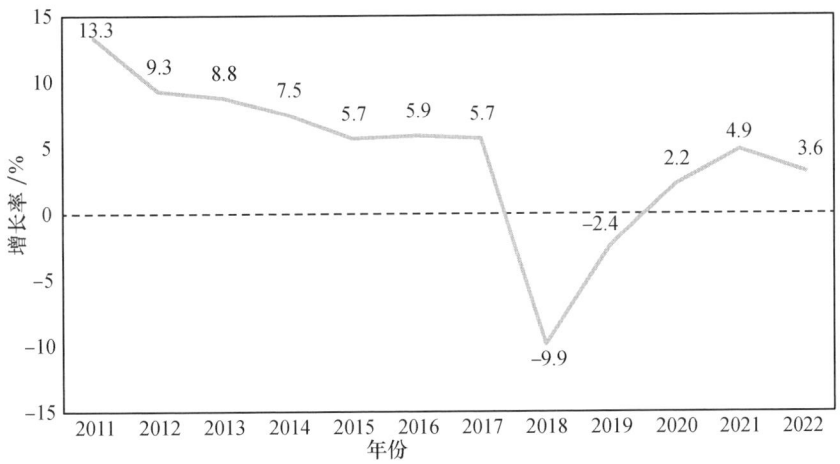

图 20-2 2011—2022 年北京地区固定资产投资增长速度变化

资料来源：作者整理。

人才发展主要指标包括人才资源总量，每万名劳动力中研发人员、高技能人才占技能劳动者比例，主要劳动年龄人口受过高等教育的比例，人力资本投资占国内生产总值比例和人才贡献率。上述分析也进一步说明，人才贡献率与其他人才发展主要指标密切相关，共同反映一个地区人才发展水平。2011—2022 年北京地区六大人才发展指标均有一定幅度的提升，标志着人才工作取得不错进展，具体见表 20-7。

表 20-7　　　　　2011—2022 年北京地区人才发展指标

年份	人才资源总量（万人）	每万名劳动力中研发人员的数量（人）	高技能人才占技能劳动者比例（%）	主要劳动年龄人口受过高等教育的比例（%）	人力资本投资占国内生产总值比例（%）	人才贡献率（%）
2011	532.0	203.1	27.1	35.7	20.6	40.6
2012	563.0	212.7	27.8	37.4	21.8	42.8
2013	583.0	212.3	28.4	40.8	22.8	44.0
2014	615.0	212.1	29.3	45.4	22.3	45.7
2015	650.6	207.2	29.5	44.2	22.5	51.8
2016	692.2	201.6	29.6	45.2	22.8	52.6

续表

年份	人才资源总量（万人）	每万名劳动力中研发人员的数量（人）	高技能人才占技能劳动者比例（%）	主要劳动年龄人口受过高等教育的比例（%）	人力资本投资占国内生产总值比例（%）	人才贡献率（%）
2017	713.8	216.4	29.6	47.0	22.5	53.0
2018	735.4	216.0	29.5	49.2	22.3	54.2
2019	766.1	246.7	29.2	47.5	21.4	55.0
2020	781.3	267.0	30.9	56.9	23.2	56.0
2021	792.6	292.1	30.9	57.1	21.6	56.6
2022	796.8	329.1	34.0	58.0	21.7	57.3

资料来源：作者整理。

第四节 人才贡献率研究的展望

人才贡献率的提出，与新时代我国经济社会"发展是第一要务，人才是第一资源，创新是第一动力"路径相吻合，它的理论内涵是强调提升人才资源的使用效率，尤其重视对人才潜能的挖掘与使用。

改革开放以来，我国人才资本占人力资本的比例在不断上升，以北京为例，从表20-3可见，人才资本占比从1978年的22.3%增至2022年的78.1%，人才资源的数量增长清晰可见。随着大力发展教育事业，深化教育教学改革，开展在职培训等，人才资源质量提升也有目共睹。因此，在人才资源数量与质量达到一定条件的基础上，充分激发人才活力，使人才资源发挥其重要作用成为重要命题。人才贡献率这一指标，就是测度现有的人才资源在经济增长过程中发挥了多大的作用。它作为风向标，充分激发人才活力。未来要从人才资本测算和人才贡献率内涵挖掘两方面入手，推动人才贡献率研究发展。

一、加强人才资本测算研究

人才资本的研究是学术界的热点话题，很多学者对人才资本规模测算方法做出创新。但已有的方法仅能用某一侧面来反映人才的基本规模，并不能完全解释人才的基本内涵。因此，在进一步研究过程中，需要将研究重点放在如何科学评估人才资本上面，评估的方法既要与我国人才特点相结合，又要保证真实及时地获取数据，不但要能真实地反映人才的基本内涵，而且通过人才的评估能够提供有益的政策建议。从这一角度出发，使用受教育程度作为人才规模评估方法，可以部分满足上述要求。因为人才的基本标志在于所储备知识的多少、所掌握技术能力的高低，这正是通过接受各种教育来实现的。但是不足之处在于，现在研究所使用的受教育程度数据是官方统计的，只以学历教育为主，很难考虑到实践带给人才资本的提升。因此未来在使用受教育年限时，需要将其适用范围进一步扩展，把那些在工作中取得的职业资格、专业技术职称以及其他资格证书等，通过适当的方式与受教育年限进行换算，纳入人才资本的计量范围，以便能客观地反映我国人才资本的真实规模。

二、深入挖掘人才贡献率内涵

目前人才贡献率作为人才发展的重要指标已经在实际指导人才工作，然而对它的内涵挖掘仍不足。从估算方式的不断创新，各投入要素的估算到估算结果的解读以及如何衔接人才政策充分激发人才活力，都依赖于这个指标的内涵挖掘。研究人员在收集文献时发现，很多学者在估算人才贡献率时，有所创新，但使用的方法不同导致结果的差异也很大。在比较基于柯布-道格拉斯生产函数和马克思劳动价值理论的两种估算方法时，发现两者对物质资本的贡献度和基础性人力资本的贡献度认知有很大差异。因此，在未来的研究中，只有深入挖掘人才贡献率的内涵，在实践中多应用、多创新，才能得到更为科学的估算人才贡献率的方法，使得各省市间、不同文献中的指标数据有可比性。

中国人事科学研究院学术文库
已出版书目

1. 《人才工作支撑创新驱动发展评价、激励、能力建设与国际化》
2. 《劳动力市场发展及测量》
3. 《当代中国的行政改革》
4. 《外国公职人员行为及道德准则》
5. 《国家人才安全问题研究》
6. 《可持续治理能力建设探索——国际行政科学学会暨国际行政院校联合会 2016 年联合大会论文集》
7. 《澜湄国家人力资源开发合作研究》
8. 《职称制度的历史与发展》
9. 《强化公益属性的事业单位工资制度改革研究》
10. 《人事制度改革与人才队伍建设（1978—2018）》
11. 《人才创新创业生态系统案例研究》
12. 《科研事业单位人事制度改革研究》
13. 《哲学与公共行政》
14. 《人力资源市场信息监测——逻辑、技术与策略》
15. 《事业单位工资制度建构与实践探索》
16. 《文献计量视角下的全球基础研究人才发展报告（2019）》
17. 《职业社会学》
18. 《职业管理制度研究》
19. 《干部选拔任用制度发展历程与改革研究》
20. 《人力资源开发法制建设研究》
21. 《当代中国的退休制度》

22. 《当代中国人事制度》
23. 《中国人才政策环境比较分析（省域篇）》
24. 《社会力量动员探索》
25. 《中国人才政策环境比较分析（市域篇）》
26. 《人才发展治理体系研究》
27. 《英国文官制度文献选译》
28. 《企业用工灵活化研究》
29. 《外国公务员分类制度》
30. 《中国福利制度发展解析》
31. 《国有企业人事制度改革与发展》
32. 《大学生实习中的权益保护》
33. 《数字化转型与工作变革》
34. 《乡村人力资源开发》
35. 《高校毕业生就业制度的变迁》
36. 《中国事业单位工资福利制度》
37. 《中外职业分类概述》
38. 《人力资源管理实践与创新：基于双元理论视角》
39. 《海外及港澳台人才引进政策新动向分析》
40. 《中国特色行政学：发展与创新》
41. **《人才研究重要命题辨析》**